KONRAD ADENAUER · ERINNERUNGEN 1945–1953

KONRAD ADENAUER

ERINNERUNGEN
1945–1953

DEUTSCHE VERLAGS-ANSTALT STUTTGART

4. Auflage 1980

Schutzumschlag und Einbandgestaltung: Edgar Dambacher
Gesetzt aus der Linotype-Baskerville-Antiqua
Druck und Bindearbeit: Mohndruck Graphische Betriebe GmbH, Gütersloh
Printed in Germany. ISBN 3 421 **01140** 0

MEINEM VATERLAND

INHALT

BILDQUELLENNACHWEIS

Die angegebenen Seitenzahlen bezeichnen die Buchseite, neben der die betreffende Abbildung zu finden ist.

AP Bilderdienst, Frankfurt/Main: 224, 560; *Berto-Verlag, Bonn,* aus Bertram Otto, Konrad Adenauer und seine Zeit, 1963: 240, 448, 561; *dpa-Bilderdienst, Frankfurt/Main:* 32 unten, 449 unten, 576 oben und unten; *Mens-Verlag, Höchstadt/Aisch,* aus Max Martin Brehm, Mit dem Bundeskanzler in USA, 1953: 577; *Georg Munker, Bonn:* Titelbild, 33 oben und unten; *Presse- und Informationsamt der Bundesregierung, Bonn:* 32 oben, 449 oben; *Verlag L. Schwann, Düsseldorf,* aus Hermann Claasen, Gesang im Feuerofen, 1949: 17; *Archiv des Verlags:* 16, 225, 241 oben und unten, 432, 433.

ZUR EINFÜHRUNG

Vor kurzem unterhielt ich mich mit einem Historiker, Professor für neuere Geschichte an einer deutschen Universität, über unsere Zeit. Im Laufe des Gespräches fragte ich ihn, wie er als Historiker sich die Entwicklung denke. Er antwortete mir, es sei nicht Aufgabe des Historikers, Entwicklungen im voraus zu sehen. Die Historiker seien eben keine Propheten. Ihre Aufgabe sei es, das, was geschehen sei, möglichst wahrheitsgetreu festzuhalten oder zu ermitteln.

Ich erwiderte ihm, ich hätte von der Aufgabe eines Historikers eine andere Meinung. Ich sei der Auffassung, die Historiker, namentlich ein Professor der neueren Geschichte, müßten wenigstens den Versuch machen, auf dem Wege von Analogieschlüssen aus dem Geschehen unserer Zeit, sogar unserer Tage, zu erkennen, wohin der Lauf der Entwicklung wahrscheinlich gehen werde, und sie müßten in ihrer Lehre hinweisen auf zu erwartende Entwicklungen und eventuell warnen.

Der Historiker gab mir nicht recht. Er wiederholte nochmals, Historiker seien keine Propheten.

Ich verlange natürlich keine Prophezeiungen von einem Historiker, aber ich meine, seine Arbeit, namentlich bei einem Historiker für neuere Geschichte, sei nur wirklich getan, wenn er, so gut wie möglich, zukünftige Entwicklungen aus dem jetzigen Geschehen folgere.

Wenn ich auch kein Historiker bin, so habe ich doch in bewegten, ja stürmischen Zeiten vieles erlebt und zum großen Teil mitgestaltet. Selbstverständlich bin auch ich kein Prophet, und deswegen kann ich irren in dem, was ich über die Zukunft sage. Aber ich bin zufrieden, wenn ich in dem Leser Gedanken über das wecke, was jetzt ist, und über das, was eventuell wird.

Ein langes Leben gibt den Menschen die Möglichkeit, Erfahrungen zu sammeln. Erfahrung kann eine Führerin des Denkens und des Handelns sein, die durch nichts zu ersetzen ist, auch nicht durch angeborenen Intellekt. Das gilt insbesondere für das Gebiet der Politik.

Mein Erinnern geht weit zurück. Als ich im Jahre 1894 in meinem ersten Semester die Universität Freiburg besuchte, schien alles gefestigt zu sein auf dieser Erde. Niemand konnte die Erschütterungen voraussehen, die während der nächsten Jahrzehnte eintraten. Um die Jahrhundertwende war das Deutsche Reich die stärkste Landmacht, Großbritannien die stärkste Seemacht der Welt, Europa war das politische und wirtschaftliche Kraftzentrum der Erde. Die Vereinigten Staaten hatten kein nennenswertes

Heer, keine beachtliche Flotte, sie waren noch nicht in die Weltpolitik eingetreten.

1914 brachte den Ersten Weltkrieg. Er führte die Vereinigten Staaten ein in die Weltpolitik. Das deutsche Kaiserreich fand sein Ende, es folgte die Zeit der Weimarer Republik. Das Jahr 1933 brachte Hitler und den Nationalsozialismus an die Macht. Der Krieg 1939, der zweite große Weltkrieg, wurde frevelhaft von ihm vom Zaune gebrochen. Er endete mit der völligen Zerschlagung Deutschlands im Jahre 1945 und mit einer verhängnisvollen Schwächung Europas.

Mit dem, was dem Zusammenbruch Deutschlands im Jahre 1945 folgte, beginnt dieses Buch. Es soll meine Erinnerungen an das, was ich seit 1945 erlebt habe, wiedergeben, ohne Auslassungen, ohne Färbung. Es soll aber gleichzeitig den Leser in den Stand setzen, sich Gedanken zu machen über die Zukunft.

Eine Wiedergabe des Stoffes lediglich nach dem Zeitablauf würde dem Leser kein richtiges Bild der Zusammenhänge vermitteln. Diesen Zusammenhang zu wissen ist notwendig, um das Geschehen und unsere Tage zu verstehen. Der Stoff mußte daher so gegliedert werden, daß die Zusammenhänge erkennbar wurden. Daraus folgt, daß wichtige Vorgänge und Fragen, wie die Frage der Wiedervereinigung, der Vertriebenen, des Lastenausgleichs, des Wiederaufbaus, der Wirtschaft, erst im folgenden Bande behandelt werden können. In ihm kann ich auch erst die große Hilfe, die mir von meinen Weggenossen zuteil wurde, würdigen.

Rhöndorf, im September 1965 *Konrad Adenauer*

I. TIEF GEBEUGT, ABER NICHT GEBROCHEN

1. Ausgang des Krieges – Besetzung durch die Amerikaner

Ende September 1944 kam ich nach einer abenteuerlichen Flucht aus dem Konzentrationslager auf dem Kölner Messegelände, wohin ich im Zusammenhang mit dem Aufstand gegen Hitler vom 20. Juli 1944 gebracht worden war, in das Gestapogefängnis Brauweiler bei Köln.

Der Kommissar, dem das Gefängnis unterstand, sagte mir bei der Einlieferung, ich möchte mir doch, darum bitte er, nicht das Leben nehmen, er hätte dadurch nur Unannehmlichkeiten.

Ich fragte, wie er zu der Idee komme. Er erwiderte, ich sei jetzt fast 70 Jahre, ich hätte vom Leben doch weiter nichts zu erwarten, und es läge dann wohl nahe, daß ich meinem Leben ein Ende mache.

Ich erwiderte ihm, er könne beruhigt sein. Ich würde ihm keine Unannehmlichkeiten bereiten.

Im Laufe der nächsten Wochen rückten die Amerikaner von Westen her näher auf den Rhein zu. Alle Insassen des Gefängnisses, darunter auch ich, wurden zu einer Mauer im Garten geführt, und man erklärte uns, sobald die Amerikaner die Erft – das ist ein kleiner Nebenfluß des Rheines, etwa 15 bis 20 Kilometer entfernt von Brauweiler – überschritten, werde man uns an diese Mauer stellen und erschießen. Man werde kurzen Prozeß mit uns machen.

Ich befand mich in Brauweiler in Einzelhaft und war damit zufrieden.

Da man mich mit Verhören und so weiter ziemlich unbehelligt ließ und ich nichts mehr sah und hörte von Maßnahmen gegen mich, bat ich meinen Sohn Max, der Offizier war und an der Front stand, sobald er könne, in das Reichssicherheitshauptamt in Berlin, Prinz-Albrecht-Straße, zu gehen. Ich wußte, daß dort mein Fall bearbeitet wurde. Mein Sohn Max sollte sich erkundigen, wie es mit meiner Angelegenheit stünde.

Ich hörte nach kurzer Zeit von meinem Sohne, daß er im Reichssicherheitshauptamt gewesen sei. Man habe dort zuerst nichts von über mich angelegten Akten gewußt, sie schließlich aber im Keller wiedergefunden. Sie seien während eines Luftangriffes auf Berlin in den Keller gebracht und dann dort vergessen worden. Da man an den akuten Vorgängen, die zu meiner Verhaftung geführt hätten, kein Interesse mehr habe, werde meine Angelegenheit bald erledigt. Ich sollte dann umgehend freigelassen werden.

Ich fragte nach kurzer Zeit einen Gestapo-Kommissar, der Brauweiler inspizierte – es war ein Sonntag, der 26. November, mein Namenstag –, wie es mit meiner Freilassung stehe. Ich hätte von Berlin die Nachricht bekommen, daß man mich entließe.

Mir lag daran, wegen der durch das Vorrücken der Amerikaner uns Gefangenen drohenden Gefahr möglichst schnell von Brauweiler wegzukommen.

Der Kommissar sagte mir, der Freilassungsbefehl sei eingetroffen. Ich könne in den nächsten Tagen das Gefängnis verlassen.

Ich erwiderte ihm, ich verlangte, sofort freigelassen zu werden.

Er fragte mich, ob ich nicht bis zum nächsten Tag, einem Montag, warten wolle. Dann seien die Gestapo-Beamten, die mir meine Privatsachen bei meiner Einlieferung abgenommen hätten, wie Hosenträger, Schlips, Schnürriemen – das waren nämlich Gegenstände, mit denen man sich hätte das Leben nehmen können –, wieder im Dienst. Sie seien heute, am Sonntagnachmittag, beurlaubt. Ich würde dann von diesen meine Sachen wiederbekommen.

Ich wiederholte mein Verlangen, ob mit oder ohne Hosenträger, sofort freigelassen zu werden.

Der Kommissar gab achselzuckend und widerstrebend seine Zustimmung.

Ich machte mich unverzüglich – ohne Hosenträger, ohne Schnürriemen, ohne Schlips und ohne meine wenigen Habseligkeiten, die ich bei meiner Verhaftung bei mir gehabt hatte – auf den Weg nach einem wenige Kilometer von Brauweiler entfernt liegenden Ort, in dem zwei gute Bekannte von mir, die Brüder Sinn, wohnten.

Vorher hatte ich im Gefängnis gebeten, man möge die Brüder Sinn telefonisch benachrichtigen, daß ich komme. Das taten die Gefängnisbeamten auch. Einer der Beamten begleitete mich sogar ein Stück mit seinem Fahrrad, um mir den richtigen Weg zu zeigen.

Von meinen Freunden, es waren beide Junggesellen, wurde ich in großartiger Weise und mit großer Herzlichkeit aufgenommen. Man hatte eine feierliche Kaffeetafel gedeckt, brennende Silberleuchter standen auf dem Tisch, sie hatten den besten Kuchen aufgetischt, den sie auftreiben konnten.

Der Empfang bei den Brüdern Sinn tat mir nach all dem Vorangegangenen besonders wohl.

Nachdem ich mich durch den guten Kaffee gestärkt hatte, wurde überlegt, wie ich so schnell wie möglich nach Rhöndorf zu meiner Familie kommen könnte.

Mir war der Aufenthalt im Regierungsbezirk Köln untersagt. Ich fürchtete, wenn ich die Eisenbahn benutzte, daß man mich erkennen und daß die

Nach der Entlassung aus dem Gestapo-Gefängnis Brauweiler
von links nach rechts: Frau Gussie Adenauer, Dr. Adenauer,
Lotte Adenauer, Schwiegertochter Lola Adenauer

Das zerstörte Köln
Trümmer der Kirche Sankt Kolumba und des Rathauses

Gestapo mich eventuell mit der Begründung, ich hätte den mir verbotenen Kölner Bezirk betreten, von neuem verhaften würde.
Die Brüder Sinn besorgten mir ein Geschäftsauto. Mit diesem fuhr ich nach Königswinter und ließ von dort aus in meiner Wohnung telefonisch mitteilen, daß ich frei und auf dem Wege nach Hause sei.
Ich konnte aber, wie sich leider herausstellte, die Rheinstraße, die von Königswinter nach Rhöndorf führt, wegen Hochwassers nicht benutzen. Ich mußte um das ganze Siebengebirge herumfahren, um über Bad Honnef Rhöndorf auf hochwasserfreien Wegen zu erreichen.
So wurde es später Abend, als ich in meinem Hause ankam. Meine Familie hatte angenommen, daß es mir wegen des Hochwassers nicht gelungen sei, nach Rhöndorf durchzukommen, und man hatte nicht mehr mit meinem Eintreffen an diesem Tage gerechnet. Die Freude, als ich dann doch noch zu später Stunde ankam, war um so größer.

Das Kriegsende erlebte ich in meinem Haus in Rhöndorf. Ich war der festen Überzeugung gewesen, daß Rhöndorf und Umgebung nicht zum unmittelbaren Kriegsschauplatz werden würden. Da die Amerikaner ihre Truppen in Richtung Mainz, die Engländer ihre Truppen in Richtung Wesel vorrücken ließen, glaubte ich, daß die Amerikaner bei Mainz, die Engländer bei Wesel den Rhein überschreiten würden. Rhöndorf lag fast in der Mitte, und ich hielt es für sehr wahrscheinlich, daß wir von Kriegshandlungen verschont bleiben würden. Meine Familie und ich – wir waren insgesamt vierzehn Personen in unserem Haus – sahen daher dem Kriegsende gelassen entgegen. Aber es kam anders.
Zur Erklärung dafür, daß ich sowohl über die Kriegshandlungen wie auch über wachsende Gegensätze zwischen den Alliierten in etwa unterrichtet war, möchte ich folgendes sagen: Ich habe keinen Tag vorübergehen lassen, abgesehen von der Zeit, die ich im Konzentrationslager oder in Gefängnissen verbracht habe, ohne mehrere Male täglich ausländische Sender zu hören. Insbesondere hörte ich ständig BBC London in deutscher Sprache und den Schweizer Sender Beromünster. Ich wurde ferner in großen Zügen, sei es mündlich oder durch Hergabe von ausländischen Zeitungen und sonstigen Mitteilungen, über den Gang der Dinge unterrichtet durch meinen Freund, den schweizerischen Generalkonsul von Weiß in Köln, der später nach der Zerstörung seines Kölner Hauses in Godesberg wohnte. Außerdem bekam ich regelmäßig Nachrichten von dem Major Schliebusch, der dem Oberkommando der Wehrmacht (OKW) angehörte. Ich war durch diese Nachrichtenquellen ungefähr im Bilde über das, was vorging. Daher wußte ich auch, daß die Amerikaner ihre Truppen in Richtung Mainz kon-

zentrierten und die Engländer in Richtung Wesel. Das Abhören der ausländischen Sender wurde mir dadurch erleichtert, daß mein Haus isoliert an einem Berghang liegt und daß es von meiner Familie allein bewohnt wurde.

Die Remagener Brücke – ihr rechtsrheinischer Brückenkopf lag etwa zehn Kilometer von Honnef stromaufwärts – wurde von den deutschen Truppen nicht rechtzeitig gesprengt. Die Amerikaner änderten daher ihre Dispositionen völlig und benutzten nunmehr die nur schwach verteidigte Remagener Brücke zum ersten Übergang über den Strom. So gerieten wir in Rhöndorf mitten in den Kampf hinein. In meinen Garten fielen zwölf amerikanische Granaten, drei von ihnen trafen mein Haus an der Vorderseite und richteten erhebliche Zerstörungen an, während die Rückseite des Hauses deutsches Granatfeuer vom rechten Rheinufer her erhielt.

Es war an einem Sonntagmorgen, als ich die erste direkte Bekanntschaft mit den amerikanischen Truppen machte. Ich war sehr unklugerweise in meinen Garten gegangen, um von dessen höchstem Punkte aus die Bewegungen der Amerikaner, die sich auf der linken Rheinseite befanden, zu beobachten. Plötzlich sah ich in einer Entfernung von etwa 300 Metern – ich konnte dort alle Entfernungen gut schätzen, da ich mit der Örtlichkeit sehr vertraut war – eine Granate auf mich zufliegen. Ich warf mich sofort zu Boden. Wir wußten aus Erfahrung, daß die Amerikaner in der Regel drei Granaten nach demselben Ziel schossen; so wartete ich die beiden folgenden Granaten ab. Die erste Granate – es war die, die ich gesehen hatte – schlug 12 Meter von mir entfernt ein. Wie alle amerikanischen Granaten war sie hoch brisant, ihre Splitter gingen über mich hinweg. Die zweite Granate schlug 7 Meter, die dritte schließlich 5 Meter unterhalb von mir ein. Danach rannte ich ins Haus zurück. Abgesehen davon, daß mein Gehör noch längere Zeit erheblich beeinträchtigt blieb, war mir nichts geschehen. Übrigens zeigten sich die amerikanischen Truppen im weiteren Verlauf sehr viel umgänglicher als bei dieser ersten Begegnung.

Am Morgen des 8. März rief meine Schwester, Frau Lilly Suth, bei uns in Rhöndorf an. Sie war mit ihrem Mann von Köln nach Unkel, einem Ort rheinaufwärts von Rhöndorf, gezogen, da ihre Wohnung in Köln zerstört war. Sie sprach in aufgeregtem Ton und sagte: „Wir sind schon frei, bei uns sind Amerikaner, übrigens ganz nette Leute." Später stellten wir fest, daß wir durch die Fronten hindurch telefoniert hatten; die Fernsprechzentrale in Honnef umfaßte auch Unkel, das von den amerikanischen Truppen besetzt worden war, während Honnef-Rhöndorf noch in deutscher Hand war.

Ich hatte rechtzeitig für meine Familie in unserem Weinkeller, der hinter

unserem Hause im Berge liegt, eine notdürftige, Schutz bietende Unterkunft herrichten lassen. In diesem Keller hielten wir uns nunmehr die meiste Zeit des Tages auf. Unter der Decke in einem Korb hing das jüngste Kind meines ältesten Sohnes, der zwei Monate alte Konradin.
Der Kreis in unserem Keller war übrigens in der Zwischenzeit auf achtzehn Personen angewachsen. Louis, ein französischer Kriegsgefangener, der bei mir aushilfsweise im Garten gearbeitet hatte, war zu uns gekommen und bat für sich und – wie er sagte – zwei seiner Kameraden um Unterschlupf.
Er und seine Kameraden waren aus einem Kriegsgefangenenlager entwichen, weil sie fürchteten, daß sie von den sich zurückziehenden deutschen Truppen ins Innere Deutschlands gebracht werden könnten. Sie hatten große Angst wegen ihres weiteren Schicksals. Ich erklärte mich gerne bereit, sie bei uns aufzunehmen. Es waren aber nicht drei, sondern insgesamt vier Franzosen. Wir rückten im Bunker enger zusammen und warteten so das Kriegsende ab. Die Trinkwasserfrage war bei einer so großen Zahl von Menschen, die versorgt werden mußten, schwierig. Die Wasserleitung funktionierte nicht mehr, eine Quelle war etwa 200 Meter entfernt. Morgens gegen sieben Uhr machten die amerikanischen Truppen eine einstündige Pause im Beschießen des rechten Rheinufers. Anscheinend nahmen sie zu dieser Zeit ihr Frühstück ein. Während dieser Stunde mußten zwei meiner Töchter, an Gartenmauern Deckung suchend, sich zu der Quelle schleichen und für vierundzwanzig Stunden das Trinkwasser holen.
Acht Tage hatten wir in unserem Keller verbracht. Dann rückten die Amerikaner in Rhöndorf ein, die Beschießungen hörten auf. Die deutschen Truppen, die im Wald hinter meinem Haus in Schützengräben lagen, zogen sich zurück.
Die Anordnungen der Amerikaner waren zwar hart und drückend, aber für uns war der Kampf, der Krieg und der Nationalsozialismus vorbei, und das tröstete über manches hinweg. Auf der Rheinuferstraße rollten die amerikanischen Panzer, eine riesige Kolonne, in Richtung Köln.

2. Einsetzung als Oberbürgermeister von Köln durch die Amerikaner

Nach einigen Tagen suchte mich ein amerikanischer Offizier, ein deutscher jüdischer Emigrant, der meinen Namen kannte, auf, um zu sehen, ob ich noch am Leben sei. Wenige Tage darauf kamen amerikanische Offiziere, die mich aufforderten, nach Köln zu dem dortigen Kommandanten zu kommen und die Verwaltung der Stadt zu übernehmen.

Ein offener Jeep brachte meine Frau und mich nach Köln. Die Eindrücke, die ich während dieser Fahrt gewann, waren grauenhaft. Wir fuhren mit einer Fähre in der Nähe von Unkel über den Rhein, dann durch verschiedene Orte über Bonn nach Köln. Überall zerschossene Häuser, überall die Spuren des Kampfes. Der Anblick von Köln erschütterte mich zutiefst. Die Stadt, in der vor dem Kriege 760 000 Menschen lebten, hatte in ihrem linksrheinischen Teil jetzt etwa, wie eine spätere Zählung ergab, 32 000 Einwohner. Die rechte Rheinseite war noch von deutschen Truppen besetzt. Es wurde zwar nicht mehr heiß gekämpft, aber immer noch hin- und hergeschossen.

Unser Weg führte an dem Haus von guten Bekannten vorbei. Ich bat zu halten und ging in das Haus hinein, um nach ihnen Ausschau zu halten. Die Tür des Hauses stand offen, Stühle, Bücher lagen in den Zimmern wild verstreut herum. Kein Mensch war im Hause. So war es fast überall.

Der amerikanische Kommandant von Köln, Lt. Col. R. L. Hyles, der mich zu sich gebeten hatte, forderte mich auf, wieder Oberbürgermeister von Köln zu werden. Ich bat, davon abzusehen, mich zum Oberbürgermeister zu machen. Ich hätte drei Söhne an der deutschen Front; sie würden sicher von den Nazis erschossen werden, wenn bekannt würde, daß ich von den Amerikanern zum Oberbürgermeister von Köln ernannt sei; ich sei aber bereit, nach besten Kräften zu helfen. Der Kommandant erkannte meine Gründe als berechtigt an. Ich erhielt zunächst den Status eines Beraters und wurde von den Amerikanern erst nach Beendigung der Kampfhandlungen in Deutschland zum Oberbürgermeister von Köln ernannt.

Die Amerikaner, mit denen ich zu tun hatte, waren durchweg kluge und vernünftige Männer. Wir standen bald gut miteinander.

Sehr lebhaft ist mir das erste Zusammentreffen mit Lt. Col. Hyles in Erinnerung geblieben.

Hyles hatte bei dieser Unterredung noch einen weiteren amerikanischen Offizier bei sich. Als Lt. Col. Hyles sein Gespräch mit mir beendet hatte, zog der andere Amerikaner aus seiner Brieftasche eine Landkarte von Nordamerika hervor. Er breitete sie vor mir aus und sagte, indem er auf das südliche Gebiet der Vereinigten Staaten hinwies: „Das ist Texas. Texas ist das schönste, größte und reichste Land der Welt, und ich bin Texaner!" Er sagte dieses mit ernster Miene und stolzem Gesicht. Ich muß zugeben, nachdem ich Texas persönlich kennengelernt habe, verstehe ich seinen Stolz.

Ich bin nach meiner Besprechung mit den amerikanischen Offizieren durch die Stadt gestreift: alles leer, öde, zerstört. Ich bin zu der Zentrale der Gestapo gegangen. Ich wollte die Räuberhöhle mir jetzt einmal ansehen.

Die Gestapozentrale in Köln war in einem großen Haus am Appellhofplatz untergebracht gewesen. Im ganzen Haus waren von unten bis oben alle Türen offen. Papiere und Akten lagen auf der Erde. Ich ging durch die Räume und landete schließlich in einem Zimmer, das, nach seiner ganzen Einrichtung zu urteilen, wahrscheinlich das Zimmer eines höheren Gestapobeamten gewesen war. Der Mensch ist merkwürdig. Das ganze Haus war doch eine Quelle der Qual gewesen, auch für meine Frau, für mich, für meine Töchter. Aber es kam mir der Gedanke, für mich und meine Angehörigen ein Andenken an dieses Haus mitzunehmen. Auf dem Schreibtisch dieses höheren Gestapobeamten stand ein Tischleuchter aus Bronze, einfach und edel in der Form, so daß ich annahm, die Gestapo habe ihn irgend jemand abgenommen. Ich nahm den Leuchter an mich. Ich sehe ihn jeden Morgen in meiner Wohnung, und er mahnt mich an das, was geschehen ist, an das Leid, an das Unrecht – er mahnt mich!

Die Aufgaben, die sich mir in dem völlig zerstörten Köln stellten, waren groß und außerordentlich schwierig. Das Bild der zerstörten Stadt Köln war erschütternd. Das Ausmaß des Schadens, den die Stadt durch die Luftangriffe und durch weitere Auswirkungen des Krieges erlitten hatte, war ungeheuerlich.

Von den Häusern und öffentlichen Gebäuden waren über die Hälfte völlig und fast alle anderen teilweise zerstört. Nur 300 Häuser waren unbeschädigt geblieben.

Sicher ebenso groß war der Schaden, der der Stadt durch die Zerstörung der Straßen, der Straßenbahngeleise, der unter der Erde gelegenen Kanalisation, Wasserleitungen, Gasleitungen, der elektrischen Stromanlagen und anderer öffentlicher Einrichtungen zugefügt war. Die Gefahren, die sich daraus für die Gesundheit der Menschen ergaben, kann man sich kaum vorstellen. Es gab kein Gas, kein Wasser, keinen elektrischen Strom. Außerdem gab es keine Verkehrsmittel. Die Brücken über den Rhein waren zerstört. Schutt lag in den Straßen meterhoch. Überall erhoben sich riesige Geröllhalden von den zerbombten und zusammengeschossenen Gebäuden. Köln sah mit seinen zerstörten Kirchen, von denen viele fast tausend Jahre gestanden hatten, mit seinem geschändeten Dom, mit den aus dem Rhein ragenden Trümmern der einst so schönen Brücken und dem unendlichen Meer von zerstörten Häusern gespenstisch aus.

Die Menschen wohnten notdürftig in den Kellern zerbombter Häuser. Gekocht wurde auf primitiv aus Ziegeln zusammengebauten Feuerstellen. Wasser wurde mit Eimern und Blechnäpfen an den wenigen Pumpen, die heil geblieben waren, geholt.

Die Schwierigkeiten, die die Stadtverwaltung zu bewältigen hatte, schienen unlösbar. Die Büros der Stadtverwaltung wurden in den Räumen des leidlich erhaltenen Gebäudes einer Versicherungsgesellschaft untergebracht. Das alte Kölner Rathaus lag in Trümmern.

Am Tage, bevor die Nazis mich von meinem Amt als Oberbürgermeister vertrieben – es war ein Sonntag –, hatte ich bewußt Abschied von meinem Arbeitszimmer und vom Rathaus genommen, denn ich ahnte, daß der kommende Tag meine Absetzung und Verjagung bringen und daß ich von meiner bisherigen Arbeitsstätte nichts mehr wiedersehen würde. Ich nahm den Schlüssel vom Rathaus mit nach Hause und bewahre ihn noch heute in Rhöndorf auf.

Der weitaus größte Teil der Bevölkerung war geflohen oder während der letzten Kriegsmonate wegtransportiert worden. Jetzt, nach Ende der Kampfhandlungen in Deutschland, kamen sie zurück. Sie kamen aus allen Teilen Deutschlands, wohin sie während des Krieges evakuiert wurden oder geflüchtet waren. Täglich strömten Tausende von Kölnern zu Fuß, auf irgendwelchen Transportmitteln, später in Güterzügen nach Köln zurück. Ich sehe noch jetzt die offenen Güterwagen vor mir, vollgepreßt mit Menschen, die in ihre Heimat wollten, gleichgültig, unter welchen Strapazen das geschehen würde. Bleich, müde, abgehärmt schleppten sie ihre Habseligkeiten, das Wenige, das sie noch besaßen, mit sich und fanden meistens nur ihre zerstörten Wohnungen vor.

Unterkunft für diese vielen Tausende von Menschen zu beschaffen, dazu Verpflegung und sonstige, für die Versorgung von Menschen notwendige Mittel, erschien eine fast unlösbare Aufgabe.

Die Schwierigkeiten für die Stadtverwaltung begannen schon bei den lächerlichsten Kleinigkeiten. Wir hatten nicht einmal genügend Papier und sonstiges Büromaterial, um die Wünsche und Forderungen der Stadtbevölkerung der alliierten Kommandantur mitzuteilen. Es war außerordentlich schwer, Mitarbeiter für die Lösung der notwendigsten Aufgaben zu finden. Viele meiner früheren Mitarbeiter aus der Zeit vor 1933 lebten nicht mehr, oder sie steckten irgendwo in Deutschland und konnten nicht zurück.

Aber das Leben in dieser zerstörten Stadt war nicht erstorben. Die Ernährung der Bevölkerung war die größte und schwierigste Aufgabe, der sich die Stadtverwaltung gegenübersah. Der Tauschhandel blühte. Der Wert des Geldes war praktisch ganz durch den Wert von Sachgegenständen ersetzt.

Um die Ernährungslage der Kölner Bevölkerung sicherzustellen, griff ich auch zur Selbsthilfe. Ich ließ alle noch vorhandenen Fahrzeuge im Kölner Stadtgebiet beschlagnahmen und veranlaßte, daß hinaus aufs Land gefahren wurde, um bei den Bauern Kartoffeln, Getreide, Gemüse und Vieh ein-

zukaufen. Ich versuchte, hierdurch zumindest ein geringes Maß an Nahrungsmitteln für die Bevölkerung zu beschaffen.
Ich wandte mich an den amerikanischen Militärbefehlshaber mit der Bitte, Lebensmittel aus den Depots der amerikanischen Armee für die Bevölkerung zur Verfügung zu stellen. Die Amerikaner haben geholfen, wo sie dazu in der Lage waren. Das menschliche Verhältnis zu den amerikanischen Offizieren, mit denen ich zusammenarbeiten mußte, war wirklich gut. Später erfuhr ich, daß ich auf der Weißen Liste der Amerikaner als Nr. 1 für ganz Deutschland geführt wurde, das heißt, ich wurde als besonders vertrauenswürdig beurteilt. Das erklärte vielleicht zum Teil das große Entgegenkommen, das ich allenthalben bei den Amerikanern fand.
Nachfolgend gebe ich den Wortlaut eines Briefes des amerikanischen Colonel Patterson im Wortlaut wieder:

„Military Government
Detachment EIH 2 — 8. May 1945
Cologne

Colonel Geary
XXII Corps
APO 250, U. S. Army

Dear Colonel Geary:
This is to introduce to you Dr. Konrad Adenauer, Oberbürgermeister of the City of Cologne, who will furnish you with any information or advice which you might desire of him with regard to the holiday on the 10th of May 1945.
Dr. Adenauer was Oberbürgermeister of the City of Cologne from 1919 to 1933, when he was removed from office and severely persecuted by the Nazis. Dr. Adenauer's reputation extends far beyond the Cologne Area; his name is Number One of the White List for Germany.
Before his recent appointment to his old office, Dr. Adenauer acted as Special Advisor to the writer for civilian affairs for the city and the Regierungsbezirk of Cologne. The writer has a very high regard for Dr. Adenauer's integrity and for the selfless and democratic ideals which he incorporates in his person and in his work.

Sincerely
(sgd.) Patterson
Lt. Col. CAC"

Meinem guten Verhältnis zur amerikanischen Besatzungsmacht verdankte ich es, daß ich eine Angelegenheit, die mir noch besonders lebhaft in Erinnerung geblieben ist, zu einem guten Ausgang führen konnte.

Die Stadt Köln besaß eine sehr reiche Kunstsammlung, ihr wertvollster Teil waren die Bilder der „Kölner Schule“ aus dem Mittelalter. Die Gemälde gehören zu den kostbarsten deutschen Kunstwerken überhaupt. Um sie vor der Zerstörung zu sichern, waren sie während des Krieges in einem bombensicheren Keller in einer Burg in Süddeutschland untergestellt worden. Mir lag sehr daran, diese Bilder so bald wie möglich nach Köln zurückzuholen, weil ich für ihr weiteres Schicksal Befürchtungen hatte. Ein Rücktransport dieser Bilder barg andererseits auch große Gefahren in sich. Einmal war es die Unsicherheit des Transportes auf den Landstraßen, und die zweite große Gefahr bestand darin, daß die Alliierten den gesamten deutschen Kunstbesitz beschlagnahmten. Ich beschloß, die Bilder in einem stadtkölnischen Leichenwagen von Burg Hohenzollern, wo sie waren, abholen und nach Köln bringen zu lassen. Und tatsächlich, in diesem Leichenwagen kamen die kostbaren Gemälde wohlbehalten zurück nach Köln. Ich ließ sie im Keller eines Hauses in der Hermann-Pflaume-Straße lagern, denn dieses Haus hatte eine katholische Pfarre gemietet und in ihm eine Kapelle errichtet. Ich rechnete mit dem Respekt der Amerikaner vor kirchlichem Eigentum und hoffte so, daß die Bilder geschützt waren. Aber dann kam doch eine Gefahr. Sie bestand in dem allgemeinen amerikanischen Befehl: „Alle Kunstgegenstände aus deutschem Besitz sind abzuliefern.“ Es sollte geprüft werden, ob sich noch von Deutschen geraubtes Gut in deutschen Händen befand. Ich hielt es zunächst für richtig, auf diesen Befehl nicht zu reagieren, denn ich hatte die Befürchtung, daß die Alliierten eventuell einen Teil der abgelieferten Bilder als Ersatz für im Ausland geraubte Kunstwerke behalten würden.

Irgendwie hatten die Amerikaner aber doch von dem Vorhandensein der Kölner Bilder erfahren, und der amerikanische Gouverneur ließ mir durch einen Offizier folgendes ausrichten: „Die Besatzungsmächte müssen auf Durchführung des Befehls bestehen. Man möchte Gewaltanwendung vermeiden. Herr Oberbürgermeister Adenauer wird dringend gebeten, die Bilder aus dem Kölner Museumsbesitz auszuhändigen. Er, der Gouverneur, gibt sein Ehrenwort dafür, daß die Kunstwerke, wenn sie nachweisbar deutsches Eigentum seien, zurückgegeben werden.“ Ich mußte diesem Befehl nachkommen. Ich habe später alle Bilder der „Kölner Schule“ gemäß Ehrenwort des Gouverneurs zurückerhalten.

Ein großes Problem, das sich außer der Ernährung stellte, war das der Unterbringung. Die Stadtverwaltung hatte öffentlich vor der Rückkehr gewarnt. Aber diese Warnungen wurden nicht befolgt, und wir mußten mit den Problemen fertig werden. Es wurde versucht, die Ruinen, soweit irgend möglich, bewohnbar zu machen, und wir bemühten uns um Aufstellung behelfsmäßiger Unterkunftsbaracken, um so der dringendsten Not Herr zu werden.

Sehr bald nach Aufnahme meiner Arbeit in Köln gelang es mir, städtische Autobusse freizubekommen. Ich schickte diese nach Buchenwald, Dachau und Theresienstadt, um die aus Köln stammenden KZ-Häftlinge zurückzuholen.

Ich vertrat nicht den Gedanken der Kollektivschuld aller Deutschen, aber ich hielt uns alle für verpflichtet, das in der Vergangenheit auch an unseren deutschen Landsleuten geschehene Unrecht wiedergutzumachen, und es drängte mich, die armen Menschen aus den KZ-Lagern so schnell wie möglich in ihre Heimatstadt zurückbringen zu lassen.

Ich war mir darüber klar, daß die Stadtverwaltung ihr ganzes Bemühen in erster Linie darauf konzentrieren mußte, Handel und Verkehr wieder ins Leben zu rufen. Die Brücken über den Rhein, die hierfür eine wichtige Rolle spielten, waren zerstört; es war wichtig, sie wiederherzustellen. Ich hatte mir von dem amerikanischen Gouverneur Eisenscheine besorgt und kaufte damit in einem Werk am Niederrhein große Stahlmengen auf. Da fast alle Fabriken, Firmen und Geschäfte zerstört waren, spielte das Arbeitslosenproblem eine große Rolle. Ich versuchte, durch meine Maßnahmen den Handel und Verkehr zu beleben und so Arbeitsmöglichkeiten zu schaffen.

Ich schildere so viele Einzelheiten der Zerstörungen und des Lebens in Köln, weil ich sie selbst gesehen habe und weil ich selbst die Aufgabe hatte, die Folgen des Krieges im Kölner Gebiet nach Möglichkeit zu beseitigen. Ähnlich wie in Köln sah es in weiten Gebieten Deutschlands aus, wenn auch Köln die Stadt war, die infolge ihrer Lage wohl am meisten gelitten hatte.

Die Alliierten waren im Laufe des Krieges zu der Ansicht gelangt, daß die Widerstandskraft der Deutschen am härtesten durch die Zerstörung ihrer Häuser und Wohnungen getroffen würde, da dadurch die deutsche Wirtschaft viel stärker funktionsunfähig gemacht würde als durch die Zerstörung einzelner Fabriken. Die Alliierten waren weiter zu der Ansicht gekommen, daß geballte Angriffe von tausend Flugzeugen und mehr die seelische Widerstandskraft der Deutschen am härtesten treffen würden. Die Zerstörung der Wohnviertel der Zivilbevölkerung wurde daher ganz planmäßig vorgenommen. Ebenfalls wurden planmäßig die Verkehrsmöglichkeiten durch Zerstörung von Brücken aller Art, insbesondere auch der großen Rheinbrücken, der Bahnhöfe und dergleichen lahmgelegt.

Bei Kriegsende 1945 waren 40 Prozent aller Verkehrsanlagen in Deutschland vernichtet. Nach dem Vorkriegsstand waren mehr als 50 Prozent aller Wohnungen in unseren Großstädten – in manchen Städten sogar bis 80 Prozent – total zerstört, ein großer Prozentsatz schwer beschädigt. Die materiellen Verluste des Volksvermögens vor dem Krieg waren außerordentlich groß. Einen dauernden Verlust stellte die Aufhebung des Schutzes für die deutschen Patente dar. Dazu kam, daß das gesamte deutsche Auslandsvermögen beschlagnahmt war.

Nach dem Zusammenbruch war in den meisten Gebieten Deutschlands die Not unbeschreiblich. Es kam zu den Zerstörungen hinzu, daß die zentralen behördlichen deutschen Einrichtungen nicht mehr funktionierten oder nicht mehr funktionieren durften, daß lediglich die Kommunen sehr langsam dazu übergehen konnten, die bitterste, unmittelbarste Not zu beseitigen: den Hunger, die Obdachlosigkeit, die Kälte.

Durch den Nationalsozialismus war die allgemeine Ordnung im Lande schwer geschädigt.

In der amerikanischen und in der britischen Zone versuchte man durch Befehl der Eroberer, die kommunalen Einrichtungen wenigstens einigermaßen wieder ins Leben zu rufen. Zum Teil waren diese Bemühungen, so in Köln, erfolgreich. Aber der in Berlin eingesetzte Oberste Kontrollrat funktionierte nicht. Schon darum mußten alle Bemühungen von Kommunen und auch von Zonenverwaltungen ergebnislos bleiben. Die wirtschaftliche Not wuchs weiter.

3. Englische Besatzung in Köln

Mein Verhältnis zu den amerikanischen Besatzungsoffizieren war, wie ich ausgeführt habe, sehr gut. Die Dinge änderten sich, als die Amerikaner nach einiger Zeit – und zwar am 21. Juni 1945 – Köln verließen und britische Truppen an ihre Stelle traten. Mit den maßgebenden britischen Offizieren geriet ich bald in Konflikt. Die Bevölkerung wurde nach meiner Meinung von den Engländern schlecht behandelt. Mir gegenüber nahm man eine sehr ablehnende Haltung ein.

Die Engländer brachten bei meinem Telefonanschluß in der Telefonzentrale Bad Honnef eine Überwachungsleitung an, die über Bonn nach Köln führte. Mein Telefonanschluß war der einzige in dem mittelgroßen Telefonamt Bad Honnef, der von den Engländern überwacht wurde. Natürlich haben die Postbeamten sehr bald festgestellt, daß eine Überwachungsvorrichtung angebracht war, und haben mir alsbald davon Mitteilung gemacht.

Die Engländer hatten ein sehr enges Verhältnis zu den deutschen Sozialdemokraten. Es kam wohl daher, daß seit Juli 1945 in England die Labour Party die Mehrheit hatte.

Wir bemühten uns in Köln in diesen wirklich sehr schweren Monaten nach Kriegsende um ein Zusammengehen aller Parteien. Doch geht aus einem Bericht des Kölner Stadtverordneten Görlinger, eines führenden Mitglieds der SPD, an den britischen Geheimdienst hervor, wie die Sozialdemokraten ihre Verbindung zur Labour Party benutzten. Aus diesem Bericht, der vom Juli 1945 stammt und mir alsbald übermittelt wurde, gebe ich die wesentlichsten Stellen wörtlich wieder:

„Als ich nach mehr als 12jähriger Abwesenheit nach Köln zurückkam, in dem ich über zwei Jahrzehnte als Sozialdemokrat führend tätig war, fand ich ein Trümmerfeld vor, das einen geradezu trostlosen Eindruck auf mich machte. Mein erster Weg war nach dem Kölner Rathause zu dem Oberbürgermeister Dr. Adenauer, der höchst erstaunt war, mich wiederzusehen, da man in Köln von meinem Tod überzeugt war. Ich ließ mir von ihm einen kurzen Überblick über die politische Situation geben. Er betonte, daß die Amerikaner zuerst den Bürgermeister Brisch und seinen Schwager, Herrn Suth, berufen hätten, die Leitung der Stadt Köln zu übernehmen. Ihm hätten die Amerikaner angeboten die Leitung der Provinz. Er hätte sich auf Drängen jedoch entschieden für die Stadt Köln, jedoch mit dem ausdrücklichen Vorbehalt, jederzeit zurücktreten zu können. Diesen Vorbehalt habe er auch den Engländern gegenüber gemacht, nachdem diese die Besatzung der Stadt Köln übernommen hätten.

... Die frühere sozialdemokratische Arbeiterschaft und auch die kommunistische Arbeiterschaft ist in Köln trotz des Verbotes der politischen Parteien außerordentlich rege tätig und auf das tiefste entrüstet über die Politik, die von Adenauer, Suth und Schwering, gestützt auf den katholischen Klerus in Köln, geführt wird. Für den Aufbau der Gewerkschaften ist die Genehmigung erteilt. Die Mitglieder der früheren Freien Gewerkschaften, christlichen Gewerkschaften und kommunistischen Gewerkschaftsrichtungen arbeiten einheitlich zusammen im Aufbau der Fachorganisationen. Hier ist erfreulicherweise keinerlei Gegensätzlichkeit festzustellen in der Zusammenarbeit und die Zusammenarbeit von dem größten Vertrauen getragen. Interessant ist vor allem, daß auch in weiten Kreisen des führenden Katholizismus Kölns die stärkste Abneigung besteht, den früher in Köln so bekannten Zentrumsklüngel wiederaufleben zu lassen, und Wert auf eine vertrauensvolle Zusammenarbeit aller demokratischen Vertreter gelegt wird.

... Eine der politisch umstrittensten Fragen war im Rheinland immer die Schulfrage. Das Zentrum, das die konfessionelle Schule vertrat, die nach kanonischem Recht vom Papst und den Bischöfen gefordert wird, stand in starkem Gegensatz zur sozialistischen Arbeiterschaft und auch Teilen des fortgeschrittenen Bürgertums, die die weltliche Schule vertraten und die Erteilung des Religionsunterrichts außerhalb des Lehrplans verlegt haben wollten. Um diesen alten Streitpunkt nicht wieder in den Vordergrund treten zu lassen, hatten sich meine Freunde in Besprechungen mit führenden Zentrumsleuten und maßgeblichen Geistlichen der katholischen Kirche geeinigt, die Simultanschule als Grundlage für die Volksschulen zu wählen. Man wollte nicht wieder die Trennung der Kinder nach Katholiken, Protestanten, Juden und Freidenkern vornehmen, der Religionsunterricht sollte getrennt für die einzelnen Konfessionen in der Schule erteilt werden. Diese Stellungnahme war um so mehr gegeben, als durch die Zerstörung der Volksschulgebäude die Organisation des Schulunterrichts außerordentlichen Schwierigkeiten begegnet. Vor einigen Tagen wurde bekannt, daß Oberbürgermeister Dr. Adenauer Anweisung gegeben hatte, den heute, am 23. 7. 45, beginnenden Volksschulunterricht wieder auf konfessioneller Grundlage zu beginnen. Ein beratender Ausschuß von Kölner Bürgern, wie er wohl in den meisten Städten und Landkreisen des besetzten Gebietes besteht, ist in Köln nicht berufen worden. Der Oberbürgermeister hat lediglich mit dem Erzbischof, der an kanonisches Recht gebunden ist, und dem Superintendenten Dr. Encke von der evangelischen Kirche Fühlung genommen und die konfessionelle Trennung der Kinder verfügt. In einer Besprechung habe ich dem Oberbürgermeister Adenauer vor 2 Tagen erklärt, daß er damit eine fundamentale Streitfrage wieder aufgeworfen und die notwendige Zusammenarbeit torpediert habe. Er stützt sich darauf, daß er an dem Recht von 1933 wieder anknüpfe, das für Preußen die konfessionelle Schule zuließ. Damit werden das ganze Erleben und die Erfahrung von 12 Jahren nationalsozialistischer Herrschaft verneint, und ich habe ihm erklärt, daß er durch diese Tat bewiesen habe, daß er nicht fähig sei, die Führung für die Zusammenfassung der Kreise sicherzustellen, die einen neuen Geist für die Zusammenarbeit wünschen. Die Auseinandersetzungen zwischen ihm und mir waren außerordentlich heftig.

... Dr. Adenauer hat dem Kommandanten der Militärregierung unter dem 28. 6. 45 eine Denkschrift eingereicht, die an General Eisenhower weitergereicht werden soll, wo er zum Ausdruck bringt, daß der Zeitpunkt gekommen sei zur Prüfung, ob nicht die strengen Bestimmungen über die Ausmerzung der Nazis gemildert werden können. In diesem Schreiben steht wörtlich folgender Satz: ‚Ich mache diesen Vorschlag, obgleich die nationalsozialistische Propaganda innerhalb Deutschlands in der letzten Zeit außerordentlich stark zugenommen hat, natürlich in unterirdischer Weise. Ich glaube, wenn man eine Sichtung der Parteimitglieder etwa in der von mir vorgeschlagenen Form vornimmt, wird man zahlreiche Personen, die jetzt von einer Tätigkeit ausgeschlossen sind und dieser Propaganda anheimfallen, nützlich verwenden und der nationalsozialistischen Propaganda entziehen können.'

...Man spricht in Köln von einer bevorstehenden Besetzung des Regierungsbezirks Köln und auch vielleicht Aachen durch die Franzosen. Separatistische Bestrebungen zeigen sich in Aachen, Bonn, in Köln vorerst noch sehr zaghaft. Das Dahinterstehen von maßgeblichen Leuten habe ich nicht feststellen können.

gez. R. Görlinger
Grafenwerthstr. 8"

Die Sozialdemokraten bemühten sich, die CDU als die Nachfolgepartei des Zentrums hinzustellen und die Fehler, die das Zentrum begangen hatte, der CDU anzuhängen. Diese Bemühungen blieben nicht ohne Erfolg und sind eine Erklärung für das anfängliche Mißtrauen der Engländer gegen die CDU. Herr Görlinger wollte mich als einen Politiker darstellen, der versuchte, ehemalige Nazis wieder in die Verwaltung aufzunehmen. Als Beweis dafür führte er eine Denkschrift an, die ich am 28. Juni 1945 an den Kommandanten der Militärregierung richtete mit der Bitte, sie an General Eisenhower weiterzuleiten. In dieser Denkschrift hatte ich vorgeschlagen, die früheren Mitglieder der NSDAP nicht schlechthin von jeder Tätigkeit auszuschließen und sie dadurch einer neuen nationalsozialistischen Propaganda in die Arme zu treiben, sondern eine erste Nachprüfung kursorisch zu vollziehen und sie je nach deren Ausfall zur Arbeit zuzulassen.
Dieser Bericht Görlingers hat seine Wirkung bei der englischen Besatzungsbehörde nicht verfehlt. Ich bin sicher nicht dafür, daß man Nationalsozialisten, die schwere Schuld auf sich geladen haben, frei laufen lassen sollte, auf der anderen Seite ist mir jedoch die Schwäche der menschlichen Natur bekannt, und jeder, der einmal in einem Polizeistaat gelebt hat, wird verstehen, wieviel Mut es erforderte und welche Gefahr es für den einzelnen und seine Familie bedeutete, sich gegen den Staat aufzulehnen. In meinen Augen mußte man jeden Fall für sich betrachten. Heroismus ist nicht alltäglich. Kardinal Graf Galen, der Bischof von Münster, nahm eine ähnliche Haltung ein wie ich.

4. Die erste Sitzung der Stadtverordnetenversammlung in Köln

Am 1. Oktober 1945 fand auf Anordnung der britischen Militärregierung die erste Sitzung der Stadtverordnetenversammlung Kölns statt. Die Stadtverordnetenversammlung setzte sich aus vierundzwanzig Mitgliedern zusammen, die von der britischen Militärregierung ernannt waren. Die Stadtverordnetenversammlung sollte die städtische Verwaltung bei der Erledigung ihrer Aufgaben unterstützen. Die Rechtsgrundlage war durch die Anordnungen der Militärregierung gegeben, die auch den Umfang der Tätigkeit der Stadtverwaltung und der Stadtverordnetenversammlung bestimmte.

Die Stadtverordnetenversammlung war nicht von der Bürgerschaft gewählt. Ihre Mitglieder waren unter Berücksichtigung ihrer Berufe und ihrer parteipolitischen Einstellung von der Besatzung ausgesucht.

Ich als Oberbürgermeister war glücklich, wieder Rat und Hilfe und aufbauende Kritik aus der Bürgerschaft zu erhalten. Ich begrüßte den Zusammentritt der Stadtverordnetenversammlung, weil ich auch hoffte, durch sie die Öffentlichkeit über die Probleme und Schwierigkeiten, mit denen wir zu kämpfen hatten, aufklären und die gesamte Bürgerschaft zur Mitarbeit aufrufen zu können.

Der Vertreter der britischen Militärregierung in Köln, Major Prior, eröffnete die Sitzung. Er erklärte uns, daß es das Hauptziel der Militärregierung sei, Deutschland im wahrsten Sinne des Wortes „umzuerziehen" (re-educate). Ich darf einige Auszüge dieser Rede wiedergeben:

„Alle Deutschen, mit denen ich zusammenkomme, geben ihrem Abscheu vor der nationalsozialistischen Partei, allen ihren Handlungen und Zielen bereitwilligst Ausdruck. Es bleibt jedoch die Tatsache bestehen, daß Deutschland zwölf Jahre lang die systematische Ausplünderung Europas offensichtlich unterstützt und willig an ihr teilgenommen hat. Verantwortlich für die Regierungsführung eines Landes ist letzten Endes die Nation selbst, die eine solche Regierung auf die Dauer duldet. Um das Gefühl für eine solche demokratische Verantwortlichkeit zu wecken und zu fördern, übertrage ich heute der Kölner Stadtverordnetenversammlung die Pflichten und Rechte, die sie früher unter der Weimarer Verfassung genossen hat, jedoch unter meiner absoluten Autorität als Kommandeur der Militärregierung.

Die Geschäftsordnung der neuen Stadtverordnetenversammlung entspricht der Rheinischen Städteordnung. Öffentlichkeit und Presse werden zu allen Sitzungen zugelassen.

Die Stadtverordnetenversammlung hat zur Zeit vierundzwanzig Mitglieder. Ich beabsichtige, diese Zahl später zu erhöhen, damit weitere Teile der Bevölkerung erfaßt werden. Es ist mein Wunsch, daß aus ihrer Mitte Ausschüsse gebildet werden, die sich mit den verschiedenen Zweigen der Stadtverwaltung befassen. Außerdem wünsche ich, daß in den nächsten Tagen ein Ausschuß gebildet wird für die Planung und den Einsatz folgender Notmaßnahmen für den kommenden Winter:

a) Wohnungsbau und Notreparaturen an Häusern,
b) Massenspeisung und Brennmaterial,
c) öffentliche Gesundheit einschließlich sofortiger Einrichtung von Behelfskrankenhäusern.

Die Stadtverwaltung ist bereits angewiesen, alle übrigen Fragen diesen Problemen unterzuordnen, damit der Bevölkerung unnötige Entbehrungen erspart bleiben.

Zum Schluß möchte ich nochmals alle Anwesenden nachdrücklichst darauf hinweisen, daß es zur Verwirklichung der anfangs meiner Ausführungen erwähnten Umerziehung wesentlich ist, daß jeder, dem die Wiedergeburt eines besseren Deutschlands am Herzen liegt, dies beweisen muß, indem er die Denazifizierung des öffentlichen und gewerblichen Lebens zur vollendeten Tatsache macht, sowohl im Geiste wie auch in der Tat.

Indem ich nunmehr die Stadtverordnetenversammlung eröffne und den Vorsitz der heutigen Sitzung Herrn Dr. Adenauer, Oberbürgermeister von Köln, übergebe, gebe ich der Hoffnung Ausdruck, daß diese Wiedergeburt des Verantwortlichkeitsgefühls in der Verwaltung städtischer Belange wesentlich dazu beitragen wird, diese einstmals so schöne Stadt in ihrem früheren Glanze wiedererstehen zu lassen."

Die Mitglieder der Stadtverordnetenversammlung bedurften nicht einer besonderen Ermahnung. Wir alle waren bereit, unser Bestes zu geben, um unsere Heimat wiederaufzubauen.

Bei dieser ersten Sitzung der Kölner Stadtverordnetenversammlung war übrigens auch Hans Böckler, der spätere Erste Vorsitzende des Deutschen Gewerkschaftsbundes, anwesend. Ich wußte damals noch nicht, welche bedeutsame Rolle er einmal bei einer für unser Volk entscheidend wichtigen Sache spielen sollte.

Ich versuchte, unsere Gefühle in der Rede, die ich auf dieser Stadtverordnetenversammlung hielt, auszudrücken und sagte unter anderem:

„... Ich begrüße aufrichtig, daß diese Versammlung ins Leben gerufen ist. Der bisherige Zustand verbot es, Vertreter der Bürgerschaft zu den Arbeiten der öffentlichen Verwaltung hinzuzuziehen. Es ist ein großer Fortschritt, daß uns durch die Anordnungen der Militärregierung diese Möglichkeit jetzt gegeben wird.

... Ich hoffe, und ich wünsche, daß die Anordnungen der Militärregierung es erlauben werden, daß in absehbarer Zeit eine frei gewählte Stadtverordnetenversammlung zusammentritt.

... Unsere Aufgaben, die eben vom Kommandanten der britischen Militärregierung der Stadt Köln kurz umrissen wurden, sind unendlich schwer. Köln ist diejenige große Stadt Deutschlands, die am meisten zerstört ist.

... Der Winter, der vor uns liegt, wird sehr schwer werden. Es gilt vor allem, wie Major Prior eben schon ausgeführt hat, für Nahrung, für Brand und für Wohnungen zu sorgen. Wir, Sie und wir, werden alles tun, was in unserer Kraft steht, um wenigstens einigermaßen erträgliche Verhältnisse zu schaffen. Es wird nicht in dem Maße möglich sein, wie Sie und wie wir es wünschen. Aber – und ich spreche jetzt aus diesem Saale an die gesamte Kölner Bürgerschaft – bedenken Sie und alle unsere Mitbürger doch immer das Folgende: Schuld an diesem namenlosen Jammer, an diesem unbeschreiblichen Elend sind jene Fluchwürdigen, die in dem unseligen Jahre 1933 zur Macht kamen, jene, die den deutschen Namen vor der ganzen zivilisierten Welt mit Schmach bedeckt und geschändet haben, unser Reich zerstörten, die unser verführtes und gelähmtes Volk, als ihr eigener, mehr als verdienter Untergang gewiß war, planmäßig und bewußt in das tiefste Elend gestürzt haben. Sie haben das getan, nicht, wie man vielfach annimmt, damit das deutsche Volk mit ihnen untergehen solle – der Gedanke mag bei ihren Entschlüssen und Taten mitgespielt haben –, aber ihre Absicht war noch viel teuflischer: Sie wollten und wollen dadurch im deutschen Volke den Gedanken der Rache und der Vergeltung an den Kriegsgegnern von neuem erstehen lassen. Wir, Sie und ich, sind nicht die Schuldigen an diesem Elend. Wir, Sie und ich, sind dazu verurteilt und gezwungen, gezwungen durch die Liebe zu unserem Volke, das wir nicht vollends untergehen lassen wollen, diese schwere und furchtbare Bürde auf uns zu nehmen, um wenigstens die allerschlimmsten Notstände zu beseitigen. Meine Damen und Herren! Die Aufgaben, die unserer harren, sind so drückend, so schwer, aber auch so zwingend, daß für politische Erörterungen wenig Raum übrigbleiben wird. Der Zwang der Verhältnisse und die uns allen, gleichgültig, welcher Partei wir zugehören, gemeinsame Liebe zu unserem Volke und zu unserer Stadt werden uns zu gemeinsamer Arbeit führen. Trotzdem lassen Sie mich einige Sätze über eine politische Frage sagen, die mir besonders am Herzen liegt, einige Sätze über das Wesen der Demokratie.

Das Wort ‚Demokratie' ist in diesen Zeiten so oft gebraucht worden, daß

Dr. Adenauer (ganz links) 1945 in Köln
In der Mitte Militärgouverneur Brigadier Barraclough

Dr. Adenauer spricht im August 1946
auf dem Gelände von „Planten und Blomen" in Hamburg

Verkündung des Grundgesetzes
im Parlamentarischen Rat
am 23. Mai 1949 durch Dr. Adenauer
von links nach rechts:
Frau Dr. Helene Weber, CDU
Vizepräsident Schäfer, FDP
Präsident Dr. Adenauer, CDU
Vizepräsident Schönfelder, SPD
Regierungspräsident Stock, SPD

Dr. Adenauer bei einer Wahlrede
für die CDU

es droht, zu einer abgegriffenen Münze zu werden. Das darf nicht sein. Man soll nicht immer und überall von Demokratie nur sprechen. Man soll immer und überall nach den Grundsätzen der Demokratie handeln. (Zurufe ‚Sehr richtig!' Beifall.) Demokratischen Grundsätzen entspricht es, daß der Wille der frei gewählten Mehrheit entscheidet. Aber, meine Damen und Herren, lassen Sie mich hier ein Wort einschieben, lassen Sie mich einschieben ‚letzten Endes', daß also der Wille der frei gewählten Mehrheit letzten Endes entscheidet; denn die demokratischen Grundsätze verlangen auch, daß man dem politisch Andersdenkenden mit Achtung und mit Vertrauen gegenübertritt, daß man sich bestrebt, seine Gedanken, seine Gründe zu verstehen, daß man versucht, zu einer Verständigung mit ihm zu kommen, und daß man zu dem doch immerhin gewaltsamen Mittel der Überstimmung nur dann greift, wenn es nicht anders geht. Ich hoffe, daß die neugeschaffenen Gemeindeausschüsse und so auch unsere Versammlung zum Hort und zur Pflanzstelle einer wahrhaft guten demokratischen Gesinnung werden.

... Wenn man auf der rechten Rheinseite steht, mitten unter den Trümmern ..., wer möchte dann nicht verzweifeln ob der Größe dieser Not! Und doch wollen wir nicht verzweifeln. Wir wollen arbeiten. Es ist ein harter und steiniger Weg, der vor uns liegt. Wir sehen nur seinen trümmerbedeckten Anfang. Wir sehen nicht sein Ende. Wir wollen diesen Weg gehen. Wir wollen ihn gehen mit aller Kraft, die uns noch verblieben ist. Wir wollen ihn gehen mit Geduld, die stärker ist als alles, mit hingebender Liebe zu unserem Volke und zu unserer Stadt. Eines soll uns dabei trösten und stärken: Es ist ja doch noch derselbe Strom, der zu unseren Füßen fließt, unser Rhein, der Strom, dem Köln seinen Wohlstand und seinen Glanz, dem es den offenen und heiteren Geist verdankt, der seine Bewohner auszeichnet. Er strömt nach wie vor durch Köln, und nach wie vor weisen die Türme, die unser Dom gen Himmel reckt, ungebrochen zum Himmel empor.

So wollen wir gemeinsam ans Werk gehen, gebeugt, tief gebeugt, aber – meine Damen und Herren – nicht gebrochen!"

5. Absetzung und Verbot der politischen Betätigung durch die Engländer

Die Engländer hatten uns aufgefordert, unser Bestes zu tun, um die Schwierigkeiten zu überwinden. Aber ganz aus eigener Kraft und mit den vielen Bestimmungen und Geboten der Militärregierung, die berücksichtigt werden mußten, war das nicht zu schaffen.

Ende September 1945 kam es zu einem harten Konflikt zwischen den Engländern und mir. Die britische Militärverwaltung verlangte von mir, die Bäume in den Grünanlagen und Ringstraßen Kölns zu fällen, um das Holz der Bevölkerung als Brennstoff zu geben.
Ich hatte, als ich vor 1933 Oberbürgermeister der Stadt Köln war, rings um das Kölner Stadtgebiet einen über 20 Kilometer langen und etwa 1 Kilometer breiten Grüngürtel angelegt. Dieser Grüngürtel war in meinen Augen für die Gesundheit der Bevölkerung Kölns außerordentlich wichtig.
Die Holzmenge, die durch das Fällen der Bäume bereitgestellt worden wäre, wäre meines Erachtens ein Tropfen auf einen heißen Stein gewesen, angesichts der Kohlenknappheit in Köln. Die Brennstoffnot wäre auf keinen Fall auch nur annähernd beseitigt worden. Auf der anderen Seite wäre der Stadt Köln durch die Abholzung der Grünanlagen ein unabsehbarer Schaden zugefügt worden, der in Jahrzehnten nicht wieder gutgemacht werden konnte. Ich lehnte die Abholzung der Grünanlagen ab und verlangte von den britischen Behörden, beschlagnahmte Kohlenvorräte für die Bevölkerung freizugeben. Ich forderte, daß außerdem für die Versorgung mit Hausbrand aus dem Ruhrgebiet Kohle geliefert werde.
Die Reaktion auf meine Forderung war ziemlich eisig, und ich konnte kaum auf eine Billigung meines Anliegens hoffen. Ich versuchte deshalb, über die Presse unseren Forderungen größeren Nachdruck zu geben. Am 5. Oktober 1945 empfing ich in meinem Haus in Rhöndorf einen Vertreter des „News Chronicle" und einen Vertreter der „Associated Press". Über dieses Gespräch fertigte ich eine kurze Notiz, die folgenden Wortlaut hat:

„Am 5. 10. 45 waren ein Vertreter des News Chronicle und der Associated Press (Miss Barbara Page), empfohlen durch Herrn Stern-Rubarth, bei mir. Ich habe ihnen in sehr unterstrichener Weise meine Befürchtungen wegen der Absicht der Alliierten, der deutschen Bevölkerung keine Kohle zum Kochen zu geben, zur Kenntnis gebracht. Ich habe auf die sehr verwerflichen Folgen, Tod ungezählter Tausender, Schwächung der übrigen, Krankheiten, Epidemien, hingewiesen. Ich habe ihnen weiter gesagt, de Gaulle habe in diesen Tagen eine Rede in Saarbrücken gehalten und laut Londoner Sender in ihr gesagt, Franzosen und Deutsche müßten einen Strich unter die Vergangenheit machen, zusammenarbeiten und eingedenk sein, daß sie Europäer seien. Die Journalisten sagten, sie seien bei dieser Rede zugegen gewesen, de Gaulle habe sogar gesagt, Franzosen und Deutsche müßten eingedenk sein, daß sie Westeuropäer seien. Ich erwiderte, ich wollte, daß einmal ein englischer Staatsmann von uns als Westeuropäern gesprochen hätte. Der Vertreter des News Chronicle fragte nach meiner Ansicht über den

Rhein-Ruhr-Staat. Ich habe auf diese Frage folgendes geantwortet: Nach den Vorgängen der letzten hundert Jahre verstünde ich den Ruf Frankreichs und Belgiens nach Sicherheit. Es sei aber falsch, einen Rhein-Ruhr-Staat aus dem nicht russisch besetzten Gebiete Deutschlands herauszutrennen und von Deutschland loszulösen. Der von Rußland besetzte Teil sei für eine nicht zu schätzende Zeit für Deutschland verloren. Beide Journalisten stimmten dem zu. Wenn man einen Rhein-Ruhr-Staat losgelöst von den anderen Teilen Deutschlands bilde, erhebe sich sofort die Frage, was denn aus den Teilen Deutschlands nördlich und südlich dieses Rhein-Ruhr-Staates staatsrechtlich werden solle. Rußland würde getreu seinen imperialistischen Tendenzen sofort erklären, der von ihm besetzte Teil, das ist die Hälfte des alten Deutschlands, sei das deutsche Reich. Die drei zerschnittenen Teile der nicht russisch besetzten Zonen würden schon automatisch nach Wiedervereinigung mit diesem russisch besetzten alten Reich streben. Man kehre ihr Gesicht geradezu nach dem Osten, nicht nach dem Westen. Es sei notwendig, die drei Teile des nicht russisch besetzten Gebietes, die bei Schaffung eines Rhein-Ruhr-Staates entstünden, in einem staatsrechtlichen Verhältnis miteinander zu belassen. Es könne das eventuell bundesstaatlich sein. Vor allem aber sei es meiner Ansicht nach nötig, die Wirtschaft dieses Teiles, insbesondere die Wirtschaft des Rhein-Ruhr-Staates mit derjenigen Frankreichs und Belgiens zu verflechten, damit dadurch gemeinsame wirtschaftliche Interessen entstünden.

Gemeinsame wirtschaftliche Interessen seien meines Erachtens die sicherste und beste Grundlage für Annäherung der Völker und Sicherung des Friedens. Auf die Frage des Vertreters des News Chronicle, ob denn Köln in diesem Falle französisch besetzt werden müsse, habe ich geantwortet, das sei zur Verwirklichung des obigen Gedankens nicht notwendig. Die Forderungen Frankreichs und Belgiens nach Sicherheit könnten auf die obige Weise und durch internationale Kontrolle erfüllt werden; wenn es aber nicht anders gehe, müsse auch das um des höheren Zweckes willen schließlich in Kauf genommen werden. Es sei das eine Frage von zweiter Bedeutung.

9. 10. 45 gez. Adenauer"

Am Tag nach diesem Interview – es war der 6. Oktober – wurde ich in das Amtsgebäude der Militärregierung beordert. Auf meinem Wege dorthin überlegte ich mir, was für eine Antwort ich wohl auf mein Ersuchen betreffend die Genehmigung von Kohle für die Bevölkerung erhalten würde, und dachte darüber nach, wie weiter zu verfahren sei, falls ich eine abschlägige Antwort erhalten sollte.

Als ich in das Amtszimmer von Brigadier Barraclough, dem Militärgouverneur der Nord-Rheinprovinz, trat, waren einige britische Offiziere anwesend. Keiner der Herren erhob sich, als ich den Raum betrat. Nach einer kurzen, sehr förmlichen Begrüßung wurde mir kein Stuhl angeboten. Ich nahm mir selbst einen Stuhl und wollte mich setzen. Daraufhin sagte Brigadier Barraclough in ziemlich knappem Ton: „Bleiben Sie stehen!" Stehend mußte ich der Verlesung folgenden Briefes zuhören:

„Hauptquartier Militär-Regierung Köln
Regierungsbezirk 6. Oktober 1945
Herr Oberbürgermeister
Dr. h. c. K. Adenauer
Allianz-Gebäude Köln

1. Ich bin nicht zufrieden mit dem Fortschritt, der in Köln im Zusammenhang mit der Instandsetzung von Gebäuden, der Straßenreinigung und der allgemeinen Aufgabe der Vorbereitung für den kommenden Winter erzielt worden ist.
2. Vor etwa zwei Monaten mahnte ich Sie persönlich an Ihre Verantwortlichkeiten im Hinblick auf diese Arbeit. Sie haben diese Verpflichtungen nicht zu meiner Zufriedenheit erfüllt. Ich bin mir der Schwierigkeiten, mit denen Sie zu kämpfen hatten, völlig bewußt. Ich weiß, daß viele Ihrer Kollegen aus politischen Gründen entfernt worden sind. Ich kenne die Schwierigkeiten hinsichtlich der Frage der Arbeitskräfte in Köln. Ich bin mir der Lage hinsichtlich des Verkehrswesens, der Kohlenknappheit, der Knappheit an Transportmitteln etc. etc. vollen Umfangs bewußt.
3. Ich bin jedoch überzeugt, daß mit richtiger Überwachung und Energie auf Ihrer Seite mehr hätte getan werden können, um diese Probleme zu lösen, als tatsächlich geschehen ist.
4. Nach meiner Ansicht haben Sie Ihre Pflicht gegenüber der Bevölkerung Kölns nicht erfüllt.
5. Sie werden daher heute aus Ihrem Amte als Oberbürgermeister von Köln entlassen.
6. Sie werden Köln sobald wie möglich verlassen, in keinem Fall nach dem 14. Oktober.
7. Sie werden Ihre Aufgaben als Oberbürgermeister von Köln sofort an den Bürgermeister von Köln, Herrn Suth, abgeben.
8. Herr Suth wird bis zur Ernennung eines Oberbürgermeisters als zeitweilige Maßnahme die Pflichten eines Oberbürgermeisters von Köln erfüllen.
9. Nach der Übergabe an Herrn Suth werden Sie keinen weiteren Anteil

an der Verwaltung oder am öffentlichen Leben Kölns oder irgendeinem Teil der Nord-Rheinprovinz nehmen.

10. Sie werden weder direkt noch indirekt irgendeiner wie auch immer gearteten politischen Tätigkeit nachgehen.
11. Wenn Sie die in diesem Schreiben enthaltenen Anweisungen in irgendeiner Hinsicht nicht befolgen, wird Ihnen durch das Militärgericht der Prozeß gemacht werden.
12. Sie werden den Empfang dieses Schreibens nachstehend bestätigen.

gez. Barraclough
Brigadier Comd. Mil. Gov.
Nord-Rheinprovinz"

Ich wurde aufgefordert, den Empfang dieses Schreibens auf dem Original mit meiner Unterschrift zu bestätigen. Man fragte mich, ob ich eine Bemerkung zu machen habe. Ich erwiderte: „Nein!" und verließ den Raum.
Der entscheidende Passus dieses Entlassungsschreibens war der Punkt 10: „Sie werden weder direkt noch indirekt irgendeiner wie auch immer gearteten politischen Tätigkeit nachgehen."
Nach vielen Jahren, als ich schon Bundeskanzler war, traf ich General Barraclough anläßlich eines Staatsbanketts wieder. Er fragte mich: „Was haben Sie sich eigentlich damals gedacht, als Sie Ihr Entlassungsschreiben erhielten?" Ich antwortete: „Ich habe bei mir zu Hause ein Aktenstück ‚Entlassung durch die Nazis'. Ich werde mir nun ein Aktenstück anlegen: ‚Entlassung durch die Befreier'."

Die Engländer hatten den wirtschaftlich wertvollsten Teil der drei westlichen Besatzungszonen als ihre Zone erhalten. Die Stadt Köln war ein bedeutsamer Mittelpunkt der britischen Zone. Schon zur Weimarer Zeit hatte ich als Oberbürgermeister von Köln eine wichtige Stellung in der Öffentlichkeit und ebenso im Zentrum, obgleich ich parteipolitisch gar nicht hervortrat. Aber der Oberbürgermeister von Köln hatte an sich eine bedeutende Position im deutschen öffentlichen Leben; und nun saß auf diesem Platz ein Mann, der bei der CIC, wie der Oberst Patterson in seinem Briefe geschrieben hatte (s. S. 23), als vertrauenswürdig an erster Stelle stand, und das mußte für die englischen Stellen von Bedeutung sein. Nicht als ob dieser Grund genügt hätte, mich als Oberbürgermeister von Köln zu entfernen, aber es war doch interessant, daß bei meiner Absetzung das Wesentlichste das Verbot jeder politischen Betätigung war. Unter diesem Gesichtspunkt muß man sowohl das Schreiben Görlingers sehen wie die Wirkung, die der Brief von Colonel Patterson an die Engländer hatte. Die Engländer mußten mich sowohl wegen der Freundschaft der Labour-Regierung zur SPD als auch wegen meiner infolge des Briefes von Patterson angenommenen starken politischen Bindung an die Amerikaner als für ihre Politik unbequem empfinden. So ist auch das Verbot jeglicher politischer Betätigung für mich zu verstehen. Der Grund meiner Entlassung war nicht, daß ich meine Pflicht gegenüber der Bevölkerung Kölns nicht erfüllt hätte, dieser Grund war gesucht und geradezu lachhaft. Als ich den Brief von Colonel Patterson später noch einmal gelesen habe, ist mir der politische Sensus bei der ganzen Aktion völlig klargeworden.

Persönlich hart war für mich das Verbot, Köln wieder zu betreten, da meine Frau an den Folgen des Aufenthaltes im Gestapo-Gefängnis Brauweiler schwer erkrankt war und in einem Kölner Krankenhaus lag. Erst nach vielen Mühen wurde mir die Genehmigung zum Besuch meiner Frau – zweimal in der Woche –, bei dem die Zeit und der genaue Fahrweg vorgeschrieben waren, erteilt.

Als ich von der englischen Besatzung abgesetzt, mir jede politische Betätigung unter Androhung eines militärgerichtlichen Verfahrens verboten und ich aus Köln ausgewiesen war, mieden mich aus Furcht vor der Besatzungsmacht meine Freunde. Als ich Köln verließ, sagte mir niemand Lebewohl. Es war eine Atmosphäre um mich, sehr ähnlich derjenigen, die mich umgab, als die Nationalsozialisten mich verjagt hatten.

Ich hatte in meinem Vorzimmer eine Sekretärin, Fräulein Goldkuhle. Ohne mein Vorwissen schrieb sie an den General Barraclough einen Brief. Sie führte darin aus, sie könne sich kein Urteil über meine Absetzung als Oberbürgermeister erlauben, aber wenn in der Begründung gesagt sei, ich hätte meine Pflichten gegenüber der Kölner Bürgerschaft nicht erfüllt, so könne sie aus eigenem Wissen über meine Tätigkeit erklären, diese Behauptung sei falsch; ich hätte alles für die Kölner Bürgerschaft getan, was in meinen Kräften gestanden habe.

Als Folge dieses Briefes kam eine Verfügung der englischen Besatzung an meinen Nachfolger, Fräulein Goldkuhle sei sofort aus dem Dienste der Stadt Köln zu entlassen und dürfe niemals wieder von ihr eingestellt werden.

Ich habe dann dafür gesorgt, daß Fräulein Goldkuhle von der Kölner Universitätsverwaltung eingestellt wurde. Als ich später Bundeskanzler geworden war, habe ich veranlaßt, daß Fräulein Goldkuhle eine Stellung im Auswärtigen Amt bekam. Sie war eine vorzügliche Arbeiterin und hatte ausgezeichnete Sprachkenntnisse.

Damit schien zunächst meine politische Tätigkeit beendet, und ich widmete mich wieder ganz meiner Gartenarbeit. Eines Tages jedoch suchte mich zu meiner Überraschung ein englischer Oberst aus dem Hauptquartier in Bünde auf. Ich hatte ihn, der im Zivilberuf Professor in Oxford war, schon vorher kennengelernt. Er wollte sich bei mir politische Auskunft und politischen Rat holen. Ich sagte, ich bedauerte sehr, mit ihm kein politisches Gespräch führen zu können. Aber etwa fünf Kilometer von meiner Wohnung entfernt sei die britische Zone zu Ende; er möge in seinem Wagen mit mir dorthin in die französische Zone fahren, da ich mich erst dort politisch mit ihm unterhalten könne. Er sah mich höchst verblüfft an und fragte, was das zu bedeuten habe. Ich erzählte ihm nun, was mir widerfahren war, und unterrichtete ihn vor allem über das Verbot, mich politisch zu betätigen. Er konnte nur den Kopf schütteln und sagte, in Bünde wisse man nichts davon, wir würden uns trotzdem politisch unterhalten. Das haben wir dann auch getan. Ein oder zwei Tage später teilte mir das britische Hauptquartier in Bünde, offenbar auf Grund einer Intervention meines Besuches, mit, daß ich wieder politisch tätig sein dürfe, allerdings nicht im Regierungsbezirk Köln. Man ersuchte mich sogar von englischer Seite, in einer wichtigen CDU-Versammlung, die im Dezember in Bad Godesberg stattfinden sollte, öffentlich aufzutreten.

6. Gedanken und Überlegungen zur Lage Deutschlands

Ob das, was mir durch die Entlassung widerfuhr, etwas Gutes war oder etwas Schlechtes – ich konnte es damals nicht sagen. Das plötzliche Stillliegen nach angestrengtester Tätigkeit war ein starker Schlag. Ich kannte die genauen Gründe meiner Entlassung damals nicht.

Ich hatte nunmehr Zeit und Muße, gründlich Zeitungen zu lesen, Rundfunksendungen zu hören und hatte vor allen Dingen auch Zeit, mich ausführlich mit meinem langjährigen Freund, dem schweizerischen Generalkonsul von Weiß, über die Vorgänge in der Welt zu unterhalten.

Meine Beurteilung der politischen Situation habe ich in einem Schreiben an Herrn Weitz, den damaligen Oberbürgermeister von Duisburg, vom 31. Oktober 1945 wiedergegeben:

„Rußland hat in Händen: die östliche Hälfte Deutschlands, Polen, den Balkan, anscheinend Ungarn, einen Teil Österreichs. Rußland entzieht sich immer mehr der Zusammenarbeit mit den anderen Großmächten und schaltet in den von ihm beherrschten Gebieten völlig nach eigenem Gutdünken. In den von ihm beherrschten Ländern herrschen schon jetzt ganz andere wirtschaftliche und politische Grundsätze als in dem übrigen Teil Europas.

Damit ist die Trennung in Osteuropa, das russische Gebiet, und Westeuropa eine Tatsache.

In Westeuropa sind die führenden Großmächte England und Frankreich. Der nicht von Rußland besetzte Teil Deutschlands ist ein integrierender Teil Westeuropas. Wenn er krank bleibt, wird das von schwersten Folgen für ganz Westeuropa, auch für England und Frankreich sein. Es liegt im eigensten Interesse nicht nur des nicht von Rußland besetzten Teiles Deutschlands, sondern auch von England und Frankreich, Westeuropa unter ihrer Führung zusammenzuschließen, den nicht russisch besetzten Teil Deutschlands politisch und wirtschaftlich zu beruhigen und wieder gesund zu machen. Eine Lostrennung des Rheinlandes und Westfalens von Deutschland dient diesem Zweck nicht, sie würde das Gegenteil herbeiführen. Man würde eine östliche politische Orientierung des nicht russisch besetzten Teiles Deutschlands herbeiführen. Dem Verlangen Frankreichs und Belgiens nach Sicherheit kann auf die Dauer nur durch wirtschaftliche Verflechtung von Westdeutschland, Frankreich, Belgien, Luxemburg, Holland wirklich Genüge geschehen. Wenn England sich entschließen würde, auch an dieser wirtschaftlichen Verflechtung teilzunehmen, so würde man dem doch so wünschenswerten Endziele, Union der westeuropäischen Staaten, ein sehr großes Stück näherkommen.

Zum staatsrechtlichen Gefüge des nicht von Rußland besetzten Teiles Deutschlands: Ein vernünftiges staatsrechtliches Gefüge besteht zur Zeit überhaupt nicht, es muß wiederhergestellt werden. Die Schaffung eines zentralisierten Einheitsstaates wird nicht möglich, auch nicht wünschenswert sein, der staatsrechtliche Zusammenhang kann lockerer sein als früher, etwa in der Form eines bundesstaatlichen Verhältnisses."

Ich kannte die Besorgnisse der westlichen Nachbarn Deutschlands. Ich verstand und würdigte sie nach den Erfahrungen, die sie in den letzten hundert Jahren gemacht hatten, in vollem Umfange. Ich hielt es für unrichtig, sie zur Beruhigung auf die politische Machtverteilung in Europa, wie sie im Jahre 1945 bestand, hinzuweisen. Die politische Geschichte zeigte, daß ständig alles im Fluß ist und politische Verhältnisse sich sehr schnell ändern können.

Es mußte eine Lösung der deutschen Frage gefunden werden, die organischer Natur und darum von Dauer sein würde und die unsere westlichen Nachbarn beruhigte und ihnen das Gefühl von dauernder Sicherheit gab. Eine Abtrennung deutscher Gebiete, die die Alliierten planten, zum Beispiel Frankreich die des linken Rheinufers, betrachtete ich allerdings nicht als eine derartige Lösung. Mit einer Abtrennung würde die Sicherheit nicht garantiert sein. Außerdem mußte, wer eine solche Abtrennung vornehmen würde, sich die Frage vorlegen, was dann aus dem übrigen Deutschland werden sollte, ob das übrige Deutschland nicht dadurch, wie Churchill es aussprach, „zu einem verwesenden Leichnam mitten in Europa" würde, der genauso tödlich für Europa sein würde, wie ein siegreiches nationalsozialistisches Deutschland es gewesen wäre.

Ich bin Deutscher, aber ich bin und war auch immer Europäer und habe als solcher gefühlt. Deshalb habe ich mich von jeher für eine Verständigung mit Frankreich eingesetzt, ohne die ein Europa nicht möglich ist, und bin in den zwanziger Jahren bei den schwersten Krisen bei der Reichsregierung dafür eingetreten. Ich bin immer eingetreten für eine vernünftige, den Interessen beider Länder gerecht werdende Verständigung. Schon nach dem Ersten Weltkrieg vertrat ich den Plan einer organischen Verflechtung der französischen, belgischen und der deutschen Industrie zur Sicherung eines dauernden Friedens, weil nach meiner Überzeugung parallel laufende, gleichgeschaltete wirtschaftliche Interessen das gesundeste und dauerhafteste Fundament für gute politische Beziehungen zwischen den Völkern sind und immer sein werden. Ich sah trotz der Not große Zukunftsmöglichkeiten für Westeuropa. Die Vereinigung Europas schien mir viel leichter möglich zu sein als damals in den zwanziger Jahren. Der Gedanke der internationalen Zusammenarbeit der Völker mußte sich durchsetzen.

Ich beschäftigte mich sehr mit dem Problem der Vereinigten Staaten von Europa, denen Deutschland angehören mußte. Ich sah in den künftigen Vereinigten Staaten von Europa die beste und dauerhafteste Sicherung der westlichen Nachbarn Deutschlands. Die Angst, die in Frankreich vor einem Wiedererstarken Deutschlands bestand und eine Politik der Zerstückelung Deutschlands forderte, schien mir völlig unbegründet. Deutschland lag nach 1945 militärisch, wirtschaftlich und politisch am Boden, und nach meiner Meinung gab dieser Zustand genügend Sicherung dafür, daß von diesem Deutschland für Frankreich keine Gefahr heraufkommen konnte. In den zukünftigen Vereinigten Staaten von Europa sah ich die große Hoffnung für Europa und damit für Deutschland: Wir mußten versuchen, Frankreich, Holland, Belgien und die anderen europäischen Länder daran zu erinnern, daß sie genausogut wie wir in Westeuropa liegen, daß sie unsere Nachbarn sind und für ewig bleiben werden, daß alle Gewalt, die sie uns antun, letzten Endes zum Übel führen müsse, daß auf Gewalt gegründet niemals ein dauernder Friede in Europa eintreten kann. General de Gaulle hatte dieses erkannt und in seiner Rede in Saarbrücken im August 1945 gesagt: „Franzosen und Deutsche müssen einen Strich unter die Vergangenheit machen, zusammenarbeiten und eingedenk sein, daß sie Europäer sind."

Diese Worte de Gaulles erfüllten mich mit großer Hoffnung für Deutschland und für die Verwirklichung meiner Hoffnungen auf ein vereinigtes Europa.

Mir war klar, daß wir Deutsche vorerst nur in beschränktem Umfange Außenpolitik betreiben konnten. Unser außenpolitisches Ziel mußte sein, an der friedlichen Zusammenarbeit der Völker in der Vereinigung der Nationen gleichberechtigt teilzunehmen. Die Lasten, die Deutschland durch den verlorenen Krieg von anderen Ländern auferlegt würden, sollten so bemessen werden, daß Deutschland sie tragen und ihnen gerecht werden konnte. Denn auch der Besiegte behält das Recht auf Leben und Arbeit. Bitterste Not ohne Hoffnung ist das stärkste Hindernis jeder friedlichen Entwicklung. Auch der Sieger, der im Besitze der Macht ist, hat nach menschlichem und göttlichem Recht Pflichten gegenüber dem Besiegten.

Ich war mir darüber klar, daß ein vereinigtes Europa nur entstehen könne, wenn eine Gemeinschaft der europäischen Völker wiederhergestellt würde, in der jedes Volk seinen unersetzlichen, eigenen Beitrag zur europäischen Wirtschaft und Kultur, zum abendländischen Denken, Dichten und Gestalten leistet.

Deutschland liegt in der Mitte Europas. Kraft seiner geographischen Lage kann ein gesundes, politisch lebensfähiges Europa nur entstehen, wenn es Deutschland als wirtschaftlich und politisch gesundes Mitglied voll akzeptiert. Der Weg, der zur Verwirklichung dieses Zieles führt, würde lang sein, und er würde viel Zähigkeit und Ausdauer von uns verlangen. Aber die politische Vernunft sagte mir, daß dieses Ziel verwirklicht werden konnte.

Ich dachte viel nach über den Verlauf der deutschen Geschichte. Ich dachte zurück an die schweren Jahre, die Deutschland und besonders wir im Rheinland von 1918 bis 1924 durchgemacht hatten. Die jetzige Lage Deutschlands, die Lage eines jeden einzelnen war unvergleichlich viel härter und dunkler, und doch war es gut, wenn man sich einmal die ersten Nachkriegsjahre nach 1918 ins Gedächtnis zurückrief, und wenn man dann weiter daran dachte, was das deutsche Volk in eineinhalb Jahrzehnten geschaffen hatte – ich dachte besonders an meine Heimatstadt Köln. Auch damals waren die Not und die Sorge um Deutschlands Zukunft drückend. Es herrschte große Arbeitslosigkeit, Inflation und Ungewißheit über die politische Entwicklung. Aber den vereinten Kräften der Kölner Bürgerschaft war es gelungen, alle diese Nöte und Gefahren zu überwinden. Diesen vereinten Kräften war es gelungen, trotz aller Schwierigkeiten große Aufgaben zu lösen. In diesen schweren Jahren errichteten wir in Köln die Messe, die Mülheimer Brücke, den Niehler Hafen, die Universität, die großen Wohnsiedlungen und den Grüngürtel; und außerdem veranstalteten wir die Jahrtausendausstellung der Rheinlande und hielten die „Pressa“ ab, die erste und bisher einzige Presseausstellung der Welt.

Der Gedanke daran, daß es uns damals möglich war, all dieses zu schaffen, gab mir Mut, daß wir auch die jetzigen Schwierigkeiten überwinden würden. Sicher sind die Beispiele, die ich nannte, kein Vergleich für die großen Aufgaben, die für das gesamte Deutschland jetzt vor uns lagen. Für mich aber, der ich in jenen Jahren Oberbürgermeister der Stadt Köln war, waren es konkrete, erlebte Beispiele dafür, was man mit Mut, Geduld und Ausdauer erreichen kann.

Ich fragte mich auch, wie es möglich war, daß die nach 1918 entstandene Weimarer Republik nur 14 Jahre bestanden hatte, wie es möglich war, daß das Bismarcksche Reich, 1871 gegründet, das sich bald zu einem der mächtigsten Staaten der Welt entwickelte, bereits 1918 – nach noch nicht 50 Jahren – zusammenbrach, dieses Deutsche Reich, das so stark und fest zu sein schien wie kaum ein anderes europäisches Land jener Zeit. Ich fragte mich, wie war das nationalsozialistische Reich, zuerst von vielen Harmlosen mit Jubel begrüßt, dann wegen seiner abgrundtiefen Gemeinheit und Niedertracht von sehr vielen Deutschen gefürchtet, auch verachtet und verflucht, wie war dieses nationalsozialistische Reich im deutschen Volk möglich?

Wie war es möglich, daß dieser Krieg von der nationalsozialistischen Regierung begonnen werden konnte, ein Krieg, der trotz anfänglicher blendender Erfolge notwendigerweise verloren werden mußte? Wie war es möglich, daß in diesem Kriege Wunder an Tapferkeit und Pflichttreue geleistet werden konnten und daß dicht daneben im selben Volke Verbrechen größten Ausmaßes begangen wurden? Wie war es möglich, diesen Krieg weiter fortzuführen, obwohl die Niederlage lange feststand, fortzuführen bis fast zur Selbstvernichtung! Wie war dieser Absturz des deutschen Volkes bis ins Bodenlose möglich?

Ich habe mich in der nationalsozialistischen Zeit oft geschämt, ein Deutscher zu sein, in tiefster Seele geschämt; ich hatte durch den schweizerischen Generalkonsul von Weiß von den Schandtaten, die von Deutschen an Deutschen begangen wurden, und von den Verbrechen, die an der Menschheit geplant waren, erfahren. Aber jetzt, nach dem Zusammenbruch, als ich sah, wie das deutsche Volk sein furchtbares Geschick: Hunger, Kälte, Not und Tod, ein Leben einstweilen ohne jede Hoffnung auf eine bessere Zukunft, in völliger politischer Machtlosigkeit, verachtet von allen Völkern der Erde, wie das deutsche Volk dieses Schicksal trug, mit geduldiger Stärke, die stärker zu sein schien als alle Not, jetzt war ich wieder stolz darauf, ein Deutscher zu sein. Ich war stolz auf den Starkmut, mit dem das deutsche Volk sein Schicksal ertrug, stolz darauf, wie jeder einzelne duldete und nicht verzweifelte, wie er versuchte, nicht unterzugehen und sich und die Seinigen aus diesem Elend hinüberzuretten in eine bessere Zukunft.

Ich ließ die deutsche Geschichte der letzten hundert Jahre an mir vorüberziehen und fragte mich, wie dieser Verlauf hatte kommen können. Es war eine Frage, die man sich stellen mußte. Wenn wir aus diesem Elend, aus dieser Tiefe herauskommen wollten, wenn wir den rechten Weg zum Aufstieg finden wollten, mußten wir zuerst erkennen, was uns in die Tiefe geführt hatte. Den richtigen Weg in eine bessere Zukunft konnten wir nur finden, wenn wir erkannten, wie wir in diese verhängnisvollste Periode der Geschichte des deutschen Volkes hineingekommen sind. Um den richtigen Weg zum Wiederaufstieg zu finden, war eine Gewissenserforschung notwendig.

Ich fragte mich, was sind die tiefsten Gründe dafür, daß wir hin- und hergetaumelt, von der Höhe in die Tiefe und schließlich in einen solchen Abgrund gestürzt waren. Auf die Einzelheiten kommt es bei einer solchen Untersuchung nicht an – sie sind auch vielfach noch nicht klargestellt –, aber die tieferen, die wirkenden Ursachen dieser Katastrophe mußte man suchen.

Sie reichen nach meiner Überzeugung weit zurück vor das Jahr 1933. Der Nationalsozialismus hatte uns unmittelbar in die Katastrophe hineingeführt. Aber der Nationalsozialismus hätte in Deutschland nicht zur Macht kommen können, wenn er nicht in breiten Schichten der Bevölkerung vorbereitetes Land für seine Giftsaat gefunden hätte. Ich betone, in breiten Schichten der Bevölkerung. Es ist nicht richtig zu sagen, die hohen Militärs oder die Großindustriellen tragen allein die Schuld. Gewiß, sie tragen ein volles Maß an Schuld, und ihre persönliche Schuld war um so größer, je größer ihre Macht und ihr Einfluß waren. Aber breite Schichten des Volkes, der Bauern, des Mittelstandes, der Arbeiter, der Intellektuellen, hatten nicht die richtige Geisteshaltung, sonst wäre der Siegeszug des Nationalsozialismus im deutschen Volk in den Jahren von 1930 an nicht möglich gewesen.

Das deutsche Volk krankte seit vielen Jahrzehnten in allen seinen Schichten an einer falschen Auffassung vom Staat, von der Macht, von der Stellung der Einzelperson gegenüber dem Staat. Es hatte den Staat zum Götzen gemacht und auf den Altar erhoben; die Einzelperson, ihre Würde und ihren Wert hatte es diesem Götzen geopfert.

Die Überzeugung von der Staatsomnipotenz, von dem Vorrang des Staates und der im Staat gesammelten Macht vor allen anderen, auch den ewigen Gütern der Menschheit, ist zuerst nach dem siegreichen Krieg von 1870/71 und dem sich anschließenden stürmischen wirtschaftlichen Aufstieg in Deutschland zur Herrschaft gelangt.

Die schnell zunehmende Industrialisierung, die Zusammenballung großer

Menschenmassen in den Städten und die damit verbundene Entwurzelung der Menschen machten den Weg frei für das verheerende Umsichgreifen der materialistischen Weltanschauung im deutschen Volk. Die materialistische Weltanschauung hat zwangsläufig zu einer weiteren Überhöhung der Macht und damit des Staates, in dem sich die Macht zusammenballte und verkörperte, zur Minderbewertung der ethischen Werte und der Würde des einzelnen Menschen geführt.

Die materialistische Weltauffassung des Marxismus hat zu dieser Entwicklung in sehr großem Umfange beigetragen. Wer eine Zentralisierung der politischen und der wirtschaftlichen Macht beim Staate oder bei einer Klasse erstrebt, wer demzufolge das Prinzip des Klassenkampfes vertritt, ist ein Feind der Freiheit der Einzelperson, er bereitet zwangsläufig den Weg der Diktatur im Fühlen und Denken seiner Anhänger vor. Daß diese Entwicklung zwangsläufig ist, zeigt die Geschichte solcher Staaten, in denen Karl Marx der Messias und seine Lehre das Evangelium ist.

Der Nationalsozialismus war nichts anderes als eine bis ins Verbrecherische hinein vorgetriebene Konsequenz der sich aus der materialistischen Weltanschauung ergebenden Anbetung der Macht und Mißachtung, ja Verachtung des Wertes des Einzelmenschen.

In einem Volk, das erst durch eine überspitzte und übertriebene Auffassung vom Staat, seinem Wesen, seiner Macht, den ihm geschuldeten unbedingten Gehorsam, dann durch die materialistische Weltanschauung geistig und seelisch vorbereitet war, konnte sich, sobald eine schlechte materielle Lage weiter Volkskreise eintrat, verhältnismäßig schnell eine Lehre durchsetzen, die nur den totalen Staat und die willenlos geführte Masse kannte, eine Lehre, nach der die eigene Rasse die Herrenrasse und das eigene Volk das Herrenvolk ist und die anderen Völker minderwertig, zum Teil vernichtungswürdig sind, nach der aber auch in der eigenen Rasse und im eigenen Volk der politische Gegner um jeden Preis vernichtet werden mußte.

Der Nationalsozialismus hatte den stärksten geistigen Widerstand gefunden in denjenigen katholischen und evangelischen Teilen Deutschlands, die am wenigsten der Lehre von Karl Marx, dem Sozialismus, verfallen waren.

Die Auffassung von der Vormacht, von der Allmacht des Staates, von seinem Vorrang vor der Würde und der Freiheit des einzelnen widerspricht dem christlichen Naturrecht. Nach meiner Auffassung muß die Person dem Dasein und dem Rang nach vor dem Staate stehen. An ihrer Würde, Freiheit und Selbständigkeit findet die Macht des Staates sowohl ihre Grenze wie ihre Orientierung. Freiheit der Person bedeutet jedoch nicht Schrankenlosigkeit und Willkür. Sie verpflichtet jeden, beim Gebrauch seiner Freiheit

immer der Verantwortung eingedenk zu sein, die jeder einzelne für seine Mitmenschen und für das ganze Volk trägt.
Nach meiner Auffassung muß der Staat eine dienende Funktion gegenüber der Person ausüben. Die materialistische Weltanschauung macht den Menschen unpersönlich, zu einem kleinen Teil in einer ungeheueren Maschinerie. Diese Weltanschauung halte ich für verderblich.
Der Sinn des Staates muß sein, die schaffenden Kräfte eines Volkes zu wecken, zusammenzuführen, zu pflegen und zu schützen. Wir mußten bei dem künftigen Wiederaufbau Deutschlands bemüht sein, das ganze Volk zu Verantwortungsbewußtsein und zu selbständigem politischen Denken zu erziehen. Der Staat muß eine auf Recht und Freiheit jeder einzelnen Person beruhende Schicksalsgemeinschaft sein, die die verschiedenen Interessen, Weltanschauungen und Meinungen zusammenfaßt. Wir mußten im künftigen Deutschland unsere Jugend zu politisch verantwortungsbewußten Menschen erziehen, nicht zu einer Bereitwilligkeit, sich kontrollieren und führen zu lassen, sondern zu dem Willen und der Fähigkeit, sich als freier Mensch verantwortungsbewußt in das Ganze einzuordnen. Diese Erziehung mußte nach meiner Überzeugung im christlichen und demokratischen Geiste erfolgen, und sie sollte allen jüngeren Menschen den Zugang zu ihnen bisher verschlossenen, jedoch allgemeingültigen menschlichen Überzeugungen und Haltungen öffnen.
In der heimatlosen, durcheinandergeschobenen, atomisierten Masse, als die sich unser Volk nach dem Kriege darstellte, mußte jeder einzelne angesprochen und zu Selbstbewußtsein und Verantwortungsgefühl geführt werden. Wieweit das gelingen würde, schien mir die Schicksalsfrage unseres Volkes zu sein.
Wenn man an diese Aufgabe mit Überzeugung heranging, mit Sachkunde und mit Hingabe sie durchführen würde, war ich sicher, daß nach und nach sich die Menschen herausheben würden, die durch Charakterstärke und Urteilssicherheit zur politischen, sittlichen und geistigen Führung geeignet und gewillt sein würden.
Die große Aufgabe bei dem Wiederaufbau Deutschlands war es, die demokratischen Kräfte in unserem Volke zu wecken, zu stärken und wachsen zu lassen. Das politische Verantwortungsgefühl eines jeden Menschen war Voraussetzung für ein politisch gesundes Deutschland. Die Demokratie erschöpft sich nicht in der parlamentarischen Regierungsform, sie muß vor allen Dingen in dem Bewußtsein der einzelnen Menschen verankert sein. Wie die parlamentarische Regierungsform sogar zur Herbeiführung der Diktatur mißbraucht werden kann, wenn die Menschen nicht wirklich demokratisch denken und fühlen, das haben uns die ersten Monate nach dem

Januar 1933 gezeigt. Demokratie ist mehr als eine parlamentarische Regierungsform, sie ist eine Weltanschauung, die wurzelt in der Auffassung von der Würde, dem Werte und den unveräußerlichen Rechten eines jeden einzelnen Menschen. Eine echte Demokratie muß diese unveräußerlichen Rechte und den Wert eines jeden einzelnen Menschen achten im staatlichen, im wirtschaftlichen und kulturellen Leben. Wer wirklich demokratisch denkt, muß Achtung vor dem anderen, vor dessen ehrlichem Wollen und Streben haben.

II. DIE CHRISTLICH DEMOKRATISCHE UNION, IHRE GRUNDSÄTZE UND FORDERUNGEN

1. Die Anfänge politischen Lebens in Deutschland nach dem Zusammenbruch im Jahre 1945

Die nationalsozialistische Regierung hatte außer der NSDAP sämtliche Parteien, die bis zum Jahre 1933 in Deutschland bestanden, verboten. In den Jahren der nationalsozialistischen Herrschaft in Deutschland gab es nur die NSDAP. Unter Mitgliedern der verschiedenen alten Parteien hatte jedoch trotzdem ein wenn auch loser Zusammenhang fortgelebt.

Nach dem Zusammenbruch Deutschlands im Frühjahr 1945 regten sich sogleich wieder, auch als die Alliierten die Bildung von Parteien noch nicht erlaubt hatten, parteipolitische Bewegungen, zum größten Teil in den Parteien, die bis 1933 bestanden hatten.

Die Alliierten beschäftigten sich mit der Frage der Zulassung politischer Parteien im Sommer 1945. In Punkt 9, Absatz II des Potsdamer Abkommens vom 2. August 1945 bestimmten sie, daß in ganz Deutschland demokratische Parteien wieder erlaubt und zu fördern seien mit der ausdrücklichen Einräumung des Rechtes der Parteien, Versammlungen einzuberufen und öffentliche Diskussionen durchzuführen.

Die russische Militärregierung hatte schon vor der Potsdamer Beschlußfassung durch einen sogenannten „Befehl" des Leiters der sowjetischen Militärverwaltung, Marschall Schukow, vom 10. Juni 1945 die Zulassung antifaschistischer Parteien und Gewerkschaften in dem russisch besetzten Teil Deutschlands bekanntgegeben.

Die amerikanische Militärregierung gab am 13. August 1945 die Erlaubnis zur Gründung politischer Parteien. Diese Erlaubnis wurde am 27. August 1945 dahin eingeschränkt, daß die Bildung politischer Parteien nur auf Kreisebene erfolgen dürfe. Erst seit November 1945 wurde der Zusammenschluß politischer Parteien auf Landesebene von ihr genehmigt.

In der britischen Zone wurden politische Parteien offiziell am 15. September 1945 zugelassen, jedoch sogleich auf Zonenebene. Das hatte weitgehende politische Folgen für die CDU: die CDU in der britischen Zone wurde dadurch führend bei dem Aufbau dieser Partei.

In der französischen Zone erfolgte die Zulassung politischer Parteien im Dezember 1945. Ehe die politischen Parteien in der französischen Zone zu praktischer Arbeit kamen, wurde es Frühjahr 1946.

Die Sozialdemokraten fanden sehr schnell wieder zusammen. Ihnen kam zustatten, daß die Gewerkschaften, ihr tragendes Fundament, sich bald nach dem Zusammenbruch wieder konstituieren durften, ehe es den einzelnen Parteien erlaubt war, sich auf breiter Ebene zusammenzuschließen und ihre Tätigkeit entsprechend zu entwickeln. Der anerkannte Führer der Sozialdemokraten wurde Dr. Kurt Schumacher, ein ungewöhnlich begabter Mann. Schumacher war sehr von seiner Partei und sich selbst eingenommen, namentlich als nach dem Sieg der Labour Party in England Ende Juli 1945 die britische Labour-Regierung die deutschen Sozialdemokraten allenthalben förderte.

Die Kommunistische Partei, deren Vertreter von den Nationalsozialisten sehr verfolgt gewesen waren und die zum größten Teil jetzt aus den Konzentrationslagern zurückkamen, konnte sich gleichfalls sehr schnell wieder formieren. Sie wurde stark gefördert durch ihre Beziehungen zu Sowjetrußland. Auch die englischen und amerikanischen Besatzungsbehörden unterstützten sie zunächst. Sie war sehr bald in der Lage, eine große Aktivität in ganz Deutschland zu entfalten.

Das Zentrum hatte den politischen Sturm seit 1933 in seinem innersten Kern wohl am besten überstanden. Bei den letzten freien Reichstagswahlen im Jahre 1933 waren die Bezirke Köln und Aachen, in denen das Zentrum in den vorangegangenen Jahrzehnten stets die Mehrheit hatte, diejenigen Bezirke, die in ganz Deutschland den geringsten Prozentsatz an nationalsozialistischen Stimmen aufwiesen. Es war das meines Erachtens ein klarer Beweis dafür, daß eine auf Grundsätzen der christlichen Ethik beruhende Partei gegenüber politischen Stürmen die größte Standfestigkeit besitzt.

Als das politische Leben in Deutschland nach dem Zusammenbruch wieder begann, wurde unter früheren führenden Mitgliedern des Zentrums die Frage aufgeworfen, ob man das Zentrum in seiner alten Form wieder ins Leben rufen oder ob man eine neue Partei gründen solle, eine christliche Partei, die sich in gleicher Weise auf evangelische wie auf katholische Christen stützen müßte. Das Zentrum war im 19. Jahrhundert gegründet worden zur Abwehr gegen Maßnahmen des Preußischen Staates auf kirchlichem Gebiete, insbesondere wegen der Konflikte des Preußischen Staates mit der katholischen Kirche. Das Zentrum stand daher von Anfang an in dem Rufe, eine Partei des politischen Katholizismus zu sein. Jedenfalls hatte es nur eine verschwindend kleine Anzahl protestantischer Mitglieder. Wir brauchten aber gerade in der damaligen Lage Deutschlands eine große Partei, die in gleicher Weise evangelische wie katholische Christen umfaßte.

Die Besprechungen, die unter Mitgliedern des früheren Zentrums über das Problem einer neuen christlichen Partei geführt wurden, waren oft sehr hart und sehr schmerzlich. Es gab Mitglieder des Zentrums, sehr achtbare Männer, die mir menschlich nahestanden, die sich aber nicht von der Notwendigkeit, das Zentrum aufzugeben und zur Gründung einer neuen christlichen Partei zu schreiten, überzeugen ließen. Eine politische Trennung von ihnen war unvermeidlich.

2. Die Notwendigkeit der Gründung einer weltanschaulich ausgerichteten, auf ethischen Grundlagen stehenden Partei

Schon seit vielen Jahren war mir das Entstehen einer christlichen Partei, die sich auf die Grundsätze stützen könnte, die beiden Konfessionen gemeinsam waren, notwendig erschienen, um dem fortschreitenden materialistischen Denken in politischen Fragen entgegenzutreten und um ein gesundes, sich nicht nur auf das Interesse von einzelnen Schichten und Klassen, sondern auf alle Volksschichten stützendes politisches Leben in Deutschland möglich zu machen.
Ich hatte im Jahre 1922 als Präsident des Katholikentages in München dem Gedanken Ausdruck gegeben, daß für eine christliche Partei die Plattform nicht groß genug sein könne, wenn sie gegenüber allen inneren und äußeren Gefahren bestehen wolle. Ich erklärte damals in einer Rede:

„Wir müssen beim Kampf für die Geltung der christlichen Grundsätze in den öffentlichen Dingen bei den Nicht-Katholiken Bundesgenossen suchen und die Gegnerschaft jener, die wir nicht als Bundesgenossen gewinnen können, möglichst entkräften. Vielleicht oder sogar sicher haben wir uns früher zu sehr von den Nicht-Katholiken ferngehalten. Dadurch haben wir die gemeinsamen christlichen Ideale nicht gefördert. Soweit wir das irgendwie können, müssen wir mit Bestrebungen Gleichgesinnter im evangelischen Lager Hand in Hand gehen und suchen, uns gegenseitig zu unterstützen und zu fördern."

Die seit jener Zeit eingetretene Entwicklung hatte mich in dieser meiner Überzeugung bestärkt. Ich hatte erlebt, daß die Parteien der Weimarer Republik dem Nationalsozialismus nicht hatten standhalten können. Wenn ich von einem Versagen der alten Parteien spreche, so meine ich damit alle: das Zentrum, die SPD und die vielen anderen Parteien jener Zeit. Das Versagen lag in dem Verhalten dieser Parteien schon in der Zeit vor den Tagen der sogenannten Machtergreifung durch die NSDAP, in einer Zeit, in der es den auf demokratischem Boden stehenden Parteien möglich gewesen wäre, dem Nationalsozialismus auf gesetzlichem Wege mit Erfolg entgegenzutreten. Ich werde in einem anderen Bande, der die Zeit bis zum Jahre 1945 umfassen wird, meine Erfahrungen und Beobachtungen, die ich als Präsident des Preußischen Staatsrates machte, und meine Gedanken zu den Vorgängen, die zur Entwicklung der deutschen Katastrophe führten, näher darlegen. Ich erwähne das Versagen der Parteien der Weimarer Republik hier nur als Erklärung dafür, daß mit mir ein großer Kreis Gleichgesinnter der Auffassung war, daß nur eine neue Partei, wurzelnd in dem weiten christlichen Boden, auf festen ethischen Grundsätzen und gestützt auf alle Schichten des deutschen Volkes, in der Lage sein würde, Deutschland aus seiner Not wieder aufzurichten.

Der nationalsozialistische Staat hatte uns die Augen dafür geöffnet, welche Macht ein diktatorisch regierter Staat besaß. Ich hatte die Greueltaten des Nationalsozialismus, die Folgen einer Diktatur kennengelernt. Ich hatte meine Tätigkeit, an der ich mit meinem ganzen Herzen hing, verloren, meine Frau war infolge des Aufenthaltes im Gestapogefängnis Brauweiler hoffnungslos erkrankt. Ich hatte die Folgen des Krieges erfahren. Drei meiner Söhne standen an der Front, ich hatte täglich um sie bangen müssen, einer war schwer verwundet worden.

Ich hatte von den Verbrechen gehört, die an Juden begangen, die von Deutschen an Deutschen verübt worden waren. Ich hatte gesehen, wohin eine atheistische Diktatur den Menschen brachte. Ich hatte den Sturz des deutschen Volkes ins Chaos erlebt.

Von Osten her drohte die atheistische, kommunistische Diktatur. Wir sahen am Beispiel der Sowjetunion, daß eine Linksdiktatur mindestens so gefährlich war wie eine Rechtsdiktatur. Die Sowjetunion war durch den Krieg bis weit nach Mitteldeutschland, bis zur Elbe vorgedrungen und bildete eine große Gefahr für uns.

Wir hatten im nationalsozialistischen Staate erlebt, wie wir es auch an dem kommunistischen Rußland sahen, welche Gefahren durch eine nicht auf ethischen Grundsätzen beruhende Partei drohten. Darum erkannten die meisten Anhänger des früheren Zentrums, aber auch zahlreiche Mitglieder der früheren Rechtsparteien und der Parteien der Mitte die Notwendigkeit, daß wir alle zusammenfinden mußten, um eine neue, auf ethischen Grundsätzen beruhende Partei zu schaffen.

Es verbreitete sich die Überzeugung, daß nur eine große Partei, die in der christlich-abendländischen Weltanschauung, in den Grundsätzen der christlichen Ethik ihr Fundament hatte, die notwendige erzieherische Aufgabe am deutschen Volk erfüllen, seinen Wiederaufstieg herbeiführen und einen festen Damm gegenüber der kommunistischen atheistischen Diktatur errichten könnte. Es bildeten sich überall in Deutschland, auch in der sowjetisch besetzten Zone, ganz spontan politische Gruppen und Vereinigungen auf der Basis der von mir dargelegten Grundsätze. Wenn sie auch in einzelnen politischen und wirtschaftlichen Forderungen voneinander abwichen, im wesentlichen stimmten sie überein. Die wichtigste Voraussetzung dieser Gruppen war, daß ihre Mitglieder und Anhänger Demokraten waren, die ihre politische Überzeugung und Tätigkeit aufbauten auf den christlichen Prinzipien, wie sie sich in Europa und vor allem in unserem Lande im Laufe von Jahrhunderten entwickelt hatten. Der Grundsatz, daß die Würde der menschlichen Person über allem, auch über der staatlichen Macht, stehen muß, ist aus dem Wesen des abendländischen Christentums entwickelt. Daß er während der Zeit des Nationalsozialismus in Deutschland verschüttet zu sein schien, erkläre ich mir aus folgendem: Der Nationalsozialismus hatte in Deutschland trotz der Unterdrückung der Freiheit des einzelnen so viele Anhänger gewinnen und auch halten können, weil das politische Interesse und Verantwortungsbewußtsein in weiten Kreisen der Bevölkerung sehr schwach war, zum anderen, weil die Deutschen auf Grund ihrer geschichtlichen Entwicklung nur allzu leicht dazu neigen, sich der Staatsmacht zu beugen. Dazu kam die schlechte materielle Lage des Volkes, insbesondere die große Arbeitslosigkeit. Die Mehrzahl der Deutschen hatte die Gefahren des Nationalsozialismus in seinen ersten Jahren nicht erkannt. Sie waren sich nicht klar darüber, daß der Nationalsozialismus die Macht des Staates über die menschliche Person, ihre Freiheit und Gleichheit stellte, und als das Erkennen kam, war es zu spät.

Der aus christlichem Ideengut erwachsene Grundsatz, daß die Würde der Person, die Freiheit und die sich daraus ergebenden Folgerungen über allem stehen müssen, konnte allein uns helfen, ein neues politisches Ziel dem deutschen Volk zu weisen, ein neues politisches Leben in ihm zu erwecken.

Diese Überzeugung allein würde unserer Partei die Kraft geben, Deutschland aus der Tiefe wieder emporzuheben. Ihr sollten alle diejenigen, die den Wert der christlichen Entwicklung in Europa kannten und schätzten, angehören können; selbstverständlich rechneten wir auch unsere jüdischen Mitbürger dazu.

Nur eine sehr große Partei, die alle Schichten unseres Volkes umfaßte, konnte das am Boden liegende, zerbrochene Deutschland wiedergestalten. Ihr mußten Arbeitgeber und Arbeitnehmer, Bauern, Mittelständler, Beamte, Intellektuelle, Menschen aus Nord und Süd, Heimatvertriebene und Flüchtlinge angehören können. Die ethischen Grundsätze, wie sie die CDU zu ihren Prinzipien machte, würden die Kraft und die Elastizität haben, die notwendig waren, um die natürlichen Spannungen innerhalb einer großen Partei zu überwinden und auszugleichen.

Die Gründung einer neuen Partei war schwer bei der trostlosen Lage, die in Deutschland bestand. Die materielle Not war groß, die politische Not und die Gleichgültigkeit gegenüber politischen Angelegenheiten bei den meisten Deutschen waren entmutigend. Die Gegenwart war für uns Deutsche niederdrückend und die Zukunft unsicher und ungewiß. Das deutsche Volk war der Erbe der Schandtaten des Nationalsozialismus, verhaßt in der ganzen Welt. Parteipolitische Tätigkeit erschien aussichtslos. Es gehörte viel Mut dazu, eine der früheren Parteien wieder aufzurichten, noch größerer Mut, eine neue Partei zu gründen.

Es erscheint mir heute, wenn ich zurückblicke in jene dunkle Zeit, wie ein Wunder, daß sich überall in Deutschland Gruppen bildeten, die, durch das Erlebnis der nationalsozialistischen Zeit gegangen, eine auf christlichem Fundament stehende neue Partei forderten. Diese Gruppen bildeten sich in allen vier Zonen Deutschlands. Allmählich entstand ein loser Zusammenhang unter ihnen, eine straffe Organisation konnte sich erst im Laufe der Jahre entwickeln.

Diese Gruppen wollten, daß ihr Name das Wort „christlich" enthalten sollte, um dadurch ihre wesentlichen Ziele und ihren Gegensatz zu dem christentumsfeindlichen Nationalsozialismus zu kennzeichnen. Auf dem ersten „Reichstreffen" dieser christlich-demokratischen Parteigruppen, das im Dezember 1945 in Bad Godesberg stattfand, beschloß man, sich als „Union" zu bezeichnen. Damit sollte unterstrichen werden, daß alle diejenigen, die auf dem von uns gewählten weiten politischen Boden standen, zur politischen Arbeit zusammengeführt werden sollten, gleichgültig, welchem Bekenntnis sie angehörten, gleichgültig, welchen Standes sie waren.

So entstand die Christlich Demokratische Union in Deutschland. In Bayern entwickelte sich die gleiche christliche Partei unter dem Namen „Christlich Soziale Union".

Wir waren uns klar darüber, daß die Schaffung einer neuen großen Partei eine nicht von heute auf morgen zu bewältigende Aufgabe sein würde. Wir wußten, daß der konfessionelle Gegensatz in Deutschland nur in zielbewußter, mühsamer Arbeit überwunden werden konnte. Wir wußten, daß die Sozialdemokratie, die sich auf die Gewerkschaften als Basis stützte, ein scharfer Gegner der Bildung einer neuen großen christlichen Volkspartei sein würde. Wir wußten, daß eine sehr schwere Arbeit vor uns lag, die nicht mit einem Schlag getan sein konnte, sondern viel Geduld erforderte.

Die CDU war eine neue Partei, die wohl an manches aus der früheren Zeit anknüpfen konnte, die aber doch ihr Programm erst im einzelnen formen, ihre Organisation erst schaffen mußte. Sie war dadurch zunächst im Nachteil gegenüber anderen politischen Parteien, die sich damit begnügten, dort fortzufahren, wo sie 1933 aufgehört hatten. Davon abgesehen war die CDU besonders in der britischen Zone gegenüber den Sozialdemokraten im Nachteil. Wie ich bereits erwähnte, war in England die Regierungsgewalt im Juli 1945 von der Konservativen Partei auf die Labour Party übergegangen. Die britischen Besatzungsbehörden bevorzugten vielfach augenfällig die Sozialdemokraten. Auch die KPD und das Zentrum wurden von den britischen und amerikanischen Besatzungen freundlicher behandelt als die CDU, die neue Partei, der man zunächst nicht traute.

Das deutsche Volk befand sich damals nicht nur in großer materieller Not, es war auch in einer gefährlichen geistigen und seelischen Verfassung. Es war vieles in ihm zerbrochen, an das es geglaubt hatte, die Erziehung der jüngeren Generation war vernachlässigt. Hinzu kam die durch Flucht und Vertreibung vieler Millionen Menschen, durch Evakuierungen der Großstädte und durch die weitgehenden Zerstörungen der Wohnungen geförderte Auflösung der Familie und die Ungewißheit des Schicksals von Hunderttausenden deutscher Kriegsgefangener. Die Not des deutschen Volkes war so groß, daß es notwendig war, die tiefsten und stärksten geistigen und seelischen Kräfte zu wecken, um einen Wiederaufstieg möglich zu machen. Solche Kräfte sollten ihm insbesondere aus dem christlichen Fundament unserer Partei erwachsen.

Dazu kam die von der Sowjetunion her drohende Gefahr des atheistischen Kommunismus. Der beste Boden für die Saat des Kommunismus ist Not und Hoffnungslosigkeit. Die Sowjetunion war tief in Mitteldeutschland bis zur Elbe vorgedrungen. Dem Kommunismus mußte eine auf christlichen Grundsätzen stehende weltanschauliche Partei in Deutschland entgegengestellt werden, um die Gefahr der Ausbreitung des Kommunismus zu bannen.

Wir sahen die großen Aufgaben vor uns und gingen ans Werk, voll Mut und voll Idealismus.

3. Die ersten Tagungen der Christlich Demokratischen Union in der britischen Zone

Ich habe nach dem Zusammenbruch von Anfang an für die CDU gearbeitet, mußte jedoch durch das Verbot jeglicher politischer Betätigung, das die englische Militärregierung für mich im Zusammenhang mit meiner Entlassung als Oberbürgermeister von Köln aussprach, meine Arbeit für die CDU unterbrechen.

Als dann später das Verbot der politischen Betätigung für mich durch die

Engländer gemildert und schließlich ganz aufgehoben wurde, widmete ich mich wieder dem Aufbau und der Arbeit für unsere Partei.

Die erste große Versammlung der CDU, an der ich teilnahm, war das „Reichstreffen" der CDU in Bad Godesberg im Dezember 1945. Aus allen Teilen Deutschlands waren Mitglieder der CDU nach Bad Godesberg zu dieser Tagung gekommen. Allerdings konnte Hermes, einer der Hauptbegründer der CDU in Berlin, nicht anwesend sein. Die Reise nach Bad Godesberg war ihm von den Russen untersagt worden.

Der Hauptzweck des Treffens in Bad Godesberg war, den gesamtdeutschen Charakter unserer Partei und unsere Bemühungen um Einheit in unserem in vier Teile geteilten Vaterland zu unterstreichen.

Eine weitere für die Entwicklung der CDU in der britischen Zone sehr wichtige Tagung fand am 22. und 23. Januar 1946 in Herford in Westfalen statt. Es war die erste Sitzung des Zonenausschusses der CDU der britischen Zone. Ich eröffnete die Tagung als Alterspräsident und leitete sie dann auf allgemeinen Wunsch weiter.

Die von den verschiedenen Landesverbänden – gemäß der auf dem Reichstreffen in Bad Godesberg vereinbarten Aufschlüsselung – benannten sechsundzwanzig Delegierten aus Rheinland, Westfalen, Hannover, Schleswig-Holstein, Hamburg, Bremen, Oldenburg, Braunschweig und Lippe waren fast vollzählig versammelt.

Wir alle waren uns darüber klar, daß es unsere erste Aufgabe sein mußte, das deutsche Volk aus seiner gegenwärtigen politischen Lethargie herauszuführen. Wir mußten versuchen, die Deutschen zu überzeugen, daß sie selbst tätig werden mußten, um das Elend, in dem wir uns befanden, zu überwinden.

In Herford unternahmen wir den ersten Versuch einer Organisation der CDU auf breiter Ebene. Wir beschlossen, daß dieser in Herford zum ersten Male zusammengetretene Zonenausschuß mit einem noch zu wählenden Vorstand der eigentliche Parteivorstand für die gesamte britische Zone sein und Autorität gegenüber den einzelnen Landesleitungen besitzen sollte.

Die Frage der Zusammensetzung und Wahl des Vorstandes wurde näher besprochen, die Entscheidung darüber wurde jedoch auf die nächste Sitzung des Zonenausschusses, die Ende Februar 1946 in Neheim-Hüsten in Westfalen stattfinden sollte, verschoben. Bis dahin wurde ich zum Ersten Vorsitzenden, Dr. Holzapfel aus Herford zum Zweiten Vorsitzenden gewählt. Diese Beschlüsse wurden einstimmig gefaßt*.

Auf unserer Tagung in Herford berichteten die Delegierten über das

* Siehe Protokoll der ersten Tagung des Zonenausschusses der CDU vom 22./23. 1. 1946 in Herford.

Wachstum und die Lage der einzelnen Landesverbände. Aus den Berichten ergab sich ein im großen und ganzen sehr befriedigendes Bild. Besonders erfreulich war es, daß in überraschend hohem Maße sich die junge Generation aller Stände und Schichten der Arbeit für die CDU widmete. Wir durften mit unserem bisherigen Erfolg zufrieden sein, wenngleich wir nicht verkannten, daß noch unendlich viel Arbeit, insbesondere in organisatorischer Hinsicht, zu leisten sein würde.

Wir forderten in Herford erneut einmütig die geistige und staatliche Einheit Deutschlands.

Der wichtigste Grundsatz, den wir bei dem politischen, wirtschaftlichen und geistigen Wiederaufbau Deutschlands für notwendig hielten und den wir besonders hervorhoben, war die Betonung des Wertes der Person als Grundlage einer christlichen Demokratie.

Der wirtschaftliche Wiederaufbau wurde eingehend erörtert. Wir entwarfen ein soziales Notprogramm für die erste Aufbauperiode. Außerdem befaßten wir uns mit der Reform des Wahlrechts und entwarfen hierzu einen Vorschlag.

Aus der Niederschrift * über diese Tagung hebe ich folgendes hervor:

„Zwei wesentliche Punkte sind es, die den ausgefüllten Arbeitsstunden das Gepräge gaben. Zunächst wurde das Gefühl der menschlichen Übereinstimmung unter den Delegierten so stark empfunden, daß manche Fragen von grundsätzlicher Bedeutung, über die früher tagelang gestritten worden wäre, in der allgemein freudigen Stimmung rasch erledigt wurden, sobald sie nur klar ausgesprochen und kurz erörtert waren. Daher fehlte völlig das sonst übliche Geplänkel der Parteisitzungen alten Stils.

Zweitens verriet keiner der gefaßten Beschlüsse eine ängstliche Rücksichtnahme auf Stimmenfang, vielmehr waltete durchweg das Gefühl, daß unsere Ausführungen sich mit dem echten Volkswillen in unmittelbarem Kontakt befanden **."

Ich war nicht damit einverstanden, daß man davon sprach, daß die CDU eine politische Sammlungsbewegung sei, und wandte mich sehr energisch gegen diese Ansicht und die Verbreitung solcher Äußerungen.

In Norddeutschland war bei ehemaligen Angehörigen der konservativen und der liberalen Parteien, die jetzt keine große Anhängerschaft mehr besaßen und von denen prominente Vertreter nunmehr sich der CDU angeschlossen hatten, der Gedanke aufgetaucht, alle rechts von der Sozialdemokratie stehenden Kräfte in der CDU zu „sammeln". Herr Schlange-

* Anlage Nr. 4 zum Protokoll über die Sitzung in Herford vom 22./23. 1. 1946.

** Weitere Ausführungen siehe Dokumentenband.

Schöningen hatte im Oktober und Dezember 1945 Rundbriefe an seine Freunde im Norden der britischen Zone herausgegeben, in denen er davon sprach, daß die CDU eine „Sammlungspartei“ sein wolle. Herr Schlange-Schöningen beabsichtigte, diese Rundbriefe als Broschüre drucken zu lassen und zu verteilen. Ich erhob sehr entschieden Einspruch hiergegen und verhinderte ein weiteres Verbreiten dieser Ansichten. Wir mußten eine Partei sein mit einem eigenen neuen Programm. Auf „Sammlung“ als Fundament läßt sich keine Partei aufbauen, weil „Sammlung“ nichts in die Zukunft Weisendes ist.

Eine neue Partei, wie die unsrige, konnte erst im Verlauf einer gewissen Zeit die ihr zugrunde liegenden Ideen zu festen und klar umrissenen gemeinsamen Programmsätzen entwickeln. Zum Abschluß dieser Entwicklung hoffte ich auf der Tagung des Zonenausschusses in Neheim-Hüsten zu kommen. Ich war sicher, daß dann manche im Stadium der Entstehung der Partei gemachten Ausführungen als unklar oder überholt erscheinen würden.

Die Frage der Sozialisierung, das heißt Verstaatlichung großer Unternehmen, spielte damals eine entscheidende Rolle. Es gab starke Kräfte innerhalb der CDU, die sich für eine weitgehende Sozialisierung einsetzten. Die Ansichten über diese Frage waren in unserer Partei zunächst geteilt.

Die Klärung der Stellung der CDU zur Sozialisierung war eine der wichtigsten Aufgaben, die auf der Tagung des CDU-Ausschusses der britischen Zone vom 26. Februar bis zum 1. März 1946 in Neheim-Hüsten gelöst werden mußte.

Außer der Frage der Sozialisierung gab es noch eine große Anzahl weiterer Fragen zu klären, die sich notwendigerweise daraus ergaben, daß an vielen Orten unabhängig voneinander Gründungen der CDU stattgefunden hatten. Es galt nun, die Ideen und Ansichten aufeinander abzustimmen und eine einheitliche Linie zu erarbeiten.

Wir waren in Neheim-Hüsten zusammengekommen, um ein Parteiprogramm zu schaffen, wenn es auch nur für die britische Zone Gültigkeit haben würde, da die Verbindung der Parteien über die Zonengrenzen hinaus noch nicht erlaubt war.

Wir haben uns in Neheim-Hüsten mit sehr großem Ernst und sehr großem Fleiß unserer Aufgabe gewidmet. Auf dieser Tagung wurden für die Partei wichtige Grundsätze beschlossen.

Wir beschäftigten uns auch mit den vordringlichen Aufgaben der ersten Aufbauperiode. Unsere Lösungsvorschläge hierfür ergaben sich aus den auf dieser Tagung gefaßten Grundsätzen und der allgemeinen Situation jener ersten Zeit der Besatzung.

Die allgemeinen Grundsätze unseres Programms, die wir in Neheim-Hüsten verabschiedeten, erstreckten sich

auf das Verhältnis der Einzelperson zum Staat,
auf das Wirtschafts- und soziale Leben,
auf das Gebiet der Kultur.

Über die Grundsätze und Forderungen zum ersten Punkt erreichten wir verhältnismäßig schnell eine allgemeine Übereinstimmung. Aus der religionsfeindlichen Haltung des Nationalsozialismus und ihren Folgen hatten wir klar erkannt, daß der Mensch für sein Leben eine ethische Grundlage braucht. Wir faßten unsere grundsätzliche Auffassung wie folgt zusammen:

„Die christliche Grundlage der demokratischen Union ist das absolut Notwendige und Entscheidende. An die Stelle der materialistischen Weltanschauung, wie wir sie unter dem Nationalsozialismus erlebt hatten, soll wieder die christliche Weltanschauung treten; an die Stelle der sich aus dem Materialismus ergebenden Grundsätze die Grundsätze der christlichen Ethik. Sie sollen bestimmend sein für den Wiederaufbau des Staates und die Abgrenzung seiner Macht, für die Rechte und Pflichten der Einzelperson, für wirtschaftliches und soziales Leben, für das Verhältnis der Völker zueinander.

Die christliche Weltauffassung allein gewährleistet Recht, Ordnung und Maß, Würde und Freiheit der Person und damit eine wahre und echte Demokratie, die sich nicht auf das formelle Geschehen im Staate beschränken darf, sondern das Leben des einzelnen wie das der Völker tragen und durchdringen soll.

Wir betrachten die hohe Auffassung des Christentums von der Menschenwürde, vom Wert eines jeden einzelnen Menschen als Grundlage und Richtschnur unserer Arbeit im politischen, wirtschaftlichen und kulturellen Leben unseres Volkes."

Es folgten die elementaren Grundsätze, unter denen wir das Verhältnis der Einzelperson zum Staat betrachteten:

„1. Die Grundsätze christlicher Ethik und Kultur, wahre Demokratie müssen das staatliche Leben tragen und erfüllen. An der Würde und den unveräußerlichen Rechten der Person findet die Macht des Staates ihre Grenzen.
2. Recht auf politische und religiöse Freiheit.
3. Gerechtigkeit, gleiches Recht und Rechtssicherheit für jeden.
4. Anerkennung der grundlegenden Bedeutung der Familie für Volk und Staat.

5. Anerkennung und Schutz der Frau bei ihrer Tätigkeit in Haus und Familie. Freie Betätigung der Frau im beruflichen und öffentlichen Leben.
6. Die Mehrheit hat kein willkürliches und uneingeschränktes Recht gegenüber der Minderheit. Auch die Minderheit hat Rechte und Pflichten."

Auch über die kulturellen Fragen erzielten wir rasch Übereinstimmung. Ich möchte hier drei Punkte aus unserem Programm besonders hervorheben:

„Punkt 1:

Rückkehr zu den Grundlagen christlich-abendländischer Kultur, deren Kern die hohe Auffassung von der Würde der Person und dem Werte jedes einzelnen Menschen ist.

Punkt 4:

Weltanschauliche Gestaltung des Schulwesens nach dem Willen der Erziehungsberechtigten, d. i. der Eltern.

Punkt 5:

Schutz der christlichen Kirchen und der Religionsgesellschaften. Sie sind frei in ihrer Betätigung. Zusammenarbeit der christlichen Bekenntnisse unter voller Wahrung ihrer Selbständigkeit und ihres Eigenlebens. Zusammenwirken von Staat und Kirchen."

Der Schule und der Erziehung, die während der nationalsozialistischen Zeit sehr vernachlässigt und mißbraucht worden waren, galt unsere Sorge, weil wir gute Schulen aller Art, die das Wissen und die Erziehung des Charakters in gleicher Weise pflegen, als besonders wichtig für die Gesundung des deutschen Volkes erachteten. Auf allen Gebieten machte sich infolge der geistigen Öde der zwölf Jahre des Nationalsozialismus und der Menschenverluste, die der Krieg mit sich gebracht hatte, ein großer Mangel an wirklich tüchtigen und auf ihren Gebieten führenden Menschen bemerkbar. Trotz der wirtschaftlichen Not sollte und mußte der Staat den über dem Durchschnitt Begabten durch materielle Hilfe den Weg zum Aufstieg ebnen, sonst bestand die Gefahr, daß das deutsche Volk tief unter das Niveau sinken würde, das es früher hatte.

Das vertrauensvolle Zusammenwirken von Staat und Kirchen war eine weitere Grundforderung unseres Programms. Die staatliche Erziehung sollte Achtung vor den Kirchen, die Kirchen sollten Achtung vor dem Staat sorgfältig pflegen. Die christlichen Bekenntnisse sollten unter voller Wahrung ihres Wesens und ihrer Eigenart im öffentlichen Leben zusammenwirken.

Wie ich bereits erwähnte, herrschten zunächst in der Auffassung über die Grundsätze, nach denen das wirtschaftliche und soziale Leben gestaltet werden sollte, erhebliche Meinungsverschiedenheiten.

In vielen, an einzelnen Orten getrennt voneinander erlassenen Gründungsaufrufen der CDU aus dem Jahre 1945 hatte die Frage der Sozialisierung der Bodenschätze und der großen Betriebe eine Rolle gespielt. Der Bergbau zum Beispiel und andere monopolartige Zweige unseres Wirtschaftslebens sollten gemäß den erwähnten Gründungsaufrufen verstaatlicht werden. Die Erörterung dieser Frage in Neheim-Hüsten zeigte bei einem Teil der Anwesenden eine sehr enge Nachbarschaft mit den Auffassungen der Sozialdemokraten. Die Meinungen und Ansichten zur Frage der Sozialisierung prallten hart aufeinander. Es waren bis tief in die Nächte hinein dauernde Diskussionen notwendig, um in dieser Frage eine Klärung zu erreichen.

Ein großer Teil meiner Parteifreunde war mit mir gegen eine zu starke Sozialisierung unserer Wirtschaft. Nach meiner Meinung sollte eine gerechte Sozialordnung aufgebaut werden, die es jedem Menschen ermöglichte, Eigentum für sich und seine Familie zu erwerben. Ich war überzeugt, daß es nicht der Verstaatlichung bedürfe, um den einzelnen zur besonderen Leistung anzuspornen. Nach meiner Meinung hat ein Arbeiter oder Angestellter in einem verstaatlichten Betrieb nicht mehr Rechte oder Freiheiten als in einem Privatunternehmen. Die Konzentration der politischen u n d wirtschaftlichen Macht in einer Hand, in der Hand des Staates, der öffentlichen Hand schlechthin, brachte nach meiner Überzeugung die Menschen in zu starke Abhängigkeit vom Staat.

Ich verschloß mich keineswegs der Überzeugung, daß bestimmte Wirtschaftszweige in der öffentlichen Hand sein müßten. Aber ich war der Auffassung, daß, wenn man dem Staat zuviel wirtschaftliche Macht gäbe, dadurch Nachteile für die gesamte Produktion eintreten würden. Sowjetrußland schien mir ein schlagender Beweis hierfür zu sein.

Freiheit der Person mußte auch Grundsatz im wirtschaftlichen Bereich sein. Mein Grundsatz war der des machtverteilenden Prinzips. Zuviel Macht durfte sich nach meiner Meinung nicht an einer Stelle, das heißt in den Händen von Einzelpersonen, Gesellschaften, privaten oder öffentlichen Organisationen, konzentrieren. Daher lehnte ich auch die Vereinigung von zuviel Macht in der Hand des Staates ab. Daher war ich gegen sozialistische Wirtschaftsexperimente, wie sie von einigen meiner anwesenden Parteifreunde verlangt wurden. Meine Ansichten wurden von der Mehrheit der Anwesenden vertreten.

Wir konnten schließlich eine Einigung herbeiführen, indem wir eine prinzipielle Entscheidung in dieser Frage aufschoben mit folgender Begründung, die wir in das am 1. März 1946 veröffentlichte Programm aufnahmen:

„Die sich aufdrängende Frage der Vergesellschaftung von Teilen der Wirtschaft ist zur Zeit nicht praktisch, da die deutsche Wirtschaft nicht frei ist. Bei ihrer späteren Regelung werden wirtschaftliche und politische Gesichtspunkte, vor allem das Allgemeinwohl, maßgebend sein."

Die Erreichung dieses Kompromisses zwischen den widerstrebenden Auffassungen war für die CDU äußerst wichtig. Wenn die Einigung nicht erreicht worden wäre, so fürchtete ich, wäre unsere Partei auseinandergefallen. Es ist in hohem Maße Johannes Albers aus Köln, der zu den früheren Christlichen Gewerkschaften gehörte, zu verdanken, daß dieser Kompromiß erreicht wurde. Er hat in stundenlangen Gesprächen mit den Vertretern der jeweiligen Auffassungen sich bemüht, eine Lösung in dieser Frage zu finden. Die CDU ist ihm zu großem Dank verpflichtet.

Ein besonderes Anliegen von mir kam in Punkt 10 des Wirtschaftsprogramms von Neheim-Hüsten zum Ausdruck. Dieser Punkt besagt:

„Mäßiger Besitz ist eine wesentliche Sicherung des demokratischen Staates. Der Erwerb mäßigen Besitzes für alle ehrlich Schaffenden ist zu fördern."

Ich wußte aus eigener Erfahrung und aus meiner Tätigkeit als Oberbürgermeister der Stadt Köln, was ein Haus und ein Garten für eine Familie bedeuten.

Ich wußte auch aus eigener Erfahrung, wie wichtig eine gesunde Wohnung für das Leben der Familie und damit des Volkes ist. Ich legte daher großen Wert darauf, daß wir in unserem Programm dieser Frage unser besonderes Interesse widmeten. Es heißt in unserem Programm von Neheim-Hüsten:

„Der Wiederaufbau zerstörter Städte und Ortschaften soll unter Vermeidung der Schäden vor sich gehen, die mit der Zusammendrängung der Menschen auf engem Raum verbunden sind. Der dafür benötigte Grund und Boden muß, soweit nötig, auf dem Wege der Enteignung beschafft werden."

Wenn wir an den Wiederaufbau unserer zerstörten Städte und Ortschaften, unserer industriellen Unternehmungen gingen, dann wollten wir die Fehler, die in der Zeit der Industrialisierung und des Entstehens unserer großen Städte gemacht wurden, vermeiden. Die Zusammenballung großer Menschenmassen auf engstem Raum durfte sich unter keinen Umständen wiederholen. Ich erblickte seit vielen Jahren in der verfehlten Boden- und Siedlungspolitik der früheren Zeit eine der Hauptquellen für die Entwurzelung und innere Haltlosigkeit weiter Kreise unseres Volkes. Deshalb sah ich auf diesem Gebiet eine Aufgabe größten Ausmaßes und von vitaler Bedeutung für die Zukunft des deutschen Volkes.

Ich halte die Tagung der CDU in Neheim-Hüsten für eine der entscheidendsten Tagungen der CDU. In ihr überwanden wir die Kräfte, die eine zu starke Sozialisierung befürworteten, und verhinderten dadurch ein Auseinanderfallen der Partei.

Ich betonte bereits, daß im Mittelpunkt des Programms der CDU die Freiheit der Person steht. Man muß sich darüber klar sein, daß der Sozialismus sich nicht nur auf eine Form oder Gestaltung der Wirtschaft beschränkt. Durch eine zu starke Sozialisierung des Wirtschaftsgefüges ist die Machtzusammenballung in den Händen des Staates zu groß, und die Gefahren, die sich daraus für das Leben eines Volkes ergeben, hatten wir aus eigener Erfahrung gesehen. Der Sozialismus führt notwendigerweise zur Unterordnung der Rechte und der Würde des einzelnen unter den Staat oder irgendein staatenähnliches Kollektiv. Ich war der Auffassung, daß die auf der materialistischen Weltanschauung beruhende Vergottung des Staates und ungehemmte Ausdehnung seiner Rechte, wie wir sie in der Vergangenheit erlebt hatten, niemals wiederkommen durften.

III. TÄTIGKEIT DES ZONENBEIRATES DER BRITISCHEN ZONE IM JAHRE 1946 – ZUGLEICH EIN SPIEGELBILD DER NOTLAGE IN DEUTSCHLAND

1. Allmählicher Aufbau der Verwaltung in der britischen Zone

Der Beschluß der Potsdamer Konferenz, Deutschland als eine wirtschaftliche Einheit zu behandeln, erwies sich als nicht durchführbar. In dem Abkommen der Siegermächte war für jeden Beschluß des Kontrollrates Einstimmigkeit verlangt. Der Kontrollrat war das Organ der vier Alliierten, das über alle Deutschland als Ganzes angehenden Fragen zu entscheiden hatte. Die vier Mächte haben aber in ihrer Deutschlandpolitik niemals übereingestimmt, insbesondere hat Sowjetrußland eine eigene Deutschlandpolitik verfolgt. Auch die drei westlichen Mächte waren sich zunächst nicht einig in ihrer Haltung und in der einzuschlagenden Politik gegenüber Deutschland.
Die vier Besatzungszonen Deutschlands trieben wirtschaftlich immer weiter auseinander, das wirtschaftliche Chaos wuchs ständig seit dem Zusammenbruch im Frühjahr 1945.
Deutschland war in seiner ganzen Wirtschaftsstruktur so ausgerichtet, daß ein wirtschaftlicher Austausch zwischen landwirtschaftlichen Produkten, wie sie hauptsächlich aus dem Osten Deutschlands und zum Teil auch aus Süddeutschland kamen, und den Industrieerzeugnissen des Ruhrgebietes und anderer Industriegegenden notwendig war. Durch die Zerschneidung Deutschlands in die vier Zonen war dieser Austausch unterbunden. Die jeweiligen Oberbefehlshaber der Zonen waren direkt den Weisungen ihrer Regierungen unterstellt, und jeder trieb schließlich in seiner Zone eine eigene Politik. Dadurch mußte zwangsläufig die ohnehin durch die Kriegszerstörungen stark gelähmte Wirtschaft noch mehr behindert werden.
Durch die am 5. Juni 1945 verkündeten vier Deklarationen der Besatzungsmächte hatten diese die oberste Regierungsgewalt in Deutschland übernommen und sich die Machtbefugnisse bis hinunter in die niedrigsten Verwaltungsstufen angeeignet. In den Gemeinden und Kreisen setzten die Militärregierungen Behörden ein und ernannten deutsche Verwaltungsräte.
Ich will hier nicht näher auf die Entwicklung der Verwaltung in den einzelnen Besatzungszonen Deutschlands eingehen, auf die Entwicklung des politischen Lebens komme ich in einem anderen Zusammenhang zurück. Mein Wohnsitz und mein Betätigungsfeld lagen in der britischen Besatzungszone, und über die Erfahrungen, die ich hier gemacht habe, möchte ich berichten.

In der britischen Zone wurden die Provinzialräte sehr bald nach Kriegsende wieder ins Leben gerufen. Aber die entscheidenden Funktionen übte die britische Militärregierung aus. Es erwies sich in der Praxis, daß die Engländer, aber auch die anderen Besatzungsmächte, den außerordentlichen Aufgaben, die die Verwaltung unseres zerstörten Landes mit sich brachte, nicht gewachsen waren.

Die britische Militärregierung gab im Februar 1946 bekannt, daß sie für ihre Zone einen deutschen sogenannten „Konsultativrat", der sehr bald allgemein als Zonenbeirat bezeichnet wurde, schaffen werde, der sich aus Vertretern der politischen Parteien, der Gewerkschaften, der Verwaltung, des kulturellen, sozialen und wirtschaftlichen Lebens zusammensetzen sollte. Der Zonenbeirat hatte, wie ausdrücklich betont wurde, nur eine beratende und nicht eine entscheidende Funktion. Er hatte zweiunddreißig Mitglieder, darunter waren acht Vertreter der politischen Parteien, sechs Vertreter der Verwaltung, nämlich die Oberpräsidenten der Provinzen Hannover, Schleswig-Holstein, Westfalen, Nordrhein, der Bürgermeister von Hamburg sowie ein gemeinsamer Vertreter der Länder Bremen, Braunschweig, Oldenburg und der beiden Teile von Lippe. Weitere Mitglieder kamen aus den von den Briten im Laufe des Herbstes 1945 eingesetzten Zonenbehörden für Industrie und Handel, Ernährung, Justiz, Gesundheitswesen, Post, Verkehr, Finanz, Arbeitseinsatz, Sicherheit, Erziehung und Flüchtlinge. Ferner gehörten dem Zonenbeirat zwei Vertreter der Gewerkschaften und zwei Vertreter der Konsumgenossenschaften an.

Von der CDU waren Otto Schmidt aus Wuppertal und ich als Mitglied vorgeschlagen und berufen worden.

2. Tätigkeit des Zonenbeirates im Jahre 1946

Ich möchte auf meine Tätigkeit in dem Zonenbeirat deshalb etwas näher eingehen, weil die Probleme, mit denen wir uns dort zu befassen hatten, sehr klar die damaligen Verhältnisse in Deutschland erkennen lassen.

Am 6. März 1946 fand die Eröffnungssitzung des Zonenbeirates in dem Gebäude des alten Hamburger Generalkommandos statt. Unter Trommelwirbel und Trompetengeschmetter fuhr der britische Oberbefehlshaber und Militärgouverneur, Luftmarschall Sir Sholto Douglas, vor. Die einzelnen Mitglieder des Zonenbeirates wurden von Oberpräsident Lehr, dem Präsidenten des Provinzialrats der Nord-Rheinprovinz, dem britischen Offizier vorgestellt.

Als erster wurde vorgestellt der Vorsitzende der SPD, Dr. Kurt Schumacher.

Es war bekannt, daß er besonders enge Verbindung zur britischen Labour Party hatte. Die Begrüßung zwischen Douglas und Schumacher war sehr herzlich und dauerte ziemlich lange. Meine Vorstellung verlief wesentlich kühler und war sehr viel kürzer. Sie dauerte eine Minute und fünfundvierzig Sekunden. Douglas fragte mich nach meiner bisherigen politischen Laufbahn. Ich sagte: „1917 wurde ich Oberbürgermeister von Köln, 1933 wurde ich von den Nationalsozialisten wegen politischer Unzuverlässigkeit abgesetzt, im März 1945 wurde ich von den Amerikanern wieder eingesetzt und im Oktober des gleichen Jahres von den Engländern wegen Unfähigkeit entlassen. Deshalb bin ich jetzt im Zonenbeirat!" Douglas sah mich etwas verblüfft an und ging, ohne ein Wort zu sagen, weiter.

Am ersten Sitzungstag in Hamburg ergriff Hinrich Wilhelm Kopf, einer der prominentesten Politiker der SPD aus Niedersachsen, damals Oberpräsident der Provinz Hannover, die Initiative, mich mit Dr. Kurt Schumacher zusammenzubringen, damit wir im Zonenbeirat eine gemeinsame politische Linie verfolgten.

Schumacher und ich trafen uns noch am gleichen Abend zu einem Gespräch. Wir erörterten die Ernährungslage. In dieser Beziehung vertrat Schumacher genau wie die CDU die Ansicht, daß der Sieg den Alliierten gemäß den Haager Bestimmungen von 1907 auch die Verantwortung für die Bevölkerung auferlegte und daß wir auf die Wahrnehmung dieser Verantwortung dringen mußten.

Dann sprachen wir über die Demontagen, die den Wiederaufbau unserer Wirtschaft, soweit das überhaupt möglich war, sehr verzögerten. Schumacher war mit mir der Auffassung, wir müßten den Alliierten klarmachen, daß die Demontage unserer Industrien die Zahlung von Reparationen, wie sie gefordert wurden, unmöglich machen würde.

Ich wies Schumacher darauf hin, daß wir auf unserer Tagung in Neheim-Hüsten Entschließungen gefaßt hätten, die genau das zum Ausdruck brächten, was wir soeben besprochen hätten. Schumacher nahm das zur Kenntnis, und es schien so, als wäre tatsächlich die Möglichkeit des Zusammengehens von CDU und SPD gegeben.

Doch dann sprach Schumacher eine Forderung aus, die mir mehr als weitgehend erschien. Er erklärte, aus unserer Diskussion habe sich ergeben, daß wir in der grundsätzlichen Frage, nämlich in der Haltung zu den Alliierten, einer Meinung seien; aber ich müßte doch zugeben, daß ich der Vorsitzende einer sehr jungen Partei sei, und er fordere von mir, daß wir, die CDU, den Führungsanspruch der SPD anerkennen sollten. Er unterstrich noch einmal, es sei doch offensichtlich, daß die SPD nun einmal die größte Partei Deutschlands sei und auch bleiben werde. Ich erwiderte ihm daraufhin, daß ich eine andere Meinung verträte und man im übrigen die Entscheidung darüber, welche Partei die stärkere sei, kommenden Wahlen überlassen sollte. Damit gingen wir auseinander.

Der Zonenbeirat tagte in der Regel einmal im Monat in Hamburg. Die Tagungen dauerten zwei bis drei Tage. Die Tagesordnung wurde jeweils von einem britischen Verbindungsstab und einem deutschen Sekretariat aufgestellt. In der Praxis sah das meistens so aus, daß die Engländer dem deutschen Sekretariat mitteilten, worüber verhandelt werden sollte, ein Einspruchsrecht gegen die Tagesordnung besaß der Zonenbeirat nicht. Das erwies sich als sehr hart, als die Militärregierung die Fettration für die Bevölkerung auf sechs Gramm täglich herabgesetzt hatte. Unsere Beschwerde wurde von Sir Cecil Weir, dem Leiter der Wirtschaftsabteilung der Militärregierung, mit den lakonischen Sätzen zurückgewiesen, daß Fett nur dazu diene, die Speisen verdaulicher und schmackhafter zu machen. Die ernährungsmäßige Notwendigkeit des Fettes werde sehr übertrieben. Erst wenn die gesamte Nahrungsaufnahme 3500 Kalorien täglich übersteige, würden Fette nötig.

Zu den Sitzungen des Zonenbeirates in Hamburg bin ich regelmäßig gefahren. Die Anfahrt nach Hamburg war dabei keineswegs ganz unproblematisch. Ich hatte zusammen mit Hans Böckler, der als Gewerkschaftsführer Mitglied des Zonenbeirates war, laut Anweisung der Militärregierung die Genehmigung zur Benutzung ein und desselben Fahrzeuges mit einer bestimmten Benzinration. Aus dieser Tatsache ergaben sich natürlicherweise manchmal einige Schwierigkeiten, wenn ich zum Beispiel einen Tag früher zwecks Teilnahme an einer Ausschußsitzung des Zonenbeirates nach Hamburg fahren mußte und andererseits Böckler aus ähnlichen Gründen einen oder zwei Tage länger in Hamburg zu bleiben hatte. Wir verstanden uns jedoch sehr gut und fanden irgendwie stets eine Regelung. Ich erwähne das, um ein Beispiel zu geben für die Verhältnisse der damaligen Zeit.

Eine weitere Schwierigkeit bestand in der Beschaffung einer Unterkunft in dem stark zerstörten Hamburg. Ich wohnte in der Regel in der Pension Prem, wo man für die Mitglieder des Zonenbeirates, die dort Quartier fanden, sorgte, so gut es ging. In wenig guter Erinnerung habe ich die Wintermonate, in denen ich vor Kälte schlotternd, wie die meisten Deutschen in jener Zeit, im ungeheizten Zimmer gewöhnlich im Anzug und Mantel im Bett liegend schlief. Mein Fahrer mußte wegen der Unmöglichkeit, ein Zimmer zu beschaffen, in der Badewanne eines Krankenhauses übernachten. Er war sehr zufrieden damit, weil der Raum leidlich warm war.

Ich glaube, man sollte diese Zeit der Not, in der wir uns befanden und die ich durch diese Schilderungen nur skizzenhaft wiedergebe, immer wieder in unserer Erinnerung lebendig werden lassen, einen Notstand, den viele Deutsche heute, da ich diese meine Erinnerungen niederschreibe, schon vergessen zu haben scheinen.

Die Arbeit in Hamburg nahm, namentlich wegen der großen Entfernung von Köln nach Hamburg und der schwierigen Verkehrsverhältnisse, einen erheblichen Teil meiner Zeit in Anspruch.

Die Probleme, mit denen wir uns im Zonenbeirat zu beschäftigen hatten, waren sehr schwierig. Es gab hervorragende Experten auf einigen Gebieten, so zum Beispiel auf dem Gebiet der Ernährung, des Gesundheitswesens, die laufend eine Analyse der jeweiligen Lage gaben.

Es wurden im Zonenbeirat zwölf Ausschüsse gebildet, die für das Plenum ausführliche Gutachten über die brennendsten Probleme erstellten.

Die Verhandlungen im Zonenbeirat zeigten allen, die daran mitwirkten, sehr deutlich, wie schwer es für die britische Militärregierung war, der zu lösenden Aufgaben Herr zu werden. Ihre Methoden waren aus uns unverständlichen Gründen nicht immer richtig. So wurden wichtigste Entscheidungen, statt den Zonenbeirat vorher anzuhören, diesem vorgelegt, ohne daß die Möglichkeit einer Änderung bestanden hätte. Ein Beispiel war die Reform der Sozialversicherung, die dem Zonenbeirat erst zugeleitet wurde, als zwischen den Alliierten bereits eine nahezu vollständige Übereinstimmung bestand, so daß eine nennenswerte Einflußnahme auf die Gestaltung dieser für unser Volk sehr wichtigen Frage nicht mehr genommen werden konnte. Ähnlich war es mit der Entnazifizierung. Auch hier konnte der Zonenbeirat zwar seine Meinung, etwa zur Amnestie der jüngeren Jahrgänge sowie zur Besetzung der Entnazifizierungsausschüsse, zum Ausdruck bringen, jedoch waren Beschlüsse bereits in ihren Grundzügen durch die Alliierten gefaßt und mußten so hingenommen werden, wie sie präsentiert wurden.

Viele wichtige, uns sehr interessierende Fragen wurden von jeder Erörterung im Zonenbeirat ausgeschlossen. So habe ich zum Beispiel versucht, eine Klärung der völkerrechtlichen Stellung unseres Landes durch Einholung von Gutachten deutscher und ausländischer Sachverständiger herbeizuführen. Eine Diskussion dieses von mir gestellten Antrages wurde verweigert. Es wurde erklärt, der Status Deutschlands sei der eines besetzten Landes. Mir genügte zwar diese Antwort insofern, als wir dadurch in den Stand gesetzt wurden, klar auf die Pflichten der Besatzungsmacht gegenüber der besetzten Bevölkerung gemäß der Haager Landkriegsordnung vom Jahre 1907 hinzuweisen. Später teilten die Briten mit, daß eine genaue Definition des völkerrechtlichen Status Deutschlands, wie sie von mir gefordert war, von der Rechtsabteilung der Kontrollkommission vorbereitet werde.

Auch die Erörterung der Demontagen war im Zonenbeirat verboten; und gerade das war die Frage, die an den Kern unserer wirtschaftlichen Schwierigkeiten ging. Durch die Demontagen wurden immer mehr Deutsche arbeitslos, und unsere Wirtschaft kam immer weiter zum Erlahmen. Der Wirtschaftsplan für Deutschland, der gemäß den Potsdamer Beschlüssen vom Juli 1945 ausgearbeitet war, sah die Demontage der großen Eisen- und Stahlwerke in Nordrhein-Westfalen und anderen Gebieten Deutschlands vor. Durch diese Demontagen wurde nach meiner Meinung die Zukunft des deutschen Volkes für viele Jahrzehnte vernichtet. Die Demontage dieser Werke bedeutete, daß Deutschland auf lange Sicht nicht exportieren konnte, daß auch die nötigen Stahlmengen für den Wiederaufbau nicht zur Verfügung standen.

Wir wurden von den Briten darauf hingewiesen, die Erörterung sei deshalb verboten, weil die Demontagefrage mit der Frage der Reparationen zusammenhänge; und die Erörterung dieser Frage falle unter die Zuständigkeit des Kontrollrates; sie müsse auf Viermächte-Basis, das heißt zusammen mit der Sowjetunion, behandelt werden. Ich hielt diese Anordnung für unmöglich. Ich fuhr deshalb nach Berlin – soweit ich mich erinnere, war es im April 1946 – und bat um eine Besprechung mit dem britischen stellvertretenden Militärgouverneur Generalleutnant Sir Brian Robertson. Ich erklärte ihm, der Zonenbeirat würde jegliches Ansehen bei der deutschen Bevölkerung verlieren, wenn bekannt würde, daß man dort über die wichtigste aller wirtschaftlichen Fragen, die Demontagefrage, nicht sprechen dürfe. Generalleutnant Robertson, den ich als einen sehr klugen und vornehm denkenden Mann kennen- und schätzenlernte, verschloß sich meiner Argumentation nicht und sagte mir eine Überprüfung dieser Angelegenheit zu. Tatsächlich wurde die Bestimmung geändert, und es wurde uns gestattet, das Demontageproblem, wenn es sich um besonders harte Einzelfälle handele, zu erörtern.

Mir war klar, daß wir versuchen mußten, uns aus dem Zustand herauszulösen, nur über dritt- und viertrangige Fragen sprechen zu dürfen, während die entscheidenden Fragen von der Militärregierung, ohne uns zu konsultieren, entschieden wurden.

Ich hielt den Zonenbeirat nicht gerade für ein machtvolles Instrument, um unsere Forderungen durchzusetzen, aber er bot immerhin die Möglichkeit, uns eventuell eines Tages mehr Gehör zu verschaffen und mehr Einfluß auf die Entwicklung zu nehmen.

Einen weiteren wichtigen Vorteil des Bestehens des Zonenbeirates erblickte ich darin, daß wir in einem ziemlich regelmäßigen Gespräch mit der Besatzungsmacht standen. Wir bemühten uns, sachlich mit ihr auszukommen. Ich hoffte, daß sich allmählich das psychologische Klima zwischen der Militärregierung und den Deutschen ändern würde. Es war von Anfang an eines meiner Hauptziele, die Besatzungsmächte davon zu überzeugen, daß wir Deutsche nicht so schlecht und unzuverlässig sind, wie wir in diesen ersten Monaten und Jahren nach Kriegsende stets dargestellt wurden. Ich hielt es für eine unserer Hauptaufgaben, Vertrauen zu uns zu schaffen.

Zu den wirklich wichtigen Punkten, zu denen wir gutachtlich Stellung nehmen mußten, gehörte, nachdem das Land Nordrhein-Westfalen durch eine Anordnung der britischen Besatzungsbehörde geschaffen worden war, die Frage der Ländereinteilung und der inneren Ordnung der Zone. Wir mußten uns gutachtlich äußern über die Zahl der neuen Länder, über deren Grenzen, über die verfassungsmäßigen Befugnisse dieser Länder und die Zusammensetzung ihrer Regierungen sowie schließlich zu der Frage, ob die Regierungsbezirke beibehalten oder abgeschafft werden sollten.

Wenn man sich klarmachen will, warum die Engländer nicht mit den Problemen ihrer Zone fertig wurden, muß man sich die damalige Situation in der britischen Zone vor Augen halten.

Die Ernährungslage war katastrophal und verschlechterte sich zusehends im Laufe der ersten Monate unserer Tätigkeit im Zonenbeirat. Wir hatten für die Zone je Zuteilungsperiode, die aus vier Wochen bestand, 186 000 Tonnen Getreide nötig. Ende Mai gingen wir ohne jede Reserve in den Juni. Die Aussicht auf Importe bis zum Anschluß an die neue Ernte war höchst ungewiß. Alle Auswege, die erwogen wurden, waren voller Gefahren oder konnten sich erst langfristig auswirken. So hätte zum Beispiel ein bereits erwogener harter Eingriff in die Viehbestände bedeutet, daß die Milcherzeugung entscheidend zurückgegangen und damit auch die ohnedies vorhandene große Fettlücke noch fühlbarer geworden wäre. Das Bemühen, ohne Auslandskäufe tätigen zu müssen, die Ernährung durch Frischfisch zu verbessern, scheiterte daran, daß keine Fischdampfer zur Verfügung standen. Es bestand sogar die Gefahr, daß während des Krieges als Minensuchboote eingesetzte Fischdampfer vernichtet oder abgeliefert werden mußten. Hier hat eine Initiative des Zonenbeirates später tatsächlich Erfolg gehabt und zur Freigabe solcher Fischdampfer geführt. Ich habe damals beantragt, daß die Ablieferung unserer Walfangflotte, die an Großbritannien und Norwegen gehen sollte, für ein bis zwei Jahre aufgeschoben würde, um die Versorgung mit Fett durch Fischfang zu verbessern.

Wenn man sich vor Augen hält, daß bei den wenig mehr als 1000 Kalorien, die dem Verbraucher damals zustanden, eine wirkliche Arbeitsfähigkeit überhaupt nicht mehr gegeben ist, so wird klar, was es bedeutet hätte, wenn diese Ration noch gekürzt worden wäre. Immerhin hoffte damals die Verwaltung für Ernährung und Landwirtschaft, im Jahre 1947 die Zuteilung auf 1540 Kalorien täglich erhöhen zu können. Als Minimum für die menschliche Ernährung gilt bekanntlich eine Zuteilung von 2500 Kalorien. Die Hoffnung auf eine Verbesserung der Ernährungslage für das Jahr 1947 wurde jedoch nicht erfüllt.

Am schlimmsten traf uns die Anordnung vom Frühjahr 1946, daß die Fettration von 400 Gramm pro Person und Zuteilungsperiode, das heißt vier Wochen, auf die Hälfte gekürzt werden sollte. Gerade der Mangel an Fett und Eiweiß begünstigte das Überhandnehmen von Tuberkulose-Erkrankungen und Hungerödemen. Im November 1946 schätzten die Gesundheitsbehörden die Zahl der Ödemerkrankungen auf einige Hunderttausend.

Die andauernde Unterernährung mußte schwerste gesundheitliche Schäden für unsere Bevölkerung mit sich bringen. Die Berichte, die uns im Zonenbeirat über den Gesundheitszustand unserer Bevölkerung erstattet wurden, zeigten ein immer erschütternderes Bild. Man hat damals statistische Feststellungen über das Gewicht unserer Bevölkerung durchgeführt und ist dabei zu dem Ergebnis gekommen, daß bei Männern im März 1946 durchschnittlich ein Untergewicht von 7 Kilogramm bestand, daß im Juni 1946 das durchschnittliche Untergewicht bereits 9,1 Kilogramm betrug – das sind 13 Prozent des Normalgewichts –, während in Altersheimen das Untergewicht sogar durchschnittlich 12 Kilogramm, das heißt 20 Prozent des Normalgewichts, ausmachte. Besondere Sorge bereitete uns, daß die Unterernährung sich bei den Kindern noch stärker auswirkte als bei den Erwachsenen. So waren in einer im Frühjahr 1946 getesteten Volksschulklasse von zehnjährigen Schülern über 50 Prozent an Tuberkulose erkrankt. In den Schulen Hamburgs zum Beispiel mußten die Schüler zu 62 Prozent als unterdurchschnittlich schlecht in ihren Leistungen beurteilt werden, was von den Ärzten als eine Mangelerscheinung, als eine Folge der Unterernährung bezeichnet wurde. Im November 1946 wurden in der britischen Zone 46 000 Fälle offener Tuberkulose registriert. Zur Behandlung dieser Schwerstkranken standen aber nur 13 000 Krankenhausbetten zur Verfügung. Daneben waren weitere 100 000 Fälle behandlungsbedürftiger Tuberkulose festgestellt. Man schätzte, daß es in Wirklichkeit, einschließlich der nicht gemeldeten Fälle, mindestens 260 000 Tuberkulose-Erkrankungen in der britischen Zone gab. Da viele Tausende von diesen ansteckend Kranken mit Familienangehörigen ein Zimmer teilen mußten, wird klar, welcher schrecklichen Gefahr für die Gesundheit unserer Bevölkerung wir uns gegenübersahen und wie groß die Sorge über das Unvermögen, eine halbwegs ausreichende Ernährung zu sichern, sein mußte.

Bei diesen Verhältnissen verringerte sich die Arbeitsleistung immer mehr. Die Arbeitskraft war nach den Schätzungen zuständiger Stellen weit über die Hälfte herabgesunken. Es war kein Trost, daß uns auf unsere Anträge im Zonenbeirat, Ölsaaten, insbesondere Sojabohnen, einzuführen, gesagt wurde, an diesen Produkten bestehe in der ganzen Welt Knappheit, und auch in Großbritannien hätten die Zuteilungen an Speisefett und Seife verringert werden müssen. Die Zahl der Sterbefälle steigerte sich erheblich. Während 1938 noch 11,8 Todesfälle auf 1000 Einwohner registriert wurden, steigerte sich diese Zahl im April auf 15,1, bis Juni 1946 bereits auf 18.

Bei der Schilderung dieser Tatbestände muß man berücksichtigen, daß die Ernährungslage in der gesamten Welt in den ersten Nachkriegsjahren schlecht war. Durch die im Krieg erfolgte Zerstörung großer Teile der europäischen Wirtschaft und durch die Umstellung von der Kriegs- auf die Friedenswirtschaft ergab sich zwangsläufig eine allgemeine Ernährungskrise.

Aber bei aller Berücksichtigung der allgemeinen Ernährungslage in der Welt kamen wir an der Tatsache nicht vorbei, daß wir bitteren Hunger litten, und wir beschäftigten uns immer wieder mit der Frage, wie Abhilfe zu schaffen sei.

Die Notrufe aus Deutschland blieben nicht ungehört. Sehr bald nach Beendigung des Krieges setzten Hilfsaktionen für Deutschland in vielen Ländern ein. Diese Unterstützungen kamen zuerst von einzelnen Familien an ihre Verwandten in Deutschland, dann von kleineren Organisationen und kirchlichen Einrichtungen. Als Einzelheiten über die Notlage der deutschen Bevölkerung allgemeiner bekanntwurden, setzten sich kirchliche Vertreter aller Konfessionen in Amerika, in England und anderen Ländern für Hilfsaktionen und Hilfsmaßnahmen in größerem Umfange ein. Schon im Juli 1945 wurde die erste große Geldspende von den lutherischen Kirchen Amerikas in Stuttgart Deutschen übergeben, obgleich damals von den Militärbehörden noch keine karitative Hilfe für die Deutschen zugelassen war.

Die Sendungen mit Nahrungsmitteln und Kleidungsstücken strömten nach Deutschland aus Gründen des Mitgefühls und der Nächstenliebe. Sie kamen zum Teil organisiert, zum Teil unorganisiert; deshalb läßt sich schwer der genaue Umfang der Spenden feststellen. Die Hilfssendungen nahmen derart zu, daß sowohl in den Siegerländern wie auch in Deutschland Einrichtungen getroffen werden mußten, um den Strom der Hilfe und deren Verteilung zu regeln. Die großen Wohltätigkeitsorganisationen CARE und CRALOG begannen im Frühjahr 1946 mit Sendungen von wichtigen Lebensmitteln und Kleidungsstücken nach Deutschland. Allein in der Zeit vom Frühjahr 1946 bis zum Frühjahr 1949 schickte die Organisation CRALOG Lebensmittel im Werte von über 175 Millionen DM nach Deutschland. Die Organisation CARE schickte in der Zeit von 1946 bis 1952 Liebesgaben im

Werte von fast 295 Millionen DM an die notleidenden Deutschen in der Bundesrepublik.

Was diese privaten und kirchlichen Hilfsaktionen für uns hungernde und geschlagene Deutsche bedeuteten, kann nur der ermessen, der diese Zeit in Deutschland selbst miterlebt hat. Die Ankunft eines CARE-Pakets in einer Familie machte den Tag zu einem Festtag. Diese Hilfssendungen hatten neben der direkten materiellen Hilfe vor allem eine große psychologische Auswirkung. Es war nicht nur die materielle Unterstützung, die uns half, mehr noch war es vielleicht die Verbindung mit der Welt außerhalb Deutschlands, die Hoffnung auf eine Versöhnung, die durch diese Aktionen in Deutschland geweckt wurde. Ich möchte hier im Namen meiner Landsleute meinen tiefen Dank an all die vielen namenlosen Spender richten für die hilfreiche Hand, die uns in diesen schwersten Jahren gereicht wurde.

In der breiten Öffentlichkeit Englands und Amerikas erhoben sich Stimmen von Bedeutung, die eine weit stärkere Hilfe für Deutschland, als sie bis dahin gegeben wurde, und ihre planmäßige Verteilung forderten. In Großbritannien waren es vor allem Lord Beveridge und Victor Gollancz, die das öffentliche Gewissen in den Siegerstaaten wachriefen. Victor Gollancz veröffentlichte ein Buch „In darkest Germany", in dem er die Lage Deutschlands im einzelnen beschrieb. Weiter veröffentlichte er eine Broschüre mit dem Titel „Leave them to their fate". Diese Schrift war außerordentlich geschickt abgefaßt. Victor Gollancz hob die britischen Auffassungen und Forderungen bezüglich Deutschlands mit aller Härte hervor, stellte aber fest, daß es letzten Endes bei dem Problem Deutschland um ein „humanitäres Prinzip des britischen Weltgewissens" gehe. Weiter kamen in der „Times", im „Daily Herald", im „Observer" und im „Manchester Guardian" öffentliche Briefe Gollancz' zum Abdruck, in denen er immer wieder auf die menschliche Seite des deutschen Problems hinwies und auch schon zu einem sehr frühen Zeitpunkt die Demontagen in dem von den alliierten Regierungen geforderten Umfange verurteilte.

Ich habe Victor Gollancz im Jahre 1947 persönlich getroffen und in ihm einen sehr klugen und weisen Mann kennengelernt. Victor Gollancz war Inhaber eines großen Verlages. Er hatte einen bedeutenden Einfluß auf die öffentliche Meinung in Großbritannien. Wir sind Victor Gollancz zu großem Dank verpflichtet, um so mehr als er jüdischer Herkunft ist.

Sehr interessant war ein Bericht, den Oberkirchenrat Cillien aus Hannover über einen 14tägigen Aufenthalt in England im Sommer 1946 gab. Cillien war mit namhaften Vertretern des politischen und öffentlichen Lebens zusammengetroffen. Er hatte den Eindruck, daß die einzelnen Menschen in Großbritannien durchaus bereit waren, uns zu helfen. Er hatte gleichfalls den Eindruck von den Regierungsstellen, daß sie alles taten, was in ihrer Macht stand, um die Verhältnisse in Deutschland zu mildern. Er gab allerdings auch Äußerungen von Engländern wieder, nach denen man es nicht verstand, warum von deutscher Seite so wenig anerkennende Worte über all die Mühen fielen, denen sich England Deutschland gegenüber unterzog, um uns nach unserer Niederlage vor der endgültigen Katastrophe zu bewahren. Ich muß hier zur Erklärung einfügen, daß tatsächlich in Deutschland harte Kritik an der britischen Besatzungspolitik geübt wurde, namentlich wegen der Demontage großer Industrieanlagen, und daß manches scharfe Wort gegen die Engländer fiel.

Oberkirchenrat Cillien sagte mir, daß er die von den Briten so sehr vermißte Verbindlichkeit für eine der wenigen offenen Türen halte, die die Vorbedingung für eine spätere Verständigung und Annäherung beider Länder seien. Diese Tür dürfe man auf keinen Fall ins Schloß fallen lassen. Auch dann nicht, wenn von unserer Seite alle Argumente dafür sprächen. Die schlichte Bereitwilligkeit zu wirklicher Hilfe sei das vorherrschende Merkmal bei allen Unterhaltungen mit führenden Persönlichkeiten, vor allem der anglikanischen Kirche gewesen. Das habe sich anläßlich des Besuches bei dem Bischof von Chichester, Dr. George K. A. Bell, gezeigt, der sich übrigens während der letzten Kriegsjahre in einer sehr scharf gehaltenen Resolution gegen den uneingeschränkten Bombenkrieg gegen Deutschland gewandt hatte. Der Dean von St. Paul, Matthews, habe Cillien auf den Stufen der St. Paul's Kathedrale mit großer Liebenswürdigkeit empfangen. Alles dies deutete Cillien als ein Zeichen dafür, daß die englischen Christen bereit waren, dem geschlagenen Gegner ohne Ressentiments die Hand zu reichen. Es sei äußerst eindrucksvoll und bemerkenswert gewesen, wie sehr sich die Engländer den Respekt vor der Individualität eines fremden Volkes bewahrt hätten.

Cillien, der sich besondere Verdienste bei der Gründung und dem Aufbau der CDU erworben hatte, war es sehr bitter, in England spüren zu müssen, daß man dort der SPD die größten Chancen für eine künftige Regierungsarbeit in Deutschland gab. Er beobachtete allerdings auch, daß man allmählich die Bedeutung der CDU, die Arbeit der CDU und das Programm der CDU erkannte und vielleicht auch einmal entsprechend unterstützen würde. Cillien betonte, man dürfe hier nichts forcieren und müsse abwarten, da alles andere bei der Mentalität der Engländer für die CDU nur schädlich sein könnte.

Ich bin näher auf die englische Haltung uns gegenüber eingegangen, um ein Beispiel für die Stimmung der Menschen in einem der Siegerstaaten zu geben. In Amerika und in vielen anderen Ländern verhielten sich die mei-

sten Menschen ähnlich, sie spürten aus Gründen des Mitgefühls und der Nächstenliebe den Drang, dem geschlagenen und am Boden liegenden Gegner zu helfen.
Die öffentliche Meinung in den Siegerstaaten wurde durch die Erklärung bedeutender Männer, von denen ich oben nur einige Namen nannte, aufgerüttelt, und das war von großer politischer Bedeutung, da dies das Verständnis für die Hilfsaktionen, die bald von den Regierungsstellen eingeleitet wurden, weckte und man die Bedeutung der Hilfe für Europa und insbesondere für Deutschland erkannte, wenn auch zunächst nur aus Gründen der Menschlichkeit.

Eine Steigerung unserer inländischen Nahrungsmittelproduktion hatte vor allem zur Voraussetzung, daß in annähernd ausreichendem Maße Düngemittel zur Verfügung standen, um die Produktivität der Landwirtschaft zu erhöhen. Die Fabrikationsanlagen für künstlichen Dünger ließen sich jedoch nur bei Zuweisung von genügend Kohle in Gang setzen, und im Kohlenbergbau war die Lage katastrophal.
Der Kohlenbergbau hatte von jeher in der deutschen Wirtschaft eine Schlüsselposition, und jetzt erst recht. Kohle brauchten wir nicht nur als wichtigste Energiequelle für Elektrizität und Gas, als Hausbrand für unsere frierenden Menschen, sie war unser wichtigster, ja fast einziger Exportartikel, mit dem wir Einfuhren von Lebensmitteln und Rohstoffen im Ausland bezahlen konnten. Kohle war nötig, um die Wirtschaft, das Bauwesen in unseren zerstörten Städten in Gang zu bringen, um Kunstdünger für die vernachlässigten, ausgehungerten Ackerböden zu erzeugen, sie war nötig für jede Besserung der wirtschaftlichen Verhältnisse.
Die Förderung dieses wichtigen und für uns so kostbaren Rohstoffes war verheerend gering. Die Förderung betrug nur 60 Prozent der Förderungsleistung von 1938, und das bei einem Bedarf, der durch die Reparationsforderungen und die oben geschilderten Notwendigkeiten erheblich größer war als vor dem Krieg.
Die britische Militärregierung hatte einen deutschen Wirtschaftsrat einberufen, und dieser erhielt die Aufgabe, ein Gutachten zur Lösung der Wirtschaftskrise, insbesondere auch der Bergbaukrise, auszuarbeiten. Dieses Gutachten, das im April 1946 erstattet wurde, legte die inneren Zusammenhänge der einzelnen wirtschaftlichen Probleme klar, und in ihm wurden Vorschläge zur Behebung der Krise gemacht.
Die Vorschläge gingen in erster Linie dahin, unter allen Umständen die Kohlenförderung zu erhöhen, nur dadurch könne eine Aufwärtsentwicklung unserer gesamten Wirtschaft eingeleitet werden. Die Mitglieder des Zonen-

beirates waren in Übereinstimmung mit dem Gutachten der Meinung, es gelte, alles zu tun, um die Leistung des einzelnen Bergarbeiters zu erhöhen. Daß hier der wichtigste Ansatzpunkt lag, wird klar, wenn man bedenkt, daß gegenüber einer Förderungsleistung je Mann und Schicht von 1547 Kilogramm im letzten Friedensjahr 1938 im März 1946 diese Leistung mit 711 Kilogramm noch unter dem Wert vom Dezember 1945 mit 773 Kilogramm lag. Dieser Leistungsabfall war teils in der mangelnden Arbeitsfähigkeit wegen Unterernährung, teils in mangelnder Arbeitswilligkeit begründet. Der Wille zur Mehrleistung fehlte sowohl wegen der allgemeinen Verbitterung über die schlechten Lebensbedingungen und die sozialen Verhältnisse, wie zum Beispiel die Kürzung der Rentenansprüche, sowie auch wegen der Unzufriedenheit über die Beschränkung der Rechte der Betriebsvertretungen.

Der Kohlenbergbau in der britischen Besatzungszone stand im ersten Jahr nach Kriegsende auch deswegen vor einer besonders ernsten Krise, weil man die leitenden Leute, die bisher im Bergbau tätig gewesen waren und über entscheidende Erfahrungen verfügten, aus ihren Positionen entfernt hatte; die Verantwortung lag bei den britischen Stellen. Diese ordneten an, daß Menschen aus allen Teilen der britischen Zone zwangsweise in den Bergwerken arbeiten mußten. Diese Methode erwies sich als völlig abwegig.

Man ging deshalb dazu über, den Bergleuten Sonderrationen an Lebensmitteln zu geben, die sie getrennt von ihren Familien einnehmen sollten. Was das für psychologische Folgen haben mußte, kann sich jeder leicht vorstellen. Der Bergmann sollte sich an seiner Arbeitsstätte satt essen, während er wußte, daß bei ihm zu Hause seine Frau und seine Kinder hungerten.

Der Wirtschaftsrat wies in seinem Gutachten auch darauf hin, daß eine der Ursachen für die Fehlleistungen des Bergbaus in der weitgehenden Ausschaltung deutscher Instanzen lag. Das spiele eine entscheidende Rolle bei den psychologischen Ursachen der absinkenden Leistungswilligkeit des deutschen Bergarbeiters. Der deutsche Bergarbeiter habe in starkem Maße das Gefühl, Objekt fremder Mächte zu sein, deren Ziele und Absichten er nicht kenne und denen er mißtrauisch gegenüberstehe. So herrschten zum Beispiel übertriebene Vorstellungen über den Umfang der Kohlenlieferungen ins Ausland. Man sagte, die Produktion sei tatsächlich gar nicht so gering, wie die britischen Stellen es angäben. Die Kohle werde sofort nach Förderung ins Ausland abtransportiert. Für die deutsche Wirtschaft bleibe daher nur ein Minimum übrig.

In der Tat wurden große Kohlenmengen ausgeführt, doch diese Kohlenausfuhr war wiederum notwendig, um wichtige Lebensmittel einzuführen. Unsere Landwirtschaft, die selbst in Friedenszeiten die deutsche Bevölkerung nur zu 60 bis 70 Prozent aus den Erträgnissen des eigenen Bodens ernähren kann, lag ja gleichfalls darnieder. Der Krieg war über unser Land gegangen, die Landwirtschaft hatte seit Jahren nicht mehr genügend Düngemittel, seit Jahren fehlte es in der Landwirtschaft an Arbeitskräften; es war kein gutes Saatgut mehr vorhanden, die Gerätschaften waren abgenutzt und verschlissen, und wir waren somit noch dringender als sonst auf die Einfuhr von Lebensmitteln aus dem Ausland angewiesen, zumal die wichtigen landwirtschaftlichen Gebiete des Ostens keine Nahrungsmittel in die Westzonen lieferten. Unsere Wirtschaft bewegte sich immer weiter abwärts, und es schien fast ausgeschlossen, aus dieser verhängnisvollen Entwicklung herauszukommen. Wir schienen dazu verurteilt, langsam und sicher, wie die britische Zeitung „Daily Mail" sich damals ausdrückte, „hygienisch einwandfrei" Hungers zu sterben.

Nach dem Potsdamer Abkommen sollten nun in unsere Zone noch weitere elf bis dreizehn Millionen Menschen, die aus den Gebieten jenseits der Oder-Neiße-Linie vertrieben wurden, hineingepreßt werden. Gleichzeitig sollte nach dem Potsdamer Abkommen die Industriekapazität verringert werden. Diese Dinge mußten zu einer Katastrophe führen.

Die Besatzungsbehörden waren mit den deutschen Verhältnissen nicht vertraut, den Rat der deutschen Stellen, auch des Zonenbeirates, holten sie oft gar nicht oder zu spät ein. Wie sehr das Fehlen einer über die Zonengrenzen hinweg koordinierten Tätigkeit zu Fehlleistungen führte, will ich an einem Beispiel schildern, bei dem wir durch einen Antrag, den der Zonenbeirat an die Kontrollkommission gerichtet hatte, Abhilfe schaffen konnten.

Die in unser Land einströmenden Flüchtlinge und Heimatvertriebenen wurden in besonders starkem Maße in die britische Zone gelenkt. Die Provinzen Schleswig-Holstein und Hannover mußten Flüchtlinge in einem Umfange unterbringen, der weit über ihre Möglichkeiten hinausging. In Schleswig-Holstein, das 1,3 Millionen Stammeinwohner zählte, waren um die Jahresmitte 1946 bereits 1,2 Millionen Flüchtlinge aufgenommen worden, dazu waren für die nächsten Monate noch über hunderttausend weitere Flüchtlinge angekündigt, so daß der Anteil der Flüchtlinge fast 100 Prozent der einheimischen Bevölkerung ausmachte. Wenn man berücksichtigt, daß ein großer Teil dieser Vertriebenen und Flüchtlinge wegen ihres Gesundheitszustandes ebensowenig arbeitsfähig war wie die einheimische Bevölkerung, wenn man bedenkt, daß in Schleswig-Holstein überwiegend Landwirtschaft betrieben wurde, daß aber unter den dorthin gebrachten Personen nur 30 Prozent in der Landwirtschaft tätig werden konnten, so kann man nur den Kopf schütteln. Trotzdem war von den Alliierten beschlossen worden, im Sommer 1946 aus der amerikanischen Zone hundertsiebzigtausend Menschen, die während des Krieges aus dem Gebiet der jetzt britischen Zone nach Süddeutschland evakuiert worden waren, zwangsweise in die britische Zone zurückzuführen, und dies in einem Augenblick, in dem die oben geschilderten Verhältnisse die Aufnahme dieser Menschen völlig unmöglich machten. Durch unsere Intervention ist dieser Beschluß damals aufgehoben worden.

Große Sorge machte uns auch der über jedes vertretbare Maß hinaus betriebene Einschlag von Nutzholz in unserer Zone. Nicht genug, daß die örtlichen Militärregierungsstellen versuchten, die Baumbestände der Park- und Grünflächen der Großstädte für Brennholzzwecke zu nutzen – in Köln habe ich mich selbst gegen eine solche Maßnahme zur Wehr setzen können –, auch die Waldbestände, die ja in dem Gebiet der damals britischen Zone nicht in sehr reichlichem Maße vorhanden sind, wurden einem Raubbau ohnegleichen ausgesetzt. Während in Nordwestdeutschland schon im Krieg der Holzeinschlag überdurchschnittlich stark gewesen war, sollten die Einschläge an Grubenholz jetzt viermal so stark und an Brennholz achtmal so stark wie zu normalen Zeiten erfolgen. Welche Gefahren dies für die Fruchtbarkeit unseres Landes, für den Wasserhaushalt in sich barg, wurde besonders von den Oberpräsidenten Lehr und Kopf, die auf diesem Gebiete sehr fachkundig waren, hervorgehoben. Wir versuchten, der Kontrollkommission eindringlich klarzumachen, daß diese Maßnahmen zu nicht wiedergutzumachenden Schäden führen mußten. Auch hier hätte ein Ausgleich mit anderen Zonen, die über größere Waldbestände verfügten, nahegelegen.

Die Art der zu lösenden Probleme zwang ganz einfach dazu, die Fragen überregional zu sehen und in Angriff zu nehmen. Die Militärregierungen waren auch bei bestem Willen nicht in der Lage, sachgerechte Entscheidungen nur für ihre jeweilige Zone zu treffen. Hierin lag mit eine der Hauptursachen für das weitere Absinken unseres Wirtschaftslebens.

Wir fanden aber auch Verständnis und Entgegenkommen. Dies gilt vor allem für den Stellvertretenden Militärgouverneur Generalleutnant Robertson. Generalleutnant Robertson hat von Anfang an bei seiner Zusammenarbeit mit dem Zonenbeirat Verständnis für die größeren Zusammenhänge und für die politische Notwendigkeit, möglichst rasch und in immer stärkerem Maße Verantwortung an Deutsche zu übertragen, gezeigt.

Generalleutnant Robertson ist es vor allem gewesen, der sich zusammen mit seinem amerikanischen Kollegen General Clay für eine wirtschaftliche Zusammenarbeit der britischen und der amerikanischen Zone eingesetzt hat.

Eine ernste Sorge war die Ausbildung und die Erziehung der Jahrgänge, die ganz oder zum großen Teil unter der Herrschaft des Nationalsozialismus aufgewachsen waren. Es war nicht diese Jugend gewesen, die den

Nationalsozialismus an die Macht gebracht hatte, aber sie war es, die jetzt in vollem Maße die physischen und psychischen Folgen tragen mußte. Es war eine Jugend, deren Ideale von heute auf morgen zerbrachen. Diese Jugend wußte nicht von den Greueln, die von Deutschen an Deutschen, die von Deutschen an anderen Völkern begangen worden waren. Um diese Jugend uns zu bemühen, hielt ich für eine unserer vordringlichen Pflichten. Die Lebensjahrgänge, um die es sich handelte, würden in verhältnismäßig kurzer Zeit die Träger des politischen Lebens in Deutschland sein. Ihre Einstellung und ihre Denkungsart würden maßgebend werden. Sie hatten in all den Jahren des Nationalsozialismus nichts anderes gehört als das, was ihnen von ihm gepredigt wurde. Man konnte von dieser Jugend keine politische Urteilsfähigkeit verlangen, da sie noch Kinder waren, als der Nationalsozialismus an die Macht kam. Ich betrachtete es als Aufgabe aller politisch Verantwortlichen und damit auch insbesondere als Aufgabe der CDU, diese Jugend aufzuklären und zu belehren. Wir mußten sie aufklären, was der Nationalsozialismus in Wirklichkeit war, und ihnen zeigen, daß die Situation, in der Deutschland sich nun befand, eine Folge der nationalsozialistischen Politik und Führung war. Diese Belehrung durfte nicht nur von den Siegern kommen. Sie mußte in erster Linie von autoritativen deutschen Stellen planmäßig und ruhig, nicht agitatorisch erfolgen, sonst würde man nichts erreichen. Bei dieser Aufklärung mußten nach meiner Meinung unsere Universitäten und Hochschulen, führende Männer und Frauen aller Richtungen mitwirken nach dem Grundsatz: Strafe für den, der Schuld hat, aber Belehrung und Aufklärung für die weiten Kreise unseres Volkes, die ohne eigene Schuld planmäßig irregeleitet worden waren.

Dazu kam, daß die berufliche Ausbildung unserer Jugend infolge des Krieges und der Vernachlässigung der Schulen durch den Nationalsozialismus in den meisten Fällen schlecht war. Dadurch waren ihre Zukunftsaussichten besonders trübe.

Ein großes Problem war die akademische Jugend. Die Universitäten waren überfüllt, die Zahl der Professoren und der Lehrräume war vollkommen unzureichend. Es war im Zonenbeirat angeregt worden, ein Jahr der „praktischen Arbeit“ einzuführen, um dadurch einen Teil der Jugendlichen zu beschäftigen. Ich wandte mich sehr entschieden dagegen. Ich empfand das als Eingriff in die persönliche Freiheit. Mit dem „praktischen Jahr“ wollte man unter anderem auch eine zu starke Intellektualisierung der Jugend vermeiden; man vertrat den Standpunkt, daß praktische Arbeit einen starken Einfluß auf die Lebenseinstellung des jungen Menschen gewinnen würde. Ich fand die Einführung des „praktischen Jahres“ aus diesen Gründen nicht notwendig. Soweit ich das beurteilen konnte, mußte unsere Jugend der

Nachkriegszeit unter dem Zwang der Gegebenheiten sowieso praktisch arbeiten. Sie packte überall an, gleichgültig ob auf den Äckern oder in den Bergwerken.
Ich hielt den vorgeschlagenen Weg nicht für richtig, um den Zudrang zu den Universitäten aufzuhalten. Ich regte vielmehr an, den jungen Menschen, die aus Platzmangel an den Universitäten nicht immatrikuliert werden konnten, Wege zu zeigen, um andere Berufe zu ergreifen.

Man sprach von seiten der Besatzungsmächte immer wieder von einer „reeducation" des deutschen Volkes, von einer Umerziehung zur Demokratie. Die Absichten waren gewiß gut, aber die Wege, die von seiten der britischen Besatzungsmacht beschritten wurden, waren nicht immer die besten.
Auf der Sitzung des Zonenbeirats am 10. und 11. Juli 1946 wurden uns Bestimmungen der Militärregierung über das Wahlverfahren für die Gemeinderatswahlen, die am 15. September 1946, und für die Kreistagswahlen, die am 13. Oktober 1946 stattfinden sollten, mitgeteilt. Es waren Pläne, die nach meiner Meinung unseren Verhältnissen in Deutschland nicht gerecht wurden. Ich forderte, die Herren aus England, die diese Bestimmungen ausgearbeitet hätten, sollten sich in die Lage versetzen, wie sie bei uns im Lande sei, sie sollten sich vor Augen halten, daß seit 1933 keine Wahlen mehr stattgefunden hätten und daß es außer der NSDAP in den Jahren von 1933 bis 1945 keine andere Partei gegeben habe. Nach den von den Engländern vorgelegten Vorschlägen sollten auf die Wahlzettel lediglich die Namen der zu wählenden Kandidaten gesetzt werden, ohne Hervorhebung der Partei, der sie angehörten. Es mußte aber erlaubt sein, auf dem Wahlzettel die politische Partei anzugeben, die den Kandidaten aufgestellt hatte.
Ich erinnerte bei der Beratung dieser Fragen an meinen Antrag, gleichzeitig mit den Kreistagswahlen auch Wahlen zu den Landtagen in den einzelnen Ländern der britischen Zone abzuhalten. Ich hatte Zeitungsnachrichten entnommen, daß die Absicht der britischen Kontrollkommission sei, diese Wahlen erst im kommenden Jahr, das heißt im Jahre 1947, stattfinden zu lassen.
Uns wurde eine ganze Reihe sehr wichtiger Gesetze zur Begutachtung vorgelegt, wie die bereits erwähnten Pläne zur Neugliederung der Länder in der britischen Zone, Pläne für eine Bodenreform und dergleichen mehr. Nach meiner Meinung handelte es sich hier um so entscheidende und weitreichende Maßnahmen, daß sie durch ein frei gewähltes Parlament verabschiedet werden müßten. Nach meiner Meinung waren die ernannten Provinzialräte beziehungsweise -landtage, die nicht einmal öffentlich tagten,

keine guten Einrichtungen, und ich sah nicht ein, warum man nicht auch die Provinziallandtage wählen lassen sollte, wenn man dazu überging, in ordentlichen Verfahren die Kreistagswahlen abzuhalten. Ich glaubte auch, daß es einem besseren Einvernehmen und einem besseren Verhältnis zwischen der Bevölkerung und der besetzenden Macht dienlich wäre, wenn in den Provinziallandtagen, die frei gewählt sein mußten, vor aller Öffentlichkeit die Behördenvertreter ihre Ansicht aussprechen konnten und ebenso freimütig und offen auch Kritik geübt werden konnte. Nach meiner Auffassung war vieles von dem, was gerade in den Monaten bis Juli 1946 die Atmosphäre zwischen der deutschen Bevölkerung und der besetzenden Macht getrübt hatte, zurückzuführen auf die Nichtöffentlichkeit von sehr wichtigen Verhandlungen. Je offener man verhandelte und je ruhiger und gelassener man Kritik ertrug, desto mäßiger, vernünftiger und fruchtbarer würde die Kritik werden.

In der amerikanischen Zone hatten diese Wahlen bereits im April 1946 stattgefunden. Als Argument dafür, daß man noch keine Wahlen stattfinden lassen wollte, wurde von der britischen Militärregierung der Einwand erhoben, im Laufe des Jahres 1947 sollte es zu einer grundsätzlichen neuen Gliederung, zu einer anderen Gestaltung Deutschlands kommen. Dieses Argument war nach meiner Meinung nicht durchschlagend. Bis dahin würden noch viele Monate vergehen, und ich hielt es für dringend nötig, das deutsche Volk auch in der britischen Zone wieder an den Gedanken und das Bewußtsein zu gewöhnen, daß es durch die Abgabe seiner Stimme für sein eigenes Geschick selbst verantwortlich sei. Man sprach und predigte dem deutschen Volk sehr viel von Demokratie. Ich hielt es für sehr wichtig, mit dem einfachsten demokratischen Verfahren endlich zu beginnen.

Meiner Forderung nach der Abhaltung von Landtagswahlen im Herbst 1946 wurde auch entgegengehalten, daß durch den dabei notwendigen Wahlkampf das Volk beunruhigt würde. Wir kämen dadurch in eine „schlechte Atmosphäre" hinein. Auch das ließ ich nicht gelten, denn wer garantierte uns im nächsten Jahr eine bessere Atmosphäre als jetzt. In der amerikanischen Zone waren Wahlen abgehalten worden, und vom Standpunkt der CDU aus war die „Atmosphäre" ausgezeichnet gewesen. Nach meiner Meinung sollte man sich auf die Prinzipien der Demokratie besinnen. Jetzt sollten Gesetze geschaffen werden bezüglich einer Bodenreform, die von der Besatzungsmacht angeregt war, einer Bodenreform, die eventuell auf Jahrzehnte hinaus für unsere Geschicke bestimmend sein würde, auf alle Fälle für viele Millionen Menschen, und ich verstand nicht, daß jemand, der demokratisch fühlte, nicht die Verpflichtung in sich spürte, dafür zu sorgen, daß frei gewählte Körperschaften über so wichtige Gesetze entschieden. Ich kündigte an, daß meine Fraktion beantragen würde, die Verhandlung der Bodenreform zu vertagen, bis frei gewählte Parlamente endgültig entscheiden könnten. Ich hielt die Bodenreform nicht für eine Aufgabe, die in der Dunkelkammer gelöst werden konnte. Ich hielt sie für eine Aufgabe, die in vollster Öffentlichkeit gelöst werden mußte, wo jeder, der an der Sache mitarbeitete, vor dem gesamten Volk Rede und Antwort zu stehen hatte. Sicherlich lag es innerhalb der Beschlußfassung der Besatzungsbehörden, ob sie den Beschlüssen der frei gewählten Landtage folgen wollten oder nicht, das wäre ihre eigene Angelegenheit. Aber nach meiner Meinung sollten wir uns im Zonenbeirat für möglichst baldige freie Wahlen einsetzen.

Ich appellierte sehr eindringlich an die Mitglieder des Zonenbeirates, für meinen Antrag an die Militärregierung, so bald wie möglich freie Landtagswahlen abhalten zu lassen, einzutreten. Wir seien verpflichtet, das Unsere zu tun, damit unser Volk möglichst bald frei wählen könne.

Der Antrag wurde zunächst von der britischen Kontrollkommission als zur Behandlung ungeeignet erklärt. Dann aber revidierte die Kontrollkommission ihre Anschauung und gestattete, daß der Antrag behandelt wurde. Sie gab damit zu erkennen, daß sie gegebenenfalls bereit wäre, je nach dem Votum des Zonenbeirates, derartige Wahlen abhalten zu lassen. Im Zonenbeirat kam es dann zur Abstimmung, und der Antrag wurde durch eine kleine Mehrheit abgelehnt, und zwar mit fünfzehn gegen elf Stimmen.

Einer derjenigen, die sich in der Aussprache gegen meinen Antrag wandten, war erstaunlicherweise Dr. Kurt Schumacher, der Führer der SPD.

Ich hatte es auch im Interesse der britischen Militärregierung für notwendig gehalten, daß eine Plattform geschaffen wurde, auf der Vertreter der Bevölkerung sich über alles das, was der Herbst und der Winter an Problemen mit sich bringen würden, frei und offen aussprechen konnten. Ich war sicher, daß dadurch die Militärregierung ein anderes Bild von der Stimmung und der Lage der Bevölkerung bekommen würde, als sie es sich jetzt machte. Außerdem glaubte ich, eine offene Aussprache in den Provinziallandtagen werde auch die außerdeutsche Öffentlichkeit viel nachhaltiger auf die Zustände in Deutschland, auf das Unglück, dem wir und Europa entgegentrieben, hinweisen als gelegentliche Reden, die ein Parteivertreter in irgendeiner Versammlung hielt.

Mein Antrag kam nicht durch, die Kreistagswahlen fanden gesondert am 13. Oktober 1946 statt. Der Provinziallandtag für Nordrhein-Westfalen wurde nicht frei gewählt, sondern wurde ernannt.

3. Allgemeine Gedanken über diese Zeit der Not

Ähnlich wie in der britischen Zone waren die Verhältnisse in Berlin und in den drei anderen Besatzungszonen Deutschlands, in der einen etwas besser, in der anderen etwas schlechter. Im großen und ganzen war in ganz Deutschland die Gegenwart kaum tragbar, und die Zukunft sah hoffnungslos aus. Wenn man die Entwicklung, die in den folgenden Jahren einsetzte, verstehen und würdigen will, ist es gut, sich diese Zeit immer wieder vor Augen zu führen.

Ich erhebe nicht den Anspruch, mit meiner Darstellung ein vollständiges Bild unserer damaligen Situation gegeben zu haben. Eine vollständige Wiedergabe der damaligen Situation würde den Rahmen dieser Niederschrift meiner Erinnerungen sprengen. Daher mußte ich mich auf die Schilderung einiger weniger, mir bemerkenswert und charakteristisch erscheinender Tatsachen beschränken.

Eine positive Erscheinung, die sich zu jener Zeit überall in unserem Volke bemerkbar machte, möchte ich noch besonders hervorheben, und das war eine großartige gegenseitige Hilfsbereitschaft, der Wille, trotz der furchtbaren Vergangenheit nicht zu verzagen, und das Suchen der Menschen, in der Religion und in der Kunst Kraft zu gewinnen, um das Leben zu bestehen. Das war ein ermutigendes Zeichen für die Lebenskraft unseres Volkes, und wohl keiner, der jene Zeit mitgemacht hat, wird diese allgemeine, sichtbare Hinwendung zu geistigen Gütern vergessen.

IV. DIE SIEGERMÄCHTE NACH DEM ZUSAMMENBRUCH DEUTSCHLANDS

1. Die bedingungslose Kapitulation und die Deklarationen der Alliierten vom 5. Juni 1945

Beim Zusammenbruch 1945 war Deutschland ein Chaos. Hitler und seine Leute hatten alles getan, um seinen Ausspruch wahrzumachen, daß das deutsche Volk untergehen solle, wenn es nicht fähig sein sollte zu siegen.
Die Deutsche Wehrmacht hatte bedingungslos kapituliert. Aber viele, darunter auch ich, waren der Auffassung, daß Deutschland damit nicht aufhörte, als völkerrechtliches Subjekt und Objekt weiterzubestehen. Die bedingungslose Kapitulation der Deutschen Wehrmacht, die am 7. und 8. Mai 1945 erfolgte, war ein militärischer Akt, durch den der völkerrechtliche Status Deutschlands nicht ausgelöscht wurde.
Die Siegermächte zogen die deutsche Regierungsgewalt, die durch den Zusammenbruch der nationalsozialistischen Regierung herrenlos geworden war, an sich. Wir waren völkerrechtlich jedoch nicht ohne irgendeinen Schutz. Wir konnten den Schutz der Haager Landkriegsordnung vom Jahre 1907 beanspruchen, die sämtliche Siegermächte von 1945 unterzeichnet hatten. Nach der Haager Landkriegsordnung besaßen die Sieger zwar bestimmte Rechte im besetzten Lande – und Deutschland hatte den Status eines besetzten Landes, wie mir auf meine Anfrage im Zonenbeirat bestätigt worden war –, aber auf der anderen Seite hatten die Siegermächte auch Pflichten gegenüber den Einwohnern des von ihnen besetzten Landes. Zu diesen Pflichten gehörte unter anderem die Gewährleistung der Ernährung der Bevölkerung.
Der Krieg 1914/18 hatte nicht mit einer bedingungslosen Kapitulation der deutschen Armee geendet. Auch war die Regierungsgewalt in Deutschland nicht herrenlos geworden. Die Alliierten waren der Ansicht, nach dem Kriege 1914/18 dadurch einen Fehler gemacht zu haben, daß sie die Regierungsgewalt des besiegten Feindes nicht an sich gezogen hatten. Die Sieger hatten daher Friedensverhandlungen mit den Vertretern des besiegten Landes zu führen. Darin sahen die Alliierten die Ursache dafür, daß der Vertrag von Versailles es Deutschland ermöglicht hatte, bereits nach kurzer Zeit wieder aufzurüsten und die Welt in den Zweiten Weltkrieg zu stürzen.
Dieser nach ihrer Ansicht gemachte Fehler sollte nicht wiederholt werden.

Die Alliierten einigten sich auf einer Konferenz in Casablanca im Januar 1943 darauf, den Krieg nur durch eine „bedingungslose Kapitulation" (unconditional surrender) zu beenden. Man glaubte, dadurch eine dauernde Befriedung Europas zu erreichen, daß man die Zustimmung von Vertretern des besiegten Landes nicht einzuholen brauche. Man erstrebte eine bedingungslose Kapitulation, weil man bei der Gestaltung Deutschlands nach dessen Zusammenbruch völlig freie Hand haben und einen Friedensvertrag mit einem den Ansichten der Sieger entsprechenden Deutschland abschließen wollte.

Adolf Hitler hatte kurz vor seinem Selbstmord am 30. April 1945 Großadmiral Dönitz zu seinem Nachfolger bestimmt. Zunächst schienen die Alliierten Dönitz als Staatsoberhaupt anzuerkennen. Jedenfalls kam die zuerst an den Tag gelegte Haltung der Briten sehr einer Anerkennung gleich. Die „Reichsregierung" und das „Oberkommando der Wehrmacht" hatten von den britischen Truppen in der Nähe von Flensburg eine exterritoriale Enklave erhalten. Großadmiral Dönitz und seine Umgebung durften selbst nach Inkrafttreten der Kapitulation ihre Waffen behalten. Die englischen und amerikanischen Kontrollkommissionen schienen die Reichsregierung „Dönitz" zu respektieren.

Unter den Siegermächten entstanden jedoch bald schwerwiegende Differenzen über die Stellung von Dönitz. Diese endeten damit, daß die Briten Dönitz auf ein englisches Kriegsschiff kommen ließen und ihn dort verhafteten. Er wurde später in Nürnberg von dem Gericht der Alliierten zu zehn Jahren Gefängnis verurteilt.

Am 5. Juni 1945 wurden vier für die künftige Deutschlandpolitik der Alliierten grundlegende Erklärungen veröffentlicht, die an diesem Tage im Hauptquartier Marschall Schukows in Berlin von den Regierungen der Vereinigten Staaten, Großbritanniens, der Sowjetunion und Frankreichs, vertreten durch General Eisenhower, Feldmarschall Montgomery, Marschall Schukow und General de Lattre de Tassigny, unterzeichnet worden waren.

Die erste Deklaration über die Niederlage und die Besetzung Deutschlands bestimmte unter anderem, daß die vier alliierten Regierungen in allen Deutschland betreffenden Angelegenheiten die oberste Regierungsgewalt übernahmen, einschließlich aller Befugnisse, die der deutschen Regierung, dem Oberkommando der Wehrmacht und allen staatlichen, städtischen oder örtlichen Regierungen oder Behörden zustanden. Die Grenzen Deutschlands oder „irgendeines Gebietes, das gegenwärtig einen Teil deutschen Gebietes bildet", sollten zu einem späteren Zeitpunkt festgelegt werden.

Es folgten in fünfzehn Artikeln Forderungen, die Deutschland auferlegt wurden und die sofort zu erfüllen waren, unter anderem bezüglich der Entwaffnung der Deutschen Wehrmacht, der Freilassung alliierter Kriegsgefangener, der Festnahme von Nazi-Führern und Kriegsverbrechern und hinsichtlich der Besetzung Deutschlands.

Die zweite Deklaration gab die Einsetzung eines aus den vier Oberbefehlshabern bestehenden Kontrollrates bekannt. Jeder Oberbefehlshaber hatte in seiner Zone die oberste Gewalt. Die Oberbefehlshaber hatten jedoch gemeinsame Beschlüsse zu fassen in Fragen, die Deutschland als Ganzes betrafen; diese Beschlüsse mußten einstimmig gefaßt werden. Es folgten dann noch weitere Artikel mit Einzelheiten über die Organisation des Kontrollrates.

Die dritte Deklaration hatte zum Inhalt die Einteilung Deutschlands in vier Besatzungszonen und die Überweisung des Gebietes von Groß-Berlin an die vier Großmächte unter Einteilung in vier Sektoren.

Die vierte Deklaration befaßte sich mit der Konsultierung der alliierten Nationen.

Die wichtigste und folgenschwerste Bestimmung der zweiten Deklaration war, daß für die Beschlüsse des Kontrollrates Einstimmigkeit vorgeschrieben war. Diese Bestimmung war entscheidend für das künftige Schicksal Deutschlands.

2. Die Potsdamer Konferenz vom 17. Juli bis zum 2. August 1945 und ihre Bedeutung für Deutschland

Vom 17. Juli bis zum 2. August 1945 fand in Potsdam die sehr bedeutsame Konferenz der drei Siegermächte Großbritannien, Sowjetrußland und USA statt. Frankreich war auf der Konferenz nicht vertreten.

In Potsdam wurde eingehend über die gegenüber Deutschland einzuschlagende Politik beraten. Es wurden bereits früher in Teheran und Jalta gefaßte Beschlüsse genauer festgelegt und versucht, in noch offenen Fragen Einigung zu erzielen.

Über die Potsdamer Konferenz drang während der Beratungen kaum etwas an die Öffentlichkeit. Man erfuhr erst Näheres durch die Veröffentlichung des Schlußkommuniqués.

Ich gebe im folgenden charakteristische und wichtige Auszüge des vom State Department der Vereinigten Staaten veröffentlichten offiziellen Kommuniqués wieder:

„Die Armeen der Alliierten haben ganz Deutschland besetzt. Das deutsche Volk hat begonnen, für die schrecklichen Verbrechen zu sühnen, die unter der Führung von Personen begangen worden sind, denen es auf der Höhe ihres Erfolges offen zugestimmt und blind gehorcht hat. Auf dieser Konferenz ist ein Beschluß über die politischen und wirtschaftlichen Grundlinien einer gemeinsamen Politik der Alliierten gegenüber dem besiegten Deutschland während der Dauer der alliierten Kontrolle gefaßt worden. Der Zweck dieses Beschlusses ist die Durchführung des Programms, das auf der Krim-Konferenz bezüglich Deutschlands erklärt worden ist. Militarismus und Nazismus werden in Deutschland ausgerottet werden, und die Alliierten werden jetzt und in Zukunft in gemeinschaftlichem Einverständnis die weiteren Maßnahmen treffen, die erforderlich sind, um eine Gewähr dafür zu bieten, daß Deutschland weder seine Nachbarn noch den Weltfrieden jemals wieder bedrohen kann. Es ist nicht die Absicht der Alliierten, das deutsche Volk zu vernichten oder zu einem Volk von Sklaven zu machen. Es ist vielmehr ihre Absicht, dem deutschen Volk Gelegenheit zu bieten, sich auf eine spätere Erneuerung seines Lebens auf einer friedlichen, demokratischen Grundlage vorzubereiten. Falls seine eigenen Bemühungen ständig auf dieses Ziel gerichtet bleiben, wird es dem deutschen Volk nach angemessener Zeit möglich sein, einen Platz unter den freien, friedliebenden Nationen der Erde einzunehmen."

Im gegenwärtigen Zeitpunkt sollte keine deutsche Zentralregierung gebildet werden. Hierzu hieß es dann allerdings weiter im Kommuniqué:

„Nichtsdestoweniger sollen unter der Leitung von Staatssekretären deutsche zentrale Verwaltungsbehörden auf bestimmten wichtigen Gebieten geschaffen werden, namentlich auf dem Gebiete des Finanz-, Verkehrs- und Nachrichtenwesens, ferner des Außenhandels und der Industrie. Diese Behörden werden unter der Leitung des Kontrollausschusses stehen."

Zu einer Arbeit dieser zentralen deutschen Verwaltungsstellen ist es nie gekommen. Der Grund dafür lag in der Bestimmung, daß diese Behörden unter der Leitung des Kontrollrates stehen sollten. Das Funktionieren des Kontrollrates als Koordinierungsorgan war jedoch aufs engste an eine gemeinsame Politik der Besatzungsmächte gebunden, da die Beschlüsse des Kontrollrates Einstimmigkeit verlangten. Hier und in der Folge zeigte sich, daß Übereinstimmung unter den vier Mächten nur in den seltensten Fällen erreicht werden konnte.

Auf der Potsdamer Konferenz wurde von den Vereinigten Staaten und Großbritannien zu der Forderung der Sowjetunion nach Übergabe des nördlichen Teiles Ostpreußens an Sowjetrußland erklärt,

„daß sie den Vorschlag der Konferenz bei der bevorstehenden Friedensregelung unterstützen werden".

Weiter wurde Übereinstimmung erzielt,

„daß bis zur endgültigen Regelung der Westgrenze Polens die folgenden

Gebiete der Verwaltung des polnischen Staates unterstellt und als solche nicht als ein Teil der sowjetischen Besatzungszone in Deutschland angesehen werden sollen: die früheren deutschen Gebiete östlich der Linie, die von der Ostsee unmittelbar westlich von Swinemünde der Oder bis zu ihrem Zusammenfluß mit der westlichen Neiße folgt und dann längs der westlichen Neiße bis zur tschechoslowakischen Grenze verläuft, einschließlich des Teiles von Ostpreußen, der in Übereinstimmung mit dem auf dieser Konferenz getroffenen Abkommen nicht der Verwaltung der Union der Sozialistischen Sowjet-Republiken untersteht, ferner einschließlich der früheren Freien Stadt Danzig".

Die wirtschaftlichen Grundlinien, die auf der Potsdamer Dreier-Konferenz für Deutschland vereinbart wurden, legten das Schwergewicht auf die Entwicklung der Landwirtschaft und der einheimischen, für friedliche Zwecke arbeitenden Industrien. In dem Abschlußkommuniqué heißt es hierzu:

„Um Deutschlands Stärke als Militärmacht zu zerstören, soll die Erzeugung von Waffen, Munition und Gegenständen des militärischen Bedarfs sowie aller Arten von Flugzeugen und seetüchtigen Schiffen verboten und verhindert werden. Die Produktion von Metallen, Chemikalien, Maschinen und anderen Gütern, die für eine Kriegswirtschaft unmittelbar notwendig sind, soll einer strengen Kontrolle unterliegen, und, um den in Abs. 15 dargelegten Zielen zu entsprechen, auf die Deckung des Bedarfs Deutschlands, soweit dies bewilligt wurde, während des auf den Krieg folgenden Friedens beschränkt werden. Betriebe, die für eine Erzeugung im Rahmen des erlaubten Maßes nicht benötigt werden, sind gemäß dem von der alliierten Reparations-Kommission empfohlenen und von den in Betracht kommenden Regierungen genehmigten Plan ins Ausland zu überführen oder, falls dies nicht geschieht, zu zerstören. Die deutsche Wirtschaft soll so bald wie möglich dezentralisiert werden, um die gegenwärtig bestehende übermäßige Konzentrierung wirtschaftlicher Machtmittel zu beseitigen, wie sie namentlich in Kartellen, Syndikaten, Trusts und anderen monopolistischen Abkommen zum Ausdruck gebracht wird. Bei der Organisierung der deutschen Wirtschaft ist das Hauptgewicht auf die Entwicklung der Landwirtschaft und der einheimischen, für friedliche Zwecke arbeitenden Industrien zu legen. Während der Dauer der Besetzung soll ganz Deutschland als eine wirtschaftliche Einheit behandelt werden."

Die Reparationen sollten in Sachwerten innerhalb von zwei Jahren aus Deutschland herausgeführt werden. Unter Reparationen verstand man Guthaben, Gold, Schiffe, Fabrikeinrichtungen und laufende Produktion. Kriegsbeute war nicht als Reparation zu rechnen. Es wurde eine Kommission

eingesetzt, die die Einzelheiten für einen Industrieplan für Deutschland entsprechend den Potsdamer Beschlüssen ausarbeiten sollte. Am 26. März 1946 wurde das Arbeitsergebnis dieser Kommission, nachdem es von dem alliierten Kontrollrat genehmigt worden war, veröffentlicht. Dieser Industrieplan sah folgendes vor:
Die allgemeine Höhe der Industrieproduktion sollte etwa 50 bis 55 % der Produktion von 1938 betragen. Der Plan gründete sich auf folgende grundlegenden Erwägungen:

„a) Ausmerzung des deutschen Kriegspotentials und industrielle Abrüstung,
b) Zahlung von Reparationen an die Länder, die durch den deutschen Angriff gelitten haben,
c) Entwicklung der Landwirtschaft und von Industrien, die friedlichen Zwecken dienen,
d) Aufrechterhaltung eines durchschnittlichen Lebensstandards in Deutschland, der den durchschnittlichen Lebensstandard der europäischen Länder, ausschließlich des Großbritanniens und der Sowjetunion, nicht übersteigt."

Es ist nötig, über diesen Plan ausführlicher zu sprechen, damit das deutsche Volk sich daran erinnert, was ihm gedroht hat.
Nach dem Plan sollte die Höhe der Industrieproduktion etwa 50 bis 55 Prozent der Produktionshöhe von 1938 betragen. Alle darüber hinausgehenden Produktionskapazitäten sollten demontiert und dann entweder als Reparationsgüter ins Ausland gebracht oder an Ort und Stelle zerstört werden.
Der Plan unterschied zwischen völlig verbotenen Industrien und solchen, deren Produktion eingeschränkt werden sollte. Zu den völlig verbotenen Industrien gehörte unter anderem die Erzeugung von Waffen, Munition, Flugzeugen, Seeschiffen, Funksendeausrüstungen, schweren Traktoren, zahlreichen Chemikalien, synthetischen Treibstoffen, synthetischem Gummi und Ölen.
Im folgenden gebe ich einige Industriezweige an, deren Produktion durch den Plan eingeschränkt wurde: Stahl auf 7,5 Millionen Tonnen jährlich, das sind 33 % der Rohstahlproduktion von 1933, Kupfer auf 48 %, Zink auf 60 %, Blei auf 54 %, Zinn auf 50 % und Nickel auf 18 % der Vorkriegserzeugung. In der Industrie der chemischen Grundstoffe durften nur 40 % der Produktionsfähigkeit von 1936 in Deutschland zurückbehalten werden. Dies galt insbesondere für Stickstoff, Phosphate, kohlensauren Kalk, Kali, Schwefelsäure und Chlor. Bei der Maschinenherstellung und bei dem Maschinenbau wurden folgende Einschränkungen auferlegt: für die Werk-

zeugmaschinenindustrie 11,4 % der Kapazität von 1938; für den schweren Maschinenbau 31 % der Kapazität von 1938, für anderen mechanischen Maschinenbau 50 % dieser Kapazität; es wurde eine bis in die kleinste Einzelheit gehende Beschränkung in der Produktion von Transportmitteln vorgesehen. Sogar die Zahl von Telefonen war genau festgelegt und in engsten Grenzen gehalten.

Dies sind Auszüge aus dem Industrieplan. Die Ziffern sprechen für sich. Die Folgen, die diese von den Alliierten beschlossenen Bestimmungen für Deutschland gehabt haben würden, kamen den von dem Amerikaner Morgenthau verfochtenen Zielen sehr nahe.

Die wirtschaftlichen Richtlinien, die in Potsdam beschlossen waren, bedeuteten, daß die deutsche Industrie vernichtet beziehungsweise auf ein Minimum reduziert und daß Deutschland wieder ein Agrarstaat werden sollte. Das mußte das Todesurteil für viele Millionen Deutscher bedeuten, denn unser Boden konnte nach damaligem Urteil im Höchstfall nur 70 Prozent der benötigten Nahrungsmittelmenge produzieren. Die Fabrikation von Gütern für Exportzwecke, für deren Erlös man Nahrungsmittel hätte einführen können, schien durch die Potsdamer Beschlüsse unmöglich gemacht worden zu sein.

Wären diese Beschlüsse wirklich durchgeführt worden, wären Unruhen und Aufstände die Folge gewesen. Schließlich wären auch die drei westlichen Zonen, also ganz Deutschland, kommunistisch geworden.

3. Sichtbar werdende Spannungen zwischen den Alliierten

Die Vereinigten Staaten, Großbritannien und die Sowjetunion hatten in Teheran und in Jalta die Errichtung demokratischer Staaten in Osteuropa, in Bulgarien, in Rumänien und Polen vereinbart. Eine demokratische Grundordnung sollte das Fundament der europäischen Staaten und damit der Neugestaltung und des Wiederaufbaus Europas sein. Generalkonsul von Weiß, der schweizerische Vertreter in Deutschland, hatte mich über das unterrichtet, was über diese Konferenzen der Großen Drei durchgesickert oder absichtlich der Öffentlichkeit der westlichen Alliierten mitgeteilt worden war.

Die Entwicklung nach Beendigung des Krieges gegen Deutschland verlief jedoch anders.

Eine Erklärung des amerikanischen Außenministers Byrnes vom 19. August 1945 ließ aufhorchen. Laut einer Mitteilung der Nachrichtenagentur Reuter erklärte Byrnes öffentlich, daß die gegenwärtigen Verhältnisse in Bulgarien nicht als zufriedenstellend bezeichnet werden könnten. Bulgarien besitze zur Zeit nicht eine Regierung, die als Vertretung der demokratischen Elemente im Lande anzusehen sei. Die vorgesehenen Wahlen würden nicht unter Bedingungen durchgeführt werden, die frei von Furcht und Einschüchterung seien. Die amerikanische Regierung habe dem Vertreter der Vereinigten Staaten in Sofia eine entsprechende Mitteilung zur Weiterleitung an die bulgarische Regierung zugehen lassen.

Als ein sehr deutlicher Beweis für das wachsende Spannungsverhältnis zwischen der Sowjetunion und den Westalliierten erschien mir eine Rede, die Präsident Truman am 27. Oktober 1945 anläßlich des amerikanischen Flottentages in New York hielt. Er führte aus:

„Wir werden keine Gebietsveränderungen auf Kosten von Staaten anerkennen, die mit uns befreundet sind, es sei denn, sie stehen mit dem frei ausgedrückten Willen der betreffenden Völker im Einklang.

... Wir sind der Überzeugung, daß allen zur Selbstregierung befähigten Völkern die Möglichkeit gegeben werden muß, sich die ihnen zusagende Regierungsform ohne Einmischung von außen selbst zu geben. Das gilt für Europa, Asien, Afrika und ebensosehr für die westliche Halbkugel*."

Aus diesen Worten klang eine deutliche Verstimmung.

Die Politik, die die Sowjetunion gegenüber Polen einschlug, gab schließlich den Ausschlag für die Haltung der Westmächte gegenüber der sowjetrussischen Politik überhaupt. Polen war nach Kriegsende 1945 die Hauptursache der wachsenden Spannung, insbesondere zwischen England und Sowjetrußland.

Nach der Niederwerfung Polens durch Deutschland im September 1939 hatte sich in Paris unter General Sikorski eine polnische Exilregierung gebildet, die später ihren Sitz nach London verlegte. Diese Exilregierung forderte nach erfolgreicher Beendigung des Krieges gegen Deutschland einen Gebietszuwachs nach Westen. Sie forderte jedoch auch eine Gebietserweiterung nach Osten, und zwar das ostgalizische Ölgebiet, das Polen durch den Krieg von 1920 von Rußland gewonnen und das in dem darauffolgenden Friedensvertrag zu Riga von den Russen an die Polen abgetreten worden war. Die Russen hatten sich jedoch dieses Gebiet nach dem Einmarsch der Deutschen in Polen im September 1939 gemäß einem Abkommen mit Hitler wieder einverleibt.

Sowjetrußland war keineswegs gewillt, Ostgalizien wieder herauszugeben, und die britische Regierung kam in eine sehr schwierige Lage, als Rußland im Sommer 1941 der Kriegsverbündete Englands wurde. Die antisowjetische Tendenz der polnischen Exilregierung in London war offensichtlich, wie

* Aus Truman-Memoiren, Seite 583, 1955, Alfred Scherz Verlag, Bern.

mir Herr von Weiß mehrmals berichtete. Inzwischen hatte sich in Moskau eine Gruppe sowjetfreundlicher Polen zusammengeschlossen, die sich am 1. März 1943 als „Union Polnischer Patrioten" proklamierte.

Die „Union Polnischer Patrioten" erkannte die Londoner Exilregierung Polens nicht an, und nach Abbruch der diplomatischen Beziehungen zwischen der Sowjetunion und der Londoner Exilregierung war die Moskauer Gruppe der Exilpolen für die Sowjetunion die maßgebende Gruppe für die Bildung der künftigen polnischen Regierung.

Nachdem die deutschen Truppen im Herbst 1944 aus Teilen Polens herausgedrängt waren, folgten sogleich Mitglieder der „Union Polnischer Patrioten" und gründeten ein „Befreiungskomitee".

Sowjetrußland wollte das wertvolle ostgalizische Gebiet jetzt nach Ende des Zweiten Weltkrieges behalten und veranlaßte daher die aus Moskau entsandten polnischen Politiker, den Verzicht auf die im Rigaer Friedensvertrag von 1921 Polen zugestandenen ostgalizischen Gebiete zu erklären.

Die von Moskau entsandten polnischen Politiker verfolgten eine pro-russische Politik. Die Russen wollten sich nicht darauf einlassen, daß gemäß den Vereinbarungen von Jalta die Londoner Exilregierung an der polnischen Regierung beteiligt würde. Sie hielten die Vereinbarung, daß die Wiederherstellung und der Wiederaufbau Polens auf demokratischer Grundlage erfolgen sollte, nicht ein.

Churchill hatte größte Mühen aufgewandt, um einmal die Londoner Exilregierung der Polen, zum anderen aber auch Stalin kompromißbereit zu machen. Sein Ziel war offensichtlich, ein unabhängiges und möglichst starkes Polen zu schaffen. Dieses starke Polen schien in seinen Vorstellungen ein wichtiges Glied eines stabilen Nachkriegseuropa zu sein.

Die Westmächte waren sichtlich sehr verstimmt über die Haltung der Sowjetrussen gerade in dieser Frage. Langsam schienen sie zu erkennen, welche Absichten Sowjetrußland in Europa verfolgte und welche Gefahren der Kommunismus, der die Weltherrschaft predigt, für die westliche Welt, insbesondere Europa, bedeutet.

Im März 1946 las ich in Zeitungen von einer Rede, die Churchill in den USA, in Fulton in Missouri, in Anwesenheit des amerikanischen Präsidenten Truman gehalten hatte. Diese Rede ist ein klassisches Zeugnis für die wachsende Mißbilligung der Politik der Sowjetunion durch die angelsächsischen Mächte. Churchill führte in Fulton eine deutliche Sprache. Die Rede schien mir einen Wendepunkt in der Haltung der Westmächte gegenüber der Sowjetunion zu kennzeichnen. Wegen ihrer großen Bedeutung möchte ich sie im folgenden auszugsweise wiedergeben:

„... Ein Schatten ist über die Schauplätze gefallen, die der alliierte Sieg noch vor kurzem erhellte. Niemand weiß, was Sowjetrußland und die internationale Organisation des Kommunismus in nächster Zukunft zu tun gedenken oder wo die Grenzen, sofern es solche überhaupt gibt, ihrer expansionistischen Pläne und Bekehrungsabsichten liegen . . .

Von Stettin an der Ostsee bis nach Triest an der Adria hat sich ein eiserner Vorhang über den Kontinent gesenkt. Dahinter liegen die Hauptstädte der vormaligen Staaten Zentral- und Osteuropas: Warschau, Berlin, Prag, Wien, Budapest, Belgrad, Bukarest und Sofia. Alle diese berühmten Städte und die umwohnende Bevölkerung befinden sich in der Sowjetsphäre, wie ich sie nennen muß, und sind in der einen oder anderen Form nicht nur dem sowjetischen Einfluß ausgesetzt, sondern unterstehen in hohem und in vielen Fällen in steigendem Maße der Kontrolle Moskaus. Nur Athen – Griechenland voll des unsterblichen Ruhmes – kann bei einer Wahl unter den Augen britischer, amerikanischer und französischer Beobachter frei über seine Zukunft bestimmen. Die von den Russen beherrschte polnische Regierung wurde aufgemuntert, ungeheure und unberechtigte Übergriffe auf deutsches Gebiet zu unternehmen; eine Massenaustreibung von Millionen Deutscher findet statt, in schrecklichem, bisher ungeahntem Ausmaß. Den in diesen osteuropäischen Staaten sehr kleinen kommunistischen Parteien wurde eine Machtstellung eingeräumt, die ihrer zahlenmäßigen Stärke keineswegs entspricht, und sie versuchen nun allenthalben, die Kontrolle vollständig zu erlangen. In fast allen Fällen herrscht ein Polizeiregime, und es gibt mit Ausnahme der Tschechoslowakei keine wahre Demokratie.

Die Türkei und Persien sind zutiefst betroffen und beunruhigt über die an sie gestellten Ansprüche und den Druck, den die Regierung Moskaus ausübt. In Berlin versuchen die Russen, eine Art kommunistische Partei in der von ihnen besetzten Zone Deutschlands aufzuziehen, indem sie einer Gruppe linksstehender deutscher Parteiführer besondere Vorteile einräumen. Als die Kämpfe im vergangenen Juni endeten, zogen sich die amerikanischen und britischen Armeen entsprechend einem früheren Abkommen nach Westen zurück, und zwar auf einer 650 Kilometer breiten Front und an einigen Stellen bis zu einer Tiefe von 250 Kilometer, um unseren russischen Verbündeten zu gestatten, dieses ungeheure Gebiet zu besetzen, das die westlichen Demokraten erobert hatten.

Wenn die Sowjetregierung jetzt versucht, durch eigenmächtiges Vorgehen ein prokommunistisches Deutschland in ihren Gebieten zu errichten, wird das neue, ernsthafte Schwierigkeiten in der britischen und amerikanischen Zone hervorrufen und den geschlagenen Deutschen die Macht geben, sich zwischen den Sowjets und den westlichen Demokratien an den Meistbietenden zu verkaufen. Welche Schlußfolgerungen aus diesen Tatsachen man auch ziehen mag – und es handelt sich um Tatsachen –, dies ist sicher nicht das befreite Europa, für dessen Aufbau wir gekämpft haben. Auch ist es keineswegs ein Europa, das die notwendigen Voraussetzungen für einen dauernden Frieden birgt."

4. Die Pariser Außenministerkonferenzen vom April 1946 und vom Juni/Juli 1946 – Die Rede Molotows vom 10. Juli 1946

Wegen Polen konnte keine Einigung erreicht werden, die Verhandlungen bezüglich Deutschlands nahmen einen ähnlichen Verlauf.

Im Potsdamer Abkommen war ausdrücklich gesagt, daß Deutschland als wirtschaftliche Einheit zu behandeln sei. Die Verwirklichung dieser Bestimmung erwies sich als Illusion, da die Siegermächte in ihren politischen Zielen nicht übereinstimmten. Anscheinend hatten Frankreich, Großbritannien und die Vereinigten Staaten geglaubt, daß die Mächte, wie sie einig bei der Vernichtung Deutschlands gewesen waren, auch einig sein würden bei der Gestaltung dessen, was an seine Stelle treten sollte. Das war ein fundamentaler Irrtum; Sowjetrußland hatte seine eigenen Pläne.

Am 29. April 1946 gab der amerikanische Außenminister Byrnes anläßlich einer Außenministerkonferenz in Paris einen Plan für die Besatzungspolitik in Deutschland bekannt. Byrnes beantragte, daß die deutsche Frage auf die Tagesordnung gesetzt werde, und veröffentlichte den im Februar 1946 bereits den drei Großmächten vertraulich übergebenen amerikanischen Plan für eine Entwaffnung und Besetzung Deutschlands für fünfundzwanzig Jahre. Auf einer Konferenz der Außenminister regte er die Diskussion des vorgelegten Planes an.

Es waren vor allem die Franzosen gewesen, die eine Garantie verlangten, die sie vor einem Wiedererstarken Deutschlands und einer damit in ihren Augen verbundenen neuen Gefahr schützen sollte. Die Franzosen hatten außerdem die Internationalisierung des Ruhrgebietes oder aber die völlige Zerstörung seines Wirtschaftspotentials verlangt. Zusätzlich forderten sie eine ständige militärische Besetzung des Rheinlandes, die eventuell einmal durch einen unabhängigen rheinischen Staat abgelöst werden sollte. Um den Forderungen Frankreichs nach Sicherheit vor Deutschland entgegenzukommen, hatte Byrnes angeboten, eine Garantie zu geben, daß Deutschland auf alle Fälle für fünfundzwanzig Jahre, eventuell aber auch für vierzig Jahre unbewaffnet und besetzt bleibe.

Der französische Außenminister Bidault und der britische Außenminister Bevin stimmten einer Diskussion des von den Amerikanern vorgelegten

Planes zu. Molotow ließ eine ablehnende Haltung Sowjetrußlands diesem Plan gegenüber durchblicken.

Die durch Pressemeldungen bekannt gewordenen amerikanischen Pläne für Deutschland erfüllten mich mit großer Sorge für unsere Zukunft, insbesondere, wenn man sie im Zusammenhang mit dem im März 1946 veröffentlichten Industrieplan für Deutschland betrachtete. Diese Pläne mußten schwere psychologische Folgen bei uns in Deutschland auslösen. Die Hoffnungslosigkeit, aus der gegenwärtigen Notlage jemals herauszukommen, war drückend.

Vom 15. Juni 1946 bis zum 12. Juli 1946 fand eine weitere Außenministerkonferenz in Paris statt, auf der der von Byrnes vorgelegte Deutschlandplan erörtert wurde.

Daß namentlich in Frankreich die Angst vor einem wiedererstarkenden Deutschland das politische Denken vollkommen zu beherrschen schien, zeigte sich sehr deutlich in den Ausführungen, die der französische Außenminister Bidault nach Pressemeldungen auf dieser Konferenz machte.

Er forderte erneut eine politische und wirtschaftliche Loslösung des Ruhrgebietes von Deutschland, eine politische Abtrennung des Rheinlandes von einem zentralisierten Deutschland und die Errichtung einer französischen Kontrolle über das Saargebiet. Den von Byrnes vorgetragenen Plänen zur Herstellung einer deutschen Wirtschaftseinheit unter Einbeziehung der deutschen Westgebiete stimmte Bidault als vorübergehende Lösung zu, weil anerkannt werden müsse, daß dadurch die Durchführung des Reparationsprogrammes erleichtert würde.

Großbritannien erklärte sich durch seinen Außenminister Bevin im großen und ganzen mit dem 25-Jahres-Plan von Außenminister Byrnes einverstanden.

Durch weitere Äußerungen Bevins kam es dann, wie durch die Presse bekannt wurde, zu Auseinandersetzungen unter den Alliierten über die Durchführung des Potsdamer Abkommens. Bevin erhob gegen die Sowjetunion die Beschuldigung, daß sie die mit ihrer Zustimmung gefaßten Beschlüsse nicht beachte.

Bevin forderte sehr energisch die Durchführung des Potsdamer Abkommens als Ganzes und die Behandlung Deutschlands als wirtschaftliche Einheit.

Wenn es sich nicht als möglich erweisen sollte, mit den anderen Zonen auf der Grundlage der Gegenseitigkeit zusammenzuarbeiten, würde Großbritannien gezwungen sein, die britische Zone zu reorganisieren, so daß dem britischen Steuerzahler keine zusätzlichen Belastungen aus der Besatzung erwüchsen. Wenn die Zonen weiterhin getrennt behandelt blieben, so würde dies eine Teilung Europas bedeuten, wodurch der Frieden gefährdet werden könnte.

Diese Töne in Bevins Rede waren ermutigend für uns, und die Engländer zeigten sehr schnell, daß es nicht nur leere Worte waren.

In einer Rede, die Molotow auf dieser Konferenz am 10. Juli 1946 hielt, schlug er plötzlich einen anderen Ton gegenüber Deutschland an. Nach seinen Ausführungen hielt er es für falsch, Deutschland zu einem Agrarland zu machen. Er setzte sich für den Wiederaufbau und die Aufrechterhaltung des deutschen industriellen Potentials ein. Die restlose Zerstörung der deutschen Industrie würde zur Untergrabung der Wirtschaft Europas und zur Zerrüttung der Weltwirtschaft führen.

Welche Politik die Sowjetunion jedoch in Wirklichkeit gegenüber Deutschland verfolgte, geht sehr klar aus den Tatsachen hervor, die Churchill in der von mir zitierten Rede anführte.

Molotows große Worte auf der Außenministerkonferenz von Paris am 10. Juli 1946 und die von Sowjetrußland in der Sowjetzone tatsächlich ausgeübte Politik waren zweierlei Dinge.

Sowjetrußland machte sich die Bestimmung, daß jeder Oberbefehlshaber in seiner Zone die höchste Regierungsgewalt besaß und nur durch die Weisungen seiner jeweiligen Regierung gebunden war, zunutze – dieser Passus war von den Sowjets auf der Potsdamer Konferenz durchgesetzt worden –, und es ergriff einschneidende Maßnahmen in der wirtschaftlichen, administrativen und politischen Entwicklung in seiner Zone, um sie zu einem Satelliten Sowjetrußlands zu machen.

Auf Druck der Sowjetunion hin mußte sich die SPD mit der KPD zu einer Partei, der SED, zusammenschließen, mußte sich den Zwecken der sowjetischen Besatzungsmacht beugen, die anderen Parteien wurden unterdrückt.

Die Russen schienen von Anfang an eine klare Politik in bezug auf Deutschland zu betreiben. Ihr Ziel war, ganz Deutschland in ihren Machtbereich einzubeziehen.

Sie handelten genau nach der Parole Lenins: „Wer Deutschland hat, hat Europa!“ In einer Rede am 22. Oktober 1918 hatte Lenin ausgeführt: „Das wichtigste Glied in dieser Kette (Weltrevolution) ist Deutschland ... und von ihr (der deutschen Revolution) hängt der Erfolg der Weltrevolution ab.“

Die Politik der Westalliierten uns gegenüber zeigte leider deutlich, daß sie das Ziel der Sowjetunion noch nicht voll erkannt hatten. Die Vereinigten Staaten von Amerika befanden sich im alleinigen Besitz der Atombombe, und hierin sahen sie in kurzsichtiger Weise eine absolute Garantie ihrer Überlegenheit gegenüber einer eventuellen, von Sowjetrußland her drohenden Gefahr.

5. Unsere Lage zwischen den zwei Machtblöcken

Die Westmächte waren den Russen meines Erachtens politisch nicht gewachsen. Sie hatten, soweit ich das überschauen konnte, keine übereinstimmende klare eigene Konzeption. Die Bevölkerung der einzelnen Länder, besonders in den Vereinigten Staaten, sehnte sich nach Frieden und wollte die wachsende kommunistische Gefahr nicht sehen.

Unter den Westmächten bestand in wichtigen Punkten keine Einigkeit in der gegenüber Deutschland einzuschlagenden Politik. Das galt zum Beispiel hinsichtlich des Ruhrgebietes und hinsichtlich der von Frankreich gewünschten Abtrennung des linken Rheinufers. Das Denken der Politiker und der öffentlichen Meinung in den westlichen Ländern war ganz darauf konzentriert, das endlich nach erbitterten Kämpfen niedergerungene Deutschland für all das von ihm Begangene zu bestrafen und es zu entmachten. An eine fernere Zukunft dachten wenige.

Es ist ein wahres Wort, daß die Geographie, besser ausgedrückt, daß die geographische Situation einen der wesentlichen Faktoren bei der geschichtlichen Entwicklung darstellt.

Deutschland liegt im Herzen Europas. Die Westmächte waren sich nicht klar über die künftige Gestaltung dieses Landes, dessen Schicksal in jedem Fall auf Grund seiner geographischen Lage von größter Bedeutung für die Entwicklung Europas und damit für ihr eigenes Geschick sein mußte.

Das Ziel der Russen war eindeutig. Rußland hatte, genau wie unter den Zaren, den Drang nach Westen, den Drang, sich neue Gebiete in Europa anzueignen oder zu unterwerfen. Die Politik der westlichen Alliierten hatte der Sowjetunion die Regierungsgewalt über einen sehr großen Teil des ehemaligen Deutschen Reiches überlassen und dazu die Möglichkeit gegeben, in einem großen Teil Osteuropas moskauhörige Regierungen einzusetzen.

Wir befanden uns durch unsere geographische Lage zwischen zwei Machtblöcken, die völlig gegensätzliche Lebensideale verfochten. Wir mußten entweder zur einen oder zur anderen Seite, wenn wir nicht zerrieben werden wollten. Eine neutrale Haltung zwischen den beiden Mächtegruppen hielt ich für unser Volk für unrealistisch. Früher oder später würde die eine oder die andere Seite in jedem Fall versuchen, das deutsche Potential auf ihre Seite zu bekommen. Sowjetrußland zeigte eindeutig, daß es vorerst nicht gewillt war, das ihm überlassene deutsche Gebiet wieder freizugeben, und daß es darüber hinaus bestrebt war, auch den anderen Teil Deutschlands allmählich an sich zu ziehen.

Es gab für uns nur einen Weg, unsere politische Freiheit, unsere persönliche Freiheit, unsere Sicherheit, unsere in vielen Jahrhunderten entwickelte Lebensform, die die christlich-humanistische Weltanschauung zur Grundlage hat, zu retten: fester Anschluß an die Völker und Länder, die in ihrem Wesen die gleichen Ansichten über Staat, Person, Freiheit und Eigentum hatten wie wir. Wir mußten hart und entschlossen Widerstand leisten gegenüber jedem weiteren Druck vom Osten her.

Unsere Aufgabe war, das Mißtrauen, das überall in den westlichen Ländern gegen uns Deutsche bestand, zu zerstreuen. Wir mußten versuchen, Schritt für Schritt das Vertrauen zu uns Deutschen wieder zu wecken. Grundvoraussetzung hierfür war meines Erachtens ein klares Bekenntnis zum Westen, stetig und ohne Schwanken. Unsere außenpolitische Haltung mußte klar, folgerichtig und offen sein.

V. KLÄRUNG

1. Die Bildung des Landes Nordrhein-Westfalen

Zuerst mußten die Westmächte die Politik der Sowjetunion in Bulgarien, Rumänien und schließlich in Polen erleben, um die Absichten der Sowjetunion in Europa zu erkennen, nämlich die Schaffung kommunistischer Satellitenstaaten. Namentlich die Errichtung einer kommunistischen Regierung in Polen hat, wie mir scheint, den drei Westalliierten endlich die Augen geöffnet. Sie sahen ein, daß sie gegen das weitere Vordringen der Sowjetunion in Westeuropa durch den politischen und wirtschaftlichen Ausbau ihrer deutschen Besatzungszonen einen Damm errichten mußten.

Die entscheidende Wandlung im Verhalten der Westmächte trat ein nach der Pariser Außenministerkonferenz, die am 15. Juli 1946 zu Ende ging.

Der britische Außenminister Bevin hatte auf dieser Konferenz bereits durchblicken lassen, daß Großbritannien beabsichtigte, in seiner Zone eigene Maßnahmen zu ergreifen, falls keine Einigkeit in der deutschen Frage erzielt werden könnte.

Am 15. Juli 1946 mußte ich auf Ersuchen der britischen Militärregierung nach Berlin fliegen. Mir wurde gesagt, der Aufenthalt in Berlin könne acht, könne auch vierzehn Tage dauern. Bestimmtes wußte ich nicht. Es wurde mir auch nicht gesagt oder auch nur angedeutet, welches der Zweck meines dortigen Aufenthalts sein sollte. Ich konnte meiner Familie keine Anschrift in Berlin angeben, da ich nicht wußte, wo man mich unterbringen würde. Meine Reise nach Berlin war von mir als streng vertraulich zu behandeln.

In Berlin forderte man mich auf, zu einer Besprechung mit dem stellvertretenden britischen Militärgouverneur, Generalleutnant Sir Brian Robertson, zu kommen. Dr. Schumacher, der Führer der SPD, war bei dieser Besprechung ebenfalls anwesend, außerdem als mein Begleiter mein Sekretär Dr. Löns sowie ein weiterer Vertreter der SPD. Ferner nahm teil der bekannte Berliner CDU-Führer Kaiser.

Uns wurde eröffnet, daß die britische Militärregierung beschlossen habe, sofort in der ihr unterstellten Zone ein neues Staatsgebilde zu schaffen, das Land Nordrhein-Westfalen. Man zeigte uns auf einer Landkarte die Grenzen des Gebietes, das man für dieses Nordrhein-Westfalen vorgesehen hatte. Generalleutnant Robertson erklärte die mich völlig überraschende Maßnahme damit, daß die Sowjetunion sich weigere, dem politischen und wirtschaftlichen Zusammenschluß der vier Besatzungszonen zuzustimmen.

Daher hätten die britische und die amerikanische Regierung beschlossen, die von ihnen besetzten Teile Deutschlands möglichst schnell zu einer Konsolidierung der politischen und wirtschaftlichen Verhältnisse zu führen.
Es ging aus Robertsons Vortrag klar hervor, daß bei der Schaffung des Landes Nordrhein-Westfalen die Haltung der Sowjetunion eine wesentliche Rolle spielte. Es ging weiter daraus hervor, daß man dem Verlangen Frankreichs nach Neutralisierung des Industriegebietes und nach Abtrennung des linken Rheinufers von Deutschland nicht nachgeben wollte.
Auch wurde durch die Schaffung dieses Landes die Absicht deutlich, Preußen als Land nicht wiederherzustellen. Außenpolitische Gründe spielten allerdings die Hauptrolle.
Man hatte den Ausgang der Pariser Konferenz der Außenminister, insbesondere die Haltung Sowjetrußlands während dieser Konferenz, abwarten wollen, ehe man sich zu diesem Schritt entschloß, der das Verhältnis der angelsächsischen Mächte zu Sowjetrußland entscheidend beeinflussen mußte.
Generalleutnant Robertson fragte Dr. Schumacher und mich, wie wir zur Schaffung dieses Landes Nordrhein-Westfalen stünden. Ich erklärte, daß man die bisherige Rheinprovinz möglichst weit mit westlichen und östlichen deutschen Gebieten verklammern müsse, um das linke Rheinufer gegen die von Frankreich erhobene Forderung auf dessen Abtrennung von Deutschland zu sichern. Ich sei daher mit der Schaffung des Landes Nordrhein-Westfalen einverstanden.
Dr. Schumacher erkundigte sich, ob irgendeine Änderung des Beschlusses noch in Frage komme. Er erhielt die Antwort: „Nein, der Beschluß steht fest." Dr. Schumacher erklärte daraufhin, daß er und seine Partei gegen die Schaffung dieses Landes seien.
Später führte er als Begründung an, daß er gegen die Bildung eines derart großen Landes, wie es das geplante Nordrhein-Westfalen darstellte, innerhalb eines föderativen Deutschlands sei. Das hinderte ihn allerdings nicht, zu einem noch späteren Zeitpunkt, als der Zonenbeirat gutachtlich zur Neuordnung der restlichen Teile der britischen Zone gehört wurde, vorzuschlagen, neben Nordrhein-Westfalen nur ein einziges Land zu schaffen, in dem die gesamte britische Zone mit Ausnahme von Nordrhein-Westfalen zusammengefaßt werden solle. Die Militärregierung folgte jedoch den inhaltlich übereinstimmenden Vorschlägen der Oberpräsidenten Dr. Lehr und Kopf, indem in der britischen Zone außer Nordrhein-Westfalen die Länder Niedersachsen, Schleswig-Holstein und die Hansestadt Hamburg geschaffen wurden.
Am 18. Juli 1946 gab die britische Militärregierung offiziell die Bildung des Landes Nordrhein-Westfalen bekannt.

Die Bildung dieses Landes war eine Maßnahme von weitreichender politischer Bedeutung für uns Deutsche und für Europa. Die Engländer haben mit diesem Schritt, den sie offenbar im Einverständnis mit den Amerikanern unternahmen, allen Auseinandersetzungen mit Frankreich über Internationalisierung und Neutralisierung des Ruhrgebietes sowie Abtrennung des linken Rheinufers von Deutschland ein Ende machen wollen und gemacht. Hätte man den französischen Forderungen stattgegeben, so hätte man dadurch meines Erachtens den wirtschaftlichen Zerfall nicht nur Deutschlands, sondern Europas herbeigeführt. Da wirtschaftlicher Zerfall ein guter Nährboden für das Wachstum des Kommunismus ist, wäre schließlich der Kommunismus und damit die Sowjetunion Herrscher über ganz Deutschland geworden.

Ich hielt die Gründung des Landes Nordrhein-Westfalen für eine politisch kluge, sehr weittragende Entscheidung. In der Bildung eines großen westdeutschen Landes innerhalb Deutschlands, wie es jetzt durch den Beschluß der britischen Militärregierung geschaffen wurde, lag meines Erachtens eine zuverlässige Garantie für Frieden in Europa. Ein westdeutsches Land wie das jetzige Nordrhein-Westfalen bot nach meiner Meinung die sicherste Gewähr dafür, daß nicht von Deutschland, auch nicht nach seiner Erholung, Aktionen ausgehen würden, die zu einem Kriege führen könnten. Ein derartiges westdeutsches Land mußte ganz naturgemäß nach den Anschauungen seiner Bewohner und nach seiner ganzen Wirtschaftsstruktur auf eine Zusammenarbeit mit den westlichen Nachbarn Deutschlands, mit Holland, Belgien, Luxemburg, Frankreich und England gerichtet sein.

Ich betrachtete es als wichtig, daß das Ruhrgebiet, das heißt ein industrieller Bezirk, jetzt in einem großen Land zusammengefaßt wurde mit landwirtschaftlichen Gebieten und mit Gegenden, die von mittlerer und kleinerer Industrie besiedelt waren. Denn wenn das Ruhrgebiet, das früher schon zum großen Teil kommunistisch gewählt hatte und in dem jetzt, nach dem Zusammenbruch Deutschlands, eine starke kommunistische Agitation entfaltet wurde, ein Land für sich geworden wäre, hätte die CDU dort keinerlei Chancen gehabt. Wahrscheinlich wäre dort die KPD mit der Zeit ausschlaggebend geworden. Das hätte für die ganze deutsche Entwicklung sehr schlechte Folgen gehabt. Die KPD hätte eine starke Möglichkeit bekommen, Verbindungen mit der Sowjetunion herzustellen. Durch die Verknüpfung des Rheinlandes und seiner überwiegend konservativ ausgerichteten Bevölkerung mit dem Ruhrgebiet erschien mir die von linksgerichteten Gruppen des Ruhrgebiets ausgehende Gefahr der Verbindung mit der Sowjetunion erheblich gemindert.

Von der Bildung des Landes Nordrhein-Westfalen erwartete ich insbesondere, Frankreich könne allmählich davon überzeugt werden, daß die Schaffung eines solchen Landes eine größere Sicherheit für dauernden Frieden gewähre als eine ständige Besetzung oder sogar Abtrennung deutscher Gebiete. Sicher waren das Erwägungen, die sich weit in die Zukunft erstreckten. Aber meines Erachtens waren die Verhältnisse in Europa und in der Welt so, daß man im Blick auf die Zukunft planen mußte.

Wieweit bei den Beratungen zwischen den Vereinigten Staaten und Großbritannien über die Schaffung des Landes Nordrhein-Westfalen auch Besprechungen mit den Franzosen über das Saargebiet eine Rolle gespielt haben, kann ich nicht mit Sicherheit sagen. Es ist aber sehr wahrscheinlich, daß mit Frankreich in diesem Zusammenhang eine Abstimmung bezüglich der Saar erfolgt ist. Wie bereits erwähnt, hatten die Franzosen die Abtrennung des Saargebiets von Deutschland gefordert. Am 7. Juli 1945 hatten die amerikanischen Militärbehörden das Saargebiet den Franzosen zur Verwaltung übergeben, und die Saargruben wurden der Leitung französischer Kommissionen unterstellt. Am 23. Dezember 1945 gaben die Militärbehörden der französischen Besatzungszone, wie durch Agence France Press mitgeteilt wurde, die Beschlagnahme der Bergwerke des Saargebietes durch Frankreich bekannt.

Die von französischen Politikern immer wieder ausgesprochene Forderung, das Saargebiet an Frankreich anzugliedern, und die oben erwähnten Maßnahmen erfüllten mich mit Sorge. Mir war bekanntgeworden, daß der französische Außenminister am 12. Februar 1946 den Botschaftern der Vereinigten Staaten, Großbritanniens und der Sowjetunion eine Note übergeben hatte, in denen diese Regierungen unterrichtet wurden, daß das Saargebiet aus der französischen Besatzungszone herausgelöst sei. Wie mir Generalkonsul von Weiß mitteilte, hieß es in dieser Note, das Saargebiet scheide mit sofortiger Wirkung aus der Zuständigkeit des Berliner Kontrollrates aus und werde niemals mehr einer deutschen Verwaltung unterstehen. Allerdings soll dann in dieser Note weiter gesagt worden sein – wahrscheinlich in Anlehnung an die Potsdamer Abmachungen bezüglich der den Polen übergebenen deutschen Gebiete –, daß der endgültige Status der Saar erst im Augenblick der Regelung des Friedens zu bestimmen sei. Als dann ziemlich gleichzeitig mit der Bekanntgabe der Bildung des Landes Nordrhein-Westfalen mir mitgeteilt wurde, daß auf der Pariser Außenministerkonferenz die Außenminister Großbritanniens und der Vereinigten Staaten am 11. Juli 1946 der Forderung Frankreichs nach Lostrennung des Saargebietes aus dem deutschen Wirtschaftssystem zugestimmt hätten und daß außerdem das Gebiet, das der Saarregierung unterstand, erheblich vergrößert worden sei, befürchtete ich, die Engländer hätten die Zustimmung der Franzosen zu der Bildung des Landes Nordrhein-Westfalen durch ein Zugeständnis

betreffend das Saargebiet erkauft. Die Franzosen begründeten die Forderung nach dem Saargebiet unter anderem damit, daß es für die französische Wirtschaft von lebenswichtiger Bedeutung sei, sich das Saargebiet mit seinen Kohlevorräten einzugliedern.
Dieser Zusammenhang zwischen der Bildung des Landes Nordrhein-Westfalen und der Saarfrage war ein negativer Aspekt der Schaffung des neuen Landes. Aber wir Deutsche waren machtlos und konnten die Handlungen und Beschlüsse der Alliierten nicht entscheidend beeinflussen. Daß ich trotzdem die Bildung des Landes Nordrhein-Westfalen bejahte, erklärt sich aus meiner Hoffnung, im Laufe der Entwicklung werde sich eine Möglichkeit zeigen, das Saarland bei Deutschland zu halten. Das ist auch später gelungen.

In einer Rede, die der amerikanische Außenminister Byrnes am 6. September 1946 im Staatstheater von Stuttgart vor führenden Persönlichkeiten der amerikanischen Militärregierung und den Ministerpräsidenten der Länder der amerikanischen Besatzungszone hielt, sagte er:

„Die Vereinigten Staaten sind der Auffassung, daß sie Frankreich, das in siebzig Jahren dreimal von Deutschland überfallen worden ist, seine Forderung nach dem Saargebiet, dessen Wirtschaft seit langem mit derjenigen Frankreichs verbunden ist, nicht verweigern können. Selbstverständlich sollte Frankreich, wenn das Saargebiet diesem Lande angegliedert wird, seine Reparationsansprüche gegenüber Deutschland den veränderten Verhältnissen anpassen. Abgesehen von den erwähnten Ausnahmen* werden die Vereinigten Staaten keinen Anspruch auf Gebiete unterstützen, die unbestreitbar deutsch sind, und auch keine Abtrennung deutschen Gebietes, die nicht von der Bevölkerung des Gebiets selber ausdrücklich gewünscht wird. Soweit die Vereinigten Staaten wissen, wünscht die Bevölkerung des Ruhrgebietes und des Rheinlandes mit dem übrigen Deutschland vereint zu bleiben. Die Vereinigten Staaten werden sich diesem Wunsch nicht widersetzen.
Die Bevölkerung des Ruhrgebietes ist dem Nationalsozialismus als letzte erlegen, doch hätte der Nationalsozialismus ohne die Hilfsquellen des Ruhrgebietes die Welt nie bedrohen können. Nie wieder dürfen diese Hilfsquellen zu Zwecken der Zerstörung verwendet werden. Die Vereinigten Staaten sind für eine Kontrolle Deutschlands einschließlich des Ruhrgebiets und des Rheinlandes, sofern dies aus Sicherheitsgründen notwendig ist. Sie werden für die Ausübung dieser Kontrolle ihren Beitrag leisten, doch werden sie für keinerlei Kontrolle eintreten, welche das Ruhrgebiet und das Rheinland der politischen Herrschaft oder den Machenschaften einer ausländischen Macht unterwerfen würde."

* Byrnes spielt hier auf Ausführungen betreffs Polen an.

Der britische Außenminister Bevin gab am 22. Oktober 1946 vor dem britischen Unterhaus eine Erklärung ähnlichen Inhalts ab.
Diese Äußerungen von Außenminister Byrnes und Außenminister Bevin schienen meine Vermutung, daß Amerika und Großbritannien der Abtrennung des Saargebiets von Deutschland zugestimmt hatten, zu bestätigen, sie waren auf der anderen Seite aber auch eine deutliche Absage an die Franzosen bezüglich ihrer Forderungen nach Internationalisierung des Ruhrgebietes und der Abtrennung des linken Rheinufers. Ich hatte den Eindruck, daß in dem Komplex Nordrhein-Westfalen und Saargebiet zwischen den Franzosen auf der einen Seite und den Engländern und Amerikanern auf der anderen Seite ein Kompromiß geschlossen war. Auf jeden Fall mußte die Schaffung dieses Föderativstaates die Franzosen auch von ihrer Sorge befreien, Preußen, das sie so sehr fürchteten, werde wiederhergestellt.

2. Wirtschaftliche Vereinigung der britischen Zone und der amerikanischen Zone zur Bizone

Die vier Zonen Deutschlands trieben wirtschaftlich immer weiter auseinander, und die Not und das wirtschaftliche Chaos waren seit 1945 ständig gewachsen. Es lag auf der Hand, daß dieser Krankheitsherd in der Mitte Europas früher oder später auf andere Länder übergreifen würde. Die Amerikaner schienen die Gefahren, die sich daraus für Europa ergaben, zu erkennen.
Am 20. Juli 1946 forderte der US-Militärgouverneur General McNarney die drei anderen Besatzungsmächte Deutschlands auf, eine „einheitliche Wirtschaftspolitik in allen Zonen" durchzuführen. Das Vereinigte Königreich gab am 1. August 1946 seine Bereitwilligkeit hierzu bekannt. Frankreich lehnte den Plan am 10. August 1946 ab. Sowjetrußland reagierte überhaupt nicht auf den amerikanischen Vorschlag. Die Russen hatten kein Interesse an der wirtschaftlichen Gesundung der drei westlichen Zonen Deutschlands. Nach kommunistischer Überzeugung ging die kapitalistische Welt ihrem wirtschaftlichen Untergang entgegen. Das wirtschaftliche Chaos in den westlichen Teilen Deutschlands konnte diesen Vorgang nur beschleunigen. Man sagt, die Russen seien ausgezeichnete Schachspieler. In ihren Augen stellte Deutschland eine wichtige Figur dar, die es einzusetzen galt, um die Desintegration der kapitalistischen Welt voranzutreiben. Die Nachkriegsgeschichte liefert dafür viele Beweise.
Die Westalliierten hatten bei Kriegsende weite Teile des von ihnen eroberten deutschen Gebietes den Russen übergeben. Die vier Kriegsgegner

Deutschlands hatten sich auf die Besetzung Berlins durch alle vier Alliierten geeinigt. Die Westalliierten hatten jedoch nicht berücksichtigt, daß Berlin eine Insel, umgeben von russisch besetzten Teilen Deutschlands war. Sie hatten versäumt, sich einen Landkorridor nach Berlin zu sichern. Dieses Versäumnis erwies sich in allen folgenden Jahren als ein schwerer Fehler.

Auf der sechsten Sitzung des Zonenbeirates in Hamburg am 14. August 1946 machte Generalleutnant Robertson längere Ausführungen über die Vor- und Nachteile des bevorstehenden Zusammenschlusses der amerikanischen und britischen Zone.
In Deutschland waren Stimmen laut geworden, die befürchteten, daß die beabsichtigte Maßnahme der Engländer und Amerikaner, der sich früher oder später die Franzosen zwangsläufig anschließen würden, eine Zweiteilung Deutschlands in Ost- und Westdeutschland zur Folge hätte.
Generalleutnant Robertson versicherte den Mitgliedern des Zonenbeirates, es sei nicht die Absicht der britischen und der amerikanischen Regierung, eine Zweiteilung Deutschlands herbeizuführen. Es müsse nur einfach etwas geschehen, um dem wirtschaftlichen Auseinandertreiben der Zonen und damit dem wachsenden wirtschaftlichen Chaos in Deutschland entgegenzuwirken.
Die Vorteile, die sich aus dem Zusammenschluß der britischen und der amerikanischen Zone ergeben würden, seien groß. In der britischen Zone lägen die umfangreichen Industriegebiete von Rheinland und Westfalen, in der amerikanischen Zone seien große landwirtschaftliche Gebiete und ein erheblicher Teil der verarbeitenden Industrie. Wenn sich der Handel zwischen diesen zwei Zonen frei abwickele, würde sicherlich beiden Seiten Nutzen daraus erwachsen.
General Robertson legte dann die geplanten Maßnahmen im einzelnen dar.

Am 5. September 1946 erfolgte die Vereinbarung zwischen dem britischen und dem amerikanischen Militärgouverneur über den wirtschaftlichen Zusammenschluß der beiden Zonen. Diese Vereinbarung wurde am 2. Dezember 1946 durch den amerikanischen Außenminister James F. Byrnes und den britischen Außenminister Ernest Bevin in Washington unterzeichnet.
Ein britisches Weißbuch, das am Tage der Unterzeichnung veröffentlicht wurde, gab Einzelheiten über die Fusion der britischen und amerikanischen Zone auf wirtschaftlichem Gebiete bekannt.
Ich erhoffte mir von diesem britisch-amerikanischen Wirtschaftsabkommen eine Besserung der Lebensverhältnisse in der britischen Zone; die Wirt-

schafts- und Ernährungslage, insbesondere im Lande Nordrhein-Westfalen, war bis zu diesem Zeitpunkt katastrophal. Ich versprach mir von dem Abkommen die Ankurbelung, wenn auch nur eines Teiles unserer Wirtschaft. Besonders ermutigend fand ich den Satz des britischen Weißbuches, nach dem die Kosten, die der britischen und der amerikanischen Regierung durch Importe nach Deutschland entstehen würden, durch künftige deutsche Exporte ausgeglichen werden sollten, „soweit dies mit dem deutschen Wiederaufbau vereinbar wäre".

Dadurch, daß die wirtschaftlichen Hilfsquellen beider Zonen künftig besser koordiniert und damit besser ausgeschöpft würden, erhoffte ich mir eine allmähliche Beseitigung der Schwierigkeiten bei der Beschaffung von Lebensmitteln für die Bevölkerung der britischen Zone. Weiterhin bedeutete es eine positive Entwicklung, daß die Verantwortung in vielen Zweigen der Verwaltung nunmehr in deutsche Hände gelegt wurde.

In dem am 2. Dezember 1946 unterzeichneten amerikanisch-britischen Abkommen hieß es, daß an Deutsche maßgebliche Verwaltungsbefugnisse übertragen werden sollten. Je eher das, namentlich in der britischen Zone, vollzogen würde, je eher die Engländer ihren ungeheuren, dazu noch äußerst kostspieligen Verwaltungsapparat auf einen Bruchteil seines bisherigen Umfanges verminderten und sich so tatsächlich von der Verwaltung auf die Kontrolle zurückzogen, desto mehr würden sie auch damit dem Gedanken der Freiheit und der Demokratie bei unserem Volk und insbesondere bei der deutschen Jugend nützen. Es wurde uns sehr viel Demokratie gepredigt, aber es wurde wenig demokratisch gehandelt.

3. Die Rede des amerikanischen Außenministers Byrnes vom 6. September 1946 in Stuttgart

Der zwischen der britischen und der amerikanischen Zone beabsichtigte wirtschaftliche Zusammenschluß war ein weiterer Schritt einer sich generell wandelnden Deutschlandpolitik der Westmächte. Das zeigte sich sehr deutlich in der schon erwähnten Rede, die der amerikanische Außenminister Byrnes am 6. September 1946 in Stuttgart vor Vertretern der amerikanischen Militärverwaltung und vor den Ministerpräsidenten der drei amerikanisch besetzten Länder hielt.

Außenminister Byrnes sprach von der Notwendigkeit der wirtschaftlichen Einheit Deutschlands und der Belebung seiner wirtschaftlichen Kräfte sowie der Stärkung der deutschen Selbstverantwortung in der Politik. Das amerikanische Volk wolle keinen harten oder weichen Frieden, sondern einen dauerhaften Frieden mit Deutschland. Aus der Rede, die einen ganz anderen Ton anschlug, als wir ihn bisher von den Alliierten gewohnt waren, hebe ich zwei Stellen wörtlich hervor:

„... Aber gerade weil die Leiden und die Not Deutschlands unvermeidlich sind, ist die amerikanische Regierung nicht gewillt, die Verantwortung für die zusätzliche Verschlimmerung der wirtschaftlichen Not zu übernehmen, für eine Verschlimmerung, die durch das Versagen des alliierten Kontrollrates entstanden ist, der sich als unfähig erwiesen hat, dem deutschen Volk eine Chance zur Lösung seiner dringendsten wirtschaftlichen Probleme zu geben. In bezug auf viele wichtige Fragen kann festgestellt werden, daß weder der Kontrollrat Deutschland verwaltet, noch erlaubt er es den Deutschen, die Verwaltung in ihre eigenen Hände zu nehmen.

... Die Vereinigten Staaten können Deutschland die Leiden nicht abnehmen, die ihm der von seinen Führern angefangene Krieg zugefügt hat. Aber die Vereinigten Staaten haben nicht den Wunsch, diese Leiden zu vermehren oder dem deutschen Volk die Gelegenheit zu verweigern, sich aus diesen Nöten herauszuarbeiten, solange es menschliche Freiheit achtet und vom Wege des Friedens nicht abweicht. Das amerikanische Volk wünscht, dem deutschen Volk die Regierung Deutschlands zurückzugeben. Das amerikanische Volk will dem deutschen Volk helfen, seinen Weg zurückzufinden zu einem ehrenvollen Platz unter den freien und friedliebenden Nationen der Welt."

In seiner Stuttgarter Rede sprach Byrnes auch erstmals von einem „militärischen Machtkampf zwischen dem Osten und dem Westen". Hinsichtlich Deutschlands sagte Byrnes in diesem Zusammenhang, daß nach Auffassung der Vereinigten Staaten von Amerika es nicht im Interesse des Weltfriedens liege, wenn Deutschland zwischen dem Osten und dem Westen zu einer Schachfigur werde. Er sagte allerdings auch, Deutschland dürfe nicht Partner von Ost oder West werden. Ich fand das eine voreilige und mißverständliche Erklärung.

Die Bedeutung Deutschlands für die westliche Welt hatte Byrnes offensichtlich noch nicht erkannt. Hierbei spielte vielleicht eine Rolle, daß damals die Vereinigten Staaten von Amerika noch allein im Besitz der Atomwaffe waren.

Byrnes sprach davon, das amerikanische Volk wünsche, dem deutschen Volk die Regierung Deutschlands zurückzugeben. Er sprach davon, Europa könne nicht gesunden, wenn Deutschland in ein Armenhaus verwandelt würde, und er gab unmißverständlich zu verstehen, die Vereinigten Staaten von Amerika würden es nicht zulassen, daß Deutschland Vasall einer fremden Macht werde oder unter eine in- oder ausländische Diktatur käme.

4. Bericht des früheren amerikanischen Präsidenten Hoover vom Frühjahr 1947 über die Lage in Europa

Der wirtschaftliche Zusammenschluß zwischen der britischen und der amerikanischen Zone und seine positiven Auswirkungen auf unsere Wirtschaft kamen nicht mehr früh genug, um die durch den besonders strengen Winter 1946/47 gesteigerte Not zu lindern. Man hatte zwar bereits in den letzten Monaten des Jahres 1946 bizonale Verwaltungsstellen für einzelne Gebiete der Wirtschaft geschaffen, aber gegenüber der Notlage der deutschen Bevölkerung waren ihre Anstrengungen und Koordinierungen nicht so rasch wirksam, wie es notwendig gewesen wäre.

Präsident Truman erteilte im Jahre 1946 dem früheren Präsidenten Hoover, dem er einen großen Arbeitsstab zur Verfügung stellte, den Auftrag, ein Gutachten über die Ernährungslage in Europa zu erstellen. Das Ergebnis dieser Untersuchungen wurde im Frühjahr 1947 bekannt.

Nach Hoovers Gutachten hatte die Ernährungslage von Italien, Frankreich, Belgien, Holland und Großbritannien nahezu den Stand vor Ausbruch des Krieges erreicht. In Deutschland lag nach Hoovers Feststellungen die Nahrungsversorgung jedoch in gefährlichem Ausmaß unter dem Durchschnitt der anderen europäischen Staaten. Der Ernährungsstand der deutschen Bevölkerung sei sehr besorgniserregend. Präsident Hoover machte konkrete Vorschläge für Direktmaßnahmen, wie zum Beispiel erhöhte Lieferungen von Lebensmitteln; ferner hielt er es für unbedingt erforderlich, Düngemittel und Saatgut nach Deutschland einzuführen, da der Boden in seinem gegenwärtigen Zustand nicht genügend genutzt werden könnte.

Präsident Hoover sagte in seinem Bericht wörtlich:

„Wir brauchen dringend die Gesundung Europas. Wir brauchen sie nicht nur aus wirtschaftlichen Gründen, sondern als erste Voraussetzung für den Frieden ... Es gibt nur einen Weg zur Gesundung Europas: Produktion. Die gesamte Wirtschaft in Europa ist mit der deutschen Wirtschaft durch den Austausch von Rohmaterialien und Fertigwaren ineinander verwoben. Die Wirtschaftskraft Europas kann nicht wiederhergestellt werden ohne Wiederherstellung Deutschlands als Mitglied dieser Wirtschaftskraft*."

* Seite 2 des Berichts Nr. 3 von Expräsident Hoover vom 18. März 1947.

Präsident Hoover stellte in seinem Bericht fest, Deutschland habe durch seine Gebietsverluste an Polen und durch die wirtschaftliche Abtrennung des Saargebiets von Deutschland im Vergleich zu 1936 25 Prozent seiner Nahrungsmittelherstellung, 30 Prozent seiner Kohlenerzeugung und 20 Prozent seiner Konsumgüterherstellung verloren, jedoch habe die Bevölkerung Deutschlands 1936 68 Millionen betragen, während sie, inklusive der Sowjetzone, im Jahre 1949 auf etwa 71 Millionen angestiegen sein werde.
Er bezeichnete es als eine Illusion, Deutschland zu einem Agrarstaat zurückentwickeln zu wollen. Er sagte, das sei nur zu erreichen, wenn man 25 Millionen Deutsche entweder vernichte (exterminate) oder aussiedle*.
Als eine weitere Illusion bezeichnete Präsident Hoover, daß Deutschland durch den alleinigen Aufbau und Ausbau der leichten Industrie in der Lage wäre, selbst für seine notwendigen Einfuhren zahlen zu können, zumal man ja auch die Konkurrenz anderer Länder mit berücksichtigen müsse. Deutschland werde es unmöglich schaffen, bei dem gegenwärtig aufgestellten Industrieplan vom März 1946 ohne Unterstützung von außen wirtschaftlich selbständig zu werden. Die größte Illusion sei jedoch, daß Europa ohne eine wirtschaftliche Gesundung Deutschlands sich jemals wieder erholen könne. Das veranlaßte Präsident Hoover zu der Schlußfolgerung: Wenn man nicht die Absicht habe, die Deutschen tatsächlich verhungern zu lassen, würden sie bei dem jetzigen Industrieplan eine schwere Bürde für die Steuerzahler der alliierten Westmächte sein. Falls man auf der gegenwärtigen Politik beharre, wäre die Folge ein Krankheitsherd von Arbeitslosigkeit inmitten Europas, der notwendigerweise früher oder später die Nachbarländer anstecken würde. Man könne Deutschland weiter in Ketten fesseln, müsse aber damit rechnen, daß damit auch Europa in „Lumpen" („in rags") bliebe.
Ich möchte an dieser Stelle Präsident Hoover für seine große humane Tat, die er durch seinen Bericht über die Lage des niedergeworfenen und verfemten Deutschlands vollbrachte, meine hohe Bewunderung und meinen großen Dank im Namen aller Deutschen aussprechen. Es war wohl das erste Mal in der Geschichte der letzten Jahrhunderte, daß der Geist der Humanität den Sieger beherrschte, daß der Sieger dem Besiegten in einer umfassenden Weise helfen wollte, aus seinem Elend herauszukommen.

* Seite 12 des Berichts Nr. 3 von Expräsident Hoover vom 18. März 1947.

VI. WENDE

1. Moskauer Außenministerkonferenz im Frühjahr 1947

Wenn Deutschland auch in diesen Jahren noch keinen unmittelbaren Einfluß auf die außenpolitischen Vorgänge in der Welt ausüben konnte, so gab es doch mittelbar manche Möglichkeiten der Beeinflussung. Eine Möglichkeit, und nicht die letzte, war die allgemeine Haltung der Deutschen. Trotz Leid, Sorge und Hunger war ihre Haltung gut. Wichtig war auch das Verhalten der deutschen politischen Stellen gegenüber der Besatzung, sie war im allgemeinen korrekt. Allmählich gewann die Besatzung bis in ihre obersten Spitzen hinein die Überzeugung, die Deutschen seien besser, als sie es sich vorgestellt hatten, und daß die Barbarei des Nationalsozialismus nur einen relativ kleinen Prozentsatz der Deutschen befallen hatte.

Eine gute Möglichkeit, das Ausland über die Verhältnisse bei uns und über unsere Gedanken aufzuklären, boten Gespräche mit ausländischen Politikern und Journalisten, die Deutschland besuchten. Ich nahm jede Gelegenheit wahr, um mit ihnen zu sprechen und Interviews zu geben. Wie ich feststellen konnte, nicht ohne Erfolg.

Umgekehrt war es für jeden Deutschen, der mit Ausländern in nähere Berührung kam, wichtig, in Gesprächen sich wenigstens einigermaßen ein Bild zu verschaffen über die Vorgänge außerhalb Deutschlands, insbesondere über das Verhältnis unter den Siegermächten. Allmählich kamen Auslandszeitungen ins Land, die uns Kenntnis gaben über diese Vorgänge, und schließlich wurde von den Besatzungsbehörden einzelnen deutschen Persönlichkeiten die Herausgabe deutscher Zeitungen gestattet. In ihren Anfangszeiten waren diese deutschen Zeitungen nicht sehr befriedigend. Wie hätte es auch nach zwölf Jahren Nationalsozialismus, nach Krieg und Zerstörung anders sein können! Diese Zeitungen standen nicht unter Zensur, aber die Lizenz konnte ihnen jederzeit wieder entzogen werden. Das genügte!

Die amerikanische Besatzung entschloß sich, eine sehr gut ausgestattete Tageszeitung in deutscher Sprache für ganz Deutschland herauszugeben. Am 18. Oktober 1945 erschien die erste Nummer des Blattes „Die Neue Zeitung". Sie enthielt ein Geleitwort von General Eisenhower, dem Kommandierenden der amerikanischen Truppen in Europa und Militärgouverneur des von US-Truppen besetzten Teiles Deutschlands. In dem Geleitwort sagte Eisenhower unter anderem folgendes:

„Durch die Betonung der Weltereignisse wird ‚Die Neue Zeitung' das Blickfeld des deutschen Lesers erweitern – sie wird dem Leser Tatsachen bieten, die in Deutschland in den zwölf Jahren nationalsozialistischer Herrschaft unterdrückt waren."

Damit berührte General Eisenhower etwas, was für uns Deutsche von großer Bedeutung war. In der Tat, die Knebelung der deutschen Presse durch den Nationalsozialismus von 1933 bis 1945 hatte vielen von uns den Blick für die Realität der Vorgänge in der Welt genommen. Insbesondere führende politische deutsche Persönlichkeiten mußten versuchen, so schnell und so zutreffend wie möglich die Kenntnis der politischen Realitäten in der Welt wiederzugewinnen, damit wir, wenn wir eines Tages wieder die Möglichkeit bekommen würden, außenpolitische Entscheidungen zu treffen, die richtigen Entschlüsse fassen konnten.

Unter den Siegermächten gab es Gegensätze, die für unsere Zukunft von entscheidender Bedeutung werden sollten. Man suchte auf Konferenzen einen Ausgleich herbeizuführen. Namentlich die Jahre 1946 und 1947 waren erfüllt von mehr oder weniger ergebnislosen Konferenzen der Siegermächte. Meine „Erinnerungen", die ja das wiedergeben sollen, was ich erlebt habe, was meine Entschlüsse und was die Haltung der Deutschen beeinflußt hat, würden eine fühlbare Lücke aufweisen, wenn sie nicht das Notwendigste auch über diese Zeit der Konferenzen enthielten.

Vom 10. März bis zum 24. April 1947 fand in Moskau eine Außenministerkonferenz statt, auf der die Vereinigten Staaten durch Marshall, Großbritannien durch Bevin, Frankreich durch Bidault und die Sowjetunion durch Molotow vertreten waren.

Am 30. April 1947 gab Generalleutnant Robertson, der selbst der Moskauer Konferenz beigewohnt hatte, vor dem Zonenbeirat einen eingehenden Bericht über die Konferenz. Aus Zeitungsnachrichten und halbamtlichen Veröffentlichungen wurden weitere Einzelheiten bekannt.

Robertson sagte in seinem Bericht, dies sei die erste Konferenz gewesen, die sich eingehend mit der Zukunft Deutschlands beschäftigt habe. Er gab zu, daß sie wenige Entscheidungen – er sprach von „nicht vielen konkreten Entscheidungen" – gebracht habe. Er gestand offen ein, daß wenig erreicht worden sei, was zur unmittelbaren und praktischen Erleichterung der gegenwärtigen Probleme Deutschlands beitragen könnte, und er meinte, daß der Ausgang der Konferenz für uns eine schwere Enttäuschung bedeuten müsse.

Bevin hatte in Moskau einen Deutschlandplan vorgelegt, dem Marshall im wesentlichen zustimmte. Auf diesen Plan werde ich im Zusammenhang mit der Londoner Außenministerkonferenz vom Dezember 1947 näher eingehen.

Bidault wiederholte bereits früher erhobene Forderungen, und zwar: Loslösung des Ruhrgebietes und des Rheinlandes vom übrigen Deutschland sowie die permanente Besetzung des linken Rheinufers durch die Alliierten. Es sollte nach französischen Vorstellungen ein Rheinstaat geschaffen werden, dessen Autonomie zu garantieren sei. Bidault verlangte Internationalisierung des Ruhrgebietes und legte einen Plan dazu vor. Die Kohlengruben und Gießereien des Ruhrgebietes sollten zum Eigentum jener Nationen gemacht werden, die gegen Deutschland gekämpft hatten. Ihre Leitung sei den Großen Vier sowie Belgien, den Niederlanden und Luxemburg zu übergeben. Das Saargebiet sollte in das französische Wirtschaftsgebiet eingegliedert werden.

Molotow, der einen eigenen Deutschlandplan vorlegte, erklärte, daß die Sowjetunion eine dauernde Kontrolle des Ruhrgebietes durch alle vier Großmächte verlange.

Bevin und Marshall widersetzten sich einer Loslösung des Rheinlandes und des Ruhrgebietes vom übrigen Deutschland, stimmten aber einer Eingliederung des Saargebietes in das französische Wirtschaftssystem zu. Marshall vertrat die Auffassung, daß die Naturschätze des Ruhrgebietes als europäisches Gut zu betrachten seien, daß aber ein internationales Regime nur dann eingesetzt werden solle, wenn Deutschland von diesen Gütern einen Gebrauch mache, der den Interessen anderer Staaten zuwiderlaufe.

Hinsichtlich der künftigen staatlichen Struktur Deutschlands stimmten alle darin überein, daß die ganze politische Macht soweit irgend möglich den Ländern gegeben werden solle.

Aus den russischen Vorschlägen ist besonders erwähnenswert die Wiederholung der Forderung von Reparationsleistungen an die Sowjetunion in Höhe von 10 Milliarden US-Dollar auf der Grundlage der Weltpreise von 1938.

Ein positives Ergebnis der Moskauer Konferenz war der Beschluß, daß die deutschen Kriegsgefangenen, die in Rußland, in Frankreich, in England und in den Vereinigten Staaten in Lagern und als Arbeiter festgehalten wurden, in absehbarer Zeit nach Deutschland zurückgeführt werden sollten. Die Behandlung dieser Frage war in zahlreichen Beschlüssen und Reden von der CDU und den anderen Parteien Deutschlands immer wieder gefordert worden. Die Frage wurde in Moskau auf Grund einer Initiative des britischen Arbeitsministers angesprochen. Über diesen Punkt wurde ein einstimmiger Beschluß der Außenminister in Moskau gefaßt. Demnach sollten bis spätestens 1. Dezember 1948 die deutschen Kriegsgefangenen in ihre Heimat zurückkehren dürfen. Die Sowjetunion hielt sich jedoch nicht an den Beschluß. Sie brach ihn wie so viele andere internationale Verpflichtungen.

Ein weiteres positives Ergebnis der Moskauer Konferenz war die Ankündigung, daß die deutsche Industriekapazität heraufgesetzt werden solle, und zwar so, daß sie dem Friedensbedarf Deutschlands entspräche. Der Begriff „Friedensbedarf Deutschlands" schien mir sehr dehnbar zu sein. Ich befürchtete, daß der Export, den wir für eine gesunde Wirtschaft brauchten, nicht genügend berücksichtigt werden würde.

Alles in allem gesehen war die Moskauer Konferenz ein vollkommener Mißerfolg. Sie machte deutlich, daß man sich zwar darin einig gewesen war, den Krieg zu gewinnen, aber daß sich keineswegs auch nur Ansätze von Einigkeit zeigten in der Frage, was nach gewonnenem Krieg zu tun war. Der amerikanische Außenminister Marshall hielt sich, soweit man nach Pressemeldungen urteilen konnte, im Laufe der langen Konferenz – sie dauerte über sechs Wochen – sehr zurück, wahrscheinlich, weil man in den Vereinigten Staaten immer mehr die Gefahren des Weltkommunismus und die Bedeutung, die ein gesundes Deutschland für Europa und damit für die Welt haben würde, erkannte und die gemachten Vorschläge nicht für geeignet hielt, dies Ziel zu erreichen.

2. Die Truman-Doktrin
Erklärung des Präsidenten der Vereinigten Staaten von Amerika vom 11. März 1947

Weitere Konferenzen fanden im Laufe des Jahres 1947 in New York, London, Moskau und im Dezember 1947 wiederum in London statt.

Immer klarer zeigte sich auf diesen Konferenzen ein ständiges Ringen der beiden angelsächsischen Mächte mit Rußland, das überall seinen Einfluß auszudehnen versuchte. Frankreich, das zunächst einen sehr engen Blick für die europäische Situation zeigte, näherte sich im Laufe des Jahres 1947 den Auffassungen der Vereinigten Staaten und Englands.

Allmählich wurde es offensichtlich, daß die Westalliierten entschlossen waren, den Bestrebungen der Sowjetunion in stärkerer Weise als bisher Widerstand entgegenzusetzen.

Die Gegensätze zwischen den Westalliierten und der Sowjetunion entwickelten sich in diesen Jahren in verschiedenen Teilen der Welt: in Deutschland, in Korea, dessen Besetzung ähnliche Probleme aufwarf wie die Besetzung Deutschlands, in Persien, wo die Sowjetunion sich weigerte, den von ihr besetzten nördlichen Teil gemäß einem Abkommen mit den

Westalliierten bis zum 2. März 1946 zu räumen, in Griechenland, wo eine starke kommunistische Aktivität zu einem Bürgerkrieg führte, und in der Türkei. Die Aufdeckung sowjetrussischer Atomspionage in Kanada brachte eine weitere Belastung des Verhältnisses zwischen Ost und West.

Die Hilfe, die die Sowjetunion den Kommunisten in Griechenland gab, veranlaßte den Präsidenten der Vereinigten Staaten, Truman, am 11. März 1947 eine sehr scharfe und eindeutige Erklärung an die Adresse der Sowjetunion zu richten. Truman war durch den Tod Roosevelts Präsident der Vereinigten Staaten geworden, nachdem er erst wenige Monate das Amt des Vizepräsidenten innegehabt hatte. Truman hatte in sehr kurzer Zeit ein klares Bild über die außenpolitische Lage, über die Gefahren, die der Kommunismus allen freien Völkern in der Welt brachte, gewonnen.

Die britische Regierung, die in den ersten eineinhalb Jahren der Nachkriegszeit Griechenland unterstützt hatte, sah sich gezwungen, ihre vielen Verpflichtungen in manchen Teilen der Welt einzuschränken oder sogar aufzugeben. Das letztere traf für Griechenland zu.

Die Not und die Armut der griechischen Bevölkerung gab den Kommunisten erhöhte Möglichkeiten zur Entfaltung einer erfolgreichen Aktivität. Die griechische Regierung hatte deshalb an die Vereinigten Staaten einen dringenden Appell um finanzielle und wirtschaftliche Unterstützung gerichtet.

Die bedrohliche Lage in der Welt veranlaßte Präsident Truman, am 11. März 1947 auf einer gemeinsamen Sitzung des Senates und des Repräsentantenhauses in Washington eine Erklärung von weitgehender Bedeutung abzugeben, die als Truman-Doktrin in die Geschichte einging.

Präsident Truman kündigte an, daß die Vereinigten Staaten bereit seien, dem griechischen Appell um wirtschaftliche und finanzielle Unterstützung nachzukommen. Er kündigte weiter an, daß auch die Türkei, die sich in einer ähnlichen Situation wie Griechenland befand, amerikanische Hilfe erhalten solle. Präsident Truman sagte dann wörtlich:

„Wir sind das einzige Land, das diese Hilfe geben kann. Ich bin mir vollkommen im klaren über die weitgehenden Folgerungen, die sich im Falle einer Unterstützung Griechenlands und der Türkei für die USA ergeben . . .

Eines der vornehmsten Ziele der Außenpolitik der Vereinigten Staaten ist die Schaffung von Verhältnissen, unter denen wir und andere Nationen in der Lage sind, ein Leben frei von Zwang zu führen. Dies war der Grundgedanke im Krieg mit Deutschland und Japan.

. . . . .

Wir werden jedoch unsere Ziele erst verwirklichen können, wenn wir willens sind, freien Völkern bei der Erhaltung ihrer freien Institutionen und ihrer nationalen Integrität gegen Bewegungen zu helfen, die ihnen ein totalitäres Regime aufzwingen wollen. Dies ist nur die Anerkennung der Tatsache, daß totalitäre Regierungsformen, die freien Völkern durch direkte oder indirekte Aggression auferlegt werden, die Grundlagen des internationalen Friedens und damit die Sicherheit der Vereinigten Staaten untergraben. Den Völkern einer Reihe von Staaten der Welt wurde vor kurzem gegen ihren Willen ein totalitäres Regime aufgezwungen. Die Regierung der Vereinigten Staaten hat wiederholt gegen den in Verletzung des Jalta-Abkommens ausgeübten Zwang und die Einschüchterung in Polen, Rumänien und Bulgarien Protest erhoben.

Ich bin der Ansicht, daß wir den freien Völkern beistehen müssen, ihr eigenes Geschick auf ihre Weise zu bestimmen.

.....

Der Samen der totalitären Regime wird von Not und Elend genährt. Sie breiten sich aus und wachsen auf dem üblen Boden von Armut und Hader. Sie erreichen ihre volle Größe, wenn die Hoffnung des Volkes auf ein besseres Leben erloschen ist. Wir müssen diese Hoffnung am Leben erhalten. Die freien Völker der Welt blicken auf uns in der Erwartung, daß wir sie bei der Erhaltung ihrer Freiheit unterstützen. Wenn wir jetzt in unserer führenden Stellung schwankend werden, dann werden wir den Frieden der Welt gefährden, und wir werden mit Sicherheit das Wohlergehen unserer eigenen Nation in Gefahr bringen. Durch den raschen Gang der Ereignisse ist uns eine schwere Verantwortung auferlegt worden."

Selten ist die Gefahr unserer Epoche mit einer solchen Klarheit erkannt, sind die Folgen, die sich daraus für die freien Völker, an der Spitze die Vereinigten Staaten von Amerika, ergaben, so klar ausgesprochen worden wie hier von Präsident Truman.

3. Der Marshall-Plan für den Wiederaufbau Europas

Die Industrien fast aller Länder Europas waren zerstört und mußten neu aufgebaut werden. Die Verluste an Menschen waren ungeheuer groß. Die allgemeine Umstellung von der Kriegs- auf die Friedenswirtschaft brachte erhebliche Schwierigkeiten mit sich. Die Entwicklung in Europa schien immer weiter abwärts zu gehen. Die Kommunistische Partei fand daher überall gute Möglichkeiten für ihre Werbung. Am 8. Mai 1947 hielt der damalige Unterstaatssekretär im amerikanischen Außenministerium, Dean

Acheson, in Cleveland, Mississippi, eine Rede, in der er offen von einem Mißerfolg der Moskauer Außenministerkonferenz sprach und betonte, daß die Vereinigten Staaten sich nicht davon abhalten lassen würden, den Wiederaufbau Europas auch ohne eine Einigung der Großen Vier in Angriff zu nehmen. Dean Acheson ging in dieser Rede auch auf Deutschland ein und sagte, daß die Vereinigten Staaten unter den gegebenen Umständen alles nur mögliche tun müßten, um den Wiederaufbau der großen „Werkstätte" Europas möglich zu machen. Ähnliche Worte fand er für Japan. Er sagte, daß die endgültige Gesundung Europas und Asiens im hohen Maße von der Gesundung Deutschlands und Japans abhänge.

Die amerikanische Wirtschaft brauche den europäischen Absatzmarkt, und die Vereinigten Staaten müßten aus Gründen ihrer Sicherheit gegenüber dem Weltkommunismus und ihrer eigenen Wirtschaft ein Interesse daran haben, daß Europa wieder gesunde. Dean Acheson führte in der erwähnten Rede in Cleveland vom 8. Mai 1947 aus, daß die Vereinigten Staaten sehr vielen Ländern der Welt in der Nachkriegszeit Unterstützung gewährt hätten, und wies darauf hin, daß diese Maßnahmen nicht nur aus humanitären Erwägungen erfolgten, sondern zu einem großen Teil eine Frage der Selbsterhaltung der Vereinigten Staaten seien. Wenn nicht alle Länder der Welt wieder über eine gesunde Wirtschaft verfügten, werde es keinen dauerhaften Frieden für irgendein Land geben. Der Krieg werde erst dann wirklich beendet sein, wenn alle Völker der Erde wieder genug zum Leben hätten und voll Vertrauen in die Zukunft blicken könnten. Der Friede in der Welt diene dem Wohle der Vereinigten Staaten. Die Unterstützungsmöglichkeiten für andere Länder von seiten der Vereinigten Staaten seien jedoch beschränkt, und so müßten sich die Vereinigten Staaten darauf konzentrieren, ihre Hilfe dort zu geben, wo sie die Autorität der Vereinten Nationen stärke und zu dem Ausbau einer liberalen Handelspolitik beitrage. Ein künftiges amerikanisches Hilfsprogramm werde den freien Völkern, deren Ziel es sei, ihre Unabhängigkeit, ihre demokratischen Institutionen und die Freiheit der Person gegen jeden totalitären Druck von innen oder außen zu verteidigen, den absoluten Vorrang geben. Damit hat Dean Acheson die Grundlinien des großen amerikanischen Hilfsprogramms, das unter dem Namen „Marshall-Plan" in die Geschichte einging, gezeichnet.

Außenminister Marshall hatte nach Abschluß der Moskauer Konferenz sofortige Maßnahmen gefordert, wenn nicht anders möglich ohne vorherige Einigung der Großmächte, um die Gesundung Europas herbeizuführen. Er sagte, die gesamte Wirtschaft Europas müsse als harmonisches Ganzes zusammenarbeiten. Ziel der amerikanischen Außenpolitik sei, eine gesunde, koordinierte Wirtschaft in Europa wiederherzustellen.

Präsident Truman führte am 5. April 1947 auf dem Jahresbankett der Demokratischen Partei aus, daß man sich nicht nur mit der Erklärung begnügen dürfe, „Wir wollen keinen Krieg", sondern daß man, die Entwicklung voraussehend, handeln müsse, um den Keim eines Krieges, der sich über die Welt ausbreiten könne, zu ersticken. Die Vergangenheit habe gelehrt, daß ein Krieg ausbreche durch die Aggression mit bewaffneter Übermacht oder durch geheime Infiltration. Es sei Aufgabe der Vereinigten Staaten und der Vereinten Nationen zu protestieren, wenn die Rechte freier Völker bedroht würden. Dieser Protest müßte wirksam gestaltet werden, indem jenen Völkern geholfen würde, deren Freiheit durch fremden Druck gefährdet sei.

Einen Monat nach der Rede Dean Achesons, am 5. Juni 1947, hielt Marshall in der Universität Harvard die berühmte Rede, die das wohl größte Hilfsprogramm der Welt, das große Wiederaufbauprogramm für Europa, einleitete.

Außenminister Marshall bezeichnete in seiner Rede in Harvard die allgemeine Weltlage als ernst und wies besonders auf das durch den Krieg zerstörte Wirtschaftssystem Europas hin. Ein gesundes Verhältnis von Export und Import sei bei den meisten europäischen Staaten nicht mehr vorhanden. Die Regierungen seien gezwungen, Devisen und Kredite zum Kauf der notwendigsten Nahrungsmittel und Industrieerzeugnisse zum Wiederaufbau ihrer Länder zu verwenden. Diese Entwicklung, die keinen normalen Güteraustausch in der Welt mehr ermögliche, müsse zu einer Katastrophe führen. Das System der Arbeitsteilung, dessen Grundlage der Austausch von Produktion sei, drohe zusammenzubrechen. Er sagte, es sei eine Tatsache, daß für die nächsten drei oder vier Jahre die Bedürfnisse Europas an ausländischen Nahrungsmitteln und anderen lebenswichtigen Produkten, in der Hauptsache aus Amerika, um vieles größer seien als die gegenwärtige Fähigkeit Europas, dafür zu bezahlen. Europa müsse deshalb eine wesentliche zusätzliche Hilfe erhalten oder einer wirtschaftlichen, sozialen und politischen Verelendung größten Ausmaßes entgegengehen. Das Hilfsmittel bestehe darin, die gefährliche Entwicklung zu unterbrechen, das Vertrauen der europäischen Völker in die wirtschaftliche Zukunft ihrer Länder wiederherzustellen und die Hoffnung auf Europas Zukunft im allgemeinen zu wecken.

Auch abgesehen von dem demoralisierenden Effekt, den der gegenwärtige Zustand auf die Welt als Ganzes ausübe, den Möglichkeiten von Unruhen, die aus der Verzweiflung der betreffenden Völker entstehen könnten, würden die Konsequenzen der geschilderten Entwicklung für die Wirtschaft der Vereinigten Staaten eindeutig sein. Es sei daher logisch, daß die Vereinigten

Staaten alles Mögliche tun müßten, um die Wiederkehr normaler, gesunder wirtschaftlicher Verhältnisse in der Welt herbeizuführen, ohne die es keine politische Stabilität und keinen gesicherten Frieden gäbe. Ihre Politik sei nicht gegen irgendein Land oder eine Doktrin, sondern gegen Hunger, Armut, Verzweiflung und Chaos gerichtet. Jede Regierung, die willens sei, am Wiederaufbau mitzuwirken, werde, dessen sei er sicher, seitens der Regierung der Vereinigten Staaten volle Unterstützung erfahren. Eine Regierung, welche den Wiederaufbau anderer Länder zu verhindern suche, könne keine Hilfe von Amerika erwarten. Regierungen, politische Parteien oder Gruppen, welche bestrebt seien, das menschliche Elend zu verewigen, um daraus politisch oder in anderer Weise zu profitieren, würden auf den Widerstand der Vereinigten Staaten stoßen. Es sei klar, daß, bevor die Regierung der Vereinigten Staaten in ihren Bemühungen, die Situation zu erleichtern und bei dem europäischen Wiederaufbau zu helfen, weiter fortschreiten könne, eine Vereinbarung zwischen den Völkern Europas geschlossen werden müßte bezüglich der Erfordernisse der Lage und des Anteils, den diese Länder selbst übernehmen wollten, um eine eventuelle Aktion der amerikanischen Regierung wirksam zu gestalten.

Marshall betonte, die Vereinigten Staaten hätten nicht die Absicht, einseitig ein Programm für Europa aufzustellen, das sei die Aufgabe der Europäer selbst. Die Rolle der Vereinigten Staaten sollte lediglich in einer freundschaftlichen Hilfe beim Entwurf eines europäischen Hilfsprogramms bestehen und in dessen späterer Unterstützung. Es sollte ein gemeinschaftliches Programm sein, das, wenn vielleicht auch nicht von allen, so doch von einer großen Anzahl europäischer Nationen zu vereinbaren sei.

Marshall betonte, daß politische Leidenschaften und Vorurteile keine Rolle bei der Aufstellung des Hilfsprogramms spielen dürften. Mit diesem Satz gab er meines Erachtens zu erkennen, daß das künftige Hilfsprogramm auch auf Deutschland Anwendung finden sollte.

In einer Erklärung, die Marshall wenige Tage nach seiner Rede in Harvard abgab, betonte er noch einmal, die Initiative zu dem Hilfsprogramm müsse von Europa selbst ausgehen. Die Vereinigten Staaten würden nichts unternehmen, bevor nicht die europäischen Staaten zu den in Harvard gemachten Vorschlägen Stellung genommen hätten. Marshall betonte ausdrücklich, daß das europäische Hilfsprogramm alle Länder Europas einschließen solle, auch die Sowjetunion und die kommunistisch regierten osteuropäischen Staaten.

Am 14. Juni 1947 veröffentlichte das britische Foreign Office die Nachricht, daß Außenminister Bevin die Absicht habe, in Paris in der zweiten Junihälfte mit dem französischen Ministerpräsidenten Ramadier und Außenminister Bidault den amerikanischen Vorschlag zu besprechen. Am 17. Juni 1947 gab der Präsident der Französischen Republik, Auriol, wie ich aus Zeitungen erfuhr, in einer Ansprache vor Vertretern der Auslandspresse die Bereitschaft der Franzosen bekannt, an dem gemeinsamen Plan für Europa mitzuwirken. Präsident Auriol sprach von der Notwendigkeit, daß Europa sich einigen müsse. Er sprach davon, daß wirtschaftliche und politische Fragen zusammengehörten, und hielt es für klug, die wirtschaftlichen Fragen sofort in Angriff zu nehmen in der Hoffnung, daß durch eine Behebung der wirtschaftlichen Not auch das politische Mißtrauen allmählich abgebaut würde. Er bezeichnete die Rede des amerikanischen Außenministers als mutig und weise und betonte, Frankreich sei entschlossen, ohne Zögern auf diesen Plan einzugehen. Bevin, der sich an diesem Tag in Paris aufhielt, gab eine Erklärung ähnlichen Inhalts ab.

Damit war der Anfang gemacht. Es folgte die Zustimmung zahlreicher europäischer Staaten zu dem amerikanischen Hilfsangebot.

Eine Konferenz der Außenminister derjenigen Länder, die ihre Zustimmung bekanntgegeben hatten, wurde nach Paris einberufen. Neben zahlreichen osteuropäischen Staaten hatte auch die Sowjetunion ihre Bereitwilligkeit zu der Erörterung des nunmehr allgemein als „Marshall-Plan“ bezeichneten Hilfsprogramms mitgeteilt, und Molotow erschien auf der am 27. Juni 1947 begonnenen Außenministerkonferenz in Paris.

Der amerikanische Außenminister Marshall hatte ausdrücklich von einem gemeinschaftlich erarbeiteten europäischen Wirtschaftsplan gesprochen. Ich hielt es für sehr zweifelhaft, daß die westlichen Länder mit Sowjetrußland in Paris zu einer Einigung über einen gemeinschaftlichen Aufbauplan für Europa gelangen könnten. Das sowjetrussische Wirtschaftssystem, nach dessen Muster sich zahlreiche osteuropäische Staaten richteten, war so eng mit dem politischen System verbunden, daß mir ein gemeinsamer Wiederaufbauplan unmöglich schien.

Nichtsdestoweniger – Molotow war auf der Außenministerkonferenz in Paris erschienen. Ich nehme an, daß das positive Echo, das die amerikanische Aufforderung in fast allen osteuropäischen Staaten gefunden hatte, ihn zwang, zumindest den Anschein zu erwecken, als sei die Sowjetunion bereit, mit den Vereinigten Staaten zusammenzuarbeiten. Vielleicht hatte Molotow sich auch erhofft, bei den Verhandlungen über das Hilfsprogramm den kommunistischen Einfluß auf die wirtschaftliche Neugestaltung Europas geltend machen zu können. Doch hier sah er sich wohl einer geschlossenen britisch-französischen Phalanx gegenüber. Jedenfalls überraschte es mich nicht, als ich hörte, daß Molotow bereits am 2. Juli 1947 unter Protest gegen die geplanten Maßnahmen Paris verließ. Offensichtlich auf Veranlassung

Moskaus mußten Polen, die Tschechoslowakei und weitere osteuropäische Staaten ihre bereits gegebenen Zusagen, an einer Mitarbeit am Marshall-Plan teilzunehmen, rückgängig machen. Ihre Vertreter verließen gleichfalls Paris.

Molotow hatte vor Verlassen der Außenministerkonferenz in Paris den Vorwurf gegen die Vereinigten Staaten erhoben, der Marshall-Plan verfolge nichts anderes als imperialistische Zwecke in Europa und versuche, Europa in politische und wirtschaftliche Abhängigkeit von Amerika zu bringen. Wie ich später aus verschiedenen Pressemitteilungen und auch aus vertraulicher Quelle erfuhr, hatte Molotow in geheimen Besprechungen mit dem britischen und dem französischen Außenminister die Forderung vorgetragen, daß jedes Land entsprechend seinen Bedürfnissen Hilfsmittel erhalten sollte. Die Aufstellung eines gemeinsamen europäischen Hilfsprogramms lehnte er ab, da er sie als Einmischung in die inneren Angelegenheiten der einzelnen europäischen Staaten bezeichnete.

Nach den französischen und britischen Vorschlägen sollte eine Organisation aufgebaut werden, um ein europäisches Wirtschaftsprogramm im einzelnen auszuarbeiten. Diese Organisation würde den einzelnen europäischen Staaten übergeordnet sein. Darin erblickte Moskau eine Gefahr für seinen osteuropäischen Machtbereich. Äußerungen oder mündliche Zusagen, nach denen diese Organisation sich nicht in die inneren Angelegenheiten der einzelnen Staaten einmischen oder deren Souveränität antasten würde, ließ Molotow nicht gelten. Nach seiner Meinung würde auf jeden Fall die Höhe eines amerikanischen Kredits für das eine oder andere Land abhängig sein von dem „gehorsamen Betragen" gegenüber der Dachorganisation, und dem könne die Sowjetunion nicht zustimmen.

Nach den Vorstellungen der Russen sollte die Wirtschaftshilfe je nach Beitrag der jeweiligen Länder an der Besiegung Deutschlands bemessen werden. Die Tatsache, daß die französischen und englischen Vorschläge die Möglichkeit boten, auch Deutschland in ein Hilfsprogramm einzubeziehen, stieß auf den harten Widerstand Molotows.

Außenminister Bidault und Außenminister Bevin ließen sich durch den Widerstand Sowjetrußlands nicht von ihren Plänen abbringen. Sie erließen eine gemeinsame Einladung an zweiundzwanzig Staaten, zu denen auch die osteuropäischen Staaten gehörten, zu einer Konferenz über den Marshall-Plan, die am 12. Juli 1947 in Paris stattfinden sollte. Die britische und die französische Regierung hielten es für absolut notwendig, eine rasche Aktion für den Wiederaufbau und die wirtschaftliche Entwicklung der europäischen Staaten einzuleiten.

Ich möchte nicht im einzelnen auf den Verlauf der Verhandlungen über die Marshall-Plan-Hilfe eingehen. Ich muß jedoch erwähnen, daß die osteuropäischen Staaten, sehr wahrscheinlich auf Druck Moskaus hin, der Einladung Frankreichs und Englands zur Teilnahme an der für den 12. Juli 1947 in Paris vorgesehenen Konferenz nicht nachkamen.

4. Der revidierte Industrieplan für die britisch-amerikanische Zone vom 26. August 1947 – Die Demontagen – Auswirkungen des Marshall-Planes auf die westlichen Zonen Deutschlands

Auf der am 12. Juli 1947 eröffneten Konferenz begann man, Pläne für den Marshall-Plan auszuarbeiten. Damit nahm der Wiederaufbau Europas seine ersten Formen an. In den britisch-französischen Vorschlägen war vorgesehen, auch Deutschland an der Hilfe zu beteiligen. Als Vertreter Deutschlands in Paris fungierten die Oberbefehlshaber der drei westlichen Zonen.

Die Beteiligung Deutschlands am Marshall-Plan machte eine Änderung der bisherigen Besatzungsbestimmungen für Deutschland notwendig.

Generalleutnant Robertson hatte in seinen Ausführungen vor dem Zonenbeirat am 30. April 1947 schon angekündigt, daß der Industrieplan für Deutschland revidiert würde. Vom 22. bis 27. August 1947 fanden in London Besprechungen zwischen Vertretern der amerikanischen, der französischen und der britischen Regierung über die künftige deutsche Industrieproduktion statt. Unter dem bisherigen Plan war es Deutschland nicht möglich, den erforderlichen Beitrag für den Wiederaufbau Europas, wie er von Acheson und Marshall gefordert wurde, zu leisten. Die amerikanische und die britische Delegation legten den französischen Regierungsvertretern Pläne für eine neue deutsche Wirtschaftspolitik vor. Diese Pläne konnten jedoch nur die amerikanische und britische Zone betreffen, da die Franzosen nach wie vor sich nicht bereit erklärt hatten, ihre Zone den beiden anderen Zonen wirtschaftlich anzugliedern. Die Franzosen brachten, wie aus Zeitungsmeldungen bekannt wurde, Bedenken gegen die vorgetragenen britischen und amerikanischen Pläne für den industriellen Wiederaufbau Deutschlands vor, da sie fürchteten, der deutsche Wiederaufbau könnte das Gleichgewicht des industriellen Volumens im Verhältnis zu anderen Ländern zu deren Ungunsten verschieben; das würde in den Augen der Franzosen erneut Furcht vor den Deutschen aufkommen lassen.

Am 27. August 1947 wurde als Ergebnis der Londoner Besprechungen ein neuer Industrieplan für die britisch-amerikanische Zone veröffentlicht, der große Erleichterungen für unsere Wirtschaft brachte. Von seiten der USA

und Großbritanniens wurde betont, daß die Aufforderung an die anderen zwei Mächte, ihre Zonen der Bizone anzuschließen, aufrechterhalten bleibe.
Die Industrieproduktion der Bizone sollte 90 bis 95 Prozent des Standes von 1936 erreichen. In dem Plan wurde ausdrücklich erklärt, daß die Bedürfnisse des Exports berücksichtigt seien, um das deutsche Volk lebensfähig zu machen. In einer Meldung der Nachrichtenagentur Reuter vom 29. August 1947 über diesen Plan hieß es:
„Das Gebiet der beiden Zonen müsse sich das Fehlende aus dem übrigen Deutschland oder aus dem Ausland verschaffen. Bei der Aufstellung des Planes seien die Fachleute von der Voraussetzung ausgegangen, daß für den Handel mit dem übrigen Deutschland Überschüsse über den eigenen Bedarf hinaus produziert werden müßten. Am besten eigneten sich dafür Stahl und Stahlwaren, die von den übrigen Teilen Deutschlands im Austausch gegen im bizonalen Gebiet benötigte Waren begehrt seien."
Die Produktion der in ihrer Leistung reduzierten Industrien müsse derart erhöht werden, daß sie größer als vor dem Kriege werde. Der Plan ging dann im einzelnen auf Produktionserhöhungen der in ihrer Produktion beschränkten Industriezweige ein. So wurde zum Beispiel für die Stahlproduktion, die im März 1946 für ganz Deutschland auf 7,5 Millionen Tonnen jährlich festgelegt worden war, nunmehr allein für die britische und amerikanische Zone eine Erhöhung auf jährlich 10,7 Millionen Tonnen genehmigt. Für die Produktion der schweren Maschinenindustrie sollten rund 80 Prozent der Erzeugung vor dem Kriege erlaubt sein, wovon allerdings 35 Prozent als Reparationen abzuliefern seien.
In dem Plan wurde bekanntgegeben, daß alle Betriebe, die für Kriegsindustrien erbaut oder seinerzeit auf Kriegsindustrie umgestellt worden waren, demontiert und aus Deutschland ausgeführt oder aber zerstört werden sollten. Dieser Punkt des neuen Industrieplanes war wenig konkret gefaßt, und es blieb den Besatzungsbehörden überlassen festzustellen, welche Betriebe als sogenannte Kriegsindustrien zu bezeichnen und folglich zu demontieren seien.
Auf der einen Seite brachte, wie man anerkennen muß, der neue Industrieplan für die britisch-amerikanische Zone große Erleichterungen, aber die Demontagen und Zerstörungen großer Industrieanlagen wurden weiter fortgeführt. Nach meiner Meinung stand das im Widerspruch zu den angekündigten Hilfsmaßnahmen, die von Amerika für Europa und auch für uns beabsichtigt waren.
Die Frage der Industriedemontage schien mir für das Leben unseres ganzen Volkes von entscheidender Bedeutung. Der Entfernung oder Demontage ausgesprochener Rüstungsindustrien stimmte ich in vollem Umfange

zu. Es war auch selbstverständlich, daß Deutschland Wiedergutmachung zu leisten hatte, aber das durfte nach dem Gebot der Menschlichkeit und nach dem allgemein geltenden Völkerrecht das deutsche Volk nicht lebensunfähig machen. Durch die Demontagen, die namentlich in der britischen Zone weiter anhielten, verloren Hunderttausende von Deutschen ihre Arbeit.

Mitte Oktober 1947 wurde eine Demontageliste für die britische Zone veröffentlicht. Als sie mir bekannt wurde, erhob ich öffentlich scharfen Protest gegen die angekündigten Maßnahmen. Ich erklärte, daß die beabsichtigte Ausplünderung der deutschen Industrie mit Völkerrecht, Haager Konvention oder Bestimmungen anderer internationaler Verträge nichts zu tun habe.

Anläßlich einer CDU-Versammlung am 17. Oktober 1947 führte ich hierzu aus: „Die CDU und alle anderen deutschen Parteien und die Gewerkschaften, denen das Wohl des deutschen Volkes am Herzen liegt, werden in den nächsten Tagen vor großen Entscheidungen stehen; denn ein erster Blick in die Liste, namentlich wenn man die Verhältnisse kennt, zeigt, daß es sich bei den Demontagen von fast siebenhundert Betrieben um einen tiefen Einbruch in das deutsche Wirtschaftsleben handelt." Weiter sagte ich, die deutsche Wirtschaft werde etwas Derartiges überhaupt nicht überstehen, geschweige denn einen Beitrag zu der Gesundung der europäischen Wirtschaft leisten können. Ganz offenbar seien bei den Alliierten zwei einander völlig widersprechende Auffassungen vorhanden: eine vernünftige, die auf das Gemeinwohl Europas abgestellt sei und den Marshall-Plan fordere, und eine andere mit dem Bestreben, dem sterbend am Boden liegenden deutschen Volk möglichst viel zu nehmen, gleichgültig, was aus den Menschen würde. Wir könnten nur hoffen und wünschen, und wir würden uns mit ganzer Kraft dafür einsetzen, daß die Vernunft sich bei den Alliierten auch in diesem Punkt noch durchsetze und die Demontageliste geändert werde. Das deutsche Volk könne nur leben, wenn seine wirtschaftliche Leistungsfähigkeit ihm erhalten bleibe.

Die CDU veröffentlichte im Oktober 1947 eine Entschließung, in der sie die alliierten Behörden aufforderte, die Liste der Werke, die demontiert werden sollten und die ohne jede Mitwirkung deutscher Stellen aufgestellt worden war, daraufhin zu überprüfen, inwieweit der deutschen Wirtschaft die ihr nach dem neuen Industrieplan von den Alliierten zugebilligte Industriekapazität belassen würde. Insbesondere sollte festgestellt werden, inwieweit durch Demontage von Schlüsselbetrieben und von technisch unentbehrlichen Anlagen ein mit dem Wiederaufbau der deutschen und der europäischen Wirtschaft unvereinbarer Schaden angerichtet würde. Die Liste der zu demontierenden Werke zeige, daß diese Eingriffe in die Wirtschaft nicht planvoll durchdacht seien.

Ich wandte mich öffentlich gegen die im Zusammenhang mit der Demontage vorgesehene starke Konzentration einzelner Industriezweige, wie sie als Kompensation für nicht erlaubte Industrien im Industrieplan vorgesehen war, um überhaupt einen Export zu ermöglichen. Dadurch würden eine Zusammenballung der wirtschaftlichen Macht und eine untragbare Einengung der kleinen und mittleren Industriebetriebe erreicht werden. Die Absicht der CDU sei, die kleinere und mittlere Industrie zu stärken, denn nach unserer Ansicht könnte nur das zu einer wirklichen Demokratie auch auf dem Gebiete der Wirtschaft führen. Eine Konzentration der Industrie, wie sie zwangsläufig durch die alliierten Maßnahmen erfolgen würde, betrachtete ich als soziologisch falsch, da sie die auf dem Lande wohnenden Arbeiter der kleineren und mittleren Industrien entwurzeln und zum Industrieproletariat machen würde.

Die vorgesehenen Demontagen schienen mir unvereinbar mit den Ende September 1947 abgeschlossenen Pariser Beratungen über den Marshall-Plan. Am 22. September 1947 hatten die Vertreter sechzehn europäischer Staaten auf der Pariser Marshall-Plan-Konferenz einen Bericht unterzeichnet, der Vorschläge für ein Vierjahresprogramm des europäischen Wiederaufbaus umfaßte. Damit war das amerikanische Angebot, das am 5. Juni 1947 von Außenminister Marshall vorgebracht wurde, beantwortet.

Da ja auch Deutschland an diesem Wiederaufbauprogramm für Europa einen Anteil erhalten sollte, hatte ich natürlich das größte Interesse, so bald wie möglich Einzelheiten über die europäischen Vorschläge zu erhalten. Ich war daher dem Schweizer Generalkonsul von Weiß sehr dankbar, als er mir bald nach Beendigung der Pariser Konferenz Näheres über die dort ausgearbeiteten Vorschläge mitteilte. Soweit er in Erfahrung gebracht hatte, war das europäische Wiederaufbauprogramm auf folgenden Grundsätzen aufgebaut:

Jedes der beteiligten Länder sollte auf den Gebieten der Landwirtschaft, der Energieversorgung, des Transportwesens und der Modernisierung seiner industriellen Anlagen eine Erhöhung seiner Leistung anstreben. Die Erreichung eines finanziellen Gleichgewichts innerhalb der einzelnen Staaten sei wesentlich für eine volle Ausschöpfung der produktiven und finanziellen Kräfte Europas. Zwischen den einzelnen Staaten müßte die wirtschaftliche Zusammenarbeit entwickelt und erhöht werden. Das Wiederaufbauprogramm habe zum Ziel, bis zum Jahre 1951 auf landwirtschaftlichem Gebiet die Produktion des Vorkriegsstandes zu erreichen. Das gleiche sollte für Bergbau und Industrieproduktion gelten. Um das zu erreichen, benötigten die beteiligten Länder Einfuhren von Nahrungsmitteln, Rohstoffen und Kapitalien aus Amerika.

Bei den Pariser Beratungen war ausdrücklich festgestellt worden, daß es notwendig sei, die deutsche Wirtschaft in das europäische Wirtschaftssystem einzubeziehen, da auch die deutsche Wirtschaft ihren Beitrag zum allgemeinen Wiederaufbau Europas leisten müsse. Aus Pressemeldungen ging hervor, in Paris sei betont worden, daß eine erhöhte Produktion und Ausfuhr von Ruhrkohle für Europas Wiederaufbau entscheidend seien. Alle Importbedürfnisse, die zur Erhöhung der Ruhrkohlenproduktion bestimmt seien, sollten eine Priorität nicht nur im Importprogramm Deutschlands, sondern ganz Europas genießen. Solange die Westzonen Deutschlands wirtschaftlich am Boden lägen, wäre ein wirtschaftlicher Aufschwung der westeuropäischen Länder nicht möglich. Westdeutschland müsse seinen internationalen Handelsverkehr über den Vorkriegsstand hinaus erhöhen. Nur dann werde es in der Lage sein, bis Ende 1951 – nach Ablauf des vorgesehenen Vierjahresprogramms – eine ausgeglichene Zahlungsbilanz zu erreichen.

Es wurde immer wieder betont, alle wirtschaftlichen Maßnahmen der westlichen Besatzungszonen Deutschlands müßten in den Rahmen der europäischen Zusammenarbeit hineinpassen.

Der von den sechzehn europäischen Nationen ausgearbeitete Plan wurde im Laufe der Monate Oktober und November 1947 von der amerikanischen Regierung geprüft. Präsident Truman kündigte die Einberufung einer Sondersession der Budgetkommission des Senats und des Repräsentantenhauses sowie der Kongreßkommission für auswärtige Angelegenheiten an, um den Hilfsplan für Europa in diesen Gremien zu erörtern.

Am 10. November 1947 erklärte der amerikanische Außenminister Marshall, für die Durchführung des europäischen Hilfsprogramms innerhalb der geplanten vier Jahre seien 16–20 Milliarden US-Dollar erforderlich, und forderte den Kongreß im Namen seiner Regierung auf, diese Summen zu bewilligen. Der Antrag der amerikanischen Regierung wurde im wesentlichen vom Kongreß gebilligt.

Aus einer Rede von Außenminister Marshall war mir bekannt geworden, daß für die erste Phase des Marshall-Plans die Aufnahme eines Betrages von 300 Millionen US-Dollar für Westdeutschland geplant war. Das war das erste wirklich überzeugende Anzeichen dafür, daß man Deutschland beim Wiederaufbau helfen wollte. Ohne amerikanische Hilfe war ein Wiederaufbau Deutschlands nicht möglich, aber ebenfalls nicht ohne unsere eigene Mitarbeit, unser Vertrauen und unseren eigenen Willen zum Wiederaufbau. Das deutsche Interesse und das europäische Interesse waren völlig identisch, und ich begrüßte es sehr, daß Marshall in der Begründung seines Vorschlages die deutsche Frage als „das Herzstück der europäischen Frage“ bezeichnet hatte.

5. Die Londoner Außenministerkonferenz vom 25. November bis zum 15. Dezember 1947

Im Laufe des Jahres 1947 hatte die französische Regierung immer mehr zu erkennen gegeben, daß sie auf die amerikanisch-britische Linie gegenüber den Sowjets eingeschwenkt war. Ein zwischen den Vereinigten Staaten und Frankreich am 28. Mai 1947 abgeschlossenes Wirtschafts- und Finanzabkommen konnte als erstes Anzeichen in dieser Richtung gedeutet werden. In der breiten Öffentlichkeit Frankreichs beherrschte jedoch nach wie vor an erster Stelle die Furcht vor den Deutschen das politische Empfinden, und man achtete weniger die Gefahren, die Westeuropa, einschließlich Frankreich, durch die sowjetrussischen Pläne drohten. Aus den Wahlen in Frankreich im Herbst 1946 war die Kommunistische Partei als die stärkste Partei hervorgegangen.

Die Bereitschaft der Franzosen, die von den Amerikanern angebotene Hilfe für Europa auch für ihr Land anzunehmen, stellte Frankreich deutlich in Gegensatz zu der von Außenminister Molotow am 2. Juli 1947 in Paris vorgetragenen sowjetischen Haltung. Damit war die Richtung der zukünftigen französischen Politik gegeben.

Die zweite Hälfte des Jahres 1947 brachte erneut eine Verschlechterung der Beziehungen der Westmächte zur Sowjetunion. Die trotz des sowjetrussischen Widerspruchs abgehaltene Marshall-Plan-Konferenz von Paris führte zwangsläufig zu einer weiteren Abkühlung der Beziehungen. Als für die Zeit vom 22. bis zum 27. August 1947 in London die Besprechung zwischen Vertretern der amerikanischen, britischen und französischen Regierung über die künftige deutsche Industrieproduktion angesetzt wurde und die Sowjets zu dieser Tagung keine Einladung erhielten, erhob die sowjetische Regierung in einer Note vom 18. August 1947 einen scharfen Protest gegen die Abhaltung der Dreierkonferenz, da nach ihrer Meinung alle Beschlüsse in den Deutschland betreffenden Fragen gemäß dem Potsdamer Abkommen von allen vier Besatzungsmächten gefaßt werden müßten. Die drei Westmächte setzten ungeachtet dieses Protestes ihre Beratungen fort und veröffentlichten den von mir bereits erwähnten revidierten Industrieplan für die britisch-amerikanische Zone.

Am 25. November 1947 begann in London die im Frühjahr 1947 in Moskau bereits vorgesehene Außenministerkonferenz, an der die vier Außenminister der Siegermächte teilnahmen. Hauptgegenstand der Beratungen war die deutsche Frage.

Die CDU stellte drei Forderungen für die Londoner Konferenz:

1. den Fortfall der Zonengrenzen,

2. die Einsetzung einer funktionsfähigen Kontrollkommission für ganz Deutschland und
3. die Schaffung eines Status für Deutschland mit Umgrenzung der Rechte der Besatzungsmächte und der Pflichten der Deutschen.

Die Arbeitsgemeinschaft der CDU/CSU Deutschlands veröffentlichte am 26. September 1947 eine Resolution folgenden Wortlauts:
„Vor Beginn der Londoner Konferenz richtet die Arbeitsgemeinschaft der CDU/CSU der sämtlichen Zonen an die Alliierten und die gesamte Weltöffentlichkeit den dringenden Appell, nicht zuzulassen, daß Deutschland zerrissen oder verstümmelt wird. Die Arbeitsgemeinschaft weiß sich darin einig mit dem gesamten deutschen Volk."
In einer Entschließung des Zonenausschusses der CDU der britischen Zone stellten wir mit großer Besorgnis fest, daß das deutsche staatliche, wirtschaftliche und gesellschaftliche Leben in immer steigendem Maße die rechtliche Grundlage verliere und die in der nationalsozialistischen Zeit verlorengegangene Rechtsgrundlage nicht wiedergewinne. Voraussetzung für jeden staatlichen demokratischen Aufbau sei die Schaffung klarer Rechtsverhältnisse, dadurch unterscheide er sich von der Diktatur.
Ferner erklärten wir in der Entschließung, die von einem namhaften englischen Juristen in der „Süddeutschen Juristenzeitschrift" vertretene Auffassung, daß Deutschland außerhalb des bisher geltenden Völkerrechts und auch außerhalb der Haager Landkriegsordnung lebe, sei unhaltbar und widerspreche den im ersten Nürnberger Urteil niedergelegten Rechtsgrundsätzen.
Die dem deutschen Volk laufend auferlegten wirtschaftlichen Forderungen und Maßnahmen, wie beispielsweise Demontagen und Konzernentflechtungen in der jetzt empfohlenen Form, entbehrten ebenso wie die angestrebten Änderungen der geltenden Sozialversicherung jeder auf Völkerrecht oder auf deutschem Recht beruhenden Grundlage.
Am 24. November 1947 hatte ich anläßlich einer Tagung des Zonenbeirates in Hamburg Gelegenheit, im Namen der CDU unsere Forderungen und Erwartungen bezüglich der Londoner Konferenz ausführlich auszusprechen. Ich sagte:
„Morgen, am 25. November, tritt die Londoner Konferenz zusammen. Diese Konferenz ist in erster Linie einberufen, um über deutsche Schicksalsfragen zu entscheiden. Deutschland ist nicht vertreten auf dieser Konferenz. Wir, die wir heute am Tage vor diesem Zusammentreten uns hier zusammengefunden haben, erfüllen eine Gewissenspflicht und darüber hinaus eine Herzenspflicht, wenn wir den in London versammelten Mächten zurufen,

daß das gesamte deutsche Volk sich darin einig ist, daß es die deutsche Einheit erhalten wissen will. Ich glaube, daß das gesamte deutsche Volk sich auch in der Überzeugung einig ist, daß die Zerreißung und daß die Verstümmelung Deutschlands für die deutsche Frage und für das Schicksal Europas, für die Zukunft Europas in gleicher Weise bedeutungsvoll sein würden.

Was wir Deutsche – ich glaube, auch darin sind wir einer Meinung – wollen, ist, daß die Zonengrenzen verschwinden, ist, daß Deutschland unter e i n e Kontrollinstanz gestellt wird, das ist weiter das Verlangen, daß diese Instanz sich auf die Kontrolle beschränkt und nicht eine Verwaltung ausübt, das ist weiter die Forderung, daß die deutschen Gesetze in Zukunft nicht mehr der Genehmigung, das heißt der einstimmigen Zustimmung der in der Kontrollinstanz vertretenen Mächte bedürfen, sondern daß die Gesetze automatisch dann in Kraft treten, wenn nicht innerhalb einer zu bestimmenden Frist ein einstimmiges Veto der kontrollierenden Instanz vorliegt.

Man hat sich in den letzten Monaten angeschickt, den deutschen Stellen mehr Kompetenzen zu geben. Aber man muß sich darüber klar sein, daß das, was bisher eingeräumt ist, bei weitem nicht genügt.

. . . . .

Was wir an die Londoner Konferenz noch weiter richten, das ist die dringende Bitte, nun endlich dem deutschen Volke den Wiederaufbau Deutschlands unter eigener Verantwortung in die Hände zu geben. Wir sind uns nach den Äußerungen, die verantwortliche britische und amerikanische Stellen in den letzten Wochen getan haben, darüber klar, daß in Bälde, wann, wissen wir nicht, doch damit begonnen werden wird, das staatliche Gefüge Deutschlands neu zu errichten, und wir wollen heute hier unsere Ansichten über dieses neue staatliche Gefüge Deutschlands sagen. Ehe ich Ihnen die Ansichten der Christlich Demokratischen Union darüber vortrage, lassen Sie mich einige Bemerkungen voranschicken.

Wir wollen bei der Neuerrichtung Deutschlands aus den Fehlern der Vergangenheit lernen, lernen auch aus Fehlern, die in der Weimarer Verfassung enthalten waren. Wir wollen weiter dabei die besondere Veranlagung der Deutschen berücksichtigen, und endlich wollen wir uns dabei nicht zu sehr von den augenblicklichen Verhältnissen beeinflussen lassen . . .

Ich habe eben schon kurz anklingen lassen, daß, wenn dieser neue deutsche Staat errichtet wird, die Rolle der Alliierten diesem neuen deutschen Staat gegenüber eine ganz andere sein muß, als das zurzeit gegenüber den Ländern und den Zonen der Fall ist. Sie müssen sich dann auf eine wirkliche Kontrolle und auf ein Vetorecht beschränken, und sie müssen im übrigen den deutschen zuständigen Stellen die volle Freiheit zum Wiederaufbau des deutschen Volkes lassen.

Wir legen in der zukünftigen Verfassung noch auf zwei Dinge entscheidenden Wert: einmal auf die Schaffung eines Staatsgerichtshofes. Diesen Staatsgerichtshof müssen wir unabhängig machen, so denkbar unabhängig, wie das überhaupt möglich ist. Dieser Staatsgerichtshof soll die Aufgabe haben, einmal die Zentralgewalt zu schützen vor Ungehorsam oder Übergriffen der Länder. Umgekehrt soll dieser Staatsgerichtshof auch die Aufgabe haben, die Länder zu schützen gegenüber Übergriffen seitens der Zentralgewalt.

Dieser Staatsgerichtshof soll weiter die Aufgabe haben, einem jeden Einwohner Deutschlands den nötigen Schutz zu gewähren gegen Beeinträchtigung der ihm verfassungsmäßig zugesicherten Grundrechte. Auch das ist eine absolute Notwendigkeit. Es gibt nicht nur eine Diktatur eines einzelnen, es kann auch eine Diktatur einer parlamentarischen Mehrheit geben, und davor wollen wir einen Schutz haben in der Form des Staatsgerichtshofes. Auch darin wollen wir aus den Erfahrungen lernen, die wir 1933 gemacht haben.

Ehe eine neue deutsche Verfassung das Licht des Tages erblicken wird, wünschen wir ein Statut, das sowohl der Besatzung die Rechte und die Pflichten gibt, die sie haben muß, das den Deutschen ebenfalls ihre Pflichten, aber auch ihre Rechte zuweist. Für uns ist die Auffassung unerträglich, die in einem Brief an den Oberbürgermeister von Essen zum Ausdruck gebracht worden ist, und zwar über die Rechte der Besatzung. In diesem Briefe ist ausgeführt, daß die Haager Konvention einen Fall wie den des heutigen Deutschlands nicht vorgesehen habe.

Ich möchte hier in Parenthese bemerken, daß es allgemeine Rechtsauffassung ist, daß, wenn in irgendeiner Abmachung rechtlichen Charakters ein bestimmter Fall nicht vorgesehen ist, dieser Fall nach den Regeln der Analogie zu behandeln ist.

In diesem Briefe, den ich erwähnte, ist weiter ausgeführt, daß die Alliierten in Deutschland die gesamte staatliche Macht übernommen hätten, und dann findet sich der Satz, der nach unserer Auffassung niemals wiederholt werden darf, es findet sich der Satz, daß das Recht der Alliierten seine Grenzen nur am eigenen Willen finde. (Hört, hört!) Das ist für uns untragbar, das sind Worte, wie wir sie niemals wieder zu hören geglaubt haben (Zwischenruf: Sehr gut). Es ist nicht gesagt: ‚Grenzen an der Menschlichkeit' oder etwas Derartiges, sondern ‚am eigenen Willen'. Ich möchte glauben, daß der Verfasser dieses Satzes sich nicht klar darüber gewesen ist, was er da niedergeschrieben hat. Denn das ist ein Absolutismus, wie er in den schlimmsten

Zeiten des absolutistischen Regimes niemals ausgesprochen ist. (Zwischenruf: Sehr richtig!)
Wenn aber solche Ansichten an hohen Stellen herrschen, dann müssen wir um so mehr darauf bestehen, daß, wenn nun kein Friedensvertrag geschlossen wird, doch so bald wie möglich ein Besatzungsstatut kommt, das Rechte und Pflichten der Sieger und der Besiegten – denn ebenso wie die Besiegten Pflichten haben, haben sie auch Rechte – beiderseits abgrenzt.
Ich möchte zum Schluß noch folgendes sagen: Ich finde, daß uns Deutsche der Gedanke an die Londoner Konferenz, an das, was jetzt in London über das deutsche Geschick entschieden oder nicht entschieden wird, tagtäglich erfüllen muß, daß das tatsächlich das Wesentlichste und Wichtigste ist, was es jetzt für jeden Deutschen gibt. Darum glaube ich, daß wir alle der deutschen Öffentlichkeit, wo immer es möglich ist, klarmachen müssen, daß dort jetzt in London sich unser Geschick erfüllt und daß je nach dem Ausfall dieser Konferenz Entscheidungen getroffen werden, die für uns Deutsche, ohne daß wir irgendwie dabei mitwirken können, von der größten Tragweite für lange Zeit sein werden.
Darum schließe ich meine Worte so, wie ich sie angefangen habe, daß wir alle, alle Deutschen darin einig sind, an die in London versammelten Vertreter der alliierten Mächte die dringende Bitte zu richten, alles zu tun, was in ihrer Kraft steht, damit die deutsche Einheit erhalten bleibt.“

Auf der Außenministerkonferenz in London trug Bevin den Plan, den er bereits auf der Moskauer Außenministerkonferenz betreffend Deutschland vorgelegt hatte, in veränderter Form erneut vor, einen Plan, auf den sich die drei westlichen Alliierten in den wichtigsten Punkten geeinigt hatten. Das Wesentliche dieses Planes war, daß für Deutschland eine föderative Verfassung mit einem Zweikammer-System in zwei Entwicklungsstufen zu schaffen sei. Die erste Stufe sollte die Einrichtung deutscher Zentralverwaltungen darstellen, die zweite Stufe sollte die Schaffung eines deutschen Rates zur Kontrolle der Zentralverwaltungen bringen. Dann sollten Wahlen stattfinden, nachdem eine vorläufige Verfassung für Deutschland durch den Kontrollrat gebilligt worden wäre. Diese vorläufige Verfassung sollte nach einer Bewährungsfrist ratifiziert werden. Aber auch hierzu sollte die Genehmigung des Kontrollrates erforderlich sein. Als letzter Schritt sollte die Wahl einer Regierung stattfinden, auf die dann die Machtbefugnisse der Zentralverwaltungen übertragen werden sollten. Der Kontrollrat sollte sich alle Entscheidungen betreffend Entmilitarisierung, Entnazifizierung und das Gebiet der auswärtigen Beziehungen eines zukünftigen deutschen Staates vorbehalten.

Bevins Plan ging davon aus, daß Deutschland als eine wirtschaftliche Einheit bestünde. Der bereits in Potsdam festgelegte Grundsatz, daß keine Reparationslieferungen aus der laufenden Produktion entnommen werden dürften, solange keine ausgeglichene deutsche Wirtschaftsbilanz vorliege, wurde ausdrücklich wiederholt. Bevins Plan sah auf dem Gebiet der Wirtschaft weitgehende Sozialisierungsmaßnahmen vor, auf die ich in einem anderen Zusammenhang noch näher eingehen werde.

Am 8. Dezember 1947 unterbreitete Molotow der Konferenz die Forderungen der Sowjetunion bezüglich Deutschlands. Sie enthielten unter anderem die bekannten Forderungen auf 10 Milliarden US-Dollar Reparationen für die Sowjetunion und auf Viermächtekontrolle des Ruhrgebietes. Molotow forderte weiter, den Zusammenschluß der britischen und amerikanischen Zone rückgängig zu machen. Nach den russischen Plänen sollte unverzüglich eine deutsche demokratische Regierung gebildet werden, und diese deutsche Regierung sollte bei der Friedenskonferenz zu dem Vertragsentwurf der Alliierten für Deutschland Stellung nehmen. Die Frage einer deutschen Zentralregierung und die des Friedensvertrages seien für die Sowjetunion untrennbar verbunden.

Bevin machte einen Kompromißvorschlag, der dahin ging, daß Vertretern einer deutschen Regierung, die als Partner eines deutschen Friedensvertrages in Frage käme, eine Gelegenheit geboten werde, ihre Ansichten bei der Friedenskonferenz auszudrücken. Molotow lehnte diese Lösung ab und trat dafür ein, daß an die Formulierung die Worte angefügt würden, „die Bildung einer deutschen demokratischen Zentralregierung gemäß den Entscheidungen der Potsdamer Konferenz werde als dringlich anerkannt". Bevin meinte, daß man mit der Friedenskonferenz auf die Bildung einer deutschen Regierung zwar nicht warten solle, gab aber zu, daß eine deutsche Regierung gebildet werden müsse, bevor die Friedenskonferenz ihr Werk beende. Molotow verharrte auf seinem Standpunkt, daß eine deutsche Regierung schon zum Zeitpunkt des Beginns der Konferenz bestehe.

Die Russen hatten in der von ihnen besetzten Zone bereits zahlreiche Vorkehrungen für eine künftige deutsche Regierung getroffen und hatten entscheidende Maßnahmen ergriffen, um zentrale deutsche Verwaltungsstellen einzusetzen. Diese von ihnen eingesetzten Behörden waren von führenden deutschen Kommunisten besetzt.

Molotow schlug am 15. Dezember 1947 vor, daß Vertreter des deutschen Volkskongresses in Berlin von der Londoner Außenministerkonferenz gehört werden sollten. In Berlin hatte am 6. Dezember ein sogenannter Deutscher Volkskongreß stattgefunden, der die deutsche Einheit und einen gerechten Frieden forderte. Dieser Volkskongreß war von der SED im Hinblick auf die Londoner Außenministerkonferenz einberufen worden. Es wurde die Forderung ausgesprochen, eine deutsche Zentralregierung zu bilden, in der alle demokratischen Parteien Deutschlands vertreten sein sollten. Eine Delegation des Volkskongresses, und zwar Otto Grotewohl und Wilhelm Pieck, sollte als Vertreter des Volkskongresses in London die deutschen Ansichten unterbreiten.

Die amerikanischen, englischen und französischen Außenminister lehnten diesen Vorschlag Molotows ab, indem sie diesen Volkskongreß als nicht repräsentativ für den deutschen Volkswillen bezeichneten.

Molotow hatte bei seinen Forderungen nach 10 Milliarden US-Dollar Reparationen verlangt, daß Großbritannien und auch die Vereinigten Staaten offen darlegen sollten, wie viele deutsche Industriebetriebe, welchen Wert an Kohle und sonstigen Gütern sie aus ihren Zonen bereits herausgeführt hätten.

Die Engländer und Amerikaner empfanden diese Forderung Molotows als ungehörig und wiesen die Behauptung Molotows mit Entschiedenheit zurück, daß sie aus ihren Zonen Profite gezogen hätten. Die Stimmung verschärfte sich zusehends, und Bevin stellte offen fest, daß es nach den Erfahrungen in Moskau und den Erfahrungen, die jetzt in London gemacht würden, zweifelhaft sei, ob man überhaupt zu einer Lösung der Probleme komme.

Marshall führte aus, daß eine grundsätzliche Meinungsverschiedenheit mit der Sowjetunion bezüglich der deutschen Grenzregelung und in der Reparationsfrage bestehe. 10 Milliarden US-Dollar Reparationen kämen einer Versklavung des deutschen Volkes gleich. Die Vereinigten Staaten seien bereit, Deutschland Autorität, Verantwortung und Initiative zu gewähren, aber eine deutsche Regierung unter den von Molotow vorgeschlagenen Bedingungen könne nur eine „Fassade" darstellen.

Laut Pressemitteilungen soll er gesagt haben: die Teilung Deutschlands sei von den Okkupationsmächten verursacht worden und könne daher nur durch sie beseitigt werden. Die drei Mächte hätten der Einheit zugestimmt, die Sowjetunion allein verweigere sie. Er beantrage eine Vertagung der Konferenz.

Auf der Londoner Konferenz war gleichzeitig über einen österreichischen Staatsvertrag verhandelt worden. Auch hier konnte man keine Einigung erzielen. Molotow erklärte vor Pressevertretern, „daß die drei anderen Außenminister in der Reparationsfrage eine gemeinsame Front gegen die Sowjetunion bildeten. Konzessionen, die er in der Österreich-Frage gemacht habe, seien nicht einmal diskutiert worden. Wenn man es dem deutschen Volk erlaube, seine Industrie und Landwirtschaft unter angemessener Kontrolle zu entwickeln, so wäre alles möglich. Die Ablehnung der Bildung einer deutschen Zentralregierung beweise, daß die anderen Mächte ihre Politik einer Teilung Deutschlands fortsetzen wollen."

Die Außenminister gingen am 15. Dezember 1947 unter Vertagung auf einen unbestimmten Zeitpunkt auseinander. Das bedeutete das völlige Scheitern der Londoner Außenministerkonferenz.

Die Westmächte sahen sich nach diesem Ausgang der Londoner Konferenz gezwungen, die deutsche Frage nunmehr ohne die Sowjetunion zu regeln. An diese Aufgabe gingen sie auf Konferenzen heran, zu denen sie die Beneluxstaaten gleichfalls eingeladen hatten, und die im ersten Halbjahr 1948 in London tagten.

VII. DIE „LONDONER EMPFEHLUNGEN“ VOM 7. JUNI 1948

1. Neue Vorschläge über die Entwicklung Deutschlands

Die Londoner Außenministerkonferenz war die bisher letzte Konferenz der vier Siegermächte, die sich eingehend mit der deutschen Frage beschäftigte. Sie ging ergebnislos auseinander. Die hauptsächliche Ursache dafür war der Gegensatz zwischen der Sowjetunion und den USA. Die Sowjetunion erstrebte ein immer weiteres Vordringen in Europa. Ich wiederhole nochmals: Ihr ganzes Verhalten während der Besatzungszeit läßt nur den Schluß zu, daß es von Anfang an ihr Ziel war, Deutschland und alsdann den Rest von Westeuropa in ihre Hand zu bekommen. Die USA und die westeuropäischen Länder hatten das, wenn auch erst spät, erkannt und leisteten den Versuchen der Sowjetunion Widerstand. Diese Erkenntnis veranlaßte auch Frankreich, von seinen ursprünglichen Absichten, Deutschland aufzuteilen, Abstand zu nehmen und sich der Politik der USA und Großbritanniens anzuschließen. Ich glaube, daß Winston Churchill der erste war, der die Ziele Rußlands richtig einschätzte. Um so bedauerlicher war es, daß er im August 1945 infolge des Wahlsieges der Labour Party seinen Posten als Premierminister verlassen mußte.

Der wirtschaftliche Niedergang Westeuropas war infolge der trostlosen Lage in Deutschland weiter fortgeschritten. Am 26. November 1947 richteten die Regierungen Belgiens, Luxemburgs und der Niederlande eine Note an die in London tagenden vier Außenminister, in der sie die Festlegung der politischen und wirtschaftlichen Struktur Deutschlands verlangten. Die Unsicherheit und Verwirrung müßten ein Ende haben, um eine allgemeine Stabilität in Europa herbeizuführen. Es müsse eine Möglichkeit gefunden werden, Deutschland „im Rahmen einer friedlichen und erfolgreichen Organisation Europas und der ganzen Welt“ wiedererstehen zu lassen.

Bevin hatte in einer Erklärung vor dem Unterhaus am 22. Januar 1948 eine besonders enge Zusammenarbeit zwischen Großbritannien, Frankreich und den Beneluxstaaten gefordert. Auf britisch-amerikanische Initiative hin wurden für die zweite Hälfte Februar die Vertreter Amerikas, Großbritanniens, Frankreichs und der drei Beneluxstaaten nach London eingeladen, um über die Deutschlandfrage zu beraten. Diese Konferenz fand vom 23. Februar bis 6. März 1948 statt. Man war zu der Überzeugung gekommen, daß auch die Beneluxstaaten Einfluß nehmen sollten bei der Festlegung der künftigen Politik gegenüber Deutschland.

Es wurde insbesondere beraten das Verhältnis Westdeutschlands zum europäischen Hilfsprogramm, das heißt zum Marshall-Plan. Weitere Beratungspunkte waren:

Die Rolle der deutschen Wirtschaft in der europäischen Wirtschaft,
die Kontrolle des Ruhrgebietes,
die Frage der Sicherheit gegenüber Deutschland,
die politische und wirtschaftliche Organisation Deutschlands.

Die Sowjetregierung erhob gegen die Abhaltung dieser Konferenz, bei der sie nicht vertreten war, Protest. Die Amerikaner erwiderten auf diesen Protest, daß Moskau die in Potsdam vereinbarte wirtschaftliche Einheit Deutschlands verhindert und damit die Westmächte geradezu gezwungen habe, Besprechungen über diese Frage einzuleiten. Die Angebote an die Sowjetunion zur Beteiligung an Viermächteverhandlungen blieben in allen Punkten aufrechterhalten. Die Briten ließen die Russen wissen, daß es nach ihrer Kenntnis keine Abmachung gäbe, die eine Aussprache von zwei oder drei Besatzungsmächten über Probleme gemeinsamen Interesses ausschließe. In Erfüllung ihrer Pflichten als Besatzungsmacht werde die britische Regierung bemüht sein, alles zu tun, damit der friedliche Wiederaufbau Deutschlands und Europas voranschreite.

Zum Abschluß der ersten Phase dieser Londoner Beratungen war schon weitgehende Übereinstimmung über die Grundsätze erzielt worden, nach denen der wirtschaftliche Aufbau Deutschlands und seine Eingliederung in die Gemeinschaft der freien Nationen erfolgen sollten.

Die Wiederaufrichtung der drei Westzonen schien endlich zu beginnen. Unsere Genugtuung hierüber wurde durch eine für uns Deutsche sehr schmerzhafte Zwischenaktion beeinträchtigt, die die Saar betraf.

Am 20. Februar 1948 wurde zwischen Frankreich, den Vereinigten Staaten und Großbritannien ein Abkommen unterzeichnet, das die bereits durch die Franzosen vollzogene wirtschaftliche Eingliederung der Saar an Frankreich billigte. In diesem Abkommen hieß es, daß ab 1. April 1948 der Handel zwischen dem Saargebiet und der Bizone als Außenhandel geführt werde und daß deutsche Importe aus der Saar in US-Dollar zu bezahlen seien.

Dieses Abkommen war wahrscheinlich der Preis, der Frankreich dafür gezahlt wurde, daß es auf seine Pläne der Teilung Deutschlands, der Abtrennung des linken Rheinufers und der Neutralisierung des Ruhrgebietes verzichtete und sich den Plänen der USA und Großbritanniens anschloß.

Am 7. November 1947 war General Robertson zum Militärgouverneur der britischen Zone ernannt worden. Er gab am 7. April 1948 vor dem Landtag von Nordrhein-Westfalen eine wichtige Erklärung ab. General Robertson hob in seiner Rede hervor, daß in der Deutschlandpolitik ein Wendepunkt eingetreten sei, daß Deutschland in die Völkerfamilie zurückkehren würde und daß die wirtschaftlichen Beziehungen der westeuropäischen Völker auf den Geist des vertrauensvollen gegenseitigen Gebens und Nehmens ausgerichtet sein müßten.

Robertson sagte, daß ehrliche und volle Zusammenarbeit zwischen den Besatzungsmächten und dem deutschen Volk Großes erzielen könne. Wenn wir nicht alle am gleichen Tau zögen, wäre der Mißerfolg unvermeidlich. Als Faktor, der die Verwirklichung der Hoffnungen ermöglichte, bezeichnete Robertson den Marshall-Plan. Er zählte die wirtschaftlichen Vorteile auf, die sich aus ihm für Europa und auch für die Bevölkerung Westdeutschlands ergäben. Wir sollten uns vor Augen halten, daß der Marshall-Plan allerdings nicht nur ein Plan sei, Deutschland und anderen notleidenden Ländern wirtschaftliche Hilfe zu gewähren. Leitmotiv des Marshall-Plans sei die Selbsthilfe und Zusammenarbeit aller Länder, um in gemeinsamen Anstrengungen die Zerstörungen, die der Krieg über die wirtschaftliche Struktur Europas gebracht habe, wiedergutzumachen. Von jedem Land, von den Siegermächten wie von uns, werde gefordert, daß man nicht nur empfange, sondern in ehrlicher Zusammenarbeit im Geiste der Selbstlosigkeit seinen Teil zu einem Wiederaufbau Europas beitrage.

Robertson unterstrich, das erste Ziel der britischen Politik sei, daß in einem geeinten Europa Friede und Wohlstand herrschten; er betonte, daß in einem geeinten Europa Deutschland seine volle Rolle spielen müsse.

Robertson ging auf die Bedeutung des Ruhrgebietes für die Wirtschaft ganz Westeuropas ein. Er führte aus, daß sich eine allgemeine Verschmelzung der Industrie in ganz Westeuropa anbahne. Diese Entwicklung stehe allerdings noch im Anfangsstadium. Wenn jedoch das große europäische Wiederaufbauprogramm, der Marshall-Plan, in Schwung komme, werde es immer deutlicher werden, daß jeder Teilnehmerstaat zu dem gemeinsamen Fonds seinen Beitrag leisten müsse. Die vorgesehene Ruhrkontrolle stehe im Einklang mit dem großen Plan und mit Deutschlands „würdevoller Teilnahme".

Am Schluß seiner Rede betonte er nachdrücklichst, daß die Rettung Deutschlands in unserer eigenen Hand liege. Wir könnten dieses Ziel erreichen, wir könnten aber auch die uns gegebenen Möglichkeiten von uns werfen. Er sagte wörtlich: „Haben Sie Mut, und Sie werden sie (die Rettung) erzielen. Gehen Sie vorwärts in dem Entschluß, für den größeren Teil Ihres Vaterlandes, der auf der rechten Seite des Eisernen Vorhanges liegt, das Beste zu erzielen. Alles andere wird sich mit der Zeit ergeben. Wir bieten Ihnen unseren guten Willen und unsere Zusammenarbeit an. Lassen Sie sich von Unruhestiftern, die ‚Kollaborateure' schreien, nicht einschüchtern. Es ist an der Zeit einzusehen, daß die Interessen aller Europäer zusammenlaufen.

Ihre Bedürfnisse und die unseren können nicht getrennt behandelt werden, denn sie machen alle einen Teil Europas aus*."
General Robertson hatte sich schon als stellvertretendes Mitglied des Kontrollrates in Berlin als einsichtsvoller und weitblickender Mann bewährt. Seine vor dem Landtag in Düsseldorf gehaltene Rede trug sehr dazu bei, unseren Mut neu zu beleben.
Übrigens mehrten sich in diesen Monaten die Stimmen, die den Zusammenschluß Europas verlangten.
Vom 7. bis 10. Mai 1948 tagte in Den Haag ein Europa-Kongreß. Dieser Kongreß war von vier europäischen Organisationen einberufen; zu ihnen gehörten unter anderem die von Winston Churchill gegründete United Europe Movement und der Conseil Français pour l'Europe Unie, deren Vorsitzender der mir aus meiner Kölner Oberbürgermeisterzeit vor 1933 bekannte Edouard Herriot war. Es war der erste große derartige Kongreß, dem ich beiwohnte.
Winston Churchill wurde zum Ehrenpräsidenten dieses Kongresses gewählt. In seiner Rede begrüßte er uns Deutsche, die wir als Delegierte an dem Kongreß teilnahmen, besonders herzlich. Er ging auf das deutsche Problem ein und sagte, daß es nach seiner Auffassung darin bestehe, das wirtschaftliche Leben und den alten guten Ruf des deutschen Volkes wiederherzustellen und den Nachbarn Deutschlands die Furcht vor der Gefahr einer neuen deutschen Militärmacht zu nehmen.
Winston Churchill betonte in seiner Rede, daß sich das Ziel einer europäischen Einigung nicht auf Westeuropa beschränke. Der Kongreß wünsche die Teilnahme aller Völker des Kontinents, deren Lebensart nicht im Widerspruch zur Charta der Menschenrechte stehe. Die Länder des Ostens und Südostens von Europa würden jedoch zwangsweise an der Vereinigung gehindert. Die Vereinigten Staaten hätten die Wiederaufrichtung Europas warm begrüßt. Im Haag sei man zusammengetreten, um den Regierungen zu helfen, das neue Europa zu schaffen. Alle seien aber verletzt und bestürzt durch die unverträgliche Haltung und Politik der östlichen großen Gruppe. Präsident Roosevelt habe von den vier Freiheiten gesprochen. Heute sei am meisten die Rede von der „Freiheit von der Furcht".
Auf dem Kongreß vereinigten sich die vier europäischen Organisationen zu dem sogenannten „Internationalen Komitee der Vereinigungen für die Einheit Europas".
Der Haager Europa-Kongreß endete am 10. Mai 1948. Das Resultat dieser Konferenz wurde in einer feierlichen Erklärung verlesen. Man hatte drei Resolutionen angenommen, die ich im folgenden im Wortlaut wiedergebe:

* Voller Wortlaut der Rede siehe Dokumentenband.

1. Politische Resolution:
Die Völker Europas haben die dringende Pflicht, eine wirtschaftliche und politische Union zu schaffen. Hierbei müssen sie auf einige ihrer Souveränitätsrechte verzichten, die in Zukunft gemeinsam ausgeübt würden. Es müsse eine europäische Versammlung einberufen werden, die von den Parlamenten zu wählen sei. Dies deshalb, weil die Parlamente der legitime Ausdruck des Volkswillens seien, ihr Wahlmechanismus sofort in Funktion treten könne und ihre Zusammensetzung den verschiedenen Apparaten der Willensbildung bei den einzelnen Ländern am besten entspreche. Die europäische Versammlung müsse zunächst eine beratende Rolle übernehmen und die Bildung der künftigen Union vorbereiten. Eine Charta der Menschenrechte müsse entworfen und ihre Beachtung durch ein internationales Gericht überwacht werden. Die Union müsse auch das deutsche Problem lösen.

2. Wirtschaftliche Resolution:
Das neue Europa müsse einen Ausgleich zwischen der Privatinitiative und den neuen wirtschaftlichen Notwendigkeiten bringen. Die Gewerkschaften seien in das neue System einzugliedern. Eine Aufhebung der Zollschranken, Ausgleich des Budgets, ein multilaterales Clearingsystem und eine Konvertibilität der Währungen sei anzustreben. Für die Schlüsselindustrien sei ein gemeinsames Programm zu entwerfen, das Verkehrswesen sei zu koordinieren und ein freier Wechsel des Arbeitsplatzes zu gestatten. Als Fernziel seien eine Zollunion und eine Angleichung der Währungen zu bezeichnen.

3. Kulturelle Resolution:
Ein europäisches Kulturzentrum mit Zweigstellen in den einzelnen Sparten und ein Zentrum für Kinder und Jugendliche seien zu bilden.

Schlußappell:
Der Kongreß will ein geeintes Europa, das in seiner ganzen Ausdehnung den freien Verkehr der Menschen, Ideen und Güter gewährleistet, eine Charta der Menschenrechte, einen Gerichtshof, der Sanktionen ergreift, um die Respektierung der Charta zu sichern, und ein europäisches Parlament, in dem die lebendigen Kräfte aller Nationen zu Worte kommen. Der Kongreß verpflichtet sich, die Menschen und Regierungen zu unterstützen, die an diesem Werke des öffentlichen Heils arbeiten.

Am 20. April 1948 wurden die Beratungen der sechs Mächte, die vom 23. Februar bis zum 6. März 1948 getagt hatten, fortgesetzt. Die Konferenz dauerte bis zum Juni 1948 und schloß mit der Veröffentlichung von konkreten Vorschlägen, wie sich die sechs Mächte die Entwicklung des künftigen Deutschlands und die Gestaltung seines politischen Lebens vorstellten. Diese

Vorschläge sind allgemein als die sogenannten „Londoner Empfehlungen" bekanntgeworden.

Ich beschränke mich hier darauf, nur einige von ihnen – und diese stichwortartig – wiederzugeben.

Die Empfehlungen waren als ein geschlossenes Ganzes vorgelegt worden, da ihre wesentlichen Punkte voneinander abhängig waren und ein unteilbares Programm bildeten. Die wichtigsten Empfehlungen erstreckten sich auf folgendes:

Beteiligung der Beneluxstaaten an der Deutschlandpolitik,

die Rolle der deutschen Wirtschaft in der Wirtschaft Europas und die Kontrolle der Ruhr,

Entwicklung der politischen und wirtschaftlichen Organisation Deutschlands,

Fragen der Sicherheit.

Es hieß in den Empfehlungen, daß das wirtschaftliche Leben der Länder Westeuropas und eines demokratischen Deutschlands eng miteinander verbunden werden müßten. Es sei Übereinstimmung erzielt, die Errichtung einer internationalen Behörde für die Kontrolle des Ruhrgebiets zu empfehlen, in der Großbritannien, Frankreich, die Beneluxstaaten und Deutschland vertreten sein sollten.

Die Errichtung dieser Behörde bedeute keine politische Abtrennung des Ruhrgebietes von Deutschland.

Vorgesehen sei die Kontrolle über die Verteilung der Kohlen-, Koks- und Stahlproduktion der Ruhr, um erstens zu verhindern, daß die industrielle Konzentration in diesem Gebiet zu einem Aggressionsmittel werde, und zweitens um zu gewährleisten, daß die Produktion allen am europäischen Wirtschaftsprogramm teilnehmenden Ländern einschließlich Deutschlands zugute komme.

Zur Entwicklung des politischen und wirtschaftlichen Lebens in Deutschland wurde anerkannt, daß es bei Berücksichtigung der gegenwärtigen Lage notwendig sei, dem deutschen Volk Gelegenheit zu geben, die gemeinsame Grundlage für eine freie und demokratische Regierungsform zu schaffen, um dadurch die Wiederherstellung der deutschen Einheit zu ermöglichen, die zum gegenwärtigen Zeitpunkt zerrissen sei.

Auf Grund dieser Sachlage seien die Delegationen zu dem Schluß gekommen, daß das deutsche Volk jetzt in den verschiedenen Ländern die Freiheit erhalten solle, für sich die politischen Organisationen und Institutionen zu errichten, die es ihm ermöglichten, eine regierungsmäßige Verantwortung so weit zu übernehmen, wie sie mit den Mindesterfordernissen der Besatzung und der Kontrolle zu vereinbaren sei, und die es ihm schließlich auch ermöglichen sollten, die volle Verantwortung zu übernehmen.

Die Delegationen seien der Ansicht, daß die Bevölkerung in den Ländern die Ausarbeitung einer Verfassung wünsche mit Bestimmungen, die von allen deutschen Ländern angenommen werden könnten, sobald die Umstände es zuließen.

Die Delegationen seien daher übereingekommen, ihren Regierungen zu empfehlen, daß die Militärgouverneure eine gemeinsame Sitzung mit den Ministerpräsidenten abhalten sollten.

Auf dieser Sitzung würden die Ministerpräsidenten Vollmacht erhalten, eine Verfassunggebende Versammlung einzuberufen, die von den Ländern zu genehmigen wäre. Die Abgeordneten dieser Verfassunggebenden Versammlung sollten von den einzelnen Ländern nach Bestimmungen ernannt werden, die von den einzelnen Länderparlamenten selbst festzulegen seien.

Diese Verfassung solle so beschaffen sein, daß sie es den Deutschen ermögliche, ihren Teil dazu beizutragen, die augenblickliche Teilung Deutschlands wieder zu beseitigen, allerdings nicht durch die Wiedererrichtung eines zentralistischen Reiches, sondern mittels einer föderativen Regierungsform, die die Rechte der einzelnen Staaten angemessen schütze und gleichzeitig eine angemessene zentrale Gewalt vorsehe und die Rechte und Freiheiten des Individuums garantiere.

Wenn die Verfassung, die von der Verfassunggebenden Versammlung vorbereitet werde, nicht gegen diese allgemeinen Grundsätze verstoße, würden die Militärgouverneure die Bevölkerung in den betreffenden Staaten zur Ratifizierung ermächtigen.

Die Frage der Sicherheit wurde unter drei Gesichtspunkten behandelt:

a) Allgemeine Bestimmungen
b) Maßnahmen während des Zeitraums, in dem die Besatzungsmächte die höchste Autorität in Deutschland ausüben
c) Maßnahmen nach diesem Zeitraum.

Die Delegationen der USA, Großbritanniens und Frankreichs betonten erneut die Überzeugung ihrer Regierungen, daß es keinen allgemeinen Rückzug ihrer Besatzungstruppen aus Deutschland geben könne, solange der Frieden in Europa nicht gesichert sei und ohne daß vorher Beratungen stattgefunden hätten.

Es wurde ferner empfohlen, die beteiligten Regierungen sollten Beratungen aufnehmen, wenn eine von ihnen der Ansicht sei, es bestehe Gefahr, daß Deutschland seine Militärmacht wieder aufbaue oder erneut eine Aggressionspolitik betreibe.

Das Verbot der deutschen Wehrmacht und des deutschen Generalstabes, wie es in dem Viermächteabkommen niedergelegt ist, wurde von neuem bestätigt, gleichfalls die Ausübung der Kontrolle durch die Militärgouverneure über Entwaffnung, Entmilitarisierung, Industriekapazität und über gewisse Bereiche wissenschaftlicher Forschung.

Um die Entwaffnung und Entmilitarisierung im Interesse der Sicherheit weiterhin zu gewährleisten, sollten die drei Militärgouverneure in den Westzonen Deutschlands eine Sicherheitsbehörde errichten, welche die erforderlichen Inspektionen durchführen und den Militärgouverneuren Empfehlungen für notwendige Maßnahmen zuleiten sollte. Die Gouverneure würden dann entscheiden, welche Maßnahmen zu treffen seien.

Es wurde erneut bestätigt, daß es Deutschland nicht noch einmal ermöglicht werden dürfe, zu einer aggressiven Macht zu werden.

Vor der allgemeinen Zurückziehung der Besatzungstruppen aus Deutschland solle zwischen den beteiligten Regierungen ein Übereinkommen über die notwendigen Maßnahmen zur Entmilitarisierung, Abrüstung, Kontrolle der Industrie und zur Besserung der Schlüsselindustrien abgeschlossen werden.

Außerdem solle ein Inspektionssystem geschaffen werden, um die Durchführung der beschlossenen Bestimmungen über die Abrüstung und Entmilitarisierung Deutschlands zu gewährleisten.

Ein Entwurf zu einem Abkommen über die geplante internationale Ruhrkontrolle wurde ausgearbeitet. Hierzu hieß es in den Empfehlungen, die internationale Sicherheit und der allgemeine wirtschaftliche Aufbau verlangten, daß die Hilfsquellen der Ruhr in Zukunft nicht für Zwecke einer Angriffspolitik benutzt würden, sondern den Interessen des Friedens dienten, und weiter, daß die Verfügung über Kohle, Koks und Stahlproduktion des Ruhrgebietes, die früher ausschließlich Deutschland zustand, künftig ohne Unterschied den Ländern Europas garantiert sein solle, die zu allgemeinem wirtschaftlichen Nutzen zusammenarbeiteten.

Es sei für die politische und die wirtschaftliche Wohlfahrt dieser Länder und eines demokratischen Deutschlands wünschenswert, daß sie sich in ihrem Wirtschaftsleben eng zusammenschlössen.

2. Haltung der CDU zu den „Londoner Empfehlungen“

Unmittelbar nachdem die „Londoner Empfehlungen“ der Öffentlichkeit übergeben worden waren, traten unter meinem Vorsitz die Vorsitzenden der west- und süddeutschen Landesverbände der CDU in Bad Königstein zu einer Besprechung zusammen, um zu diesen für uns sehr schwerwiegenden Beschlüssen Stellung zu nehmen. Wir gaben am 10. Juni 1948 eine Erklärung ab, die die „Londoner Empfehlungen" zum Teil scharf ablehnte.

Der Vorstand der CDU der britischen Zone hatte bereits vor der Tagung in Königstein eine Entschließung gefaßt, in der er feststellte, daß die „Londoner Empfehlungen" keine ausreichende Grundlage böten, um der Sache des Friedens und der Freiheit zu dienen. Wir würden es dankbar begrüßen, wenn auf einer neuen Konferenz, und zwar unter Anhörung auch deutscher Vertreter, neue Grundlagen für den staatlichen Aufbau Deutschlands gefunden würden. Wir ersuchten um Verständnis für unser Verlangen, daß drei Jahre nach Beendigung des Kriegszustandes bei Verhandlungen über das künftige Schicksal unseres Volkes, das inmitten Europas liege, deutsche Vertreter in verantwortlicher Weise hinzugezogen würden. Wir seien gewillt, unseren Nachbarn und namentlich Frankreich alle Garantien der Sicherheit zu geben, aber nach unserer Auffassung wäre es gut, wenn dies unter unserer Teilnahme an Besprechungen und nicht durch Diktate geschehe. Am Schluß unserer Erklärung sagten wir: „Wir fühlen uns in keiner Weise als Nutznießer einer Zwietracht unter den Großmächten. Wir sind an deren Verständigung nicht minder interessiert als sie selbst. Daher würden wir auch für einen erneuten Versuch der Heranziehung Rußlands zu einer neuen Konferenz dankbar sein."

Die „Londoner Empfehlungen" schienen mir derart schwerwiegende Folgen für das deutsche Volk zu bringen, daß ich glaubte, den Versuch machen zu müssen, eine übereinstimmende Willenserklärung aller deutschen Parteien der drei Westzonen, die KPD ausgenommen, zu diesen Empfehlungen herbeizuführen. Ich wandte mich zunächst in einem Telegramm an Dr. Schumacher als den Vorsitzenden der SPD, um dann, falls auf seiten der SPD eine prinzipielle Zustimmung zu einer gemeinsamen Stellungnahme zu erreichen sei, an die anderen Parteien mit der gleichen Bitte heranzutreten. In diesem Telegramm an Dr. Schumacher vom 10. Juni 1948 legte ich dar, daß ich die Folgen der „Londoner Empfehlungen" für das deutsche Volk als außerordentlich gefährlich ansähe und glaubte, man müsse alles versuchen, um zu einer gemeinsamen Stellungnahme der deutschen Parteien zu kommen. Ich gab den Teilnehmern der Sitzung der Vorsitzenden der west- und süddeutschen Landesparteien der CDU am 10. Juni 1948 in Königstein im Taunus von der Absendung dieses Telegramms Kenntnis.

Die Anwesenden erklärten sich einstimmig damit einverstanden. Sie baten mich, alles zu tun, was möglich sei, um zu einer Aussprache mit der SPD in dieser Frage zu kommen. Wir beschlossen, daß, falls die von mir erstrebte

Besprechung zustande käme, die Herren Dr. Süsterhenn aus Koblenz und Dr. Schröter aus Kiel mich begleiten sollten.
Am Tage darauf teilte mir Eichler, ein Mitglied des Parteivorstandes der SPD, telefonisch mit, daß er auf Grund meines Telegramms vom Parteivorstand der SPD in Hannover beauftragt sei, mit mir Besprechungen zu führen. Zu dieser Besprechung kam es am Sonntag, dem 13. Juni. Eichler erklärte mir, daß Dr. Schumacher sehr krank und nicht verhandlungsfähig sei, daß die Herren des Parteivorstandes der SPD es jedoch sehr begrüßen würden, wenn ich trotzdem zu einer Aussprache nach Hannover reiste. Er hatte mir zu diesem Zeitpunkt nicht mitgeteilt, daß der Parteivorstand der SPD bereits fest entschlossen war, keine gemeinsame Erklärung der Parteien abzugeben.
Am 17. Juni bin ich zusammen mit Dr. Süsterhenn – Dr. Schröter war verhindert – nach Hannover gefahren. Wir trafen dort im Parteihaus der SPD mit den Herren Ollenhauer, Heine und Henssler von seiten der SPD zusammen. Ich legte ausführlich die Gründe dar, die mich zur Absendung meines Telegramms veranlaßt hatten. Ich sagte, daß es bei einer so entscheidenden Phase wie der gegenwärtigen nötig sei, daß die Stimme des deutschen Volkes gegenüber dem Ausland geschlossen laut werde. Es sei daher meine Absicht, daß, wenn eine Verständigung mit der SPD in diesem Punkt erzielt werde, wir an die anderen deutschen Parteien, mit Ausnahme der Kommunisten, herantreten sollten. Ferner führte ich aus, daß eine gemeinsame Erklärung aller jetzigen deutschen Parteien, abgesehen von der KPD, auch notwendig sei mit Rücksicht auf die Entwicklung kommender Jahre, mit Rücksicht darauf, daß eventuell ein Nationalismus erwachse, der dem Volke zum Unheil werden könne, und damit man den jetzigen deutschen Parteien später nicht den Vorwurf mache, sie hätten geschwiegen gegenüber einem Abkommen, das für Deutschland einfach unmöglich sei.
Ollenhauer erklärte als Sprecher der sozialdemokratischen Herren, daß ihre Partei sich in einigen Tagen in Hamburg in einem größeren Kreise mit den „Londoner Empfehlungen" beschäftigen werde. Auch sie seien mit deren Inhalt in keiner Weise einverstanden. Sie glaubten jedoch, daß es einen weitaus tieferen Eindruck im Ausland machen würde, wenn die deutschen Parteien nicht gemeinsam, sondern einzeln ihren ablehnenden Standpunkt zum Ausdruck brächten.
Ich machte erneut Ausführungen zu den Folgen der „Londoner Empfehlungen". Bisher habe England in dem weitaus größten Teil des westlichen Deutschlands allein entscheiden können. Jetzt solle ein Abkommen über deutsche Lebensfragen zwischen sechs Mächten geschlossen werden. Eine Änderung eines solchen Abkommens bedürfe der Zustimmung aller sechs

Mächte. Sie werde daher sehr schwer zu erlangen sein. Ich sähe deshalb den gegenwärtigen Zeitpunkt als sehr entscheidend für das künftige Schicksal des deutschen Volkes an, weil ein Abkommen noch nicht getroffen sei, sondern vorerst nur „Empfehlungen" ausgesprochen seien. Ich wies darauf hin, daß mit der Unterzeichnung des Versailler Vertrages der Nationalismus geboren worden sei. Ich fürchtete, daß, wenn die Dinge so weitergingen, wir in Deutschland mit einer Wiederbelebung des Nationalsozialismus, allerdings mit östlicher Orientierung, zu rechnen haben würden.
Die Vertreter der SPD erkannten diese meine Ausführungen mehr oder weniger als richtig an, waren aber nicht dazu zu bewegen, von ihrem ablehnenden Standpunkt meinem Vorschlag gegenüber abzugehen. Dr. Süsterhenn unternahm einen erneuten Versuch in Ausführungen, die meine Gedankengänge unterstrichen. Aber auch er konnte die Vertreter der SPD nicht von seiner Auffassung überzeugen.
Die Besprechung hatte ergeben, daß in der Beurteilung der „Londoner Empfehlungen" eine weitgehende sachliche Übereinstimmung bestand, daß jedoch der Vorstand der SPD zu einer gemeinsamen Erklärung der deutschen Parteien sich nicht bereit fand.

3. Beendigung der Tätigkeit des Zonenbeirates

In einer Sitzung des Zonenbeirates vom 9. Juni 1948 besprachen wir eingehend die Auswirkungen der „Londoner Empfehlungen". Die Enttäuschung war allgemein.
Der Zonenbeirat war durch den Inhalt der „Londoner Empfehlungen" in direkter Weise betroffen, und zwar weil als Ergebnis der Londoner Konferenz alle Zoneneinrichtungen und damit auch der Zonenbeirat zu bestehen aufhören sollten.
Bis zu dem Zeitpunkt der in den „Londoner Empfehlungen" vorgesehenen Bildung einer deutschen Regierung für die drei Westzonen würde noch viel Zeit vergehen, und es widersprach daher unserer Auffassung, daß wir sofort unsere Auflösung beschließen sollten. Wir kamen überein, in dieser schwierigen Situation den Zonenbeirat, dessen Bestehen wir für den Zeitraum bis zur Bildung einer deutschen Zentralregierung für notwendig hielten, auf unbestimmte Zeit zu vertagen. Gewisse Fachausschüsse sollten jedoch ihre Arbeit fortsetzen.
Wir teilten diesen unseren Beschluß der Militärregierung mit. General Robertson äußerte den Wunsch, ihm Gelegenheit zu geben, noch einmal vor dem Plenum des Zonenbeirates zu sprechen.

Am Dienstag, dem 29. Juni 1948, fand die letzte Sitzung des Zonenbeirates statt.

Auf dieser letzten Sitzung des Zonenbeirates der britischen Zone war General Robertson erschienen, um sich von uns zu verabschieden. General Robertson bedankte sich für die Arbeit, die wir im Zonenbeirat geleistet hatten, und versicherte uns, daß wir der britischen Militärregierung durch unsere Arbeit eine große Hilfe gewesen seien. Er führte unter anderem aus:

„Meine Damen und Herren! Ihre Ratschläge sind niemals ignoriert worden, obwohl ich zugebe, daß sie nicht immer angenommen worden sind. Ich glaube nicht, daß Sie mir rückblickend darüber grollen werden ... Die Gelegenheiten zu gegenseitigem Meinungsaustausch und zur öffentlichen Diskussion von Richtlinien sind für den Wiederaufbau der öffentlichen Beteiligung an politischen Entscheidungen in der britischen Zone von unschätzbarem Wert und von Bedeutung gewesen."

Zu den „Londoner Empfehlungen" sagte Robertson folgendes:

„Ich habe in Deutschland einige Kritik an den ‚Londoner Empfehlungen' gehört, ich habe viel Kritik auch außerhalb Deutschlands, besonders aus Frankreich, gehört und einige Male ganz besonders scharfe Kritik. Das Interessante daran ist, daß der größte Teil dieser Kritiken aus Deutschland oder aus dem Auslande gegen die gleichen Bestandteile des Londoner Übereinkommens gerichtet ist. Sie sind zwar gegen die gleichen Bestandteile der Londoner Entschließungen gerichtet, aber vom entgegengesetzten Standpunkte aus. Es mag dies ein Beweis dafür sein, daß ein einigermaßen gerechtes Gleichgewicht gefunden wurde.

.....

Das Programm der Pläne soll dem deutschen Volke eine eigene Regierung geben, und ich wiederhole – was ich schon früher gesagt habe –, daß es der Wunsch meiner Regierung und ebenso der amerikanischen und der französischen Regierung ist, mit den vier Besatzungsmächten übereinzukommen, diese Organisation oder irgendeine andere Organisation auf das ganze Deutschland auszudehnen.

Der Vorgang, durch den dieses Regierungsstadium erreicht wird, ist langsamer, als viele von uns gewünscht hätten. Aber es ist ein sicherer Vorgang, und wir sind überzeugt, daß eines Tages die auf diese Weise geschaffene Regierung das volle Prestige genießen wird, das ihr zukommt.

Das Ausmaß der Befugnisse, die den Besatzungsmächten beibehalten bleiben, wird ganz eindeutig bestimmt sein. Die Art und Weise, in der die Besatzungsmächte ihre Befugnisse ausüben werden, wird für alle ganz klar und deutlich festgelegt werden.

Was die Struktur der Regierung selbst anbelangt, so wird die Verfassunggebende Versammlung ein sehr freies und weites Arbeitsfeld bekommen.
Der Punkt der Londoner Entschließungen, der in Deutschland vielleicht die größte Aufmerksamkeit gefunden hat, ist der Teil, in dem von der Errichtung einer internationalen Kontrolle der Ruhr gesprochen wird. Ich will ganz offen mit Ihnen sein, meine Damen und Herren, und sagen, daß ich nicht erwarte, daß irgendein solches Dokument von der deutschen Bevölkerung begrüßt oder anders entgegengenommen werden könnte als mit strengsten Vorbehalten. Wenn aber die Punkte dieses Dokumentes leidenschaftslos studiert werden, so glaube ich, daß kein Deutscher zu dem Schluß kommen wird, daß darin etwas enthalten ist, was mit der deutschen Selbständigkeit unvereinbar und für die deutsche Wirtschaft untragbar wäre. Ich glaube, man kann sehen, wie anders es hätte ausfallen können, wenn man den Einwänden, die vor allen Dingen in Frankreich gegen diese Abmachungen erhoben werden, sein Ohr schenkte.“

Robertson sagte in seiner Abschiedsrede ausdrücklich, der volle Inhalt der Londoner Verhandlungen sei noch nicht veröffentlicht. Er glaube, wenn der volle Inhalt bekanntgeworden sei, würden einige der deutschen Einwände nicht mehr aufrechterhalten.
Ich hielt seinen Rat für richtig, mit der Arbeit zu beginnen. Wir würden dabei ja sehen, wie wir weiterkamen und ob sich die Arbeit für Deutschland lohnen würde.

VIII. DER PARLAMENTARISCHE RAT

1. Vorgeschichte des Parlamentarischen Rates – Aufgabe und Ziel

Im Verfolg der in London beschlossenen neuen Deutschlandpolitik wurde der sogenannte „Parlamentarische Rat“ einberufen, der für die drei Westzonen Deutschlands eine vorläufige Verfassung ausarbeiten sollte.
Am 1. Juli 1948 fand in Frankfurt a. M. eine Sitzung der Militärgouverneure der drei Westzonen statt, zu der sie die elf Ministerpräsidenten der westlichen Besatzungszonen Deutschlands einluden. Den Ministerpräsidenten wurden drei Dokumente überreicht, in denen die Grundlinien der westalliierten Vorstellungen über eine künftige Entwicklung der drei Westzonen und die Richtlinien für den Aufbau und die Kompetenzen eines künftigen westdeutschen Staatsgebildes niedergelegt waren.
Im folgenden gebe ich kurz den Inhalt dieser Dokumente wieder.
Nach Dokument I wurden die Ministerpräsidenten entsprechend den von den sechs Mächten in London am 7. Juni 1948 gefaßten Beschlüssen ermächtigt, eine Versammlung einzuberufen, die eine Verfassung für die drei Zonen ausarbeiten sollte. Die Mitglieder dieser Versammlung waren nach einem bestimmten Schlüssel von den gesetzgebenden Versammlungen der Länder zu wählen.
Die Verfassunggebende Versammlung sollte eine demokratische Verfassung ausarbeiten für eine Regierungsform föderalistischen Typs, die am besten geeignet sei, die „gegenwärtig zerrissene deutsche Einheit schließlich wiederherzustellen, und die Rechte der beteiligten Länder schützt, eine angemessene Zentral-Instanz schafft und die Garantien der individuellen Rechte und Freiheiten enthält*“.
Es heißt wörtlich in Dokument I: „Wenn die Verfassung in der von der Verfassunggebenden Versammlung ausgearbeiteten Form mit diesen allgemeinen Grundsätzen nicht in Widerspruch steht, werden die Militärgouverneure ihre Vorlage zur Ratifizierung genehmigen. Die Verfassunggebende Versammlung wird daraufhin aufgelöst.“
Die Ratifizierung in jedem beteiligten Land solle durch ein Referendum erfolgen, das eine einfache Mehrheit der Abstimmenden in jedem Land erfordere, nach von jedem Land jeweils anzunehmenden Regeln und Verfahren. Sobald die Verfassung von zwei Dritteln der Länder ratifiziert sei, trete sie in Kraft und sei für alle Länder bindend. Jede Abänderung der

* Siehe Dokumentenband, in dem die Dokumente I, II und III abgedruckt sind.

Verfassung müsse künftig ebenfalls von einer Zweidrittelmehrheit der Länder ratifiziert werden. Innerhalb von 30 Tagen nach dem Inkrafttreten der Verfassung sollten die darin vorgesehenen Einrichtungen geschaffen sein.

Dokument II befaßte sich mit der territorialen Neugliederung Deutschlands. Die Ministerpräsidenten wurden aufgefordert, die Grenzen der einzelnen Länder zu überprüfen und gegebenenfalls Änderungen vorzuschlagen.

Dokument III ging auf die Zuständigkeit einer künftigen verfassungsmäßigen deutschen Regierung ein, insbesondere auf die Beziehungen zwischen dieser Regierung und den alliierten Behörden. Die Beziehungen sollten hiernach auf folgenden Grundsätzen beruhen: Die Militärgouverneure würden deutschen Regierungsorganen Befugnisse der Gesetzgebung, der Verwaltung und der Rechtsprechung gewähren. Sie würden sich solche Zuständigkeiten vorbehalten, die nötig seien, um die Erfüllung des grundsätzlichen Zweckes der Besatzung sicherzustellen. Darunter seien auch Zuständigkeiten zu verstehen, welche die Militärgouverneure in die Lage versetzten, Deutschlands auswärtige Beziehungen vorläufig wahrzunehmen und zu leiten.

Ein Mindestmaß notwendiger Kontrollen über den deutschen Außenhandel und über innenpolitische Richtlinien und Maßnahmen, die den Außenhandel nachteilig beeinflussen könnten, sollte von den Militärgouverneuren ausgeübt werden, um zu gewährleisten, daß die Verpflichtungen, welche die Besatzungsmächte in bezug auf Deutschland eingegangen waren, geachtet und die für Deutschland verfügbar gemachten Mittel zweckgemäß verwendet würden.

Die Militärgouverneure würden vereinbarte oder noch zu vereinbarende Kontrollen, zum Beispiel in bezug auf die Internationale Ruhrbehörde, Reparationen, Stand der Industrie, Dekartellisierung, Abrüstung und Entmilitarisierung, und gewisse Kontrollen auf dem Gebiet der wissenschaftlichen Forschung ausüben. Sie würden mit entsprechenden Befugnissen ausgestattet sein, um das Ansehen der Besatzungsstreitkräfte schützen und sowohl ihre Sicherheit als auch die Befriedigung ihrer Bedürfnisse innerhalb bestimmter, zwischen den Militärgouverneuren vereinbarter Grenzen gewährleisten zu können. Eine ihrer wichtigsten Funktionen würde sein, die Beachtung der von ihnen gebilligten Verfassung zu sichern. Weiter hieß es in Dokument III, daß, falls ein Notstand die Sicherheit bedrohe, die Militärgouverneure die Ausübung ihrer vollen Machtbefugnisse wiederaufnehmen würden. Das gleiche gelte, wenn es notwendig sei, die Beachtung der Verfassung und des Besatzungsstatuts zu sichern.

In Dokument III war genau festgelegt, nach welchen Verfahren die oben erwähnten Kontrollen von den Militärgouverneuren ausgeübt werden sollten. Die Militärgouverneure würden besonders für die Beobachtung, Beratung und Unterstützung der zu schaffenden föderativen Regierung und der Länderregierungen bezüglich der Demokratisierung des politischen Lebens, der sozialen Beziehungen und der Erziehung verantwortlich sein. Dies sollte jedoch keine Beschränkungen der diesen Regierungen zugestandenen Vollmachten auf den Gebieten der Gesetzgebung, Verwaltung und Rechtsprechung bedeuten.

Die Militärgouverneure ersuchten die Ministerpräsidenten, sich zu den ihnen mitgeteilten Grundsätzen zu äußern.

Vom 8. bis 10. Juli 1948 fand in Koblenz eine Zusammenkunft der Ministerpräsidenten der Länder statt, um über die ihnen am 1. Juli 1948 von den drei Militärgouverneuren überreichten Dokumente zu beraten. Die Ministerpräsidenten arbeiteten eingehende Stellungnahmen zu den Dokumenten aus, die sie den drei Militärgouverneuren zuleiteten. In einer Begleitnote zu diesen Stellungnahmen brachten sie zum Ausdruck, daß sie bereit seien, an der Lösung der ihnen gestellten Aufgaben mitzuarbeiten, um „das in den Dokumenten gesteckte Ziel möglichst schnell und wirksam zu erreichen“. Sie seien überzeugt, daß die Not, die in Deutschland herrsche, nur bezwungen werden könne, wenn das deutsche Volk in die Lage versetzt werde, seine Angelegenheiten auf der jeweils möglichen höchsten territorialen Stufe selbst wahrzunehmen. Sie begrüßten daher die Absicht der Westalliierten, die Länder Deutschlands zu einem einheitlichen Gebiet zusammenzufassen, für das von der Bevölkerung selbst eine Regierung gewählt werden könne, der es dann möglich sein würde, die Interessen ganz Deutschlands zu wahren, ohne die Rechte der Länder zu gefährden.

In der Begleitnote heißt es, die Ministerpräsidenten legten Wert darauf, daß alles vermieden werde, was dem zu schaffenden „Gebilde“ den Charakter eines Staates verleihen würde. Es müsse bei dem einzuschlagenden Verfahren zum Ausdruck kommen, daß es sich lediglich um ein „Provisorium“ handele „sowie um eine Institution, die ihre Entstehung lediglich dem augenblicklichen Stand der mit der gegenwärtigen Besetzung Deutschlands verbundenen Umstände verdankt. In Anbetracht der bisherigen Unmöglichkeit einer Einigung der vier Besatzungsmächte über Deutschland müssen die Ministerpräsidenten besonderen Wert darauf legen, daß bei der bevorstehenden Neuregelung alles vermieden wird, was geeignet sein könnte, die Spaltung zwischen West und Ost weiter zu vertiefen.“

In ihren Vorschlägen legten die Ministerpräsidenten den Militärgouverneuren nahe, von einem Volksentscheid über das zu schaffende Grundgesetz Abstand zu nehmen. Ein Volksentscheid würde dem Grundgesetz ein Gewicht verleihen, das nur einer endgültigen Verfassung zukommen sollte.

Die Ministerpräsidenten betonten, „daß ihrer Meinung nach eine deutsche Verfassung erst dann geschaffen werden kann, wenn das gesamte deutsche Volk die Möglichkeit besitzt, sich in freier Selbstbestimmung zu konstituieren“.

Zu Dokument III heißt es in der Begleitnote der Ministerpräsidenten, sie hätten mit „Genugtuung von der Absicht Kenntnis genommen, die Beziehungen zu den Besatzungsmächten auf eine klare Rechtsgrundlage zu stellen“. Die Ministerpräsidenten seien jedoch der Ansicht, daß der Erlaß eines Besatzungsstatuts durch die Militärgouverneure schon vor der Aufnahme der Tätigkeit der mit der Beratung des Grundgesetzes für das Gebiet der drei Westzonen beauftragten Körperschaft eine dringende Notwendigkeit sei. Sie seien weiter der Meinung, daß in dem Besatzungsstatut deutlich zum Ausdruck kommen solle, daß auch die nunmehr geplanten organisatorischen Änderungen letztlich auf den Willen der Besatzungsmächte zurückgingen, woraus sich andere Konsequenzen ergeben müßten, als wenn sie ein Akt freier Selbstbestimmung des deutschen Volkes wären. Sie glaubten ferner, daß es sich empfehlen würde, die internationale Ruhrbehörde in Anbetracht der Besonderheit ihrer Funktionen außerhalb des Besatzungsstatuts zu lassen. Was die Wiederaufnahme der vollen Machtbefugnisse der Militärgouverneure zur Beseitigung von Notständen beträfe, so glaubten die Ministerpräsidenten sich mit den Militärgouverneuren einer Meinung, daß im Falle bloßer politischer Notstände es Aufgabe der deutschen Regierungen sein sollte, das zu ihrer Bewältigung Erforderliche zu tun. Die Ministerpräsidenten richteten in ihrer Note an die Militärgouverneure die Bitte, in regelmäßigen Abständen zu prüfen, ob die Entwicklung der Verhältnisse nicht eine weitere Ausdehnung der deutschen Zuständigkeiten und einen weiteren Abbau der Kontrolle erlaube.

Am 20. und 26. Juli 1948 fanden Besprechungen zwischen den drei Militärgouverneuren und den Ministerpräsidenten der Länder in Frankfurt statt, als deren Ergebnis die Ministerpräsidenten den Militärgouverneuren mitteilten, daß sie bereit seien, einen „Parlamentarischen Rat“, wie sie ihn nannten, einzuberufen, „um die gegenwärtig zerrissene deutsche Einheit vorläufig wenigstens zu einem Teil wiederherzustellen“. Der Parlamentarische Rat solle die ausschließliche Aufgabe haben, ein Grundgesetz auszuarbeiten. Die Ministerpräsidenten würden nach Abschluß der Arbeit des Parlamentarischen Rates den Militärgouverneuren das Ergebnis der Arbeit vorlegen und würden dann die Ermächtigung zur Ratifikation in den einzelnen deutschen Ländern erbitten. Die Ministerpräsidenten würden prüfen, ob in dem vom Parlamentarischen Rat erarbeiteten Grundgesetz eine Regierungsform vorgeschlagen sei, die auf der einen Seite eine gewisse

Zentralgewalt vorsehe, auf der anderen Seite jedoch die Rechte der einzelnen Länder schütze und die Rechte und Freiheiten der Einzelperson garantiere.

Auf der Sitzung der drei Militärgouverneure und der Ministerpräsidenten der deutschen Länder am 26. Juli 1948 war es zu einer Kontroverse wegen des in den Dokumenten geforderten Volksreferendums zum Grundgesetz gekommen. Die Gründe, die die Ministerpräsidenten gegen die Durchführung eines Referendums nannten, habe ich bereits angeführt. Der Ministerpräsident von Bayern, Dr. Ehard, wiederholte erneut den Standpunkt der Ministerpräsidenten zu dieser Frage. Man fand zusammen mit den Militärgouverneuren folgende Lösung: Die Militärgouverneure erklärten, sie hätten zur Kenntnis genommen, daß von seiten der Ministerpräsidenten die Bitte vorgetragen sei, die Ratifizierung des Grundgesetzes durch die Landtage vornehmen zu lassen. Die Militärgouverneure hätten jedoch andere Weisungen ihrer Regierungen; sie müßten ihre Regierungen über die Haltung der Ministerpräsidenten unterrichten, bäten jedoch, hierin keine Ablehnung ihres Anliegens zu erblicken.

Die Zustimmung der alliierten Regierungen zu der Forderung der Ministerpräsidenten wurde später erteilt.

Auf der Sitzung am 26. Juli 1948 einigte man sich über das Dokument I wie folgt:

„Der Parlamentarische Rat tritt spätestens bis zum 1. September 1948 zusammen. Die Abgeordneten zu dieser Versammlung werden in jedem der bestehenden Länder nach denjenigen Verfahren und Richtlinien ausgewählt, die durch die gesetzgebenden Körperschaften in jedem dieser Länder angenommen werden. Das Ergebnis der Beratungen des Parlamentarischen Rates, das in den Londoner Protokollen als ‚Verfassung', nach den Koblenzer Beschlüssen als ‚Grundgesetz' bezeichnet werden sollte, wird den Namen ‚Grundgesetz' (vorläufige Verfassung) tragen.

Das Grundgesetz (vorläufige Verfassung) sollte auf Grund der Londoner Beschlüsse durch einen Volksentscheid angenommen werden. Die deutschen Ministerpräsidenten haben gegen diese Lösung Einspruch erhoben und vorgeschlagen, den Länderparlamenten die Ratifizierung zu überlassen. Falls die Regierungen in Washington, London und Paris gegen diese Lösung keine Einwände erheben, tritt sie in Kraft."

Hinsichtlich des Wunsches der Ministerpräsidenten, das Besatzungsstatut, das die Beziehungen zwischen den alliierten Mächten und der künftigen Bundesregierung festlegen sollte, vor Beginn der Arbeit des Parlamentarischen Rates zu erhalten, erklärten ihnen die drei Militärgouverneure, daß das leider nicht möglich sei. Sie gaben jedoch die Versicherung ab, daß der Parlamentarische Rat laufend über den Stand der Arbeiten am Besatzungsstatut unterrichtet werde und daß ihm auch Gelegenheit gegeben würde, seine Vorstellungen zum Besatzungsstatut den Militärregierungen vorzutragen.

Die Ministerpräsidenten beauftragten nunmehr Sachverständige mit der Ausarbeitung von Beratungsgrundlagen für das zu schaffende Grundgesetz. Diese Sachverständigen tagten vom 10. bis 25. August 1948 in Herrenchiemsee und stellten dort einen ausführlichen Bericht fertig, der den Mitgliedern des Parlamentarischen Rates bei ihrem ersten Zusammentreffen überreicht wurde.

In der Zwischenzeit hatte man sich auf Bonn als Tagungsort des Parlamentarischen Rates geeinigt. Wie vorgesehen, wurden die Mitglieder des Parlamentarischen Rates durch die einzelnen Landtage gewählt.

Ein besonderes Problem schien mir die künftige rechtliche Stellung Berlins zu sein. Würde sich die von den drei Westmächten beabsichtigte neue Regelung für Deutschland auch auf das Berliner Gebiet erstrecken, das die drei Westalliierten besetzt hielten? Durch den Zusammenbruch der Viermächteverwaltung in Berlin, die im Frühjahr 1948 auf Grund der ersten Londoner Tagung der sechs Mächte erfolgte, mußte nach meiner und nach allgemeiner deutscher Auffassung auch der von den Westmächten besetzte Teil Berlins unter die neue Regelung für Deutschland fallen. Berlin mußte mit den gleichen Rechten und Pflichten in die künftige Neugestaltung Deutschlands aufgenommen werden.

Um dieses Bestreben und die Verbundenheit mit Berlin zu unterstreichen, wurde von deutscher Seite beschlossen, daß zu den Sitzungen des Parlamentarischen Rates Delegierte Berlins eingeladen wurden. Diese Delegierten nahmen an den Sitzungen mit beratender Stimme teil.

2. Arbeit des Parlamentarischen Rates

Die Eröffnungssitzung des Parlamentarischen Rates fand am 1. September 1948 in Bonn im Gebäude der Pädagogischen Akademie statt.

Der Parlamentarische Rat bestand aus 65 Mitgliedern. Er setzte sich zusammen aus 27 Angehörigen der CDU/CSU, 27 Sozialdemokraten, 5 Freien Demokraten, 2 Mitgliedern der Deutschen Partei, 2 Mitgliedern des Zentrums und 2 Mitgliedern der KPD.

Der Ministerpräsident von Hessen, Stock, hielt als Vorsitzender der Ministerpräsidenten-Konferenz die Eröffnungsrede. In sehr treffenden Worten kennzeichnete er den neuen Abschnitt in der Nachkriegsgeschichte Deutschlands. Er sagte wörtlich:

„Wir handeln heute zum ersten Mal in der neuen deutschen Geschichte seit der Kapitulation nicht nach einem Diktat, sondern nach Vereinbarungen, die zwischen den Herren Militärgouverneuren und den Ministerpräsidenten zustande gekommen sind. Der Wirtschaftsrat wurde auf Grund einer militärischen Proklamation von zwei Besatzungsmächten gebildet, der Parlamentarische Rat ist nach deutschem Entschluß geformt und zusammengerufen worden."

Als Präsident des Parlamentarischen Rates – ich war als solcher gewählt worden, meine Stellvertreter waren Schönfelder (SPD) und Dr. Schäfer (FDP) – hielt ich die Erwiderungsansprache. Ich sagte in meiner Rede, daß es uns allen, den Mitgliedern des Parlamentarischen Rates, gewiß nicht leicht geworden sei, die Aufgabe, die uns aufgetragen worden sei, unter den gegebenen Bedingungen zu übernehmen, aber angesichts der Notlage in Deutschland und erfüllt von unserem Pflichtbewußtsein gegenüber unserem Volk seien wir zusammengekommen, um in gemeinsamer Arbeit ein Grundgesetz zu schaffen. Unsere Arbeit im Parlamentarischen Rat werde von dem festen Willen geleitet werden, das Grundgesetz so zu gestalten, daß durch unsere Tätigkeit die Möglichkeiten für eine Einheit von ganz Deutschland erhalten bleiben und daß in dem neuen Staat die deutschen Gebiete des Ostens jederzeit ihren Platz finden könnten.

Bei meiner Wahl zum Präsidenten des Parlamentarischen Rates war maßgebend gewesen, daß ich in den Jahren von 1920 bis 1933 Präsident des Preußischen Staatsrates, eines kleineren Parlamentes, gewesen war und daher Erfahrungen in der Leitung einer solchen Körperschaft besaß. Ein weiterer Grund bestand darin, daß ich Vorsitzender der CDU/CSU-Fraktion im Parlamentarischen Rat war, die in gleicher Stärke vertreten war wie die SPD.

Als Präsident des Parlamentarischen Rates hatte ich vor allem die Aufgabe, dafür zu sorgen, daß seine Arbeit zu einem positiven Ergebnis führte.

Man setzte uns von seiten der Militärgouverneure, aber auch von seiten der Ministerpräsidenten unter großen Zeitdruck. Eine übermäßige Beschleunigung der Arbeit des Parlamentarischen Rates war im Hinblick auf die große Zahl von schwierigen Fragen, die beim Grundgesetz und beim Wahlgesetz zu behandeln waren, unmöglich. Wir waren uns unserer Verantwortung bewußt und waren nicht gewillt, unter Zeitdruck einen oberflächlichen Entwurf zu fertigen, dessen Fehler und Mängel sich in der Praxis für unser Volk verhängnisvoll auswirken müßten.

Ich kann hier nicht auf die Beratungen der einzelnen Artikel des Grundgesetzes eingehen. Ich muß mich auf die Schilderung der großen Linien der Tätigkeit des Parlamentarischen Rates und die Hervorhebung einiger besonders wichtiger Entscheidungen beschränken.

Als Präsident des Parlamentarischen Rates war ich bestrebt, für die Verabschiedung der Artikel eine möglichst breite Mehrheit zu erreichen. Da aber bei wesentlichen Punkten in den Auffassungen der einzelnen Fraktionen große Meinungsverschiedenheiten bestanden, war es oft nötig, in langwierigen und zeitraubenden Verhandlungen diese auszuräumen und Kompromißlösungen zu finden.

Im Laufe unserer Arbeit fanden viele Verhandlungen mit den Militärgouverneuren oder deren Vertretern über eine Anzahl von Punkten des Grundgesetzes statt. Wir mußten zahlreichen Wünschen von seiten der Militärregierung Rechnung tragen, aber wir setzten auch viele Wünsche und Grundsätze gegenüber den Militärgouverneuren durch.

Die Arbeit für den Parlamentarischen Rat war dadurch sehr erschwert, daß wir den Inhalt des Besatzungsstatuts, in dem das Verhältnis der künftigen Bundesrepublik zu den alliierten Besatzungsmächten festgelegt werden sollte, nicht kannten. Während wir an dem Grundgesetz arbeiteten, fand zur gleichen Zeit die Ausarbeitung des Besatzungsstatuts durch die Regierungen der Besatzungsmächte statt. Die Militärgouverneure ließen sich von Zeit zu Zeit über den Fortschritt unserer Arbeit berichten, waren jedoch nicht imstande, uns Auskunft zu geben über den Inhalt des Besatzungsstatuts, dessen Kenntnis eine der wesentlichen Grundlagen unserer Arbeit hätte sein müssen.

Professor Carlo Schmid war Vorsitzender des Hauptausschusses des Parlamentarischen Rates und hat dort maßgeblich an den Arbeiten für die einzelnen Artikel mitgewirkt. Allgemeiner Grundsatz unsererseits war, daß wir aus den Fehlern der Weimarer Republik die nötigen Folgerungen ziehen müßten. Die Stellung des künftigen Bundespräsidenten durfte nicht mit den Vollmachten versehen sein, die der Reichspräsident der Weimarer Republik besessen hatte. Ein weiterer Grundsatz unserer Arbeit war, die Stellung des Bundeskanzlers stärker zu machen, als es die des Reichskanzlers der Weimarer Republik gewesen war. Es sollte nach dem künftigen Grundgesetz nicht mehr möglich sein, einzelne Minister durch Mißtrauensantrag aus ihren Ämtern zu entfernen und dadurch dem Bundeskanzler die Erfüllung seiner Pflichten zu erschweren. Wenn das Parlament mit der Politik des Bundeskanzlers nicht einverstanden wäre, sollte nicht der jeweilige Ressortminister gestürzt werden können, sondern es würde ein Mißtrauensantrag gegen den Bundeskanzler selbst gestellt werden müssen. Um jedoch die Gefahren, die in einem zu leichten Sturz einer Regierung lagen – die

Weimarer Republik galt auch hier für uns als warnendes Beispiel –, auszuschließen, bauten wir die Bestimmung ein, daß gegen einen Bundeskanzler nur dann ein Mißtrauensantrag des Parlaments gestellt werden könnte, wenn gleichzeitig ein neuer Bundeskanzler vorgeschlagen werde, der die nötige regierungsfähige Mehrheit des Parlaments hinter sich hätte.

Professor Heuss war als Abgeordneter der FDP Mitglied des Parlamentarischen Rates. Er hat maßgeblich an der Fassung des Grundgesetzes mitgewirkt. Sein schwäbischer Humor und seine schwäbische Gemütlichkeit wirkten, wenn es manchmal über bestimmte Punkte zu Auseinandersetzungen kam, ausgleichend und beruhigend.

Ich erinnere mich jedoch einer Situation, da selbst ihm Ausführungen des kommunistischen Abgeordneten Renner auf die Nerven gegangen waren. Jedenfalls ließ er sich dazu hinreißen, Renner auf schwäbisch zuzurufen, er möge doch endlich einmal sein Maul halten. In der Funktion des Präsidenten mußte ich notgedrungen zur Glocke greifen und die Frage stellen, ob Heuss mit seiner Äußerung eine Beleidigung Renners beabsichtigt habe. Heuss erwiderte, er hätte Herrn Renner eine Freude machen wollen. Es herrschte allgemeines Schmunzeln und Gelächter. Korrekterweise mußte ich dann an Renner die Frage stellen, ob er sich beleidigt fühlte. Renner verneinte dies. Damit war die Angelegenheit erledigt.

Das Verhältnis unter den Mitgliedern des Parlamentarischen Rates war im allgemeinen gut, auch außerhalb der Sitzungen.

Das Schwergewicht der Arbeiten an den einzelnen Artikeln des Grundgesetzes lag in den Fachausschüssen. Ich mußte stets über die Tätigkeit der einzelnen Fachausschüsse auf dem laufenden sein und dort, wo Schwierigkeiten auftraten, versuchen, diese – sei es in offiziellen oder in privaten Besprechungen – zu beseitigen. Die Erfahrungen, die ich als Präsident des Preußischen Staatsrates in der Zeit von 1920 bis 1933 gesammelt hatte, waren für meine Tätigkeit als Präsident des Parlamentarischen Rates nützlich.

3. Kontroverse um Verhältnis Bund und Länder

Als Präsident des Parlamentarischen Rates mußte ich häufig nach Frankfurt fahren, um die Militärgouverneure über den Stand unserer Beratungen zu unterrichten. Aus den Beratungen mit den Militärgouverneuren gewann ich den Eindruck, daß die drei Westmächte in ihren Vorstellungen keineswegs eine so einheitliche Haltung einnahmen, wie wir es anfangs angenommen hatten.

Die Franzosen drängten auf einen möglichst lockeren Zusammenschluß der Länder und möglichste Schwächung der Zentrale, das heißt des Bundes.

General Clay trat für ein System ein, das der amerikanischen föderativen Verfassung entsprach.

General Robertson, der Sprecher der Engländer, war, soweit mit dem föderativen Prinzip vereinbar, mit einer stärkeren Zentralisierung einverstanden.

Die Haltung der CDU/CSU kam der Auffassung General Clays am nächsten. Die Länder sollten ein großes Maß an Selbständigkeit gegenüber dem Bund erhalten. Diese Selbständigkeit durfte jedoch nicht so weit gehen, daß der künftige Bund dadurch handlungsunfähig gemacht würde.

Innerhalb des Parlamentarischen Rates gab es über diese zentrale Frage zwischen der CDU/CSU und der SPD große Meinungsverschiedenheiten. Die SPD trat dafür ein, daß dem Bund mehr Macht gegeben werden müsse, als dies in den Dokumenten der Alliierten zum Ausdruck gekommen war.

Die SPD legte entscheidenden Wert darauf, daß der Bund vor allem auf dem Gebiet der Finanzen mit größeren Machtbefugnissen ausgestattet würde. Die SPD, die in ihrem Programm die Planwirtschaft und Sozialisierung forderte, wußte, daß diese Pläne nur durchgeführt werden konnten, wenn eine starke Zentralgewalt geschaffen würde.

Am 19. Oktober 1948 wurde mir ein Schriftstück von seiten der Alliierten übergeben, das Richtlinien für eine geplante Erklärung an den Präsidenten des Parlamentarischen Rates bezüglich der Verteilung der Machtbefugnisse auf finanziellem Gebiet enthielt. Dieses Schriftstück war von einer den alliierten Militärgouverneuren untergeordneten Stelle ausgearbeitet. Ich konnte es nicht als offizielle Mitteilung betrachten, mir wurde jedoch angedeutet, es sei „ziemlich offiziell".

Es hieß in dem Schriftstück, die Militärgouverneure hätten einen Bericht über die Arbeit des Finanzausschusses erhalten. Sie seien sowohl von der Schnelligkeit wie von der Gründlichkeit der Leistung beeindruckt. Es sei natürlich, daß die Militärgouverneure ein besonderes Interesse an der Arbeit des Finanzausschusses hätten, weil die Verteilung der finanziellen Machtbefugnisse zwischen dem Bund und den Ländern eines der Kernprobleme des Föderalismus sei.

Dokument I, das die Ministerpräsidenten an den Parlamentarischen Rat weitergeleitet hätten, lege Grundsätze nieder, mit denen das jetzt zur Beratung stehende Grundgesetz übereinstimmen müsse, um von den Militärgouverneuren genehmigt zu werden. Es liege auf der Hand, daß man die Anwendung dieser Grundsätze nur beurteilen könne, wenn das gesamte Verfassungswerk vorliege. Es bestehe ein enger Zusammenhang zwischen den finanziellen Machtbefugnissen des Bundes und der Gesetzgebungsgewalt der Länderkammer wie auch zwischen der Befugnis der Länderkammer und ihrer Zusammensetzung. Da letztere Frage noch nicht erledigt sei, könne die Bedeutung der Finanzvorschläge jetzt noch nicht voll gewürdigt werden. Natürlich behielten sich die Militärgouverneure ein endgültiges Urteil bis zur Fertigstellung des ganzen Entwurfes vor. Sie wollten jedoch ihre Ansicht unterstreichen, daß die Befugnisse der Bundesregierung auf dem Gebiet der öffentlichen Finanzen auf die Erhebung von Steuern und die Verfügung über Gelder begrenzt werden sollten. Natürlich dürfe die Bundesregierung Steuersätze aufstellen und Gesetze über die allgemeinen Richtlinien der Veranlagung im Hinblick auf andere Steuern erlassen, soweit das für die Einheitlichkeit im ganzen Bundesgebiet notwendig sei, aber die Einziehung und Verwendung solcher Steuern sollte den einzelnen Ländern überlassen bleiben. Mittel dürften auch nur zu Zwecken bewilligt werden, für die die Bundesregierung verfassungsmäßig verantwortlich sei.

Weiter hieß es in der Mitteilung, die Militärgouverneure hätten die Verbindungsoffiziere angewiesen, diese Eindrücke und Ansichten an den Parlamentarischen Rat weiterzuleiten als einen Beitrag zu der Erörterung, die noch im Gange sei und die es noch nicht möglich oder erforderlich mache, ein endgültiges Urteil zu fällen.

Am 17. November 1948 wurde ich von General Robertson zu einem Frühstück nach Bad Homburg eingeladen. Nach dem Frühstück, an dem nur seine Familie und sein Vertreter, Mr. Steel, teilnahmen, fand eine etwa zweieinhalb Stunden dauernde Aussprache statt, an der außer Robertson nur Steel teilnahm.

Ich fertigte über diese Unterredung am nächsten Tag eine Aktennotiz an, die ich im folgenden wiedergebe:

„Robertson hob unter anderem hervor:

1. Die drei Militärgouverneure und die drei Regierungen seien sich natürlich nicht über alle Punkte einig, aber sie seien sich doch einig über sehr wesentliche Punkte des zukünftigen Grundgesetzes. Sie hätten in dem ersten Dokument schon einen gewissen Rahmen gezeichnet. Sie hätten in ihrer Sitzung am 16. November in Frankfurt beschlossen, die drei Verbindungsstäbe zu mir zu schicken, um mir einige weitere Punkte mitzuteilen. Natürlich könne man sich ein Gesamturteil darüber, ob das Grundgesetz föderalistisch aufgebaut sei, nur dann bilden, wenn die ganze Arbeit vorliege. Aber immerhin seien einige Punkte doch wesentlich, darunter auch der finanzielle Status der Länder. Darüber würde ich Mitteilung bekommen.
2. Es sei im Hinblick auf die internationale Lage außerordentlich wünschenswert, wenn möglichst bald eine westdeutsche Regierung gebildet werde.

3. In der Mitteilung, die ich von den Verbindungsstäben bekommen würde, sei von Berlin nicht die Rede, und zwar aus bestimmten Gründen, die mit den Wahlen in Berlin zusammenhingen. Aber es sei gar nicht daran zu denken, daß sie einer Verfassung zustimmen würden, die Berlin als Teil des Bundes vorsehe, schon deshalb nicht, weil über die Verwaltung Berlins eine besondere Verabredung der drei Westmächte mit den Russen bestünde.

Ich bat Robertson, dafür zu sorgen, daß die Leiter der Verbindungsstäbe, wenn sie zu mir kämen, ein Aide-mémoire mitbrächten, weil doch sonst sehr leicht Mißverständnisse aufkommen könnten über das, was gesagt worden sei. Er erwiderte mir, daß sie vermeiden wollten, den Anschein zu erwecken, als ob auf den Parlamentarischen Rat irgendein Druck ausgeübt werde. Deswegen möchten sie kein Aide-mémoire übergeben. Aber es würde mir die Note so langsam vorgelesen werden, daß ich sie mitstenographieren lassen könne.

Robertson betonte, sie legten entscheidenden Wert darauf, daß in der Verfassung die Entpolitisierung der Beamten niedergelegt werde und daß sie es deshalb für unmöglich hielten, daß Beamte zu Abgeordneten gewählt werden könnten.

Ich erklärte, daß wir es für höchst unerwünscht hielten, sowohl von unserem Standpunkt aus wie auch vom Standpunkt der Alliierten, wenn nach Verabschiedung des Grundgesetzes im Parlamentarischen Rat irgendwelche Beanstandungen seitens der alliierten Regierungen kämen. Robertson trat dieser Auffassung durchaus bei. Ich schlug ihm vor, daß, wenn wir mit unseren Beratungen vor dem Abschluß stünden, eine Aussprache zwischen einigen Vertretern des Parlamentarischen Rates und den entscheidenden Beauftragten der Militärgouverneure stattfinden solle. Er erklärte, daß er diesen Vorschlag sehr begrüße. Er nehme an, daß seine Kollegen ihn auch begrüßen würden und daß, wenn wir das wünschten, die drei Militärgouverneure selbst uns zu einer solchen Aussprache zur Verfügung stünden.

Ich habe dann die Frage des Besatzungsstatuts angeschnitten. Er erklärte, das Besatzungsstatut werde in zwei bis drei Wochen fertig sein, er sei dafür, daß, wenn wir das wünschten, alsdann zwischen einigen Beauftragten des Parlamentarischen Rats und ihnen eine Aussprache darüber stattfinde. Ich wiederholte einen von mir schon den Verbindungsstäben gegenüber gemachten Vorschlag, daß eine Bestimmung in das Besatzungsstatut aufgenommen werden solle des Inhalts, daß dieses Besatzungsstatut der fortschreitenden Entwicklung entsprechend geändert werden solle. Ich glaubte, daß man deutscherseits auf die Aufnahme einer solchen ausdrücklichen

Bestimmung in das Besatzungsstatut sehr großen Wert legen würde. Er sagte mir, daß von den Verbindungsstäben ihm diese meine Anregung schon übermittelt worden sei, und es sei beschlossen worden, als letzten Paragraphen des Besatzungsstatuts eine solche Bestimmung aufzunehmen.
Ich habe ihm dann auseinandergesetzt, daß frühestens Mitte Dezember das Grundgesetz fertiggestellt sein werde. Bis man es dann von den Alliierten zurückerhalte, würden weitere vier Wochen vergehen.
Das bejahte er.
Dann müßten Abstimmungen in den Ländern stattfinden. Dafür müsse man einen Zeitraum von mindestens sechs Wochen vorsehen. Wir hätten dann Ende Februar/Anfang März. Hierauf würden die Wahlen zum Bundesparlament anberaumt werden. Dafür seien auch mindestens sechs Wochen nötig, so daß also das Bundesparlament frühestens Ende April oder Anfang Mai zusammentreten könne, weshalb mit der Schaffung einer westdeutschen Bundesregierung nicht vor Mitte Mai gerechnet werden könne.
Mr. Steel erklärte, sie hätten sich gedacht, man könne die Wahl zum Bundesparlament mit der Abstimmung über das Grundgesetz in den Ländern verbinden. Ich habe ihm erklärt, das hielte ich für ganz unmöglich. Ich würde es auch aus taktischen Gründen für falsch halten. Wir müßten doch wünschen, daß eine möglichst große Mehrheit bei der Abstimmung sich für das Grundgesetz entscheide. Wenn aber gleichzeitig die Parteien aufeinander losschössen, wie das die Wahl zum Bundesparlament mit sich bringe, wüßten die Wähler ja überhaupt nicht mehr, woran sie seien.
Die Herren sahen die Richtigkeit meiner Argumente ein. General Robertson bedauerte aber aus außenpolitischen Gründen, daß eine westdeutsche Regierung erst so spät komme. Ich schlug ihm vor, man solle den Parlamentarischen Rat nach Abschluß seiner Beratungen zunächst weiterbestehen lassen, weil auch die westlichen Alliierten unter Umständen Wert darauf legen müßten, ein Organ zu haben, das im Namen der Bevölkerung der westdeutschen Zonen sprechen könne. General Robertson erkannte das als richtig an. Er erklärte, diese Frage mit seinen Kollegen in meinem Sinne besprechen zu wollen.
Es kam anschließend die Frage des Sitzes des Bundesparlamentes und der Bundesregierung zur Sprache. General Robertson äußerte gewisse Bedenken gegen Bonn, namentlich auch deswegen, weil es für sie, die Alliierten, nicht tragbar sei, wenn man jetzt die Beamten der Zweizonenverwaltungen, die doch ihre Pflicht getan hätten, plötzlich abbauen würde. Ferner äußerte er Bedenken, ob in Bonn für die alliierten Stellen, die doch beim Bund tätig sein müßten, eine richtige Unterkunft gegeben sei. Ich habe ihn wegen beider Punkte beruhigt."

4. Die „Frankfurter Affäre“

Am 19. November gab ich dem Ältestenausschuß des Parlamentarischen Rates von dem Inhalt meiner Unterredung mit General Robertson Kenntnis. Ich unterstrich, daß vor endgültiger Beschlußfassung im Plenum eine Abstimmung mit den Militärgouverneuren stattfinden müsse, soweit das möglich sei, damit nicht nach der Verabschiedung des Grundgesetzes im Plenum von den Militärgouverneuren Änderungen verlangt würden, die zeitraubend und für das Ansehen des Parlamentarischen Rates nicht förderlich seien.

Die Anregung, vor Beschlußfassung über das Grundgesetz mit den Militärgouverneuren eine Unterredung zu führen, in der eine Abstimmung erfolgen solle, begrüßte man allgemein. Der SPD-Abgeordnete Stock machte den Vorschlag, daß diese Unterredung nach der zweiten Lesung des Entwurfes im Hauptausschuß stattfinden solle. Falls die Militärgouverneure Änderungswünsche hätten, könnten diese dann bei der dritten Lesung des Hauptausschusses berücksichtigt werden.

Am 22. November 1948 ließen die Militärgouverneure dem Parlamentarischen Rat eine Denkschrift zugehen, in der sie zu einer großen Anzahl von wesentlichen Punkten des Grundgesetzes Stellung nahmen und Änderungen forderten, da die bisherigen Beschlüsse des Parlamentarischen Rates nicht dem Dokument I entsprächen. Sie führten dabei acht Fragen an.

Die Beratungen des Parlamentarischen Rates über diese Denkschrift zeigten große Meinungsverschiedenheiten, insbesondere, was Bundesrat, Finanzfragen und kulturelle Fragen betraf.

Die Meinungsverschiedenheiten unter den Mitgliedern des Parlamentarischen Rates häuften sich. Es wurde aussichtslos, bis zum 16. Dezember – für diesen Tag war auf Anregung von General Robertson eine Besprechung vereinbart – die zweite Lesung des Grundgesetzes durchzuführen. Die zugesagte Besprechung mit den Militärgouverneuren abzusagen, hielt ich nicht für ratsam. Die Mitglieder des Interfraktionellen Ausschusses und die Mitglieder des Ältestenausschusses teilten meine Auffassung.

Ich schlug vor, daß ich mich auf der Konferenz mit den Militärgouverneuren nach Einzelheiten über das künftige Besatzungsstatut erkundigen würde. Weiter wollte ich die Militärgouverneure fragen, ob ihre Regierungen inzwischen eine Entscheidung darüber getroffen hätten, ob die Genehmigung des Grundgesetzes durch ein Referendum oder durch Abstimmung in den einzelnen Landtagen erfolgen solle. Ferner schlug ich in der Besprechung mit den Mitgliedern des Interfraktionellen Ausschusses und des Ältestenausschusses vor, die Finanzfrage anzuschneiden und auch die Frage Berlin.

Keiner der Anwesenden dieser Beratung erhob Einspruch gegen das von mir vorgeschlagene Verfahren.

Ich fuhr, wie mit den Militärgouverneuren verabredet, am 16. Dezember in Begleitung einiger Mitglieder des Parlamentarischen Rates, unter anderen Professor Schmid, Dr. Pfeiffer, Dr. Menzel, Dr. Höpker-Aschoff und Dr. Lehr, zu der Besprechung nach Frankfurt.

General Koenig führte als Sprecher der Militärgouverneure die Beratungen auf alliierter Seite.

Zu Beginn der Besprechung wies ich darauf hin, daß die Beratungen über das Grundgesetz längere Zeit als vorgesehen in Anspruch nehmen würden, insbesondere auch deshalb, weil sich unter den Mitgliedern Meinungsverschiedenheiten über kulturelle Fragen, über die Frage der Stellung des Bundesrates und über finanzielle Fragen ergeben hätten. Über den Inhalt dieser Differenzen sagte ich nichts.

Ich führte aus, daß wir frühestens im Laufe des Monats Januar in der Lage sein würden, den Militärgouverneuren das Grundgesetz vorzulegen. Anschließend ging ich zur Frage des Besatzungsstatuts über und erkundigte mich, ob die Militärgouverneure uns etwas darüber mitteilen könnten.

Ich erinnerte daran, daß die Ministerpräsidenten in einem Schreiben vom 17. Juli von den Militärgouverneuren unterrichtet worden seien, daß die wichtigsten Grundsätze des Besatzungsstatuts dem Parlamentarischen Rat mitgeteilt werden sollten. Wir, die Mitglieder des Parlamentarischen Rates, hätten den dringenden Wunsch, so schnell wie möglich über die Grundlinien dieses Dokumentes unterrichtet zu werden, da ihre Kenntnis für unsere Arbeit äußerst wichtig sei.

General Koenig ging erst später im Laufe der Besprechung auf diese Frage ein und erklärte, daß die Militärgouverneure nicht in der Lage seien, uns den Text mitzuteilen, da er noch einer Prüfung durch die alliierten Regierungen unterzogen werden müsse. Es sei möglich, daß im Anschluß an diese Prüfung der Text des Besatzungsstatuts Veränderungen erfahren könnte. Sie, die Militärgouverneure, seien leider unter diesen Umständen nicht in der Lage, uns irgendwelche Mitteilungen über das Besatzungsstatut zu machen, geschweige denn, uns einen vollständigen Text zu übergeben. General Koenig bat mich, ein Verzeichnis der Punkte mitzuteilen, die einen raschen Fortgang unserer Arbeit hemmten. Sobald die Militärgouverneure im Besitz dieser Liste seien, würden sie sie überprüfen und uns eine Antwort auf unsere Fragen möglichst schnell zustellen.

Ich hätte den Militärgouverneuren mitgeteilt, wie lange wir noch brauchten, um das Grundgesetz fertigzustellen. Sie, die Militärgouverneure, hofften, daß es möglich sein werde, uns den vollen und endgültigen Wortlaut des Besatzungsstatuts im Laufe dieser Zeitspanne zu übergeben.

Im weiteren Verlauf der Unterredung schnitt ich die Frage an, ob das Grundgesetz durch ein Referendum oder aber durch Ratifizierung in den Landtagen seine Billigung finden sollte. Auch hierauf konnte man uns keine Antwort geben.

Die Frage der künftigen Bedeutung der Länderkammer und einige kulturelle Angelegenheiten, wie zum Beispiel die konfessionellen Schulen, wurden gleichfalls besprochen.

Am Schluß der Unterredung schnitt General Koenig von sich aus die Frage des Besatzungsstatuts noch einmal an und bat uns mitzuteilen, ob wir spezielle Wünsche hierfür vorzutragen hätten. Eine Fortsetzung der Beratungen wurde auf den nächsten Tag vereinbart.

Vor Beginn der Besprechung mit den Militärgouverneuren am nächsten Tag hatten wir Mitglieder des Parlamentarischen Rates eine Besprechung unter uns. Dr. Höpker-Aschoff brachte im Namen von Professor Schmid und Dr. Menzel die Beschwerde vor, ich hätte die Unterredung am gestrigen Tag mit den Militärgouverneuren dazu ausgenutzt, um einen Schiedsspruch von seiten der Militärgouverneure über strittige Fragen, insbesondere aber über die Finanzfrage, zu erreichen. Ich war über diese Äußerungen Dr. Höpker-Aschoffs sehr erstaunt, denn ich hatte in meinen Ausführungen vor den Militärgouverneuren die sachlichen Meinungsverschiedenheiten überhaupt nicht vorgetragen. Ich sagte, daß ich gern bereit sei, eine Erklärung auf der für den Nachmittag angesetzten Konferenz mit den Militärgouverneuren zu verlesen, aus der klar hervorginge, daß ich die Militärgouverneure keinesfalls als Schiedsrichter anriefe. Wir einigten uns auf folgenden Text:

„Über die gestrige Besprechung ist die folgende Mitteilung der DENA durch Presse und Rundfunk verbreitet worden: Dr. Konrad Adenauer bat die drei Militärgouverneure, ihm über die folgenden drei Punkte Auskunft zu erteilen: erstens über die Zusammensetzung der Zweiten Kammer, zweitens, wie sich die Militärgouverneure zu der Frage der Finanzhoheit stellen, und drittens, ob die Verfassung durch ein Plebiszit oder durch die Landtage ratifiziert werden soll.

Diese Darstellung ist falsch. Aus ihr ist gefolgert worden, ich hätte Sie – die Militärgouverneure – um Entscheidungen der im Parlamentarischen Rat über gewisse Punkte bestehenden Meinungsverschiedenheiten gebeten. Das ist völlig unrichtig. Weder haben wir Entscheidungen von Ihnen erbeten, noch haben Sie irgendwann die Absicht erkennen lassen, Entscheidungen zu fällen. Es darf nach unserer Auffassung unter keinen Umständen der Eindruck entstehen, als ob der Parlamentarische Rat auf die gesetzgebende Autonomie, die ihm übertragen wurde, verzichten wollte und so die Militärgouverneure noch vor Abschluß der Beratungen in eine Rolle gedrängt würden, die weder Ihren Intentionen noch der Auffassung des Parlamentarischen Rates über den Rahmen seines Auftrags entspricht. Mehrere Stellen der Denkschrift, welche Sie uns durch Ihre Verbindungsstäbe am 22. November haben überreichen lassen, können verschieden ausgelegt werden. Wir haben lediglich um eine genauere Darlegung Ihrer in der Denkschrift niedergelegten Ansicht gebeten."

Professor Schmid sagte nach Einigung über den Text meiner Erklärung, daß er im Namen seiner Fraktion gleichfalls eine Erklärung abgeben möchte. Es würden nur zwei Sätze sein, und der Inhalt sei nicht weiter wichtig.
Die Besprechung am Nachmittag mit den Militärgouverneuren verlief sehr ruhig. Ich gab meine Erklärung ab, Professor Schmid machte einige zusätzliche Äußerungen wie angekündigt, und mir schien, daß alles in Ordnung sei. Im Anschluß an die Besprechung mit den Militärgouverneuren saßen wir Mitglieder des Parlamentarischen Rates noch eine halbe Stunde zusammen, und es fielen keine mißbilligenden Äußerungen. Am Abend fuhren wir zurück nach Bonn.
Am nächsten Tag erstattete ich unter dem Vorsitz von Professor Schmid einen ausführlichen Bericht über den gesamten Inhalt unserer Besprechung in Frankfurt und die sich daran anschließenden Vorgänge. Im Anschluß an meine Ausführungen entspann sich eine heftige Kontroverse, in deren Verlauf mir erneut der Vorwurf gemacht wurde, ich hätte den Parlamentarischen Rat überspielen und durch Entscheidung der Militärgouverneure die Differenzen über die strittigen Fragen ausräumen wollen. Ich wies die gegen mich erhobenen Vorwürfe energisch zurück. In der Folge traten nochmals Meinungsverschiedenheiten darüber auf, ob ich die Verhandlungen unserer Abordnung mit den Militärgouverneuren korrekt geführt hätte oder nicht. Die SPD-Fraktion sprach mir ihr Mißtrauen aus, die CDU/CSU wies dies zurück. Die Gemüter beruhigten sich allmählich.

5. Schlußphase der Verhandlungen

In London liefen während dieser Monate Verhandlungen über den wirtschaftlichen und politischen Anschluß der französischen Zone an die Bizone. Die Verhandlungen kamen erst zu einem positiven Abschluß auf der Außenministerkonferenz in Washington Anfang April 1949.

Die Verhandlungen über das Besatzungsstatut schleppten sich gleichfalls hin, und wir Mitglieder des Parlamentarischen Rates, die wir die Notwendigkeit einer schnellen Beendigung unserer Arbeit am Grundgesetz erkannt hatten, ließen die Militärgouverneure wissen, daß wir auch bereit seien, die Arbeit an der Verfassung zu vollenden, ohne daß wir im Besitz des Besatzungsstatuts wären.

Am 7. Februar 1949 setzte sich der Leiter des englischen Verbindungsstabs, Chaput de Saintonge, mit meinem Büro in Verbindung, um sich persönlich ein Bild zu verschaffen über die Art und Weise, in welcher der Entwurf des Grundgesetzes nach unserer Meinung von den alliierten Mächten behandelt werden sollte. Chaput de Saintonge erklärte, er möchte von sich aus uns davon Mitteilung machen, es stehe schon heute fest, daß sich gegen das Grundgesetz in seiner gegenwärtig verhandelten Form von französischer Seite bei zwei Punkten Widerstände zeigen würden, und zwar hinsichtlich der finanziellen Bestimmungen und hinsichtlich der Bestimmungen für die Bundesbeamten. Frankreich wünsche unter keinen Umständen eine starke Bundesbeamtenschaft, sondern lege Wert darauf, daß die zentralen Aufgaben von den Länderbeamten gelöst würden.

Chaput de Saintonge wies darauf hin, daß die internationale Lage gegenwärtig so sei, daß den Vereinigten Staaten und Großbritannien nur wenig Möglichkeiten offen seien, um den französischen Forderungen auszuweichen. England und Amerika hätten die Befürchtung, daß, wenn sie Frankreich in diesen Fragen zu sehr unter Druck setzten, sich die Regierung Schuman nicht halten könne. England und die Vereinigten Staaten seien aber beide der Überzeugung, daß die politischen Verhältnisse in Frankreich unter allen Umständen stabilisiert werden müßten. Wenn die beiden Großmächte sich vor die Wahl eines politisch stabilisierten Frankreichs und eines Westdeutschlands ohne Verfassung und ohne Bundesregierung gestellt sähen, so würde die Entscheidung im gegenwärtigen Zeitpunkt sicherlich zugunsten eines politisch stabilisierten Frankreichs ausfallen.

Wenn wir auf unseren Forderungen beharren würden, so müsse man damit rechnen, daß die Verfassung abgelehnt und die Einrichtung einer Bundesregierung auf längere Zeit hinaus verschoben würde.

Chaput de Saintonge ließ wissen, man hielte es englischerseits nicht für ratsam, daß erst nach allen Lesungen des Grundgesetzentwurfes im Hauptausschuß und nach Verabschiedung im Plenum die Beanstandungen von seiten der Militärgouverneure vorgebracht würden. Nach Ansicht der Engländer würde dieses Verfahren dem Prestige des Parlamentarischen Rates und der kommenden Bundesregierung sehr schaden. Englischerseits hoffe man, daß es möglich sei, zwischen der dritten Lesung im Hauptausschuß und der zweiten Lesung im Plenum Verhandlungen zwischen Vertretern des Parlamentarischen Rates und den Militärgouverneuren und deren Sachverständigen stattfinden zu lassen, um auf diesem Wege zu versuchen, Meinungsverschiedenheiten auszuräumen.

Am 11. Februar lag der Entwurf des Grundgesetzes vor, und ich leitete ihn an die Militärgouverneure weiter. In einem Aide-mémoire vom 17. Februar ließen mich die Militärgouverneure wissen, daß sie den Entwurf des Grundgesetzes, wie er vom Hauptausschuß des Parlamentarischen Rates in dritter Lesung angenommen sei, prüfen würden, um festzustellen, wieweit er den alliierten Forderungen, wie sie in dem Aide-mémoire vom 22. November 1948 niedergelegt waren, entspräche. Die Militärgouverneure würden ihre Ansichten zu gegebener Zeit dem Parlamentarischen Rat zuleiten. Das geschah mit einer Note vom 2. März 1949. In dieser Note stellten die Militärgouverneure fest, daß das Grundgesetz mit einer ganzen Reihe von Bestimmungen, wie sie in dem Aide-mémoire vom 22. November 1948 gefordert waren, nicht übereinstimme. Sie wollten geringfügige Abweichungen außer acht lassen, müßten jedoch darauf bestehen, daß wir bestimmte Artikel noch einmal überprüften, die nach Ansicht der Militärgouverneure „in bedauerlichem Maße“ von den gegebenen Richtlinien abwichen. Hierzu gehöre zum Beispiel, daß die Zuständigkeit der Bundesregierung nicht genügend klar definiert sei, um die Stellung der Länder in einem föderativen System entsprechend zu wahren. Sie regten in konkreter Weise eine Neufassung an.

Die Militärgouverneure teilten mit, sie hätten mit Besorgnis festgestellt, daß die Bestimmungen über die Finanzzuständigkeit sich von den in London vereinbarten und uns im Aide-mémoire vom 22. November 1948 übermittelten Maßstäben stark unterschieden. Sie verlangten auch hier eine Änderung der von uns vorgelegten Artikel zum Grundgesetz.

Es kam zu harten Debatten im Parlamentarischen Rat. Die Mitglieder der SPD wollten nicht auf die Forderungen der Militärgouverneure eingehen und bestanden darauf, das Grundgesetz in der bisher von uns erarbeiteten Form bestehen zu lassen.

6. Kompromiß oder nicht?

Es erhob sich jetzt die Frage, ob man mit den Besatzungsmächten zu einem Kompromiß kommen wolle oder nicht. Ich war für eine Einigung mit den Besatzungsmächten.

Nach meiner Meinung sollte man die Frage nicht so stellen: Ist das Grundgesetz, wenn es in der Form verabschiedet wird, wie es die Militärgouverneure wünschen, ein ideales Gesetz? Nach meiner Meinung müßte man die Vorteile für Deutschland miteinander vergleichen, die ein Grundgesetz, auch wenn es Mängel aufwiese, gegenüber dem Zustand brächte, der einträte, wenn das Grundgesetz nicht zustande käme. Man mußte sich darüber klarwerden – das war in Mitteilungen entscheidender französischer Stellen deutlich ausgesprochen –, daß, wenn das Grundgesetz von den Militärgouverneuren nicht genehmigt würde, das ganze Spiel von neuem anfangen und die Ergebnisse der Londoner Sechs-Mächte-Konferenz vom Juni 1948 hinfällig sein würden. Was dann kommen würde, konnte kein Mensch voraussagen.

Man konnte wohl mit Recht zu diesem Zeitpunkt annehmen, daß die Militärgouverneure der Fassung des Grundgesetzes, die es in der dritten Lesung im Hauptausschuß des Parlamentarischen Rates erhalten hatte, zustimmen würden, wenn man in bezug auf die Gestaltung des Finanzwesens ihren Wünschen entspräche. Es war jetzt die große Frage: Würde der Parlamentarische Rat in seiner großen Mehrheit den von den Militärgouverneuren in ihrer Note vom 2. März 1949 geäußerten Wünschen Rechnung tragen oder nicht?

Zur Beantwortung der Frage, ob man sich mit den gewünschten Änderungen abfinden solle oder nicht, mußte man die Lage Deutschlands sowohl unter innenpolitischen wie unter außenpolitischen Gesichtspunkten betrachten. Die von den Militärgouverneuren gewünschte Regelung des Finanzwesens war nach Ansicht der überwiegenden Mehrheit des Parlamentarischen Rates nicht die beste Lösung. Es waren durchaus bessere Lösungen denkbar, aber ich betrachtete diese Frage nicht als eine Frage von solcher Bedeutung, daß man darüber das ganze Grundgesetz zu Fall bringen müsse. Falls nämlich das Grundgesetz mit einer Regelung des Finanzwesens, wie sie von den Mächten gewünscht wurde, verabschiedet würde und falls sich dann nach zwei bis drei Jahren herausstellen sollte, daß mit der getroffenen Regelung des Finanzwesens weder dem Bund noch den Ländern gedient sei, dann bestand doch die Möglichkeit, daß eine Änderung des Grundgesetzes in diesem Punkt aller Voraussicht nach mit der Zustimmung der Alliierten beschlossen werden könnte. Ich konnte mir nicht denken, daß die Alliierten, wenn sich in der Praxis die Unmöglichkeit der von ihnen gewünschten Finanzlösung erwies, nicht die nötige Einsicht aufbringen würden, der zum gegebenen Zeitpunkt von Bund und Ländern gewünschten Änderung zuzustimmen.

Wenn man die Frage der Verabschiedung des Grundgesetzes unter außenpolitischen Gesichtspunkten betrachtete, so mußten nach meiner Überzeu-

gung für die Zustimmung zu den geforderten Änderungen folgende Gründe ausschlaggebend sein:
Nach Beendigung des Krieges 1945 entwickelte sich die Teilung der Alliierten in zwei Machtblöcke: auf der einen Seite Sowjetrußland, auf der anderen Seite die Westmächte. Deutschland war in vier Zonen zerrissen. In den einzelnen Zonen machten sich zentrifugale Kräfte bemerkbar. Am 28. Dezember 1948 wurde in London das Ruhrstatut beschlossen, das die Kontrolle des wichtigsten deutschen Wirtschaftsgebietes zur Folge hatte. In der Ruhrbehörde, die die Aufgabe hatte, die Ziele, die im Ruhrstatut festgelegt waren, zu verwirklichen, konnte Deutschland erst vertreten sein nach Schaffung einer deutschen Bundesregierung.
In einer Erklärung, die ich als Vorsitzender der CDU der britischen Zone am 30. Dezember 1948 zum Ruhrstatut abgab, sagte ich, daß das Ruhrstatut für Deutschland, aber auch für Europa und insbesondere für Westeuropa sehr ernste Folgen haben würde. Für das deutsche Volk zeige es in erschütternder Klarheit, daß wir unsere Souveränität bis zum letzten Rest verloren hätten und daß uns bisher von dieser Souveränität noch nichts zurückgegeben worden sei. Sicherlich sei eine volle Würdigung des sehr umfangreichen Dokuments erst nach gründlichem Studium möglich. Soweit ich jetzt schon beurteilen könne, werde alles darauf ankommen, in welchem Geiste das Ruhrstatut gehandhabt werde, ob es wirklich durchgeführt werde, „um den Frieden zu sichern" und „um den politischen und wirtschaftlichen Wohlstand der europäischen Staaten" einschließlich Deutschlands herbeizuführen. Der letztere Gedanke war in dem Statut mehrfach mit aller Klarheit zum Ausdruck gekommen.
Daß wir Deutsche dem Ruhrstatut sehr abweisend gegenüberstanden, konnte uns wohl kein Mensch verdenken. Wenn dieses Statut so gehandhabt würde, wie es der Wortlaut besagte, so würden gleichartige Organisationen für die französische und belgische Industrie folgen und im Laufe der weiteren Entwicklung ein Zusammenschluß aller dieser Organisationen zu einem einheitlichen Ganzen stattfinden müssen. Das ergab sich aus der Natur der Sache. Man konnte auf die Dauer nicht nur einen Teil, nämlich das Ruhrgebiet, auf die europäischen Interessen ausrichten und die übrigen Kohlen- und Eisengebiete in Europa unberührt davon lassen. In meinen Augen war die Handhabung des Ruhrstatuts ein Prüfstein dafür, ob der Gedanke einer wirtschaftlichen und politischen europäischen Föderation Leben bekommen würde oder nicht. Wir Deutschen mußten dieses Statut als einen Beginn einer europäischen Zusammenarbeit betrachten, aber eben nur als einen Beginn. Das Ruhrstatut würde nur dann, wenn auch mit Modifikationen, Bestand haben, wenn die europäische Föderation verwirklicht

wurde. Wenn das Ruhrstatut wirklich der Beginn einer europäischen Föderation sein sollte, dann sollten wir Deutsche das Opfer, das es zunächst uns allein auferlegte, tragen in der Erwartung, daß die europäische Entwicklung für alle beteiligten Staaten – einschließlich Deutschlands – Opfer, aber auch Vorteile bringen werde. Nach meiner Meinung wäre es klug gewesen, wenn man in das Statut eine Bestimmung des Inhalts aufgenommen hätte, daß das Statut der Entwicklung der Verhältnisse laufend angepaßt werden müsse.

Wie bereits gesagt, würden deutsche Vertreter erst nach Schaffung der Bundesrepublik in dieser Ruhrbehörde mitreden können.

Die Vorbereitungen für eine europäische Föderation gingen in raschem Tempo voran. Man konnte damit rechnen, daß sich im Sommer 1949 der Europarat konstituierte. England und Frankreich waren nach den Erklärungen ihrer verantwortlichen Außenminister bereit, die zu schaffende deutsche Bundesrepublik als gleichberechtigtes Mitglied in die europäische Union aufzunehmen.

Am 4. April 1949 war in Washington die Unterzeichnung des Atlantikpaktes erfolgt. Auch hier war die Aufnahme einer künftigen deutschen Bundesrepublik in Aussicht genommen. Sobald eine Bundesregierung bestand, würde diese, wenn Deutschland in den Europarat und in den Atlantikpakt aufgenommen worden sei, auf maßgebenden Gebieten gleichberechtigt neben alle anderen Länder treten. Eine Rückwirkung dieser Position auf alle mit der Besatzung zusammenhängenden Fragen war unausbleiblich. Bei der Lösung der für unser Wirtschaftsleben so ungeheuer wichtigen Demontagefrage und bei vielen anderen für uns wichtigen Angelegenheiten würden die Besatzungsmächte nicht achtlos an dem vorübergehen können, was die deutsche Bundesregierung dazu zu sagen hätte.

Es sprachen nach meiner Meinung sehr viele schwerwiegende Gründe für die Notwendigkeit, so schnell wie möglich ein Bundesparlament und eine Bundesregierung ins Leben zu rufen, so daß ich mir vorstellen konnte, daß man bei ruhiger Überlegung es nicht verstehen könne, wenn der Parlamentarische Rat die dem deutschen Volk gegebene Chance nicht wahrnehmen würde, nur weil er nicht den Versuch machen wollte, mit einer Regelung des Finanzwesens zu arbeiten, wie sie die Alliierten wünschten. Das Wesentlichste war in meinen Augen, zügig voranzumachen und so bald wie möglich die Voraussetzungen zu schaffen für die Bundesrepublik Deutschland und die Bildung einer handlungsfähigen Bundesregierung und eines Bundesparlaments.

7. Überreichung des Besatzungsstatuts und Genehmigung des Grundgesetzes

Die Militärgouverneure hatten den Parlamentarischen Rat am 25. März 1949 wissen lassen, daß sie eine endgültige Stellungnahme zum Grundgesetz erst in dem Augenblick abgäben, wenn ihnen das vom Parlamentarischen Rat verabschiedete Grundgesetz überreicht sein würde. Im übrigen seien sie, die Militärgouverneure, der Meinung, daß es nunmehr die Aufgabe des von der Auffassung der Militärgouverneure unterrichteten Parlamentarischen Rates sei, das Grundgesetz in eigener Verantwortung zu einem guten Ende zu bringen. Das hieß mit anderen Worten, es war uns überlassen, auf ihre Forderungen einzugehen oder aber die Ablehnung des Grundgesetzes herbeizuführen.
Am 5. April 1949 ließen die drei Militärgouverneure durch ihre Verbindungsoffiziere in Bonn dem Parlamentarischen Rat folgendes mitteilen:

„Die Außenminister der Vereinigten Staaten, des Vereinigten Königreiches und Frankreichs, die während ihrer augenblicklichen Zusammenkünfte in Washington das westdeutsche Problem studieren, erfahren mit Befriedigung, daß die zuständigen Ausschüsse des Parlamentarischen Rates die Vollendung des Grundgesetzes vorwärtstreiben. Die Außenminister nehmen an, daß in den nächsten Tagen in Bonn Entscheidungen über mehrere wichtige Punkte getroffen werden, die mit dem Grundgesetz zusammenhängen. Sie haben das Vertrauen, daß der Parlamentarische Rat und die verantwortlichen deutschen Parteiführer den Empfehlungen der Militärgouverneure die nötige Beachtung schenken werden. Diese Empfehlungen stehen im Einklang mit den Bestimmungen des Londoner Abkommens, das die Errichtung einer deutschen föderalistischen Regierung autorisiert. Die Außenminister wünschen, daß die Entscheidungen des Parlamentarischen Rates in einem Geiste getroffen werden, der eine gegenseitige kooperative Haltung zwischen den künftigen deutschen Bundesbehörden und den Besatzungsmächten erleichtert, was eines der wichtigsten Ziele ist, die in den gegenwärtigen Besprechungen in Washington betreffend Deutschland angestrebt werden."

Am 10. April 1949 wurde uns durch die drei Militärgouverneure das Besatzungsstatut übermittelt. In der Begleitnote dazu hieß es unter anderem:

„Die Außenminister haben in Washington die Frage einer Deutschen Bundesrepublik nach allen Gesichtspunkten hin erwogen und sind zu einer Reihe wichtiger politischer Entscheidungen hierüber gekommen. Sie haben beschlossen, daß die deutschen Behörden im allgemeinen die Freiheit haben sollen, Verwaltungs- und Gesetzgebungsmaßnahmen vorzunehmen, und daß solche Maßnahmen Geltung haben, sofern die alliierten Behörden keinen Einspruch einlegen. Auf gewissen begrenzten Gebieten werden sich jedoch die Alliierten das Recht vorbehalten, selbst unmittelbare Maßnahmen zu ergreifen. Diese Gebiete sind in dem Besatzungsstatut aufgeführt. Mit der Errichtung der Deutschen Bundesrepublik werden die Militärregierungen als solche aufhören zu bestehen, und die Aufgaben der alliierten Behörden werden in der Weise aufgeteilt werden, daß die Überwachungsaufgaben von einem Hohen Kommissar und die militärischen Aufgaben von einem Oberbefehlshaber wahrgenommen werden. Die drei Hohen Kommissare werden zusammen eine alliierte Hohe Kommission bilden, und es ist die Absicht der drei Regierungen, die Größe der ihren Hohen Kommissaren beigegebenen Überwachungsstäbe auf ein Mindestmaß zu beschränken. (Dem britischen Hohen Kommissar unterstanden damals rund 6000 Offiziere, Beamte und Angestellte, die sich alle mit deutschen Verwaltungsangelegenheiten beschäftigten.) Weiterhin stellen die Außenminister fest, daß es ein Hauptanliegen der drei alliierten Regierungen ist, die engste Einbeziehung des deutschen Volkes innerhalb eines demokratischen Bundesstaates in den Rahmen einer europäischen Vereinigung auf einer für beide Seiten günstigen Grundlage zu fördern und zu erleichtern. Bevor jedoch die weitreichenden Entwicklungen, die sie im Auge haben, in Gang gesetzt werden können, ist es wesentlich, daß der Parlamentarische Rat zu einer Einigung über das Grundgesetz für die Deutsche Bundesrepublik kommt."

Nach einer ersten Überprüfung des Wortlauts des Besatzungsstatuts kam ich zu dem Ergebnis, daß es bei einer verständnisvollen Handhabung zu einer allmählichen Entwicklung der deutschen Autonomie führen könnte. Ich begrüßte den von den Außenministern der drei westlichen Besatzungsmächte ausgesprochenen Willen, „daß es ein Hauptanliegen der drei alliierten Regierungen ist, die engste Eingliederung des deutschen Volkes in der Form eines demokratischen Bundesstaates in den Rahmen einer europäischen Vereinigung auf einer für beide Seiten vorteilhaften Grundlage zu fördern und zu erleichtern". Ich erblickte in dem Besatzungsstatut eine freiwillige, fortschreitende Selbstbeschränkung der Vollmachten der westlichen Besatzungsmächte und war besonders ermutigt durch die Revisionsklausel, die ausdrücklich auf eine Änderung des Besatzungsstatuts unter Anpassung der Gegebenheiten hinwies. Ich ging allerdings bei der Beurteilung des mir ausgehändigten Besatzungsstatuts davon aus, daß das Besatzungsstatut mit der deutschen Auffassung über die staatliche Fortexistenz Gesamtdeutsch-

lands übereinstimmte und den Anspruch des deutschen Volkes auf Wiederherstellung seiner politischen und wirtschaftlichen Einheit gewährleistete.
Am 14. April 1949 fand eine Zusammenkunft der drei Militärgouverneure mit Vertretern des Parlamentarischen Rates unter meiner Führung statt. Hauptgegenstand der Beratungen waren die Forderungen der Militärgouverneure hinsichtlich des Grundgesetzes.
Die Vertreter der Sozialdemokraten, namentlich Carlo Schmid, erklärten, sie müßten die Forderungen der Militärgouverneure ablehnen, wollten jedoch eine endgültige Antwort nach dem Parteitag der SPD, der am 19. und 20. April 1949 in Hannover stattfinden würde, geben.
Dr. Kurt Schumacher, der Vorsitzende der Sozialdemokratischen Partei, hatte den Parteitag in Hannover mit sehr viel Aufwand vorbereitet. Es war eine große Anzahl in- und ausländischer Journalisten eingeladen, und es wurde eine allgemeine Spannung verbreitet, die darauf schließen ließ, daß die SPD etwas Wichtiges auf diesem Parteitag zu sagen haben werde. Der Höhepunkt des Parteitages wurde auf die Schlußsitzung gelegt. Unter Anwesenheit zahlreicher in- und ausländischer Pressevertreter verkündete Dr. Schumacher eine Art Ultimatum. Schumacher erklärte, daß die SPD dem Grundgesetz nur zustimmen würde, wenn folgende Forderungen berücksichtigt würden:

> Freiheit des Entschlusses für Deutschland in politischen Angelegenheiten, und zwar unbegrenzt durch die Besatzungsmächte,
> Begrenzung der Verfassung auf die wesentlichsten Bestimmungen,
> Sicherung von ausreichenden Einkommensquellen für den Bund, um der Bundesregierung ihre finanzielle Unabhängigkeit gegenüber den Ländern zu sichern,
> Garantie der Rechts- und Wirtschaftseinheit innerhalb des Bundes.

Am 22. April gab es eine große Überraschung, als die Militärgouverneure dem Parlamentarischen Rat im Auftrag ihrer Regierungen die Auffassungen der Außenminister ihrer Länder zum Grundgesetz mitteilten. Nach dieser Mitteilung vom 22. April waren fast alle Forderungen, die Dr. Schumacher auf dem Parteitag der SPD verkündet hatte, berücksichtigt.
Ich war sehr überrascht darüber, wie schnell die Alliierten auf die Forderungen Dr. Schumachers eingegangen waren. Später wurde bekannt, daß nach Ende der Drei-Außenminister-Konferenz in Washington am 10. April 1949 die Militärgouverneure in Deutschland z w e i Noten, bestimmt für den Parlamentarischen Rat, erhielten. Die eine Note, und zwar die vom 5. April 1949, war unnachgiebig in den Forderungen der Alliierten und ließ keine Kompromißbereitschaft erkennen. Diese Note wurde mir als Präsidenten

des Parlamentarischen Rates unverzüglich zugestellt. Die zweite Note, die später das Datum vom 22. April 1949 erhielt, hatte eine sehr viel weichere und kompromißbereitere Tendenz und sollte nur für den Fall ausgehändigt werden, daß der Parlamentarische Rat sich weigere, auf die Forderungen der Alliierten einzugehen.

Durch einen britischen Offizier war der SPD Mitteilung gemacht worden von dem Vorhandensein und dem Inhalt dieser zweiten Note. Die SPD unterrichtete den Parlamentarischen Rat nicht. Gestützt auf ihre Kenntnis der zweiten Note konnte die SPD ihre harten Forderungen vom 20. April 1949 aufstellen. Mir als Präsidenten des Parlamentarischen Rates, aber auch allen nicht der Sozialdemokratischen Fraktion angehörenden Mitgliedern des Parlamentarischen Rates war dieser Vorgang sehr bitter.

Die dem Parlamentarischen Rat nunmehr übermittelte zweite Note, die das Datum vom 22. April 1949 erhielt, hatte folgenden Inhalt:

„A. Die Außenminister können gegenwärtig nicht zustimmen, daß Berlin als ein Land in die ursprüngliche Organisation der deutschen Bundesrepublik einbezogen wird.

B. Auf dem Gebiet der Finanzen wird jede vom Parlamentarischen Rat vorgeschlagene Bestimmung wohlwollende Würdigung erfahren, die darauf abzielt, sowohl den Länderregierungen als auch der Bundesregierung finanzielle Unabhängigkeit und angemessene Finanzkraft bei der Ausübung ihrer Befugnisse innerhalb ihrer Zuständigkeiten sicherzustellen.

C. In der Frage des Artikels 36 (95 c) werden sie auch jede Formulierung wohlwollend würdigen,

1. die von den Bundeszuständigkeiten alle diejenigen Sachgebiete ausscheidet, die durch das Londoner Abkommen ausdrücklich ausgeschlossen worden sind;
2. die für die Länder ausreichende Befugnisse sicherstellt, die sie instandsetzen, unabhängige und kräftige staatliche Körperschaften zu sein;
3. die für die Bundesregierung ausreichende Befugnisse in den wichtigen staatlichen Aufgabenbereichen sicherstellt, die sie instandsetzen, wirksam diejenigen Aufgaben zu erfüllen, bei denen die Belange von mehr als einem Land wesentlich und notwendigerweise berücksichtigt werden.

D. Schließlich sind die Außenminister bereit, einen Vorschlag zu erwägen, der die Bundesrepublik berechtigt, aus ihren eigenen Einkünften durch die Gewährung von Zuschüssen für Zwecke der Erziehung, des Gesundheitswesens und der Wohlfahrt Leistungen zu ergänzen, welche die Länder aus Einkünften aus den von ihnen auferlegten und erhobenen Steuern erbringen. Diese Zuschüsse bedürfen in jedem Einzelfall einer ausdrücklichen Zustimmung des Bundesrates."

Unmittelbar nach Bekanntgabe der Konzessionen der Außenminister traten die Mitglieder des Parlamentarischen Rates zu einer Beratung des Grundgesetzes unter den neuen Voraussetzungen zusammen. Nach zweitägiger Beratung waren wir uns über die Neufassung des Grundgesetzes einig. Ich teilte dieses den drei Militärgouverneuren in einer Besprechung am 25. April 1949 mit. Die Militärgouverneure hatten gegen die neue Fassung des Grundgesetzes nichts einzuwenden, und wir schritten am 8. Mai 1949 zur Abstimmung. Das Grundgesetz wurde mit 53 gegen 12 Stimmen angenommen.

Bei der Abstimmung über einzelne Artikel war es zu erneuten Debatten gekommen. Ich mußte die Mitglieder des Parlamentarischen Rates wiederholt darauf hinweisen, daß wir hier bei der Abstimmung über das Grundgesetz nicht über die Zehn Gebote beschließen müßten, sondern über ein Gesetz, daß nur für eine Übergangszeit gelten sollte.

Kurz vor Verabschiedung des Grundgesetzes wurden noch einmal starke Bedenken angemeldet, daß der Erlaß des Grundgesetzes der Wiedervereinigung Deutschlands Hindernisse bereiten könnte.

Diese letzten Bedenken gegen die Verabschiedung des Grundgesetzes räumten wir aus, indem wir uns auf eine Präambel einigten, die deutlich zum Ausdruck brachte, daß es sich bei dem vorliegenden Gesetz nur um ein Provisorium handele, das Geltung haben sollte bis zu dem Tag, an dem Deutschland wiedervereinigt sei. In der Präambel zum Grundgesetz heißt es:

„... Es (das deutsche Volk) hat auch für jene Deutschen gehandelt, denen mitzuwirken versagt war. Das gesamte deutsche Volk bleibt aufgefordert, in freier Selbstbestimmung die Einheit und Freiheit Deutschlands zu vollenden."

Gegen Mitternacht des 8. Mai 1949 war die langwierige Prozedur der Abstimmungen beendet. Es war der vierte Jahrestag des Kriegsendes.

Wir hatten die Aufgaben erfüllt, die dem Parlamentarischen Rat gestellt worden waren. Auch wenn hier und dort ein Mißklang ertönt war, war unsere Arbeit getragen gewesen von dem Gefühl der Liebe und Verpflichtung gegenüber dem deutschen Volk. Wir alle wünschten, daß Gott dieses Volk und dieses Werk segnen möge zum Segen Europas und zum Segen des Friedens in der Welt.

Am 12. Mai 1949 erfolgte die formelle Bewilligung des Grundgesetzes

durch die Militärgouverneure in Frankfurt. Am gleichen Tage wurde das Besatzungsstatut, dessen Wortlaut uns schon am 10. April 1949 zur Kenntnis gebracht worden war, verkündet.
Nach erfolgter Billigung des Grundgesetzes durch den Parlamentarischen Rat wurde es an die Ministerpräsidenten weitergeleitet, damit es von den einzelnen Landtagen gemäß den dort gefaßten Bestimmungen genehmigt würde.

8. Die Wahl der Bundeshauptstadt

Am 10. Mai erfolgte unter den Mitgliedern des Parlamentarischen Rates die Abstimmung, ob Frankfurt oder Bonn vorläufige Bundeshauptstadt werden würde. Über diese Frage bestand große Uneinigkeit zwischen den Parteien im Parlamentarischen Rat. Die CDU/CSU trat für Bonn als vorläufige Bundeshauptstadt ein, die SPD für Frankfurt.
Die SPD wies darauf hin, daß in Frankfurt bereits zahlreiche bizonale Verwaltungsbehörden bestünden und daß dieser Umstand Erleichterungen für den Aufbau der Bundesbehörden brächte. Der wichtigste Grund der SPD war jedoch, daß Frankfurt im sozialdemokratisch regierten Hessen lag und nach ihrer Meinung eine sozialdemokratische Tradition und Atmosphäre besaß. Wenn Frankfurt zur vorläufigen Bundeshauptstadt gewählt würde, versprach sie sich eine entsprechende Ausstrahlung des sozialdemokratischen Einflusses auf das gesamte Bundesgebiet.
Die CDU/CSU trat für Bonn ein. Wir wollten verhindern, daß eine neue Bundesregierung zu nahe bei dem Sitz der alliierten Militärregierung ihre Tätigkeit ausübe. Wir wollten alles vermeiden, was den Eindruck hervorrufen konnte, daß eine neue Bundesregierung lediglich ein Ausführungsorgan der alliierten Besatzungsmächte sei.
Mir ist oft vorgeworfen worden, ich hätte mich für Bonn als Bundeshauptstadt eingesetzt, weil Bonn nahe an meinem Wohnort Rhöndorf läge. Diesen Vorwurf betrachte ich als sehr naiv.
Der ausschlaggebende Grund für die Wahl Bonns zur Bundeshauptstadt war schließlich folgender: Die Engländer hatten eine Erklärung abgegeben, falls Bonn zum Sitz der vorläufigen Bundeshauptstadt gewählt würde, seien sie bereit, das Gebiet von Bonn aus der britischen Zone und Militärverwaltung freizugeben. Die Amerikaner konnten eine solche Erklärung hinsichtlich Frankfurts nicht abgeben, weil in Frankfurt eine große Anzahl von amerikanischen Organisationen und sehr wichtigen Verwaltungsstellen ihren Sitz hatte, für die in einer anderen Stadt nur schwer hätte Raum geschaffen werden können.

Der Ausgang der Abstimmung war völlig ungewiß. Die Prozedur war sehr langwierig und dauerte bis gegen Mitternacht. Die Abgeordneten schrieben jeweils den Namen der Stadt, die sie als Bundeshauptstadt vorschlugen, auf einen Zettel. Als Präsident hatte ich die Aufgabe, diese Zettel entgegenzunehmen und zu verkünden, welche Stadt auf dem Zettel genannt sei, ob Bonn oder Frankfurt. Es wurden aber auch andere Städte vorgeschlagen. Gegen Mitternacht war die Abstimmung beendet. Mit einem sehr knappen Vorsprung hatten sich die Mitglieder des Parlamentarischen Rates für Bonn ausgesprochen.

9. Wahlgesetz

Anfang Mai bestand noch keine Klarheit über die Verabschiedung des Wahlgesetzes. Die Militärgouverneure hatten vorgeschlagen und gefordert, daß die Formulierung des Wahlrechtes für den Bundestag jedem einzelnen Land überlassen sein sollte. Diese Forderung stieß auf die entschiedene und einmütige Ablehnung fast aller Mitglieder des Parlamentarischen Rates. Die Militärgouverneure zogen daraufhin ihre Forderung zurück.
Eine weitere Schwierigkeit bei der Verabschiedung des Wahlgesetzes lag in folgender Meinungsverschiedenheit zwischen der CDU/CSU und der SPD: In dem Gesetz war vorgesehen, daß der Wahltermin vom Präsidium des Parlamentarischen Rates festgesetzt werde. Was geschehen solle, wenn sich der Parlamentarische Rat am 23. Mai selbst auflöste, war noch unklar. Der Vorstand der SPD hatte verlangt, daß vom Zeitpunkt der Verabschiedung des Wahlgesetzes bis zur Wahl mindestens 90 Tage verstreichen sollten. Das bedeutete, daß die Wahl erst Ende August oder sogar erst Anfang September stattfinden würde. Aus innen- und außenpolitischen Gründen mußte aber die Wahl so schnell wie möglich erfolgen. Die CDU/CSU verlangte die Festsetzung einer kürzeren Frist zwischen der Verabschiedung des Wahlgesetzes und dem Wahltag. Wir einigten uns schließlich auf Mitte August.
Der Parlamentarische Rat setzte die Zahl der Abgeordneten des Bundestages auf 410 fest und beschloß ein Verhältniswahlrecht.

10. Unterzeichnung des Grundgesetzes

Bayern genehmigte das Grundgesetz nicht. Die zehn anderen deutschen Länder billigten es. Damit war die erforderliche Zweidrittelmehrheit erreicht.
Am 23. Mai 1949 wurde in einem feierlichen Akt das Grundgesetz durch

die Ministerpräsidenten und Landtagspräsidenten, in Anwesenheit von Vertretern der drei Westmächte, unterzeichnet.

Ich glaube, daß alle deutschen Anwesenden bei dem feierlichen Akt sich der Bedeutung dieses Tages bewußt waren. Wer die Jahre nach 1933, wer den völligen Zusammenbruch im Jahre 1945, die Übernahme aller staatlichen Gewalt durch die Siegermächte seit 1945 bewußt erlebt hatte, mußte im tiefsten Innern durch das bewegt sein, was sich an diesem 23. Mai 1949 ereignete. Der Anfang dieses Geschehens beruhte auf den Beschlüssen der Londoner Konferenz vom Juni 1948, und den Handlungen des Parlamentarischen Rates waren durch sie gewisse Schranken gesetzt. Durch Kräfte, auf die der Wille unseres Volkes keinen Einfluß hatte, war es unmöglich gemacht worden, daß dieses Grundgesetz für das gesamte deutsche Volk Geltung erhielt.

Obgleich die obersten Instanzen der Bundesrepublik Deutschland noch nicht ins Leben getreten waren, besaß das Grundgesetz doch mit Wirkung vom 23. Mai 1949 seine Gültigkeit. Das Verhältnis zwischen den Besatzungsmächten und uns Deutschen war dadurch auf eine andere Grundlage gestellt als bisher. In einer Rede, die ich aus Anlaß der Unterzeichnung des Grundgesetzes hielt, dankte ich den Vertretern der Besatzungsmächte, daß sie dies durch ihr Erscheinen bekräftigten.

Das zu wählende Parlament hatte schwere Aufgaben vor sich. Der Bund würde gegenüber den Ländern einen sehr schweren Stand haben; wenn der Bundestag versagen sollte, würde die Demokratie zusammenbrechen. Der Bundespräsident, die Bundesregierung und der Bundestag mußten der Weltöffentlichkeit beweisen, daß diese deutsche Republik das Staatswesen eines demokratischen Volkes ist, das auf politischer Höhe steht.

Ich nahm die Anwesenheit der Vertreter der alliierten Besatzungsmächte zum Anlaß, auf unsere gefährdete Wirtschaftslage hinzuweisen und auf die Gefahren, die die bisherige Demontagepolitik der Westalliierten für uns Deutsche mit sich brachte. In meiner Rede führte ich dazu aus:

„Der wirtschaftliche, soziale und auch der politische Aufbau erscheint uns gefährdet durch die Fortsetzung der Demontagepolitik. Wir bitten dringend, keine weiteren Demontagen in Angriff zu nehmen, damit nicht der politische Neuaufbau dadurch gefährdet wird. Das Schicksal der deutschen Demokratie hängt in starkem Maße von der Durchführung der Demontage ab."

Ich verkündete nach erfolgter Unterzeichnung gemäß Artikel 145 im Namen und im Auftrag des Parlamentarischen Rates unter Mitwirkung der Abgeordneten Berlins das Grundgesetz. Es trat mit Ablauf des 23. Mai 1949 in Kraft. Damit begann ein neuer Abschnitt in der wechselvollen

Geschichte unseres Volkes: mit dem 23. Mai 1949 trat die Bundesrepublik Deutschland ein in die Geschichte.

In meinen Schlußworten sagte ich:

„Wir sind der festen Überzeugung, daß wir durch unsere Arbeit einen wesentlichen Beitrag zur Wiedervereinigung des ganzen deutschen Volkes und auch zur Rückkehr unserer Kriegsgefangenen und Verschleppten leisten.
Wir wünschen und hoffen, daß bald der Tag kommen möge, an dem das ganze deutsche Volk wieder vereint sein wird.
Uns alle leitete bei unserer Arbeit der Gedanke und das Ziel, das die Präambel des Grundgesetzes in folgenden Worten zusammenfaßt:

> ‚Im Bewußtsein seiner Verantwortung vor Gott und den Menschen, vom Willen beseelt, seine nationale und staatliche Einheit zu wahren und als gleichberechtigtes Glied in einem vereinten Europa dem Frieden der Welt zu dienen, hat das Deutsche Volk in den Ländern Baden, Bayern, Bremen, Hamburg, Hessen, Niedersachsen, Nordrhein-Westfalen, Rheinland-Pfalz, Schleswig-Holstein, Württemberg-Baden und Württemberg-Hohenzollern, um dem staatlichen Leben für eine Übergangszeit eine neue Ordnung zu geben, kraft seiner verfassungsgebenden Gewalt dieses Grundgesetz der Bundesrepublik Deutschland beschlossen.‘

Möge alle Zeit der Geist und der Wille, der aus diesen Sätzen spricht, lebendig sein im deutschen Volk."

Wenn man die ganze Situation würdigt, muß man zu dem Ergebnis kommen, daß der Parlamentarische Rat eine sehr gute Arbeit geleistet hat. Er hatte zu tun mit den Vertretern der drei Besatzungsmächte, die seiner Arbeit einen relativ engen Rahmen gezogen hatten. Die Ministerpräsidenten der Länder neigten begreiflicherweise dazu, das Interesse der Länder an die erste Stelle zu rücken. Die Vertreter der Besatzungsmächte und die Ministerpräsidenten mußten in wichtigen Fragen von der Richtigkeit der Auffassungen des Parlamentarischen Rates bei Meinungsverschiedenheiten überzeugt werden.
Die Zeitspanne, die dem Parlamentarischen Rat für seine Arbeit gesetzt wurde, war ungewöhnlich gering. Die Parteien des Parlamentarischen Rates waren vielfach verschiedener Meinung und mußten unter sich einen Ausgleich finden. Wenn man das alles bedenkt, dann kommt man zu dem Ergebnis, daß die Mitglieder des Parlamentarischen Rates eine gute Arbeit geleistet haben, für die das deutsche Volk ihnen Dank schuldet.

IX. BERLIN, BOLLWERK DES WESTENS

Von den Siegermächten wurde nach Erörterung in Teheran (1943) auf der Konferenz in Jalta (1945) beschlossen, Deutschland zum Zwecke der Kontrolle und Verwaltung in Zonen einzuteilen. Am 5. Juni 1945 veröffentlichten die vier Alliierten die von mir in Kapitel IV ausführlich wiedergegebenen vier Deklarationen, in denen unter anderem die Sonderstellung Berlins als Hauptstadt des gemeinsam besetzten und verwalteten Deutschlands bestätigt wurde.

Berlin gehörte seit Beginn der militärischen Besetzung Deutschlands zu keiner der vier Besatzungszonen, sondern unterstand von Anfang an direkt der gemeinsamen Verwaltung der vier Siegermächte. Die Verwaltung Berlins wurde durch ein gemeinsames Organ der vier Alliierten, die alliierte Kommandantur, ausgeübt.

Bei der deutschen militärischen Kapitulation am 7. und 8. Mai 1945 entsprach die militärische Lage nicht den über die Besetzung Deutschlands getroffenen Absprachen über die Zonengrenzen. Teile Sachsens, Thüringens und Mecklenburgs waren von britischen und amerikanischen Truppen besetzt. Sowjetische Truppen hatten andererseits am 2. Mai 1945 Berlin eingenommen.

Unmittelbar nach Besetzung Berlins durch die russischen Truppen bildete sich mit Unterstützung der Roten Armee ein Magistrat der Stadt Berlin, der unter dem Einfluß der Kommunisten stand. Die sowjetische Militärverwaltung erklärte Berlin zu ihrem Standort.

Truman und Churchill schlugen im Juni 1945 Stalin folgendes vor: Rückzug der britischen und amerikanischen Truppen in die Räume, die den ihnen zugewiesenen Besatzungszonen entsprachen, Überlassung der durch das Zurückziehen der britischen und amerikanischen Truppen freiwerdenden Räume an die Russen; dafür sollten zum Zwecke der gemeinsamen Besetzung Berlins Einheiten der amerikanischen, britischen und französischen Truppen nach Berlin entsandt werden. Der freie Zugang nach Berlin für die Westalliierten sollte zwischen den Militärgouverneuren abgesprochen werden. Eine schriftliche Vereinbarung über den freien Zugang nach Berlin für die westalliierten Besatzungstruppen wurde nicht getroffen.

Stalin war mit dem von Truman und Churchill vorgeschlagenen Verfahren einverstanden. Am 1. Juli 1945 begannen die Truppenbewegungen, und am

4. Juli 1945 zogen die ersten britischen und amerikanischen Truppen in Berlin ein. Die Besetzung der französischen Zone Berlins durch französische Truppen erfolgte am 12. Juli 1945.
Entsprechend den Bestimmungen eines Regierungsabkommens vom September 1944 wurden für Berlin alliierte Kontrollorgane gebildet. Vertreter der alliierten Oberkommandos einschließlich eines Vertreters der französischen Republik traten am 7. Juli 1945 zusammen und vereinbarten Einzelheiten für die gemeinsame Verwaltung Berlins. Die alliierte Kommandantur der Stadt Berlin wurde einem obersten Militärkommandanten unterstellt, dessen Aufgaben die Kommandanten der vier Sektoren abwechselnd jeweils für 15 Tage wahrnehmen sollten. Diese Kommandantur unterstand direkt dem alliierten Kontrollrat. Eine Anordnung der Kommandanten vom 21. Januar 1946 stellte noch einmal klar, daß Berlin nicht zu einer der vier Besatzungszonen gehörte. Gesetze und Verordnungen der Oberbefehlshaber einer der vier anderen Besatzungszonen Deutschlands sollten dementsprechend in Berlin keine Gültigkeit haben.
Der Aufbau einer deutschen Verwaltung in Berlin erfolgte unter Vier-Mächte-Kontrolle. Der noch unter sowjetischer Militärverwaltung gebildete Magistrat erließ ein Bezirksverfassungsstatut, dem am 13. August 1946 mit Billigung der Kommandantur eine vorläufige Verfassung für Groß-Berlin folgte.

Das von den vier Siegermächten vereinbarte Besatzungssystem für Berlin und das übrige Deutschland setzte vertrauensvolle Zusammenarbeit der Besatzungsmächte voraus. Weder bei der Verwaltung Berlins noch bei der Verwaltung der übrigen Zonen Deutschlands war die notwendige Vertrauensbasis für ein gemeinsames Handeln der Alliierten vorhanden. Infolgedessen funktionierten weder die alliierten Zonenverwaltungen noch die alliierte Verwaltung Berlins. Die ursprünglich für militärische Besetzung geschaffenen Besatzungszonen Deutschlands begannen sich zu selbständigen Einheiten zu entwickeln, die nach der Weisung ihrer jeweiligen Militärgouverneure verwaltet wurden. In Berlin entwickelte sich zwischen den Westalliierten und den Sowjetrussen ein ähnlicher Zustand. Je mehr der alliierte Kontrollrat, der für alle Fragen, die Deutschland als Gesamtheit betrafen, zuständig war, seine Handlungsfähigkeit verlor, desto schwieriger wurde für Berlin die politische, wirtschaftliche und militärische Lage.
Als im Februar 1948 die drei Westmächte zusammen mit den Beneluxstaaten in London zu einer Konferenz zusammentraten, um nunmehr über eine gemeinsame Politik, wenigstens für die westlichen Gebiete Deutschlands, zu beraten, erhoben die Russen starken Protest. Am 20. März 1948

verließ der sowjetische Oberkommandierende Marschall Sokolowski die Sitzung des Kontrollrates mit der Behauptung, die Westmächte hätten das Abkommen über das Kontrollverfahren verletzt. Er protestierte gegen die Londoner Beschlüsse der Sechs-Mächte-Konferenz vom 6. März 1948, die sich mit der künftigen Gestaltung der drei westlichen Zonen befaßten. Die Sitzung vom 20. März 1948 war die letzte gemeinsame Sitzung des Kontrollrates. Die sowjetische Haltung versteifte sich zusehends. Der sowjetische Druck auf Berlin steigerte sich bis zur völligen Blockade der Land- und Wasserzufahrtswege.

Die Absprachen der Besatzungsmächte hatten das unbeschränkte Zugangsrecht vorausgesetzt, das auch von sowjetischer Seite bisher nicht in Frage gestellt worden war. Gerade die sowjetischen Vertreter in den Kontrollbehörden hatten wiederholt die Versorgung der Bevölkerung der Berliner Westsektoren aus den Besatzungszonen der Westmächte gefordert. Die westlichen Alliierten hatten diese Verantwortung auf Grund ihres Besatzungsrechts für die Bevölkerung West-Berlins anerkannt und damit einen ungehinderten militärischen und zivilen Personen- und Warenverkehr zwischen Berlin und ihren Besatzungszonen vorausgesetzt. Was die Flugverbindungen nach Berlin angeht, so hatte der Kontrollrat am 30. November 1945 der Errichtung von drei Luftkorridoren, und zwar nach Hamburg, Hannover und Frankfurt, zugestimmt. Dabei bestand Einverständnis, daß der Flugverkehr in diesen Korridoren nur durch die Flugsicherheitsvorschriften begrenzt sein sollte. Ein sowjetischer Bericht vom 5. Februar 1947 sprach ausdrücklich von „unbeschränkten Flügen alliierter Flugzeuge über die sowjetische Besatzungszone Deutschlands“.

Nunmehr, Ende März 1948, wurde von den Sowjets unter Angabe verschiedenster Gründe eine Landverbindungslinie nach der anderen abgeschnitten. Am 30. März 1948 verlangten die Sowjets, die Militärzüge der Westalliierten zu kontrollieren. Dieses Verlangen wurde von den Westmächten zurückgewiesen. Als die Behinderungen sich häuften, begannen die Vereinigten Staaten und Großbritannien am 10. April 1948 mit dem Aufbau der sogenannten kleinen Luftbrücke für ihr Personal. Als am 20. Juni 1948 die Währungsreform in den Westzonen in Kraft trat, wurden am gleichen Tag der Interzonenverkehr, am 24. Juni 1948 der Eisenbahnverkehr auf der letzten offenen Strecke Berlin–Helmstedt und am 30. Juni 1948 der Wasserstraßenverkehr nach Berlin von den Russen unterbunden. Gleichzeitig wurden alle Lieferungen aus der Sowjetzone und aus dem sowjetischen Sektor von Berlin in die Berliner Westsektoren eingestellt.

Verhandlungen mit den Sowjetrussen über eine gemeinsame Berliner Regelung der Währungsreform führten zu keinem Ergebnis. Am 22. Juni 1948 versuchte die sowjetische Militärverwaltung, die sowjetzonale Währungsreform ganz Berlin aufzuzwingen. Am 24. Juni 1948 führten daraufhin die Westmächte die DM-West in ihren Berliner Sektoren ein. Diese Vorgänge brachten eine weitere Verschärfung der Lage Berlins. Die Sowjets versuchten durch eine Sperrung der Verkehrswege zu Lande und zu Wasser, die Westmächte und die Westberliner auf die Knie zu zwingen. Sie wollten offenbar durch das Aushungern West-Berlins versuchen, die Westalliierten zu verdrängen und ganz Berlin in ihren Machtbereich einzubeziehen.

Die Westmächte antworteten auf diese Herausforderung mit der Einrichtung der Luftbrücke nach Berlin, über die die Stadt versorgt wurde. Am 25. Juni 1948 begann dieser großartigste Einsatz der Luftwaffe in der modernen Geschichte, durch den die Freiheit der Westberliner Bevölkerung gewahrt werden konnte. In der Zeit vom 25. Juni 1948 bis zum Ende der Blockade im Mai 1949 wurden rund eineinhalb Millionen Tonnen Güter aller Art, wie Lebensmittel, Kohlen, Rohmaterialien und Medikamente, von den Westmächten nach West-Berlin geflogen.

Die Haltung der Westberliner, die schon bei den vorangegangenen Bedrückungen mutig und tapfer war, wurde nicht weicher, sondern härter und fester. Sie war in diesen Monaten größter seelischer und materieller Belastung bewunderungswürdig. Wir Deutsche schulden allen Berlinern für ihr mutiges Beispiel, für ihr Aushalten durch lange Monate größter Schwierigkeiten und härtester Entbehrungen von Herzen kommenden Dank und Anerkennung.

Die CDU der westlichen Besatzungszonen hat von Anfang an eine enge Verbindung mit der Berliner CDU unterhalten. Das erste zentrale Organ der drei westlichen Zonen, der Parlamentarische Rat, bestand darauf, daß Berliner Vertreter, wenn auch nur mit beratender Stimme, an den Sitzungen und Verhandlungen über die künftige deutsche Verfassung teilnahmen.

Die Russen haben seit 1945 alles versucht, ganz Berlin in ihre Hände zu bekommen, wie sie von Anfang an Wert darauf gelegt hatten, durch die Rote Armee Berlin de facto zu besetzen. Die Not der Berliner Bevölkerung war groß. Ihr Schicksal war noch ungewisser als das irgendeines anderen Teiles Deutschlands.

In der Nacht zum 12. Mai 1949 brachen die Sowjets die Berliner Blockade ab. Das Ziel, den Widerstand der Berliner Bevölkerung zu brechen und den Verzicht der Westmächte auf ihre Position in Berlin zu erzwingen, war nicht erreicht. Berlin blieb das Bollwerk des Westens.

Allen Berlinern dankt Deutschland und jeder, der die Freiheit liebt, für ihren Mut, für ihre Energie, für ihre Zähigkeit, für ihre Ausdauer, für ihre Tapferkeit, für das geschichtliche Verdienst, das sie sich erworben haben um das gesamte Deutschland und um die Freiheit.

Berlin hat sich durch all das Leid, das die Berliner ertragen mußten und tapfer ertragen haben, mehr als je zuvor in die Herzen aller Deutschen fest eingeschrieben als die Hauptstadt Deutschlands.

X. FORTBESTEHEN DER ALLGEMEINEN NOT
DIE BERNER REDE VOM 23. MÄRZ 1949:
KENNZEICHEN FÜR DIE DAMALIGE LAGE

Ende Februar 1949 erhielt ich in meiner Eigenschaft als Präsident des Parlamentarischen Rates von dem Präsidenten der schweizerischen Gruppe der Interparlamentarischen Union, Dr. de Senarclens, die Einladung, am 23. März in Bern anläßlich einer Konferenz der Interparlamentarischen Union eine Rede über die Lage in Deutschland zu halten. In dem Schreiben, das Dr. de Senarclens an mich richtete, hieß es, daß man in der Schweiz über die deutsche Situation sehr wenig unterrichtet sei. Er bitte mich deshalb, in einem Vortrag die zur Zeit in Deutschland schwebenden Angelegenheiten vor der schweizerischen Gruppe der Interparlamentarischen Union zu schildern.

Ich nahm die Einladung gern an. Es bot sich mir dadurch die Gelegenheit, das erste Mal im Ausland über die Zustände in Deutschland zu sprechen und die Welt auf unsere Notlage hinzuweisen.

Die Versammlung fand statt im Parlamentssaal des Schweizerischen Bundesrates. Die Rede hat in vielen Ländern großes Aufsehen erregt und das Interesse auf Deutschland hingeleitet. Sie gibt ein klares Bild der Situation in Deutschland. Ich gebe sie auszugsweise im Wortlaut wieder. Ich trug meinen Zuhörern vor:

„Unsere Zeit ist sehr verwirrt. Täglich tauchen neue Probleme auf, zeigen sich immer wieder neue Phasen in der Entwicklung. Aber trotz dieser Fülle der Probleme muß sich jeder Verantwortung tragende Mensch darüber klar sein, daß es für die jetzige und die kommende Generation im Augenblick nur ein Hauptproblem gibt, und zwar das folgende:

Zwei große Mächtegruppen haben sich auf der Erde gebildet. Auf der einen Seite die im Atlantik-Pakt vereinigte Mächtegruppe unter Führung der USA. Das ist die Gruppe, die die Güter der christlich-abendländischen Kultur, Freiheit und wahre Demokratie verteidigt. Auf der anderen Seite steht Sowjetrußland mit seinen Satellitenstaaten.

Die Trennungslinie dieser beiden Mächtegruppen geht mitten durch Deutschland hindurch. 20 Millionen Deutsche leben unter Sowjetherrschaft, etwa 43 Millionen Deutsche im Bereich des Atlantik-Blocks. Diese 43 Millionen Deutsche sind im Besitz der wichtigsten Bodenschätze, des größten europäischen Industriepotentials. Dieses Gebiet aber, die drei Westzonen

Deutschlands, befindet sich in einem auf die Dauer nicht haltbaren Zustand der Unordnung. Von seinen 43 Millionen Einwohnern lebt auch jetzt noch ein sehr erheblicher Teil unter Wohnverhältnissen so elender Art und im Grunde genommen rechtlich in einem Zustand solcher Unfreiheit, wie man ihn vielleicht vor einem Jahrhundert auf dem Balkan für möglich gehalten hätte, wie man ihn aber in Mitteleuropa seit Jahrhunderten wohl nicht mehr für denkbar gehalten hat. Wohin wird die Entwicklung Westdeutschlands und seiner Bewohner schließlich führen? In die geregelten Zustände einer europäischen Ordnung oder in Unordnung? Das ist die Frage, die jetzt eine Entscheidungsfrage für Europa und damit auch für die Schweiz ist.

Das Verständnis des gegenwärtigen Zustandes in Deutschland ist nicht möglich, ohne einen kurzen historischen Überblick zu geben über das, was seit 1945 geschehen ist. Die bedingungslose Kapitulation der deutschen Wehrmacht im Mai des Jahres 1945 ist von den Alliierten dahin ausgelegt worden, daß infolgedessen ein vollständiger Übergang der gesamten Regierungsgewalt auf die Alliierten stattgefunden habe. Diese Auslegung war völkerrechtlich falsch. Praktisch haben die Alliierten damit eine unmöglich von ihnen zu lösende Aufgabe übernommen. Meines Erachtens war diese Maßnahme der Alliierten ein schwerer Fehler. Sie konnten diese Aufgabe beim besten Willen nicht lösen. Es mußte ein Fehlschlag eintreten, der das Ansehen der Alliierten stark im deutschen Volk beeinträchtigt hat. Es wäre richtiger gewesen, wenn die Alliierten nach einem kurzen, infolge der kriegerischen Wirren notwendigen Zwischenzustand den Deutschen selbst die Ordnung ihrer Verhältnisse und den Neubau ihres Staatswesens überlassen und sich auf die Kontrolle beschränkt hätten. Der Versuch, dieses große, desorganisierte Land von außen her und geleitet vielfach von eigenen politischen und wirtschaftlichen Gesichtspunkten zu regieren, konnte keinen Erfolg haben. So trat ein rapider wirtschaftlicher, körperlicher und seelischer Verfall der Deutschen ein, der sich vielleicht hätte vermeiden lassen. Anscheinend haben auch Intentionen, wie sie der Morgenthau-Plan offenbart hat, dabei mitgewirkt. Eine Wendung kam erst durch den Marshall-Plan. Der Marshall-Plan wird immer ein Ruhmesblatt der Vereinigten Staaten von Amerika bleiben. Die Wendung kam aber nur sehr langsam, und das Absinken Deutschlands, das seit der bedingungslosen Kapitulation auf wirtschaftlichem, körperlichem, moralischem und politischem Gebiet eingetreten war, war nur schwer wieder aufzuholen.

Bis Juni 1948 herrschte fast völlige Zwangswirtschaft, bis zu den Hosenknöpfen hinab. Sogar die sogenannten Pfennigartikel wurden bewirtschaftet. Der Wirtschaftsrat in Frankfurt hat denn für die britisch-amerikanischen Zonen entschlossen das Steuer herumgeworfen und hat für die beiden

Zonen die soziale Marktwirtschaft stufenweise eingeführt. Immer mehr Wirtschaftsgebiete werden aus der Zwangswirtschaft befreit, und die soziale Marktwirtschaft wird in ihnen eingeführt. Man kann nur jedem Volkswirtschaftler und auch jedem Politiker, der sich mit den Fragen der Wirtschaftsordnung beschäftigt, das Studium der Dinge, die sich seit Juni 1948 in der britisch-amerikanischen Zone ereignet haben, dringend ans Herz legen. Wir haben in der Doppelzone selbstverständlich keine völlig freie Wirtschaft. Eine völlig freie Wirtschaft hat es noch niemals in einem modernen Staat gegeben. Jeder Handelsvertrag bedeutet ja schon eine gewisse Ordnung der Wirtschaft. Aber wir haben doch soweit irgend möglich wieder freies Angebot und freie Nachfrage unter Wahrung der sozialen Gesichtspunkte eingeführt. Der Aufschwung, den das Wirtschaftsleben in der Doppelzone genommen hat seit dem Übergang zur sozialen Marktwirtschaft, ist eklatant. Dieser wirtschaftliche Aufschwung ist nur zum kleineren Teil auf die im Jahre 1948 erfolgte Einführung der DM zurückzuführen, auch nicht zunächst auf die durch den Marshall-Plan gewährte Hilfe. Es zeigt sich das darin, daß in der französischen Zone, in der auch die RM durch die DM ersetzt und der auch die Marshall-Hilfe zuteil wurde, nicht im entferntesten die gleiche Erholung und der gleiche Aufschwung der Wirtschaft eingetreten sind.

Infolge Abkehr von dem Prinzip der Zwangswirtschaft ging die unter ihr eingerissene Korruption stark zurück. Es fand ferner ein erheblicher Behördenabbau statt. Der Übergang einer Wirtschaft, die so lange Jahre gefesselt war, in größere Freiheit vollzog sich naturgemäß nicht völlig reibungslos. Zur Zeit macht uns das bestehende Mißverhältnis zwischen Preisen auf manchen Gebieten und den Löhnen Sorge. Aber die Preise haben sinkende Tendenz, und wir hoffen, daß diese Schwierigkeiten ohne größere Erschütterungen des Wirtschaftslebens gemeistert werden können.

Unsere wirtschaftliche Erholung wurde und wird schwer beeinträchtigt durch die Demontagen. Kein Mensch in Deutschland hatte und hat etwas dagegen, daß Kriegsindustrien restlos demontiert werden. Aber die Demontage, wie sie zum Teil betrieben worden ist, erfolgt auch unter anderen Gesichtspunkten. Das wirtschaftliche Potential Deutschlands soll auf einem Niveau gehalten werden, das mit den Zielen des Marshall-Planes nicht vereinbar ist. Weiter macht sich offenbar auch das Bestreben geltend, die deutsche Konkurrenz auf dem Weltmarkt auszuschalten. Ein bekanntes Beispiel dafür ist der Fall der Demontage der Kammfabrik Kolibri, ein Fall, der in Deutschland sehr großes Aufsehen erregt hat und der auch im britischen Unterhaus zur Sprache gebracht wurde. Es hat sich herausgestellt, daß die Demontage dieser Fabrik trotz allem Widerspruch der deutschen maßgebenden Stellen erfolgt ist auf Betreiben eines britischen Offiziers, der ein Konkurrenzunternehmen in England besitzt. In diesem Zusammenhang muß ich auch erwähnen die Erklärungen, die nach englischen Zeitungsberichten auf der Generalversammlung des Vereins der englischen Uhrenfabriken abgegeben worden sind. Man hat dort dem Vorsitzenden dafür gedankt, daß es ihm gelungen sei zu erreichen, daß durch die Demontage die deutschen Uhrenfabriken noch unter den Produktionsstand von 1936 heruntergedrückt worden seien. Die deutschen Uhrenfabriken hätten jetzt nur noch Maschinen, die zehn Jahre und älter seien. Der britische Uhrenexport sei sehr erheblich gestiegen. Wenn es den Deutschen bei den alten Maschinen gelänge, auf dem Weltmarkt wieder dem englischen Export unangenehm zu werden, müßte von neuem an das Problem der Demontage herangegangen werden.

Für das deutsche Wirtschaftsleben ist entscheidend das Ruhrstatut, das im Jahre 1948 erlassen worden ist. Durch dieses Ruhrstatut ist eine oberste Ruhrbehörde von fünfzehn Personen, darunter drei Deutschen, eingesetzt worden, die das Recht bekommt, die gesamte Kohlen-, Eisen- und Stahlproduktion des Ruhrgebietes einschließlich der Preisfrage zu regeln. Die Produktionshöhe von Kohle, Stahl und Eisen, die Preise dieser Güter sind bestimmend für die gesamte Wirtschaft eines Landes. Infolgedessen besteht die Möglichkeit, das gesamte deutsche Wirtschaftsleben entscheidend zu beeinflussen. Es wird ganz darauf ankommen, in welchem Geist dieses Ruhrstatut gehandhabt wird. Wenn es so gehandhabt wird, daß dadurch die deutsche Wirtschaft niedergehalten wird, so ist der Marshall-Plan ein Unsinn. Es wird auch kein Volk sich auf die Dauer dann eine solche Beschränkung seiner Wirtschaft gefallen lassen können. Wenn aber das Ruhrstatut angewandt wird im deutschen und im europäischen Interesse, wenn es den Beginn einer Ordnung der westeuropäischen Wirtschaft bedeutet, dann kann es ein vielverheißender Anfang für die europäische Zusammenarbeit werden.

Lassen Sie mich in diesem Zusammenhang auch die Frage der deutschen Patente erwähnen. Sie wissen, daß alle deutschen Patente freigegeben worden sind. Der Direktor des amerikanischen Büros für technische Dienste, Mr. John Green, hat Ende 1948 der Presse einen Bericht über seine Tätigkeit, die in der Verwertung der deutschen Patent- und Industriegeheimnisse bestand, gegeben. Bemerkenswert daraus ist, daß als eifrigster Käufer die AMTORG aufgetreten ist, das ist Moskaus ausländische Handelsorganisation. Die Russen haben allein in einem Monat über 2000 verschiedene Berichte der Wehrmacht über geheime deutsche Kriegswaffen für insgesamt 6000 US-Dollars gekauft. Die Patente von IG-Farben haben nach der Erklärung eines amerikanischen Sachverständigen der USA-Farben-Industrie einen Vorsprung von wenigstens zehn Jahren gegeben. Der Schaden, der durch all das der deutschen Wirtschaft entstanden ist, ist natürlich außerordentlich groß und in Ziffern nicht zu schätzen. Sehr bedauerlich ist, daß die neuen deutschen Erfindungen auch jetzt noch keinen Schutz genießen, da Deutschland nicht Mitglied der Patent-Union ist. Zwar hat England erklärt, daß es, gleichgültig was im Friedensvertrag bestimmt werde, die neuen deutschen Erfindungen achten werde. Amerika aber hat es abgelehnt, eine solche Erklärung abzugeben. Deutsche Erfinder sind infolgedessen nicht in der Lage, ihre Erfindungen zu verwerten. Die deutsche Wirtschaft wird dadurch empfindlich gehemmt.

Ein besonders ernstes und wichtiges Kapitel, wichtig auch vom europäischen Standpunkt aus, ist das deutsche biologische Problem.

Ich muß in diesem Zusammenhang zunächst von dem Problem der Vertriebenen sprechen. Es sind aus den östlichen Teilen Deutschlands, aus Polen, der Tschechoslowakei, Ungarn usw. nach den von amerikanischer Seite getroffenen Feststellungen insgesamt 13,3 Millionen Deutsche vertrieben worden. 7,3 Millionen sind in der Ostzone und in der Hauptsache in den drei Westzonen angekommen. 6 Millionen Deutsche sind vom Erdboden verschwunden. Sie sind gestorben, verdorben. Von den 7,3 Millionen, die am Leben geblieben sind, sind der größte Teil Frauen, Kinder und alte Leute. Ein großer Teil der arbeitsfähigen Männer und Frauen ist nach Sowjetrußland in Zwangsarbeit verschleppt worden. Die Austreibung dieser 13 bis 14 Millionen aus ihrer Heimat, die ihre Vorfahren zum Teil schon seit Hunderten von Jahren bewohnt haben, hat unendliches Elend mit sich gebracht. Es sind Untaten verübt worden, die sich den von den deutschen Nationalsozialisten verübten Untaten würdig an die Seite stellen. Die Austreibung beruht auf dem Potsdamer Abkommen vom 2. August 1945. Ich bin überzeugt, daß die Weltgeschichte über dieses Dokument ein sehr hartes Urteil dereinst fällen wird. Infolge dieser Austreibung sind insbesondere in der britischen und amerikanischen Zone große Menschenmengen auf engstem Raum zusammengedrängt. Die Wohnungsnot ist zum Teil durch die Zerstörungen des Krieges, zum Teil durch das Hineinpressen der 7,3 Millionen Flüchtlinge in diese bereits unter Wohnungsnot leidenden Gebiete unerträglich.

Die Zusammensetzung der Bevölkerung sowohl nach Geschlecht wie nach Altersklassen ist erschreckend. Auf 28,9 Millionen männliche Personen kommen 36,2 Millionen weibliche. Das Überwiegen der Frauen ist besonders stark in den Altersstufen zwischen 20 und 40 Jahren. Hier kommen auf 100 Männer etwa 160 Frauen. Die Mißverhältnisse zwischen alleinstehenden Männern und Frauen sind besonders kraß. 100 30jährigen Männern stehen über 300 unverheiratete Frauen im Alter bis zu 26 Jahren gegenüber. Die Hungerjahre 1946/47 haben enormen Schaden in physischer und ethischer Hinsicht angerichtet. Die Ernährung hat sich zwar gegenüber dem Vorjahr erheblich gebessert. Sie ist aber noch immer keineswegs ausreichend. Die Tuberkuloseerkrankungen sind gestiegen von 53,5 auf je 10 000 Einwohner im Jahre 1938 auf 127,5 im Jahre 1948. Am 31. Oktober 1948 gab es in Nordrhein-Westfalen 159 055 Fälle Tuberkulose. Von diesen waren offen, also ansteckende Fälle, 37 273. Für diese 37 273 Fälle offener Tuberkulose standen rund 14 000 Krankenbetten zur Verfügung. In rund 23 000 Fällen konnte also der Ansteckungsherd nicht beseitigt werden, und es ist keine Seltenheit, daß in einer Familie ein Mitglied nach dem anderen an Tuberkulose erkrankte. Vor 1933 entfielen auf 10 000 Einwohner 20 bis 22 Geschlechtskranke. Im Jahre 1948 waren es 51,74.

Von Berlin liegen besonders zuverlässige statistische Zahlen vor. Dort betrug die Sterblichkeitsziffer im Jahre 1947 rund 29 pro 1000 der Bevölkerung. Die Geburtenziffer betrug 10 pro 1000. Die Kindersterblichkeit betrug im zweiten Quartal 1946 über 135 pro 1000. In New York zum Beispiel 10,1 pro 1000. Nach den in ‚German Realities' von dem Amerikaner Dr. Gustav Stolper wiedergegebenen Berechnungen ist in Zukunft in Deutschland mit einer Geburtenzahl von höchstens 600 000 pro Jahr zu rechnen, während im Jahre 1915 noch 1,5 Millionen Kinder pro Jahr geboren wurden.

Ich glaube, daß man die Frage des Sicherheitsproblems in Europa, das erklärlicherweise in Frankreich eine große Rolle spielt, einmal unter Berücksichtigung dieser biologischen Gesichtspunkte prüfen sollte. Ich bin ferner der Auffassung, daß die Tuberkuloseerkrankungen in Deutschland unter Umständen eine Gefahr für seine Nachbarländer werden können.

Was den geistigen Zustand in Deutschland angeht, so ist zunächst hervorzuheben, daß sich Deutschland in einer beispiellosen sozialen Umschichtung befindet. Vor dem Kriege entfielen etwa 40 Prozent der Einwohner auf eine Mittelschicht. Jetzt nur noch etwa 23 Prozent, und diese 23 Prozent gehen ständig weiter herunter. Die Gefahr einer überstarken Proletarisierung des deutschen Volkes ist unmittelbar drohend, namentlich auch im Hinblick auf die nach Millionen zählende Schar der Ausgetriebenen und der ausgebombten Besitzlosen. Die Gefahr einer ‚Verostung', wie ein deutscher Schriftsteller diese Proletarisierung nennt, entwickelt sich aus dem jetzigen Zustand des deutschen Volkes heraus von selbst. Die Bedeutung des Wohnungsproblems ist meines Erachtens von den Alliierten nicht genügend erkannt worden. Die alliierten Stellen verteilen Kohle, verteilen Eisen. Die Baustoffindustrie ist während der ganzen Zeit zu gering mit diesen Grundstoffen bedacht worden. Es konnte daher bis jetzt nichts Durchgreifendes zur Abhilfe geschehen. Die Lösung des Wohnungsproblems ist aber das Fundament für jeden politischen, körperlichen, ethischen und moralischen Wiederaufbau.

Was die psychologische Lage in Deutschland angeht, so ist es sehr schwer, ein sicheres Urteil abzugeben. Der Krieg war zu grauenhaft, die Verwüstungen des Landes zu schrecklich, die Not an Ernährung und Kleidung bis 1948 zu groß, als daß das Volk sich schon von der Betäubung, in die es durch all das versetzt worden ist, erholt hat. Immerhin glaube ich, über die psychologische Verfassung der Deutschen doch einige Feststellungen machen zu können.

Die Stimmung gegen Sowjetrußland ist infolge aller Delikte, die beim Vordringen der sowjetischen Truppen in Deutschland verübt worden sind, infolge der Schilderungen der aus Sowjetrußland, Jugoslawien, Polen zurückkommenden Kriegsgefangenen so ablehnend, daß die Kommunistische Partei, weil sie als eng verbunden mit Sowjetrußland angesehen wird, zur Zeit ziffernmäßig nicht von großer Bedeutung ist. Aber trotzdem soll man den Einfluß, der durch die Kommunistische Partei und durch die Infiltrierung vom Osten her auf wichtigste Industriezweige und ihre Arbeiterschaft ausgeübt wird, in keiner Weise unterschätzen.

Anhänger des Nationalismus hitlerscher Prägung gibt es in Deutschland wohl verhältnismäßig wenig. Dagegen macht sich das Wiedererwachen eines Nationalgefühls deutlich bemerkbar. Man kann das Wiedererwachen eines gesunden, sich in den richtigen Bahnen haltenden Nationalgefühls nur begrüßen, denn ein Volk, das kein Nationalgefühl mehr besitzt, gibt sich selbst auf. Man kann auch vom deutschen Volk nicht verlangen, daß es geistigen Widerstand gegen die Infiltration vom Osten her aufbringt, wenn es nicht national empfinden darf. Aber es kann meines Erachtens keine Rede davon sein, daß nationalistische Tendenzen irgendwie erheblich sich bemerkbar machen. Als vor einiger Zeit, von französischen Zeitungen ausgehend, eine Erörterung über die Aufstellung von 20 deutschen Divisionen in der Presse stattfand, fanden diese Absichten, soweit ich das habe feststellen können, überall bei der Jugend Ablehnung.

Der Wunsch, die deutsche Einheit wiederherzustellen, Deutschland wiederaufzubauen, ist überall sehr stark. Ich halte die Grenzberichtigungen, die im Westen Deutschlands vorgenommen werden sollen, für sehr unklug. Diese durch Diktat vorgenommenen Grenzberichtigungen verletzen ein Volk in seinen berechtigten nationalen Gefühlen. Technische Grenzberichtigungen hätten im Wege der Verhandlung mit den deutschen Ländern, wenn sie so dringlicher Natur sind, daß man nicht bis zum Friedensvertrag hätte warten können, vorgenommen werden sollen.

Die öffentliche Meinung ist in Deutschland nicht frei. Insbesondere ist die Regelung des Pressewesens nicht zufriedenstellend. Es werden Lizenzen erteilt für Zeitungen. Die Lizenzinhaber, die nicht unerhebliche Gelder investieren müssen in ihren Unternehmungen, sind der Militärregierung für das, was in der Zeitung geschieht, haftbar. Obwohl seit einiger Zeit die Erteilung von Lizenzen deutschen Ausschüssen übertragen ist, behält sich die Militärregierung vor, jederzeit eine Lizenz zu entziehen, ohne daß der Betroffene etwas dagegen tun kann. Sie werden verstehen, daß ein Lizenzinhaber, für den der Entzug der Lizenz den Verlust nicht unerheblicher materieller Werte bedeutet, auch ohne Vorzensur dafür sorgt, daß nichts in der Zeitung steht, das ein zu erhebliches Mißfallen der zuständigen Stellen der Militärregierung hervorrufen kann. Übrigens hat Goebbels in den ersten Jahren des Nationalsozialismus ein ähnliches Verfahren beobachtet. Rundfunk und Nachrichtenbüros waren unter dem Einfluß der Militärregierung zunächst sehr einseitig parteipolitisch besetzt. Langsam tritt hier eine Wendung zum Besseren ein. Alles in allem genommen, glaube ich aber, daß die Berichte, die das Ausland über die Lage in Deutschland erhält, sich nicht durch besondere Klarheit auszeichnen.

Ein Wort muß ich Ihnen sagen über die Studenten. Unsere Studenten verdienen das größte Lob wegen ihres Fleißes. Unter denkbar ungünstigen äußeren Bedingungen legen sie sehr gute Examina ab. Sie sind zum großen Teil verheiratet. Ihre Aussichten nach bestandenem Examen sind sehr schlecht. Daher betreiben sie das Studium in erster Linie als Brotstudium. Sie interessieren sich für nichts anderes als für ihr Fach. Das ist natürlich sehr schade.

Die deutsche Wissenschaft ist, wie mir ein im wissenschaftlichen Leben Deutschlands bekannter Wissenschaftler vor einigen Tagen sagte, zurückgeblieben. Manche führenden Deutschen sind ausgewandert. Junge deutsche Wissenschaftler können nicht ins Ausland reisen, um sich weiter fortzubilden. Auch sind bei ihnen durch den Krieg Jahre der Arbeit und Ausbildung ausgefallen. Aber wie mir dieser Wissenschaftler sagte, gescheite Leute – und von ihnen gibt es eine ganze Anzahl nach seiner Meinung in unserem wissenschaftlichen Nachwuchs – füllen die Lücke wieder aus, so daß wir damit rechnen können, daß die deutsche Wissenschaft in absehbarer Zeit ihre frühere Höhe wieder wird einnehmen können.

Unsere Jugend ist arm. Wir sind alle in Deutschland arm geworden. Nur verschwindende Ausnahmen haben ihr Vermögen retten, sich vielleicht sogar bereichern können. Wir kennen keinen Luxus, insbesondere unsere Jugend kennt keinen Luxus. Sie weiß um die harten Notwendigkeiten des Lebens. Sie ist nicht anspruchsvoll. Wir hoffen, daß sie sich wieder emporarbeiten wird.

Die Errichtung des westdeutschen Staates ist ein Ziel, das so schnell wie möglich erreicht werden muß. Eine möglichst baldige Errichtung ist in erster Linie für uns Deutsche wichtig, in zweiter Linie aber auch für Europa, für den Wiederaufbau und für die europäische Föderation.

Das Verhältnis zwischen Frankreich und Deutschland ist eines der wichtigsten, wenn nicht das wichtigste Problem für Frankreich, für Deutschland, vielleicht auch für Europa. Seine Lösung wird entscheidend sein für den Frieden für lange Zeit. Das Verlangen Frankreichs nach Sicherheit ist im Hinblick auf die Vergangenheit durchaus verständlich. Ich glaube, daß diese Sicherheit zur Zeit in einer Weise gewährleistet ist, daß Frankreich nicht mehr die geringste Sorge zu haben braucht: Deutschland ist entwaffnet, seine Wehrmacht zerschlagen, seine Kriegsindustrie demontiert. Es ist besetzt, es wird kontrolliert, es ist in zwei Teile geteilt, es ist dadurch gelähmt. Ich habe schon über die biologische Lage des deutschen Volkes gesprochen, und in dieser sehr traurigen biologischen Lage ist für Frankreich ein Sicherheitsfaktor ersten Ranges gegeben. Es kommt hinzu die psychologische Einstellung der Deutschen.

Man ist in weitesten Kreisen Deutschlands tief überzeugt davon, daß nur ein Zusammenschluß der westeuropäischen Länder Europa retten kann. Ich glaube, jeder Franzose, der diese Verhältnisse ruhig und unvoreingenommen prüft, wird zu der Überzeugung kommen, daß Frankreich nach menschlichem Ermessen niemals wieder etwas von Deutschland zu befürchten hat. Wenn Frankreich sich jetzt Deutschland gegenüber klug und großzügig erweist, wird es sich dadurch ein historisches Verdienst um Europa erwerben. Die höchste Anerkennung hat in Deutschland die Haltung der französischen Regierung zur Europafrage gefunden, und insbesondere hat die Haltung des französischen Außenministers Schuman in der Europafrage in Deutschland sehr große Befriedigung ausgelöst. Kaum ein Gedanke ist in Deutschland zur Zeit so populär wie der des Europa-Zusammenschlusses. Man begrüßt es daher, daß die Beneluxstaaten den europäischen Zusammenschluß rückhaltlos bejahen. Die Haltung Englands in dieser Frage war zuerst nicht so, wie ein Europäer sie sich wünschen möchte. Wir sehen aber in Deutschland mit Befriedigung, daß die Erkenntnis der europäischen Lage in der Welt, die Erkenntnis, daß England jetzt eine europäische Macht geworden ist und eine große europäische Aufgabe zu erfüllen hat, sich in der öffentlichen Meinung durchsetzt."

Am folgenden Tag brach ein Sturm los wegen dieser von mir gehaltenen Rede. Ausländische Zeitungen, insbesondere die britischen, gaben Äußerungen wieder, die ich nicht getan oder die völlig entstellt waren. Der „Daily Herald“ zum Beispiel brachte unter der Überschrift „Deutscher beschuldigt die Alliierten“ längere Ausführungen zu meiner Rede. Ich hätte in einer wütenden, antialliierten Rede gröbste Beschuldigungen gegen die westlichen Besatzungsmächte Deutschlands erhoben und behauptet, alliierte Maßnahmen hinsichtlich deutscher Patente seien reinste Räuberei.

Ich hatte etwas Derartiges nicht gesagt. Richtig war, daß ich in einem Überblick über den jetzigen Stand der deutschen Wirtschaft ausgeführt hatte, daß auch nach Aussagen führender ausländischer Politiker die deutschen Patente außerordentlich wertvoll gewesen sind. In meiner Rede war es mir darauf angekommen, einmal auszusprechen, daß die deutschen Erfinder noch nicht den internationalen Patentschutz besaßen und daß dadurch für uns Deutsche ein starkes Hemmnis gegeben war.

Es entwickelte sich eine Pressepolemik um die Berner Rede, und zwar nicht nur in ausländischen, sondern auch in deutschen Zeitungen. Ich hatte, was ich sehr selten tue, nach einem Manuskript gesprochen und war so in der Lage, die entstellte Wiedergabe meiner Rede zu widerlegen.

Die Pressepolemik erstreckte sich über zwei Wochen und gipfelte in Äußerungen wie zum Beispiel: „Das deutsche Volk muß sich von solchen Politikern distanzieren, dies um so mehr, als der Name Adenauer wiederholt im Zusammenhang mit dem künftigen deutschen Bundespräsidenten genannt wurde ... Nicht einmal die Nationalisten der Weimarer Zeit wagten eine derartige Sprache zu führen.“ Der eben zitierte Kommentar wurde am 25. März abends vom Sender Koblenz ausgestrahlt.

Ich hörte aber nicht nur Stimmen der Kritik, es gab auch positives Echo. Das ging insbesondere aus zahlreichen Schreiben aller Schichten der deutschen Bevölkerung hervor, die die mutige Sprache, die ich in Bern geführt hatte, lobten und mich zu meiner Rede beglückwünschten. Zu denjenigen, die mir ihre Anerkennung aussprachen, gehörte der Vater der Geschwister Hans und Sophie Scholl, die zur Widerstandsbewegung gegen Hitler gehörten und im Jahre 1943 im Alter von 24 und 21 Jahren hingerichtet worden waren. Herr Scholl schrieb: „Für Ihre offenen Worte in Bern werden Sie Anerkennung und Achtung innerhalb und außerhalb Deutschlands ernten bei allen Deutschen, die Wahrheit und Klarheit lieben, wenn auch die Meute im Augenblick kläfft.“ Mit seinem Schreiben an mich schickte er mir den Durchdruck eines Offenen Briefes an die „Süddeutsche Zeitung“, der gegen einen Artikel vom 29. März 1949 gerichtet war. In diesem Brief wandte sich Scholl gegen die Vorwürfe, die man mir wegen meiner Berner

Rede machte. Er schrieb: „Wollen denn die Deutschen wieder, wie im Dritten Reich, schweigen oder gar Beifall spenden zu allem, was geschieht, auch wenn es falsch oder ungerecht ist? Ist es nicht auch Rassenwahn, wenn man die Bewohner Deutschlands kollektiv für schuldig, unehrenhaft oder politisch unmündig erklärt, nur, weil sie Deutsche sind, ohne Unterschied, ob sie Nazi waren oder ob sie in einem langen Leben Demokratie und eine freiheitliche Staatsauffassung vorgelebt haben unter größeren Gefahren und Opfern als irgendein Angehöriger der Besatzungsmächte?“

XI. DER WEG IN DIE VERANTWORTUNG

1. Die CDU

Die Arbeit für die CDU nahm mich seit Januar 1946 voll in Anspruch. Es stellte sich mir eine große Fülle von Aufgaben. Ich war zum Vorsitzenden des Zonenausschusses der CDU der britischen Zone und auch zum Vorsitzenden der Zonenpartei gewählt worden. Ursprünglich hatte ich das Amt des Vorsitzenden der Zonenpartei nicht annehmen wollen, da nach meiner Meinung die Übernahme dieser beiden Ämter meine Kräfte übersteigen würde. Ich überzeugte mich jedoch bei weiterer Überlegung, daß die beiden Aufgaben in einer Hand liegen mußten, und nahm den Vorsitz der Zonenpartei an.

Die wichtigste Aufgabe war der Aufbau unserer Partei in der britischen Zone, die die größte Bevölkerungszahl aller Besatzungszonen hatte und wegen ihrer Industrie und ihrer Landwirtschaft von besonderer Bedeutung war. Wir mußten ferner eine enge Verbindung mit der CDU in den anderen Zonen herstellen, um schließlich zu einer Gesamtpartei für Deutschland zu kommen. Die Bayern gründeten eine Schwesterpartei, die Christlich Soziale Union. Das Verlangen nach einer eigenen Partei erschien bei den besonderen Verhältnissen in Bayern berechtigt.

Im Jahre 1946 begannen sich umfassendere organisatorische Formen der CDU zu bilden. In Berlin war schon 1945 ein sogenannter Reichsverband der CDU gegründet, der über die Landes- und Zonengrenzen hinausgreifen sollte. In der amerikanischen und französischen Zone kam es nicht zu größeren Zusammenschlüssen. Die Landesverbände blieben nebeneinander bestehen und waren lediglich in der amerikanischen Zone im sogenannten „Ellwanger Kreis“ lose miteinander verbunden.

In der britisch besetzten Zone hatte die CDU einen sehr schweren Stand. Die britischen Verwaltungsstellen betrachteten diese nach 1945 gegründete Partei mit großem Mißtrauen, sie glaubten anscheinend, sie sei hauptsächlich von früheren Nazis gegründet. In Großbritannien war eine Labour-Regierung am Ruder, die mit der deutschen Sozialdemokratischen Partei enge Beziehungen hatte. Namhafte Vertreter der SPD hatten während der Zeit des Nationalsozialismus in Großbritannien im Exil gelebt. Die SPD verfügte daher über gute Kontakte zu ihren Parteifreunden in Großbritannien.

Die CDU war zweifellos die stärkste Partei, aber sie mußte alles tun, um

sich der Besatzung gegenüber mit ihren berechtigten Führungsansprüchen durchzusetzen. Die Sozialdemokratische Partei wurde von den britischen Behörden als die Partei der künftigen deutschen Regierung behandelt.
Die Behandlung und Beurteilung der Kommunistischen Partei Deutschlands durch die britischen Militärbehörden war mir unverständlich. Die KPD wurde von den britischen Besatzungsstellen als gleichwertig mit den anderen deutschen Parteien betrachtet und behandelt, fast wie die Sozialdemokratische Partei, jedenfalls besser als die CDU. Die maßgebenden Briten schienen nicht zu wissen oder nicht wissen zu wollen, daß die Kommunisten von Moskau aus geleitet wurden; sie schienen nicht daran zu denken, daß die Sowjetunion die Absicht haben könne, Deutschland dasselbe Schicksal zu bereiten wie Polen, der Tschechoslowakei und anderen Staaten Osteuropas.

2. Die britische Besatzung und die CDU

Wie schwer wir, die CDU, es hatten, uns durchzusetzen, zeigte sich sehr deutlich bei der Arbeit im Provinzialrat der Nord-Rheinprovinz.
In der Nord-Rheinprovinz hatte die britische Militärregierung Ende 1945 einen Provinzialrat berufen, der in der Verwaltung und bei der Lösung wichtiger Probleme beratend helfen sollte.
Mitte Januar 1946 wandte sich Dr. Weitz, der damals Oberbürgermeister der Stadt Duisburg war, an mich mit der Frage, ob ich eventuell bereit sein würde, mich in den „Rheinischen Provinzialrat“ wählen zu lassen. Dr. Weitz schrieb mir, daß die bisherige Zusammensetzung des „Rheinischen Provinzialrats“ in vieler Beziehung völlig unbefriedigend sei. Ich erklärte mich bereit, einem Rufe zu folgen.
Ende März 1946 wurde mir die Genehmigung der Militärregierung zur Berufung als Mitglied dieses nicht-exekutiven Provinzialrates der Nord-Rheinprovinz mitgeteilt.
Wie ich feststellen mußte, stand die Zusammensetzung des Provinzialrates nicht im Einklang mit den parteipolitischen Verhältnissen.
Ich richtete an Oberpräsident Lehr, der Vorsitzender des Provinzialrates war, eine Beschwerde wegen der Zusammensetzung des Provinzialrates. Als Antwort teilte er mir am 5. April 1946 über seine Entstehung folgendes mit:

„Für die Zusammensetzung des Provinzialrates, der ursprünglich nur aus einer kleinen Anzahl von Personen bestehen sollte, hat die Militärregierung der Nord-Rheinprovinz entschieden, daß neben einer bestimmten Anzahl von Vertretern der politischen Parteien eine ebenfalls festgelegte

Anzahl von unpolitischen Repräsentanten berufen werden solle. Hierbei seien Vertreter der Gewerkschaften, der Wirtschaft, der Universitäten, der Kunst, des Handwerks, der Medizin usw. zu berücksichtigen."

Zur Begründung des Verhaltens der britischen Besatzungsmacht wurde angeführt, daß sich die parteipolitische Struktur seit 1933 durch das Entstehen neuer und das Verschwinden früherer Parteien so erheblich gewandelt habe, daß die alten Verhältnisse doch nur einen sehr begrenzten Anhaltspunkt für die Gegenwart bieten könnten. Ich bestand jedoch gegenüber dem Oberpräsidenten Lehr durch ein Schreiben vom 15. April 1946 auf eine andere Berücksichtigung der politischen Parteien. Es müsse die Stärke der politischen Parteien im letzten Provinzial-Landtag vor 1933 wenigstens ungefähr berücksichtigt werden. Das sei aber in keiner Weise geschehen. Ich stellte fest, daß 7 Vertreter der CDU, 6 Vertreter der SPD und 7 Vertreter der KPD berufen seien. Das sei nach unserer Meinung eine Zusammensetzung des aus politischen Vertretern bestehenden Teils des Provinzialrates, die in keiner Weise dem wirklichen Stärkeverhältnis der Parteien entspreche. Ich sei vom Vorstand der CDU, der sich in seiner Sitzung am 10. März 1946 mit dieser Angelegenheit beschäftigt habe, beauftragt, mit allem Nachdruck Verwahrung gegen diese viel zu geringe Berücksichtigung der CDU einzulegen und mit aller Entschiedenheit darauf hinzuwirken, daß eine Änderung erfolge. Wenn man glaube, daß in der Zwischenzeit die parteipolitische Struktur der Bevölkerung sich so erheblich geändert habe, daß die Verhältnisse von 1933 nur einen sehr begrenzten Anhaltspunkt für die Gegenwart zu bieten vermöchten, so dürfe ich auf das Ergebnis der Abstimmung über die konfessionelle Volksschule hinweisen. Diese Abstimmung, die ein für die Gegner der konfessionellen Volksschule vernichtendes Ergebnis gehabt habe, zeige mit vollster Klarheit, daß die Verhältnisse sich höchstwahrscheinlich inzwischen zugunsten der CDU gegenüber dem früheren Verhältnis des Zentrums zu den anderen Parteien geändert haben. Ich wisse nicht, inwieweit Stellen der britischen Militärregierung auf die Zusammensetzung des Provinzialrates einen maßgebenden Einfluß gehabt hätten. Ich sei beauftragt, für den Fall, daß das geschehen sein sollte, dringend zu bitten, diese Stellen der britischen Militärregierung auf die Zurücksetzung der CDU und auf die demokratischen Grundsätzen nicht entsprechende Behandlung der CDU aufmerksam zu machen. Ich wies darauf hin, daß innerhalb der CDU, und zwar bei sehr beachtlichen Stellen der Partei, schon seit längerer Zeit lebhafte Klagen darüber laut geworden seien, daß die CDU auch bei der Besetzung der maßgebenden Stellen innerhalb des Oberpräsidiums ganz offensichtlich zurückgesetzt werde. Ich wolle zunächst nicht in eine ziffernmäßige Nachprüfung dieser Klagen eintreten, dürfe aber doch darauf aufmerksam machen, daß diese Klagen sehr allgemein verbreitet und sehr lebhaft seien. Ich bäte daher, diesen Fragen besondere Aufmerksamkeit zu widmen.

Meine Bemühungen zu erreichen, daß die CDU im „Rheinischen Provinzialrat" trotz der nicht sehr bedeutenden Funktionen, die er hatte, genügend stark vertreten war, gründeten sich auf meine Überzeugung, daß man sich gegenüber der augenscheinlichen Bevorzugung der Sozialdemokraten und der Kommunisten durch die britischen Stellen im Hinblick auf kommende Entwicklungen nicht früh genug und nicht entschieden genug wehren könne.

Es war bekannt geworden, daß die Engländer eine Umgestaltung dieses nicht-exekutiven Provinzialrates in einen ernannten Provinziallandtag planten. Weiter war mir bekannt geworden, daß die Militärregierung beabsichtigte, hierbei ein Verhältnis zwischen CDU, SPD und KPD von 1 : 1 : 1 durchzusetzen. Wir Vertreter der CDU verwiesen nachdrücklich auf die neuesten Wahlen, die im April 1946 in der amerikanischen Zone stattgefunden hatten. Wir betrachteten das von der Militärregierung geplante Verhältnis 1 : 1 : 1 von CDU, SPD und KPD als vollkommen unmöglich. Wir waren uns klar darüber, daß diese Sache Gegenstand sehr harter Verhandlungen mit der Militärregierung werden müsse.

Am 8. Mai 1946 schrieb mir Dr. Lehr, daß er mit Brigadier Barraclough eine sehr ernste Unterredung gehabt habe. Er habe darauf hingewiesen, daß man in Westfalen dem dortigen Provinzialrat ein Stärkeverhältnis von 55 Sitzen der Linken und 45 der sogenannten bürgerlichen Parteien gegeben habe. Dr. Lehr habe darauf hingewiesen, daß durch diese Festsetzung Beunruhigung in der Bevölkerung ausgelöst worden sei und daß bei der gegenwärtigen niedergedrückten Stimmung auf Grund der Ernährungs- und Wirtschaftslage eine politische Krise unter allen Umständen vermieden werden müsse. Dr. Lehr teilte mir mit, daß Brigadier Barraclough ihn beauftragt habe, mich aufzufordern, einen streng persönlich gehaltenen Brief an ihn mit einer kurzen Darstellung meiner Vorschläge und einer präzisen Angabe meiner Bedenken zu schreiben. Am 14. Mai 1946 richtete ich an Barraclough folgenden Brief:

„. . . .

Der Aufforderung des Oberpräsidenten Dr. Lehr nachkommend, erlaube ich mir, im folgenden die Ansichten der Christlich Demokratischen Union der Nord-Rheinprovinz über ihre Beteiligung bei dem jetzt in Bildung begriffenen Provinziallandtag klarzulegen.

Wir gehen davon aus, daß die britische Militärregierung bei der Ernennung der Mitglieder von der Absicht geleitet wird, der Stärke der politischen Parteien innerhalb der Bevölkerung nach Möglichkeit bei der Verteilung der Sitze gerecht zu werden. Diese Stärke genau zu beziffern, ist naturgemäß schwierig. Immerhin bieten sich verschiedene Anhaltspunkte, aus denen man Schlüsse über dieses Stärkeverhältnis ziehen kann. Als solche Anhaltspunkte glauben wir betrachten zu können: das Ergebnis der letzten Wahlen zum Rheinischen Provinziallandtag im Jahre 1929, die Ergebnisse der letzten freien Reichstagswahlen im Jahre 1932 sowie die Wahlen in der amerikanischen Zone, die im Januar und April dieses Jahres stattgefunden haben, auch in gewissem Umfange die Ergebnisse der Abstimmung über die konfessionelle Volksschule, die in der Nord-Rheinprovinz unlängst gewesen ist.

Was insbesondere die Wahl in der amerikanischen Zone angeht, so glauben wir mit Recht sagen zu können, daß die Verhältnisse in dieser Zone und die Verhältnisse in der Nord-Rheinprovinz früher wie jetzt in hohem Maße gleichartig sind. Ich darf bei der Beurteilung des Ergebnisses der Wahlen in der amerikanischen Zone noch besonders darauf hinweisen, daß bei der zweiten Wahl im April 1946 unsere dortigen Bruderparteien gegenüber der ersten Wahl einen erheblichen Stimmenzuwachs erhalten haben, während die Sozialdemokratische Partei in erheblichem Umfange Stimmen eingebüßt hat. Es läßt sich also vielleicht aus der Gegenüberstellung der beiden Wahlen eine gewisse Entwicklungstendenz in der Auffassung der Wähler erkennen.

Bei aller gebotenen Zurückhaltung glauben wir mit absoluter Sicherheit, das eine für die Nord-Rheinprovinz sagen zu können: die KPD und die SPD werden zusammen nicht die Mehrheit der Stimmen bei einer Wahl, die jetzt etwa abgehalten würde, erhalten. Die bei weitem stärkste Partei würde ganz zweifellos die Christlich Demokratische Union sein.

Was das Zentrum und die Demokratische Partei angeht, so wird unseres Erachtens die Stärke des Zentrums erheblich überschätzt. Das Zentrum ist in der Nord-Rheinprovinz zweifellos schon im Rückgang befindlich. Wir glauben nicht, daß es eine irgendwie nennenswerte Stimmenzahl auf sich wird vereinen können, abgesehen von einigen kleineren Orten, in denen besondere Verhältnisse vorliegen. Die Demokratische Partei hat in der Nord-Rheinprovinz niemals eine Bedeutung gehabt; sie wird es auch in Zukunft nicht haben. Überraschend ist bei den Wahlen in Württemberg, daß selbst dort, wo vor 1933 die Demokratische Partei eine überzeugte traditionelle Wählerschaft hatte, nur ein geringer Prozentsatz der Stimmen (11 %) für sie abgegeben worden ist . . ."

Ich war der Auffassung, daß die CDU für sich so viele Sitze haben mußte wie die beiden marxistischen Parteien zusammengenommen.

Am 13. Oktober 1946 sollten laut Bestimmung der Militärregierung die Kreistagswahlen stattfinden. Nach meiner Meinung mußten zum gleichen Zeitpunkt auch Wahlen zum „Rheinischen Provinziallandtag" erfolgen. Ich hielt es für richtig, bei den Wahlen die Vorschriften der früheren preußischen gesetzlichen Bestimmungen für die Provinziallandtagswahlen zugrunde zu legen, natürlich mit zeitgemäßen Abänderungen. Mit Schreiben vom 14. Juli 1946 an den Oberpräsidenten der Nord-Rheinprovinz machte ich namens der CDU diesen Vorschlag. Diesem Schritt ging folgendes voraus:

Auf einer Tagung des Zonenbeirats in Hamburg am 10. Juli 1946 hatte ich meinen Antrag wiederholt, daß die Wahlen zum Provinziallandtag für Nordrhein-Westfalen am 13. Oktober gleichzeitig mit den Kreistagswahlen abgehalten werden sollten. Die Militärregierung hatte nach anfänglichem Zögern die Zulassung zur Behandlung dieses Antrags ausgesprochen. Der Antrag wurde jedoch mit einer kleinen Stimmenmehrheit abgelehnt. Unter denjenigen, die sich gegen meinen Antrag ausgesprochen hatten, war, wie ich bereits in Kapitel III erwähnt habe, der Vorsitzende der Sozialdemokratischen Partei, Dr. Kurt Schumacher. Der SPD konnte nicht viel daran liegen, ihre durch die Hilfe der Militärregierung starke Stellung durch eine Wahl schwächen zu lassen. Sie hatte deshalb kein Interesse daran, meinen Antrag zu unterstützen.

Die Mitglieder des Landtags von Nordrhein-Westfalen wurden also nicht in freier Wahl bestimmt, sondern sie wurden auf Anordnung der britischen Militärregierung vom 29. August 1946 von der Besatzung ernannt. Bei der Auswahl der Mitglieder und der Verteilung der Mandate auf die einzelnen Parteien war die von der Militärregierung gleichfalls ernannte Landesregierung nicht beteiligt. Die Zusammensetzung des 200 Mitglieder zählenden nordrhein-westfälischen Landtags sah folgendermaßen aus:

SPD	71 Mitglieder
CDU	66 Mitglieder
KPD	34 Mitglieder
Zentrum	18 Mitglieder
FDP	9 Mitglieder
Unabhängige	2 Mitglieder

Die Eröffnungssitzung des Landtags von Nordrhein-Westfalen fand am 2. Oktober 1946 statt.

Am 13. Oktober erfolgten freie Wahlen zu den Kreistagen. Nach Bekanntwerden des Ergebnisses dieser Wahlen, die für die CDU sehr günstig ausgefallen waren, veröffentlichte der Zonenausschuß der CDU der britischen Zone am 17. Oktober 1946 eine Entschließung, in der er die Ansicht vertrat, daß der Ausgang der Kreistagswahlen weittragende politische Konsequenzen haben müsse. Die Zusammensetzung der ernannten Landesregierungen und auch der ernannten Landtage in der britischen Zone müsse nunmehr entsprechend dem frei ausgesprochenen Willen der Bevölkerung erfolgen. Ergänzend muß ich hierzu sagen, daß nicht nur im Lande Nordrhein-Westfalen, sondern auch in den inzwischen in der britischen Zone geschaffenen Ländern Niedersachsen, Schleswig-Holstein und Hamburg ein ähnliches Verfahren von seiten der Militärregierung angewandt worden war wie in Nordrhein-Westfalen.

Der Ausfall der Kreistagswahlen war derartig, daß die britische Militärregierung die bisherige Verteilung der Landtagsmandate auf die Parteien nicht aufrechterhalten konnte. Sie nahm im Laufe des Dezember 1946 eine neue Verteilung der Sitze des Landtags Nordrhein-Westfalens vor, die wie folgt aussah:

CDU	92
SPD	66
KPD	19
Zentrum	12
FDP	9
Unabhängige	2
	200

Unsere Haltung gegenüber den Versuchen der britischen Militärregierung, die Sozialdemokraten an die Macht zu bringen, war in der Folge entscheidend für den Ausfall der ersten Bundestagswahl 1949.

3. Das Verhältnis der CDU zu den anderen Parteien

Die Gemeindewahlen vom 5. September 1946 und die Kreistagswahlen vom 13. Oktober 1946 hatten meines Erachtens für die britische Zone eine über sonstige Gemeinde- und Kreistagswahlen hinausgehende Bedeutung, weil sie die ersten freien Wahlen in der britischen Zone waren und aus ihnen zum ersten Mal auf den politischen Willen der Bevölkerung geschlossen werden konnte. Dieser Wahlkampf mußte auf prinzipieller Grundlage klar und unerbittlich gegen die anderen Parteien geführt werden. In den Monaten bis September und Oktober 1946 konzentrierten wir in der CDU uns in allen Parteiinstanzen ganz auf diese Wahlen. Die Aussichten für den Erfolg der CDU schienen mir gut zu sein.

Die Umrisse der Parteien hatten in diesen Monaten der Gemeinde- und Kreistagswahlen begonnen, sich klar abzuzeichnen. Das Gefühl der Gemeinsamkeit, das zunächst alle beherrschte, als der Druck des Nationalsozialismus von uns genommen wurde, war einem Kampf der Parteien gegeneinander gewichen.

Ende September 1945 hatte in Bad Godesberg eine Zusammenkunft führender Vertreter der CDU und SPD stattgefunden. Als Führer der SPD war Herr Severing erschienen. Vertreter der CDU waren die Herren Lehr, Müller, Schwering, Warsch und ich. Aus der Überzeugung heraus, daß die CDU und die SPD als die beiden größten Parteien in gemeinsamer Arbeit das deutsche Volk aus seinem Elend herausführen müßten, kam man zu dem Übereinkommen gegenseitiger Rücksichtnahme, jedoch ohne Verwischung der Verschiedenheit der politischen Auffassung in prinzipiellen Fragen. Dieses Abkommen wurde von seiten der SPD nicht eingehalten. Die SPD machte gegen die CDU beleidigende Äußerungen. So behauptete die SPD zum Beispiel, die CDU sei keine weltanschauliche, sondern eine rein besitzverteidigende Partei, die sich des Christentums nur als Tarnung bediene. Die SPD habe in Deutschland den Führungsanspruch, weil sie allein von allen Parteien seit 80 Jahren die Prinzipien des Friedens und der Demokratie hochgehalten habe. Äußerungen wie diese entsprachen nicht dem Abkommen vom September 1945.

Die Gegensätze zwischen CDU und SPD traten deutlich hervor auf dem ersten Parteitag der SPD, der im Mai 1946 in Hannover stattfand und der der erste Parteitag der SPD nach dem Zusammenbruch 1945 war. Dr. Schumacher führte auf diesem Parteitag am 10. Mai 1946 unter anderem folgendes aus:

„Wenn ihr die Demokratie nach ihrem wirklichen Fundament befragt, dann muß ich mit Schmerz feststellen, daß die Demokratie heute in Deutschland noch nicht viel stärker ist als die Sozialdemokratische Partei. Alle anderen haben erst das Kriegspotential und die Überlegenheit der angelsächsischen Waffen gebraucht, um ihr Herz für die Demokratie zu entdecken. Wir, die SPD, haben das nicht nötig gehabt, wir würden Demokraten sein, auch wenn die Engländer und Amerikaner Faschisten wären."

Weiter sagte er:

„Wir haben als Sozialdemokraten gar keine Veranlassung, den Marxismus in Bausch und Bogen zu verdammen und über Bord zu werfen ... Der

Marxismus ist in seinen beiden wichtigsten Formen der ökonomischen Geschichtsauffassung und der des Klassenkampfes nichts Überaltetes.“

An den gegenwärtigen, im Entstehen begriffenen politischen Parteien bemängelte Schumacher in dieser Rede, daß darin zu viele Kräfte des bloßen Traditionalismus lebendig seien.

„Besonders die Führer der wiedererstehenden bürgerlichen Parteien leben noch ganz in der Vorstellungswelt von 1932. Die Art der politischen Praxis von damals hat sich im Eiskeller der Diktaturperiode leider nur zu gut erhalten. Dies wird besonders an der CDU sichtbar.“

Ausführungen dieser Art verlangten natürlich eine harte Erwiderung von seiten der CDU und trugen erheblich zur Verschärfung des Wahlkampfes bei.
Zur Wirtschaftspolitik sagte Schumacher folgendes:

„Planung ist die erste Voraussetzung zur Vermeidung der deutschen Katastrophe, und wir erleben bereits eine Opposition in den bürgerlichen Parteien gegen diese Planwirtschaft. Entweder wird es uns gelingen, Deutschland in seiner Ökonomie sozialistisch und in seiner Politik demokratisch zu formen, oder wir werden aufhören, ein deutsches Volk zu sein ... Wir müssen die radikale Agrarreform haben, und zwar müssen wir diese radikale, produktionssteigernde, genossenschaftlich zu fördernde und viele Neubauernstellen schaffende Agrarreform jetzt haben.“

Der Mann, der diese Ausführungen machte, der von seiner Partei behauptete, die einzige demokratische Partei Deutschlands zu sein, hatte im Zonenbeirat verhindert, daß freie Wahlen auch für die Landtage abgehalten werden konnten. Er, der sich anmaßte, sich und seine Partei als die einzigen demokratischen Vertreter Deutschlands hinzustellen, wollte Maßnahmen, wie zum Beispiel eine radikale Agrarreform, durchführen, ohne daß frei gewählte Parlamente die Entscheidung darüber treffen konnten.
Dr. Kurt Schumacher dachte in den Kategorien des Klassenkampfes. Kapitalismus und Sozialismus gehören der gleichen Epoche an. Beide beruhen auf einem diesseitigen Denken, auf einer Überbewertung des Ökonomischen, der Wirtschaft, sei sie kapitalistisch, sei sie sozialistisch gestaltet. Die materialistische Geschichtsauffassung liegt dem Sozialismus zugrunde, nach dem die Produktion und der Austausch der Produkte die Grundlage allen Seins und allen Geschehens sind. Der Marxismus gilt jedoch als wissenschaftlich überwunden. Doch Dr. Schumacher schien den Marxismus noch immer als grundlegend zu bewerten.

Die Frage, ob Planwirtschaft oder aber eine freie Wirtschaft, spielte eine sehr große Rolle in den parteipolitischen Auseinandersetzungen dieses ersten Wahlkampfes von 1946. Die Auseinandersetzungen waren jedoch insofern mehr theoretischer Natur, als schließlich alle Entscheidungen von den Engländern getroffen wurden.

Beispiele hierfür waren Anordnungen wie die Übernahme der Kriegsversehrten und Kriegshinterbliebenen ab 1. August 1946 auf die Invalidenversicherung und weitgehende Erneuerungen der Steuergesetze. Das sind nur zwei Beispiele. Ich könnte noch mehr anführen.

Diese Entscheidungen wurden getroffen, ohne daß gewählte Vertreter der Bevölkerung sich dazu überhaupt äußern konnten.

In jenen sehr schweren Jahren tauchte immer wieder die Frage auf, ob es nicht möglich sei, daß die beiden stärksten Parteien, die CDU und die SPD, unter Zurückstellung der sie trennenden Fragen im Interesse des deutschen Volkes gemeinsam handelten. Ich habe mir im Laufe der Jahre nach dem Zusammenbruch die ernsteste Mühe gegeben, in Fragen, die für unser Volk von größter Bedeutung waren, mit der SPD zu einem gemeinsamen Handeln zu kommen. Diese meine Bemühungen sind leider erfolglos geblieben.

Die Not in Deutschland nach 1945 war derart groß, daß es sehr wertvoll gewesen wäre, wenn alle deutschen Parteien eine gemeinsame Linie gegenüber den alliierten Siegermächten eingenommen hätten. Ich unternahm im Laufe der ersten Nachkriegsjahre mehrfach Versuche, um zunächst mit den Sozialdemokraten, neben der CDU die größte Partei Deutschlands, eine gemeinsame Haltung in den für das deutsche Volk lebenswichtigen Fragen zu erreichen. Nach den Kreistagswahlen vom 13. Oktober 1946 habe ich in meiner Eigenschaft als Vorsitzender der CDU der britischen Zone an den Zentralvorstand der SPD ein Schreiben gerichtet des Inhalts, die SPD und die CDU seien die beiden stärksten Parteien und trügen deshalb auch den größten Teil der Verantwortung für das deutsche Volk. Ich stellte in meinem Schreiben die Frage, ob die SPD bereit sei, mit der CDU entsprechend dem Stärkeverhältnis zusammenzuarbeiten, und ob sie bereit sei, die nachgeordneten Organisationen mit einer solchen Anweisung zu versehen.

Der Zentralvorstand der SPD hat auf dieses Schreiben zunächst nicht geantwortet. Nach etwa acht oder neun Tagen habe ich telegrafisch um Beantwortung ersucht; dann hat es noch weitere vier oder fünf Tage gedauert, bis eine Antwort von Dr. Schumacher eintraf, sie war negativ. Dr. Schumacher verlangte von der CDU, daß wir bei einer Zusammenarbeit mit der SPD das sozialistische Programm anerkennen müßten. Daraufhin stellte ich den Briefwechsel mit Dr. Schumacher ein.

Die Lage in Deutschland spitzte sich infolge Arbeitslosigkeit, mangelnder Ernährung, Kohlenknappheit und der sich allgemein ausbreitenden Hoffnungslosigkeit immer weiter zu. Die CDU unternahm erneut im Laufe des Jahres 1947 den Versuch, dieses Mal auf breiterer Ebene, eine Nationale Repräsentanz, das heißt eine einheitliche Haltung aller Parteien Deutschlands zu den uns bedrückenden Fragen zu erreichen. Unsere Bemühungen scheiterten an der Weigerung Dr. Schumachers zu einer Mitarbeit. Die CDU hatte in allen ihren Sitzungen, Tagungen und Beschlüssen immer wieder die Forderung nach der Einheit Deutschlands und Beseitigung der Zonengrenzen aufgestellt. Es schien uns, daß dieses Verlangen eindrucksvoller vorgebracht würde, wenn es von allen deutschen Parteien gemeinsam getragen wäre. Die CDU war bei ihren Bemühungen um Aufstellung einer Nationalen Repräsentanz an alle Vertreter der Zonenparteien, unter anderem auch an die Führer der SED, herangetreten. Hier waren es namentlich Lemmer und Kaiser, die diese Schritte unternahmen.

Dr. Schumacher lehnte die Mitarbeit der SPD an der von uns erstrebten Nationalen Repräsentanz ab mit der Begründung, daß, solange die Voraussetzungen in der russischen Zone für einen demokratischen Aufbau nicht gegeben seien – er verstand hierunter in der Hauptsache die Zulassung der SPD –, er nicht die Möglichkeit erblicke, für seine Partei mit der SED zu verhandeln. Im Frühjahr 1946 war, wie ich hier ergänzend einfügen muß, auf Druck der sowjetischen Besatzungsmacht die KPD mit der SPD zur SED verschmolzen worden.

Die CDU/CSU beschloß angesichts der politischen Lage, daß wir unsere Bemühungen hinsichtlich der Bildung einer Gesamtvertretung der politischen Parteien Deutschlands nicht aufgeben dürften. Wir waren der Auffassung, daß alles unternommen werden mußte, um eine Aufspaltung Deutschlands in zwei Teile zu verhindern. An dem Scheitern unserer Bemühungen um ein gemeinsames Vorgehen aller Parteien trug allein Dr. Schumacher die Schuld. Soweit ich in Erfahrung bringen konnte, fand seine Haltung innerhalb seiner eigenen Partei eine geteilte Aufnahme, seine Ansichten aber setzten sich durch.

Später unternahm ich nochmals Schritte für ein Zusammengehen mit der SPD. Ich schlug nochmals vor, gemeinsam zu überlegen, ob nicht unsere beiden Parteien unter Zurückstellung all des Trennenden eine gemeinsame Linie der Zusammenarbeit finden könnten. Diesen Vorschlag habe ich Ende des Jahres 1947 gemacht. Dr. Schumacher erwiderte mir, mein Vorschlag sei sehr interessant, er käme darauf zurück. Ich habe in dieser Beziehung aber nichts mehr von ihm gehört. Ich wiederholte meinen Vorschlag, und zwar über den schleswig-holsteinischen Ministerpräsidenten Lüdemann.

Wiederum erhielt ich keine Antwort. Als ich Lüdemann fragte, was er erreicht hätte, sagte er mir: „Dr. Schumacher will nicht.“

Obgleich die CDU bereit war, in lebenswichtigen Fragen mit der SPD zusammenzugehen, war es für die Entwicklung des Parteiwesens wichtig, sich programmatisch mit aller Schärfe bei Wahlkämpfen, wie sie in den Jahren nach 1946, sei es zu Kreistags-, sei es zu Landtagswahlen, stattfanden, von der SPD abzusetzen, und zwar insbesondere, was das Weltanschauliche und Kulturelle betraf. Auf weltanschaulichem Gebiet bestanden schärfste Gegensätze zwischen den Sozialdemokraten und der CDU, ebenso auf kulturellem und auf kirchlichem Gebiet. Am deutlichsten zeigte sich das in der Schulfrage. Die SPD erkannte das Recht der Eltern nicht an, ihre Kinder in frei von ihnen zu wählende Schulen zu schicken. Sie lehnten die konfessionelle Volksschule auch dort ab, wo die Eltern sie für ihre Kinder verlangten.

Der Gegensatz zwischen der CDU und der SPD verschärfte sich durch die immer wieder von Schumacher und dem Vorstand der SPD erhobene Forderung nach dem politischen Führungsanspruch der SPD in Deutschland. Das erste Mal sprach Dr. Schumacher diese Forderung aus in den im September 1945 von ihm herausgegebenen politischen Richtlinien für die SPD in ihrem Verhältnis zu den anderen politischen Faktoren in Deutschland. Seitdem wurde diese Forderung immer wieder neu gestellt.

In der CDU und der SPD standen sich auch wirtschaftlich zwei völlig entgegengesetzte Weltanschauungen gegenüber. Die verschiedenen Ansichten über die Neuordnung der zerrütteten wirtschaftlichen Verhältnisse waren jedoch nur ein Ausschnitt aus den grundsätzlichen Auseinandersetzungen zwischen CDU/CSU und SPD.

Die CDU hatte beschlossen, daß in dem Wahlkampf für die Gemeinde- und Kreistagswahlen keine Wahlkompromisse geschlossen werden sollten mit der KPD, mit der SPD und mit dem Zentrum. Die Frage, ob dies möglich wäre mit den Freien Demokraten, ließen wir offen.

Die FDP zeigte schon damals, im Jahre 1946, aber auch in den folgenden Jahren, in den verschiedenen Ländern Deutschlands überall ein anderes Gesicht. Sie hatte ein anderes Gesicht in Hamburg wie etwa in Nordrhein-Westfalen.

In manchen Punkten stimmten wir mit der FDP überein. Das traf zu bei der gemeinsamen Ablehnung einer radikalen Sozialisierung oder der Verstaatlichung von Schlüsselindustrien. In vielen Punkten waren wir jedoch scharfe Gegner. Das war besonders der Fall in der Behandlung der Frage des Elternrechts und der mit dieser Frage zusammenhängenden Ordnung des Schulwesens.

Im Landtag von Nordrhein-Westfalen herrschte eine relativ gute Zusammenarbeit zwischen der CDU und der FDP. Ich war bestrebt, daß die CDU mit der FDP, wo das möglich war, ein verständiges Verhältnis unterhielt, ohne daß wir unsere prinzipiellen Meinungsverschiedenheiten dabei aufgeben mußten.

Die KPD hatte je nach dem Land, in dem sie wirkte, ein anderes Auftreten. So sprach sie in der britischen und auch in der amerikanischen Zone sehr oft und sehr laut von Demokratie, von Nationalgefühl und von deutscher Einheit. In den westlichen Zonen Deutschlands tat sie so, als ob sie allein von allen Parteien national empfinde. In der Sowjetzone aber, in der die KPD die SPD gezwungen hatte, unter sowjetrussischem Druck sich mit ihr zu einer Partei, der SED, zusammenzuschließen, handelte sie keineswegs demokratisch, und ihr nationaler Mantel zeigte dort sehr große Löcher. Die KPD zeigte sich in all den Jahren nach 1945 als eine hundertprozentig marxistische, ihrem Wesen nach totalitäre Klassenkampfpartei. Außenpolitisch war sie absolut einseitig orientiert und verlangte auch von dem gesamten deutschen Volk eine einseitig orientierte Außenpolitik zu Sowjetrußland hin.

4. Planwirtschaft?

Eines der wesentlichsten Probleme auf wirtschaftlichem Gebiet war während der Jahre 1946, 1947 und 1948 die Frage der Sozialisierung und der Planwirtschaft. Die britische Militärregierung versuchte, den deutschen Verwaltungs- und Regierungsstellen vorzuschreiben, was sie für richtig hielt, und das waren Maßnahmen im Sinne der sozialistischen Labour Party, die zu der Zeit in Großbritannien an der Regierung war.

Ein großes Gefahrenmoment waren Anfang des Jahres 1947 Pläne Englands, in der britischen Zone, in der das wichtigste Industriegebiet Deutschlands lag, Verstaatlichungen im großen Umfange durchzuführen. Der britische Außenminister Bevin und der britische Minister Hynd hatten deutlich davon gesprochen. Sie hatten erklärt, die Schlüsselindustrien dürften niemals wieder in die Hand derjenigen zurückkehren, die sie mißbraucht hätten, um dadurch Hitler und dessen Bestrebungen zu unterstützen. Deshalb schlügen sie, die Briten, vor, daß diese Industrien dem neu zu schaffenden deutschen Staat übertragen werden sollten. Wenn die britischen Absichten durchgeführt worden wären, wenn diese Industrien staatlichen Zentralinstanzen unterstellt worden wären, dann hätte der künftige deutsche Staat eine größere Macht gegenüber dem Volk besessen, als sie der nationalsozialistische Staat in den ersten Jahren seines Bestehens gehabt hatte.

Die Frage der Sozialisierung war von größter Bedeutung für unsere zukünftige Entwicklung, und die Maßnahmen, die die Engländer ankündigten, erschienen mir für unsere Zukunft sehr gefährlich.

In einem Gespräch mit einem Vertreter der britischen Zeitung „Daily Mail" im Januar 1947 sagte ich diesem, mir scheine, daß es gut wäre, wenn die öffentliche Meinung der alliierten Länder sich einmal sehr ernsthaft mit der Frage beschäftige, welche Wirkung fortgesetzte Verstöße gegen das Völkerrecht, wie sie in Deutschland vorkamen, auf die beabsichtigte „Umerziehung des deutschen Volkes" ausübten, wenn dem deutschen Volk immer wieder vor Augen geführt werde, daß der nationalsozialistische Grundsatz „Gewalt geht vor Recht" anscheinend auch durchaus bei anderen Völkern gelte. Nach meiner Auffassung habe über die künftige Struktur der deutschen Wirtschaft lediglich das deutsche Volk durch freigewählte Abgeordnete zu entscheiden. Auf Grund der bitteren Erfahrungen, die wir namentlich nach 1933 gemacht hätten, seien wir, die Vertreter der CDU, entschiedene Gegner der Zusammenballung großer wirtschaftlicher Macht in der Hand von Privatpersonen oder in der Hand des Staates. Wir hätten das in unserem Programm vom 1. März 1946 ausdrücklich erklärt. Das gleiche Prinzip, das wir bei der Gestaltung der politischen Verhältnisse angewandt wissen wollten, das heißt keine Vereinigung zu großer politischer Macht an einer Stelle, sondern föderative und demokratische Verteilung der politischen Macht, wollten wir auch in der Wirtschaft zur Geltung gebracht wissen; wirtschaftliche Macht bringe politische Macht. Die CDU trete wohl für eine landwirtschaftliche Bodenreform ein, die die politischen Gefahren des Großgrundbesitzes beseitige. Wir träten auch ein für eine Reform der industriellen Wirtschaft, die durch Verteilung der wirtschaftlichen Macht jedem Mißbrauch, der die Freiheit bedrohe, vorbeuge. Eine Verstaatlichung der Schlüsselindustrien lehnten wir jedoch ab. Wer die Schlüsselindustrien in der Hand habe, beherrsche, wie schon der Name erkennen läßt, die gesamte Wirtschaft. Der Staat, der die Schlüsselindustrien in Händen habe, besäße dadurch eine Macht, wie sie sich Hitler erst mehrere Jahre nach 1933 schrittweise errungen habe. Ich bäte, doch nicht in diesem Zusammenhang den Einwand zu bringen, daß der Staat diese Macht nicht mißbrauchen könne, weil er durch die politischen Parlamente kontrolliert werde. Wir hätten in Deutschland 1933 erlebt, wie es unter Anwendung einer demokratischen Verfassung durchaus möglich war, die Kontrolle des Parlaments zu beseitigen. Wir, die CDU, wollten unter keinen Umständen die Wiederherstellung solcher Zustände. Weite Kreise der CDU neigten zu der Auffassung, daß bei den Schlüsselindustrien das machtverteilende Prinzip angewandt werden müsse, das heißt Anwendung des Grundsatzes der Verteilung der wirtschaftlichen Macht unter öffentliche und private Instanzen, ohne Ausschaltung der unternehmerischen Initiative, die zum Wiederaufbau Deutschlands unbedingt notwendig sei. Die britische Regierung habe wiederholt erklärt, daß die Schlüsselindustrien nicht an ihre früheren Eigentümer zurückgegeben werden dürften. Soweit ich informiert sei, handelte es sich bei den bisherigen Eigentümern ausschließlich um Gesellschaften. Wir teilten die Ansicht der britischen Regierung, soweit es sich um Gesellschaftsanteile handele, die Kriegsverbrechern, aktiven Nationalsozialisten und Kriegsgewinnlern gehörten. Wir teilten die Ansicht der britischen Regierung dagegen nicht, soweit die Gesellschaftsanteile politisch einwandfreien Personen gehörten. Es gebe über eine Million Inhaber von Aktien der Schlüsselindustrien, deren durchschnittlicher Aktienbesitz 4000 bis 5000 Reichsmark seien. Dieser Personenkreis habe in solchen Aktien in der Regel seine Ersparnisse angelegt. Die CDU sähe nicht ein, warum diese Leute enteignet werden sollten, und zwar ohne Entschädigung. Gegen ein derartiges Verfahren in der Sowjetzone habe sich die britische Öffentlichkeit einmütig und mit großer Entschiedenheit gewehrt. Ich verstünde nicht, warum nicht die gleiche Haltung der britischen öffentlichen Meinung auch für die britische Zone Deutschlands gelten solle.

Die Bedeutung der Frage der Sozialisierung nahm immer mehr zu, und die CDU sah sich veranlaßt, ihre Auffassung hierzu genau und präzise festzulegen.

Der Sozialismus der deutschen Sozialdemokraten war absolut materialistischer Natur. Dr. Schumacher hatte sich zum Marxismus des Klassenkampfes und zur ökonomischen Geschichtsauffassung im Mai des Jahres 1946 auf dem Parteitag der SPD in Hannover bekannt.

Die deutsche Wirtschaft war durch den Nationalsozialismus, den Krieg, den Zusammenbruch zum Teil völlig vernichtet, zum Teil in einer nicht zu beschreibenden Unordnung. Alles, was sich sozialisieren, das heißt verstaatlichen ließe, zu verstaatlichen, war ein einfaches, aber ein tödliches Rezept. Es hätte die schöpferische Kraft des einzelnen, ohne die ein Wiederaufbau nach dieser totalen Zerstörung nicht möglich war, nicht zur Geltung kommen lassen. Es hätte auch die wirtschaftliche Kraft der Einzelpersönlichkeit, die in nicht unerheblichem Umfange noch vorhanden war, nicht nutzbringend verwendet. Wir standen vor einem nicht überschaubaren Berge, der Scherben, aber auch brauchbares Material enthielt. Ehe man dazu überging, eine Ordnung aufzubauen, mußte man Klarheit darüber gewinnen, was dieser Berg noch an Brauchbarem enthielt. Wir gingen davon aus, daß es keinen allmächtigen Staat geben dürfe wie zur Zeit des Nationalsozialismus, daß überall die Würde und die Rechte der Einzelperson geachtet werden müßten, daß auch in der Wirtschaft der Mensch, seine Freiheit, sein Wohlergehen das Ziel sein müsse, daß nur ein freies Volk das gigantische Werk des Aufbaus einer neuen Wirtschaft durchführen könne. In zahlreichen Besprechungen und Untersuchungen suchten wir Lösungen für die sich uns stellenden Probleme zu finden.

Marksteine in diesen Untersuchungen und Überlegungen wurden die Zonenausschußsitzungen der CDU der britischen Zone in Neheim-Hüsten Ende Februar 1946 und in Ahlen Anfang Februar 1947. Das Fundament der Haltung der CDU/CSU im Bundestagswahlkampf 1949, soweit es sich auf die Wirtschaft erstreckte, stellten die „Düsseldorfer Leitsätze über Wirtschaftspolitik, Landwirtschaftspolitik, Sozialpolitik und Wohnungsbau" der Arbeitsgemeinschaft der CDU/CSU vom Juli 1949 dar.

Eine Mehrheit, bei der die CDU/CSU eine führende Rolle spielte, hatte im Frankfurter Wirtschaftsrat, der im Februar 1947 auf Anordnung der amerikanischen und britischen Militärregierung geschaffen worden war, gegen die Stimmen der SPD die Verantwortung auf sich genommen, die bis dahin betriebene Wirtschaftspolitik auf die sogenannte „soziale Marktwirtschaft" radikal umzustellen. Jeder sah den Erfolg dieser Umstellung, und wenn man bedenkt, daß die Zwangs- und Planwirtschaft schon seit dem Jahre 1934/1935 bestanden hatte, dann war nicht zu erwarten, daß nun in kurzer Zeit alle Schäden ausgemerzt wurden und ohne weiteres alles zum Guten gewendet werden konnte. Dazu gehörten Zeit und Geduld. Jedoch die schon nach wenigen Monaten verzeichneten Erfolge waren verblüffend.

Die SPD sagte zu diesen Erfolgen: Ja, eine Änderung ist eingetreten, aber die Änderung kommt nicht durch die soziale Marktwirtschaft, sondern sie kommt erstens durch die Währungsreform, zweitens durch den Marshall-Plan und drittens durch den milden Winter. Aber alles das ist nur Scheinblüte.

Professor Nölting, Wirtschaftsminister von Nordrhein-Westfalen, der von den Sozialdemokraten ausersehen war, für den Fall, daß die Sozialdemokratie die Bundesregierung bilden konnte, Wirtschaftsminister zu werden, hatte in einer Rede ausgeführt, daß der Zusammenbruch unserer Wirtschaft nur verdeckt werde durch eine gewisse Saisonblüte. Aber wenn diese im Herbst vorbei sei, dann würde das deutsche Volk Schaudervolles erleben. Unsere Währung würde dann wahrscheinlich zusammenbrechen.

Es waren jedoch nicht allein die Währungsreform, die Marshall-Plan-Hilfe und der milde Winter von 1948/1949, die den wirtschaftlichen Aufschwung in der Bizone gebracht hatten. Denn das zeigte sich sehr klar an dem Beispiel der französischen Zone. In der französischen Zone wurde gleichzeitig wie in der britischen und amerikanischen Zone die Umstellung der Währung durchgeführt, und auch die französische Zone nahm Anteil am Marshall-Plan, aber dort fand nicht gleichzeitig eine Umstellung der Wirtschaftsform statt. Und was war das Ergebnis? Die französische Zone blieb in ihrer Stagnation, in der sie sich vor der Währungsreform befand.

Außerdem muß man unterstreichen, was Professor Erhard, der Direktor des Wirtschaftsrates in Frankfurt, sagte: „Die Einfuhr von Rohstoffen auf Grund des Marshall-Planes erfolgte erst Ende des Jahres 1948, und die Ankurbelung der Wirtschaft setzte fast schlagartig in dem Augenblick ein, als wieder der Wettbewerb zur Geltung kam und die soziale Marktwirtschaft eingeführt wurde."

Was nun den milden Winter anging, so hatte er vielleicht auch einiges zu dem wirtschaftlichen Aufschwung beigetragen, aber ich glaube nicht, daß man vom milden Winter allein leben kann.

Zur sozialen Marktwirtschaft möchte ich im folgenden aus einer Broschüre der Christlich Demokratischen Union und der Christlich Sozialen Union vom Juli 1949 zitieren, in der die soziale Marktwirtschaft folgendermaßen erläutert ist:

„Die ‚soziale Marktwirtschaft' ist die sozial gebundene Verfassung der gewerblichen Wirtschaft, in der die Leistung freier und tüchtiger Menschen in eine Ordnung gebracht wird, die ein Höchstmaß von wirtschaftlichem Nutzen und sozialer Gerechtigkeit für alle erbringt. Diese Ordnung wird geschaffen durch Freiheit und Bindung, die in der ‚sozialen Marktwirtschaft' durch echten Leistungswettbewerb und unabhängige Monopolkontrolle zum Ausdruck kommen. Echter Leistungswettbewerb liegt vor, wenn durch eine Wettbewerbsordnung sichergestellt ist, daß bei gleichen Chancen und fairen Wettkampfbedingungen in freier Konkurrenz die bessere Leistung belohnt wird. Das Zusammenwirken aller Beteiligten wird durch marktgerechte Preise gesteuert.

Die ‚soziale Marktwirtschaft' steht im scharfen Gegensatz zum System der Planwirtschaft, die wir ablehnen, ganz gleich, ob in ihr die Lenkungsstellen zentral oder dezentral, staatlich oder selbstverwaltungsmäßig organisiert sind. Die ‚soziale Marktwirtschaft' steht auch im Gegensatz zur sogenannten ‚freien Wirtschaft' liberalistischer Prägung. Um einen Rückfall in die ‚freie Wirtschaft' zu vermeiden, ist zur Sicherung des Leistungswettbewerbs die unabhängige Monopolkontrolle nötig. Denn so wenig der Staat oder halböffentliche Stellen die gewerbliche Wirtschaft und einzelne Märkte lenken sollen, so wenig dürfen Privatpersonen und private Verbände derartige Lenkungsaufgaben übernehmen.

Die ‚soziale Marktwirtschaft' verzichtet auf Planung und Lenkung von Produktion, Arbeitskraft und Absatz.

Die ‚soziale Marktwirtschaft' bejaht jedoch die planvolle Beeinflussung der Wirtschaft mit den organischen Mitteln einer umfassenden Wirtschaftspolitik auf Grund einer elastischen Anpassung an die Marktbeobachtung. Diese Wirtschaftspolitik führt in sinnvoller Kombination von Geld- und Kredit-, Handels- und Zoll-, Steuer-, Investitions- und Sozialpolitik sowie anderen Maßnahmen dazu, daß die Wirtschaft in Erfüllung ihrer letzten Zielsetzung der Wohlfahrt und der Bedarfsdeckung des ganzen Volkes dient. Diese Bedarfsdeckung hat selbstverständlich auch eine angemessene Versorgung des notleidenden Teiles der Bevölkerung zu umfassen."

5. Europa

Die beiden Weltkriege, der Krieg von 1914/1918 und der Krieg von 1939/1945, waren in Europa ausgebrochen. Sie hatten in der ganzen Welt zerstörende Wirkungen ausgelöst. Die größten Verwüstungen jeglicher Art waren jedoch in den europäischen Stammländern angerichtet worden.

Die Lage Europas hatte sich in den letzten 50 Jahren von Grund auf geändert. Seit Beginn des zwanzigsten Jahrhunderts waren die europäischen Länder durch den Aufstieg der Vereinigten Staaten und durch die kriegerischen Wirren in Europa in ihrer politischen und wirtschaftlichen Bedeutung gesunken. Aus dem Zweiten Weltkrieg war wohl keine der kriegführenden Mächte mit einem solchen Zuwachs an Land, Bevölkerung und politischer Macht hervorgegangen wie Sowjetrußland, das jetzt an der Elbe mitten in Deutschland steht. Um die Tradition und um den Bestand der europäischen Länder, insbesondere gegen den großen kommunistischen Machtblock im Osten, zu wahren, war die Schaffung eines vereinten Europas notwendiger denn je.

Vorschläge und Gedanken des französischen Staatsmannes Aristide Briand aus dem Jahre 1929 über einen föderativen Zusammenschluß Europas, die leider keine politische Gestalt angenommen hatten, wurden nach dem Ende des Zweiten Weltkrieges unter anderen von General de Gaulle erneut aufgenommen. Erst Winston Churchill gelang es jedoch durch eine Rede, die er am 19. September 1946 in Zürich über die „Vereinigten Staaten von Europa" hielt, das Weltinteresse wieder auf diese Frage zu lenken. Das Interesse an der Schaffung eines vereinigten Europas ist seitdem nicht mehr zur Ruhe gekommen, aber der Gedanke hat noch keine Verwirklichung gefunden.

Im März 1948 wurde die Frage eines vereinigten Europas eingehend behandelt vom Europa-Kongreß in Den Haag. Auf diesem Kongreß waren auch Deutsche vertreten. Als Vorsitzender der CDU war ich gleichfalls anwesend. Ich traf auf dem Haager Kongreß mit Winston Churchill zusammen und wurde von ihm mit gewinnender Freundlichkeit behandelt. Ich habe hierüber bereits in Kapitel VII, 2 berichtet.

Die CDU trat seit ihrem Bestehen aus tiefer Überzeugung für eine europäische Föderation ein. Wir sahen und sehen in ihrer Schaffung die alleinige Möglichkeit, den Bestand, die Tradition und den Einfluß Europas zu retten.

Auch in den Vereinigten Staaten wurde eine europäische Föderation nachdrücklich gewünscht. John Foster Dulles, der später in der amerikanischen Außenpolitik eine entscheidende Rolle spielen sollte, trat auf der Amsterdamer Weltkirchenkonferenz im Jahre 1948 nachdrücklich für eine Vereinigung Europas ein, um die christliche Tradition Europas zu erhalten.

Ein entscheidender Fortschritt auf wirtschaftlichem und vor allem auch politischem Gebiet in Richtung auf ein vereinigtes Europa wurde durch die Montan-Union, die Frankreich, Italien, Belgien, Holland, Luxemburg und die Bundesrepublik Deutschland umfaßte, erreicht. Sie trat nach schwierigen Verhandlungen auf Grund eines Vorschlages des französischen Außenministers Robert Schuman im Jahre 1951 ins Leben. Hierauf komme ich noch ausführlich zurück.

Sowohl in meiner Eigenschaft als Vorsitzender meiner Partei als auch später als Bundeskanzler widmete ich dem Zustandekommen einer europäischen Vereinigung meine ganze Kraft und meinen ganzen Einfluß.

6. Bundestagswahlkampf 1949

Während bei Zusammenbrüchen von Staaten oder staatlichen Regimen fast stets eine Regierung da ist, die auf irgendeine Weise von ihrer abtretenden Vorgängerin die Regierungsaufgaben übernimmt, bestand in Deutschland nach dem Zusammenbruch der nationalsozialistischen Herrschaft ein staatliches Vakuum. Daraus ergab sich die geradezu geschichtliche Bedeutung der ersten Bundestagswahlen. Daraus ergab sich aber auch die Bedeutung der Entscheidung, die bei dieser Wahl in die Hand jedes einzelnen Deutschen gelegt wurde. Bei den Wählern lag es letzten Endes, wie dieses Vakuum ausgefüllt würde, ob mit einem Parlament und einer Regierung, die uns dem Sozialismus und damit der Staatsallmacht in die Arme treiben wollte, oder mit einem Bundestag und einer Bundesregierung, denen die Freiheit des einzelnen, seine Freiheit auch in wirtschaftlicher Hinsicht, oberstes Gesetz des Handelns sein würde.

Bundestag und Bundesregierung standen vor Aufgaben, die jahrelang liegengeblieben oder ohne Rücksicht auf zentrale deutsche Anliegen von Länderparlamenten, Länderregierungen oder bizonalen, von der Besatzung abhängigen regierungsähnlichen Einrichtungen wahrgenommen worden waren. Für die drei westlichen Besatzungszonen existierten bis jetzt weder ein gemeinsames Parlament noch gemeinsame Exekutivorgane.

Das sollte sich nunmehr alles ändern. Aus elf, wenn man Berlin dazurechnete, aus zwölf Ländern sollte wieder e i n Staat, die Bundesrepublik Deutschland, werden.

In dem Bundestagswahlkampf 1949 stellte die CDU/CSU die Lösung der Fragen in den Mittelpunkt ihrer Wahlkampagne, die sie zur Linderung der herrschenden Not für vordringlich hielt. Der Wohnungsbau nahm dabei die allererste Stelle ein, denn der Mensch, seine Freiheit und sein Recht sind nichts, wenn er mit seiner Familie unter einer Wohnungsnot leiden muß, die die Grundfesten der Gemeinschaft, insbesondere auch der Familie, zu erschüttern droht. Wenn man sich vor Augen hält, daß im Bundesgebiet ein Bedarf von etwa 6 Millionen Wohnungen bestand, wird es klar, daß man nur durch Aktivierung aller privaten und öffentlichen Kräfte diese Aufgabe lösen konnte. Die CDU war entschlossen, sie anzupacken und zu einem erfolgreichen Ende zu führen. Es schien mir ganz unmöglich, daß das deutsche Volk moralisch, politisch und wirtschaftlich gesunden würde, solange ein großer Teil des deutschen Volkes ohne Wohnung war. Ich war der Auffassung, daß die neue Bundesregierung und der Bundestag dem Wohnungsbau in ganz anderer Weise ihre Aufmerksamkeit bei ihrer Arbeit widmen mußten, als das bisher von den Ländern geschehen war oder geschehen konnte. Die Förderung des Wohnungsbaus war gleichzeitig das beste Mittel zur Behebung der Arbeitslosigkeit.

Im engsten Zusammenhang mit dieser Aufgabe stand die Sorge für unsere Heimkehrer und Vertriebenen. Es schien mir, daß vor allem das Vertriebenenproblem nicht von den Deutschen aus eigener Kraft gelöst werden konnte. Es handelte sich nach meiner Auffassung hier um eine Aufgabe, die ohne Bereitstellung ausländischen Kapitals nicht zu meistern war.

Um auch aus eigenen Kräften Hilfe zu schaffen, mußte für einen Lastenausgleich gesorgt werden, das heißt für einen tragbaren Besitzausgleich zwischen den mittellosen Vertriebenen und denen, die wenigstens teilweise ihr Vermögen beim Zusammenbruch Deutschlands gerettet hatten. Es mußte weiter gesorgt werden für ein Soforthilfegesetz und für eine vernünftige Siedlungsgesetzgebung mit dem Ziel der Wiedereingliederung der Vertriebenen in die deutsche Wirtschaft.

Es ging jedoch nicht nur darum, neue Existenzen zu gründen, sondern auch die bestehenden am Leben zu erhalten. Daher erhob die CDU die Forderung nach einer vernünftigen sozialen Steuergesetzgebung, denn uns war bewußt, daß die damaligen Steuern in einer unvertretbaren Höhe jedem rechtschaffen Arbeitenden die Lust an der Arbeit und die Bereitschaft zum Sparen nehmen mußten.

Daß durch entsprechende Maßnahmen auch die Not all der anderen Gruppen gelindert werden mußte, die durch den Krieg und seine Folgen in eine nicht tragbare Lage geraten waren, namentlich die Ausgebombten und die Körperbeschädigten, stand außer jeder Frage.

Dieses Programm der sozialen Hilfe war nach Auffassung der CDU nur durchführbar, wenn man den einmal als richtig erkannten Weg der sozialen Marktwirtschaft fortsetzen würde, die die Vertreter der CDU und CSU zusammen mit der FDP schon im Frankfurter Wirtschaftsrat durchgesetzt hatten.

Das besondere Interesse der CDU im künftigen Bundestag würde der Sorge für die Jugend gelten; als Träger und Gestalter des in der Bildung begriffenen Staatswesens mußte die Jugend in die Verantwortung für das öffentliche Leben hineinwachsen. Die Voraussetzung dafür sah die CDU zunächst in der sozialen Sicherstellung einer umfassenden Berufsausbildung, die auch den wirtschaftlich weniger Begüterten den Aufstieg ermöglichte. Um den Gedanken der Völkerverständigung in den Herzen der Jugend zu entzünden, setzte sich die CDU/CSU für einen verstärkten Austausch junger Menschen von Volk zu Volk ein.

Auf dem Gebiet der auswärtigen Beziehungen würde die Bundesregierung zunächst nur ein beschränktes Tätigkeitsfeld haben, da die Verwaltung der deutschen Außenpolitik zu der Zuständigkeit der alliierten Hohen Kommission gehören würde. Aber die CDU/CSU trat dafür ein, daß die künftige Bundesregierung bestrebt sein mußte, in offener und ehrlicher Aussprache mit den Hohen Kommissaren und den Besatzungsmächten Schritt für Schritt die Aufhebung der unsere Souveränität einengenden Bestimmungen des Besatzungsstatuts durchzusetzen. Wir waren entschlossen, einen Beitrag für die europäische Völkergemeinschaft zu leisten, und hofften, daß es Deutschland bald gestattet sein würde, an der zu bildenden europäischen Föderation teilzunehmen.

Diese Föderation würde aber nur Wirklichkeit werden, wenn sie auf wirtschaftlich gesunden Grundlagen ruhte. Hierzu gehörte, daß ihr die Grundstoffindustrien Westeuropas dienstbar gemacht würden. Nur unter diesem Gesichtspunkt erschien uns auch das Ruhrstatut tragbar, dann nämlich, wenn es als ein Beitrag Deutschlands für eine Neuordnung der gesamten europäischen Wirtschaft gewertet würde. Nur wenn der Status der Ruhr auch auf das Saargebiet, Lothringen und die belgisch-luxemburgischen Produktionsgebiete ausgedehnt würde, konnte die europäische Föderation den Aufschwung nehmen, der notwendig war.

Sollten die europäischen Völker zueinander finden und sollten, wie es brennendster Wunsch der CDU war, auch die Deutschen lernen, europäisch zu denken, dann mußte man ihnen das Gefühl geben, daß Europa die Deutschen nicht im Stich ließ. Die künftige Bundesregierung würde sich daher mit allem Nachdruck bei den Alliierten dafür einsetzen müssen, daß diese die sich für sie aus der Besatzung und Abrüstung ergebenden Verpflichtungen zur Verteidigung des deutschen Staates erfüllten.

Nach dem Willen der CDU sollten die Bürger des neuen Deutschlands entschlossene Europäer werden, die aus der gemeinsamen christlich-abendländischen Grundhaltung in der europäischen Gemeinschaft eine Aufgabe erfüllten. Nur so würde den Deutschen und der Welt der Friede verbürgt werden.

Am Bundestagswahlkampf beteiligten sich zahlreiche kleine Parteien. Dem deutschen Hang zur Zersplitterung in zahlreiche Parteien kam die durch die Alliierten verfügte Lockerung des Lizenzierungssystems für die Bildung politischer Parteien erheblich entgegen. Grund dieser Verfügung war, daß bei diesen ersten Bundestagswahlen eine freie Meinungsäußerung und eine Vertretung der demokratischen Richtungen aller Schattierungen ermöglicht werden sollten.

Die Bemühungen der CDU/CSU in ihren Reden zur Bundestagswahl gingen dahin, dieser Zersplitterung entgegenzuwirken. Nur ein arbeitsfähiges Parlament konnte den großen Aufgaben, die sich ihm und der Bundesregierung stellten, gewachsen sein. Wir bemühten uns in der Öffentlichkeit, den Wählern klarzumachen, daß Splitterparteien in der Praxis das, was sie sich als ihre spezielle Aufgabe vorgenommen haben, nicht erreichen, weil sie eben Splitterparteien sind und sich nicht durchsetzen können. Auf der anderen Seite wird durch ihr Vorhandensein die Bildung von großen arbeitsfähigen Regierungsmehrheiten verhindert, und sie verhindern gleichfalls die Bildung einer großen konstruktiven Oppositionspartei. Die CDU/CSU appellierte an die Deutschen, sich klar für eine der großen Parteien zu entscheiden.

Wie sich im Verlaufe des Bundestagswahlkampfes zeigte, spielten sich die eigentlichen Auseinandersetzungen zwischen den großen Parteien ab, die sich bei den vorhergegangenen Landtags- und Kommunalwahlen bereits formiert hatten. Der Wahlkampf war im wesentlichen eine Auseinandersetzung zwischen der CDU/CSU und der SPD.

Die SPD hatte gegenüber der CDU/CSU einen erheblichen Vorsprung. Sie

konnte sich auf eine Tradition stützen und auf eine sehr durchgreifende Organisation mit geschulten Funktionären. Außerdem genoß die SPD in der britischen Zone das ausgesprochene Wohlwollen der Besatzungsmacht. Die CDU/CSU, eine junge Partei, die erst im Jahre 1945 gegründet war, bemühte sich intensiv um die Stimmen der Wähler. Die SPD zeigte ihr gegenüber einen großen Hochmut und ein übersteigertes Selbstbewußtsein. Äußerungen wie, die CDU sei nichts anderes als ein zusammengelaufener Haufen politisch „Unmündiger" oder die „heidnischste aller Parteien und eine Partei des Mammons" – dieses waren Formulierungen, die Dr. Kurt Schumacher, der Führer der Sozialdemokratischen Partei Deutschlands, gebrauchte – zeugten von dieser Haltung.
Im Verlaufe des Wahlkampfes zeichneten sich die sachlichen Unterschiede in den Zielen der großen Parteien immer klarer ab. Die CDU/CSU trat auf wirtschaftlichem Gebiet für die Fortsetzung der sozialen Marktwirtschaft ein. Für die CDU/CSU war die soziale Marktwirtschaft nicht nur die praktische Anwendung einer wirtschaftlichen Erkenntnis, sondern auch das grundsätzliche Bekenntnis zu ihrer Auffassung von der Freiheit der Bürger, einer Auffassung, bei der nicht der Staat und die Staatsallmacht, sondern der Mensch im Mittelpunkt alles Denkens und Handelns zu stehen hat.
Die SPD verlangte im Wahlkampf eine Änderung des durch den Frankfurter Wirtschaftsrat eingeführten Wirtschaftssystems und forderte die Sozialisierung wichtiger Bereiche der Wirtschaft, wozu sie nicht nur die Grundstoffindustrien, sondern auch das Versicherungs- und das Kreditwesen rechnete. Lenkung der Wirtschaft und Ausdehnung der Kontrolle auf alle schwerindustriellen Basen Europas waren ihre Ziele.
Wie groß die Gegensätze auf weltanschaulichem und kulturellem Gebiet waren, zeigte der Wahlkampf deutlich.
Einer der Hauptstreitpunkte war das Elternrecht. Die SPD behauptete, das Elternrecht, für das wir uns einsetzten, bedeute die Herrschaft der Kirche in der Schule. Wir machten demgegenüber den Wählern klar, daß Elternrecht nichts anderes bedeute, als daß die Eltern bestimmen sollten, wie ihre Kinder erzogen würden. Elternrecht bedeute auch, daß der Staat den Eltern nicht ihre Kinder entziehen dürfe, eine Forderung, die für uns nach den Erlebnissen in der nationalsozialistischen Zeit und nach dem, was sich in der Sowjetzone ereignete, besonderes Gewicht hatte.
Hinsichtlich der Einstellung der SPD zur Bedeutung der Kirche ist folgender Brief Dr. Kurt Schumachers vom 14. Februar 1949, der in „Neuer Vorwärts" vom 2. Juli 1949 veröffentlicht wurde, aufschlußreich. „... Die große Auseinandersetzung über die Priorität in der Politik zwischen CDU und Sozialdemokratie hat begonnen und wird bei den Wahlen zum westdeut-

schen Bundesparlament ihren ersten Höhepunkt finden: Lastenausgleich, Sozialisierung und totalitärer Herrschaftsanspruch des Episkopats in allen Kultur-, Kirchen- und Schulfragen zeigen, wie breit die Kampffront sein wird und wie stark die Gegensätze aufeinanderprallen müssen. Es kann nur eine Parole geben: Kämpfen und nicht kapitulieren! . . ."

Weiter ist folgendes bezeichnend: Die „Kölnische Rundschau" vom 23. Juni 1949 brachte eine Meldung über eine Rede Dr. Schumachers, die er in Gelsenkirchen gehalten hatte. Nach dieser Meldung erklärte er, „gekuscht werde nicht, weder vor einem französischen General noch vor einem römischen Kardinal". Die „Kölnische Rundschau" schrieb hierzu: „Noch deutlicher kommt die Gleichstellung von Besatzungsmacht und Kirche in folgenden Sätzen zum Ausdruck: ‚Wir respektieren die Kirche, wir denken aber nicht daran, das deutsche Volk einer fünften Besatzungsmacht zu unterwerfen.'"

Zum Thema Kirche erklärte der SPD-Abgeordnete Marx laut „Süddeutsche Zeitung" vom 7. Juni 1949: Die SPD dürfte nicht zu kulturpolitischen Kompromissen neigen. Dies schade der Partei. Es sei bedauerlich, daß die Partei im Parlamentarischen Rat den Kulturkampf nicht von sich aus begonnen habe. Es gehe darum, den politischen Katholizismus abzuwehren, der in der Sozialpolitik bedingungslos Verrat treibe, um kulturpolitische Ziele durchzusetzen.

Sehr aufschlußreich über die Einstellung der SPD zur Kirche erschien mir ein Aufsatz von Hans Jürgen Laves „Sozialismus und Christentum", der in der Zeitschrift des sozialistischen Studentenbundes „Die Fackel", Nr. 1, Jahrgang 1949, erschien. In diesem Aufsatz heißt es:

„. . . Daher ist es ganz natürlich, daß der Sozialismus zunächst auf ökonomischem Gebiet seine Aufgabe sah und die Wirtschaftsform auch heute noch mit Recht in den Vordergrund stellt. Aber dabei dürfen wir nicht haltmachen, auf noch einem Gebiet ist der Mensch zu befreien: auf dem geistigen. Und hier ist der Unterdrücker die christliche Kirche, die auch heute noch im wesentlichen die gleiche Rolle spielt wie vor hundert Jahren zu Marx' Zeiten. Der Sozialismus will den Menschen zur Freiheit erziehen, die Kirche erzieht ihn zur Unfreiheit . . .

Das Aufoktroyieren irgendeines Dogmas oder irgendeiner Lehre, das Umhängen von Scheuklappen ist zwar dazu geeignet, ihn zu einem bequemen und gehorsamen Untertanen, sei es des Staates, sei es der Kirche, sei es des Lehrers oder des Gottes zu machen, aber man kann ihn dadurch nicht auf ein höheres, menschenwürdigeres Niveau heben . . .

Das Anklammern an sogenannte absolute Werte bringt keine Lösung der heutigen Probleme, sondern bedeutet Verzicht auf die lebendige, tätige und denkende Durchdringung, Belebung und dauernde Neuschaffung aller

Werte. Nur in der Entwicklung ist Leben, und Erstarrung ist Tod. Die Kirche aber ist erstarrt, sie hat nicht Schritt gehalten mit der Zeit, und damit ist dem Christentum jede lebendige, tragende und richtunggebende Kraft genommen, wie es das Versagen aller Christen in zwei weltweiten Katastrophen innerhalb von 30 Jahren gezeigt hat. Die zur Lösung aus dieser Erstarrung notwendige Revolution müßte aber zu groß und umfassend sein, als daß die Kirche dazu noch in der Lage wäre. Es hat also keinen Zweck, mit dieser dem Tode geweihten Institution noch Wiederbelebungsversuche zu veranstalten. Was fallen muß, wird fallen, und wir sollten nicht versuchen, es noch über ein paar Jahrzehnte hinüberzuretten."

Auf einem weiteren Gebiet, dem Recht der Familie, der Ehe, hatten wir uns im Parlamentarischen Rat hart mit den Sozialdemokraten auseinanderzusetzen. In Erinnerung an diese Auseinandersetzungen mußten wir den Wählern zur Kenntnis bringen, daß bei den Beratungen im Parlamentarischen Rat zur Begründung eines SPD-Antrages auf Gleichstellung des unehelichen Kindes mit dem ehelichen am 18. Januar 1949 von Frau Dr. Selbert folgende Ausführungen gemacht worden waren:

„Es heißt, an den Realitäten des Lebens vorbeigehen, wenn wir nicht klar sehen, daß sich heute außerhalb der Ehe neue Lebensformen bilden, die keineswegs als unmoralisch und nicht zu billigen anzusehen sind ... Die Grundsätze der Familie und der Ehe sind vom Leben durchbrochen. Das Leben schafft sich seine eigenen Gesetze."

Anschließend an die Ausführung von Frau Dr. Selbert äußerte Dr. Greve, ebenfalls Mitglied der SPD, in der gleichen Sitzung, der Satz „Die Ehe ist die rechtmäßige Form der Lebensgemeinschaft von Mann und Frau" könne niemals geltendes Recht sein, denn allen denjenigen, die die Ehe nicht als die rechtmäßige Form der Lebensgemeinschaft von Mann und Frau anerkennen, nütze es nichts, wenn es hier in der Verfassung stehe. Das gleiche gelte für den zweiten Satz „Sie bildet die Grundlage der Familie".

In den letzten Wochen vor dem Wahltermin begann die Außenpolitik den Wahlkampf zu beherrschen. Die CDU/CSU trat, wie ich bereits ausführte, für die Teilnahme Deutschlands an einer europäischen Föderation ein und trug den Wählern ihre Vorstellungen hierüber vor.

Eine sehr wichtige Forderung der CDU/CSU an die Besatzungsmächte war die Einstellung der Demontagen, und wir scheuten uns nicht, in dieser Hinsicht scharfe Kritik an der Besatzungspolitik zu üben.

Bei der Kritik an den Maßnahmen der Besatzungsmächte übertraf uns, jedenfalls was den Ton anging, die SPD um ein Vielfaches. Die überspitzten Anklagen und Herausforderungen Dr. Schumachers lösten in der Presse, vor allem auch in amerikanischen Zeitschriften, besorgte Kommentare aus. Die Angriffe der SPD richteten sich jedoch nicht nur gegen die Besatzungsmächte, übrigens auch gegen die britische Besatzungsmacht, sondern vor allem gegen die CDU/CSU, die als pro-französisch bezeichnet und der undeutsches Verhalten vorgeworfen wurde. Die SPD versuchte, sich den Nimbus zu geben, daß sie die nationale Partei par excellence sei, und sich als diejenige Partei herauszustellen, die als einzige bei den Beratungen über das Grundgesetz den deutschen Standpunkt gewahrt habe. Infolgedessen erhielt die Note der Hohen Kommissare vom 22. April 1949 im Wahlkampf eine besondere Bedeutung.

Mein persönlicher Referent Blankenhorn hatte herausgefunden, daß über die britische Hohe Kommission den Sozialdemokraten von dem Inhalt dieser Note bereits am 14. April 1949 Kenntnis gegeben worden war. In einem Aktenvermerk Blankenhorns vom 30. April 1949 heißt es hierzu:

„Am Samstag, dem 30. April, vormittags, ließ mich der Leiter des englischen Verbindungsstabes, Herr Chaput de Saintonges, zu sich kommen, um sich mit mir über den Stand der Verfassungsarbeit und die damit zusammenhängende politische Lage zu unterhalten. Anläßlich dieser Unterhaltung hat Herr Chaput de Saintonges mir vertraulich davon Mitteilung gemacht, daß am Donnerstag, dem 14. April, im Anschluß an die Aussprache zwischen den Militärgouverneuren und den Mitgliedern des Parlamentarischen Rates General Robertson die Herren Professor Carlo Schmid und Dr. Menzel zu sich gebeten habe und ihnen in großen Zügen den Inhalt der zweiten Note der Außenminister, die erst am 22. April dem Präsidenten des Parlamentarischen Rates von den Verbindungsstäben in Bonn übergeben wurde, zur Kenntnis gebracht habe. Diese Bekanntgabe an die Herren Schmid und Menzel sei im Einverständnis mit General Clay erfolgt. Sie habe den Zweck gehabt, die SPD vor dem 20. April, dem Tage ihrer Parteiausschuß-Sitzung in Hannover, über die etwaigen Konzessionen der Außenminister zu unterrichten.

Von dieser mir vertraulich gemachten Mitteilung habe ich mit Zustimmung des Herrn Chaput de Saintonges Präsident Dr. Adenauer berichtet."

Die Sozialdemokratische Partei hatte in einem Wahlaufruf vom 9. Juli 1949 folgendes erklärt:

„Im Kampf um das Bonner Grundgesetz haben wieder die Sozialdemokraten den entscheidenden Schritt zur deutschen Selbstbestimmung gemacht. Wäre es nach den Machtwünschen der Alliierten und ihrer deutschen Helfer

gegangen, dann wäre ein lebensfähiger deutscher Staat unmöglich gemacht worden. An seine Stelle wären elf deutsche Vaterländer getreten. Im Schutze der Alliierten hätten Klerikalismus, Partikularismus und Besitzegoismus die Herrschaft ihrer Interessen über das deutsche Volk errichtet. Die rechtliche, wirtschaftliche, soziale und kulturelle Einheit hätte aufgehört. Der nationalistische Kommunismus aus dem Osten wäre eine riesengroße Gefahr in einem zerstückelten Deutschland, ein neuer Herd für Krisen und Unruhen Europas geworden.
Die Sozialdemokratie hat durch ihr Eingreifen am 20. April diese Gefahren gebannt."

Es war demgegenüber unbedingt nötig, eine Richtigstellung der Vorgänge um die zweite Note der Alliierten zu bringen. In einer Rede, die ich am 21. Juli 1949 in Heidelberg hielt, gab ich der Öffentlichkeit von dem wahren Sachverhalt Kenntnis.
Es erhob sich ein Sturm der Entrüstung bei den Sozialdemokraten. Sie stritten die Richtigkeit meiner Erklärungen ab. Ich erhielt am 25. Juli 1949 vom SPD-Vorstand folgendes Telegramm:

„Sie behaupteten wahrheitswidrig in Heidelberg, die SPD habe ihr Nein gegen die übersteigerten alliierten Wünsche auf Grund vorheriger Kenntnis des Zurückweichens der Besatzungsmächte ausgesprochen. Ihre Behauptung ist bereits wiederholt als völlig aus der Luft gegriffen dementiert worden. Wir überlassen den deutschen Wählern das Urteil über Sie.
Fritz Heine – SPD-Vorstand."

Ich richtete an den SPD-Vorstand folgendes Antworttelegramm:

„Der Leiter des englischen Verbindungsstabes zum Parlamentarischen Rat in Bonn hat meinem persönlichen Referenten, Herrn Blankenhorn, zwecks Weitergabe an mich mitgeteilt, daß dem Vorsitzenden der SPD-Fraktion im Parlamentarischen Rat, Prof. Dr. Schmid, und Herrn Dr. Menzel der Inhalt der zweiten Note der Außenminister aus Washington am 14. April im Hause der IG-Farben im Anschluß an eine vorangegangene Verhandlung mit den Vertretern des Parlamentarischen Rates in einer gesonderten Besprechung von einer hohen britischen Persönlichkeit mitgeteilt worden sei. Dies sei im Hinblick auf die bevorstehende Sitzung des Parteiausschusses der SPD, die zur Frage des Grundgesetzes Stellung nehmen sollte, erfolgt. Die Mitteilung hat nach Angabe des britischen Verbindungsstabes am 14. 4. stattgefunden. Die Note ist von den Verbindungsstäben am 22. 4. mitgeteilt worden, und zwar dem Präsidium des Parlamentarischen Rates."

Dr. Schumacher bezeichnete mich als Lügenauer, und die SPD gab den Kampf noch nicht auf. Sie forderte von mir, daß ich den Namen der „hochgestellten britischen Persönlichkeit“ nenne.
In einem Telegramm vom 28. Juli 1949 gab ich der SPD die gewünschte Aufklärung:

„In Ihrem Telegramm an mich vom 27. 7. behaupten Sie, daß die Vorsitzenden der Sozialdemokratischen Fraktion des Parlamentarischen Rates, Schmid und Menzel, am 14. April nicht von einem der höchsten englischen Vertreter in Deutschland informiert worden seien. Ich weise darauf hin, daß nach der Erklärung des Auswärtigen Amtes London vom gleichen Tage beide Herren von General Robertson und seinem politischen Berater Mr. Steel darüber informiert worden sind, zu welchen äußersten Zugeständnissen im Grundgesetz die Alliierten nach Meinung der britischen Regierung unter Zugrundelegung der Washingtoner Besprechungen bereit seien. Mehr habe ich niemals behauptet.“

Am 27. Juli 1949 hatte das britische Foreign Office in einer Stellungnahme zu der Kontroverse bestätigt, daß in einer Besprechung am 14. April 1949 „der britische Sprecher . . . den Vertretern der SPD angedeutet“ habe, „zu welcher Verfassung die Alliierten – nach britischer Ansicht – im äußersten Fall ihre Zustimmung erteilen könnten. Dieser Rat habe sich auf das gegründet, was den britischen Vertretern selbst über die Washingtoner Beschlüsse bekannt gewesen sei.“
Die zweite Note der Alliierten vom 22. April 1949 lieferte so nachträglich noch Schlagzeilen. Überschriften wie „Was in Bonn und Hannover wirklich geschah“, „Dr. Adenauer deckt auf“, „Kalte Dusche für die SPD“, „Robertson informierte die SPD“, „In die Binsen“, „Wer hat nun gelogen“, „Neues SPD-Telegramm an Adenauer“, „Das Ende einer Lüge“ geben etwa den Inhalt der Kontroverse wieder.
Im Zusammenhang hiermit ist auch folgendes von großem Interesse, was mir ein hoher katholischer Würdenträger im Februar 1954 berichtete: Einige Monate vor der Bundestagswahl 1949 habe ihn General Robertson nach Hannover eingeladen in das Haus des dortigen Gouverneurs Lingham. Er habe dort angetroffen einen hohen evangelischen Würdenträger und Dr. Schumacher. Robertson habe im Laufe der Unterredung gesagt, Schumacher werde demnächst die Bundesregierung bilden müssen. Es sei doch sehr wünschenswert, daß ihm dabei von kirchlichen Stellen keine Schwierigkeiten bereitet würden, sondern daß diese kirchlichen Stellen mit ihm zusammenarbeiteten. Der evangelische Würdenträger habe daraufhin erklärt, er sei durchaus dazu bereit. Er habe nur den Wunsch, daß einige unter-

geordnete Organe der SPD den kirchlichen Stellen keine Schwierigkeiten bereiteten. Der katholische Würdenträger habe erklärt, daß er nicht dazu bereit sei. Es käme ihm nicht darauf an, ob untergeordnete Organe der SPD kirchlichen Stellen Schwierigkeiten bereiteten. Darüber würde man schon hinwegkommen. Er halte aber die Maxime der Sozialdemokratie mit seinem Gewissen für nicht vereinbar. Robertson habe sich große Mühe gegeben, ihn umzustimmen. Er sei aber nicht von diesem Standpunkt abgegangen. Schumacher hätte währenddessen mit unbeweglichem Gesicht dabeigesessen und nichts gesagt.

Auch einen anderen Glorienschein, mit dem die SPD sich umgeben wollte, mußten wir zerstören. Die SPD hatte in dem erwähnten Wahlaufruf darzutun versucht, daß sie allein und ohne Hilfe anderer Parteien die Vereinigung mit den russisch dirigierten Kommunisten in der Zone erfolgreich verweigert habe. Sie trage die Bürde des Kampfes um Berlin und auch heute noch die Lasten des Widerstandes in der Zone. Wir mußten demgegenüber klarstellen, daß die Sozialdemokratie in der sowjetischen Zone und in Berlin eine historische Schuld auf sich geladen hat, indem sie den einheitlichen Widerstand der deutschen Parteien in dieser Zone gegen den Kommunismus und gegen die Russen zerbrach. Wir wiesen darauf hin, daß, als die SED gegründet wurde, von dem obersten sozialdemokratischen Parteigremium in Berlin, das aus vierzehn Personen bestand, zwölf zur SED übergegangen waren. Von den SED-Ministerpräsidenten der Sowjetzone sind fünf frühere Sozialdemokraten gewesen. Wir konnten andererseits auf das Beispiel verweisen, das Jakob Kaiser gegeben hatte und Ferdinand Friedensburg, der allein noch im Rathaus geblieben war, als der Kampf der Russen und der Ostpolizei gegen das Berliner Rathaus tobte.

Wir mußten also gegen die systematischen Versuche der SPD vorgehen, die die Geschichte so darstellen wollte, als ob es nur eine nationale Partei, nämlich die Sozialdemokratie, in Deutschland gegeben hätte, sowohl bei der Schaffung des Grundgesetzes wie beim Kampf um die sowjetisch besetzte Zone.

Im Wahlkampf hatten sich klare Fronten ergeben. Die CDU/CSU trat ein für die Freiheit der Person, für das Wohlergehen des einzelnen. Auf dieser Grundlage stehend, verkündeten wir Maßnahmen, um die Not zu beheben, an erster Stelle im Wohnungsbau, bei den Vertriebenen und Heimkehrern, und auch in der Steuergesetzgebung zur Hilfe für mittlere Existenzen, für Körperbeschädigte, zur Beseitigung von Arbeitslosigkeit, Maßnahmen, die nur durchführbar waren auf der Grundlage der sozialen Marktwirtschaft.

Auf der anderen Seite stand die SPD mit ihren Prinzipien der Staatsallmacht, der geplanten Wirtschaft, der Sozialisierung und mit ihrem Kampf gegen das Elternrecht, gegen unsere Auffassungen von Ehe und Familie. Das deutsche Volk sollte am 14. August entscheiden, ob es nach überholten sozialistischen Grundsätzen regiert werden oder ob es sein Schicksal einer neuen Partei anvertrauen wollte, deren Ziel es war, die Freiheit der Person gegen die Herrschaft der Masse und der Klasse zu setzen, und die es sich zur Aufgabe gemacht hatte, in einem christlichen Europa unserem Land den ihm gemäßen Platz zu sichern und damit dazu beizutragen, einen wirksamen Damm gegen die Flut des bolschewistischen Marxismus zu errichten.

XII. DIE KONSTITUIERUNG DER BUNDESREPUBLIK

1. Die Rhöndorfer Konferenz am 21. August 1949

Aus der ersten Wahl zum Deutschen Bundestag am 14. August 1949 ging die CDU/CSU als stärkste Partei hervor. Die CDU/CSU hatte 7,36 Millionen Stimmen erhalten, die SPD 6,93 Millionen Stimmen. Der Vorsprung, den die CDU/CSU errang, war zwar nicht sehr groß, aber daß wir als stärkste Partei aus dem Wahlkampf hervorgingen, daß wir stärker waren als die Sozialdemokratische Partei, die mit einer großen alten Organisation voll Siegeszuversicht in den Wahlkampf gegangen war, das erfüllte uns mit Freude und mit Zuversicht. Wir fühlten uns der vor uns liegenden Aufgabe gewachsen. Wir fühlten uns gewachsen, die Führung der Regierung zu übernehmen. Wir waren eine junge Partei, eine Volkspartei, die Mitglieder aus allen Schichten des Volkes zu ihren Wählern zählte und, auf dem Boden der christlichen Grundsätze stehend, Angehörige beider christlicher Konfessionen umfaßte.

Insgesamt waren zehn Parteien im Bundestag vertreten. Die Sitze verteilten sich auf sie folgendermaßen:

Von 402 Sitzen entfielen:

139	auf die CDU/CSU + 2 Berliner
131	auf die SPD + 5 Berliner
52	auf die FDP + 1 Berliner
17	auf die Deutsche Partei
17	auf die Bayernpartei
15	auf die KPD
12	auf die WAV (Wirtschaftliche Aufbauvereinigung)
10	auf das Zentrum
5	auf die nationale Rechte
1	auf den Schleswigschen Bund
3	Fraktionslose
402	+ 8 Berliner

(Die Berliner Abgeordneten hatten kein Stimmrecht)

Für die CDU/CSU war jetzt die Frage, mit welcher Partei sie die Regierung bilden sollte. Sollte sie mit der SPD eine Große Koalition bilden oder aber mit der FDP und noch einer weiteren Partei eine sogenannte Kleine Koalition?

Ich wußte, daß viele Mitglieder der CDU/CSU eine Koalition mit der SPD für die beste Lösung hielten. Es war auch zu erkennen, daß die Besatzungsmächte, namentlich die Engländer, diese Lösung begrüßen würden. Sie vermieden jedoch sich einzumischen.

Die SPD hatte nach der Wahl durchblicken lassen, daß sie unter der Bedingung, daß sie das Wirtschaftsministerium in der zu bildenden Regierung erhielte, bereit sei, mit der CDU/CSU zusammenzugehen.

Der Wahlkampf war zu einem guten Teil um wirtschaftliche Fragen geführt worden, und zwar insbesondere, ob Planwirtschaft entsprechend dem sozialdemokratischen Grundsatz oder die soziale Marktwirtschaft gelten solle. Wenn die SPD das Wirtschaftsministerium erhalten hätte, wäre das gleichbedeutend gewesen mit der Aufgabe eines der wesentlichsten Programmpunkte der CDU/CSU. Nach meiner Meinung hätten sich damit die Wähler, die ihre Stimmen der CDU/CSU gegeben hatten, getäuscht gefühlt. Das konnte unserer jungen Partei einen vernichtenden Schlag versetzen.

Wir hatten noch keine einheitliche Parteiorganisation in den drei Zonen und hatten deshalb keine Parteieinrichtung, die das Recht hatte, für alle drei Zonen eine verbindliche Erklärung abzugeben. In dieser Lage erschien es mir richtig, nicht bis zum Zusammentritt der CDU/CSU-Fraktion des neugewählten Bundestages mit der Beratung der Frage zu warten, ob Große Koalition oder nicht, sondern schon vorher in einem Kreis darüber zu diskutieren und, falls man im großen und ganzen zu einer einheitlichen Stellungnahme käme, diese der Öffentlichkeit mitzuteilen, jedoch ohne dadurch der Bundestagsfraktion vorzugreifen.

In dieser Situation lud ich als Vorsitzender der CDU der britischen Besatzungszone und als Vorsitzender des stärksten Parteigremiums der CDU eine Anzahl führender Mitglieder der gesamten CDU und der uns nahestehenden CSU zu einer Besprechung über diese Frage auf den 21. August 1949 in mein Haus nach Rhöndorf ein. Ich wählte meine Wohnung als Sitzungsort, damit wir möglichst wenig ausgehorcht würden.

Der Kreis, der am 21. August in Rhöndorf zusammentrat, setzte sich zusammen aus Angehörigen des Frankfurter Wirtschaftsrates und der Wirtschaftsverwaltung, zumal die Tätigkeit in Frankfurt beim Wahlkampf eine nicht unbedeutende Rolle gespielt hatte und der SPD-Vorstand in seinen Erklärungen nach der Wahl die Forderung, das Wirtschaftsministerium müsse in sozialdemokratische Hände kommen, als die für die Teilnahme der Sozialdemokraten an einer Großen Koalition schlechthin entscheidende Frage herausgestellt hatte. Ferner waren anwesend Vertreter des früheren Parlamentarischen Rates. Ich hatte diese Herren hinzugebeten, weil sie am Grundgesetz mitgearbeitet hatten und daher in der Lage waren, am besten

Bundespräsident Professor Heuss überreicht
Dr. Adenauer die Ernennungsurkunde zum Bundeskanzler

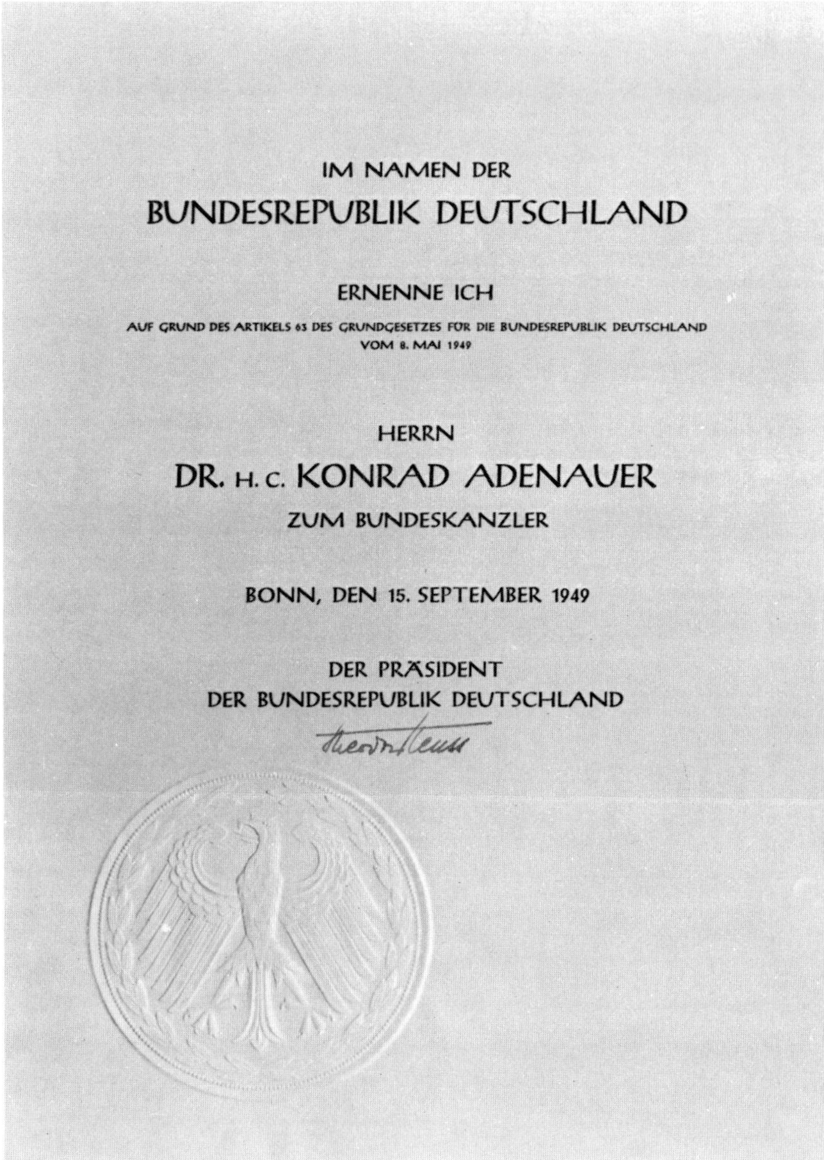

IM NAMEN DER

BUNDESREPUBLIK DEUTSCHLAND

ERNENNE ICH

AUF GRUND DES ARTIKELS 63 DES GRUNDGESETZES FÜR DIE BUNDESREPUBLIK DEUTSCHLAND
VOM 8. MAI 1949

HERRN

DR. H. C. KONRAD ADENAUER

ZUM BUNDESKANZLER

BONN, DEN 15. SEPTEMBER 1949

DER PRÄSIDENT
DER BUNDESREPUBLIK DEUTSCHLAND

Ernennungsurkunde zum Bundeskanzler

über die Dinge, die sich an die Wahl anknüpften, zu urteilen. Außerdem hatte ich hinzugezogen Vertreter der CDU und CSU aus verschiedenen Ländern der Trizone, damit man ein möglichst vollständiges Bild über die Meinung in allen Zonen bekäme.

Es war ein Sonntag, an dem diese nach meiner Meinung für die künftigen Jahre sehr entscheidende Sitzung stattfand.

Als Hausherr ergriff ich als erster das Wort und erklärte, daß ich es für falsch hielte, eine Koalition mit der SPD einzugehen. Ich wüßte, daß ein erheblicher Teil der Anwesenden anderer Meinung sei. Ich führte aus, daß der Ausgang der Wahlen ganz eindeutig gezeigt hätte, daß die überwiegende Mehrheit des deutschen Volkes vom Sozialismus in all seinen Schattierungen nichts wissen wolle. Die Wahlen hätten ein eindrucksvolles Bekenntnis zu den Grundideen der christlich-demokratischen Staats- und Gesellschaftsauffassung gebracht.

Beim Wahlkampf habe es sich in erster Linie um weltanschauliche Fragen gehandelt, jedoch könne es keinem Zweifel unterliegen, daß bei diesem Wahlkampf wirtschaftliche Fragen gleichfalls eine entscheidende Rolle gespielt hätten. Man müsse die Politik des Frankfurter Wirtschaftsrates, nachdem nun die Wähler in dieser Weise abgestimmt hätten, unter allen Umständen fortsetzen. Für eine sozialistische Wirtschaftsform hätten etwa, wenn ich die Stimmen der Sozialdemokraten und Kommunisten zusammenzählte, acht Millionen Wähler gestimmt, für die soziale Marktwirtschaft hätten gestimmt dreizehn Millionen Wähler, wenn ich die Wähler der FDP und anderer nicht sozialistischer Parteien zu denen der CDU und CSU hinzuzählte. Einem so klar zum Ausdruck gekommenen Willen der Wähler müsse Folge geleistet werden, eine andere Handlungsweise wäre nicht demokratisch. Ich sei der Auffassung, daß man schon aus diesen allgemeinen Gründen heraus die Konsequenzen aus der Wahl ziehen müsse. Ich sei mir darüber klar, daß auf wirtschaftlichem Gebiet, das noch auf lange Zeit hinaus für Deutschland von größter Bedeutung sein würde, ein Zusammenarbeiten mit den Sozialdemokraten, wie die Arbeit im Frankfurter Wirtschaftsrat es gezeigt habe, unmöglich sei. Logische Konsequenz der Wahl sei, daß wir den in Frankfurt eingeschlagenen Weg auch in der Frage der Regierungsbildung fortsetzen müßten.

Die CDU/CSU habe nicht die absolute Mehrheit erreicht. Wir seien wohl die stärkste Fraktion, aber wir müßten mit einer oder mehreren Parteien eine Koalition bilden, um eine tragfähige Regierungsmehrheit zu erhalten. Nach meiner Überzeugung kämen als Koalitionsparteien die FDP, mit der die CDU/CSU schon im Frankfurter Wirtschaftsrat zusammengearbeitet habe, und die Deutsche Partei in Frage.

Ich sei mir darüber klar, daß wir bei der künftigen Regierungsarbeit eine soziale Politik betreiben müßten. Ich wisse, daß in der FDP auch Kräfte vorhanden seien, die, um es milde auszudrücken, stark unternehmerische Tendenzen hätten. Aber ich sei überzeugt, daß wir uns in den wichtigsten sozialen Fragen durchsetzen würden. Einige der führenden FDP-Persönlichkeiten wie Heuss und Blücher kenne ich als sozial sehr aufgeschlossene Männer.

Außer der Frage der Wirtschaftspolitik hätte ich auch folgende Beweggründe bei der Ablehnung einer Koalition mit der SPD: Wenn die CDU und die SPD nach diesen ersten Wahlen des Jahres 1949 die Regierung bilden würden, würde keine kraftvolle Opposition im Parlament sein. Ich befürchtete, es könnte sich dann eine Opposition auf nationaler Basis außerhalb des Parlaments entwickeln, die durch nationalistische Demagogen dem jungen Staatswesen gefährlich werden könnte. Bei der SPD bestand in meinen Augen nicht die Gefahr einer nationalistischen Opposition.

Die außenpolitischen Wirkungen einer extremen oder radikalen nationalistischen Opposition würden uns sehr schaden. Im Jahre 1949 seien erst vier Jahre seit dem Kriegsausgang vergangen, und die Völker seien noch von großem Mißtrauen gegen uns erfüllt. Die wirtschaftlichen Verhältnisse seien bei uns keineswegs so, daß radikale Kräfte nicht einen fruchtbaren Boden finden könnten, zumal wenn sich nationalistische Tendenzen dazugesellten. In meinen Augen sei es daher wichtig, daß die SPD die Rolle der Opposition erhalte.

Es könne Notzeiten für ein Volk geben, besonders im Kriege, in denen ein Ziel allen anderen Zielen vorgehe, in denen alle Parteiunterschiede zurückträten und in denen dann ein Allparteienkabinett die richtige Lösung sei. Aber ich sei nicht der Meinung, daß wir uns in Deutschland in einer solchen Notlage befänden. Die Lage Deutschlands sei zwar schwierig, und die nächsten Monate und Jahre würden uns außerordentlich große Probleme bringen. Dieser Zustand würde noch lange anhalten, aber die Lage sei nicht verzweifelt.

Ich sei der Meinung, daß wir Deutsche in den Jahren zwischen 1918 und 1933 die Grundprinzipien des demokratischen Parlamentarismus nicht richtig angewendet hätten. Damals habe man zuallererst darauf gesehen, Koalitionen schlechthin zu schaffen. Man habe weniger darauf geachtet, ob diese Koalitionen genügend innere Kräfte besessen hätten, um fruchtbare Arbeit leisten zu können. Wenn eine Koalition Elemente enthalte – und namentlich, wenn die Elemente ungefähr gleich stark seien –, die in wichtigsten Fragen genau entgegengesetzte Ansichten verträten, dann bestehe die Gefahr, daß eine solche Koalitionsregierung gelähmt sei und einfach steril bleibe. Das deutsche Volk müsse daran gewöhnt werden, daß die stärkste Partei die Führung übernehme und eine andere große Partei die Rolle der Opposition, aber eine verantwortungsvolle Opposition, die mit dem Interesse des Staatsganzen vereinbar sei. Wenn dann die führende Partei keinen Erfolg habe, dann werde ihr der Wähler bei der nächsten Wahl die Quittung für ihr Versagen geben. Wenn die Oppositionspartei gute Opposition treibe, habe sie die Aussicht, bei einer zukünftigen Wahl an die Macht zu kommen. Das sei parlamentarische Demokratie.

Ich legte den Anwesenden diese meine Gedanken in eindringlicher Form dar. Der Beifall, den ich erhielt, war nicht sehr stark. Die Mehrzahl der Anwesenden hüllte sich in abwartendes Schweigen.

Nach mir ergriff der rheinpfälzische Ministerpräsident Altmeier das Wort und sprach sich für eine Koalition mit der SPD aus. Er sagte, daß wir die SPD gleichsam wie mit einem Tau an unsere Regierung fesseln müßten, da wir sonst mit einer starken Opposition zu rechnen hätten, die mit nationalen Argumenten jeglichen Versuch einer Verständigung mit den Besatzungsmächten angreifen würde. Er meinte, die SPD würde in derartigen Fällen, in denen wir gewisse Zugeständnisse und selbst große Zugeständnisse von seiten der Alliierten erlangen würden, stets erklären, wir hätten zu wenig erreicht, sie, die SPD, würde es besser gemacht haben. Da bei den gegenwärtigen Lebensbedingungen des deutschen Volkes damit zu rechnen sei, daß es noch auf lange Zeit hinaus viele Unzufriedene geben würde, befürchte er, daß die SPD mit dieser Methode großen Erfolg haben werde. Wir dagegen hätten einen schweren Stand, uns gegen die Vorwürfe der SPD zu verteidigen, und er fürchte, daß am Ende der ersten Legislaturperiode die SPD aus der zweiten Bundestagswahl als der große Sieger hervorgehen würde. Altmeier erhielt starken Beifall für diese Ausführungen.

Es begann dann eine leidenschaftliche Debatte über das Für und Wider der beiden grundsätzlichen Argumente, die auf der einen Seite Altmeier, auf der anderen Seite ich vorgetragen hatten. Im Laufe der Debatte versuchte ich die Anwesenden zu überzeugen, daß wir ganz bestimmt Erfolge zu verzeichnen hätten, und zwar Erfolge, die jede Kritik von seiten der SPD als kleinliche Nörgeleien erscheinen lassen mußten, wenn wir eine konsequente Haltung einnähmen und die Programmpunkte, für die wir in der Wahl eingetreten seien, Schritt für Schritt durchführten. Ich sagte: „Im Gegensatz zu den Herren, die für eine Koalition mit der SPD eintreten, bin ich der Meinung, daß wir am Ende einer vierjährigen Regierungszeit stärker dastehen werden als vorher und die Opposition noch weniger zu fürchten brauchen als heute. Die Wähler haben sich für die Grundsätze der CDU entschieden, und an diese Entscheidung sind wir gebunden."

Diese Gedanken warf ich immer wieder in die Debatte. Mir schien, daß die Gegner meiner Auffassung allmählich kleinlauter wurden. Aber es gab immer noch eine, wenn auch zusammengeschmolzene Gruppe, die sich hartnäckig für ein Zusammengehen mit der SPD einsetzte. Bis ich soweit war, waren mindestens vier Stunden vergangen. Es war nötig, eine Erfrischungspause eintreten zu lassen, und ich hielt dafür jetzt den richtigen Zeitpunkt für gekommen.

Die Stimmung schien sich zu lockern. Während der Essenspause führte ich mit einigen der hartnäckigsten Verfechter einer Koalition mit der SPD weitere Gespräche. Nach einer Stunde konnte ich es wagen, die Diskussion über die Frage Große Koalition oder Kleine Koalition fortzusetzen.

Ich ergriff wieder als erster das Wort und ging sofort auf den Kern der Sache zu. Ich ging in meinen Ausführungen von der gleichsam beschlossenen Tatsache aus, daß eine Regierung mit der FDP und der DP gebildet würde. Eine solche Koalition ergab 208 Sitze; 139 gehörten der CDU/CSU, 52 der FDP und 17 der DP. Damit hatten wir eine gute Regierungsmehrheit.

Ich schnitt dann die Frage der Besetzung der Ämter des Bundespräsidenten und des Bundeskanzlers an. Ich war überrascht, als einer der Anwesenden meine Ausführungen unterbrach und sagte, daß er mich als Bundeskanzler vorschlage. Ich sah mir die Gesichter an und meinte dann: „Wenn die Anwesenden alle dieser Meinung sind, nehme ich an. Ich habe mit Professor Martini, meinem Arzt, gesprochen, ob ich in meinem Alter dieses Amt wenigstens noch für ein Jahr übernehmen könne. Professor Martini hat keine Bedenken. Er meint, auch für zwei Jahre könne ich das Amt ausführen." Keiner erhob Widerspruch. Damit war die Sache beschlossen.

Ich ging dann zur Frage der Wahl des Bundespräsidenten über. Da die zweitstärkste Fraktion in der Regierung die FDP sein würde, schlug ich vor, Professor Heuss das Amt des Bundespräsidenten zu übertragen. Jemand fragte: „Weiß denn Professor Heuss überhaupt schon von solchen Gedankengängen?" Ich mußte ihm erwidern, daß ich leider bisher noch keine Gelegenheit gehabt hätte, mit Professor Heuss zu sprechen.

Wie mir Professor Heuss später berichtete, hatte er erst aus der Presse von diesem Vorhaben erfahren.

Jemand brachte als Argument gegen Professor Heuss vor, es sei bekannt, daß er nicht gerade kirchenfreundlich sei. Ich erwiderte diesem Herrn: „Er hat eine sehr christlich denkende Frau, das genügt."

Ich hatte, nachdem die Herren so bereitwillig schon auf die Fragen der personellen Besetzung eingegangen waren, den Eindruck, daß sich meine Ansicht gegen die von Herrn Altmeier durchgesetzt hatte.

Ich ergriff, gleichsam als Schlußwort, noch einmal die Gelegenheit, meine Gedanken zur Frage der Koalition darzulegen, und führte aus:

„In den Grundsätzen christlicher Überzeugung besteht ein großer Gegensatz zwischen uns und den Sozialdemokraten. Außerdem herrscht ein unüberbrückbarer Gegensatz zwischen uns und der Sozialdemokratie in der Frage der Wirtschaftsform. Es gibt entweder nur Planwirtschaft oder soziale Marktwirtschaft und kein Gemisch. Bei solchen Gegensätzen wären auch ein Wirtschaftsminister der Christlich Demokratischen Union und ein sozialdemokratischer Staatssekretär untragbar. Dann kommt der Karren nicht von der Stelle. Man muß einen klaren Kurs steuern. Dann kann es auch eine gute parlamentarische Opposition geben."

Es gab so gut wie keinen Widerspruch mehr, und jetzt galt es nur noch, ein Abschlußkommuniqué zu verfassen, damit die Öffentlichkeit über die Entscheidung unterrichtet würde. In der Nähe meines Hauses hatte eine große Anzahl Journalisten geduldig und wahrscheinlich auch gespannt auf den Ausgang dieser Konferenz gewartet.
Wir einigten uns auf folgendes Pressekommuniqué:

„Die Konferenz der CDU/CSU-Politiker in der Wohnung von Dr. Adenauer in Rhöndorf kam am Sonntag nachmittag zu der Auffassung, daß die Wahlen nicht nur ein eindrucksvolles Bekenntnis zu den Grundlinien der christlich-demokratischen Gesellschaftsauffassung, sondern auch eine eindeutige Bejahung der sozialen Marktwirtschaft im Gegensatz zur sozialistischen Planwirtschaft erbracht haben. Es besteht daher die Verpflichtung, diese Gesamtpolitik fortzusetzen und daraus bei der Bildung der Bundesregierung die klaren Konsequenzen zu ziehen."

Ich war mit dem Ausgang dieses heißen Sommertages sehr zufrieden: Die CDU/CSU war bereit, für die nächsten vier Jahre die volle Verantwortung für die politische Entwicklung zu übernehmen.
Die in Rhöndorf versammelten Mitglieder der CDU/CSU stellten kein offizielles Parteigremium dar. Im Gegensatz zur Sozialdemokratischen Partei und auch zur FDP war die CDU/CSU der drei Westzonen zu diesem Zeitpunkt noch nicht als einheitliche Partei formiert.
Aus obigen Gründen ergab sich, daß der in Rhöndorf gefaßte Beschluß noch nicht absolut bindend sein konnte. Bei der Abfassung des Kommuniqués mußten wir hierauf Rücksicht nehmen und es etwas allgemeiner fassen, als mir an sich lieb war.
Um den nordrhein-westfälischen Ministerpräsidenten Karl Arnold hatte sich eine Gruppe von CDU/CSU-Politikern gebildet, die für eine Große

Koalition mit der SPD eintrat. Das Rhöndorfer Kommuniqué mußte diejenigen Vertreter dieser Auffassung, die an der Sitzung nicht teilgenommen hatten und von dem Ergebnis erst aus der Presse Kenntnis erhielten, sehr überraschen. Es entstand eine Situation, die es erforderlich machte, daß ich in einer Pressekonferenz ganz klar die Rhöndorfer Beschlüsse wiederholte und näher begründete. Ich hielt diese Pressekonferenz am Dienstag, dem 23. August 1949, im Bonner Bundestagsgebäude ab. Am gleichen Tage erklärte die CDU-Fraktion des Landtages in Nordrhein-Westfalen in einer Entschließung, daß der Ausgang der Wahlen die CDU zur Ausführung des ihr gegebenen Auftrages verpflichte, und man sprach mir einstimmig das Vertrauen aus. Damit war der Rhöndorfer Beschluß von dem stärksten Landesverband der CDU gebilligt.

Im Anschluß an die Rhöndorfer Konferenz war die Mär aufgetaucht, ein „Abgesandter des Vatikans" sei auch vertreten gewesen. Ich benutzte die Pressekonferenz am 23. August 1949, um diese Angelegenheit aufzuklären. Ich zitiere aus dem Protokoll: „Ich habe heute im ‚Rheinecho' eine sehr interessante Mitteilung gelesen. Danach ‚platzte ganz zufällig der päpstliche Generalrat Gündel in das Haus, wo die Konferenz stattfand, um sich, wie er nachher versicherte, lediglich von Dr. Pünder eine Reihe von Fragen beantworten zu lassen. Er verließ in einer knappen halben Stunde, nach seinem Gesichtsausdruck zu urteilen, äußerst zufrieden die Konferenz. Was er erfahren hat, weiß man nicht.'

Dazu möchte ich folgendes sagen: Ich habe den Herrn bis heute weder gesehen noch kennengelernt. Von Mitgliedern meiner Familie wurde mir gesagt, daß er keine Strümpfe getragen habe. Ich konnte mir nicht gut vorstellen, daß ein Vertreter des Vatikans ohne Strümpfe kommt.

Ich bin dann der Sache nachgegangen und habe folgendes festgestellt: Dieser Herr sitzt im Generalrat der Steyler-Patres, die in Holland und hier in Westdeutschland Klöster haben. Er hat mit dem Vatikan überhaupt nichts zu tun – es tut mir sehr leid, aber das ist nun einmal so. Damit ist die Sache mit den Strümpfen zu meiner Zufriedenheit geklärt. Der Herr wollte nur Herrn Dr. Pünder einen Besuch machen. Jedenfalls möchte ich ausdrücklich feststellen: Bisher ist der Vatikan mit der Frage der Schaffung einer Bundesregierung nicht irgendwie behelligt worden."

2. Die Konstituierung der Bundesrepublik

Zuerst mußte der Bundestag sich formieren durch die Wahl eines Präsidenten. Am 7. September 1949 wurde der frühere Vorsitzende des Frankfurter Wirtschaftsrates, der CDU-Abgeordnete Dr. Erich Köhler, zum Präsidenten des Deutschen Bundestages gewählt. Er hatte sich bewährt als Vorsitzender des Frankfurter Wirtschaftsrats.

Meine Auffassung, daß Professor Heuss die geeignete Persönlichkeit für das Amt des Bundespräsidenten sei, setzte sich durch, und er wurde am 12. September 1949 mit den Stimmen der CDU/CSU, FDP und DP zum Bundespräsidenten gewählt.

Am 15. September 1949 erfolgte die Wahl des Bundeskanzlers. Ich wurde im ersten Wahlgang von der absoluten Mehrheit aller Mitglieder des Bundestages, und zwar mit einer Stimme Mehrheit gewählt. Später fragte man mich, ob ich mich selbst gewählt hätte. Ich antwortete: „Selbstverständlich, etwas anderes wäre mir doch als Heuchelei vorgekommen."

Meine Wahl zum Bundeskanzler und die Regierungskoalition, die sich aus den Fraktionen der CDU/CSU, FDP und der DP zusammensetzte, waren eine logische Konsequenz der politischen Verhältnisse. Ich begrüßte aus allgemeinen staatspolitischen Erwägungen heraus die eingetretene Entwicklung. Ich war nicht der Auffassung, daß es den Interessen der gesamten Bevölkerung, den Interessen Deutschlands besser gedient hätte, wenn man etwa eine Koalition zwischen der CDU/CSU und der Sozialdemokratischen Partei eingegangen wäre. Ich war und bin der Auffassung, daß die Opposition eine Staatsnotwendigkeit ist, daß sie eine staatspolitische Aufgabe zu erfüllen hat, daß nur dadurch, daß Regierungsmehrheit und Opposition einander gegenüberstehen, ein wirklicher Fortschritt und eine Gewöhnung an demokratisches Denken zu erzielen sind. Ich war weiter der Auffassung, daß es bei den labilen Verhältnissen, wie sie in Deutschland herrschten, viel richtiger war, wenn die stets vorhandene Opposition sich klar im Parlament zeigte.

Den Gründen, die für die Bildung einer Koalition CDU/CSU, FDP und DP sprachen und die in der Rhöndorfer Besprechung ausgiebig erörtert worden waren, schlossen sich die Vertreter der genannten Parteien an.

Am 7. September 1949 hatten sich der Bundestag und der Bundesrat konstituiert. Am gleichen Tage wurde der Bundestagspräsident gewählt, am 12. September der Bundespräsident und am 15. September der Bundeskanzler. Am 20. September wurden auf meinen Vorschlag die Bundesminister ernannt, und zwar

Franz B l ü c h e r
zum Bundesminister für Angelegenheiten
des Marshall-Planes,

Dr. Gustav W. H e i n e m a n n
zum Bundesminister für Inneres,

Dr. Thomas D e h l e r
zum Bundesminister für Justiz,

Staatsrat Fritz S c h ä f f e r
zum Bundesminister für Finanzen,

Professor Dr. Ludwig E r h a r d
zum Bundesminister für Wirtschaft,

Staatsrat Wilhelm N i k l a s
zum Bundesminister für Landwirtschaft
und Ernährung,

Anton S t o r c h
zum Bundesminister für Arbeit,

Dr. Hans Christoph S e e b o h m
zum Bundesminister für Verkehr,

Hans S c h u b e r t h
zum Bundesminister für Post,

Eberhard W i l d e r m u t h
zum Bundesminister für Wohnungsbau,

Dr. Hans L u k a s c h e k
zum Bundesminister für Angelegenheiten
der Vertriebenen,

Jakob K a i s e r
zum Bundesminister für gesamtdeutsche
Fragen,

Heinrich H e l l w e g e
zum Bundesminister für Angelegenheiten
des Bundesrates.

Damit war die Konstituierung der Bundesregierung erfolgt. Am nächsten Tag trat das Besatzungsstatut in Kraft.
Es begann ein neuer Abschnitt in der Geschichte der Nachkriegsjahre.

In den vier Jahren, die der Katastrophe des Jahres 1945 folgten, hatten im großen und ganzen Legislative und Exekutive in den Händen der Besatzungsmächte gelegen. Nur schrittweise war auf den verschiedenen Ebenen der Verwaltung und Gesetzgebung deutschen Stellen eine partielle Entscheidungsbefugnis wieder gewährt worden.

Mit dem Aufbau der Organe der Bundesrepublik Deutschland ging nunmehr ein großer Teil von Verantwortung und Entscheidungsbefugnis in deutsche Hände über. Noch waren wir allerdings nicht frei, denn das Besatzungsstatut enthielt wesentliche Beschränkungen. Wir mußten das Unsere dazu tun, die Voraussetzungen dafür zu schaffen, die es den alliierten Mächten ermöglichen würden, das Statut in einer großzügigen und maßvollen Weise anzuwenden. Nur auf diesem Wege konnte das deutsche Volk wieder zur völligen Freiheit gelangen. Ich hoffte, daß die alliierten Mächte durch eine entsprechende Handhabung der im Besatzungsstatut gegebenen Revisionsklausel helfen würden, die weitere staatliche Entwicklung unseres Landes zu beschleunigen.

3. Vorstellung bei den Hohen Kommissaren Inkrafttreten des Besatzungsstatuts

Die Hohen Kommissare hatten durch Blankenhorn mir ihre Absicht mitteilen lassen, das Besatzungsstatut in einer feierlichen Zeremonie zu überreichen. Bei derselben Gelegenheit könnte ich dann das Kabinett vorstellen.

Dieses Vorhaben gefiel mir nicht. Für einen Besiegten bleibt ein Besatzungsstatut eine unangenehme Sache, seine Übergabe an den Vertreter eines besetzten Landes ist für dieses kein Grund zu einer Feierlichkeit. Ich ließ durch Blankenhorn die Hohen Kommissare bitten, unter meinem Gesichtspunkt den Vorgang zu betrachten und von einer zeremoniellen Überreichung Abstand zu nehmen. Daraufhin beschlossen die Hohen Kommissare, das Inkrafttreten des Besatzungsstatuts lediglich durch eine Ansprache ihres Vorsitzenden mitzuteilen. Es sollte dem Akt aber dadurch ein zeremonieller Charakter gegeben werden, daß die Hohen Kommissare mich empfangen würden, indem sie auf einem Teppich stünden, während ich vor diesem stehen sollte. Ihr Vorsitzender sollte eine Ansprache halten und das Inkrafttreten des Besatzungsstatuts verkünden. Alsdann sollte ich den Teppich betreten. Ich erklärte mich einverstanden.

An dem vereinbarten Termin, am 21. September 1949, begab ich mich in Begleitung einiger Bundesminister – ich hatte nicht das gesamte Kabinett zur Vorstellung mitgenommen – auf den Petersberg. Wir wurden in einen Raum geführt, in dem uns die drei Hohen Kommissare auf einem Teppich stehend empfingen. François-Poncet hatte an dem betreffenden Tage den Vorsitz inne. Er trat, während ich vor dem Teppich halt machte, einen Schritt nach vorn, um mich zu begrüßen. Ich machte mir diese Gelegenheit zunutze, ging ihm entgegen und stand somit gleichfalls auf dem Teppich. Keiner der Hohen Kommissare wendete sich dagegen. François-Poncet hielt seine Ansprache.

Nach der Vorstellung der mich begleitenden Kabinettsmitglieder erklärte ich den Hohen Kommissaren in einer Rede, daß es der eindeutige Wille der Bundesregierung sei, in erster Linie die großen sozialen Probleme in Angriff zu nehmen. Ich sei überzeugt, daß ein gesunder Staat sich nur dann entwickeln könne, wenn dem einzelnen ein Minimum wirtschaftlicher Existenzfähigkeit garantiert werde. Ehe es nicht gelinge, für die Millionen von Ausgebombten und Flüchtlingen in ausreichender Anzahl Wohnungen und entsprechende Arbeitsmöglichkeiten zu schaffen, sei eine stabile innere Ordnung in Deutschland nicht möglich.
Unordnung und Krisen in diesem Teil Europas würden aber eine ernste Gefährdung der Sicherheit des gesamten Kontinents bedeuten. Das soziale Programm der Bundesregierung solle deshalb gleichzeitig auch der Sicherheit einer friedlichen Entwicklung Europas dienen. Selbstverständlich wollten wir alles daransetzen, um aus eigener Kraft diese Aufgabe zu bewältigen. Ich glaubte jedoch, daß das Vertriebenenproblem nicht allein ein nationales, sondern ein internationales Problem sei, das zu seiner Lösung der Hilfe der übrigen Welt bedürfe.
Wenn eine Friedensordnung in Europa hergestellt werden solle, so könne das nach Auffassung der Bundesregierung nur dadurch geschehen, daß grundsätzlich neue Wege eingeschlagen würden. Ich sähe einen solchen Weg in den Bestrebungen, die eine europäische Föderation zum Ziele hätten, wie sie in Straßburg in ersten Ansätzen nunmehr verwirklicht worden seien. Ich glaubte, daß eine europäische Föderation nur dann Lebenskraft besitze, wenn sie auf einer engen wirtschaftlichen Zusammenarbeit der Völker beruhe. Die auf Grund des Marshall-Planes ins Leben gerufene Organisation weise einen guten Weg. Deutschland sei gerne bereit, in eigener Verantwortung mitzuwirken.
Einen weiteren Weg, günstige Voraussetzungen für eine wirklich lebensfähige europäische Föderation zu schaffen, sähe ich auch darin, daß man die Regelung der Verhältnisse an der Ruhr aus ihrer Einseitigkeit herauslöse und sie allmählich zu der Keimzelle einer Ordnung werden lasse, die auch

die Grundstoffindustrien der anderen europäischen Länder umfasse. Ich sei mir klar, daß die engen nationalstaatlichen Ideen des 19. und des beginnenden 20. Jahrhunderts als überwunden gelten müßten. Aus ihnen sei der Nationalismus erwachsen, der eine Zersplitterung des europäischen Lebens fördere. Wenn wir zurückfinden wollten zu den Quellen unserer europäischen Kultur, die aus dem Christentum entsprängen, müßte es uns gelingen, die Einheit des europäischen Lebens auf allen Gebieten wiederherzustellen. Dies allein sei die wirksame Garantie für die Erhaltung des Friedens.

Es wurde ein Glas Sekt gereicht, und nach kurzer Zeit verabschiedete ich mich. Als Blankenhorn, der mich begleitete, und ich in der Garderobe unsere Mäntel anzogen, trat ein Beamter der Hohen Kommission an Blankenhorn heran und übergab ihm ein in Packpapier eingehülltes Buch.

Als wir im Auto saßen, sagte ich Blankenhorn, er möge nachsehen, was man ihm überreicht habe. Er entnahm dem Paket ein in Pergament gebundenes und besonders kunstvoll gedrucktes Besatzungsstatut, das aber nicht unterzeichnet war.

Diese Urkunde hatte ein eigenartiges Schicksal. Als ich mich im Jahre 1962 im Auswärtigen Amt nach ihr erkundigte, stellte sich heraus, daß sie sich immer noch bei Herrn Blankenhorn befand. Ich bat, sie zu den Akten zu geben, was auch geschah*.

4. Das Besatzungsstatut

Das Besatzungsstatut brachte einen erheblichen Fortschritt gegenüber dem bisherigen Zustand. Natürlich kam es darauf an, ob es in dem Geiste gehandhabt würde, der aus dem Begleitschreiben der Außenminister von England, Frankreich und den Vereinigten Staaten vom April 1949 an den Präsidenten des Parlamentarischen Rates sprach. „Die Außenminister betonen", so hieß es in der Note, „daß es das höchste Ziel der drei alliierten Regierungen ist, den festen Einbau des deutschen Volkes unter einem demokratischen Bundesstaat in den Rahmen eines europäischen Zusammenschlusses zum beiderseitigen Besten zu ermutigen und zu fördern."

Ich war überzeugt, daß eine Handhabung des Besatzungsstatuts in diesem Sinne uns ein eigenes starkes Leben und weitere Fortschritte ermöglichen würde. Das Besatzungsstatut sollte nach zwölf Monaten und auf jeden Fall innerhalb von achtzehn Monaten nach Inkrafttreten unter Berücksichtigung der gemachten Erfahrungen, die die Hohen Kommissare bei seiner Durch-

* Wortlaut des Besatzungsstatuts siehe Dokumentenband.

führung gesammelt hätten, überprüft werden. Ich hoffte, sie würden dabei zu dem Ergebnis kommen, daß es möglich sei, die Zuständigkeit der deutschen Behörden auf dem Gebiet der Legislative, der Exekutive und der Justiz weiter auszudehnen.

Darum mußte die Bundesregierung bestrebt sein, die Bestimmungen des Besatzungsstatuts zu beachten. Sie mußte sich dabei von der Hoffnung leiten lassen, daß die in Aussicht gestellte Ausdehnung ihrer Befugnisse nach der Überprüfung des Besatzungsstatuts möglichst bald eintreten werde.

Ich war überzeugt davon, daß der einzig mögliche Weg für unser Land und unser Volk, wieder frei zu werden, ein gutes Einvernehmen mit den Hohen Kommissaren sei.

5. Die künftige Regierungsarbeit
Beginn der parlamentarischen Arbeit auf Bundesebene

Wenn auch die Zuständigkeit des Bundestages und der Bundesregierung durch das Besatzungsstatut beschränkt war, so erfüllte mich doch der Fortschritt gegenüber den Verhältnissen, die seit 1933 bei uns bestanden, mit Genugtuung. Zwar mußten wir uns bewußt sein, daß Deutschland und das deutsche Volk noch nicht frei waren, daß es noch nicht gleichberechtigt neben den anderen Völkern stand, daß es, und das war besonders schmerzlich, in zwei Teile zerrissen war, aber wir erfreuten uns doch einer wenigstens relativen staatlichen Freiheit. Unsere Wirtschaft erholte sich langsam. Bei uns galt wieder der Schutz des Persönlichkeitsrechts. Niemand konnte bei uns, wie das im nationalsozialistischen Reich und wie es jetzt noch in weiten Teilen Deutschlands der Fall war, durch geheime Staatspolizei oder ähnliche Einrichtungen der Freiheit und des Lebens beraubt werden. Diese Güter: Rechtsschutz, Schutz der persönlichen Freiheit, die wir lange Zeit nicht besaßen, waren so kostbar, daß wir trotz allem, was uns noch fehlte, uns darüber freuen mußten.

Ich hatte dem Bundespräsidenten die Ernennung von dreizehn Bundesministern vorgeschlagen. Ich war mir bewußt, daß vielen diese Zahl zu groß erschien, so auch dem Bundesrechnungshof. Ich mußte um diese Anzahl von Bundesministern kämpfen.

Wir standen am Anfang des Aufbaus, und das vor uns liegende Arbeitsfeld war ganz außerordentlich groß. Es forderte Menschen voll Hingabe, Kraft und schöpferischer Gedanken im Parlament und in der Regierung. Eine große Anzahl von Aufgaben war neu entstanden, die der ministeriellen und der parlamentarischen Ordnung bedurften. Die Frage der

Vertriebenen war eine dieser Aufgaben. Andere Aufgaben, die auch früher bestanden, hatten einen solchen Umfang angenommen, daß sie den Rahmen eines der üblichen Ministerien sprengten. Das galt zum Beispiel für die Frage der Wohnungswirtschaft und des Wohnungsbaues.

Mehrere der neugeschaffenen Bundesministerien waren zeitbedingt. Wenn sie ihre Aufgabe erfüllt oder aber wenn ihre Aufgaben wieder einen normalen Umfang angenommen hatten, konnten sie fortfallen.

Unter den Bundesministerien befand sich ein Ministerium, das die besondere Aufgabe hatte, für die Wahrung der engen Verbindung mit dem Bundesrat Sorge zu tragen. Mit der Einrichtung dieses Ministeriums wünschte ich, den ernsten Willen zu demonstrieren, den föderativen Charakter des Grundgesetzes sicherzustellen, die Rechte der Länder zu wahren und so die Arbeit des Bundesrates in Einklang zu bringen mit der Tätigkeit des Bundestages und der Bundesregierung, damit ein harmonisches Zusammenarbeiten gewährleistet sein würde.

Unter den Bundesministerien fehlte ein Außenministerium. Nach dem Besatzungsstatut fielen die Auswärtigen Angelegenheiten unter Einschluß internationaler Abkommen, die von oder im Namen Deutschlands abgeschlossen wurden, unter die Zuständigkeit der Alliierten Hohen Kommission für die drei Zonen.

Wenn wir auch noch kein Ministerium des Auswärtigen hatten, so bedeutete das keineswegs, daß wir damit auf jede Betätigung auf dem Gebiet des Auswärtigen verzichteten. Das Paradoxe war, daß, obgleich die Auswärtigen Angelegenheiten Deutschlands von der Alliierten Hohen Kommission wahrgenommen wurden, jede Tätigkeit der Bundesregierung oder des Bundesparlaments auch in inneren Angelegenheiten Deutschlands irgendwie eine ausländische Beziehung in sich schloß. Deutschland war infolge Besatzung, Ruhrstatut, Marshall-Plan usw. enger mit dem Ausland verflochten als jemals zuvor. Diese Angelegenheiten sollten in einem im Bundeskanzleramt zu errichtenden Staatssekretariat zusammengefaßt werden. Abgesehen davon glaubte ich, daß die Hohen Kommissare infolge der großen Verantwortung, die sie trugen, keine wichtige Entscheidung in ausländischen Angelegenheiten treffen würden, ohne mit der Bundesregierung vorher Fühlung genommen zu haben.

Man kann sich heute kaum mehr vorstellen, welche Arbeit auf die Bundesregierung und den Bundestag wartete. Es mußten auf dem Zuständigkeitsgebiet des Bundes die in den elf Ländern bereits ergangenen Gesetze daraufhin nachgeprüft werden, ob in ihnen gleiches Recht herrsche. Weiter mußten Gesetze und Verordnungen, die bisher nur in der Bizone galten, auf die französische Zone ausgedehnt werden. Es mußten die bisher von seiten der verschiedenen Militärregierungen ergangenen Gesetze und Verordnungen auf den Gebieten, die nunmehr der Zuständigkeit des Bundes unterstanden, überprüft und eventuell mit Zustimmung der Hohen Kommission den staatlichen Zuständen, wie sie Grundgesetz und Besatzungsstatut ergaben, angepaßt werden. Es mußten Gesetze erlassen werden, die das Grundgesetz vorsah. Es mußten diejenigen Gesetze, die der Frankfurter Wirtschaftsrat nicht mehr völlig erledigt hatte, verabschiedet werden.

An diese Arbeit, die namentlich auch deshalb umfangreich war, weil bisher beim Erlaß von Gesetzen infolge der Eilbedürftigkeit der Angelegenheiten oft nicht mit besonderer Genauigkeit gearbeitet werden konnte, mußte mit größter Gründlichkeit und Umsicht herangegangen werden, damit wir endlich wieder zu dem kommen würden, was uns sowohl in der nationalsozialistischen Zeit wie später verlorengegangen war: zur Klarheit, zur Sicherheit und zur Einheit des Rechts.

Aus den Koalitionsverhandlungen war völlig eindeutig hervorgegangen, daß sich die Koalitionsparteien darin einig waren, sich bei ihrer ganzen Arbeit von dem Bestreben leiten zu lassen, so sozial im wahrsten und besten Sinne des Wortes zu handeln wie irgend möglich. Das Streben nach Linderung der Not, nach sozialer Gerechtigkeit, sollte der oberste Leitstern bei unserer ganzen Arbeit sein.

Die Aufgaben, die auf die Bundesregierung warteten, auch nur annähernd erschöpfend aufzuzählen, ist nicht möglich. Einige der schon genannten, die mir besonders wichtig erscheinen, möchte ich noch kurz skizzieren.

Die Vertriebenen mußten gleichmäßiger als bisher auf die verschiedenen Länder der Bundesrepublik verteilt werden. Das lag sowohl im Interesse der zu stark belasteten Länder, vor allem aber auch im Interesse der Vertriebenen selbst.

Das Los der Vertriebenen war besonders hart. Die Frage ihres zukünftigen Schicksals konnte von Deutschland nicht allein gelöst werden. Es handelte sich um eine Frage, die nur auf internationalem Wege einer Lösung nähergebracht werden konnte. Man mußte sie aber lösen, wenn man nicht Westdeutschland für lange Zeit zu einem Herd politischer und wirtschaftlicher Unruhe werden lassen wollte.

Die Verhältnisse auf dem Wohnungsgebiet, die die soziale und ethische Gesundung des deutschen Volkes unmöglich und die auch das Leben der Vertriebenen und Ausgebombten unendlich schwer machten, mußten von uns mit ganzer Kraft einer Besserung entgegengeführt werden. Wir mußten mit allen Mitteln den Wohnungsbau in der energischsten Weise fördern, indem der Bund Geld zur Verfügung stellte und darauf drang, daß von den Ländern alle Möglichkeiten auf dem Gebiet des Wohnungsbaues erschöpft würden. Ich war entschlossen, dazu überzugehen, durch entsprechende, in vorsichtiger und nicht überstürzter Weise durchgeführte Lockerungsvorschriften der Raumbewirtschaftung und der Mietfestsetzung das Privatkapital für den Bau von Wohnungen wieder zu interessieren.

Ich war überzeugt, daß durch die energische Förderung der Bautätigkeit auch die allgemeine Belebung des Arbeitsmarktes herbeigeführt würde.

Auf dem Gebiet der Wirtschaftspolitik war die Bundesregierung entschlossen, die in Frankfurt erfolgreich eingeschlagene Richtung weiterzuverfolgen. Bei der Durchführung des Prinzips der sozialen Marktwirtschaft mußte man sich selbstverständlich davor hüten, einem starren Doktrinarismus zu verfallen, sondern man mußte sich den jeweils ändernden Verhältnissen anpassen. Die Zwangswirtschaft sollte überall dort, wo es irgendwie zu verantworten war, beseitigt werden. Ich war gewillt, auf dem Gebiete der Wirtschaft durch die Mittel des Wettbewerbs und durch die immer stärkere Einordnung der deutschen Wirtschaft in die Weltwirtschaft systematisch die durch viele Jahre Zwangswirtschaft und Kriegswirtschaft entstandenen Strukturfehler der deutschen Wirtschaft zu beseitigen.

Die deutsche Wirtschaft war in der Vergangenheit groß und stark geworden nicht zuletzt durch angewandte Wissenschaft. Die Bundesregierung würde, soweit ihre finanziellen Kräfte es eben erlaubten, dafür eintreten, daß die wissenschaftliche Forschung gefördert würde, und sie würde auch die deutsche Wirtschaft dazu veranlassen, das gleiche zu tun. Nur wenn es gelang, durch Leistungen uns auf dem Weltmarkt auszuzeichnen, war es uns möglich, auf ihm zu bestehen.

Die Frage der Demontage unserer industriellen Anlagen war von größter Wichtigkeit für das deutsche Volk. Es gab wohl kaum jemanden in Deutschland, der sich gegen die Demontage wirklich kriegswichtiger Industrien wandte. Aber die Vernichtung großer wirtschaftlicher Werte war eine Angelegenheit, die man im Ausland nicht damit abtun sollte, daß es nun einmal eine beschlossene Sache sei. Die Demontagefrage war auch eine Frage von großer psychologischer Bedeutung. Man verstand es in breitesten Kreisen des deutschen Volkes nicht, daß man mit der einen Hand wirtschaftliche Hilfe gab und mit der anderen Hand wirtschaftliche Werte zerstörte. Man glaubte im deutschen Volk, daß damit auch die von ausländischen Staatsmännern wiederholt abgegebene Erklärung, daß Deutschland zum Wiederaufbau Europas notwendig sei, schwer zu vereinbaren war.

Ein besonderes Anliegen der Bundesregierung würde es sein, den Mittelstand zu festigen und ihm zu helfen.

Die Aufgaben des Ministeriums für Landwirtschaft und Ernährung sollten in Zukunft einen anderen Charakter tragen als bisher. In stärkerem Maße als bisher möglich, war die landwirtschaftliche Produktion zu verbessern und zu veredeln. Wir mußten noch immer fünfzig Prozent der benötigten Lebensmittel einführen. Wenn die deutsche Wirtschaft bis zum Jahre 1952 eine ausgeglichene Handelsbilanz erreichen sollte, war es notwendig, die landwirtschaftliche Produktion erheblich zu steigern, um den Verbrauch von Devisen für die Ernährung soweit wie möglich einzuschränken.

Die Förderung der Kapitalbildung, und zwar sowohl der Bildung von Sparkapital wie von Betriebskapital, mußte unser vordringlichstes Ziel sein. Nur wenn wir nach Kräften die innerdeutsche Kapitalbildung steigerten, konnten wir erwarten, daß ausländisches Kapital zum Wiederaufbau unserer Wirtschaft zur Verfügung gestellt wurde.

Der Wiederaufbau unserer Wirtschaft war die wichtigste Grundlage für jede Außenpolitik und für die Eingliederung der Vertriebenen. Nur eine blühende Wirtschaft konnte die Belastungen aus dem Lastenausgleich auf die Dauer tragen.

Ich war gewillt, den endgültigen Lastenausgleich baldmöglichst zu verabschieden, um die Ungewißheit zu beseitigen, die seit geraumer Zeit sowohl auf den Geschädigten wie auf den zu Belastenden lag. Die Kleinst- und Kleingeschädigten mußten besonders pfleglich dabei behandelt werden.

Die Gefahren einer Deflation waren ebenso groß wie die einer Inflation. Im damaligen Stadium unserer Wirtschaft war eine aktive Konjunkturpolitik nötig, die sich, ohne damit irgendwie die Währung zu gefährden, des Instrumentes der Vorfinanzierung solcher Aufgaben bediente, deren Finanzierung, sei es aus inländischen Quellen, sei es aus Gegenwert-Fonds, in absehbarer Zeit gesichert war.

Die ganz besondere Fürsorge der Bundesregierung galt der Stadt Berlin. Seit der Währungsreform bis zum September 1949, in etwa fünfzehn Monaten, waren aus dem Haushalt des vereinigten Wirtschaftsgebietes der britischen und amerikanischen Zone 414 Millionen DM an den Magistrat der Stadt Berlin geflossen. Außerdem hatte Berlin bis zum 13. September 1949 aus dem GARIOA-Fonds* 688 Millionen DM erhalten. Ich war fest entschlossen, diese Hilfe fortzusetzen.

Die Koalitionsfraktionen, die sich zu gemeinsamer Regierungsbildung und -arbeit zusammengefunden hatten, betrachteten es als ihre vornehmste Pflicht, auf allen Gebieten sozial zu handeln. Auf dem engeren Gebiete der Sozialpolitik galt das in besonderem Maße. Die Bundesregierung mußte

---

* GARIOA = Government appropiation and relief for import in occupied areas: Von den Besatzungsmächten zur Verhinderung von Hunger, Seuchen, Unruhen und dergleichen für die Bevölkerung in Form von Einfuhrlieferungen zur Verfügung gestellte Leistungen.

21. September 1949: Dr. Adenauer auf dem Petersberg. Von links nach rechts: Die Hohen Kommissare Robertson, François-Poncet und McCloy und Dr. Adenauer mit den Bundesministern (von links nach rechts) Schäffer, Dehler, Kaiser, Erhard und Blücher

Zwei Schnappschüsse: Dr. Adenauer und François-Poncet
Mit handschriftlichen Bemerkungen von François-Poncet am Rand der Aufnahmen

bemüht sein, ihre Sozialpolitik den Zeitverhältnissen entsprechend auszugestalten. Wenn auch die beste Sozialpolitik eine gesunde Wirtschaftspolitik war, die möglichst vielen Arbeit und Brot gab, so würde es doch nach diesem Kriege und dieser Not in Deutschland immer einen sehr großen Prozentsatz von Menschen geben, denen besonders geholfen werden mußte. Dazu zählten vor allem die Schwerkriegsbeschädigten, die erwerbsunfähigen Kriegsbeschädigten und die Kriegshinterbliebenen. Ihnen war ein ausreichender Unterhalt zu garantieren. Die Schaffung einer einheitlichen Versorgungsgesetzgebung für das gesamte Bundesgebiet war nötig.

War die Bundesregierung einerseits bereit, dort, wo es vertretbar war, Vergangenes vergangen sein zu lassen, da viele für subjektiv nicht schwerwiegende Schuld genügend gebüßt hatten, so war sie andererseits doch unbedingt entschlossen, aus der Vergangenheit die nötigen Lehren zu ziehen gegenüber all denjenigen, die an der Existenz unseres Staates rüttelten, mochten sie nun zum Rechtsradikalismus oder zum Linksradikalismus zu rechnen sein.

Die wichtigste Aufgabe der Bundesregierung war jedoch, alles zu tun, um die Spaltung unseres Vaterlandes wieder rückgängig zu machen.

In der Sowjetzone gab es keinen freien Willen der deutschen Bevölkerung. Das, was dort geschah, wurde nicht von einer freien Bevölkerung getragen und damit legitimiert. Die Bundesrepublik Deutschland dagegen stützte sich auf die Anerkennung durch den frei bekundeten Willen von rund 23 Millionen stimmberechtigter Deutscher. Die Bundesrepublik Deutschland war somit bis zur Erreichung der deutschen Einheit die allein legitimierte staatliche Organisation des deutschen Volkes. Daraus ergaben sich sowohl innenpolitisch wie außenpolitisch weitreichende Folgerungen. Die Bundesrepublik Deutschland fühlte und fühlt sich auch für das Schicksal der 18 Millionen Deutschen, die in der Sowjetzone leben, verantwortlich. Die Bundesrepublik Deutschland war und ist allein befugt, für das deutsche Volk zu sprechen. Sie erkannte und erkennt Erklärungen der Sowjetzonenregierung nicht als verbindlich für das deutsche Volk an.

Die Lage Berlins wurde durch die Entwicklung in der Sowjetzone besonders kritisch. Berlin ragte in die Sowjetzone hinein als Vorposten und Bollwerk des demokratischen Westens Europas.

Berlin hatte die Blockade dank der bewunderungswürdigen Stärke und Zähigkeit seiner Bewohner und dank der Hilfe der Westalliierten überstanden.

In Artikel 23 des Grundgesetzes ist niedergelegt, daß Groß-Berlin als 12. Land zur Bundesrepublik gehören soll. Wenn auch die internationale Lage bei der Genehmigung des Grundgesetzes die Verwirklichung dieses

Beschlusses zunächst unmöglich machte und wenn die fortdauernde internationale Spannung auch jetzt noch nicht die volle Wirksamkeit des Artikels 23 in bezug auf Groß-Berlin gestattet, so bleibt der Beschluß des Parlamentarischen Rates nur suspendiert. Der Artikel 23 sollte in volle Wirksamkeit treten, sobald die internationale Lage es zuläßt. Bis dahin würde Berlin seine Gesetze den Bundesgesetzen anpassen, um so schon jetzt eine de facto-Zugehörigkeit Berlins zum Bund herbeizuführen.

Die Menschheit lebte seit Jahrzehnten in einer Epoche staatlicher und sozialer Wirren. Das deutsche Volk war infolge seiner sprunghaften Entwicklung und infolge seiner zentralen Lage in Europa ein Mittelpunkt dieser Wirren geworden. Die Bundesrepublik Deutschland erholte sich dank der Hilfe der Westalliierten, dank auch des Fleißes und der Ausdauer ihrer Bewohner langsam, aber stetig. Die Bundesregierung fühlte um so mehr die Verpflichtung, den Bewohnern der Sowjetzone und der Stadt Berlin zu helfen. Sie war bereit, diese Pflicht zu erfüllen, und ihr oberstes Ziel war und ist, die Wiedervereinigung in Frieden und Freiheit zu erreichen.

Ich war und bin davon überzeugt, daß unsere oft so trostlos aussehende Epoche schließlich doch zu fruchtbaren Neubildungen staatlicher und überstaatlicher Ordnungen führen wird, Ordnungen, die erwachsen sein müssen auf dem Boden des gleichen Rechts für alle. Oberstes Ziel mußte sein, ganz Deutschland auf dem Boden des Rechts und der Freiheit zu einen und es in eine europäische Ordnung hineinzuführen.

Es bestand für mich kein Zweifel, daß wir zur westeuropäischen Welt gehören nach unserer Herkunft und nach unserer Gesinnung. Wir wollten zu allen Ländern gute Beziehungen unterhalten, insbesondere aber zu den westeuropäischen Ländern, den Beneluxstaaten, Frankreich, Italien und Großbritannien. Der deutsch-französische Gegensatz, der Hunderte von Jahren die europäische Politik beherrscht hatte, der zu so vielen Kriegen, Zerstörungen und Blutvergießen Anlaß gegeben hatte, mußte endgültig aus der Welt geschafft werden.

Ich wünschte, daß die Bundesrepublik möglichst bald in die Europäische Union aufgenommen würde. Wir würden gern und freudig mitarbeiten an dem großen Ziel der europäischen Vereinigung. Im Grundgesetz war im Artikel 24 die Möglichkeit vorgesehen, Hoheitsrechte auf zwischenstaatliche Einrichtungen zu übertragen und sich zur Wahrung des Friedens in ein System gegenseitiger kollektiver Sicherheit einzuordnen. Es heißt in diesem Artikel wörtlich: „... er (der Bund) wird hierbei in die Beschränkungen seiner Hoheitsrechte einwilligen, die eine friedliche und dauerhafte Ordnung in Europa und zwischen den Völkern der Welt herbeiführen und sichern."

Die Bundesregierung war entschlossen, alles zu tun, was in ihrer Kraft stand, um den in diesem Artikel vorgezeichneten Weg zur Sicherung des Friedens in Europa und in der Welt zu gehen. Wir würden bei unserer ganzen Arbeit getragen sein von dem Geiste christlich-abendländischer Kultur und von der Achtung vor Recht und Würde des Menschen. Ich hoffte, daß es mit Gottes Hilfe gelingen würde, das deutsche Volk zu einen und beizutragen zum Frieden in Europa und der Welt.

XIII. VORSTOSS IN DIE AUSSENPOLITIK

1. Deutsche Außenpolitik

Der Krieg und die ersten Nachkriegsjahre brachten Sowjetrußland einen großen Machtzuwachs. Es hatte die osteuropäischen Länder durch von Moskau aus gesteuerte Revolutionen unter kommunistische Herrschaft gebracht. Es hatte die östlichen Gebiete Deutschlands erobert. Die Vereinigten Staaten hatten in einer sie selbst gefährdenden Korrektheit die von amerikanischen Truppen eroberten Teile Mitteldeutschlands den Sowjets übergeben. Sowjetrußland stand mitten in Deutschland, an der Elbe. Das Gleichgewicht in Europa war zerstört. Das bedeutete für Westeuropa, einschließlich des nicht den Sowjets übergebenen Teiles Deutschlands, eine dauernde ernste Gefahr. Aber auch für die Vereinigten Staaten konnte eine solche Machtverschiebung in Europa nicht gleichgültig sein.

Diese Gefahr wurde zunächst von den drei Westmächten nicht in vollem Umfang erkannt. Die Einsicht, daß Westeuropa einschließlich Deutschlands als einheitlicher Machtfaktor gegen die weiter nach Westeuropa drängende Sowjetunion betrachtet werden müsse, daß eine Zerstückelung Deutschlands, wie sie Frankreich erstrebte, falsch sei, hatte zuerst Churchill.

In den Vereinigten Staaten setzte sich erst allmählich die Erkenntnis durch, daß die Unordnung und die Not in West- und Osteuropa und der sehr große Machtzuwachs Sowjetrußlands auch für die Vereinigten Staaten Gefahren in sich bargen. Marshall machte den berühmt gewordenen Vorschlag, der in großem Umfang Mittel für den wirtschaftlichen Wiederaufbau von Westeuropa einschließlich Deutschlands und von Osteuropa einschließlich der Sowjetunion vorsah. Die Sowjetunion lehnte den Vorschlag ab und zwang ihre Satellitenstaaten, ihn ebenfalls abzulehnen. Die westeuropäischen Länder bejahten ihn. Er fand auch die Zustimmung Frankreichs, dessen Politik in den ersten Jahren nach dem Krieg mit der Politik der Vereinigten Staaten und Großbritanniens nicht immer konform ging, da sie allein von der Furcht vor einer Wiedererstarkung Deutschlands diktiert war und nur eine dauernde Schwächung Deutschlands zum Ziel hatte.

Als ein Relikt aus den von Furcht und Haß gegen Deutschland erfüllten ersten Nachkriegsjahren ragte in diese Epoche hinein der Demontageplan, der besonders die britische Zone betraf. In ihr lag das rheinisch-westfälische Industriegebiet mit seinen Bergwerken, Eisenhütten und Stahlwerken, seinen großen chemischen Fabriken. Wenn deren Demontage wie vorgesehen durchgeführt worden wäre, hätte eine wirtschaftliche und damit auch politische Erholung Deutschlands und Westeuropas überhaupt nicht erfolgen können. Da die Industrien Westeuropas miteinander verflochten waren, hätte die Demontage des rheinisch-westfälischen Industriegebietes die Durchführung des Marshall-Planes überhaupt unmöglich gemacht. Nach meiner festen Überzeugung wäre Deutschland bei Durchführung des Demontageplanes aus Not und Hoffnungslosigkeit kommunistisch geworden.

Das erste und wichtigste Ziel der Bundesregierung mußte meines Erachtens sein, den Demontageplan aus der Welt zu schaffen, koste es, was es wolle.

Das Sicherheitsverlangen gegenüber Deutschland bei allen seinen Kriegsgegnern war außerordentlich stark. Es galt, einen Weg zu finden, der sowohl dem Sicherheitsbedürfnis der europäischen Länder Rechnung trug, wie auch den Wiederaufbau Westeuropas einschließlich Deutschlands durchzuführen gestattete. Über diesen Weg würden wir auch, darüber war ich mir klar, Schritt für Schritt unsere Gleichberechtigung unter den freien Völkern der Welt zurückerlangen.

Die verschiedenen Bestimmungen, Verträge und Statuten der ersten Nachkriegsjahre – wie zum Beispiel das Ruhrstatut – waren in meinen Augen Übergangsregelungen. Sie waren lediglich bestimmte Abschnitte auf dem Wege zur Wiedererlangung unserer Gleichberechtigung. Es kam mir bei der Beurteilung dieser Abmachungen stets in erster Linie darauf an, ob sie Möglichkeiten der Weiterentwicklung in sich bargen und welche.

Ich war der Auffassung, der Gegensatz zwischen Sowjetrußland und den freien Völkern werde ständig wachsen. Es war auch für Amerika lebensnotwendig, daß ein starkes Westeuropa entstand. Hierzu war Deutschland unentbehrlich. Ein Land in Fesseln ist kein guter, vollwertiger Partner. Meines Erachtens würden unsere Fesseln daher allmählich fortfallen.

John Foster Dulles hat einmal gesagt:

„Wir treiben in Europa keine deutsche Politik, wir treiben in Europa keine französische Politik, wir treiben in Europa amerikanische Politik!"

Das war ein sehr wichtiges und treffendes Wort. Immer ist die Außenpolitik eines Landes in erster Linie von seinen eigenen wirklichen oder vermeintlichen Interessen geleitet. Es lag im Interesse der Vereinigten Staaten, daß Deutschland wieder stark würde. Daher konnten die zahlreichen Diskriminierungen, wie zum Beispiel das Ruhrstatut, das Besatzungsstatut und die Bestimmungen über unsere Bewaffnung sie mit sich brachten, nur vorübergehender Natur sein. Das deutsche Volk konnte auf die Dauer ohne Freiheit, ohne Gleichberechtigung kein vollkommener Partner der Völker sein, deren Interessen den unsrigen gleichgerichtet waren. Das waren die Leitgedanken meiner Politik gegenüber den Westmächten während all der

Jahre, in denen ich Bundeskanzler war und die Richtlinien der Politik zu bestimmen hatte.

Wichtigste Voraussetzung für Partnerschaft ist Vertrauen. Vertrauen zu uns Deutschen zu schaffen, war, wie ich zu Beginn dieses Buches wiederholt betonte, das oberste Gebot. Je schneller und je fester dieses Vertrauen zu uns wachsen würde, desto schneller würde das Ziel der Partnerschaft erreicht sein.

Über die Methode, Partnerschaft und Gleichberechtigung zu erlangen, war ich mir klar. Wir Deutsche auf der einen Seite und die Alliierten auf der anderen Seite sahen naturgemäß den gleichen Tatbestand von zwei verschiedenen Gesichtspunkten aus an. Wir Deutsche durften nicht vergessen, was sich in den Jahren von 1933 bis 1945 bei uns abgespielt hatte, wir durften nicht vergessen, welches Unglück durch die nationalsozialistische Regierung über die ganze Welt hereingebrochen war. Wir durften nicht vergessen, daß noch Jahre nach Beendigung des Krieges fast alle Völker der Erde, insbesondere die Staaten Europas, schwer unter den Folgen dieses Krieges zu leiden hatten. Wir mußten uns weiter darüber im klaren sein, daß wir infolge des totalen Zusammenbruchs ohne Macht waren.

Wir mußten deshalb davon ausgehen, daß bei den Verhandlungen, die wir Deutsche mit den Alliierten zu führen hatten, um fortschreitend mehr staatliche Macht zu erlangen, das psychologische Moment eine sehr große Rolle spielen würde. Von vornherein konnten wir volles Vertrauen nicht verlangen und erwarten. Wir mußten uns darüber klar sein, daß das Vertrauen nur langsam, Schritt für Schritt, wiedergewonnen werden konnte und daß wir sorgsam alles vermeiden mußten, was geeignet war, wieder Mißtrauen gegen uns zu wecken. Unwürdig und falsch wäre es gewesen, wenn wir eine Politik sklavischer Unterwürfigkeit verfolgt hätten. Eine dumme, unkluge und aussichtslose Politik wäre es gewesen, hätten wir mit unserer Unentbehrlichkeit auftrumpfen wollen.

Wir Deutsche mußten uns insbesondere auch vor der spekulativen Erwägung hüten, daß wir aus einer Uneinigkeit unter den großen Mächten irgendwie Erfolge erzielen könnten. Die Methode der deutschen Außenpolitik mußte absolut ehrlich und geradlinig sein. Wir mußten versuchen, langsam, Stück für Stück weiterzukommen und niemals die Geduld, einen der stärksten Faktoren in der Politik, zu verlieren.

Unter psychologischen Gesichtspunkten betrachtete ich besonders auch das Verlangen unserer nächsten westlichen Nachbarn nach Sicherheit. Dieses Sicherheitsverlangen hatte eine tiefe Wurzel. Man konnte in gewissem Umfange durch verstandesmäßige Darlegungen das Gefühl der Unsicherheit gegenüber Deutschland bekämpfen, aber es erschien mir unmöglich

– wie man weder der Liebe noch dem Haß mit Vernunftgründen allein begegnen kann –, dem Bedürfnis nach Sicherheit nur mit Vernunftgründen entgegenzutreten. Hier, glaubte ich, mußte man besonders geduldig und behutsam vorgehen, um auf dem Wege über die Gewinnung des Vertrauens das Sicherheitsbedürfnis unserer Nachbarstaaten zu befriedigen.
Ich hoffe, daß diese Darlegungen zum Verständnis unserer Politik in diesen schweren Jahren beitragen werden.

2. Die Demontagen

Ich kehre zurück zur Frage der Demontagen. Auf einer Sitzung des Deutschen Bundestages am Freitag, dem 30. September 1949, kam es zu einer ausführlichen Aussprache über die von den Alliierten in Deutschland betriebene Demontagepolitik. Durch die Demontage der großen Werke, wie zum Beispiel Thyssen-Hütte und Dortmund-Hörder Hütten-Werk, wurde die Arbeitslosenzahl in der Bundesrepublik noch weiter erhöht. Außerdem stand die Demontage solcher Werke in krassem Widerspruch zu der im Marshall-Plan geforderten Aufbauförderung, bei der die industrielle Kapazität Westdeutschlands genutzt werden sollte. Es schien tatsächlich, als ob das Marshall-Plan-Programm auf der einen und der Industrieplan für Deutschland mit den vorgesehenen Demontagen auf der anderen Seite vollkommen getrennt voneinander aufgestellt worden wären und entgegengesetzte Ziele verfolgten.
Ich führte im Laufe dieser Bundestagsdebatte aus, daß die Behandlung der Demontagefrage durch die Alliierten für uns alle, insbesondere auch für die Bundesregierung, eine große Enttäuschung sei.
Ich nahm meine Erklärung im Bundestag zum Anlaß, gegenüber den Westalliierten auch auf die psychologische Bedeutung dieser Frage hinzuweisen. Ich erklärte:

„Es ist mir bekannt, daß es bei den Westalliierten vielfach so angesehen wird, als ob wir Deutsche, wenn wir immer wieder mit der Demontagefrage kommen, damit eine Art Propaganda treiben wollten, und demgegenüber wird auf der anderen Seite das Gefühl und das Empfinden wach, aus Prestigegründen könne man dem deutschen Verlangen nicht nachgeben. Es ist mit Recht hervorgehoben worden – und ich unterstreiche das –: Es ist bei uns Deutschen weder Rechthaberei noch ein Bestreben, Propaganda zu betreiben; es sind wirtschaftliche Gründe, die uns dazu veranlassen, und es sind darüber hinaus psychologische Gründe von allergrößter Bedeutung.

Wenn man das deutsche Volk in das europäische Leben und auch in das europäische Wirtschaftsleben eingliedern will, so wird das nur dann Erfolg haben, wenn das deutsche Volk wenigstens in seiner Mehrheit die Überzeugung bekommt, daß dieser Wille der drei Westmächte wirklich vorhanden ist.

Ich glaube, man kann aber sagen, daß gerade diese unberechtigte Zerstörung größter deutscher Werte in weiten Kreisen der deutschen Bevölkerung Zweifel daran hervorruft, ob es den Stimmen im Ausland, die uns erklären, daß sie uns in die europäische Gemeinschaft zuruckführen wollen, wirklich ernst ist.

Diejenigen von Ihnen, meine Damen und Herren, die Versailles miterlebt haben, werden mir bestätigen, daß in der Folgezeit gerade der Versailler Vertrag, über dessen Erfüllungsmöglichkeiten man sich schon bei der Unterzeichnung keinem Zweifel hingegeben hatte, die beste Propaganda für einen zügellosen Nationalismus gewesen ist.

Ich glaube, man muß verhüten, daß die Durchführung der Demontage in späteren Jahren wiederum zu einer solchen Parole wird, wie es die Unterzeichnung des Versailler Vertrages geworden ist.

Darum möchte ich auch von der Tribüne dieses Hohen Hauses herab an die drei Westalliierten die dringende Bitte richten, die Demontagefrage vornehmlich unter diesem Gesichtspunkt zu betrachten, ihre Erledigung nicht auf die lange Bank zu schieben, sondern dieses Problem beherzt in die Hand zu nehmen. Ich meine, es müßte bei gutem Willen möglich sein, auch hier eine Lösung zu finden, die dem Reparationsverlangen der drei Westalliierten gerecht wird, ohne bei uns dieses bittere Gefühl hervorzurufen, das ich eben geschildert habe."

Aus dem Verlauf der Debatte ging klar hervor, daß alle Parteien des Bundestages sich darin einig waren, daß ein Abbau, besser ein völliges Einstellen der Demontagen – ausgenommen natürlich ausgesprochene Kriegsindustrien – von den Alliierten gefordert und erreicht werden müßte. Man war sich darüber einig, daß durch die Fortführung der Demontage die industrielle Produktionskapazität ständig, und zwar erheblich weiter vermindert würde. Die Arbeitslosenzahl mußte infolge der durchgeführten Demontagen wachsen und die Not, die bei uns herrschte, weiter vergrößern.

3. Die Ruhrbehörde

Am 29. Dezember 1948 hatten die drei Westalliierten und die drei kleineren Anliegerstaaten Belgien, Holland und Luxemburg das Ruhrstatut, eine besondere Ordnung der Funktion der Ruhrindustrie, erlassen. Am 28. April 1949 wurde die in diesem Statut vorgesehene Ruhrbehörde, bestehend aus Vertretern der sechs Mächte, ins Leben gerufen. Die Aufnahme von Vertretern der zu schaffenden Bundesrepublik in diese Ruhrbehörde war vorgesehen.

Eine große Differenz zwischen den Auffassungen der Regierung und vor allem denjenigen der sozialdemokratischen Opposition zeigte sich in einer Frage, die sehr eng mit der Demontagefrage zusammenhing. Es war die Frage der Anerkennung der Ruhrbehörde durch Entsendung eines deutschen Vertreters. Praktisch kam die Funktion dieser Behörde einer Kontrollfunktion gegenüber der gesamten deutschen Wirtschaft gleich, da das Industriegebiet der Ruhr für die ganze deutsche Wirtschaft von größter Bedeutung war. Meine Ansichten über das Ruhrstatut habe ich bereits in anderem Zusammenhang dargelegt.

Das Ruhrstatut bedeutete, wie gesagt, die Kontrolle der deutschen Wirtschaft. Es war die große Frage, in welchem Geist das Ruhrstatut ausgeübt würde. Es konnte den Beginn einer europäischen Föderation darstellen. In diesem Falle war ich gern bereit, dafür einzutreten, daß Deutschland durch seinen Beitritt Vorleistungen mache. Es konnte aber auch lediglich im Geiste einer nackten Kontrolle der deutschen Wirtschaft ausgeübt werden, und darin lagen große Gefahren.

In Deutschland hatte man in erster Linie von der SPD, aber auch von den leitenden Persönlichkeiten des Industriegebietes einen Sturm gegen das Ruhrstatut und den Beitritt der Bundesregierung zur Ruhrbehörde entfesselt.

Jetzt, nach Konstituierung der Bundesrepublik Deutschland, war die Frage einer Entsendung deutscher Vertreter in die Ruhrbehörde akut geworden. Die Alliierten erwarteten, daß wir diesem Wunsche nachkamen. Darin lag, wie ich schon vorher erwähnte, die Anerkennung des Ruhrstatuts und der Ruhrbehörde von deutscher Seite. Die Bundesregierung befand sich in einer schwierigen Situation.

Am 25. Oktober 1949 berieten wir diese Frage eingehend im Kabinett. Ich legte dar, daß eine Teilnahme der Bundesrepublik am Ruhrstatut für uns außenpolitisch gesehen günstige Folgen haben würde. Falls wir uns jedoch weigerten, Vertreter zur Ruhrbehörde zu entsenden, käme das einer „Obstruktion" gleich, was wiederum eine Versteifung des Verhältnisses zu den

Westalliierten bedeuten würde. Aus außenpolitischen Gründen hielt ich es für sehr wichtig, daß wir unsere Zustimmung gaben, der Ruhrbehörde beizutreten. Das Ruhrgebiet brauchte außerdem dringend amerikanische Anleihen. Wir würden diese sicherlich nicht erhalten, wenn wir eine negative Haltung gegenüber dem Verlangen der Alliierten einnahmen.

Es wurden Einwände erhoben, ein Beitritt zur Ruhrbehörde bringe große innenpolitische Schwierigkeiten, insbesondere auch im Hinblick auf die für Frühjahr 1950 anstehenden Landtagswahlen in Nordrhein-Westfalen, in dem ein Drittel der Bevölkerung der Bundesrepublik wohnte.

Bundeswirtschaftsminister Erhard machte in der Kabinettssitzung darauf aufmerksam, daß die Ruhrbehörde eine von der britischen Hohen Kommission unabhängige Institution sei. Es gebe außer der Ruhrbehörde noch von der britischen Hohen Kommission beherrschte andere Kontrollorgane für die Kohle- und Stahlindustrie. Er meinte, wenn wir der Ruhrbehörde beiträten, so würde die britische Kontrolle der Ruhrwirtschaft auf die Ruhrbehörde übergehen und dadurch der dominierende englische Einfluß zurückgedrängt werden. Er hielt daher eine deutsche Beteiligung an der Ruhrbehörde für gut.

Die überwiegende Mehrzahl der Kabinettsmitglieder war sich darin einig, daß eine deutsche Einflußnahme auf die Politik der Hohen Kommission in absehbarer Zeit wohl nicht möglich sei – das gleiche gelte für die Sicherheitsbehörde der Alliierten –, daß jedoch durch Entsendung eines Vertreters in die Ruhrbehörde eine gewisse Chance bestehe, die dort verfolgte Politik zu beeinflussen. Innerdeutsche Schwierigkeiten sollten dadurch umgangen werden, daß man nach Möglichkeit einen führenden Gewerkschaftsvertreter als deutschen Delegierten entsende. Es sei bekannt, daß Dr. Böckler, der Führer des Deutschen Gewerkschaftsbundes, zu dieser Frage eine positive Haltung einnehme im Gegensatz zu der Führungsgruppe der SPD.

Ich hielt es für notwendig, in dieser wichtigen Frage mit der stärksten der Oppositionsparteien, der SPD, Fühlung zu nehmen, und wollte, bevor wir weitere Schritte unternahmen, in einer Aussprache mit Dr. Schumacher den Standpunkt der Bundesregierung darlegen und versuchen, mit der SPD eine gemeinsame Linie zu erreichen. Zu einer Fühlungnahme mit der SPD ist es jedoch erst am 4. November 1949 gekommen.

In meinen Besprechungen mit den Hohen Kommissaren hatte ich in keiner Weise die Bereitschaft der Bundesregierung zum Beitritt zur Ruhrbehörde zu erkennen gegeben. Bei jeder meiner Besprechungen mit den Hohen Kommissaren verlangte ich immer wieder, daß die Demontagen vermindert werden müßten. Ich brachte sie stets zur Sprache im Zusammenhang mit der

Frage der Reparationen. Die Hohen Kommissare nahmen meinen Forderungen gegenüber eine völlig ablehnende Haltung ein.
Der jetzige Botschafter Blankenhorn, der mich bei den Besuchen auf dem Petersberg immer begleitete, fertigte über diese Besprechungen einen Vermerk an, aus dem ich einen Auszug wiedergebe:

„*Aktennotiz*
In jeder Sitzung, die Bundeskanzler Adenauer mit den Hohen Kommissaren hatte, brachte er immer wieder die Demontagefrage zur Sprache, stieß aber jedesmal auf eine absolut ablehnende Haltung. In einer Besprechung am 27. 10. 1949 war die Ablehnung derart fühlbar, daß Bundeskanzler Adenauer in sehr energischer Weise den Herren sagte, er habe den Eindruck, als ob sie glaubten, er wolle, gestützt auf die Tatsache der Schaffung des Ostzonenstaates, von ihnen irgend etwas erpressen. Ihm liege das völlig fern, er hätte das für unter der Würde der Hohen Kommissare und auch seiner eigenen gehalten. Er wolle auch nicht irgendwie das Besatzungsstatut jetzt beseitigt wissen, denn er sei überzeugt, daß heute oder morgen oder übermorgen das ganze Besatzungsstatut verschwinde. Was ihn aber so außerordentlich bedrücke und erschrecke, sei der Mangel jedes Verständnisses für die psychologische Wirkung dieser Angelegenheit im deutschen Volke. Er befürchte immer, daß, falls eines Tages eine stärkere Rechtsbewegung komme, das Wort Demontage in der Propaganda die gleiche Wirkung haben werde wie seinerzeit der Vertrag von Versailles. Er sei geradezu erschüttert über die Verständnislosigkeit, die man der Psyche des deutschen Volkes entgegenbringe.
Bundeskanzler Dr. Adenauer erhielt vom Vorsitzenden McCloy zur Antwort, er möge sein Verlangen (Anmerkung des Verfassers: gemeint ist die Revision der Demontageliste) spätestens bis 31. Oktober den Hohen Kommissaren mitteilen. Der Ausklang der Besprechung war sehr frostig."

Ich habe auf Grund dieser Unterredung mit den Hohen Kommissaren veranlaßt, daß ein Ausschuß aus Mitgliedern der Fraktionen des Bundestages gebildet wurde, der einen vom Wirtschaftsministerium bereits vorbereiteten Gesamtvorschlag zu den Demontagen überprüfen und genehmigen sollte. Die Vorlage des Wirtschaftsministeriums enthielt den Vorschlag, Werke, die auf der Demontageliste standen, mit anderen auszutauschen. Den von dem Ausschuß der Bundestagsfraktionen erarbeiteten Antrag an die Hohen Kommissare erhielt ich am Abend des 30. Oktober.
Unsere Bereitschaft, einen Vertreter in die Ruhrbehörde zu entsenden, wollte ich erst in dem Augenblick durchblicken lassen, wenn absolut klar war, daß England und Frankreich den von Amerika bereits geforderten

wirtschaftlichen Erleichterungen für Deutschland gleichfalls zustimmen würden, also sobald alle drei Hohen Kommissare bereit waren, bei den Demontagen Konzessionen zu machen. Ich konnte es erst wagen, der deutschen Öffentlichkeit unsere Bereitschaft zum Beitritt zur Ruhrbehörde bekanntzugeben, wenn ich sicher war, entsprechend große Konzessionen von seiten der Alliierten zu erhalten. Die Schwierigkeit für Frankreich, das muß ich anerkennen, bestand jedoch darin, daß die französische Regierung, wenn sie zu große Konzessionen machte, innenpolitischen Schwierigkeiten ausgesetzt sein würde und Gefahr lief, gestürzt zu werden.

4. Versuch, „den Ring zu sprengen"

Die letzten Tage des Oktober 1949 waren von einer großen diplomatischen Aktivität erfüllt. Sir Brian Robertson hielt sich am 27. und 28. Oktober zu Besprechungen in London auf. Am 31. Oktober reiste der amerikanische Hohe Kommissar gleichfalls nach London, um dort Unterredungen mit Bevin zu führen.

Ich war an diesem Tag gerade mit der Prüfung des von dem Ausschuß der Bundestagsfraktionen erarbeiteten Antrages an die Hohen Kommissare hinsichtlich der Demontage befaßt, als ich die telefonische Mitteilung erhielt, daß General Robertson mich noch an diesem Abend zu sprechen wünsche, es sei sehr dringend. Robertson komme direkt von einer Unterredung mit dem britischen Außenminister Bevin und habe mir höchst wichtige Mitteilungen zu machen. Da ich annahm, daß sich diese Mitteilungen mit größter Wahrscheinlichkeit auf das Demontageproblem beziehen würden, hielt ich den Antrag zurück, dem die Hohen Kommissare auf der Sitzung vom 27. Oktober eine Frist bis zu diesem Tage gesetzt hatten.

Ich hatte mit General Robertson eine längere Unterhaltung unter vier Augen. Er erklärte mir, er kenne die Pläne Bevins jetzt ganz genau. Er wisse, daß Bevin keinerlei Zugeständnisse für eine Reduzierung der Demontagelisten machen würde. Ein Antrag, Werke von der Demontageliste zu streichen oder einen Austausch vorzunehmen, wie es die von den Bundestagsfraktionen genehmigte Vorlage des Wirtschaftsministeriums vorsah, habe überhaupt keine Aussicht auf Erfolg. Er würde ohne weiteres abgelehnt werden. Deshalb riet er mir, unseren Antrag gar nicht erst zu stellen. Aber er sehe eine Möglichkeit, wie er sagte, „den Ring zu sprengen", und diese Möglichkeit bestehe darin, die Demontage nicht als wirtschaftliches Problem, nicht als Reparationsfrage, sondern unter dem Gesichtspunkt der Sicherheitsbedürfnisse der westlichen Alliierten zu behandeln. Die Bundesrepublik müsse diesem Sicherheitsbedürfnis entgegenkommen, und zwar dadurch, daß sie ihre bisherige Weigerung zur Mitarbeit in der militärischen Sicherheitskommission aufgebe und daß sie in die Ruhrbehörde ein Mitglied entsende.

Ich erwiderte Robertson, die Bundesregierung sei ohne weiteres zur Mitarbeit in der militärischen Sicherheitskommission bereit. Ich könne jedoch keine Erklärung abgeben, daß die Bundesregierung ein Mitglied in die Ruhrbehörde entsende, bevor ich nicht mit den maßgebenden Parteien des Bundestages diese Angelegenheit besprochen hätte. Die Aussprache mit den Parteien sei unbedingt notwendig, um so mehr, als die Sozialdemokraten vor einiger Zeit, wie General Robertson sicherlich bekannt sei, offiziell erklärt hätten, daß sie gegen die Entsendung eines Vertreters in die Ruhrbehörde seien. Ich sei lediglich in der Lage, eine Note allgemeinen Inhalts, die den Wünschen Robertsons entsprechend ausgelegt werden könnte, an die Hohen Kommissare zu senden.

General Robertson hielt das vorerst für ausreichend. Er bat mich, absolutes Stillschweigen über unser Gespräch zu wahren, da die Konferenz der drei westlichen Außenminister am 9. und 10. November 1949 in Paris bevorstehe. Da er, Robertson, am 1. November den Vorsitz in dem Rat der Hohen Kommission übernahm, bat er mich, diese Note *ihm* zukommen zu lassen.

Auf Grund meines Gespräches mit Robertson richtete ich am folgenden Tag ein Schreiben an ihn in seiner Eigenschaft als Geschäftsführenden Vorsitzenden der Hohen Kommissare. Das Schreiben lautete:

„Bonn, den 1. November 1949

Seiner Exzellenz
dem Geschäftsführenden Vorsitzenden der Alliierten
Hohen Kommission
General Sir Brian H. Robertson
Bonn
Petersberg

Herr Hoher Kommissar!

Bei den Verhandlungen über die Demontagefrage ist betont worden, daß sie zwar auch eine Reparationsfrage, vor allem aber ein Sicherheitsproblem sei. Es ist in diesem Zusammenhang wiederholt die Frage nach dem deutschen Kriegspotential aufgeworfen worden.

Die deutsche Bundesregierung erklärt hiermit, daß sie das Sicherheitsbedürfnis gegenüber der Bundesrepublik Deutschland als Realität in Rech-

nung stellt und ihm, soweit irgend möglich, Rechnung zu tragen gewillt ist.
Sie ist daher grundsätzlich zur Mitarbeit in jedem Organ bereit, das dazu dient, das etwaige Kriegspotential Deutschlands zu kontrollieren. Die Bundesregierung ist sich bewußt, daß in den Kreis der Sicherheitsfrage auch die Stahlproduktionskapazität fällt.
Die Bundesregierung schlägt vor, sofort einen Ausschuß unter Teilnahme deutscher Vertreter zu berufen, der die Sicherheitsfrage und auch die mit ihr zusammenhängenden internationalen wirtschaftlichen Fragen prüft. Sie bittet, die Demontagen bis zum Bericht dieses Ausschusses nicht fortzusetzen, auf alle Fälle sie entsprechend zu verlangsamen.
Die Bundesregierung verspricht sich von der Arbeit dieses Ausschusses eine wesentliche Förderung der europäischen Zusammenarbeit.

Genehmigen Sie, Herr Hoher Kommissar, den Ausdruck meiner ausgezeichnetsten Hochachtung

gez. Adenauer“

Amerika war bereit, Deutschland bei seinem Aufbau zu helfen, und war sicherlich auch bereit, in der Frage der Demontagen unseren Wünschen entgegenzukommen; denn die Demontagen standen ja in krassem Gegensatz zu der Marshall-Plan-Hilfe. England schien nach dem, was mir Robertson mitgeteilt hatte, unter den gegebenen Voraussetzungen auch zu Zugeständnissen bereit zu sein. Die größte Schwierigkeit bestand darin, Frankreich zu einer anderen Deutschlandpolitik zu bewegen. In meinen Augen kam es jetzt darauf an, den Amerikanern zu helfen, das französische Mißtrauen Deutschland gegenüber zu zerstreuen. Mit öffentlichen Verdächtigungen gegenüber den Besatzungsmächten, wie die SPD sie aussprach, „daß die Westalliierten auf dem Wege über die Integrationspolitik ihre Position als Besatzungsmächte verewigen wollten“, schien mir großer Schaden angerichtet zu werden. Das Mißtrauen der SPD gegenüber den Vereinigten Staaten war in meinen Augen absolut unbegründet.
Die Regierungen in Amerika, in England und in Frankreich hatten sicherlich die Notwendigkeit erkannt, Deutschland bei seinem Wiederaufbau zu helfen. Das allein genügte jedoch nicht. Die Regierungen waren getragen von den öffentlichen Meinungen ihrer Länder und dem Urteil ihrer Wähler. Ich erkannte die Schwierigkeiten, die insbesondere die französische Regierung in dieser Beziehung hatte, vollauf an. Die Haltung der Amerikaner uns gegenüber erschien mir sehr eindeutig. Ich setzte größte Hoffnungen auf die von Außenminister Acheson verfolgte Politik, eine Verschmelzung der Wirtschaft der einzelnen westeuropäischen Staaten herbei-

zuführen. Die Europäisierung der Kohle- und Stahlindustrie war auch mein besonderes Anliegen.

Bei der französischen Politik mußte man die Furcht vor Deutschland in Rechnung stellen. Ich benutzte ein Interview, das ich der „Zeit" gab und das am 3. November 1949 erschien, um zu versuchen, das Eis zu brechen und der Weltöffentlichkeit und den Franzosen unsere Haltung klarzumachen. Das Interview behandelte das Verhältnis zwischen Deutschland und Frankreich. Ich führte aus, es sei mir bewußt, „daß viel historisches Gestrüpp den beiden Völkern die Aussicht versperrt und den Weg zueinander erschwert. Aber im heutigen Stadium Europas sind ‚Erbfeindschaften' völlig unzeitgemäß geworden. Ich bin daher entschlossen, die deutsch-französischen Beziehungen zu einem Angelpunkt meiner Politik zu machen. Ein Bundeskanzler muß zugleich guter Deutscher und guter Europäer sein. Weil ich beides zu sein wünsche, muß ich eine deutsch-französische Verständigung anstreben. Eine solche Politik darf nicht dahin mißdeutet werden, daß sie profranzösisch und womöglich antibritisch wäre. Es handelt sich für uns keinesfalls darum, eine ausländische Macht gegen die andere auszuspielen. Die Freundschaft mit England ist ebenso wesentlich wie die mit Frankreich. Aber eine Freundschaft mit Frankreich bedarf größerer Anstrengungen, weil sie bisher stärker gehemmt war. Sie wird zu einem Angelpunkt unserer Politik, weil sie der wunde Punkt unserer Politik ist...

Ich glaube sagen zu dürfen, daß die Verständigung mit Frankreich heute in Deutschland populärer ist als zu irgendeinem Zeitpunkt vor 1945. Sie war vielleicht unmittelbar nach dem Zusammenbruch noch volkstümlicher als heute. In den letzten viereinhalb Jahren ist manches geschehen, was zu erneuten Hemmungen, zu erneuten Mißverständnissen Anlaß geben konnte. Aber die Grundtendenz ist in Deutschland gleichgeblieben. Und besonders die jüngere Generation bei uns, wie übrigens auch bei anderen Völkern, hat die Notwendigkeit einer europäischen Einigung mit erfreulicher Klarheit erfaßt. Gerade die jungen Deutschen wissen, daß diese Einigung unmöglich ist, wenn Frankreich und Deutschland sich nicht verstehen. Ich bin daher davon überzeugt, daß eine konstruktive Frankreichpolitik der Bundesregierung auf eine günstige Resonanz im deutschen Volk rechnen kann."

Am 4. November 1949 traf ich mit dem Vorsitzenden des Auswärtigen Ausschusses, dem SPD-Abgeordneten Professor Carlo Schmid, zusammen, um ihm den Inhalt meiner Unterredung mit General Robertson mitzuteilen und ihm auch Kenntnis zu geben von der Note, die ich an Robertson gerichtet hatte.

Professor Schmid erklärte, mir sei ja wohl bekannt, daß seine Partei gegen die Entsendung eines Mitglieds in die Ruhrbehörde sei. Aber er werde versuchen, daß die SPD mit der Gestaltung ihrer oppositionellen Haltung meinen Absichten entgegenkomme.

Ich bemühte mich am 5. November 1949, die Vorsitzenden der einzelnen Bundestagsfraktionen von den Vorgängen der letzten Tage zu unterrichten. Der 5. November war jedoch ein Samstag, und alle Vorsitzenden der Fraktionen waren von Bonn abgereist.

Am Montag, dem 7. November, bat der Vertreter von François-Poncet – François-Poncet war bereits zur Teilnahme an der Außenministerkonferenz nach Paris abgereist – den Ministerialdirigenten Blankenhorn um 12 Uhr zu einer Besprechung zu sich. Er erklärte Blankenhorn, die französische Regierung sei der Auffassung, daß mein Schreiben an General Robertson vom 1. November 1949 zu allgemein gehalten sei. Er bat zu prüfen, ob nicht eine Möglichkeit bestünde, unverzüglich noch konkretere Ausführungen zu machen. Er fügte hinzu, daß er diese Ausführungen bis abends um 19 Uhr im Besitz haben müsse, um sie an seine Regierung sofort weiterleiten zu können.

Als Blankenhorn mir diese Mitteilung machte, war ich gerade in einer Besprechung mit Bundeswirtschaftsminister Erhard und Bundesfinanzminister Schäffer. Mir war bekannt, daß in einer Besprechung, die zwischen den Herren Schumacher, Ollenhauer, Schmid und Baade auf der einen Seite und dem amerikanischen Hohen Kommissar McCloy auf der anderen Seite stattgefunden hatte, von den Sozialdemokraten McCloy der Vorschlag unterbreitet worden war, man solle die August-Thyssen-Hütte in eine neue Gesellschaft einbringen und internationale Gruppen, bestehend aus den Ländern, die Teile der August-Thyssen-Hütte als Reparationen zugewiesen bekommen sollten, im Werte dieser Reparationszuteilungen als Aktionäre beteiligen. Es war mir weiter bekannt, daß die Vereinigten Stahlwerke, die ihren Kapitalbedarf zum Wiederaufbau auf 300 Millionen DM schätzten, einen Plan entwickelt hatten, der dahin ging, daß 250 Millionen DM von ausländischen Gruppen und 50 Millionen DM von den Städten, in denen Hauptbetriebe der Vereinigten Stahlwerke lagen, aufgebracht werden sollten. Über diese Angelegenheit war ein Exposé verfaßt worden, das sich in meinem Besitz befand.

Ich habe dann auf Ersuchen der französischen Regierung ein Aide-mémoire verfaßt, welches ich absichtlich nicht unterschrieb und dem ich auch kein Anschreiben beifügte, sondern das ich lediglich durch Ministerialdirigent Blankenhorn der französischen Hohen Kommission überbringen ließ, um durch diese Art der Übermittlung deutlich zu machen, daß meine Ausführungen in dem Aide-mémoire und in seiner Anlage lediglich informatorisch seien. In dem Aide-mémoire hieß es unter anderem:

„Das deutsch-französische Problem ist in erster Linie ein psychologisches Problem. Von diesem Gedanken war die Bundesregierung getragen, als sie in ihrem an den Geschäftsführenden Vorsitzenden der Alliierten Hohen Kommission gerichteten Schreiben vom 1. November 1949 erklärte, daß sie das Sicherheitsbedürfnis gegenüber der Bundesrepublik Deutschland als eine Realität in Rechnung stellen würde und ihm, soweit irgend möglich, Rechnung zu tragen gewillt sei. Um sowohl im französischen als auch im deutschen Volk die nötigen Voraussetzungen für eine endgültige und dauernde Bereinigung des deutsch-französischen Problems zu schaffen, besteht auf seiten der Bundesrepublik die Bereitschaft, in dem mit oben angeführtem Schreiben vom 1. 11. 49 vorgeschlagenen Ausschuß folgende Fragen zu erörtern:

1. Beitritt Deutschlands zum Ruhrstatut
2. Enge Zusammenarbeit mit der bestehenden Sicherheitskommission
3. Beteiligung ausländischen Kapitals an deutschen Werken
4. Möglichst frühzeitige Beteiligung Deutschlands an der engeren wirtschaftlichen Verbindung zwischen Frankreich, Italien und den Beneluxstaaten
5. Beendigung des Kriegszustandes.

Um auch im deutschen Volk die erforderlichen psychologischen Voraussetzungen zu schaffen, müßte vor Eintritt in diese Erörterungen eine sichtbare Verlangsamung der bereits eingeleiteten Demontagen und ein Verzicht auf den Beginn neuer Demontagen ausgesprochen werden ...

Bonn, den 7. 11. 1949“

In der Anlage zu dem Aide-mémoire führte ich die in der Besprechung zwischen McCloy und den Vertretern der SPD gemachten Vorschläge hinsichtlich ausländischer Kapitalbeteiligung an den genannten deutschen Werken näher aus und schrieb unter anderem: „Den Sicherheitsansprüchen der Alliierten soll, wie bereits dargelegt, durch ein Vetorecht der ausländischen Aufsichtsratsvertreter Rechnung getragen werden.“
Um meine Auffassung zu dem Fragenkomplex „Sicherheitsforderungen der Franzosen“ auch der amerikanischen Öffentlichkeit, insbesondere aber auch Präsident Truman bekanntzumachen, ergriff ich am 7. November 1949 die Möglichkeit, dem Vertreter der amerikanischen Zeitung „Baltimore Sun“, einer Zeitung, von der ich wußte, daß Truman sie regelmäßig las,

ein ausführliches Interview zu geben. Hierin sagte ich, ich wüßte, daß die Franzosen die deutsche Stahlproduktion als Kriegspotential ansähen. Meine Regierung sei der Auffassung, die französischen Forderungen nach deutschen Sicherheitsmaßnahmen könnten dadurch erfüllt werden, daß die Franzosen in der deutschen Industrie, besonders in Stahlwerken, Investierungen bis zur Höhe von 40 Prozent vornehmen dürften. Nach unserem Plan würden die Mittel für die französischen Investierungen durch die Vereinigten Staaten zur Verfügung gestellt werden. Einen genauen Betrag nannte ich nicht. Ich sagte weiter in dem Interview, ich hätte nichts dagegen einzuwenden, wenn amerikanisches Kapital über Frankreich seinen Weg nach Deutschland fände und wenn Frankreich sich auf diese Weise an deutschen Wirtschaftsunternehmen beteilige. Dies könnte nur dazu beitragen, beide Nationen enger zusammenzubringen. Auf diese Weise könnte ein guter Teil der Besorgnisse in bezug auf Sicherheit in Frankreich beseitigt werden.

Auch in diesem Interview betonte ich, daß ich entschlossen sei, die Verbesserung der französisch-deutschen Beziehungen zum Kernpunkt meiner Politik zu machen. Ohne eine grundlegende Verständigung zwischen Frankreich und Deutschland könne eine europäische Zusammenarbeit nicht erreicht werden. Das Problem sei ein psychologisches, Frankreich suche wirklich Sicherheit. Ob uns dieses Bedürfnis überholt vorkomme oder ob es tatsächlich überholt sei – das sei nicht entscheidend.

Ich wies in dem Interview darauf hin, daß nun einmal das Bedürfnis nach Sicherheit vor Deutschland die französische öffentliche Meinung beherrsche und diese öffentliche Meinung ihrerseits einen bedeutsamen Einfluß auf die französische Politik ausübe. Ich erklärte: „Wir als Deutsche müssen eine Politik machen, die dieses Gefühl der Unsicherheit in Frankreich respektiert. Wir sind daher bereit, dem geschaffenen Sicherheitsausschuß keine Hindernisse in den Weg zu legen."

Mir war auch wichtig, der amerikanischen Öffentlichkeit die Bedeutung der Demontagen für die deutsche Wirtschaft vor Augen zu führen. Ich sagte in dem Interview, daß die Demontage nach deutscher Auffassung ein sehr entscheidendes Hindernis für die Entwicklung einer wirklichen europäischen Einheit sei. Die Demontagen müßten aus wirtschaftlichen und psychologischen Gründen eingestellt werden. Ich flocht weiter ein: „Wir werden in Bälde bereit sein, in die Ruhrkommission einzutreten." Einen Zeitpunkt dafür habe ich nicht genannt, aber angedeutet, daß der Eintritt dann stattfinden sollte, wenn die Bedingungen „günstig" dafür seien. Ich ließ durchblicken, daß ich als günstigen Zeitpunkt das Ende der Demontagen betrachte.

Am 9. November 1949 kam es zu den von mir angestrebten Besprechungen mit den Vertretern der Fraktionen des Deutschen Bundestages. Ich unterrichtete die Herren über den Verlauf der Beratungen mit den Hohen Kommissaren und die Ereignisse der letzten Zeit.

Die Vertreter der SPD waren absolut nicht mit dem von mir eingeschlagenen Weg einverstanden. Noch am Abend dieser Beratung gab ein Sprecher der Sozialdemokratischen Partei bekannt, daß die SPD einen Antrag auf sofortige Abhaltung einer außenpolitischen Debatte über die schwebenden außenpolitischen Fragen stellen werde.

Dr. Schumacher hielt am 9. November abends in Hannover eine Pressekonferenz* ab. Er erklärte, daß die Zustimmung zur Aufnahme des Saargebietes in die Europaversammlung und die gleichzeitige Aufnahme der Bundesrepublik als eine „Irreführung des deutschen Volkes“ bezeichnet werden müsse. Dr. Schumacher schnitt hiermit die Frage eines Zusammenhangs zwischen dem Beitritt der Bundesrepublik Deutschland und der Saar in den Europarat an, den ich in meinen Besprechungen mit den Hohen Kommissaren zu beseitigen bemüht war, wie ich später noch zeigen werde. Dr. Schumacher ging von Voraussetzungen aus, die noch nicht gegeben waren. Er erklärte, die Bundesregierung und namentlich ich versuchten, das als einen Erfolg ihrer Politik „aufzuziehen“, was in Wirklichkeit eine große Belastung für das deutsche Volk bringen würde. Die Bundesregierung verfüge über keine außenpolitische Konzeption. Sie gebe widerstandslos den Forderungen der Alliierten nach. Die Einbeziehung der Ruhrfrage in das Sicherheitsproblem stelle in Wirklichkeit einen Sieg der Großkapitalisten dar. Dr. Schumacher wandte sich gegen die „einseitige Interessenvertretung der Schwerindustrie“ in der Ruhrbehörde und wies darauf hin, daß die Interessen der Arbeitenden keine Vertretung hätten. Daß durch die Verquickung dieser Fragen eine Verminderung der Demontagen erreicht werden könnte und damit Hunderttausenden von Arbeitern ihre Arbeitsstelle erhalten bleiben würde, schien Dr. Schumacher nicht zu erkennen. Schumacher sagte im Laufe seiner Ausführungen, die SPD werde sich dagegen wenden, „daß man einen alliierten Gendarmen in Deutschland vor den Geldschrank des Großbesitzes stelle“. In der gleichen Pressekonferenz ging Dr. Schumacher auf die Saarfrage ein.

Am folgenden Tag, dem 10. November, gab Schumacher erneut eine Pressekonferenz. Er sagte hier: Zum Problem der französischen Sicherheit gegenüber Deutschland müsse er betonen, daß die deutsche Bundesregierung dieses Sicherheitsbedürfnis nicht befriedigen könne, ohne Gegenleistungen zu erwarten. Bei dem dauernden Zitieren des Begriffes „Sicherheit“ dürfe

* Zitiert nach dpa-Meldung vom 9. November 1949.

nicht verkannt werden, daß es bei der Pariser Konferenz hauptsächlich um wirtschaftliche Dinge gehe, und zwar um die Quote für Stahl und Eisen. Die deutsche Industrie begrüße die Ruhrbehörde nur deshalb, weil dadurch eine Sozialisierung der Ruhrindustrie verhindert werde. Die Franzosen betrieben eine Politik der „ehernen Wand", während die Bundesregierung versuche, durch Nachgiebigkeit a priori eine positive Stellung zu erhalten. Dadurch erhalte man aber keine deutsche, sondern eine französische Position.

Während Dr. Schumacher sich in solchen Ausführungen über mich und meine Politik erging, hatte am 9. November 1949 in Paris die Außenministerkonferenz der Vereinigten Staaten von Amerika, Frankreichs und Großbritanniens begonnen. Was ich durch meine Note vom 1. November 1949 an Robertson, durch das Aide-mémoire vom 7. November 1949 und durch meine Interviews als deutsche Vorleistungen für einen für uns Deutsche günstigen Verlauf der Pariser Außenministerkonferenz zugebilligt hatte, war die Versicherung, daß das deutsche Volk gewillt sei, sich freiwillig einer Selbstbeschränkung in bezug auf die Sicherheitsansprüche unserer westlichen Nachbarn zu unterziehen.

Das Echo, das meine Verlautbarungen in der französischen Presse gefunden hatten, war gut. Die französische Zeitung „Parisien libéré" warf die Frage auf, ob sich die französische Regierung des Ernstes der Stunde bewußt sei und der Chance für Frankreich, die in einem derartigen deutschen Versuch zu einer Verständigung liege. Übereinstimmend klang aus der französischen Presse die Meinung, daß die von mir gekennzeichnete deutsche Position die Lösung des Demontageproblems erleichtere. Selbst die linkssozialistische Zeitung „Franctireur" trat dafür ein, daß die französische Regierung eine Einstellung der Demontage billigen und eine Revision des Besatzungsstatuts akzeptieren sollte. Der Gesamteindruck, den man von der Haltung der französischen Presse hatte, war der, daß die französische öffentliche Meinung kompromißbereit zu sein schien.

Offen war die Frage, wie die Außenminister in Paris auf ihrer Tagung mein Angebot auffassen würden.

Von der amerikanischen Außenpolitik war mir aus verschiedenen Äußerungen prominenter Politiker bekannt, daß eine deutsch-französische Verständigung erwünscht war. Genau wie ich schien man auch in maßgeblichen amerikanischen politischen Kreisen in einer deutsch-französischen Verständigung den Ansatzpunkt, wenn nicht gar überhaupt den Schlüssel für eine politische und wirtschaftliche Vereinigung Europas zu erblicken.

Auf französischer Seite war Robert Schuman, ein guter Kenner der deutschen Verhältnisse, Verhandlungspartner.

Wieweit der britische Außenminister Bevin bereit war, in der Demontagefrage Entgegenkommen zu zeigen, war mir durch die Mitteilungen Robertsons bekannt.

Jetzt hieß es abwarten, ob die Schritte, die ich unternommen hatte und deren Folgen sicherlich, wie ich gestehen muß, auch Risiken in sich bargen, Erfolg haben würden oder nicht. Es gibt im politischen Leben nicht oft Situationen, die Möglichkeiten für die Lösung schwierigster Probleme bieten. Wenn solche Situationen einmal eintreten, dann ist es die große Frage, ob diese Gelegenheiten genutzt oder ob sie verpaßt werden.

Das Kommuniqué, das zum Abschluß der nur zweitägigen Pariser Außenministerkonferenz veröffentlicht wurde, war sehr vage.

Es war in ihm davon die Rede, daß die drei Außenminister sich der schweren Verantwortung bewußt seien, die ihnen mit der Wahrung und Festigung des Friedens in Europa und der Welt auferlegt sei. Sie drückten ihre Entschlossenheit aus, diese Verantwortung mit Festigkeit und Menschlichkeit zu tragen: Mit Festigkeit, indem sie entschlossen seien, keinem Land die Bedrohung des Friedens und der Sicherheit seiner Nachbarn zu gestatten, mit Menschlichkeit, indem sie anerkannten, daß dauernder Friede nur bei einem engeren Zusammenschluß der Völker der Welt verwirklicht werden könne. Da die beiden Weltkriege aus dem militaristischen Geiste Deutschlands entsprungen seien, da die von den Außenministern vertretenen Nationen deutschen Boden besetzt hätten, ergebe sich von selbst, daß die Erwägungen der Außenminister über das europäische Friedensproblem sich weitgehend mit den Beziehungen Deutschlands zu Europa, der Lage in Deutschland selbst und der Deutschlandpolitik der drei Westmächte befaßt hätten.

Die Außenminister bestätigten die im Besatzungsstatut festgelegte Politik, durch die die Bundesrepublik Deutschland bei der Führung der deutschen Angelegenheiten weitgehende Entscheidungsfreiheit haben solle und durch die der Bereich der deutschen Handlungsfreiheit unter dem Besatzungsstatut in dem Maße erweitert werde, wie die deutsche Bundesregierung den Beweis liefere, sich auf dem Wege zu einem freien, demokratischen und friedlichen Deutschland zu befinden. Gleichzeitig erachteten die Außenminister es für angemessen, die fortschreitende Verschmelzung des deutschen Volkes mit der europäischen Völkergemeinschaft zu unterstützen und zu fördern. Bei diesen Beschlüssen gingen die Außenminister von der Erwartung aus, daß die deutsche Bundesregierung weitere Beweise ihrer friedlichen Absichten und ihres ernsten Wunsches nach einer Gemeinschaft mit den Nationen liefere, die der Sache der Demokratie, der Gerechtigkeit und des Friedens ergeben seien. Die drei Außenminister hätten daher ihren Hohen Kommissaren gewisse Anweisungen und Vollmachten erteilt, die diesen die Verwirklichung ihrer Ziele ermöglichten.

Die Deutsche Presseagentur verbreitete am 10. November eine Nachricht, wonach aus zuverlässiger Quelle verlautete, daß Acheson, Bevin und Schuman meiner Anregung zur Bildung eines gemischten Fachausschusses für die Ausarbeitung von Sicherheitsgarantien gegen den Mißbrauch der deutschen Schwerindustrie freundlich gegenüberstünden. Was nun tatsächlich und im einzelnen auf der Pariser Außenministerkonferenz beraten worden war, hoffte ich bei dem Besuch des amerikanischen Außenministers Dean Acheson in Bonn, der für den 13. November festgesetzt und schon vor Beginn der Pariser Außenministerkonferenz öffentlich bekanntgegeben war, zu erfahren.

In der Zwischenzeit wurde durch Presseverlautbarungen der SPD deren negative Beurteilung des Verlaufs der Pariser Außenministerkonferenz bekannt. Dr. Schumacher erklärte am 12. November 1949 gegenüber einem Vertreter der „United Press International“, daß die Pariser Außenministerkonferenz an der „Engstirnigkeit und Primitivität der französischen Nationalpolitik“ gescheitert sei. Durch den Ausgang der Konferenz werde eine weitere Verschlechterung der Verhältnisse in Deutschland eintreten. Er sagte wörtlich: „Die Politik der Angebote ist ungünstig, und ich habe im Bonner Parlament eine außenpolitische Debatte verlangt, um die Franzosen wissen zu lassen, was wir nicht wünschen!“ Zu dem bevorstehenden Besuch von Außenminister Dean Acheson erklärte er, daß Acheson in Deutschland den „unrichtigen Mann besuche, dessen Herz Frankreich gehöre“. Dr. Schumacher schien sich in seiner Presseagitation sehr zu gefallen. Zu meiner Person sagte er: „Der Bundeskanzler hat trotz der eindeutig grundsätzlichen Darlegungen der Opposition nicht begriffen, daß man auf solche Weise keine Versöhnung der Völker herbeiführen kann, sondern daß solche unzulänglichen aussichtslosen Allüren, die nahezu an politische Scharlatanerie grenzen, klar als Ausdruck einer Geschäftspolitik des Großbesitzes zu erkennen sind. Dieser Großbesitz hat sich geirrt, wenn er glaubt, nachdem er durch Auftrumpfen nichts erreichen kann, durch servile Nachgiebigkeit in internationale Geschäfte zu kommen.“

Weiter führte Schumacher aus: „Am kommenden Dienstag, dem 15. November, wird der Herr Bundeskanzler vor das Plenum des Bundestages treten: armselig und mit leeren Händen, nicht als Vertreter der Interessen des Volkes und vieler seiner eigenen Wähler, sondern als Anwalt seiner kapitalistischen Freunde in der CDU, FDP und DP. Er hat keine deutsche Politik vertreten, er hat keine europäische Politik getrieben, er hat lediglich den unzulänglichen ersten Gehversuch einer unmöglichen Art von Außenpolitik gemacht... Es gehört auch nicht viel dazu, um klar zu sehen, daß hinter dem Bundeskanzler nicht das Volk stand, nicht das demokratisch gewählte Parlament, sondern eine politische Unsicherheit, die sich in Taktiererei erschöpft und damit ein Ausdruck autoritären Dünkels ist, mit dem er auch das Parlament behandeln zu können glaubt."

Interessant im Zusammenhang mit der Haltung der SPD war der mir bekannt gewordene Wortlaut eines Telegrammes, das die SPD von dem Generalsekretär der Labour Party, Morgan Philips, auf ein im August 1949 der Labour Party übergebenes Memorandum zur Demontagefrage erhielt. Philips telegrafierte am 13. November 1949 an die SPD:

„Der Exekutiv-Ausschuß der Labour Party kam übereinstimmend zu der Ansicht, daß eine Einstellung der Demontagen zu begrüßen sei, sobald die alliierten Regierungen die Überzeugung gewonnen haben, daß die zu treffenden Maßnahmen für ihre künftige Sicherheit ausreichend sind. Dazu gehören die Anerkennung des Sicherheitsamtes und der Ruhrbehörde durch die deutsche Regierung."

Ich kann mir vorstellen, daß Dr. Schumacher nicht sehr glücklich bei Erhalt dieses Telegrammes war.

Während Dr. Schumacher seinen Redestrom über mich und meine politischen Fähigkeiten ergoß, setzte ich in zähen Verhandlungen mit den Hohen Kommissaren meine Bemühungen fort, ihnen in der Demontagefrage Konzessionen abzuringen.

5. Acheson in Bonn – Erster Besuch eines Außenministers

Dem Besuch des amerikanischen Außenministers Dean Acheson sah ich mit größtem Interesse entgegen. Es war der erste Besuch eines Außenministers in der neugeschaffenen Bundesrepublik Deutschland. Dean Acheson war der erste große Staatsmann, der mich als Bundeskanzler aufsuchte. Dean Acheson war übrigens auch der erste große Staatsmann, der mich aufsuchte, drei Tage, nachdem ich das Amt des Bundeskanzlers der Bundesrepublik Deutschland niedergelegt hatte.

An der Besprechung, die ich mit Dean Acheson führte, nahmen von amerikanischer Seite der Hohe Kommissar McCloy, von deutscher Seite die Herren Blankenhorn und von Herwarth teil.

Dean Acheson machte einen vorzüglichen Eindruck auf mich. Er war mir vom ersten Tage unserer Begegnung an sehr sympathisch.

Ich bemühte mich zunächst in längeren Ausführungen, Dean Acheson die gegenwärtige psychologische Lage in Deutschland klarzulegen, um bei ihm

Verständnis für unsere Forderungen nach einer Revision der Demontagelisten zu erreichen. Ich wies auf das Flüchtlingsproblem, auf die Arbeitslosigkeit und auf die darniederliegende Wirtschaft hin.
Als erstes jedoch sprach ich ihm den Dank des deutschen Volkes für die politische Hilfe der Vereinigten Staaten aus, auch für die materielle Hilfe, durch die bei vielen Menschen in Deutschland die Hoffnung auf eine bessere Zukunft geweckt oder aufrechterhalten wurde. Ich gab meiner Hoffnung Ausdruck, daß die Vereinigten Staaten auch weiterhin Europa ihre politische und wirtschaftliche Hilfe gewähren würden.
Acheson dankte für meine Worte. Er sagte, er müsse anerkennen, daß in Deutschland in der letzten Zeit große Fortschritte gemacht worden seien. Aber er wolle doch darauf hinweisen, daß unter allen Umständen vermieden werden müsse, daß sich in Deutschland die Parteien in Kritik an den Besatzungsmächten überböten und daß sich dementsprechend die Zusammenarbeit zwischen deutschen Regierungsstellen und den Hohen Kommissaren unter gewissen Spannungen vollziehe. In Amerika sei die öffentliche Meinung durchaus bereit, Europa und insbesondere auch Deutschland wirtschaftliche und politische Hilfe zu leisten. Er stelle immer wieder mit Zufriedenheit fest, daß sowohl im Kongreß als auch im Lande die Überzeugung weit verbreitet sei, daß Europa sich in einer Union zusammenfinden und daß diese Entwicklung von Amerika gefördert werden müsse. Sollten nun aber die politischen Parteien und die öffentliche Meinung in Deutschland in einer stets zunehmenden Weise eine kritische Haltung gegenüber den Besatzungsmächten entwickeln, so müsse man damit rechnen, daß diese positive Stimmung in Amerika plötzlich umschlagen könne. Es bestehe die Gefahr, daß in vielen Kreisen Amerikas die Überzeugung um sich greife, man könne Europa eben einfach nicht helfen, und es lohne sich auch nicht, weitere Millionen oder gar Milliarden US-Dollar zu investieren.
Er sagte in diesem Zusammenhang, daß davon natürlich auch das Schicksal der französischen Regierung Schuman abhinge, die ihrerseits alles daransetze, zu einer Verständigung mit Deutschland und zu einer allmählichen Integration Deutschlands in die europäische Gemeinschaft zu gelangen.
Ich möchte hier erwähnen, daß die Kommunistische Partei in Frankreich in den Jahren seit 1946 die stärkste Fraktion in der französischen Nationalversammlung war und daß die Regierungsverhältnisse in Frankreich keineswegs stabil waren.
Dean Acheson brachte dann einen weiteren Punkt zur Sprache, der, wie er sagte, ihm sehr am Herzen liege.
Deutscherseits sei vielfach der Wunsch geäußert worden, Amerika möchte

den Kriegszustand mit Deutschland beenden. Im Prinzip sei man damit durchaus einverstanden. Auf der anderen Seite aber müsse man überlegen, daß der Kongreß auf Grund des Kriegszustandes im Gesetzgebungswege der Regierung eine große Anzahl von Vollmachten erteilt habe, die allein sie in die Lage versetzten, beispielsweise die Besatzung und die Hohe Kommission aufrechtzuerhalten und andere wichtige Maßnahmen zu treffen. Wenn der Kriegszustand mit Deutschland beendet würde, bedeute das die Aufgabe dieser Vollmachten, die der Kongreß der Regierung bewilligt habe. Neue Vollmachten müßten geschaffen werden. Das würde heißen, daß für die Besatzung, die Aufrechterhaltung der Hohen Kommission und für eine Reihe weiterer Maßnahmen eine neue Rechtsgrundlage gesucht werden müsse, für die der Kongreß allein zuständig sei. Damit würden die ganze Problematik und die Behandlung der Deutschlandfrage zwangsläufig auf die Ebene der amerikanischen Innenpolitik projiziert und dadurch erheblich erschwert werden.

Ich antwortete Acheson, daß ich dies alles durchaus zu würdigen wisse. Ich hätte eine Gruppe von Sachverständigen mit der Aufgabe betraut zusammenzustellen, welche Teile der Kriegsgesetzgebung der Alliierten das deutsche wirtschaftliche, politische und kulturelle Leben bedrückten. Sobald die Arbeiten dieser Sachverständigengruppe abgeschlossen seien, würde ich das Ergebnis den Hohen Kommissaren unterbreiten.

Dean Acheson ging kurz auf den Verlauf der Außenministerkonferenz der drei Westmächte in Paris vom 9. und 10. November 1949 ein und meinte, daß er sagen könne, daß sie im allgemeinen einen „friedlichen Verlauf" genommen habe und daß die Hohe Kommission mit weitgehenden Vollmachten ausgestattet worden sei, um in Verbindung mit der Bundesregierung neue Möglichkeiten zu erörtern.

Dean Acheson verdanken wir sehr viel. Er war und ist ein besonders kluger und weitblickender Mann. Er erkannte die Bedeutung Europas und die Bedeutung Deutschlands für Europa.

Ich erwähnte bereits, daß das Abschlußkommuniqué der Konferenz der drei Außenminister in Paris vom 10. November 1949 sehr allgemein gehalten war. Ich sah deshalb der Besprechung mit den drei Hohen Kommissaren, die am 15. November 1949 auf dem Petersberg stattfand, mit großem Interesse entgegen.

6. Ergebnis der Pariser Außenministerkonferenz vom 9./10. November 1949

Bei der Besprechung am 15. November 1949 auf dem Petersberg ergriff General Robertson, der an diesem Tag als Geschäftsführender Vorsitzender fungierte, als erster das Wort. Er ging zunächst auf den Verlauf der Pariser Außenministerkonferenz ein. Die drei Außenminister hätten eine viel größere Gruppe von Fragen beraten als die Fragen, die ich mit meinem Schreiben vom 1. November zur Erörterung gestellt hätte. In der jetzigen Unterredung wolle er, Robertson, sowohl auf die Fragen meines Schreibens als auch auf die darüber hinaus in Paris beratenen Punkte eingehen.

Die drei Außenminister hätten die drei Hohen Kommissare mit Instruktionen versehen. Diese Instruktionen stellten ein Programm und ein Ganzes dar, auf Grund dessen die alliierte Politik in Deutschland neu geordnet werden solle. Das große Ziel dieser Politik sei die Eingliederung Deutschlands in die Gemeinschaft der europäischen Völker. Das engere Ziel sei, normalere Verhältnisse innerhalb Deutschlands und auch normalere Beziehungen Deutschlands zu seinen Nachbarländern herzustellen, natürlich unter Berücksichtigung dessen, daß entsprechend dem Besatzungsstatut gewisse Gebiete den Besatzungsmächten vorbehalten blieben, so zum Beispiel alle Fragen, die mit dem Problem der Sicherheit zusammenhingen.

Das in Paris erarbeitete Programm solle die Zeit bis zur Revision des Besatzungsstatuts ausfüllen. Vor Ablauf der im Besatzungsstatut vorgesehenen Revisionsfrist sollten Änderungen des Statuts nicht vorgenommen werden.

Zu den Punkten, die in Paris geregelt worden waren, gehörten laut Bericht von Robertson folgende:

1. Über die Zulassung Deutschlands zum Europarat als assoziiertes Mitglied werde der Ministerrat auf seiner kommenden Tagung eine formelle Entscheidung treffen. Die dann zu ergreifenden Maßnahmen müßten anschließend beraten werden.
2. Hinsichtlich der Teilnahme Deutschlands an einer großen Zahl von internationalen Organisationen bestünden gewisse Schwierigkeiten verfassungsrechtlicher Art. Es sollte von einem Studienausschuß ein Bericht erstellt werden, der die Richtlinien für die Hohen Kommissare ausarbeiten solle. Auf Grund dieser Richtlinien wären die einzelnen Fälle zu prüfen und mit der Bundesregierung zu erörtern.
3. Die Frage der Beseitigung des Kriegszustandes müsse zu einem späteren Zeitpunkt ausgiebig beraten werden. Dies sei ein sehr kompliziertes technisches und juristisches Problem. Der amerikanische Außenminister

Dean Acheson habe mir bereits am 13. November die amerikanische Ansicht hierzu unterbreitet. Eine Entscheidung hierüber sei in Paris nicht getroffen worden.

4. Für die Kontrolle des deutschen Schiffsbaues sei nach wie vor das bisherige Vier-Mächte-Abkommen maßgebend, auf Grund dessen der Schiffsbau verboten beziehungsweise beschränkt sei. In dem Abkommen sei bestimmt worden, Deutschland solle zunächst seine Küstenschiffahrt wieder aufbauen, bevor es Schiffe für den Ozeanverkehr baue. Deutschland habe diese erste Bedingung erfüllt, und es solle von nun an gestattet werden, eine beschränkte Anzahl von Schiffen zu bauen, die nach Schnelligkeit und Größe mit den Ozeanschiffen anderer Länder konkurrenzfähig sein würden.
5. Auf der Pariser Drei-Mächte-Konferenz sei beschlossen worden, Deutschland die Möglichkeit zu geben, konsularische und wirtschaftliche Vertretungen im Ausland einzurichten.

Robertson betonte, daß die alliierten Regierungen sehr großzügige Zugeständnisse gemacht hätten. Diese Zugeständnisse dürften aber auf keinen Fall weitergehende Forderungen deutscherseits auslösen.

Man erwarte, auf der heutigen Sitzung von mir die Ansicht der Bundesregierung zur Frage der Dekartellisierung zu erfahren, und zwar ausschließlich unter dem Gesichtspunkt der Sicherheit. In Anbetracht der Änderung des bisherigen Revisionsprogramms habe die Dekartellisierung eine noch größere Bedeutung erlangt, als sie sie bereits zuvor besessen habe. Die Verantwortung auf diesem Gebiet sei heute zwischen deutschen und alliierten Behörden geteilt. Die Hohen Kommissare legten großen Wert darauf, daß die Bundesregierung ihre Bereitschaft, in dieser Frage zu kooperieren, ausdrücklich bestätige.

Zum Reparationsprogramm und zu den Demontagen wies Robertson auf mehrere Punkte hin, die unter allen Umständen aufrechterhalten werden müßten, und er sprach die Hoffnung aus, daß von deutscher Seite keine Schwierigkeiten bereitet würden. Hierzu gehörten:

1. die Industrien der Kriegsproduktion. Auf diesem Gebiet könne keine Änderung eintreten.
2. Hinsichtlich der Dekartellisierungsmaßnahmen könnten ebenfalls keine Änderungen eintreten.
3. Es könne kein Einverständnis dazu gegeben werden, daß Maßnahmen auf dem Gebiete der Reparationen und der Demontage, die einmal getroffen worden seien, geändert würden. Wo die Demontage bereits eingesetzt habe, könne die Zustimmung zu einer Rückgängigmachung nicht gegeben werden. In gewissen Fällen, in denen Betriebsanlagen schon

demontiert seien und aus diesem Grunde das betroffene Werk nicht mehr funktionieren könne, hätten die Hohen Kommissare gewisse Freiheiten, eigene Entscheidungen zu treffen.

Anschließend an Robertson ergriff der amerikanische Hohe Kommissar McCloy das Wort. Die Konzessionen, die man Deutschland gegenüber gemacht habe, verlangten von deutscher Seite die Bereitschaft zur Zusammenarbeit. Die künftige Haltung der deutschen Regierung werde das Tempo der Konzessionen innerhalb des von den Außenministern festgelegten Programms bestimmen und auch die alliierte Haltung hinsichtlich einer Revision des Besatzungsstatuts beeinflussen. Es sei klar, daß diese Entscheidung keine Vermehrung des deutschen wirtschaftlichen Potentials bezwecke. Sie solle aber auch nicht den gegenwärtigen Zustand für alle Ewigkeit festlegen. Jede Erhöhung des Industriepotentials müsse im Licht der gegebenen Tatsachen auf seine Berechtigung hin geprüft werden.

Die Außenminister hofften, es werde der deutschen Bundesregierung möglich sein, eine weitgehende Liberalisierung der verwaltungsmäßigen Einrichtungen, vor allem hinsichtlich ihrer personellen Zusammensetzung, vorzunehmen, die von dem gewissen autoritären Charakter wegführe, der schon vor 1933 ein bestimmender Zug der deutschen Demokratie gewesen sei.

Da ich dieses Tages am Nachmittag vor dem Bundestag eine Erklärung zu der Pariser Drei-Außenminister-Konferenz abgeben mußte, legte ich Wert darauf, den modus procedendi zu besprechen.

Robertson ging auf meine Bitte ein und erklärte, daß die künftige Politik der alliierten Regierungen auf Grund der Pariser Beschlüsse einen grundsätzlichen Wechsel ihrer bisherigen Haltung darstelle. Ein solcher Stellungswechsel sei immer schwer, besonders aber für die französische Regierung im gegenwärtigen Augenblick, da Schuman in einer unmittelbar bevorstehenden Debatte im französischen Parlament Rede und Antwort stehen müsse. Schuman würde in Schwierigkeiten geraten, wenn Einzelheiten der Pariser Abmachungen als große Konzessionen hingestellt würden. Deshalb dürften viele Punkte, die besprochen worden seien, nicht veröffentlicht werden, sondern müßten erst einmal weiteren Erörterungen vorbehalten bleiben. Nach acht Tagen könne man an die Veröffentlichung des Ergebnisses der Beratungen denken. Er empfehle mir, im Bundestag zu erklären, daß Diskussionen mit den Hohen Kommissaren begonnen hätten und sie sich, vom deutschen Standpunkt aus gesehen, auf gutem Wege befänden.

In meiner Erwiderung begrüßte ich die Absicht der Alliierten, wie sie in den Ausführungen von Robertson und McCloy zum Ausdruck gekommen sei, nämlich Deutschland in die europäische Gemeinschaft zurückzuführen.

Ich hätte bei verschiedenen Gelegenheiten großen Wert darauf gelegt, entscheidende Schritte für die Verständigung zwischen Frankreich und Deutschland einzuleiten. Dadurch hätte ich mir manche Angriffe von seiten der Sozialdemokraten zugezogen. Es läge mir daran, in der kommenden Debatte im Bundestag zu diesen Fragen Stellung zu nehmen, damit das Gift, das die Sozialdemokraten ausstreuten, nicht weiterfresse.

In der französischen Kammer könnten, wie mir bekannt sei, große Schwierigkeiten entstehen. Nach meinen Informationen werde in der französischen Kammer in einer Abstimmung darüber entschieden, ob Deutschland zum Europarat zugelassen werden solle oder nicht. Bisher hätte ich diese Frage in meinem Schriftwechsel mit den Hohen Kommissaren noch nicht berührt. Ich müsse jetzt die Frage an den Hohen Kommissar François-Poncet richten, ob es nicht besser sei, diese Frage vor dem Bundestag unberührt zu lassen. Beim Anschneiden dieser Frage, so befürchte ich, werde die SPD Sturm laufen. Im Zusammenhang mit der Saarfrage würden sicherlich von Sprechern der Opposition Worte fallen, die nicht mit der französischen Auffassung übereinstimmten.

François-Poncet erwiderte mir, der französische Außenminister werde am 22. November in der französischen Nationalversammlung die Gedanken der französischen Regierung zur künftigen Deutschlandpolitik bekanntgeben. Im Anschluß daran finde eine Debatte statt und dann eine Abstimmung über die Politik der französischen Regierung gegenüber Deutschland. Wenn die Abstimmung günstig ausfalle, so bedeute das die französische Zustimmung zur Aufnahme Deutschlands in den Europarat. François-Poncet betonte, daß die Voraussetzungen günstig seien. Eine weitere Frage sei allerdings, ob Deutschland von sich aus kandidieren oder abwarten wolle, bis es eingeladen würde, dem Straßburger Rat beizutreten. Wenn Deutschland einen Antrag stelle, werde dieser sofort angenommen werden.

Im übrigen habe die Saar Antrag auf Aufnahme in den Europarat gestellt. Dieser Antrag würde geprüft auf Grund der Bestimmungen der Verfassung des Straßburger Rates. Es handele sich hier nicht um ein rein französisches Problem, aber die französische Regierung hoffe, daß die Saar im kommenden Jahr aufgenommen werde.

Ich warf ein, daß hinsichtlich des Eintrittes Deutschlands und des Saargebietes in den Europarat wohl ein Mißverständnis vorliege. Nach meinen bisherigen Informationen sei der Hauptpunkt der französischen Debatte am 22. November der Beitritt Deutschlands zum Europarat. Hierüber solle eine Abstimmung erfolgen. Dies beruhe, soweit ich informiert sei, auf einer Absprache der französischen Parteien, um einen guten Verlauf der Kammerdebatte zu gewährleisten.

Falls ich vor dem Deutschen Bundestag über den Beitritt Deutschlands zum Europarat spräche, befürchtete ich, damit eine Diskussion über die Saarfrage auszulösen. Ich sei auf Grund früherer Entschließungen sicher, daß die Sozialdemokratie den Antrag stellen würde, Deutschland dürfe nur dann dem Europarat beitreten, wenn die Saar nicht gleichzeitig aufgenommen werde. Ich hielte es deshalb für besser, dieses Thema im Bundestag nicht anzuschneiden, sondern erst nach Ablauf der Verhandlungen in der französischen Kammer darauf zurückzukommen.

Robertson stimmte mir zu, daß es besser sei, den Verlauf der Beratungen der Parlamente in Paris und London, wo gleichfalls eine Debatte im Unterhaus zu diesem Fragenkomplex bevorstand, abzuwarten, ehe die Bundesregierung einen Antrag auf Aufnahme in den Straßburger Rat stelle.

McCloy ergriff gleichfalls das Wort zu diesem Thema und sagte, er könne nicht beurteilen, ob der von mir vorgeschlagene Weg gut oder nicht gut sei. Der Beitritt Deutschlands zum Europarat habe jedenfalls in Paris eine große Rolle gespielt. Der Beitritt Deutschlands zum Europarat sei der Schlüssel der ganzen Eingliederung Deutschlands in Westeuropa. Die drei Außenminister hätten erklärt, daß sie den Beitritt Deutschlands begrüßen würden. Diese Erklärung habe nicht die Frage des Beitritts des Saargebietes zum Europarat berührt.

François-Poncet kam noch einmal auf diese Frage zurück. Wenn ich wünsche, nicht vom Europarat zu sprechen, so habe er dagegen nichts einzuwenden. Die Wege zur Aufnahme Deutschlands seien bereitet. Am 22. November werde die französische Kammer über diese Frage beraten, allerdings natürlich nicht nur über diesen einzigen Punkt. Die Saarfrage werde sicherlich eine große Rolle spielen. Er, François-Poncet, befürchte, daß sie in einer Weise eine Rolle spielen würde, die mir vielleicht nicht angenehm sein könnte. Ihm sei bekannt, daß eine gewisse Anzahl französischer Abgeordneter dem Beitritt Deutschlands zum Europarat nur zustimmen würde, wenn auch gleichzeitig das Saargebiet Mitglied werde. Auf jeden Fall müsse die französische Regierung zu Beginn dieser Kammerdebatte genau informiert sein, wie die Bundesregierung zum Beitritt Deutschlands zur Ruhrbehörde und zum militärischen Sicherheitsamt stehe.

Ich erklärte hierauf, daß die Bundesregierung für die Zusammenarbeit mit dem Sicherheitsamt sei.

Was den Beitritt der Bundesrepublik zur Ruhrbehörde angehe, so errege bei mir der Artikel 31 des Ruhrstatuts Bedenken. Der Artikel 31 des Ruhrstatuts enthalte eine ziemlich verschnörkelte Bestimmung, aus der man, wenn man wolle, herauslesen könne, daß Deutschland bei Eintritt in die Ruhrbehörde einen Blankoscheck ausstelle für alle Beschlüsse, die von den sechs Staaten, die im Dezember 1948 in London das Ruhrstatut ausgearbeitet hatten, gefaßt würden. Die drei Hohen Kommissare erklärten mir einstimmig, daß sie diese Auslegung des Artikels 31 für unrichtig hielten. Kein Mensch denke daran, von Deutschland die Ausstellung eines Blankoschecks zu verlangen oder gar ihm eine Falle zu stellen. Der Artikel solle nur besagen, daß, wenn die deutsche Bundesregierung in die Ruhrkommission eingetreten sei, sie sich dann auch den Mehrheitsbeschlüssen fügen müsse. Ich bat, da das Ruhrstatut nicht nur von den drei Westalliierten, sondern auch von den drei Beneluxländern unterzeichnet war, in dieser Frage nähere Feststellungen zu treffen. Dies wurde mir zugesagt. Für den Fall, daß die Feststellungen zu meiner Zufriedenheit ausfielen, sei ich zur Mitarbeit in der Ruhrbehörde bereit.

Auf die von Robertson zu Beginn der Verhandlungen erbetene Erklärung hinsichtlich der Dekartellisierung der deutschen Wirtschaft sagte ich, daß die Bundesregierung bereit sei, den Wünschen der Alliierten entgegenzukommen. Es sei bereits ein spezielles Gesetz für die Dekartellisierung in Vorbereitung.

Meine Bemühungen müßten sich darauf richten, das Parlament und das deutsche Volk für meine Politik zu gewinnen. Das würde sicherlich sehr schwer sein, da Dr. Schumacher sich zu meiner Politik sehr negativ äußere. In meinen Ausführungen am heutigen Tage vor dem Parlament würde ich mich zunächst auf allgemeine Bemerkungen beschränken. Ich wäre jedoch General Robertson als dem Geschäftsführenden Vorsitzenden der drei Hohen Kommissare sehr dankbar, wenn er mir die Möglichkeit geben würde, vor dem Bundestag ein allgemeines Wort über die Demontage zu sagen.

Robertson erwiderte, daß er meiner Bitte entsprechen wolle. Zunächst wolle er jedoch hinsichtlich meiner Erklärungen über das Ruhrstatut, das Sicherheitsamt und die Dekartellisierung, die ich in meiner Eigenschaft als Bundeskanzler soeben abgegeben hätte, bemerken, daß die Erklärungen wesentliche Elemente für eine zufriedenstellende Regelung darstellten. Es verstehe sich von selbst, daß ich nur für meine Regierung habe sprechen können. Wenn das deutsche Parlament meine Erklärungen ablehne, werde naturgemäß die Regelung reduziert. Er halte aber ein solches Verhalten des Parlaments für wenig wahrscheinlich.

Robertson ging dann auf die Demontagefrage ein. Hierzu bemerkte er, wo die Demontage bisher begonnen worden sei, könne eine Zurückversetzung in den vorherigen Zustand nicht eintreten. Bei der Demontage der Werften und bei der Demontage der Maschinenindustrie stehe man kurz vor dem Ende. Die auf der Reparationsliste stehenden Anlagen seien bereits zugeteilt und würden demnächst abtransportiert. Die Lage sei anders bei der synthetischen und bei der Stahlindustrie, da hier die Demontage gerade erst begonnen habe. Diese Industrien würden besonders behandelt werden. Auf diese Industrien bezögen sich die den Kommissaren auf der Pariser Außenministerkonferenz erteilten Vollmachten. Entsprechend den Instruktionen der Außenminister solle mit der deutschen Regierung hierüber diskutiert werden. Diese Aussage über die Demontage könne ich am heutigen Nachmittag vor dem Bundestag verwerten.

Aber die Ausführungen, die er im folgenden machen werde, seien nicht für eine Veröffentlichung bestimmt: In meinem Brief vom 1. November an den Geschäftsführenden Vorsitzenden der Hohen Kommissare hätte ich um einen Demontagestop gebeten, bis die Verhandlungen der vorgeschlagenen Kommission abgeschlossen seien. Die Demontage bestimmter Schlüsselwerke würde während der Verhandlungen verlangsamt werden. Es ergäben sich hieraus zwei Fragen: 1. welche Werke würden betroffen sein und 2. wie interpretiere man die „Verlangsamung“?

Die betroffenen Werke seien: 1. Gelsenberg Benzin, 2. Chemische Werke Hüls, 3. August-Thyssen-Hütte Hamborn, 4. Ruhrstahl Hattingen, 5. Charlottenhütte, 6. Borsig Berlin.

Bei vielen Werken würde die Demontage so verlangsamt werden, daß praktisch nichts an Bedeutung geschehe, solange die Verhandlungen liefen, das heißt, es solle nichts geschehen, was das Endergebnis der Verhandlungen präjudizieren könne. Allerdings dürften mit Rücksicht auf das französische Parlament diese Maßnahmen nicht als eine endgültige Entscheidung hingestellt werden.

Ich dankte General Robertson und sagte ihm, er habe der Bundesregierung einen großen Dienst erwiesen. Wenn ich das, was er mir zur Veröffentlichung mitgeteilt habe, am heutigen Nachmittag ausführe, würde das sicherlich meine Politik der Verständigung und Zusammenarbeit sehr erleichtern.

Am Nachmittag des gleichen Tages gab ich vor dem Deutschen Bundestag eine Regierungserklärung ab, deren Inhalt ich in dem abgesprochenen Sinne verfaßte. Ich gab eine ausführliche Darstellung der Ereignisse seit dem 31. Oktober 1949 und wies auf die mit den Hohen Kommissaren begonnenen Verhandlungen hin. Ich richtete einen dringenden Appell an die Mitglieder des Bundestages und an die deutsche Öffentlichkeit, nicht durch unangebrachte Kritik diese Verhandlungen zu stören, um nicht im Ausland Befürchtungen für einen neuerwachenden Nationalismus im deutschen Volk hervorzurufen.

Im Hinblick auf die bevorstehende Debatte in der französischen Nationalversammlung richtete ich am Schluß meiner Ausführungen folgende Worte an die Adresse des französischen Volkes:

„Die Frage Deutschland–Frankreich ist in Wahrheit eine der Angelfragen des europäischen Geschicks. Von vielen Besuchern, die in Frankreich waren, und von vielen ausländischen Journalisten höre ich, daß auch in den weitesten französischen Kreisen der ehrliche Wille besteht, den deutsch-französischen Gegensatz ein für allemal aus der Welt zu schaffen.
Ich bitte das französische Volk und die Weltöffentlichkeit, davon überzeugt zu sein, daß bei der ganz überwiegenden Mehrheit des deutschen Volkes der gleiche Wille besteht.“

7. Das Petersberger Abkommen

Für den 17. November 1949 war eine weitere Besprechung zwischen den Hohen Kommissaren und mir auf dem Petersberg angesetzt. Die Hohen Kommissare baten mich, ihnen den Verlauf der Bundestagsdebatte, die sich meiner Regierungserklärung angeschlossen hatte, zu schildern. Ich gab den Hohen Kommissaren folgende Darstellung:
Die Debatte im Bundestag sei so verlaufen, daß die Rollen gegenüber den zwanziger Jahren vertauscht gewesen seien. Die Nationalisten hätten dieses Mal links gesessen, und die Abgeordneten rechts seien vernünftig gewesen. Die Sozialdemokratische Partei sei, wie ich bestimmt glaubte annehmen zu können, innerlich geteilt. Es sei den Hohen Kommissaren sicherlich bekannt, daß der Senatspräsident Kaisen in Berlin vor sozialdemokratischen Funktionären eine Rede gehalten habe, in der er ausführte, man müsse mir eine Chance geben. Kaisen habe, wie ich wisse, das nicht für seine Person allein gesagt, sondern zu ihm stehe noch ein Kreis weiterer Sozialdemokraten, von denen ich insbesondere Herrn Brauer aus Hamburg erwähnen möchte. Aus ziemlich zuverlässiger Quelle hätte ich gehört, die sozialdemokratische Fraktion im Bundestag habe Dr. Schumacher einige Sätze aus seiner Rede vorher gestrichen. Ich hätte eigentlich von allen Reden, die gehalten wurden – übrigens habe Dr. Schumacher schwach gesprochen, was allgemein aufgefallen sei –, nur einigen Ausführungen von Professor Schmid besondere Bedeutung beigemessen, in denen er behauptete, daß in den zwanziger Jahren von den Deutschen Abkommen mit einem dolus eventualis unterschrieben worden seien. Erstens hielte ich das für unrichtig. Ich hätte die damaligen leitenden Persönlichkeiten der deutschen Politik alle gekannt und traute ihnen eine solche Täuschung nicht zu. Zweitens fände ich es

unerhört, daß Professor Schmid dadurch vor Beginn der Kammerdebatte in Paris gewissermaßen ein Stichwort gebe, das sehr schlechte Auswirkungen haben könnte. Ich sei infolgedessen außerordentlich scharf gegen diese Ausführungen aufgetreten und hätte den Beifall fast aller Abgeordneten im Hause erhalten, mit Ausnahme natürlich der SPD und der KPD. Ich hätte im Hinblick auf die Debatten, die in London am 17. November und in Paris am 22. November stattfänden, ausdrücklich gesagt, daß, wenn ich etwas unterschriebe, das auch meiner innersten Überzeugung entspreche und ich voll dafür einstehen und alles daransetzen würde, daß das von mir Unterschriebene gehalten werde. Ich hätte das mit größtem Nachdruck erklärt, vor allem auch gegenüber der deutschen Öffentlichkeit.

Die Sozialdemokratie habe nicht gewagt, zum Schluß irgendeinen Antrag einzubringen. Nach meiner Überzeugung hätte sie befürchten müssen, daß dann ihre Fraktion auseinandergefallen wäre.

Es werde sicher gelingen, den weitaus überwiegenden Teil der deutschen öffentlichen Meinung auf einer vernünftigen Bahn zu halten. Alles in allem genommen glaubte ich von der Bundestagssitzung vom 15. November sagen zu können, daß die Aufnahme meines Berichtes ein Erfolg der Bundesregierung sei.

Die Hauptfrage sei das Ruhrstatut. Ich sei aber der Auffassung, man könne nach dem 22. November über das Ruhrstatut im Bundestag sprechen. Man müsse bedenken, daß das Ruhrstatut zu einem Zeitpunkt abgefaßt worden sei, zu dem es das Besatzungsstatut noch nicht gegeben habe. Infolgedessen enthalte das Ruhrstatut eine Reihe von Bestimmungen, die wahrscheinlich gar nicht aufgenommen worden wären, wenn damals schon das Besatzungsstatut bestanden hätte.

Nun sei mir klar, daß eine Änderung des Ruhrstatuts nicht mit den jetzigen Verhandlungen verknüpft werden könne. Ich würde es jedoch begrüßen – das sagte ich jetzt nur privatim mit Rücksicht auf die Debatte in der französischen Kammer und würde es erst nach dem 22. November lauter aussprechen –, wenn eine Erklärung abgegeben würde, daß je nach Lage der Dinge das Ruhrstatut einer Überprüfung unterworfen werden sollte, ähnlich wie das beim Besatzungsstatut der Fall sei. Ich bäte, mir zu erlauben, später darauf zurückzukommen.

Im Anschluß an meine Ausführungen ergriff Robertson das Wort und meinte, daß wohl jetzt der Zeitpunkt gekommen sei, an dem wir uns darüber einigen müßten, wie wir die Beschlüsse, die wir auf unseren bisherigen Zusammenkünften erzielt hätten, zu Papier bringen sollten. Sie, die Alliierten Hohen Kommissare, hätten noch keine genaue Vorstellung darüber. Sie seien sich jedoch in dem Punkte einig, daß das Schriftstück eine Festlegung

der erzielten Übereinkünfte enthalten müsse. Er versicherte mir, daß die Niederschrift der Abmachungen sowohl bezüglich des Inhalts als auch des Wortlauts in Zusammenarbeit mit mir oder einem Vertreter gemeinsam vorgenommen werden würde.
Als Zeitpunkt der Veröffentlichung der Abmachungen wurde der 22. November 1949 vorgeschlagen, der Tag, an dem die Debatte in der französischen Kammer stattfand. Tatsächlich wurden die Abmachungen am 24. November 1949 veröffentlicht.
Robertson ging dann auf das Ruhrstatut ein. Bei der letzten Zusammenkunft am 15. November sei diese Frage vor allem im Hinblick auf Artikel 31 des Ruhrstatuts besprochen worden. Ich hätte mich in meinen Ausführungen auf folgende Worte des Artikels berufen: „... vorbehaltlich solcher Dispositionen, die die alliierten Mächte sich noch vorbehalten mögen" und erklärt, daß ich keinen Blankoscheck hinsichtlich künftiger „Dispositionen", die die sechs Signatarstaaten in der Zukunft eventuell treffen würden, geben könne. Hierzu wolle er mir sagen, daß vor kurzem eine nichtoffizielle Konferenz mit Vertretern der Internationalen Ruhrbehörde stattgefunden habe, auf der diese Frage erörtert worden sei. Als Resultat dieser Besprechungen teile er mir mit, daß keine weiteren „Dispositionen" von den Signatarmächten zu erwarten seien.
Robertson fuhr fort: Die Frage, ob das Ruhrstatut zu einem späteren Zeitpunkt gewissen Änderungen unterworfen werden könne, sei indessen eine Frage, deren Beantwortung allein bei den jeweiligen Regierungen liege. Er sagte wörtlich: „Ich muß Ihnen ganz offen sagen, daß ich nicht weiß, welche Haltung meine Regierung zu dieser Frage einnehmen wird. Ich fürchte jedoch, daß es nicht möglich sein wird, zwischen dem heutigen Datum und dem 22. November unter den verschiedenen Regierungen eine Übereinstimmung über diese Frage zu erzielen. Wenn Sie jedoch vor Ihrem Parlament zu erklären wünschen, daß nach Ihrem Dafürhalten gewisse Punkte des Ruhrstatuts revisionsbedürftig seien und daß Sie um die Revision dieser Punkte anhalten würden, so müssen Sie sich darüber im klaren sein, ob Sie es tun wollen. Wir können dagegen keine Bedenken erheben."
François-Poncet stimmte den Ausführungen Robertsons zu.
Ich antwortete, daß ich auf Grund der Erklärungen Robertsons hinsichtlich des Artikels 31 nunmehr zustimmen könne, der Ruhrbehörde beizutreten. Im übrigen sei ich überzeugt, wenn erst eine Zusammenarbeit in der Ruhrbehörde stattfinde, sich ganz von selbst zeigen werde, daß gewisse Bestimmungen des Statuts überflüssig seien. Ich wolle aber in der Öffentlichkeit vor dem 22. November zu der ganzen Sache nichts mehr sagen.
Ich erwähnte gegenüber den Hohen Kommissaren, daß ich auf den nächsten

Montag die Führer der Gewerkschaften zu mir gebeten hätte, um mit ihnen diese ganze Frage einmal in Ruhe zu besprechen. Ich zweifelte nicht, daß die Herren Verständnis für die ganze Situation haben würden.

Robertson bezeichnete meine Beitrittserklärung zur Ruhrbehörde als zufriedenstellend. Alles, was nun noch nötig wäre, sei, daß, sobald die Niederschrift über die Ergebnisse der Verhandlungen entworfen sei, von mir eine öffentliche offizielle Erklärung erfolge, nach der die deutsche Bundesregierung nunmehr bereit sei, dem Ruhrstatut beizutreten. Er sagte: „Sollte es daraufhin im Bundestag zur Vertrauensfrage kommen und die Abstimmung gegen die Erklärung ausfallen, so wird es natürlich ganz klar, daß die Abstimmung nicht nur gegen diesen einzelnen Punkt gegangen ist, sondern gegen die Regelung der ganzen Angelegenheit, und daß daher dann das Ganze null und nichtig wird. Ich glaube aber kaum, daß dieser Fall eintreten wird."

Anschließend berieten wir die Revision der Reparationsforderungen und der Demontage. Robertson legte im einzelnen dar, wie weit die Alliierten in der Frage der Revision der ganzen Reparationsangelegenheit zu gehen bereit seien. Er führte wörtlich aus:

„Zunächst möchte ich mich mit den Industrien beschäftigen, die synthetisches Öl und synthetischen Gummi herstellen. Unsere Regierungen haben immer diesen beiden Industrien vom Sicherheitsstandpunkt aus größte Wichtigkeit beigemessen, da diese beiden Industrien eigentlich nur vom Gesichtspunkt der Kriegswirtschaft aus entwickelt worden sind. Nichtsdestoweniger sind unsere Regierungen bereit, einen liberaleren Standpunkt als zuvor in bezug auf diese beiden Industrien einzunehmen im Hinblick auf die allgemeine Regelung, die getroffen werden soll für die verschiedenen Versicherungen, die wir dafür zu erhalten hoffen. Ich will auf die Einzelheiten der betroffenen Werke jetzt im Augenblick nicht eingehen. Ich möchte nur feststellen, daß die Demontage in diesen beiden Industrien bisher nur sehr wenig fortgeschritten ist.

Auf diesem Gebiete messen unsere Regierungen zwei Punkten besondere Bedeutung bei. Der erste Punkt ist der, daß, soweit diese Werke in Zukunft wieder in Betrieb genommen werden, sie nur solche Dinge herstellen dürfen, die nicht auf der Liste der verbotenen Güter stehen."

Zur Stahlindustrie sagte er: „Die Herren Minister in Paris haben diesem sehr schwierigen Problem ihre eingehende Aufmerksamkeit gewidmet. Sie waren nicht bereit, die Produktionsziffer von 11,2 Millionen Tonnen für das Gebiet der Bundesrepublik Deutschland zu erhöhen. Auf der anderen Seite sind sie der Meinung, daß im Augenblick die Kapazität ohne weiteres ausreicht, um diese Produktionsziffer zu erreichen. Tatsächlich hat die deutsche

Industrie diese Produktionsziffer noch nicht erreicht, wahrscheinlich aus Marktgründen. Es ist nicht anzunehmen, daß sie in der nahen Zukunft diese Ziffer erreichen wird. Unter diesen Umständen ist es eigentlich vom wirtschaftlichen Standpunkt aus nicht logisch, eine Änderung des Reparationsplans, soweit die Stahlindustrie betroffen ist, durchzuführen.

Die Herren Minister haben aber sehr eingehend den Punkt erwogen, den der Herr Bundeskanzler selbst zur Sprache gebracht hat, nämlich, daß es sich hier nicht um eine wirtschaftliche, sondern um eine psychologische Frage handelt. Aus diesem Grunde allein haben sie uns die Befugnis gegeben, mit Ihnen über die Streichung einer Reihe von Werken der Stahlindustrie von der Reparationsliste zu sprechen. Sie messen jedoch der Tatsache große Wichtigkeit bei, daß bereits demontierte Werke nicht wieder aufgebaut oder wieder ausgestattet werden können. Nach den Vorschriften der militärischen Sicherheitsbehörde ist es im Augenblick so, wenn ein Werk innerhalb der beschränkten Industrien, zum Beispiel der Stahlindustrie, beabsichtigen sollte, gewisse Änderungen vorzunehmen oder neue Ausrüstungen zu errichten, es zu diesem Zweck eine Lizenz erhalten muß. Angesichts der Tatsache, daß die heutige Kapazität in der stahlerzeugenden Industrie weit über das augenblicklich festgesetzte Limit von 11,2 Millionen Tonnen hinausgeht, ist das nicht anzunehmen, und die Sicherheitsbehörde wird prinzipiell nicht solche Lizenzen erteilen, die zur Erhöhung der Produktion eines besonderen Werkes führen würden. Ich halte all dies für selbstverständlich, und ich bin auch davon überzeugt, daß der Herr Bundeskanzler mir beipflichten wird. Ich halte es nur für nötig, diese Dinge im einzelnen anzuführen, um jedes Mißverständnis zu vermeiden. Ausrüstung, die schon demontiert ist, wird für Reparationsleistungen zur Verfügung gestellt. Den Hohen Kommissaren ist in diesem Punkt eine sehr beschränkte Befugnis überlassen worden. Es mag Fälle geben, und ich persönlich kenne einen Fall, in dem in einem Werk ein kleiner Teil demontiert wurde und dadurch das ganze Werk betriebsunfähig geworden ist. In derartigen Fällen werden wir selbstverständlich von unserer Befugnis Gebrauch machen.

Bezüglich der Werke, die von der Liste gestrichen werden, sind uns besondere Anweisungen zugegangen. Diese Anweisungen laufen darauf hinaus, daß wir diese Werke besonders überwachen und uns darüber auf dem laufenden halten sollen, was dort erzeugt wird, und daß wir, sobald wir beobachten, daß das Produktionslimit der Stahlproduktion für ganz Westdeutschland überschritten wird, sofort in diese Werke eingreifen müssen. Sie sehen daraus, daß sich die Bedingungen, unter denen die Stahlwerke von der Liste gestrichen werden, auf die Beibehaltung des Produktionslimits beziehen. McCloy hat ja schon klargemacht, daß wir nicht für die

Ewigkeit arbeiten. Für die Gegenwart jedoch ist die Stahlproduktionsziffer festgesetzt.
Schließlich möchte ich mich noch mit zwei Punkten beschäftigen, die in dem Schreiben, das Sie, Herr Bundeskanzler, an uns gerichtet haben, enthalten waren. Sie haben den Vorschlag gemacht, daß ein Ausschuß unter deutscher Teilnahme errichtet werde, der die Stahlproduktions- und Stahlbedürfnisse in Westeuropa inklusive Westdeutschland prüfen solle. Ich möchte hier gleich anführen, daß unsere Herren Außenminister das Motiv, das Sie zu diesem Vorschlag geführt hat, wohl zu schätzen wissen. Sie sind jedoch zu der Meinung gelangt, daß im Augenblick ein derartiger Ausschuß keine nützliche Arbeit leisten könne. Ich möchte noch hinzufügen, daß diese Frage tatsächlich auch innerhalb der Organisation der OEEC studiert wird. Die Herren Außenminister waren unter anderem der Meinung, daß ein derartiger Spezialausschuß der Arbeit, die augenblicklich in der OEEC geleistet wird, zuwiderlaufen würde.
Sie haben auch einen Vorschlag bezüglich der Investierung ausländischen Kapitals in der deutschen Stahlindustrie gemacht. Hier möchte ich wieder sagen, daß unsere Herren Außenminister dem Motiv ihre Anerkennung gezollt haben, das Sie dazu geführt hat, einen derartigen Vorschlag zu machen. Es handelt sich hier um eine Frage, die, ganz ehrlich gestanden, die Herren Außenminister nicht behandeln konnten, weil sie dazu keine Zeit hatten. Wir, die Hohen Kommissare, hoffen, in absehbarer Zeit von unseren Regierungen eine Regelung zu erhalten, die es uns ermöglichen wird, das Verbot der Investierung ausländischen Kapitals in Westdeutschland aufzuheben. Wir sind der Meinung – und ich bin überzeugt, daß Sie uns beistimmen werden –, daß dies eine Maßnahme ist, die für die deutsche Wirtschaft von größter Bedeutung sein könnte und aus der viele Industrien, wahrscheinlich auch die Stahlindustrie, Nutzen ziehen könnten. Was aber Ihren spezifischen Vorschlag in dieser Hinsicht anbelangt, so kann ich nur sagen, daß unsere Regierungen ihn mit größter Sorgfalt studieren."

Anschließend forderte Robertson mich zur Stellungnahme zu den von den alliierten Regierungen gemachten Vorschlägen auf. Außerdem erbat er von mir eine allgemeine Erklärung zur Demokratisierung des allgemeinen Lebens in Deutschland. Als letztes bat er um Beantwortung der Frage, ob die Bundesregierung bereit sei, ihren Einfluß und ihre Macht zur Geltung zu bringen, um den noch übrigbleibenden Teil der Demontage glatt und widerstandslos durchzuführen.
Ich begann mit der Beantwortung der letzten Frage. Wenn die Frage der Demontage entgiftet sei, könne ich, wie ich glaube, dafür einstehen, daß die

Demontagen, soweit sie noch vorgenommen werden müßten, reibungslos und ohne negative psychologische Nachwirkung bei der Bevölkerung stattfinden würden.

Zur zweiten Frage erklärte ich, daß in Deutschland an Gesetzesvorschriften und an Verordnungen alles erlassen worden sei, was zur Durchführung demokratischer Prinzipien nötig sei. Die Bundesregierung sei fest entschlossen, dafür zu sorgen, daß diese Bestimmungen auch in der Praxis tatsächlich durchgeführt würden.

Mir scheine, daß die nationalsozialistische Tradition sich eigentlich am meisten noch bei der Judenfrage auswirke. Ich könne hier die Versicherung abgeben, daß ich fest entschlossen sei, auf diesem Gebiete alles zu tun, was überhaupt möglich sei. Ich hätte mich entschlossen, im Bundesinnenministerium ein besonderes Referat für jüdische Fragen zu errichten. Ich würde in diesem Bundesministerium als Referenten dafür einen deutschen Juden anstellen, der mir von der Vertretung der deutschen Juden benannt werde. Dieses Referat solle darauf achten, daß nirgendwo im Bundesgebiet irgend etwas gegen jüdische Interessen geschehe. Es solle gleichzeitig auch den in Deutschland lebenden Juden das Vertrauen auf Schutz geben. Die Vertretung der deutschen Juden begrüße die Einrichtung eines solchen Referats außerordentlich, und sie werde mir einen geeigneten Herrn vorschlagen.

Was nun die erste Frage, die Zusammenarbeit mit der militärischen Sicherheitsbehörde, angehe, so wolle ich folgendes sagen: Wir würden mit der militärischen Sicherheitsbehörde uneingeschränkt zusammenarbeiten, und zwar nicht aus dem Gefühl eines Zwanges heraus, sondern einmal, um selber die absolute Sicherheit zu haben, daß in Deutschland wirklich nichts auf militärischem Gebiet vorbereitet werde, was wir nicht wollten, und ferner, um durch die Zusammenarbeit das Gefühl der Zusammengehörigkeit in Westeuropa zu stärken.

McCloy machte im Anschluß an meine Worte noch einige Bemerkungen zur Frage der Demokratisierung. Der Fortschritt eines Landes auf dem Wege der Demokratisierung sei wahrscheinlich sehr schwer in Worte zu kleiden. Er glaube, wir seien uns alle darüber klar, daß die Grundlage der heutigen deutschen Bundesregierung demokratischer Natur sei und dem Führerprinzip der alten Nazizeit den Rücken gekehrt habe. Er, McCloy, habe sich gefreut, von mir zu hören, was ich über die Anwendung des Prinzips der Toleranz in der Rassenfrage gesagt hätte. Er sagte: „Wir haben von Zeit zu Zeit Gelegenheit gehabt, uns ernsthaft Sorge zu machen über die Rückkehr von führenden Persönlichkeiten der früheren Naziperiode in bedeutende Positionen. Ich bin sicherlich nicht einer von denen, die sagen, daß die Nazis für alle und ewige Zeit aus dem normalen Leben des deutschen Volkes ausgeschlossen werden müßten. Im Gegenteil, ich habe mehr als einmal gesagt, ich sei der Meinung, daß vor allen Dingen die Mitläufer und die nicht allzu aktiv beteiligten Nazis wieder in den normalen Gang des nationalen Lebens eingeschaltet werden müssen. Es ist viel besser, diese Menschen in das normale Leben des Volkes einzubeziehen, als sie in einer besonderen Gruppe außerhalb dieses normalen Lebens zu halten. Ich glaube, jetzt ist der Zeitpunkt gekommen, an dem es wichtiger ist, die heutige Haltung dieser Leute zu betrachten, als sich auf die Betrachtung ihrer früheren Haltung und ihrer ehemaligen Schwächen zu beschränken. Wir beobachten jedoch die Tendenz gewisser Gruppen und gewisser sehr hoher Individuen, andere, die während der Naziperiode Widerstand geleistet haben, wo sehr schwer Widerstand zu leisten war, zu verdrängen, und zwar Persönlichkeiten, die einen Charakter an den Tag gelegt haben, der wahrscheinlich wertvoller ist als die bloße Tüchtigkeit. Ich glaube, daß diese Tendenz sich in den Ländern stärker bemerkbar macht als auf der Ebene der Bundesregierung. Im Augenblick wüßte ich keinen Fall in der Bundesregierung, über den ich mich beschweren müßte. Ich würde es jedoch begrüßen, wenn man von der Bundesregierung darauf achten würde, daß sie von ihrer eigenen Stufe und über die Länderregierung Maßnahmen trifft, so daß es sich für uns erübrigt, unsererseits in dieser Hinsicht aktiv zu werden. Ich glaube, daß eine derartige spontane Maßnahme seitens der Bundesregierung einen viel besseren Eindruck in den alliierten Ländern hervorrufen würde, als wenn wir etwas Derartiges tun müßten. Ich will mich dabei nicht auf den Einfluß ehemaliger Nazis beschränken, sondern es wäre vielleicht auch gut, wenn man weiter in die Geschichte zurückgreifen und sich mit dem Einfluß der Bismarckschen Einstellung befassen würde. Es wäre dies ein beredter Beweis dafür, daß in Deutschland die Absicht besteht, dem autoritären Prinzip den Rücken zu kehren, dem Prinzip, das nicht nur in der Naziperiode, sondern auch schon früher dazu geführt hat, das deutsche Volk in irgendeiner Weise für derartige Auswüchse anfällig zu machen. Ich könnte mir denken, daß diese Maßnahmen sich unter anderem mit einer besseren Erziehung zur öffentlichen Verantwortung, mit einer Reform des Beamtenwesens beschäftigen würden. Es ist dies eine Angelegenheit, die sich schwer in Worte fassen läßt."

Ich erwiderte: „Ich verstehe die Sorgen, und ich muß sagen, daß ich mich manchmal innerlich sehr über gewisse Vorgänge ärgere. Wenn ich zum Beispiel sehe, daß der Gründer der Gestapo, der frühere Regierungspräsident Diehls von Köln, jetzt in Düsseldorf seine Memoiren erscheinen läßt, und wenn ich dann lese, wie diese als das interessanteste Buch angepriesen werden, so bedauere ich sehr, daß die Bundesregierung keine größeren

Rechte hat, dagegen etwas zu unternehmen. Ich habe mich allerdings auch sehr gewundert, als ich hörte, daß dieser Herr Diehls viele Monate lang Gast der alliierten Regierungen in Nürnberg gewesen ist, dort auf die Jagd gehen konnte und herrlich und in Freuden gelebt hat."

Darauf McCloy: „Wenn Sie wieder einmal hören, daß wir mit einem Vertreter der Gestapo Feste feiern, bitte ich Sie doch, mich rechtzeitig zu benachrichtigen."

Ich versicherte McCloy, daß ich das mit dem größten Vergnügen tun werde.

Im Anschluß daran bat ich die Hohen Kommissare, bei der Beurteilung der Situation in Deutschland doch zu berücksichtigen, daß die Unordnung im politischen Denken der Deutschen noch außerordentlich groß sei. Wie groß diese Unordnung sei, könnten die Herren am besten daraus ersehen, daß in der Bundestagsdebatte vom 15. November die äußerste Rechte für eine Verständigung mit Frankreich eingetreten sei; während in den zwanziger Jahren zum Beispiel Strasser, von Reventlow und noch viele andere stets nur von Hegemoniebestrebungen Frankreichs gesprochen hätten, spräche jetzt Dr. Schumacher von den Hegemoniebestrebungen Frankreichs.

Die Rollen schienen vertauscht zu sein. Aber nach meiner Meinung würde sich das legen, wenn wir erst einmal wieder zur Ruhe gekommen sein würden.

Anschließend an diese Erörterungen wurden die Änderungen der Reparationsliste noch einmal eingehend und in allen Einzelheiten beraten. Die Behandlung dieser Frage erfolgte von seiten der Hohen Kommissare großzügig, und ich sprach ihnen am Ende dieser Erörterungen meinen Dank aus und gab der Hoffnung Ausdruck, daß die deutsche Bevölkerung diese Großzügigkeit der Alliierten anerkennen werde.

Robertson machte darauf aufmerksam, daß die revidierte Liste der Demontagen im Augenblick noch nicht für die Veröffentlichung reif sei. Er bat mich eindringlich, dafür Sorge zu tragen, daß die Liste unter keinen Umständen vor der Debatte in der französischen Kammer am 22. November bekannt werde, da eine Veröffentlichung die übelsten Folgen für diese Debatte nach sich ziehen könnte.

In der Besprechung mit den Hohen Kommissaren am 15. November waren sechs Werke bezeichnet, die von der Demontageliste gestrichen werden sollten. Am 22. November würde ich zwölf Werke benennen können, die von der Demontageliste gestrichen waren. Das Ergebnis meiner bisherigen Beratungen mit den Hohen Kommissaren bedeutete eine achtzigprozentige Erfüllung unserer Forderungen.

Nachdem die Frage der Demontageliste geklärt zu sein schien, griff Robertson die Frage des Schiffahrtswesens noch einmal auf und schlug vor, daß diese Frage in die allgemeine Regelung einbezogen werden sollte. Weiter sollten einbezogen werden die Frage der Beteiligung Deutschlands an internationalen Organisationen und die Frage über die Beendigung des Kriegszustandes. Auch die Frage von deutschen Vertretungen im Ausland wäre noch zu klären und eventuell in das Abkommen aufzunehmen.

In einer Zusammenkunft, die für Dienstag, den 22. November 1949, vereinbart war, sollte die Abfassung eines Schlußberichtes und eines Kommuniqués erarbeitet werden.

Die Sitzung dieses Tages, des 22. November 1949, dauerte über elf Stunden. In zähen Verhandlungen wurden der Wortlaut des Kommuniqués über die Abmachungen und der Wortlaut der Abmachungen selbst verfaßt. Der schwierigste Passus war die Formulierung des Abschnittes über den Beitritt der Bundesrepublik zur Ruhrbehörde. Dieser Punkt war deshalb besonders schwierig, weil ich als Vorsitzender der CDU in der britischen Zone nach dem Bekanntwerden des Ruhrabkommens im Dezember 1948 in sehr scharfer Weise dagegen Stellung genommen hatte. Ich hatte zwar im wesentlichen damals gesagt, daß es darauf ankomme, in welchem Geist das Ruhrabkommen durchgeführt werde. Um dieser Grundlinie treu zu bleiben, mußte ich unbedingt durchsetzen, in das Kommuniqué über das jetzige Petersberger Abkommen einen Passus hineinzubringen, der zum Inhalt hatte, daß einige Bestimmungen des Ruhrabkommens nach Auffassung der Bundesregierung von der Entwicklung überholt seien, daß die Bundesregierung eine Überprüfung wünsche und an den Verhandlungen hierüber beteiligt sein wolle.

Ich wußte, daß es im Bundestag nach Verlesung dieses Abkommens und Verlesung einer Regierungserklärung hierüber zu einer harten Debatte mit den Sozialdemokraten kommen würde. Ich bemühte mich, in den elfstündigen Verhandlungen vom 22. November möglichst viele Angriffspunkte auszuräumen.

Die Hohen Kommissare nahmen meinen Antrag nicht an. Sie betonten, es gehe nicht an, daß die Bundesregierung ihren Beitritt zur Ruhrbehörde von Bedingungen abhängig mache, aber man sei damit einverstanden, daß ich in meinen Erläuterungen vor dem Bundestag Worte in dem gewünschten Sinne ausspreche.

Mir war es bei den Verhandlungen darauf angekommen, sowohl im Wortlaut des Kommuniqués wie auch in dem Wortlaut des Abkommens klar zum Ausdruck zu bringen, daß das Abkommen als eine Integration Deutschlands in die westeuropäische Welt aufgefaßt werde. Ich war bestrebt, dem deutschen Volk klarzumachen, daß es sich um eine hochpolitische Angelegenheit handele.

Nicht alle deutschen Wünsche und Anträge waren erfüllt worden. Aber trotzdem stellte das Petersberger Abkommen politisch einen sehr großen Erfolg dar. Zum erstenmal seit dem Zusammenbruch wurde unsere Gleichberechtigung offiziell anerkannt, und zum erstenmal traten wir wieder in die internationale Sphäre ein.

Die Verhandlungen mit den Hohen Kommissaren waren in einer sehr guten Atmosphäre verlaufen. In dem Abkommen selbst hieß es: „Die Besprechungen waren getragen von dem Wunsch und der Entschlossenheit beider Parteien, ihre Beziehungen auf der Grundlage gegenseitigen Vertrauens fortschreitend zu entwickeln." Auf die „Zusammenarbeit im gegenseitigen Vertrauen" war wiederholt hingewiesen worden, und es war tatsächlich so: Wir Deutsche konnten, nachdem unsere ganze Macht zerbrochen war, nur in gemeinsamer, vertrauensvoller Zusammenarbeit mit den Westalliierten wieder hochkommen. Das Petersberger Abkommen war ein großer Fortschritt. Ich war überzeugt, daß wir auf diesem Wege die Zukunft Deutschlands und auch die Rettung und die Zukunft Westeuropas sicherten, das ohne Deutschland nicht gerettet werden konnte, und daß wir – und das war das oberste Ziel – auf diesem Wege auch den Frieden der Welt sicherten.

In dem Petersberger Abkommen wurde es als vordringliches Ziel bezeichnet, die Bundesrepublik als friedliebendes Mitglied in die europäische Gemeinschaft einzugliedern. Zu diesem Zweck sollte die Zusammenarbeit Deutschlands mit den westeuropäischen Ländern auf allen Gebieten durch den Beitritt der Bundesrepublik zu allen in Frage kommenden internationalen Körperschaften und durch den Austausch von Handels- und Konsularvertretungen mit den anderen Ländern ausdrücklich gefördert werden. Es hieß hierzu in dem Abkommen wörtlich: „Sowohl die Hohen Kommissare als auch der Bundeskanzler sind der Auffassung, daß Fortschritte auf diesem Wege auf der Wiederherstellung eines echten Sicherheitsgefühls in Westeuropa beruhen müssen; auf dieses Ziel vor allem waren ihre Bemühungen gerichtet. Dabei wurden sie bestärkt durch eine weitgehende Gemeinsamkeit der Anschauungen und Absichten."

In dem Petersberger Abkommen waren in insgesamt zehn Punkten die Ergebnisse der Beratungen festgelegt. Sie betrafen unter anderem die Übereinkunft, daß die Teilnahme Deutschlands an allen internationalen Organisationen herbeizuführen wäre, in denen deutsche Sachkenntnis und Mitarbeit zum Allgemeinwohl beitragen könnten.

Es hieß hierzu wörtlich: „Sie (die Westalliierten) bringen ihre Genugtuung über die in dieser Richtung bereits unternommenen verschiedenen Schritte zum Ausdruck, wie die Teilnahme der Bundesrepublik an der Organisation für europäische wirtschaftliche Zusammenarbeit (OEEC), den von beiden Seiten ausgesprochenen Wunsch, daß die Bundesrepublik demnächst als assoziiertes Mitglied in den Europarat aufgenommen werden soll, und die beabsichtigte Unterzeichnung eines zweiseitigen Abkommens mit der Regierung der Vereinigten Staaten von Amerika über die Marshall-Plan-Hilfe."

Es war vereinbart worden, daß die Bundesregierung konsularische und Handelsbeziehungen mit Ländern aufnehmen konnte, mit denen derartige Beziehungen als vorteilhaft erschienen.

Die entscheidende Bedeutung des Petersberger Abkommens lag jedoch auf wirtschaftlichem Gebiet. Durch die Streichung zahlreicher Werke von der Demontageliste und weitere Erleichterungen auf wirtschaftlichem Gebiet war dem Aufbau der deutschen Wirtschaft der Weg geebnet worden. Genauso wichtig wie die Rettung bedeutender Industrieanlagen war die psychologische Wirkung dieser Zugeständnisse auf die Entschlußfreudigkeit und den unternehmerischen Wagemut unserer führenden Wirtschaftler sowie auf die Einsatzbereitschaft unserer arbeitenden Menschen, ohne die wir einen Erfolg nicht erhoffen konnten. Der Inhalt des Petersberger Abkommens entsprach den bereits ausführlich wiedergegebenen Verhandlungen mit den Hohen Kommissaren. Der genaue Wortlaut ist im Dokumentenband enthalten.

8. Die Bundestagssitzung vom 24./25. November 1949

Am 24. November 1949 gab ich in einer Regierungserklärung den Abgeordneten des Deutschen Bundestages und damit auch der deutschen Öffentlichkeit den Inhalt des Petersberger Abkommens bekannt.

Mir ist vorgeworfen worden, daß ich im Deutschen Bundestag keinen Beschluß zur Annahme über das Petersberger Abkommen vorgelegt habe. Hierzu möchte ich folgendes sagen:

Der Bundestag war ein sehr junges Parlament, und viele seiner Mitglieder bemühten sich, überall in der Exekutive etwas zu tun, wo sie nichts verloren hatten. Die Bundesregierung mußte nach unserer Überzeugung strikt darauf achten, daß Exekutive und Legislative getrennt blieben. Das galt namentlich für alle Angelegenheiten, die die Beziehungen zur Hohen Kommission oder zu den alliierten Mächten betrafen. Die SPD versuchte, auf dem Wege über den Auswärtigen Ausschuß, dessen Vorsitzenden sie stellte, die auswärtige Politik entscheidend zu beeinflussen. Die KPD suchte durch alle möglichen Anfragen zu stören, wo sie konnte. Das war der Grund dafür, daß die Regierungskoalition, die die Mehrheit im Parlament besaß, ausdrücklich erklärte, daß das Petersberger Abkommen nicht zur Zuständigkeit des Bundestages gehörte und auch nicht dem Bundestag zum Beschluß unterbreitet werden sollte. Im übrigen wurde das Petersberger Abkommen weder von der französischen Deputiertenkammer noch vom englischen Unterhaus noch vom amerikanischen Kongreß ratifiziert.

Nach Abgabe der Regierungserklärung, die nach Absprache mit den Regierungen Frankreichs, Großbritanniens und der Vereinigten Staaten um 17.00 Uhr erfolgte – der Wortlaut des Petersberger Abkommens sollte in Paris, London, Washington und Bonn gleichzeitig verkündet werden –, wurde die Sitzung bis 21.30 Uhr unterbrochen, um dann mit einer Aussprache über die Regierungserklärung fortgesetzt zu werden.

Die Ablehnung von seiten der SPD war, wie ich nicht anders erwartet hatte, sehr scharf. Die Sitzung nahm einen hitzigen und dramatischen Verlauf.

Als Vertreter der SPD kam als erster Dr. Arndt zu Wort. Im Laufe sehr langer Ausführungen versuchte er klarzulegen, daß es sich bei der Unterzeichnung des Petersberger Abkommens um einen Versuch der Ausschaltung des Parlaments meinerseits handele. Es sei ein Unterfangen, „Verfassungskämpfe durch autoritären Handstreich zu gewinnen". Ich hätte versucht, mit der Unterschrift unter das Protokoll das Parlament auszuschalten. Ich hätte nicht das Recht, Deutschlands Beteiligung an der internationalen Ruhrbehörde zu vereinbaren, und ich hätte auch nicht das Recht, die Bundesrepublik zu verpflichten, in den Europarat einzutreten. Unter anderem führte Arndt aus:

„Ich fürchte: die Westalliierten kommen, statt eine europäische Politik zu treiben, dadurch in eine Interessenpolitik hinein, die die Tendenz hat, auch ein autoritäres Regime Adenauer eher zu stützen, als es durch ein demokratisches Regime ablösen zu lassen ... Was heute hier zur Debatte und zur Abstimmung steht, ist nichts anderes als die Probe dessen, ob das Grundgesetz ein Fetzen Papier ist und ob die Mehrheit ihr Bestreben fortsetzen kann, sich so, wie es schon mehrfach in diesem Hohen Hause geschehen ist, darüber hinwegzusetzen, oder ob hier das Grundgesetz geachtet wird.

(Sehr gut! bei der SPD.)

Wir glaubten, auf dem Wege zu einer parlamentarischen Demokratie zu sein, und sehen uns auf dem Wege zu einer Monarchie ohne Konstitution.

(Lautes Lachen und Zurufe in der Mitte und rechts.)

– Meine Damen und Herren, ich fürchte, das Lachen wird Ihnen noch vergehen.

(Sehr wahr! bei der SPD. – Unruhe und Lachen rechts und in der Mitte.)

Sie dürfen überzeugt sein, daß wir auf dieses Dunkel immer den hellsten Scheinwerfer richten werden, und Sie können überzeugt sein, daß wir dessen eingedenk sind, daß der Herr Bundeskanzler das Grundgesetz, als er hier sein Amt antrat, beschworen hat, und bei Gott, Herr Bundeskanzler, wir werden Sie an diesen Eid zu erinnern wissen! . . ."

Von seiten der KPD wurde die von mir befolgte Politik als „abenteuerliche Politik" bezeichnet. Die Vertreter der KPD forderten gegenüber einer solchen Politik des Abenteuers den Weg der Schaffung einer „nationalen Front aller Deutschen, die die Einheit und Unabhängigkeit des Vaterlandes wünschten".

Während namentlich die KPD und die SPD in scharfer Weise meine Politik ablehnten, liefen mehrere Telegramme ein von den Belegschaften der betroffenen Werke, die von der Demontageliste gestrichen waren und die in diesen Telegrammen ihre Zustimmung zu meiner Handlungsweise ausdrückten. Sehr spannend wurde es, als ich den Wortlaut einer UP-Meldung, die die Stellungnahme des Vorstandes des Deutschen Gewerkschaftsbundes zum deutsch-alliierten Abkommen wiedergab, verlas. Diese Meldung wurde mir zugereicht, als ich gerade auf Ausführungen des SPD-Abgeordneten Dr. Schäfer einging. Das Bundestagsprotokoll führt über diesen Teil der Debatte folgendes aus:

„Nun kann ich doch nicht umhin, Ihnen, meine Damen und Herren, Mitteilung von einer Depesche zu machen, die ich soeben bekommen habe. Sie werden aus dieser Depesche ersehen, daß es, Gott sei Dank, auch in Deutschland noch große und einflußreiche Organisationen gibt, die anders denken als die Vertreter der Opposition. Ich erhalte soeben folgendes Telegramm aus Düsseldorf, und zwar eine Stellungnahme des Deutschen Gewerkschaftsbundes zum deutsch-alliierten Abkommen.

‚In dem soeben veröffentlichten deutsch-alliierten Protokoll sei ein ernsthaftes Bemühen der Alliierten zu erkennen, den deutschen Bedürfnissen entgegenzukommen', heißt es in einer ersten Stellungnahme des Deutschen Gewerkschaftsbundes.

(Hört! Hört! bei den Regierungsparteien. –
Zuruf von der SPD: Was sagt das? – Abg. Dr. Schumacher: Na und?)

‚Eine Reihe von Problemen bleibe jedoch leider nach wie vor bestehen. Es würde deshalb die vornehmste Aufgabe aller berufenen Stellen sein müssen, den arbeitenden Menschen, die weiterhin durch die Demontage bedroht seien, die Sorge um ihre Existenz zu nehmen.'

(Sehr richtig! links. – Abg. Dr. Schumacher: Na und?)

– Einen Augenblick! Es fragt sich, ob Sie gleich auch noch ‚Sehr richtig!' sagen. Die Hauptsache kommt nämlich.

(Heiterkeit)

‚Obwohl das deutsch-alliierte Abkommen nicht in allen Teilen befriedige, sei nach Ansicht der Gewerkschaften eine Mitarbeit der Bundesregierung in der internationalen Ruhrbehörde richtig.‘

(Anhaltender lebhafter Beifall rechts und in der Mitte. – Abg. Dr. Schumacher: Das ist doch nicht richtig – Unruhe.)

– Ich werde Ihnen den Satz nochmals vorlesen.

(Abg. Dr. Schumacher: Wer hat das unterzeichnet?)

‚Obwohl das deutsch-alliierte Abkommen nicht in allen Teilen befriedige, sei nach Ansicht der Gewerkschaften eine Mitarbeit der Bundesregierung in der internationalen Ruhrbehörde richtig. Dies vor allem, weil es scheine, als seien die Befürchtungen in bezug auf Artikel 31 des Ruhrstatuts gegenstandslos geworden. An den Beitritt der Bundesregierung knüpften die Gewerkschaften die Erwartung, daß in der Folge die Schwerindustrie Europas in den Arbeitsbereich der Ruhrbehörde einbezogen werde.‘

(Beifall in der Mitte und rechts. – Abg. Dr. Schumacher: Wer hat das Telegramm unterzeichnet? – Zuruf links: Gezeichnet ‚Adenauer‘! – Heiterkeit bei der SPD und bei der KPD. – Abg. Dr. Schumacher: Ein Telegramm in indirekter Rede! Morgen bekommen Sie die Antwort! – Abg. Dr. Wuermeling: Die Diktatur der SPD über die Gewerkschaften! – Weitere Zurufe. – Unruhe. – Glocke des Präsidenten.)

Dieses Telegramm ist eine Meldung der ‚United Press‘ aus Düsseldorf.

(Lachen links. – Zurufe links: Aha! – Bestellt! – Von Adenauer! – Abg. Dr. Schumacher: In indirekter Rede! – Unruhe. – Glocke des Präsidenten.)

– Ich weiß nicht, warum man sich da so ereifert.

(Unruhe. – Glocke des Präsidenten.)

Ich habe Ihnen ein Telegramm der ‚United Press‘ vorgelesen.

(Abg. Dr. Schumacher: Sie haben doch gesagt, Sie hätten ein Telegramm der Gewerkschaften bekommen!)

– Ich habe das Telegramm wörtlich vorgelesen, Herr Dr. Schumacher.“

(Zuruf von der SPD: Das ist ja kein Telegramm, das ist eine Agenturmeldung! – Weitere Zurufe. – Unruhe. – Glocke des Präsidenten.)

Präsident Dr. Köhler: „Herr Abgeordneter Dr. Schumacher, darf ich einmal folgendes feststellen: Nach meiner Erinnerung hat der Herr Bundeskanzler gesagt, er hätte folgendes Telegramm bekommen.

(Sehr richtig!)

Von wem, hat er nicht gesagt.

(Abg. Dr. Schumacher: Morgen lese ich Ihnen das Telegramm im Wortlaut vor! – Weitere Zurufe. – Unruhe. – Glocke des Präsidenten.)

Ich bitte, den Herrn Bundeskanzler weitersprechen zu lassen.“

Dr. Adenauer: „Meine Damen und Herren! Ich stelle nochmals fest, daß dieses Telegramm von der ‚United Press‘ allgemein verbreitet worden ist.

(Abg. Dr. Schumacher: Na und? – Weiterer Zuruf: Es sind schon viele Fälschungen verbreitet worden!)

Ich möchte den Herrn Kollegen Schumacher bitten, sich nicht an mich zu wenden, sondern an Herrn Dr. Böckler.

(Abg. Dr. Schumacher: Nein, diese Meldung der ‚United Press‘ ist objektiv und subjektiv unwahr! – Lachen und Widerspruch bei den Regierungsparteien. – Abg. Dr. Wuermeling: Woher wissen Sie das? Bevormunden Sie die Gewerkschaften? – Abg. Strauß: Da sieht man die wahre Gesinnung! – Unruhe. – Glocke des Präsidenten.)“

Ich war Herrn Dr. Böckler für dieses Telegramm in einer für uns nach meiner Auffassung äußerst wichtigen politischen Angelegenheit sehr dankbar. Daß die SPD sich über die Haltung des Deutschen Gewerkschaftsbundes nicht gefreut hat, war verständlich.

Übrigens möchte ich hier ergänzend erklären, daß ich das Wort „Telegramm“ nicht in böswilliger Absicht zur Irreleitung des Dr. Schumacher verwandt habe. Ich habe im Laufe meiner Kanzlerschaft meinen Arbeitsstab manches Mal in größte Aufregung und Verlegenheit gebracht, wenn ich um Vorlage eines bestimmten „Telegrammes“ bat, worunter ich jedoch oft die in Form von Fernschreiben einlaufenden Agenturmeldungen verstand.

Nach diesem Zwischenfall, es war nach Mitternacht, wurde der Antrag gestellt, die weitere Debatte über das Petersberger Abkommen auf eine spätere Stunde zu vertagen. Die Mehrheit des Hauses lehnte diesen Antrag jedoch ab, und die Aussprache ging weiter. Sie brachte einen weiteren Höhepunkt dieser Mammutsitzung des Bundestages.

Die Presse-Verlautbarung des Vorstandes des Deutschen Gewerkschaftsbundes wurde immer wieder in Zweifel gezogen. Um die Echtheit der Pressemeldung zu beweisen, hatte ich veranlaßt, in dem Büro des Vorsitzenden des Gewerkschaftsbundes, Dr. Böckler, entsprechend anfragen zu lassen. Eine Sekretärin namens Klein bestätigte, daß der Text, so wie ich ihn in der Debatte verlesen hatte, als Verlautbarung des Vorstandes des Deutschen Gewerkschaftsbundes an die Presse telefonisch durchgegeben worden sei.

Es war gegen drei Uhr morgens des 25. November, als ich noch einmal das Wort ergriff und dabei auf die Anzweiflung von seiten der SPD bezüglich der Richtigkeit der Meldung von UP einging und den Bundestagsabgeordneten die Bestätigung von seiten des Vorstandes des Deutschen Gewerkschaftsbundes mitteilte. Ich führte aus:

„Es ist nicht Aufgabe einer Oppositionspartei, alles unter dem Gesichtspunkt der Opposition zu sehen.

(Sehr gut! bei den Regierungsparteien.)

Das halte ich für eine falsche Auffassung.

(Zurufe von der CDU: Wir auch!)

Ferner: wir alle, glaube ich, hier im Saale, die irgendwie an einer Stelle politisch oder öffentlich tätig gewesen sind, haben uns seit Jahr und Tag um die Einstellung der Demontage bemüht.

(Sehr wahr! bei den Regierungsparteien.)

Das kann ich von mir behaupten, das kann ich von meiner Partei behaupten, das kann ich von der Bundesregierung erklären.

(Abg. Kaiser: Und vom ganzen Volk!)

Alle miteinander haben sich die größte Mühe gegeben und haben jede ihnen zur Verfügung stehende Möglichkeit benutzt, um die Einstellung der Demontage zu erreichen.

Aber nun darf ich an das erinnern, was ich in diesem Saale in der letzten Sitzung gesagt habe. Mir ist doch am 31. Oktober, als wir im Einvernehmen mit den Fraktionen des Hauses einen neuen großen Antrag vorbereitet hatten, von maßgebendster englischer Stelle gesagt worden: ‚Lassen Sie es; es hat keinen Zweck; alle diese Anträge werden ohne weiteres abgelehnt.‘

(Lebhafte Rufe: Hört! Hört!)

Es ist mir dann gesagt worden: ‚Sie können nur etwas erreichen, wenn Sie die ganze Frage unter dem Gesichtspunkt der Sicherheit betrachten; damit Sie diesem Sicherheitsbedürfnis westeuropäischer Alliierter entgegenkommen, müssen Sie erklären, daß Sie bereit sind, in dem Militärischen Sicherheitsamt mitzuarbeiten, und daß Sie bereit sind, in die Ruhrbehörde einen Vertreter an Stelle eines Beobachters zu entsenden.‘ Meine Damen und Herren, ich verstehe nicht, wodurch sich fortwährend ganz offenbar das Vorstellungsbild der Sprecher der sozialdemokratischen Fraktion trübt. Es handelt sich doch in keiner Weise darum, daß wir, die Bundesregierung, oder Sie Ihre Zustimmung zur Einrichtung der Ruhrbehörde geben!

(Sehr richtig! bei den Regierungsparteien.)

Die Herren wissen doch genau, daß die Ruhrbehörde besteht.

(Sehr richtig! bei den Regierungsparteien. – Gegenrufe links.)

Sie wissen genau, daß das Generalsekretariat besteht, und Sie wissen, daß der Apparat schon erheblich über hundert Köpfe stark ist. Das wissen Sie doch alles! Und Sie wissen ganz genau wie jeder Herr im Saale, daß die einzige Frage die ist: sollen wir einen Vertreter entsenden, der die drei deutschen Stimmen abgibt, oder sollen wir die ganze Demontage einfach rücksichtslos bis zum Ende gehen lassen?

(Sehr gut! bei den Regierungsparteien. – Widerspruch bei der SPD.)

Das ist die Frage, um die es sich handelt,

(Zurufe bei der SPD: Nein!)

und, meine Damen und Herren, ich stelle fest – ich muß das nach den letzten Reden des Herrn Kollegen Ollenhauer leider feststellen –, daß die sozialdemokratische Fraktion bereit ist, eher die ganze Demontage bis zu Ende gehen zu lassen, – –

(Sehr gut! und Hört! Hört! und lebhafter Beifall bei den Regierungsparteien. – Zuruf links: Unerhört, so was! – Gegenruf rechts: Ihre englischen Freunde versagen! – Zuruf von der SPD: Eine politische Taktlosigkeit! –

Abg. Schoettle: Das sind wir ja von denen gewohnt! – Unruhe.)

Zu dieser Frage muß die Opposition Stellung nehmen –

(Lebhafte Zustimmung bei den Regierungsparteien; Zurufe links.)

– das ist die Frage, um die es sich handelt, und um keine andere Frage –: Ist sie bereit, einen Vertreter in die Ruhrbehörde zu schicken, oder nicht? Und wenn sie erklärt: nein, – dann weiß sie auf Grund der Erklärungen, die mir der General Robertson abgegeben hat, daß die Demontage bis zu Ende durchgeführt wird.“

(Abg. Dr. Schumacher: Das ist nicht wahr!! – Hört! Hört! und Gegenrufe bei den Regierungsparteien. – Weitere erregte Zurufe von der SPD und KPD. – Glocke des Präsidenten. – Abg. Renner: Wo steht denn das? – Zurufe links: Sind Sie noch ein Deutscher? – Sprechen Sie als deutscher Kanzler? – Abg. Dr. Schumacher: Der Bundeskanzler der Alliierten!)

Präsident Dr. Köhler: „Herr Abgeordneter Schumacher, – –

(Stürmische Protestrufe in der Mitte und rechts. Großer Lärm und Klappen mit den Pultdeckeln. – Abgeordnete der SPD und der CDU/CSU erheben sich von den Plätzen und führen erregte Auseinandersetzungen. – Anhaltendes Glockenzeichen des Präsidenten. – Fortdauernder Lärm.)

Herr Abgeordneter Dr. Schumacher, – –

(Anhaltender Lärm und fortgesetzte Pfuirufe und Rufe in der Mitte und rechts: Unerhört! Raus! Raus!)

Herr Abgeordneter Dr. Schumacher, – –

(Andauernder Lärm. – Anhaltendes Glockenzeichen des Präsidenten. – Fortdauernder Lärm.)

Herr Abgeordneter Dr. Schumacher! Für diese Bezeichnung des Bundeskanzlers als ‚Bundeskanzler der Alliierten' rufe ich Sie zur Ordnung!

(Fortgesetzte Unruhe.)

Herr Bundeskanzler, fahren Sie bitte fort!

(Fortdauernder Lärm. – Abg. Ollenhauer: Herr Adenauer hat ihn herausgefordert und niemand anders! – Weitere erregte Zurufe und persönliche Auseinandersetzungen. – Glocke des Präsidenten. – Andauernder Lärm. – Glocke des Präsidenten. – Abg. Dr. Oellers: Ich beantrage Einberufung des Ältestenrats! – Fortdauernde Unruhe und Zurufe.)

– Ich habe doch Herrn Abgeordneten Dr. Schumacher zur Ordnung gerufen!

(Zuruf in der Mitte: Das genügt nicht! – Abg. Dr. Oellers: Herr Präsident, ich beantrage die sofortige Einberufung des Ältestenrats und bitte um Abstimmung! – Bundeskanzler Dr. Adenauer verläßt die Rednertribüne. – Fortgesetzte große Unruhe. – Glocke des Präsidenten.)

Meine Damen und Herren, —

(Anhaltender Lärm. – Abg. Strauß: Sie müssen sich jetzt entschuldigen, sonst ziehen wir aus dem Parlament! – Anhaltendes Glockenzeichen des Präsidenten.)

– Meine Damen und Herren, ich bitte Sie einen Augenblick um Ruhe, damit wir diese Angelegenheit abwickeln können!

Es liegt mir der Antrag auf Unterbrechung der Sitzung und auf sofortige Einberufung des Ältestenrats vor angesichts der Schwere der Bezeichnung, die der Herr Abgeordnete Dr. Schumacher gebraucht hat.

(Lebhafte Zustimmung bei den Regierungsparteien und Widerspruch links. – Erneuter Lärm.)

– Ich stelle fest, daß die Mehrheit für die Unterbrechung ist. Ich unterbreche die Sitzung und berufe sofort den Ältestenrat ein.

(Lebhafte Bravorufe und Händeklatschen bei den Regierungsparteien. – Fortdauernde Unruhe links.)

(Unterbrechung der Sitzung: Freitag, den 25. November, 3.21 Uhr.)"

Soweit das Bundestagsprotokoll. Die Sitzung wurde kurz nach 6 Uhr durch den Präsidenten Dr. Köhler wieder aufgenommen.

Ich fahre fort in der Wiedergabe des Bundestagsprotokolls:

Präsident Dr. Köhler: „Meine Damen und Herren! Ich eröffne die vorhin unterbrochene Sitzung wieder. Wir haben uns im Ältestenrat über den Zwischenruf, den der Herr Abgeordnete Dr. Schumacher gegenüber dem Herrn Bundeskanzler mit den Worten ‚Bundeskanzler der Alliierten' machte, sehr eingehend ausgesprochen. Es sind wiederholte Versuche gemacht worden, den Herrn Abgeordneten Dr. Schumacher zur Zurücknahme dieser dem Herrn Bundeskanzler zugefügten schweren Beleidigung zu bewegen,

(Zuruf von der CDU: Und uns! – Abg. Frau Dr. Weber: Uns allen!)

– und damit – das füge ich hinzu – dem Hause, dem Bundestag und damit der deutschen Bundesrepublik.

(Sehr richtig! bei der CDU.)

Denn der Herr Bundeskanzler ist eine Staatsfigur; davon müssen wir ausgehen.

(Lachen bei der KPD. – Abg. Rische: Machen Sie es mal nicht so dramatisch!)

– Wie ich das mache, Herr Abgeordneter, ist meine Angelegenheit. Ich verbitte mir in der Beziehung ein Korrigieren ein für allemal!

(Lebhafter Beifall und Händeklatschen in der Mitte und rechts. – Abg. Renner: Man kann es auch übertreiben!)

Meine Damen und Herren, ich habe dann nach Rücksprache mit den Fraktionen als Vermittler den Herren Vertretern der sozialdemokratischen Fraktion folgenden Vorschlag übermittelt: Herr Dr. Schumacher soll diese dem Herrn Bundeskanzler zugefügte schwere Beleidigung in aller Form zurücknehmen, und ich habe dann hinzugefügt – das war etwa 20 Minuten vor 6 nach meiner Uhr, davon gehe ich ausdrücklich aus –, daß danach der Herr Bundeskanzler, wenn diese Entschuldigung erfolgte, im Laufe dieses Tages gern bereit ist, sich mit Herrn Dr. Schumacher zu unterhalten. Ich habe hinzugefügt: um 6 Uhr wird die Plenarsitzung wieder eröffnet. Ich habe inzwischen einen Boten hinaufgeschickt. – Was haben Sie mir mitzuteilen? – Ich höre eben, es ist erklärt worden, die Beratungen seien noch nicht beendet.

(Unruhe – Zuruf rechts: Das geht zu weit!)

– Meine Damen und Herren, gestatten Sie bitte, daß ich fortfahre. Ich habe ausdrücklich betont, daß die Sitzung um 6 Uhr wieder beginnt, und sehe keine Veranlassung, eine weitere etwaige Unterbrechung eintreten zu lassen.

Ich habe in der Aussprache mit den Fraktionen festgestellt, daß die überwiegende Mehrheit dieses Hauses in diesem Zwischenruf des Herrn Dr. Schumacher gegenüber dem Herrn Bundeskanzler das Vorliegen des Tatbestandes des § 91 der Geschäftsordnung, nämlich die gröbliche Verletzung der Ordnung, erblickt. Ich bedauere, daß die Versuche, Herrn Dr. Schumacher zur Zurücknahme dieses Zwischenrufes zu bewegen, vergeblich geblieben sind.

Ich mache nunmehr von meinem Recht und meiner Verpflichtung gegenüber dem Herrn Bundeskanzler

(Zuruf in der Mitte: Und uns!)

und gegenüber dem Hause in bezug auf die Durchführung des § 91 der Geschäftsordnung Gebrauch, indem ich hiermit den Herrn Abgeordneten Dr. Schumacher wegen gröblicher Verletzung der Ordnung für die Zeit von zwanzig Sitzungstagen von der Teilnahme an den Verhandlungen des Bundestages ausschließe."

Zunächst hatte die SPD als Reaktion auf diesen Entscheid des Bundestagspräsidenten Dr. Köhler den Beschluß gefaßt, geschlossen gleichfalls für zwanzig Sitzungstage dem Bundestag fernzubleiben. Aus einer Pressemitteilung der SPD ging jedoch hervor, daß Dr. Schumacher seiner Fraktion dann nahegelegt hatte, „von ihrer Absicht, für die Dauer seines Ausschlusses der Parlamentsarbeit fernzubleiben, Abstand zu nehmen. Die Fraktion glaubte, sich diesem Wunsch nicht versagen zu dürfen, weil sie in der Praxis der Bundesregierung eine immer stärker werdende Bedrohung des sozialen Schicksals weiter Volkskreise sieht und um die nationalen Lebensfragen des deutschen Volkes besorgt ist. Angesichts dieser Tatsachen wird sie auf die parlamentarische Kontrolle dieser Bundesregierung nicht verzichten."

Übrigens hatte Dr. Schumacher einige Tage nach dieser Debatte in schriftlicher Form bei mir um Entschuldigung gebeten. Ich habe die schriftliche Entschuldigung entgegengenommen, und damit war die Angelegenheit erledigt.

Auf Grund der scharfen Debatte im Bundestag sah sich die Alliierte Hohe Kommission veranlaßt, in einer großen Pressekonferenz am 25. November 1949 zu erklären, daß das am 24. November 1949 veröffentlichte Protokoll über das Petersberger Abkommen nicht als ein Ausgangspunkt für weitere deutsche Forderungen anzusehen sei. Robertson wies in seinen Ausführungen darauf hin, daß das Petersberger Abkommen vom 22. November bis zum Herbst 1950 Gültigkeit habe und daß dann das Besatzungsstatut einer Revision unterzogen werden würde. In bezug auf die Möglichkeit von weiteren Zugeständnissen von seiten der Alliierten sagte er wörtlich: „Das kommt im Augenblick nicht in Frage. Die Besprechungen sind abgeschlossen." Weiter führte er im Laufe der Pressekonferenz aus: „Um das Prestige und die Autorität der neuen Regierung zu fördern, muß Deutschland in die internationale Gemeinschaft wieder eingeführt und Reibungspunkte zwischen den Besatzungsmächten und dem deutschen Volk müssen entfernt werden."

Robertson hatte in dieser Pressekonferenz gesagt, daß die Besprechungen abgeschlossen seien und weitere Zugeständnisse von seiten der Alliierten nicht in Frage kämen. In der Tat war es aber so, daß in den Besprechungen, die im Laufe des Dezember und auch in den folgenden Monaten des Jahres 1950 auf dem Petersberg stattfanden, ich Schritt für Schritt weitere Zugeständnisse errang.

Die Londoner „Times“ vom 25. November schrieb über das Petersberger Abkommen: „Obwohl Dr. Adenauer zahlreiche kluge und weitblickende Zugeständnisse gemacht hat, wäre es doch ein Irrtum anzunehmen, Deutschland habe dabei ein Verlustgeschäft gemacht. Wenn es auch die volle Gleichberechtigung noch nicht erlangt hat, so hat es doch eindeutig die Stellung einer Nation bezogen, mit der die Alliierten verhandeln müssen und der sie nicht länger diktieren können ...

Noch wichtiger als dies ist jedoch die Tatsache, daß ein Weg gefunden wurde, Deutschland in die europäische Völkerfamilie zurückzuführen, ohne die Ost-West-Spannung zu erhöhen. Eine lediglich von Großbritannien, Frankreich und den Vereinigten Staaten allein abgegebene Erklärung, daß sie nicht die Absicht haben, Deutschland wiederaufzurüsten, hätte die Sowjetunion und Polen kaum von der Aufrichtigkeit dieser Absicht überzeugt. Eine solche Erklärung seitens der Bundesregierung dürfte jedoch wesentlich mehr Gewicht und Überzeugungskraft haben.“

Nach dem Petersberger Abkommen konnte man in der Tat sagen, um die Worte von Robertson zu wiederholen, „der Ring war gesprengt“. Ich bin der Überzeugung, daß das deutsche Volk aus Not und Verzweiflung dem Kommunismus anheimgefallen wäre, wenn die Arbeitslosigkeit und das Elend weiter gestiegen wären, wenn der Funke von Hoffnung auf eine bessere Zukunft, den es noch hatte, durch das Nichtzustandekommen des Petersberger Abkommens erloschen wäre.

XIV. EUROPA AUF NEUEN WEGEN

1. Begegnung mit Robert Schuman in Bonn im Januar 1950

Der deutsch-französischen Aussöhnung und Verständigung galt schon seit den zwanziger Jahren mein Bestreben. Die Herstellung eines guten Verhältnisses zwischen Frankreich und Deutschland war die grundlegende Voraussetzung für eine bessere Zukunft nicht nur unserer beiden Länder, sondern Europas und eines großen Teiles der Erde. Ich war mir klar darüber, daß eine dauernde Verständigung nur durch ausdauernde und zielbewußte Arbeit erreicht werden konnte.

Ich war mir auch klar darüber, daß viele Schatten der Vergangenheit diese gemeinsame Arbeit beeinträchtigten. Aber demgegenüber breitete sich in beiden Völkern in zunehmendem Maße die Erkenntnis aus, daß die Interessen unserer Länder, die geistigen, die kulturellen, die humanen Ideale, die Erreichung dieses Zieles verlangten. Ich war überzeugt davon, daß gegenüber allen Trümmern und Erinnerungen die klare Erkenntnis der durch die Entwicklung geschaffenen Notwendigkeiten zum Ziele führen werde.

Eines der Haupthindernisse, das einer deutsch-französischen Annäherung nach 1945 im Wege stand, war die Saarfrage. Frankreich wollte das Saargebiet an sich ziehen, wir leisteten jeden möglichen Widerstand. Mit den Vertretern der drei noch nicht offiziell zugelassenen Parteien an der Saar, die den Widerstand gegen die französischen Aspirationen leiteten, stand ich in ständiger persönlicher Verbindung.

Das Saargebiet war seit dem Jahre 1945 ein Teil der französischen Besatzungszone. Frankreich erstrebte jedoch den politischen und wirtschaftlichen Anschluß des Saarlandes an Frankreich. Im Potsdamer Abkommen und in wiederholten späteren Erklärungen war aber ausdrücklich festgestellt worden, daß eine Änderung der deutschen Grenzen des Jahres 1937 erst im Friedensvertrag erfolgen sollte.

Frankreich wurde durch die Vereinigten Staaten und Großbritannien im Jahre 1947, zuletzt ausdrücklich auf der Außenministerkonferenz im Dezember 1947, der wirtschaftliche Anschluß der Saar zugestanden. Durch die Einführung der Zolleinheit und durch Maßnahmen auf dem Währungsgebiet war der wirtschaftliche Anschluß der Saar an Frankreich so gut wie vollzogen. Wiederholt war allerdings von den Vereinigten Staaten und Großbritannien betont worden, daß die endgültige Regelung der Saarfrage einem Friedensvertrag mit Deutschland vorbehalten bleibe. In einer Denkschrift des amerikanischen State Department vom Oktober 1948 wurde zur Saarfrage ausdrücklich erklärt, rechtlich bleibe das Saarland, das nach Kriegsende als ein Teil der französischen Besatzungszone unter französische Aufsicht gestellt wurde, unter der Jurisdiktion des alliierten Kontrollrates für Deutschland, solange diese Körperschaft ihre Autorität über das Saarland beibehalte. Das war eine Erklärung von völkerrechtlich denkbar größter Bedeutung. Das Saargebiet war französisches Besatzungsgebiet unter der Jurisdiktion und Hoheit der Westalliierten, und alle Zusicherungen, die Frankreich bezüglich Unterstützung seiner Ansprüche bei Abschluß eines Friedensvertrages gegeben worden waren, konnten an diesem Zustand nichts ändern.

Im Oktober 1948 war ich mit Robert Schuman, dem damaligen Außenminister Frankreichs, das erste Mal zusammengetroffen. Ich hatte mit ihm in Baffenheim ein sehr vertrauensvolles und offenes Gespräch geführt, das hauptsächlich die Saarfrage berührte. Schuman ließ in diesem Gespräch durchblicken, daß Frankreich hinsichtlich der Saar die Rückkehr zu Deutschland als im Bereich des Möglichen ansehe. Worauf es Frankreich ankomme, sei die Sicherung seiner wirtschaftlichen Interessen.

Die Ansichten von Robert Schuman über diesen neuralgischen Punkt in den deutsch-französischen Beziehungen hatten mich beruhigt. Ich verhielt mich nach dieser Aussprache mit Schuman in allen Reden hinsichtlich der Saarfrage sehr zurückhaltend und stand wegen dieses Verhaltens unter ständigen Angriffen durch den Vorsitzenden der SPD, Dr. Schumacher.

Anfang des Jahres 1950 drohte die Saarfrage sich zu einem akuten, verhängnisvollen politischen Faktor zu entwickeln. In der ersten Januarhälfte 1950 hatten zwischen Frankreich und der im Jahre 1947 gebildeten Saarregierung inoffizielle Verhandlungen über den Abschluß von „Staatsverträgen" begonnen. Diese Verträge betrafen nach den mir zugänglich gewordenen Informationen die Autonomie der Saar und die Verpachtung der Eisenbahnen und der Saargruben an Frankreich auf die Dauer von 50 Jahren. Der Inhalt des Vertragsentwurfs über die Autonomie der Saar war mir nicht bekannt. Wenn durch diesen Vertrag lediglich die Stellung der Saarregierung gegenüber der Besatzung gefestigt, wenn durch diesen Vertrag sozusagen ein „Besatzungsstatut" geschaffen werden sollte, so war wohl wenig dagegen einzuwenden. Aber die Verwendung des Wortes „Autonomie" und Äußerungen der Saarregierung wiesen darauf hin, daß etwas anderes geplant zu sein schien. Die endgültige Regelung der Saarfrage durfte dem Friedensvertrag nicht vorweggenommen werden. Der Bundesrepublik durfte das Recht, auf einer künftigen Friedenskonferenz als Verhandlungspartner in dieser Frage aufzutreten, nicht genommen werden.

Durch die Entwicklung der Saarfrage schien mir das Verhältnis Deutschlands zu Frankreich erneut großen Belastungen ausgesetzt zu sein. Dies war um so bedauerlicher zu einem Zeitpunkt, da der Deutsche Bundestag über den Beitritt der Bundesrepublik zum Europarat entscheiden sollte. Bei Besprechungen mit den Fraktionsvorsitzenden des Bundestages erhielt ich den Eindruck, daß sie bei einer sich ungünstig gestaltenden Entwicklung der Saarfrage den Beitritt zum Europarat vor ihren Parteien und der deutschen Öffentlichkeit nicht verantworten würden.

Am 13. Januar 1950 stattete der französische Außenminister Robert Schuman zum ersten Male der Bundeshauptstadt Bonn einen Besuch ab. Ich hatte anläßlich des bevorstehenden Besuches Schumans ausführliche Besprechungen geführt mit den Vorsitzenden der Fraktionen des Bundestages, um die Haltung der Bundesregierung in der Saarfrage mit den Bundestagsfraktionen abzustimmen. Ich maß dem ersten Besuch des französischen Außenministers in der Bundesrepublik sehr große Bedeutung bei, weil ich hoffte, mit Schuman zusammen Ansätze einer möglichen Saarlösung zu finden.

Am 14. Januar gab ich ein Frühstück für Schuman, anläßlich dessen er Worte aussprach, die sehr ermutigend klangen. Er sagte unter anderem:

„Wenn ich heute die große Freude habe, hier vor Ihnen zu stehen, dann stehe ich nicht allein als einzelner, sondern als Vertreter einer Nation und einer Regierung, die von den gleichen Gefühlen beseelt ist. Wenn wir hie und da versucht sind, zu zögern oder in unserem Glauben erschüttert zu werden, müssen wir zurückdenken an andere Zeiten, als wir noch nicht so weit waren, an die Jahre 1923 und 1924 zum Beispiel, vier und fünf Jahre nach dem Ersten Weltkrieg. Wenn wir die damalige Lage in unserem Verhältnis zueinander vergleichen mit dem, was heute möglich ist, dann könnten wir mehr als einen Grund finden, der uns zu Hoffnungen berechtigt.

Was vor allem wichtig ist, das ist die Atmosphäre, das Klima für unsere zukünftige Zusammenarbeit zu schaffen. Das ist auch der Hauptzweck dieser persönlichen Begegnung heute zum ersten Male hier in Bonn. Sobald wir konkrete Fragen anschneiden, fühlen wir natürlich mehr die Hemmnisse, die Schwierigkeiten, die zu überwinden sind, und da gibt es gewisse Mittel, gewisse Grundsätze, nach denen wir vorgehen müssen. Zuerst brauchen wir Freimütigkeit der Aussprache und dann viel Geduld. Ich glaube, es muß heutzutage zu den Haupteigenschaften eines Politikers gehören, seine Nerven zu beherrschen. Es ist dies nicht immer leicht, weil das, was hüben und drüben vorgefallen ist, nicht immer darauf angelegt war, Kaltblütigkeit zu fördern. Wir müssen uns beiderseits auch die psychologischen Schwierigkeiten vor Augen halten: Sie die unsrigen und wir die Ihrigen. Erst, wenn wir diese Hemmnisse überstehen und überwinden, haben wir freie Bahn für unser Schaffen.

Zu dieser Arbeit gehören auch Mut und Ausdauer. Sie, Herr Bundeskanzler, haben das Beispiel dazu gegeben. Alle diejenigen, die hier zugegen sind und die in der Vergangenheit für ihre Idee und besonders die Idee der Freiheit so viel gelitten und dabei nie die Hoffnung verloren haben, schließe ich in diese Hochachtung ein, in diese Hochachtung, die ich Ihnen gegenüber zum Ausdruck bringe, die Ihnen gebührt, weil nur durch die Erfahrungen und durch die Leiden der Vergangenheit wieder eine Grundlage geschaffen wird für positive und konstruktive Arbeit.

Es werden von nationalen Gesichtspunkten aus in beiden Ländern Lösungen gesucht werden müssen, damit wir zu einer Regelung dieser Probleme kommen. Wir sind dabei nicht geleitet durch ideologische Voreingenommenheit. Wir wissen, daß unsere Nationen trotz aller berechtigten besonderen Auffassungen das Gemeinsame herausstellen müssen. Nur dadurch wird dann auch der Erfolg erreicht. Wir wissen aus der Geschichte, daß, besonders im letzten Jahrhundert, manche Konflikte zwischen Deutschland und Frankreich entstanden sind. Man hat geglaubt, daß diese Konflikte unvermeidlich sind. Die Geschichte lehrt das Gegenteil! Wir haben lange Zeit hindurch friedliche Beziehungen gehabt. Gerade das müssen wir besonders betonen und nicht nur an die Ereignisse denken, die zu Konflikten geführt haben.

Da denke ich an meine persönlichen Erfahrungen als alter Bonner Student. Ich habe damals, ohne voraussehen zu können, was uns allen in diesem halben Jahrhundert bevorstand, die Grundlagen neuer geistiger und intellektueller Einsicht geschaffen. Ich habe an mir selber erlebt, was alles aus unserer Zusammenarbeit an gemeinschaftlichem Gut gewonnen werden kann.

Deshalb begrüße ich persönlich diese Gelegenheit zu unserer Begegnung und bin wie Sie, Herr Bundeskanzler, der Überzeugung, daß wir gerade dadurch alles das, was heute noch wie eine Art Nebel auf unserer politischen Tätigkeit liegen könnte, beseitigen und daß wir klarer sehen werden in der Erfüllung unserer beiderseitigen Pflichten; denn es ist eine Pflicht, die wir unseren Nationen gegenüber erfüllen. Wir tun es nicht nur für unsere beiden Länder, wir tun es mit einer Wirkung weit über unsere Grenzen hinaus im Hinblick auf das, was die ganze Menschheit von uns erwartet.

Wenn ich jetzt zum Schluß mein Glas erhebe auf das Wohl, auf die Zukunft und auf das Gedeihen der jungen deutschen Republik, so tue ich es nicht nur mit einem aufrichtigen Wunsch, sondern auch in der Überzeugung, daß wir schon daran sind, die Grundlagen für diese gemeinschaftliche Zukunft zu legen, und daß dann, wenn einst die Geschichte über die heutige Zeit und ihre Problematik geschrieben wird, anerkannt wird, daß wir am Rhein, an unserem Rhein, dem deutschen und dem französischen, diesem Rhein, der ein Ganzes bildet trotz aller nationalen Grenzen, ein wichtiges Werk versucht haben. Ich bin überzeugt, daß dieses Werk gelingen wird!“

Am Sonntag, dem 15. Januar – es war der letzte Tag der Anwesenheit Schumans in Bonn –, hatte ich mit ihm eine über zwei Stunden dauernde, sehr vertrauensvolle Aussprache auf Schloß Ernich, dem Sitz des französischen Hohen Kommissars. Schuman sprach fließend deutsch. Es war bei unserer Unterredung niemand zugegen.

Ich schilderte Schuman ausführlich die Entwicklung in Deutschland, die psychologische und politische. Ich wies ihn vor allem darauf hin, daß die Gerüchte, die über die Absichten der französischen Regierung hinsichtlich der Verhandlungen mit der Saarregierung und des Abschlusses von Verträgen mit dieser bekanntgeworden seien, eine große Erregung in Deutschland hervorgerufen hätten und daß mir dadurch der Eintritt der Bundesrepublik Deutschland in den Europarat gefährdet erscheine. Es handele sich in der Hauptsache um zwei Fragen: einmal um die Frage der Saarautonomie und dann um die Frage der Verpachtung der Saargruben an Frankreich auf 50 oder 99 Jahre.

Ich erklärte Schuman, ich betrachte die rechtliche Lage wie folgt: Eine Änderung der Grenzen des Deutschen Reiches könne nur durch den Friedensvertrag erfolgen; das stehe ausdrücklich in den Deklarationen der vier Alliierten vom 5. Juni 1945, durch die sie die Oberste Regierungsgewalt übernommen hatten.

Eine Änderung der Grenzen Deutschlands könne nur durch den Friedensvertrag erfolgen. Auch Frankreich habe das in den Deklarationen vom 5. Juni 1945 anerkannt. Es werde daher nach dem Inhalt des Autonomie-Vertrages zu entscheiden sein, ob er zulässig sei oder nicht. Wenn er eine Abtrennung des Saargebietes zur Folge habe, sei er unzulässig. Wenn man seitens der drei Westalliierten etwas Derartiges tolerieren würde, könne man den Russen gegenüber nicht auf die Unzulässigkeit der im Osten von den Russen getroffenen Maßnahmen hinweisen.

Wir sprachen eingehend über die rechtlichen Verhältnisse der Saargruben. Ich fertigte über die Unterredung mit Schuman eine Niederschrift, aus der ich hierzu folgendes zitiere: „Ich erklärte Schuman, bezüglich der Saargruben lägen die Rechtsverhältnisse folgendermaßen: 1918 seien die Saargruben Eigentum des preußischen Staates gewesen. Sie seien dann in das

Eigentum Frankreichs übergegangen. Nach der Saarabstimmung habe das Deutsche Reich Frankreich die Saargruben abgekauft, die damit in das Eigentum des Deutschen Reiches übergegangen seien.
Schuman warf ein, ob sie nicht wieder in das Eigentum Preußens übergegangen seien? Ich verneinte das.
Nachträglich habe ich festgestellt, daß nach dem Rückkauf der Saargruben diese in die reichseigene Saargruben AG eingebracht worden sind.
Da die Bundesrepublik Deutschland Rechtsnachfolgerin des früheren Deutschen Reiches sei, sei das Eigentum des früheren Deutschen Reiches nunmehr Eigentum der Bundesrepublik Deutschland. Als Schuman dies bezweifelte und meinte, das gelte doch nicht für früheres deutsches Reichseigentum, das sich außerhalb der Bundesrepublik Deutschland befinde, wies ich ihn auf den entsprechenden Artikel des von den Westalliierten genehmigten Grundgesetzes hin und sagte ihm, daß auch zum Beispiel die Schweiz die Bundesrepublik als Rechtsnachfolgerin des in der Schweiz befindlichen früheren Reichseigentums betrachte. Offensichtlich war Schuman dieses ganze Argument neu und überraschend. Ich habe dann ausgeführt, daß wir als Bundesrepublik Deutschland auch infolgedessen ein Interesse daran hätten, was mit den Saargruben geschehe."

Schuman zeigte sich sehr erstaunt über die Aufregung in Deutschland. Er sagte mir, als er den Entschluß gefaßt habe, nach Deutschland zu gehen, sei ihm von dieser Erregung gar nichts bekannt gewesen.
Zu den etwa abzuschließenden Verträgen zwischen Frankreich und der Saar lag nach seiner Auffassung folgender Tatbestand vor: Die rechtliche Lage im Saargebiet sei äußerst verwickelt. Er habe sie nicht geschaffen, sondern bei seinem Antritt als Außenminister im Jahre 1948 so vorgefunden. Es gebe einen Saarlandtag, eine Saarregierung und eine Saarverfassung. Daß die Grenzen des früheren Deutschen Reiches außerhalb des Friedensvertrages nicht verändert werden dürften, erkenne auch Frankreich an. Aber hinsichtlich der Saar bestehe doch insofern eine Sonderregelung gegenüber den drei Westzonen, als das Saargebiet nicht in die französische Besatzungszone aufgenommen und die Wirtschaftseinheit und Zollunion mit Frankreich von den Westalliierten zugestanden worden sei. Die Saareisenbahnen würden von der französischen Eisenbahn verwaltet und seien dieser angeschlossen. Die Saargruben würden ebenfalls von Frankreich verwaltet. Aller Gewinn würde in den Gruben selbst investiert. Aber alle diese Dinge seien ungeordnet. Die Saarregierung verlange einen größeren Einfluß, als sie bisher unter dem Militärregime gehabt habe, und endlich verlange sie Gewinn aus den Gruben. Auf Wunsch der Saarregierung seien daher Ent-

würfe zu drei Verträgen mit der Saar im Quai d'Orsay ausgearbeitet worden. Diese Entwürfe seien bisher nur den Fachministerien und Ministerpräsident Bidault zur Kenntnisnahme zugegangen. Im französischen Kabinett seien sie noch nicht beraten. Sie seien auch der Saarregierung nicht zur Kenntnis gebracht worden.

Auf meinen Einwand, daß mein Gewährsmann bei der Saarregierung Einblick in diese Entwürfe bekommen habe, erklärte Schuman: dann müsse der französische Militärbevollmächtigte Grandval die Entwürfe der Saarregierung gegeben haben. Es sei mit Hoffmann, dem Regierungschef des Saarlandes, vereinbart worden, daß die Saarregierung am 25. Januar diese Entwürfe erhalten solle. Am 7. Februar sollten sie dann in Paris besprochen werden.

Auf meine Frage, warum diese ganze Sache jetzt plötzlich so eilig geworden sei, man solle sie doch ruhen lassen, erwiderte Schuman, die Verhandlungen würden mindestens ein halbes Jahr dauern.

In der Präambel zu den drei Verträgen sei ausdrücklich hervorgehoben, daß alles vorbehaltlich der Regelung im Friedensvertrag erfolge. Wenn zum Beispiel durch den Friedensvertrag die Saarregierung aufhören werde zu bestehen oder wenn das Eigentum an den Saargruben jemandem anderen als der Saarregierung zugesprochen werde, so würde der Vertrag damit hinfällig. Übrigens sei von Verpachtung für 99 Jahre nie die Rede gewesen, sondern es seien 50 Jahre genannt worden.

Ich wies Schuman sehr eindringlich auf die Lage in Deutschland hin und fragte ihn, ob es nicht möglich sei, daß alle diese Fragen zu dritt, und zwar zwischen der französischen Regierung, der Regierung der Bundesrepublik Deutschland und der Saarregierung, besprochen würden. Schuman wich einer Beantwortung dieser Frage aus. Er meinte, bei der Diskussion der Entwürfe werde Deutschland Stellung nehmen können. Das Autonomiestatut werde von der Saarregierung verlangt, damit sie größere Freiheiten gegenüber der jetzigen Militärverwaltung bekomme. Die Saarregierung erstrebe ferner die Verpachtung der Saargruben, damit sie eine Abgabe pro Tonne erhalte.

Schuman erklärte, wenn er durch einen der immer in Frankreich möglichen Zufälle ausscheiden werde und etwa Bidault das Außenministerium erhielte, würde die Situation der deutsch-französischen Beziehungen sehr viel schwieriger. Bidault sei insbesondere auch in der Saarfrage dem deutschen Standpunkt viel abgeneigter als er.

Ich schlug Schuman dann vor, ein gemeinsames Kommuniqué über diese ganzen Fragen zu verfassen. Er antwortete, das sei nicht möglich, er sei ja nicht zu Verhandlungen gekommen, sondern um sich zu informieren. Er werde aber in der Pressekonferenz, die er abhalten werde, jede Aufklärung geben, und er hoffe, damit alle Beunruhigung, für die kein Anlaß vorhanden sei, zu zerstreuen.

Am Schluß der Unterredung unterstrich ich erneut, daß die Saarfrage eine außerordentlich große politische Bedeutung habe. Ich wiederholte, daß je nach ihrem Verlauf der Eintritt Deutschlands in den Europarat zweifelhaft sei. Ich bäte daher dringend, doch alles zu tun, damit solche Verwicklungen nicht einträten.

Wir sprachen dann noch über Kriegsgefangene, über die Frage einer diplomatischen Vertretung Frankreichs und über die Sicherheitsfrage. Ich sagte Schuman, wir müßten eine Erklärung der Westalliierten darüber erhalten, daß sie für unsere Sicherheit eintreten würden. Ich sähe eine gewisse Gefahr in den vielleicht eines Tages von den Russen in Aussicht genommenen Vorschlägen, daß alle vier Besatzungsmächte Deutschland räumen sollten. Wenn man einem solchen Vorschlag stattgäbe, stünde der Russe in nächster Nähe. Die Sowjetzonenarmee stehe bereits. Schuman erwiderte, auch er würde darin eine große Gefahr sehen. Er nehme nicht an, daß die Vereinigten Staaten sich auf einen solchen Vorschlag einlassen würden.

Über den Besuch von Außenminister Schuman in Bonn wurde kein gemeinsames Kommuniqué herausgegeben. Jeder von uns hielt getrennt eine Pressekonferenz.

Schuman übergab den Journalisten eine schriftliche Erklärung zur Saarfrage. In dieser Erklärung hieß es:

„Was die Saar angeht, so sind wir entschlossen, die durch das Statut dieses Territoriums definierte Politik weiter anzuwenden, ein Statut, dessen Grundlage die vom Saarländischen Parlament einstimmig – mit Ausnahme einer kommunistischen Stimme – angenommene Verfassung ist.

Die technischen Gespräche, die mit der saarländischen Regierung beginnen sollen, haben zum Ziel, praktischen Notwendigkeiten Rechnung zu tragen. In dem Maße, in dem sie Abänderungen herbeiführen, werden diese zugunsten der saarländischen Regierung und der Bevölkerung des saarländischen Territoriums sein. Ebenso wie das gesamte Statut werden diese Abänderungen den Gegenstand einer endgültigen Sanktionierung im Augenblick des Friedensvertrages bilden müssen."

2. Gedanken zur Lösung der Saarfrage

Am 18. Januar 1950 erklärte der amerikanische Außenminister Dean Acheson auf einer Pressekonferenz, die Vereinigten Staaten würden den französischen Standpunkt, nämlich daß das Saargebiet von Deutschland losgelöst und die saarländische Wirtschaft mit der französischen verschmolzen werden müßte, weiterhin unterstützen. Die Vereinigten Staaten würden gleichfalls dafür eintreten, daß das saarländische Gebiet einen gewissen Grad von Autonomie erhalte.

Am Donnerstag, dem 19. Januar 1950, war ich zu einem Frühstück bei dem amerikanischen Hohen Kommissar McCloy in Bad Homburg. Wir sprachen bei dieser Gelegenheit über die Saarfrage. Ich schnitt im Laufe des Gespräches die Möglichkeit an, für die Saar eine Regelung ähnlich der des Ruhrstatuts zu treffen. Ich habe diesen Gedanken später in einer „Denkschrift der Bundesregierung zur Saarfrage" im März 1950 näher ausgeführt und beschrieben, wie ich mir eine Lösung vorstellte. In der Denkschrift betonte ich, die Bundesregierung sei überzeugt, daß im Rahmen einer europäischen Zusammenarbeit sich Möglichkeiten ergeben könnten, die wirtschaftlichen Fragen des Saargebietes, die die französische Regierung stets als Begründung ihrer Forderungen hinsichtlich der Saar anführte, zu lösen. Das Kernstück einer derartigen Regelung könnte eine „Internationale Saarbehörde" sein, die den Grundgedanken der internationalen Ruhrbehörde weiterentwickele. Der wirtschaftlichen Verflechtung des Saarlandes mit Lothringen und Süddeutschland könnte durch eine besondere Zollregelung Rechnung getragen werden, die sich etwa an das Übergangsregime anlehnte, das der „Versailler Vertrag" für die Jahre 1920 bis 1925 im Saargebiet schuf. Für die Durchführung eines solchen Regimes könnte es sich als notwendig erweisen, daß das Saargebiet als Teil der französischen Besatzungszone mit einer gewissen wirtschaftlichen Autonomie ausgestattet würde. Eine solche Maßnahme hätte durch gesetzgeberische Handlungen der Bundesrepublik zu erfolgen, aus denen klar hervorgehe, daß das Saargebiet völkerrechtlich zu Deutschland gehöre. Es wäre durchaus denkbar, daß sich dabei ein Zustand ergeben würde, der in wirtschaftlicher Hinsicht den Zielen, die Frankreich bisher im Saarland verfolge, zwar entgegenkomme, dabei aber die politische Abtrennung des Saargebietes von Deutschland überflüssig mache. Die Bundesregierung müßte grundsätzlich darauf bestehen, daß jedes im Saargebiet etwa zu schaffende Sonderregime und insbesondere eine etwaige politische Abtrennung des Saargebietes vom übrigen Deutschland zum Gegenstand einer echten Volksbefragung gemacht werde, die unter den gleichen Bedingungen durchgeführt werden müßte wie die

Volksabstimmung im Jahre 1935. Ich erklärte McCloy, daß er freie Wahlen für Gesamtdeutschland gefordert habe; diese berechtigte Forderung dürfe das Saargebiet nicht ausschließen.

3. Die „Saarkonventionen" vom 3. März 1950

Am 7. Februar 1950 hatten in Paris offiziell Verhandlungen zwischen der französischen und der saarländischen Regierung über die Saarkonventionen begonnen. Außenminister Schuman hatte mir zwar im Januar bei unserer Zusammenkunft gesagt, daß sie sich über mehrere Monate erstrecken würden; es tauchten jedoch Gerüchte auf, wonach sie bereits Anfang März abgeschlossen sein würden.

Am Donnerstag, dem 2. März 1950, hatte ich eine der üblichen Besprechungen mit den drei Hohen Kommissaren auf dem Petersberg. Es wurde beraten über die deutsche Wirtschaft, Finanzfragen, das Flüchtlingsproblem und Verordnungen über die Beamten.

Über einige Punkte herrschte keine Klarheit, und der französische Hohe Kommissar François-Poncet stellte an mich die Frage, ob ich den Wunsch hätte, die Hohen Kommissare in etwa acht Tagen zu einer weiteren Besprechung zu sehen. Ich erwiderte ihm hierauf: „Ich weiß nicht, wie die Entwicklung in Paris bezüglich der Saarverhandlungen ist."

Darauf gab François-Poncet die überraschende Antwort: „Die ist abgeschlossen. Die vier Verträge sind paraphiert und werden morgen um 11 Uhr unterzeichnet werden. Der Text dieser Abkommen ist in einem Sinne abgefaßt, der Ihnen weitgehend Genugtuung verschaffen wird, insbesondere das Abkommen über die Saargruben. Dieses Abkommen hat nur so lange Rechtskraft, bis der Friedensvertrag abgeschlossen wird. Wenn der Friedensvertrag das augenblickliche Abkommen über die Saargruben sanktioniert, würde dieser Vertrag stillschweigend weitergeführt werden. Aber auf keinen Fall würde seine Dauer über 50 Jahre hinausgehen. Was die Verwaltung der Saarbahnen angeht, so ist das augenblickliche Abkommen im Unterschied zum ursprünglichen Projekt abgeschlossen worden. Es wird eine Art saarländischer Rat eingerichtet, der aber keinesfalls einen französischen Vertreter hat, das heißt, daß die Saarbahnen nicht, wie ursprünglich vorgesehen, von der Nationalen Französischen Eisenbahn verwaltet werden. Das sind in großen Zügen einige Punkte, die Sie interessieren könnten. Ich möchte Sie bitten, diese Mitteilung als vertraulich zu behandeln und nicht darüber zu sprechen, bis sie von den beiden vertragschließenden Parteien morgen nachmittag veröffentlicht wird."

Ich erwiderte François-Poncet, ich hätte vor einiger Zeit gehört, daß eine derartige Vereinbarung über die Gruben, wie François-Poncet sie soeben skizziert hätte, beabsichtigt sei. Ich hätte das den Vertretern der Fraktionen im Bundestag vertraulich mitgeteilt. Meine Mitteilung habe ein sehr unangenehmes Echo gefunden. Es sei mir erklärt worden, daß man unter diesen Umständen einen Eintritt der Bundesrepublik in den Europarat nicht befürworten könne. Ich hielte es daher für in hohem Maße unwahrscheinlich, im Bundestag bei dieser Lage eine Mehrheit für den Eintritt in den Europarat zu finden. Ich glaubte, darauf hinweisen zu müssen, daß man dieser Tatsache als Konsequenz der Entwicklung der Saarfrage ins Auge sehen müsse. Ich hielte mich für verpflichtet zu sagen, daß nach meiner Überzeugung der Bundestag geschlossen gegen einen Beitritt zum Europarat sein und daß dadurch naturgemäß eine ungeheure Komplikation in der europäischen Situation eintreten werde.

Diesen Ausführungen schloß sich die Erörterung an über das, was man in einer Presseverlautbarung über diese Sitzung sagen solle. Wir einigten uns auf folgende Pressenotiz: „Am Ende des Abends sind die Hohen Kommissare mit dem Herrn Bundeskanzler zusammengetreten. Sie haben mit ihm, wie gewöhnlich, die laufenden Fragen erörtert, besonders die Frage der Flüchtlinge, die Verordnung über die Beamten und die Frage des Embargos der Stahllieferungen nach dem Osten."

Vor Abschluß der Beratung fragte François-Poncet: „Sie haben noch nicht die Frage beantwortet, Herr Bundeskanzler, ob Sie eine weitere Sitzung in acht Tagen wünschen."

Ich erwiderte ihm, daß nach Bekanntwerden der Saarverträge die Fraktionen des Bundestages Anfang der nächsten Woche zusammentreten würden. An sich sei vorgesehen, daß der Bundestag für die nächste und übernächste Woche nicht tagen sollte. Wenn aber die Saarverträge jetzt so, wie er, François-Poncet, es dargelegt habe, veröffentlich würden, dann müsse man damit rechnen, daß eine sofortige Sitzung des Bundestages verlangt werde. Ich würde aber dafür eintreten, daß eine so ungeheuer wichtige Entscheidung wie diejenige, die der Bundestag dann zu treffen habe, nicht übereilt gefaßt würde. Ob mir das gelänge, sei eine Frage für sich.

François-Poncet meinte: „Ich glaube, es wäre weise, wie Sie eben auch betonten, wenn dieses Problem nicht zu früh erörtert würde. Die erste Regung ist nicht immer die beste. Vor allem in einem so nervösen und bewegten Land wie dem Ihrigen wäre es wohl angetan, eine gewisse Zeit verstreichen zu lassen und sich dann auch umzusehen, wie es in der allgemeinen internationalen Atmosphäre aussieht."

Wir trennten uns ohne Vereinbarung eines neuen Termins. Am nächsten

Tag, dem 3. März, erfolgte die Unterzeichnung der Saarkonventionen. Für den darauffolgenden Tag, es war ein Samstag, der 4. März 1950, berief ich eine Pressekonferenz ein, um im Namen der Bundesregierung zu der durch den Abschluß der Saarkonventionen entstandenen Situation eine Erklärung abzugeben.

Eine sofortige Stellungnahme der Bundesregierung war dringend erforderlich, da die Verwirrung in der deutschen Presse sehr groß war. Folgende Überschriften deuten diese Verwirrung an: Frankfurter Rundschau: „Frankreich pachtet Saargruben", Frankfurter Neue Presse: „Frankreich läßt seine Eigentumsansprüche fallen", Frankfurter Allgemeine Zeitung: „Die Entscheidung über die Saar: gegen Europa". Die Überschrift der „Frankfurter Allgemeinen Zeitung" schien mir in kurzen und präzisen Worten das zusammenzufassen, was über die ganze Angelegenheit zu sagen war.

Der Wortlaut der Saarkonventionen war mir erst am 4. März kurz nach 11 Uhr zugegangen. Der Text war sehr umfangreich. Die Bedeutung der Saarkonventionen war außerordentlich groß. Es handelte sich bei der Saar um rund eine Million Deutsche, die von Deutschland getrennt werden sollten. Es handelte sich um die Fortnahme von Kohlengruben, deren Besitz für einen wirtschaftlichen Ausgleich innerhalb der Bundesrepublik Deutschland notwendig war.

Die Bundesregierung mußte als Vertreter des ganzen deutschen Volkes zu dieser Frage Stellung nehmen, denn wir waren bisher, zumindest von den Westalliierten, stets als die Verantwortlichen auch für die Deutschen angesprochen worden, die nicht zur Bundesrepublik gehörten, wie zum Beispiel die Bevölkerung Berlins, der Sowjetzone und der Saar. Aus dieser Verantwortung heraus mußte die Bundesregierung Stellung nehmen.

Der ganze Saarkomplex und die Entwicklung, die diese Frage zu nehmen schien, waren auch deshalb von einer außerordentlich großen Bedeutung, weil die Gefahr bestand, daß das Vertrauen in die Erklärungen der Westalliierten innerhalb der deutschen Bevölkerung auf das schwerste geschädigt würde. Die in Paris paraphierten Saarkonventionen standen nach Auffassung der Bundesregierung in direktem Widerspruch zu einer Reihe von Erklärungen, die sowohl von der Regierung der Vereinigten Staaten wie der englischen und der französischen Regierung abgegeben worden waren. Es war von den Alliierten bisher immer daran festgehalten worden, daß eine Veränderung der Grenzen Deutschlands nur durch den Friedensvertrag erfolgen dürfe. Ich betonte in der Pressekonferenz, daß die westalliierten Regierungen diesen Standpunkt zu wiederholten Malen ausdrücklich unterstrichen hätten. Sie hatten das auch erklärt im Jahre 1949, als es darum ging, an Belgien und Holland Grenzgebiete abzutreten. Damals war von den Westalliierten ausdrücklich festgestellt worden, es handele sich um vorläufige Maßnahmen, die endgültige Regelung der Grenzfragen werde im Friedensvertrag mit Deutschland erfolgen.

Noch im Januar dieses Jahres hatte mir der amerikanische Außenminister Acheson mitteilen lassen, daß die Vereinigten Staaten zwar Frankreich zugesagt hätten, sie würden bei einem Friedensvertrag die Wünsche Frankreichs bezüglich der Autonomie der Saar und ihrer Wirtschaftseinheit mit Frankreich unterstützen, daß aber dadurch Frankreich bis zum Friedensvertrag nicht Carte blanche besäße.

Auf der Pariser Konferenz vom November 1949 hatte Frankreich, wie ich erfahren hatte, den Antrag gestellt, daß die Saar im Europarat vertreten sein solle. Zunächst war diesem Antrag von seiten der angelsächsischen Mächte widersprochen worden. Man hatte jedoch schließlich dem Drängen Frankreichs nachgegeben, allerdings mit dem Zusatz, der der Öffentlichkeit indessen nicht mitgeteilt wurde, daß der Beitritt der Saar in den Europarat im Zusammenhang mit einem Friedensvertrag mit Deutschland zu behandeln sei. Es war auf der Außenministerkonferenz vom 9. und 10. November 1949 in Paris ausdrücklich von den drei westalliierten Regierungen erklärt worden, daß der Status der Saar erst durch den Friedensvertrag mit Deutschland endgültig geregelt werden solle.

Psychologisch war nach meiner Ansicht für uns Deutsche der Abschluß der Saarkonventionen sehr gefährlich, und er hatte auch schwere psychologische Auswirkungen auf die Europafrage.

Durch den Abschluß dieser Konventionen befürchtete ich das Aufleben nationalistischer Strömungen im deutschen Volke. Ich war mir bewußt, daß die Saarfrage ein gefährlicher Zündstoff, ein Agitationsmittel für nationalistische Kreise werden könnte. Ich richtete daher in meiner Pressekonferenz die dringende Bitte an alle Deutschen, insbesondere an die Kriegsgeneration, nationalistischen Bestrebungen und Einflüsterungen kein Gehör zu schenken.

Bei dem Besuch von Außenminister Schuman Mitte Januar 1950 hatte ich ihn gebeten, die Saarfrage vorerst ruhen zu lassen. Es bestünde, wie ich ihm sagte, im Augenblick kein zwingender Anlaß, die Saarfrage in eine so feste Form zu bringen. Ich hatte ihn hingewiesen auf die außerordentlich großen Schwierigkeiten, die einer gemäßigten, einer nicht nationalistischen Bundesregierung durch den Abschluß solcher Konventionen entstehen würden. Ich hatte ausdrücklich betont, daß nach meiner Überzeugung damit den so gut eingeleiteten Verständigungsversuchen zwischen Frankreich und Deutschland ein sehr schwerer Schaden zugefügt würde. Ich hatte ihm ferner erklärt, daß mir die Frage der Entwicklung des Europarates und der Europäischen Union dadurch sehr gefährdet erscheine. Als Freund einer Verständigung zwischen Frankreich und Deutschland, als Freund des europäischen Gedankens hatte ich ihn auf das herzlichste gebeten, Frankreich möge die Saarfrage nicht jetzt in Angriff nehmen. Man möchte doch warten, bis Deutschland in den Europarat eingetreten sei. Aber offenbar hatte Schuman sich im französischen Kabinett nicht durchsetzen können.

Am 6. März 1950 gab Robert Schuman eine Pressekonferenz. Er führte hierbei aus, daß die Saarkonventionen lediglich eine Konsequenz der Saarverfassung von 1947 seien. Durch die Saarverfassung sei die eigentliche politische Abtrennung der Saar von Deutschland bereits erfolgt. Er, Schuman, verstehe nicht, warum man jetzt mit einem Mal in Deutschland protestiere, da nach seiner Meinung aus der Saarverfassung nunmehr lediglich die Konsequenzen gezogen seien. Im Laufe der Pressekonferenz sagte Schuman jedoch auch, daß eine europäische Lösung in keiner Weise gefährdet sei. Frankreich liege eine Verständigung mit Deutschland am Herzen. Diese Äußerung gab mir Hoffnung.

Die Fraktionen des Bundestages beschlossen, für den 10. März 1950 eine Sondersitzung des Bundestages einzuberufen, auf der ich vor einer Debatte über die Saarfrage eine Regierungserklärung abgeben sollte. Ich bat alle Kabinettsmitglieder, an dieser Plenarsitzung teilzunehmen. Es konnte nicht deutlich genug unterstrichen werden, daß die Saarfrage für uns von denkbar größter Bedeutung war: einmal wegen einer Präjudizierung der Grenzfrage im Osten Deutschlands, zum anderen wegen der Gefahr, daß durch die Behandlung der Saarfrage die nationalistischen Strömungen einen erheblichen Auftrieb bekommen würden, der letztlich nur der Sowjetunion Vorteile bringen konnte.

Die Saarkonventionen bestanden aus vier Abkommen, und zwar dem „Allgemeinen Abkommen", dem „Vertrag über die Durchführung der Wirtschaftsunion zwischen Frankreich und dem Saarland", dem „Vertrag über die Ausbeutung der Saargruben" und dem „Vertrag über den Betrieb der saarländischen Eisenbahnen".

Die beiden zuerst genannten Verträge nahmen auf die Saarverfassung Bezug, die im Jahre 1947 verkündet worden war. Die beiden letzten Verträge besagten ausdrücklich, daß ihre Wirksamkeit nach Abschluß des Friedensvertrages mit Deutschland von dem Inhalt dieses Friedensvertrages abhängig sei. Die beiden ersten Verträge erwähnten keinen solchen Zusammenhang. Aus der unterschiedlichen Gestaltung der Verträge war von seiten der Bundesregierung und auch bei den Beratungen des Auswärtigen Ausschusses des Bundestages der Schluß gezogen worden, daß die beiden erstgenannten Verträge, insbesondere das in politischer Beziehung grundlegende „Allgemeine Abkommen", nach dem Willen der beiden vertragschließenden Regierungen unabhängig von den Bestimmungen des künftigen Friedensvertrages verstanden werden sollten.

Am 8. und 9. März 1950 erfolgten Erklärungen, die eindeutig klarstellten, daß auch das „Allgemeine Abkommen" von der im Friedensvertrag zu treffenden Regelung abhängig war.

Am 8. März 1950 erklärte Lord Henderson im britischen Oberhaus für die britische Regierung, daß der endgültige Status des Saarlandes nur durch den Friedensvertrag bestimmt werden könne.

Am späten Abend des 9. März übergab der Vertreter des französischen Hohen Kommissars der Presse eine offizielle Mitteilung, die in deutscher Übersetzung lautete:

„Einige deutsche politische Kreise haben das Fehlen eines ausdrücklichen Hinweises auf die Friedensregelung in einigen der Vereinbarungen, die zwischen Frankreich und der Saar abgeschlossen sind, dahin ausgelegt, daß diese Vereinbarungen ungerechtfertigterweise den Bestimmungen des zukünftigen Friedensvertrages vorgreifen.

In amtlichen französischen Kreisen wird erklärt, daß eine derartige Auslegung in keiner Weise begründet ist. Wie Minister Schuman in seiner Pressekonferenz vom 6. März 1950 klar zum Ausdruck gebracht hat, unterliegen alle Vereinbarungen, die kürzlich zwischen Frankreich und der Saar abgeschlossen worden sind, der Bestätigung im Rahmen der endgültigen Friedensregelung."

Ebenfalls am 9. März richtete der englische Hohe Kommissar General Sir Brian Robertson an mich einen Brief, in dem er unter anderem sagte:

„Meine Regierung hat in der Erklärung Lord Hendersons zum Ausdruck gebracht, daß es ausdrücklich festgelegt ist, daß der endgültige Status der Saar nur durch den Friedensvertrag geregelt werden kann. In diesem Sinne haben die Abkommen nur vorläufigen Charakter und gelten nur bis zum Friedensvertrag. Das scheint mir eine völlig eindeutige Erklärung meiner Regierung hinsichtlich ihrer Haltung gegenüber diesen Abkommen zu sein, und Sie werden feststellen, daß sie sich auf alle Abkommen erstreckt und daß in dieser Beziehung kein Unterschied zwischen ihnen gemacht wird.

Es ist ganz sicher, daß meine Regierung diese Auffassung beim Abschluß des Friedensvertrages aufrechterhalten wird."

Es konnte nach diesen Erklärungen keinem Zweifel unterliegen, daß auch die beiden ersten zwischen Frankreich und der Saar am 3. März 1950 geschlossenen Verträge, insbesondere auch das „Allgemeine Abkommen", der Bestätigung durch den Friedensvertrag bedurften, obgleich die Saarregierung entgegengesetzt lautende Erklärungen abgegeben hatte.

Daraus ergab sich eine sehr wichtige Folgerung:

Da die Regelung der Verhältnisse an der Saar durch den Friedensvertrag erfolgen sollte, war sie eine Angelegenheit auch der Bundesrepublik Deutschland: auch die Bundesrepublik Deutschland war somit befugt, bei der Regelung des endgültigen Status der Saar mitzusprechen.

Ich verlangte in meiner Regierungserklärung mit allem Nachdruck und Ernst, daß an der Saar die freiheitlichen Grundrechte, deren Schutz die Alliierten feierlich gelobt hatten, hergestellt würden.

Ich sagte, ich könne mir nicht vorstellen, daß das französische Volk und die französische Regierung die an der Saar herrschenden Verhältnisse wirklich kennten. Ich sei überzeugt, sie würden in dem Fall unter keinen Umständen ihren Fortbestand dulden. Es könne sein, daß die französische öffentliche Meinung meine Ausführungen ungünstig aufnehme. Aber ich fühlte mich in meinem Gewissen dazu verpflichtet und glaubte auch, wenn ein Mann wie ich, der seit Jahrzehnten öffentlich für eine deutsch-französische Verständigung eingetreten sei, so spreche, dann die öffentliche Meinung in Frankreich wenigstens eine Prüfung meiner Ausführungen vornehmen sollte. Ich forderte die französische Öffentlichkeit auf zu beachten, daß die Beseitigung des deutsch-französischen Gegensatzes die notwendige Voraussetzung für jede europäische Gesundung sei, was ich seit mehr als fünfundzwanzig Jahren öffentlich vertreten hätte; ich hätte diese These auch als Bundeskanzler mit der gleichen Entschiedenheit immer wieder verfochten.

Ich faßte meine Ausführungen wie folgt zusammen:

1. Die Regierungen Frankreichs, Englands, der Vereinigten Staaten und der Bundesrepublik Deutschland seien sich darin einig, daß die endgültige Regelung der Verhältnisse an der Saar in einem mit uns zu schließenden Friedensvertrag erfolgen solle. Daraus ergebe sich für uns das Recht der Mitsprache bei dieser Regelung.
2. Es ergebe sich hieraus weiter, daß nicht vor Abschluß des Friedensvertrages an der Saar in irgendeiner Form Verhältnisse geschaffen werden dürften, deren Änderung durch den Friedensvertrag nicht mehr möglich sei.
3. Die am 3. März 1950 zwischen der französischen Regierung und der Saarregierung abgeschlossenen vier Verträge würden in ihrem Zusammenwirken an der Saar Verhältnisse schaffen, die durch den Friedensvertrag nicht mehr geändert werden könnten.
4. Frankreich sei völkerrechtlich Treuhänder für das Saargebiet, es sei

Sequester für die dortigen Bahnen und Bergwerke. Frankreich könne weder unter völkerrechtlichem noch unter privatrechtlichem Gesichtspunkt Verträge wie die vom 3. März 1950 schließen.

5. Die Saarregierung habe keine Rechte an den Bahnen oder den Bergwerken und sei daher zum Abschluß der Verträge nicht befugt.
6. Die Bundesrepublik Deutschland habe den dringenden Wunsch, daß an der Saar die Grundsätze der Freiheit und der Demokratie verwirklicht würden.
7. Die Bundesrepublik Deutschland wünsche eine Regelung der Saarfrage, die den Interessen aller beteiligten Staaten, einschließlich Frankreichs, gerecht werde. Sie sei überzeugt, daß sich eine solche Lösung finden ließe.

Am Schluß meiner Regierungserklärung forderte ich eindringlich, daß unter keinen Umständen die Saarfrage zu einer Störung der Beziehungen zwischen Frankreich und Deutschland und damit zu einer Erschwerung des Aufbaues von Westeuropa führen dürfe.

4. Mein Vorschlag über die Bildung einer europäischen politischen Union vom März 1950

Die Saarverträge hatten in weiten Kreisen der deutschen Bevölkerung Zweifel hervorgerufen, ob der Wunsch und die Hoffnung Deutschlands auf ein gutes freundschaftliches Verhältnis zu Frankreich auch in Frankreich vorhanden seien. Man fragte sich, ob in Frankreich wirklich der ernste Wille bestehe, Deutschland als gleichberechtigtes Mitglied in den Kreis der Völker wieder einzuführen und es zur Mitarbeit am Wiederaufbau Europas und der Welt heranzuziehen. Man durfte weder bei uns noch außerhalb Deutschlands die Augen vor dieser Tatsache verschließen. Die Zweifel mußten beseitigt werden.

Um das gegenwärtige Stadium des Stillstandes und des Mißtrauens durch einen sichtbaren und entscheidenden Schritt nach vorwärts zu überwinden, machte ich am 7. März gegenüber dem amerikanischen Journalisten Kingsbury-Smith den Vorschlag für eine europäische Union. Ich war mir darüber klar, daß der Gedanke kühn war, und auch, daß seine Verwirklichung schwierig sein würde. Aber das durfte kein Hindernis sein, entschlossen an die Verwirklichung dieses Projektes heranzugehen. Die mit der Durchführung des Marshall-Planes verbundene wirtschaftliche Ordnung der europäischen Länder war ja schon zu einem großen Teil eine Verwirklichung dieses Planes. Das gleiche galt für den Europarat. Die Gefahr für

Europa war groß, und nur kühne Gedanken und schnelle Taten konnten die Bildung Europas vorantreiben.

Ich machte in dem Interview mit Kingsbury-Smith das Angebot einer vollständigen Union Frankreichs und Deutschlands und bezeichnete dies als ein Mittel, alle Differenzen über die Saar und andere Probleme beizulegen. Die Union sollte ein Grundstein für die Vereinigten Staaten von Europa werden. Ich machte diesen Vorschlag zu einem Zeitpunkt, zu dem die politische Spannung in Westdeutschland sich einem Höhepunkt zu nähern drohte auf Grund der von Frankreich soeben abgeschlossenen Saarkonventionen. Es mußte etwas geschehen.

Ich erklärte Kingsbury-Smith wörtlich: „Eine Union zwischen Frankreich und Deutschland würde einem schwerkranken Europa neues Leben und einen kraftvollen Auftrieb geben. Psychologisch und materiell würde sie von gewaltigem Einfluß sein und Kräfte freisetzen, die Europa sicherlich retten werden. Ich glaube, dies ist die einzige Möglichkeit, die Einheit Europas zu erreichen. Hiermit würde der Rivalitätsgedanke zwischen den beiden Ländern verschwinden." Ich erklärte, ich sei bereit, eine deutsch-französische Union zu unterstützen, vorausgesetzt, daß auch England, Italien, Belgien, Luxemburg und den Niederlanden die Teilnahme offenstehe. Ich erwähnte diese Staaten, damit nicht der Eindruck entstand, daß ein deutsch-französischer Block gebildet werde, um anderen Staaten seinen Willen aufzuzwingen. Ich betonte in dem Interview, daß eine Rückkehr der Saar zu Deutschland eine wesentliche Voraussetzung für eine solche Union sein würde. Ich wies aber darauf hin, daß sich nach meiner Meinung das Saarproblem von selbst lösen werde, wenn die Frage der deutsch-französischen Beziehungen auf einer höheren Ebene und unter der kühnen Schau, die mit der Union der beiden Länder gegeben sei, gelöst werden könnte.

Ich war aufs tiefste beunruhigt über die Maßnahmen Frankreichs, die praktisch einer Annexion der Saarkohlengruben auf 50 Jahre gleichkamen. Ich brachte gegenüber Kingsbury-Smith meine Befürchtungen zum Ausdruck, daß eine Verstimmung über diesen Schritt den Nationalismus in Deutschland wieder aufkommen lassen werde und extreme Nationalisten dazu bewegen könne, den Blick nach Rußland zu wenden in der Hoffnung, von dort Unterstützung ihrer nationalistischen Bestrebungen zu finden.

Am 21. März 1950 gewährte ich Kingsbury-Smith erneut ein Interview. Die Bundesregierung hatte noch keinen Außenminister, und es war daher sehr schwierig, außenpolitische Schritte zu unternehmen. Auf dem Wege der Interviews hatte ich jedoch ein Mittel, mir im Ausland Gehör zu verschaffen.

Kingsbury-Smith war zu mir gekommen, um von mir ergänzende Ausführungen zu hören zu dem Angebot einer Union zwischen Deutschland und Frankreich, das, wie er sich ausdrückte, ein weltweites Interesse gefunden habe. Ich gab ihm sehr gerne Erläuterungen.

Einer der wichtigsten Gründe für meinen Vorschlag sei die ständig steigende politische Spannung gewesen. Die allgemeine politische Situation verursache mir schwere Sorgen. Ich wünschte, daß alle Staatsmänner diese meine Sorge teilten, aber anscheinend seien einige europäische Politiker blind gegenüber den bestehenden Gefahren. Manchmal fragte ich mich, ob die Welt aus den Lehren der Vergangenheit Gewinn ziehen würde. Wenn das der Fall sei, so müßte sie sich zu kühnen Entschlüssen durchringen. Der Wille dazu aber scheine heute zu fehlen. Darum versuche die Welt die Flucht ins Ungewisse. Manchmal stellte ich als allgemein verbreitete Auffassung fest, der Westen habe Zeit, weil Sowjetrußland keinen Krieg wünsche und ihn darum nicht herbeiführen werde. Aber ich betrachtete es als einen großen Fehler, wenn die Welt des Westens sich durch ein vielleicht falsches Gefühl der Sicherheit einschläfern ließe und Hoffnungen als Gewißheit hinnähme.

Ich sagte weiter: „Die Vereinigten Staaten und Sowjetrußland haben aufgerüstet. Die amerikanische Aufrüstung ist so weit gediehen, daß es keine große unmittelbare Gefahr für eine Eroberung der Vereinigten Staaten gibt. Jedoch bezweifle ich, ob die sowjetischen Machthaber so überzeugt von dem Stand der amerikanischen Aufrüstung sind, daß sich für Sowjetrußland ein Krieg nicht lohnen würde. Es ist meine Überzeugung, daß sich für Sowjetrußland jeder Krieg lohnt, der Europa in seine Hand spielen könnte. Das kann sich auf verschiedene Art und Weise vollziehen, zum Beispiel durch eine militärische Eroberung. Wenn Westeuropa durch die sowjetischen Armeen besetzt werden würde, gerieten viele Millionen von Menschen unter russische Herrschaft. Damit hätte Rußland Westeuropa nicht nur geographisch unter seine Macht gebracht, zur gleichen Zeit würden die europäische Intelligenz und die europäische Arbeitskraft in die Sklaverei geraten. Alle diejenigen würden liquidiert, die das Herz des Widerstandes oder den Ansatz einer Wiedergeburt der westlichen Demokratie bilden könnten. Ob die Vereinigten Staaten für die Befreiung eines in diesem Sinne bereinigten Europas kämpfen würden, scheint mir nicht nur fraglich, sondern unwahrscheinlich. Darum glaube ich, daß der Anreiz, einen Krieg zu führen, für Sowjetrußland größer ist, als allgemein angenommen wird. Unter diesen Umständen kann der Friede nur dann gesichert werden, wenn die sowjetischen Führer von der Aussichtslosigkeit einer Eroberung Europas überzeugt sind."

Kingsbury-Smith bat mich, meine Auffassung zur gegenwärtigen Lage in

Westeuropa darzulegen. Ich antwortete ihm, daß ich die Lage in Westeuropa nicht für vielversprechend hielte. Großbritannien sei auf Grund der letzten Wahlen nicht in der Lage, wirklich kühne Entscheidungen zu treffen. Das lasse sich in bezug auf die Außenpolitik schon jetzt ganz klar erkennen. Die Regierung und die Opposition hätten im Gegensatz zu der sonst üblichen englischen Tradition sehr verschiedene Auffassungen von der Verteidigung Westeuropas. In Italien bestünden sehr ernsthafte innere Spannungen. In Frankreich folge ein Streik dem anderen. Der Europarat könne bisher noch keine nennenswerten Ergebnisse aufweisen.

Bei diesem Stand der Dinge sei in der Alten Welt der echte Glaube an die Zukunft Europas nicht groß. Das wisse Sowjetrußland ganz genau. Ich sei jedoch überzeugt, daß sich die ganze Lage über Nacht ändern könne, wenn die Welt einen wirklichen Beweis in der Hand hätte, daß Europa noch die Kraft für ein neues Leben besitze. Der Kalte Krieg beruhe auf psychologischer Kriegführung. Wenn Sowjetrußland wirklich von der festen Entschlossenheit Westeuropas überzeugt werden könne, einen neuen und entscheidenden Schritt tun zu wollen, so würde das sicher einen sehr tiefgehenden Einfluß auf die sowjetische Politik gegenüber Europa und der Welt haben.

Kingsbury-Smith fragte mich, was nach meiner Meinung unmittelbar getan werden könne, um eine Union zwischen Deutschland und Frankreich herbeizuführen, die ich als den Grundstein eines vereinigten Europa und als den ersten Schritt in einer neuen Richtung ansähe.

Ich antwortete ihm, er möge sich einmal die politische Situation Deutschlands am Ende der Napoleonischen Kriege ins Gedächtnis zurückrufen. Damals hätte es eine Unzahl kleiner unabhängiger deutscher Staaten gegeben. Jeder Staat für sich hätte zum Beispiel eigene Zollgrenzen, eine eigene Währung und eine eigene Armee gehabt. Dieser Zustand sei durch die Bildung einer deutschen Zollunion und durch die Errichtung eines Zollparlamentes überwunden worden, durch die der freie Austausch der Güter zwischen den vielen Staaten sichergestellt worden sei. Die Zollunion und das Zollparlament seien die Anfänge der deutschen Einigung gewesen. An ein ähnliches Vorgehen dächte ich, um die Bildung einer Union zwischen Frankreich und Deutschland herbeizuführen. Man sollte von einem allmählichen Verschmelzen der beiden Länder in bezug auf Zölle und Wirtschaft ausgehen. Das Werkzeug für eine solche Union könne ein gemeinsames Wirtschaftsparlament sein, das aus den gesetzgebenden Körperschaften beider Länder gebildet würde. Beide Regierungen könnten ihrerseits ein Organ bestimmen, welches gemeinsam mit dem Wirtschaftsparlament verantwortlich sei. Die Aufgaben des Wirtschaftsparlaments und der Regierungsvertretung würden sich im Laufe der Zeit erweitern können, um die

Vereinigung beider Länder schrittweise herbeizuführen. Die Saarkonventionen gäben ein Beispiel, auf welche Weise zwei Länder verschmolzen werden könnten.

Fraglos würde es einen großen Schritt vorwärts bedeuten, wenn Franzosen und Deutsche in einem Hause und an einem Tisch säßen, um miteinander zu arbeiten und gemeinsam Verantwortung zu tragen. Die psychologischen Auswirkungen seien so groß, daß sie kaum abzuschätzen seien. Die französischen Ansprüche auf Sicherheit könnten auf diese Weise befriedigt und das Wachstum eines deutschen Nationalismus verhindert werden. Ich glaubte, daß die Verständigung zwischen Deutschland und Frankreich auf einer solchen Grundlage noch bedeutungsvoller sei als alle wirtschaftlichen Vorteile, die fraglos mit einer französisch-deutschen Union verbunden seien.

Auf die Frage Kingsbury-Smiths, wie ich mir die allgemeinen europäischen Auswirkungen vorstelle, antwortete ich: „Eine solche Union, wie sie von mir vorgeschlagen wird, vollzieht sich bereits in den Beneluxstaaten. Die skandinavischen Länder, Frankreich und Italien erwägen ähnliche Maßnahmen untereinander. Darum glaube ich, daß die von mir vorgeschlagene Vereinigung zwischen Frankreich und Deutschland in diesen Ländern begrüßt wird. Sicherlich werden sie bereit sein, sich einer solchen Union anzuschließen. Wenn Großbritannien sich wirklich als eine europäische Macht ansieht, so könnte es innerhalb des Rahmens der Vereinigten Nationen Europas denjenigen Platz einnehmen, der seiner Stellung und Stärke entspricht.

Die hier vorgeschlagene Union würde sich aber auch als ein Auftrieb für den Marshall-Plan erweisen. Frankreich und Deutschland würden die Ziele als erste erreichen, die den Vätern des Marshall-Planes vorschwebten, und darum den Weg für die anderen Teilnehmer des Marshall-Planes bahnen. Auf diese Weise würde das amerikanische Volk für die Milliarden von Dollars, die sie nach Europa hereingegeben haben, einen wirklichen Erfolg erzielen können, weil ein echter und bedeutungsvoller Beitrag zum Wiederaufbau und zur Vereinigung Europas geleistet würde.

Auch auf den Europarat würde eine Union zwischen Frankreich und Deutschland einen fördernden Einfluß ausüben können. Nicht zuletzt ist die Wirksamkeit des Europarates dadurch eingeschränkt worden, daß keine echte Verständigung zwischen Frankreich und Deutschland herbeigeführt werden konnte. Ich glaube, es kann keinen vernünftigen Menschen geben, der nicht zu der Erkenntnis kommt, daß die hier vorgeschlagene Union dem Gedanken der europäischen Einigung neue Kraft und neues Leben geben wird.

Ich bin fest davon überzeugt, daß die Union der beiden Nationen zu einem wesentlich verbesserten Lebensstandard für beide Teile führen wird. Je größer ein Wirtschaftsgebiet ist, um so besser läßt es sich entwickeln. Das haben die Vereinigten Staaten von Amerika bewiesen.

Nach meiner Auffassung könnte diese Union die westliche Kultur vor dem Untergang bewahren. Die gegenseitige Befruchtung zwischen Frankreich und Deutschland würde fraglos die kulturellen Leistungen beider Völker außerordentlich steigern. Auch in dieser Hinsicht würde eine französisch-deutsche Union sich als Wegweiser in unserer Zeit erweisen."

Abschließend betonte ich in dem Interview, daß in der gegenwärtigen, ernsten Lage die Flucht nach vorn am sichersten zu einem Erfolg führen würde. „Europa darf die Augen nicht vor der Gefahr der Stunde verschließen. Blindheit bedeutet Kapitulation, weil sie die Kraft des Handelns lähmt. Die Zeit des Handelns ist gekommen. Möchte Europa die rechten Entschlüsse fassen, um einer besseren und gesicherten Zukunft entgegenzugehen."

Am 16. März 1950 äußerte sich de Gaulle zustimmend zu dem Vorschlag einer deutsch-französischen Union. Er sagte, daß auf den Katalaunischen Feldern Attila dank der gemeinsamen Anstrengung von Galliern, Germanen und Römern geschlagen worden ist. Eine Union zwischen Frankreich und Deutschland würde das Werk Karls des Großen fortsetzen. Es lasse sich ein großes Feld für eine gemeinsame Betätigung der beiden Nachbarnationen vorstellen, und er sei sehr beeindruckt von der Vorstellung der Kraft eines solchen Zusammengehens. Das künftige Schicksal Europas hänge in hohem Maße von der Entwicklung der deutsch-französischen Beziehungen ab. Die Saarkonventionen begrüßte de Gaulle. Die französisch-saarländische Wirtschaftsunion sei die richtige Voraussetzung. Zu ihrer Untermauerung habe der Saar die Autonomie zugesichert werden müssen. Er habe Verständnis dafür, daß die Deutschen diese Dinge bedauern, meinte jedoch, daß die Saarfrage im Verhältnis zu den im Spiele stehenden europäischen Interessen nicht von großer Bedeutung sei. Käme es zu einer Verbindung zwischen Frankreich und Deutschland in dem von mir angedeuteten Sinne, so sei es sogar möglich, daß der Streit um die Saar jede Bedeutung verliere*.

---

* Siehe Keesings Archiv der Gegenwart, 16. März 1950, S. 2302 F.

5. Beitritt zum Europarat?

Die Frage des Beitritts der Bundesrepublik Deutschland zum Europarat mußte entschieden werden.

Der Europarat war der erste Zusammenschluß europäischer Staaten zu einer ständigen politischen Institution. Am 3. August 1949 waren die von zehn europäischen Staaten – Belgien, Dänemark, Frankreich, Großbritannien, Irland, Italien, Luxemburg, Niederlande, Norwegen und Schweden – unterzeichneten Statuten des Europarates in Kraft getreten. Die Statuten des Europarates nennen als Ziel die Erreichung einer größeren politischen Einheit zur Verwirklichung der Ideale und Grundsätze des gemeinsamen europäischen Erbes und die Förderung des wirtschaftlichen und sozialen Fortschrittes. Die Organe des Europarates sind

1. der Ministerrat,
2. die Beratende Versammlung, zu der von den Parlamenten der einzelnen Staaten Vertreter entsandt werden,
3. ein Sekretariat, das für die Angelegenheiten beider Organe zuständig ist und an dessen Spitze ein Generalsekretär steht.

Neben der Vollmitgliedschaft war auch die Möglichkeit der Assoziierung vorgesehen. Ein Beitritt als assoziiertes Mitglied war für die Bundesrepublik im Petersberger Abkommen ins Auge gefaßt.

Der Beitritt der Bundesrepublik zum Europarat wurde durch die Saarkonventionen äußerst erschwert; es bestand die Gefahr, daß sich im Bundestag keine Mehrheit dafür finden werde.

Am 22. März 1950 hatte ich nach relativ langer Unterbrechung wieder eine Besprechung mit den Hohen Kommissaren. McCloy war durch General Hays vertreten. Im Laufe dieser Unterredung brachte ich die Frage des Beitritts der Bundesrepublik zum Europarat zur Sprache. Mir war eine Aufforderung von François-Poncet zugegangen, nach der die Bundesrepublik schriftlich beim Europarat um Aufnahme nachsuchen sollte. Hierzu sagte ich bei der Besprechung mit den Hohen Kommissaren, daß nach meiner Kenntnis gemäß Artikel 5 des Zehn-Mächte-Paktes vom 5. Mai 1949 Länder vom Ministerausschuß eingeladen würden, assoziierte Mitglieder des Europarates zu werden. François-Poncet hätte mir mitteilen lassen, daß die Außenminister der Vereinigten Staaten, Großbritanniens und Frankreichs auf ihrer Konferenz in Paris am 9. und 10. November 1949 beschlossen hätten, daß Deutschland zunächst ein Gesuch um Aufnahme stellen müsse. Von dieser Bedingung, die nicht im Europastatut begründet sei, sondern die auf einem besonderen Beschluß der drei westalliierten Außenminister beruhe, habe die deutsche Öffentlichkeit bisher keine Kenntnis. Ich hätte über diese

Mitteilung François-Poncets bisher niemand unterrichtet. Ich wolle diese Sache zunächst in dieser Besprechung mit den Hohen Kommissaren zur Sprache bringen und nicht ohne Grund in der deutschen Öffentlichkeit Aufregung verursachen.

Ich erklärte den Hohen Kommissaren, daß sich, wenn ich zum jetzigen Zeitpunkt dem Bundestag einen Antrag „Eintritt in den Europarat oder nicht!" vorlegen würde, wahrscheinlich keine Mehrheit für den Beitritt ergeben werde. Die Sozialdemokratische Partei habe mehrfach ausdrücklich erklärt, wenn die Saar gleichzeitig mit Deutschland in den Europarat aufgenommen werden solle, werde die Sozialdemokratische Partei geschlossen gegen den Eintritt der Bundesrepublik in den Europarat stimmen. Die unglückliche Entwicklung der Saarfrage habe es mit sich gebracht, daß die anderen Parteien, die den Standpunkt der Sozialdemokratischen Partei bisher nicht eingenommen hätten, nunmehr geteilter Meinung seien. Ich sei überzeugt, daß die Mehrheit des Bundestages sich gegen einen Eintritt in den Europarat aussprechen werde. Ob diese Handlungsweise vernünftig sei oder nicht, stehe jetzt nicht zur Debatte. Bei Dingen, die psychologisch beeinflußt würden, müsse man die Verhältnisse nehmen, wie sie seien.

François-Poncet legte im Anschluß an meine Ausführungen dar, wie er und seine Kollegen die Verfahrensfrage des Beitritts der Bundesrepublik zum Europarat sähen. Er gab zu, daß ein Staat, der dem Europarat beizutreten wünsche, von diesem eingeladen werden müsse. Bevor ein Staat diese Einladung erhalte, sei es aber notwendig, den Europarat wissen zu lassen, daß der Staat den Wunsch habe beizutreten, damit die Einladung des Europarates nicht einer Ablehnung ausgesetzt sei. Andererseits müsse der Staat, der wünsche, eine Einladung zu erhalten, sicher sein, daß der Europarat bereit sei, ihm diese Einladung zugehen zu lassen. Aus diesem Grunde hätten die drei Minister mir mitgeteilt, wenn ich meinen Wunsch, eingeladen zu werden, aussprechen würde, sie sich dafür einsetzen würden, daß die Bundesrepublik eine Einladung erhalte. Durch dieses Verfahren würde es weder auf der einen noch auf der anderen Seite eine Überraschung geben. Was im Augenblick fehle, um den Mechanismus in Bewegung zu setzen, sei, daß ich den Wunsch der Bundesrepublik, eingeladen zu werden, zum Ausdruck bringe. François-Poncet fragte zum Schluß: „Sie verstehen, wenn diese Einladung abgelehnt werden würde, wird eine sehr ärgerliche Situation herbeigeführt. Darf ich hoffen, daß ich mich klar genug ausgedrückt habe?" Ich erwiderte ihm: „Aber nicht überzeugend." Zur Begründung dafür sagte ich, es sei doch selbstverständlich, daß eine Einladung nur ausgesprochen werde, wenn der Einladende wisse, daß die Einladung angenommen werde.

Ich las aus dem Petersberger Abkommen den Passus über die Aufnahme der Bundesrepublik in den Europarat vor. Es heißt wörtlich in dem Petersberger Abkommen: „Die Hohe Kommission und die Bundesregierung sind übereingekommen, die Teilnahme Deutschlands an allen den internationalen Organisationen herbeizuführen, in denen deutsche Sachkenntnis und Mitarbeit zum allgemeinen Wohl beitragen können. Sie bringen ihre Genugtuung über die in dieser Richtung bereits unternommenen verschiedenen Schritte zum Ausdruck, wie die Teilnahme der Bundesrepublik an der Organisation für europäische wirtschaftliche Zusammenarbeit, den von beiden Seiten ausgesprochenen Wunsch, daß die Bundesrepublik demnächst als assoziiertes Mitglied in den Europarat aufgenommen werden soll ..."

Ich erklärte hinsichtlich der Äußerung „Sie bringen ihre Genugtuung über die in dieser Richtung bereits unternommenen verschiedenen Schritte zum Ausdruck", daß zu diesen „Schritten" unter anderem der von beiden Seiten ausgesprochene Wunsch gehöre, daß die Bundesrepublik als assoziiertes Mitglied in den Europarat aufgenommen werde. Dem Beschluß der drei Außenminister vom 9. und 10. November 1949 wäre somit durch diese Erklärung im Petersberger Abkommen doch vollkommen Genüge getan, zumal mir bisher dieser Beschluß der Außenminister noch nicht offiziell zur Kenntnis gebracht worden sei. Die öffentliche Meinung in Deutschland würde, nachdem im Petersberger Abkommen bereits die Voraussetzung gegeben sei, in der jetzt unterstrichenen Forderung, ein Ersuchen zu stellen, eine gewollte Erschwerung des Beitritts Deutschlands zum Europarat erblicken. Mir liege daran, eine weitere Versteifung der öffentlichen Meinung in Deutschland zu verhüten.

Seit dem Petersberger Abkommen habe sich leider die ganze Situation in bedauerlicher Weise verändert. In dieser ganzen Entwicklung sei zum Schluß die Saarangelegenheit dazugekommen, die, das müsse ich ausdrücklich betonen, in Deutschland eine Wirkung gehabt habe, von der sich die Hohen Kommissare kaum ein richtiges Bild machen könnten. Wie sehr ich trotzdem bemüht sei, für die Integrierung Deutschlands in Europa einzutreten, bewiesen die Interviews, die ich gegeben hätte. Zwar habe man mir in sehr höflicher Weise zu verstehen gegeben, daß Interviews kein diplomatischer Akt seien. Dessenungeachtet fühlte ich mich veranlaßt zu sagen, daß der Plan einer Zollunion zwischen Frankreich und Deutschland von mir schon im Jahre 1925 der damaligen Regierung Marx vorgetragen worden sei und auch deren Billigung gefunden habe. Nur sei man seinerzeit durch zum Teil widrige Umstände nicht weitergekommen.

Abschließend sagte ich, ich fürchte, wenn nicht irgendeine Geste gegenüber der Bundesrepublik Deutschland gemacht werde, ich die Frage des Beitritts der

Bundesrepublik zum Europarat nicht dem Bundestag vorlegen könne, weil ich überzeugt sei, daß sich die Mehrheit dann dagegen aussprechen werde.

François-Poncet wiederholte erneut seinen bereits vorgetragenen Standpunkt. Er sagte: „Mir scheint, daß diese Frage sehr klar liegt. Sie haben sehr viele Qualitäten, Herr Bundeskanzler, aber wenn Sie sich in einer Frage festgelegt haben, ist es außerordentlich schwierig, Sie daraus wieder herauszuleiten. Ich möchte Sie inständig bitten, darüber nachzudenken. Diese Frage enthält weder irgendeine Falle noch irgendeine Forderung. Es sind nur gute Absichten, die dem zugrunde liegen. Jedesmal, wenn wir versuchen, Ihnen einen Dienst zu leisten, erhalten wir eins hinter die Ohren. Jedesmal, wenn es sich um bestimmte Fragen handelt, geben Sie dem Wunsch Ausdruck, daß eine Geste Ihnen gegenüber gemacht werde, und zwar von der anderen Seite. Welches ist diese Geste, die Sie wünschen?"

Ich erwiderte François-Poncet, daß ich auf den Ausdruck „hinter die Ohren" nicht näher eingehen möchte. François-Poncet meinte, es sei falsch übersetzt worden. Er habe gesagt: „Wir bekommen eines auf die Finger." Darauf ich: „Ich glaube, ein objektiver Zuhörer unserer Verhandlungen würde nicht die Auffassung haben, daß ich der Lehrer mit einem Stock bin."

Dann erklärte ich den Hohen Kommissaren in wenigen Sätzen erneut meine Haltung. Wenn die Saarkonventionen nicht getroffen wären, hätte ich dem Bundestag ohne weiteres einen entsprechenden Antrag vorgelegt. Ich sei ziemlich sicher, daß er dann eine Mehrheit bekommen hätte. Ich hätte erst Mitte Februar Herrn Spaak fragen lassen, ob er Deutschland zum Eintritt in den Europarat einladen wolle oder nicht. Ich hätte ihn gefragt, ob man, soweit es den Rat betreffe, von seiten Deutschlands irgendwelche Schritte erwarte. Er habe darauf erwidert: „Nein!"

François-Poncet betonte erneut, daß der Bundesrepublik keine Einladung zum Beitritt zum Europarat zugehen könne, wenn ich nicht wissen ließe, daß diese Einladung angenommen werde, und außerdem wies er mich darauf hin, daß, falls der Bundesrepublik eine Einladung zugehe und diese abgelehnt würde, sie nicht mehr erneuert werde.

Ich entgegnete François-Poncet, daß ich mir über die Bedeutung der ganzen Angelegenheit seit Wochen völlig im klaren sei. Um diesen Stoff nicht zu einem Agitationsmittel nationalistischer Kreise werden zu lassen, hätte ich sehr bewußt auf meiner Pressekonferenz am 4. März schärfere Töne gebraucht als später im Parlament. Im Bundestag hätte ich bei meinen Ausführungen zu den Saarkonventionen nicht vom Europarat gesprochen, aber davon, daß die drei westlichen alliierten Besatzungsmächte für die Bundesrepublik Deutschland verantwortlich seien. Wir seien noch kein souveräner Staat, und sie, die Hohen Kommissare, seien mitverantwortlich dafür, was in Deutschland geschehe. Ich hätte mich für verpflichtet gehalten, durch eine freimütige Schilderung der ganzen Situation in dieser Besprechung den Hohen Kommissaren die Möglichkeit zu geben, auch im Interesse Europas und Deutschlands etwas zu tun. Ich hätte gesagt, daß eine Geste gemacht werden müsse, um die Situation zu retten. Es tue mir leid, sagen zu müssen, daß ich im gegenwärtigen Augenblick die Mitteilung von François-Poncet über das Verfahren zum Beitritt zum Europarat als das Gegenteil einer solchen Geste empfunden habe. François-Poncet habe mich soeben gefragt, was ich unter einer Geste verstünde. Nach meiner Meinung läge das wohl auf der Hand. Es gehöre nicht viel dazu, um die Deutschen noch im letzten Augenblick zu gewinnen. Ich bedauere, nicht mehr Einzelheiten sagen zu können, weil ich mich schließlich nicht dem aussetzen möchte, daß von deutscher Seite gesagt würde: „Du hast erneut einen Vorschlag gemacht, der ist auch wieder abgelehnt worden."

François-Poncet fragte mich wiederum, was ich unter einer Geste von seiten der Alliierten verstünde und ob ich wünsche, daß man den Eintritt der Saar in den Europarat aufgebe. Ich erwiderte ihm, mir sei bekannt, daß in Paris, trotz des zunächst erfolgten Widerspruchs, die Außenminister von England und von den Vereinigten Staaten schließlich doch der Forderung Schumans nachgegeben hätten, die Saar zum Eintritt in den Europarat einzuladen. Es sei aber weiter beschlossen worden: „vorbehaltlich des Friedensvertrages". Ich wüßte auch, daß verhindert worden sei, diesen Zusatz zu veröffentlichen. Nach meiner Meinung würde es eine gute Wirkung haben, wenn dieses Pariser Abkommen, durch das auch die Saar zum Europarat eingeladen werden sollte, nun im vollen Wortlaut veröffentlicht würde.

François-Poncet schien über meine Information sehr erstaunt. Er gab zu, wenn durch einen künftigen Friedensvertrag das Abkommen mit der Saar aufgegeben und darin beschlossen werde, die Saar sei kein autonomer Staat mehr, das selbstverständlich die Zugehörigkeit der Saar zum Europarat als selbständiger Staat aufhebe.

Ich erwiderte ihm, daß er völkerrechtlich sehr richtig gesagt habe, wenn durch den Friedensvertrag die Autonomie der Saar aufgehoben werde, es dann auch mit der Mitgliedschaft im Europarat vorbei sei. Ich bäte jedoch, den Gegenstand unserer Unterredung nicht zu verschieben. Ich hätte gesagt, daß auf der Konferenz in Paris bezüglich der Aufnahme der Saar in den Europarat ausdrücklich beschlossen worden sei: „bis zum Friedensvertrag" und daß dieser Zusatz nicht veröffentlicht worden sei. Ich wolle mich darüber beschweren, daß man diesen Zusatz nicht veröffentlicht habe, obwohl es ausdrücklich beschlossen gewesen sei.

François-Poncet gab als Begründung an, man hätte geglaubt, daß niemand so tief mißtrauisch sein könne. Ich fragte: „Meinen Sie mich damit, Herr Botschafter?“ François-Poncet gab das zu. Darauf erklärte ich, daß ich noch viel zu gutgläubig sei.

Zur Frage von François-Poncet, ob ich erwarte, daß die Saar nicht in den Europarat aufgenommen werde, sagte ich: „Das haben Sie zugesagt, und diese Zusage müssen Sie halten.“ Nach meiner Ansicht sei die Situation noch mit einer Geste zu retten. Ich könne keinen bestimmten Vorschlag machen, weil ich mich nicht einer Ablehnung dieses Vorschlages aussetzen wolle.

Robertson griff nun in das Gespräch ein. Es sei ganz klar, um den Eintritt Deutschlands in den Europarat zu ermöglichen, seien zwei vorbereitende Schritte erforderlich. Zunächst einmal sei Voraussetzung der Wunsch, diese Einladung an Deutschland abzusenden. Diese Voraussetzung sei gegeben dadurch, daß die drei alliierten Außenminister ihre Unterstützung für eine solche Einladung zugesichert hätten. Die zweite Voraussetzung sei die Sicherheit, daß eine Einladung des Europarates auch angenommen würde. Er, Robertson, meine, daß die Unterschrift von mir unter das Petersberger Abkommen eine Verpflichtung seitens meiner Regierung bedeute. Diese meine Unterschrift stelle jedoch für den Bundestag keine Verpflichtung zum Beitritt in den Europarat dar. Ich hätte das soeben deutlich klargelegt, indem ich die Stimmung im Bundestag geschildert hätte. Hierdurch fehle tatsächlich die Sicherheit der Annahme der Einladung. Er, Robertson, glaube, daß die drei Außenminister diese Sicherheit in der Form eines Gesuches um Beitritt sehen würden. Er möchte aber betonen, daß ein solches Gesuch nicht die unbedingte Voraussetzung für die Zulassung sei.

Er hätte aus der heutigen Besprechung zwei Schlüsse gezogen. Der erste Schluß sei, im Augenblick bestehe keine Hoffnung dafür, daß Deutschland auf Grund einer Abstimmung im Bundestag ein Gesuch um Aufnahme in den Europarat stelle. Der zweite Schluß sei der, ich sei der Auffassung, daß die Lage noch geändert werden könne, wenn man irgendwie ein neues Element hineinbringen würde. Im Augenblick hätte er keine Vorstellung, ob es hierzu eine Möglichkeit gebe. Eines aber sei ihm klar, und das sei, daß der Beitritt der Bundesrepublik zum Europarat von allergrößter Bedeutung sowohl für Deutschland als auch für Europa sei.

François-Poncet warf ein, er sei nicht sicher, daß man eine Zauberformel finden könne, die dieses schwierige Problem lösen würde, aber er versicherte seine Bereitschaft zu helfen.

Da sich bereits am 30. März der Europarat versammelte, mußte unbedingt vorher ein Ausweg gefunden sein. Wir beschlossen, daß ein Ausschuß von politischen Beratern sich zusammensetzen solle, um einen Vorschlag auszuarbeiten. Die Zeit drängte sehr. Es mußten bereits, wie François-Poncet betonte, am nächsten Tag Formulierungen gefunden werden, die den einzelnen Regierungen zur Genehmigung zu unterbreiten seien. Nach François-Poncets Meinung bestand das Problem darin, dem Bundestag die richtige Frage zu unterbreiten. Die Frage müßte in einer Form gestellt werden, die nicht schockiere. Die Frage müßte sowohl meine Zustimmung wie die von Dr. Schumacher finden.

Ich sagte, daß die Zustimmung von Dr. Schumacher auf keinen Fall zu bekommen sei, da er sich bereits öffentlich festgelegt habe und davon nicht mehr herunterkomme. Der Bundestag trete an diesem Tag, am nächsten und übernächsten Tag zusammen. Dem Bundestag die Frage in der Öffentlichkeit vorzulegen, sei im gegenwärtigen Augenblick völlig inopportun. Ich schlug vor, daß ich durch Mitteilungen der Hohen Kommissare in die Lage versetzt würde, den Vertretern der Fraktionen – ich würde selbstverständlich die Sozialdemokraten hinzuziehen, wenn sie auch „Nein" sagen würden – in einer vertraulichen Besprechung etwas zu sagen, was diese veranlassen würde zu erklären: Wenn eine Einladung kommt, werden wir uns bemühen, eine Mehrheit des Bundestages für die Annahme zu erreichen. Dadurch hätten dann auch die Alliierten die Sicherheit, daß die Einladung angenommen werde.

François-Poncet fragte, ob es genügen würde, wenn ich den Vorsitzenden der Fraktionen sagte, daß die Zulassung der Saar Gegenstand einer Revision sein könne genau wie das ganze Statut des Saarlandes.

Ich entgegnete, daß noch etwas hinzukommen müsse, was die Vertreter des Bundestages davon überzeuge, daß die Bundesrepublik im Europarat wirklich willkommen sei. Ich sagte: „Ich darf vielleicht in vollster Offenheit hinzufügen: Bei uns sind zahlreiche Leute der Überzeugung, daß Frankreich uns im Europarat überhaupt nicht will, und zwar deswegen, weil es jetzt diese Saarkonventionen mit der saarländischen Regierung abgeschlossen hat und weil die französische Regierung genau weiß – ich habe das dem Herrn Außenminister Schuman selbst gesagt –, daß sie damit das größte Hindernis für den Eintritt Deutschlands in den Europarat schaffen würde, das überhaupt möglich ist. Ein Grund, warum jetzt die Saarkonventionen getroffen sind, ist in keiner Weise ersichtlich. Ich hatte Herrn Außenminister Schuman gefragt: ‚Warum wollen Sie das denn gerade jetzt machen? Sie haben doch alles, was Sie wollen.' Er antwortete mir: ‚Wir haben alles, was wir wollen, aber es ist noch nicht rechtlich unterbaut, und das wollen wir jetzt tun.'"

François-Poncet erklärte, ich irrte mich hundertprozentig, wenn ich der Annahme sei, daß Frankreich den Beitritt Deutschlands zum Europarat nicht wünsche. Er versicherte mir, Frankreich wünsche, genauso wie die Vereinigten Staaten und Großbritannien, daß Deutschland in den Europarat eintrete.

Am folgenden Tag, dem 23. März, empfing ich die Fraktionsvorsitzenden der Koalitionsparteien und besprach mit ihnen die Situation. Nach längeren Beratungen erhielt ich die Zustimmung der Fraktionsvorsitzenden, folgendes Schreiben an die drei Hohen Kommissare je gesondert abzusenden:

„Bonn, den 23. März 1950

Herr Hoher Kommissar!

Unter Bezugnahme auf die gestrigen Verhandlungen beehre ich mich, Ihnen folgendes mitzuteilen:

Ich würde, und zwar nach meiner Überzeugung mit Erfolg, den Versuch machen, eine Mehrheit des Bundestages für den Beitritt zum Europarat zu gewinnen, wenn ich zuvor ein Schreiben der drei Hohen Kommissare beziehungsweise ihrer Vertreter erhielte, etwa folgenden Inhalts:

1. Die drei westalliierten Mächte, England, Frankreich und USA, wünschen dringend den Beitritt der Bundesrepublik Deutschland zum Europarat.
2. Die Mitgliedschaft des Saargebietes zum Europarat gilt vorbehaltlich der Regelung des Status des Saargebietes durch den Friedensvertrag mit Deutschland.
3. Die Bundesrepublik Deutschland wird baldmöglichst ordentliches Mitglied des Europarates. Bis dahin kann ein Beobachter der Bundesrepublik Deutschland an den Sitzungen des Ministerausschusses teilnehmen.

Falls es wegen der Kürze der zur Verfügung stehenden Zeit nicht möglich ist, die Zusage zu 3. schlechthin zu geben, würde es mir genügen, wenn die drei Hohen Kommissare beziehungsweise ihre Vertreter mir schrieben, wegen der Kürze der zur Verfügung stehenden Zeit sei die Zusicherung unter 3. nicht möglich; die Regierungen der drei Hohen Kommissare würden sich für diese Zusicherung einsetzen.

Damit nicht die Hohen Kommissare eventuell erfolglos ein derartiges Schreiben an mich richten, schlage ich vor, daß sie mir schreiben, sie würden eine Note mit dem oben skizzierten Inhalt an mich richten, wenn eine Mehrheit im Bundestag zu erwarten sei. Ich würde auf Grund eines solchen Schreibens mit meinen Bemühungen bei den Leitern der Fraktionen des Bundestages beginnen und den Hohen Kommissaren den Erfolg meiner Besprechungen mitteilen. Falls eine Mehrheit gesichert erscheint, müßte ich dann das oben skizzierte Schreiben erhalten.

Den weiteren Verlauf denke ich mir dann so, daß ich durch die Hohen Kommissare den Ministerausschuß des Europarates wissen ließe, daß eine Einladung angenommen werden würde, und daß daraufhin Deutschland eingeladen werden würde. Alsdann würde die Angelegenheit von mir an das Plenum des Bundestages gebracht werden.
Da morgen, Freitag, der Bundestag noch versammelt ist, würde ich großen Wert darauf legen, bis Freitag, den 24. März, früh, im Besitz der Mitteilungen zu sein, die mir die Möglichkeit geben, die Verhandlungen mit den Fraktionen des Bundestages zu beginnen. Um auch den Schein eines offiziellen Schrittes meinerseits bei der Hohen Kommission als solcher zu vermeiden, erlaube ich mir, diese Mitteilung an jeden der drei Hohen Kommissare gesondert zu richten.

Ihr sehr ergebener
gez. Adenauer"

Ich erhielt am gleichen Tage Antwort:

„Bonn-Petersberg, den 23. März 1950

Seiner Exzellenz,
dem Herrn Kanzler der
Bundesrepublik Deutschland
Palais Schaumburg
Bonn, Koblenzer Straße 141

Sehr geehrter Herr Bundeskanzler!
Ich beehre mich, Ihnen den Empfang Ihres Schreibens vom 23. März zu bestätigen, das unsere ernsthafte Aufmerksamkeit in Anspruch nimmt.
Im Petersberger Abkommen haben beide Seiten den Wunsch zum Ausdruck gebracht, daß die Bundesrepublik als außerordentliches Mitglied zum Europarat unverzüglich zugelassen werden sollte. Der Meinungsaustausch vom gestrigen Tage zwischen Ihnen und uns wird Ihnen bestätigt haben, daß sich unsere diesbezüglichen Ansichten nicht geändert haben und wir die Überzeugung aufrechterhalten, daß eine Mitgliedschaft dieser Art auch den Interessen Deutschlands am ehesten entsprechen würde.
Wir haben Ihnen auch dargelegt, daß eine getrennte Mitgliedschaft des Saarlandes im Rat noch der Bestätigung zum Zeitpunkt des Abschlusses eines Friedensvertrages unterliegen würde.
Was Ihre Bitte um eine Zusicherung angeht, daß die Bundesrepublik sobald wie möglich Vollmitglied des Rates werden und daß ein deutscher Beobachter in der Zwischenzeit am Ministerrat teilnehmen solle, so sind dies Fragen, die unsere Kompetenz überschreiten. Wir müssen daher bei unseren

Regierungen rückfragen, um festzustellen, ob und gegebenenfalls inwieweit sie Ihre Vorschläge in der Praxis unterstützen können.
Wir müssen unseren Regierungen auch den Teil Ihres Schreibens zuleiten, der sich mit Verfahrensfragen befaßt. Wir übermitteln ihnen daher unverzüglich den Wortlaut Ihres Schreibens.
Ich bedauere, daß ich Ihnen bis morgen oder auch in den nächsten Tagen noch keine Antwort geben kann.

Unterschrift"

Meine Handlungsweise fand die volle Billigung des Kabinetts. Die Minister waren der Auffassung, daß mein Standpunkt auch dann aufrechterhalten bleiben sollte, falls im Ministerausschuß des Europarates die Entscheidung über den Beitritt der Bundesrepublik dadurch verzögert werden sollte.
Am 30. März tagte der Europarat. Es wurde der Entschluß gefaßt, die Bundesrepublik und das Saargebiet einzuladen, dem Europarat als assoziierte Mitglieder beizutreten. Ich erhielt ein Schreiben des Generalsekretärs des Europarates, Camille Paris, vom 31. März 1950, in dem er mir diesen Beschluß des Europarates mitteilte.
Den ersten zwei Punkten meines Schreibens vom 23. März 1950 war entsprochen, dem dritten Punkt dagegen nicht, denn das Statut des Europarates sah nicht vor, daß Beobachter eines Landes zugelassen werden. Mir genügte, daß die ersten beiden Punkte meines Schreibens berücksichtigt waren, und ich war gewillt, mich unter diesen Voraussetzungen im Bundestag für den Beitritt der Bundesrepublik Deutschland zum Europarat einzusetzen.
Ich leitete den Mitgliedern des Kabinetts eine Denkschrift zur Frage des Beitritts der Bundesrepublik Deutschland zum Europarat zu, in der die Gründe, die mich zum Beitritt bewogen, niedergelegt waren. Es heißt wörtlich in der Denkschrift: „Es dürfte klar sein, daß die Saarfrage, die auf eine andere Weise gelöst worden ist als durch freie, offene Aussprache auf dem Boden gegenseitiger Verständnisbereitschaft, nicht Veranlassung sein darf, sich der viel wichtigeren europäischen Zusammenarbeit zu entziehen. Es ist eine Schicksalsfrage, ob das deutsche Volk wünscht, daß Europa zwischen den großen Machtblöcken der Vereinigten Staaten und der Sowjetunion aufgespalten, in Nationalstaaten aufgeteilt bleiben soll, die sich politisch befehden und wirtschaftlich gegeneinander arbeiten, oder ob Europa zu einem politischen und wirtschaftlichen Zusammenschluß gelangt, der ihm Eigengewicht und innere Stabilität verleiht. Obwohl der Europarat mit Mängeln behaftet ist, ist er doch bisher der einzige Weg. Ich warne davor, Deutschland mit dem Odium des Scheiterns der Europaverhandlungen zu belasten."

6. Der Schuman-Plan

Am Dienstag, dem 9. Mai 1950, fand die Beratung über den Beitritt zum Europarat im Kabinett statt. Ich hatte zu dieser Beratung die Fraktionsvorsitzenden der Koalitionsparteien, Dr. von Brentano, Dr. Schäfer und Dr. Mühlenfeldt, hinzugebeten. Die Kabinettsberatung begann um 9.30 Uhr. Es war sehr wichtig, daß das Kabinett eine Entscheidung traf. Für den 11. Mai 1950 war in London eine Konferenz der drei westlichen Außenminister festgesetzt, die die deutsche Frage zum Gegenstand ihrer Beratungen haben sollte. Es war unbedingt notwendig, daß die deutsche Regierung bis zum Beginn dieser Konferenz eine Entscheidung über ihre Bereitschaft zur Zusammenarbeit in Europa bekanntgab. Ich maß dieser Entscheidung, die am 9. Mai im Kabinett getroffen wurde, eine große Bedeutung bei und hatte, um sie in entsprechender Weise der deutschen und der ausländischen Öffentlichkeit bekanntzugeben, für den gleichen Abend um 20 Uhr eine Pressekonferenz angesetzt; ich wußte am Morgen noch nicht, daß der Tag eine bedeutsame Wendung in der europäischen Entwicklung bringen würde.

Während der Beratungen im Kabinett kam die Mitteilung, daß ein Abgeordneter des französischen Außenministers Schuman mir eine dringende Mitteilung zu machen habe. Ministerialdirektor Blankenhorn empfing den Herrn, der ihm zwei Briefe Schumans an mich überbrachte. Der Inhalt der Briefe sei äußerst dringend, wie er sagte, sie müßten mir unverzüglich vorgelegt werden. Der französische Herr, dessen Namen ich nicht kenne, wies Blankenhorn darauf hin, daß in Paris im gegenwärtigen Augenblick der Ministerrat tage und über den Inhalt der Briefe berate. Außenminister Schuman wäre sehr dankbar, wenn er unverzüglich meine Stellungnahme zu den Briefen erfahren könne.

Blankenhorn reichte mir die Briefe in die Kabinettssitzung herein. Der eine Brief war ein handgeschriebenes, persönliches Schreiben von Robert Schuman. Der zweite Brief war ein offizielles Begleitschreiben zu dem in einem Memorandum niedergelegten und später als Schuman-Plan bekanntgewordenen Projekt.

Der Kern des Vorschlages von Robert Schuman war, die gesamte französische und deutsche Kohle-, Eisen- und Stahlerzeugung einer den anderen europäischen Ländern offenstehenden Organisation, einer gemeinsamen Hohen Behörde, zu unterstellen. Schuman legte dar, daß die Zusammenlegung der Kohle-, Eisen- und Stahlerzeugung zwangsläufig zur ersten Etappe eines europäischen Staatenbundes, der sofortigen Schaffung gemeinsamer Grundlagen für den Ausbau der Wirtschaft und zu einem Wandel in der Entwicklung dieser Länder führen werde. Durch die Zusammenfassung der Grundproduktionen von Kohle, Eisen und Stahl und durch die Errichtung einer Behörde, an deren Entscheidungen Frankreich, Deutschland und die ihr beitretenden Länder gebunden sein müßten, würde die Verwirklichung dieses Vorschlages die ersten festen Grundlagen zu einer für die Erhaltung des Friedens unerläßlichen europäischen Föderation schaffen.

In dem persönlich an mich gerichteten Brief schrieb mir Schuman, der Zweck seines Vorschlages sei nicht wirtschaftlicher, sondern eminent politischer Natur. In Frankreich bestehe die Furcht, daß Deutschland, wenn es sich wieder erholt habe, Frankreich angreifen werde. Er könne sich denken, daß umgekehrt auch in Deutschland der Wunsch nach Sicherheit bestehe. Aufrüstung mache sich zuerst fühlbar in einer erhöhten Produktion von Kohle, Eisen und Stahl. Wenn man eine Einrichtung schaffe, wie er, Schuman, sie vorschlage, die jedes der beiden Länder in den Stand setze, die ersten Anzeichen einer Aufrüstung wahrzunehmen, so würde die Schaffung dieser Möglichkeit in Frankreich eine ganz außerordentliche Beruhigung zur Folge haben.

Schumans Plan entsprach voll und ganz meinen seit langem vertretenen Vorstellungen einer Verflechtung der europäischen Schlüsselindustrien. Ich teilte unverzüglich Robert Schuman mit, daß ich seinem Vorschlag aus ganzem Herzen zustimme*.

Die von mir auf der Sitzung mit den Hohen Kommissaren am 22. März erbetene Geste war in einer von mir nicht erwarteten, sehr positiven Form gegeben worden. Der von Schuman dargelegte Plan würde das Problem der Saarkonventionen und die Frage des Beitritts der Bundesrepublik zum Europarat bei ihrer Behandlung im Deutschen Bundestag außerordentlich erleichtern.

Am Abend gab ich auf der Pressekonferenz Erläuterungen zum Schuman-Plan und zu dem Beschluß der Bundesregierung, dem Europarat beizutreten. Ich hatte sämtliche Kabinettsmitglieder gebeten, an der Pressekonferenz teilzunehmen, um dadurch die große Bedeutung der Mitteilungen, die ich zu machen hatte, zu unterstreichen. Ich erklärte, daß die beiden Beschlüsse, einmal der Beschluß des französischen Kabinetts zum Schuman-Plan und zum anderen der Beschluß des deutschen Kabinetts, dem Europarat beizutreten, zufällig zeitlich zusammengetroffen waren. Es waren keinerlei Verhandlungen vorausgegangen.

Ich führte aus, daß ich mich im Verlauf der vergangenen Wochen sehr bemüht hätte, Erleichterungen von den alliierten Regierungen hinsichtlich unseres Beitritts zum Europarat zu erhalten, weil ich hoffte, durch eine

* Wortlaut der Erklärung Robert Schumans siehe Dokumentenband.

Geste des Entgegenkommens im Bundestag eine möglichst große Mehrheit für die Annahme der Einladung zum Europarat zu erzielen. Ich hätte die Absicht gehabt, im Juni mit einer entsprechenden Vorlage an den Bundestag heranzutreten in der Hoffnung, daß durch Zeitablauf oder durch Eintritt irgendeines nicht vorhergesehenen Ereignisses die Annahme der Einladung in den Europarat allgemeine Zustimmung in Deutschland finden würde. Dieses unerwartete Ereignis sei durch den von Schuman verkündeten Plan eingetreten.

Die Verhältnisse in der internationalen Lage hatten sich weiter zugespitzt, und die Westalliierten hielten die Abhaltung einer Außenministerkonferenz für notwendig.

Ich führte auf der Pressekonferenz aus, die Frage Deutschland werde auf der Londoner Konferenz implicite eine sehr große Rolle spielen. Auf der bevorstehenden Konferenz werde es sich im wesentlichen darum handeln, in dem Kalten Krieg, in dem sich die beiden großen Mächtegruppen befänden, die gesamte Weltlage zu überprüfen und zu versuchen, die Front des Westens standfest zu machen. Die europäische Entwicklung werde natürlich nur einen Teil der Überlegungen, die in London angestellt würden, darstellen. Aber die Entwicklung Europas werde eine sehr große Rolle bei diesen Überlegungen spielen. Der Europarat sei noch nichts Vollkommenes, sei aber der Anfang einer hoffentlich guten Entwicklung. Die Westmächte seien sich darüber einig, daß der Europarat keine günstige Entwicklung nehmen könne, ohne daß Deutschland Mitglied sei. Die Frage des Beitritts zum Europarat dürfe man nicht unter kleinlichen Aspekten betrachten. Wir müßten unbedingt die großen und entscheidenden politischen Entwicklungen im Auge behalten. Nach Auffassung des Kabinetts könne das Ziel der Entwicklung des Europarats nur eins sein: ein föderatives Europa zu schaffen, das ein eminent friedlicher Faktor in der Welt sein werde.

Man müßte sich die Weltlage vor Augen halten. Zwei große Machtgruppen, Sowjetrußland auf der einen Seite, die Vereinigten Staaten von Nordamerika auf der anderen Seite, durch ideologische Gründe, durch ihre Entwicklung, durch ihre ganzen Auffassungen getrennt, stünden sich in einem Kalten Krieg, der, wie wir alle hofften, niemals in einen heißen Krieg umschlagen werde, gegenüber. Kein anderer Staat in der Welt sei stark genug, nach den beiden Kriegen, die wir erlebt hätten, mit diesen beiden Staaten konkurrieren zu können. Wenn die akute Spannung des Kalten Krieges, in der wir im gegenwärtigen Augenblick lebten, vorüber sein werde, so werde doch eine latente Spannung weiterhin so lange vorhanden sein, wie die Welt in Wirklichkeit nur von diesen beiden großen Mächten beherrscht werde.

Das Ziel müsse sein, in einem vereinten Europa eine dritte Kraft zu schaffen, eine Kraft, die bei weitem nicht so groß werden könne wie diese beiden Großmächte, die aber doch immerhin wirtschaftlich und politisch so stark sein würde, daß sie, wenn latente Differenzen sich in akute Spannungen zu entwickeln drohten, ihr Gewicht für die Erhaltung des Friedens in die Waagschale legen könne. Das sei nach meiner Auffassung das Ziel, das man, wenn man europäische Politik betreibe, im Auge behalten und verfolgen müsse, ein eminent friedliches Ziel, durch dessen Verfolgung erreicht werden solle, den Völkern der Welt einen dauernden Frieden zu geben.
In der westlichen Welt sei man sich allgemein darin einig, daß sich ohne Deutschland der Europarat nicht weiterentwickeln könne. Wir Deutsche müßten uns die Frage stellen: Können wir es vor unserem Gewissen und vor unserem Volk und vor Europa verantworten, dadurch, daß wir nicht in den Europarat eintreten, von vornherein die Entwicklung zum föderativen Europa zunichte zu machen? Hätten wir Deutsche nicht vielmehr die Verpflichtung, nachdem wir in der Vergangenheit durch den Krieg große Schuld auf uns geladen haben, nunmehr unsere ganzen geistigen, sittlichen und wirtschaftlichen Kräfte dafür einzusetzen, daß dieses Europa entstehe und daß dieses Europa ein Element des Friedens werde? Wenn man sich diese Frage stelle, gebe es nur eine Antwort darauf. Die Entwicklung in der Weltpolitik habe sich in den letzten Monaten so gestaltet, daß demgegenüber die Saarkonventionen und die Vertretung des Saargebietes im Europarat für uns kein Hindernis bilden dürften, in den Europarat einzutreten. Wir müßten unbedingt das große Ziel im Auge behalten.
Ich betonte, daß wir bei der Beschlußfassung im Kabinett uns die Frage vorgelegt hätten: Wie wird der Eintritt in den Europarat auf Berlin, auf die Sowjetzone, auf Sowjetrußland wirken? Wenn Sowjetrußland den Europarat in Ruhe betrachte, dann werde Sowjetrußland, wenn es wirklich den Frieden wolle, darin ein Element des Friedens erkennen müssen. Es könne sein, daß die sowjetrussische Regierung anders reagiere, und wir hätten Überlegungen angestellt und eine Diskussion geführt, die mich sehr lebhaft an Diskussionen erinnert habe, die wir etwa vor zwei Jahren führten, als es sich darum handelte, den Parlamentarischen Rat einzuberufen, das Grundgesetz zu beschließen und im Anschluß daran die Bundesrepublik Deutschland ins Leben zu rufen. Auch damals seien Betrachtungen darüber angestellt worden, ob man nicht durch ein solches Vorgehen den deutschen Osten entmutige, ob man nicht den Eisernen Vorhang dadurch fester mache, ob man nicht Berlin dadurch preisgebe. Die Verfechter des Gedankens, die Rettung Berlins und die Rettung des deutschen Ostens habe zur Voraussetzung, daß der deutsche Westen wirtschaftlich und politisch stark werde,

hätten recht behalten. Wir wären sonst niemals in der Lage gewesen, Berlin die Hilfe zu gewähren, die es in den Stand gesetzt habe auszuhalten. Ich glaubte, man könne auch auf diese neue Sachlage auf Grund der Erfahrungen, die wir in den letzten Jahren gesammelt hätten, denselben Grundsatz anwenden, nämlich, je stärker die Bundesrepublik Deutschland politisch und wirtschaftlich werde, desto besser sei es für Berlin und für den deutschen Osten.

Ich erhoffte mir von der künftigen Entwicklung, daß, sobald wir Mitglied des Europarats würden, wir auf dem gesamten Gebiete des Besatzungsregimes schon sehr bald wesentliche Erleichterungen erwarten könnten. Ich sei überzeugt, daß die Revision des Besatzungsstatuts, die bald fällig sei, viel großzügiger ausfallen werde, wenn wir Mitglied des Europarats seien.

Ich ging dann auf den Beschluß des französischen Ministerrates ein, der an diesem Vormittag des 9. Mai 1950 gefaßt worden war. Ich betonte nachdrücklich, daß ich ihn als einen großherzigen Schritt Frankreichs und seines Außenministers Schuman gegenüber Deutschland und gegenüber der europäischen Frage betrachte. Er sei zweifellos von der denkbar größten Bedeutung für die Beziehungen zwischen Deutschland und Frankreich und für die ganze europäische Entwicklung. Der Beschluß enthalte nicht allgemeine Redensarten, sondern konkrete und präzise Vorschläge über eine Zusammenfassung der Produktionen von Kohle, Eisen und Stahl Frankreichs und Deutschlands unter ausdrücklicher Betonung, daß alle anderen Staaten diesem Abkommen beitreten könnten. Ich hob hervor, der französische Vorschlag beruhe auf der Basis der Gleichberechtigung. Es sei vorgesehen, falls die Deutschen und die Franzosen sich in dem vorgesehenen Gremium nicht einigen könnten, daß ein Schiedsrichter, der von beiden Staaten gewählt würde, die Entscheidung über strittige Fragen fällen solle. Ich betrachtete den Vorschlag Schumans als einen sehr wichtigen Fortschritt in den deutsch-französischen Beziehungen, dessen Bedeutung nicht nachdrücklich genug unterstrichen werden könne. Ich fügte hinzu, daß auch die Saarproduktion unter diesen Plan falle und daß dadurch ein wesentliches Moment der Entfremdung zwischen Frankreich und uns beseitigt werde. Ich erklärte, die Zusammenlegung der Grundproduktion von Kohle, Eisen und Stahl schaffe eine echte Voraussetzung dafür, daß zwischen Frankreich und Deutschland in Zukunft jeder Konflikt ausgeschaltet sein werde. Hierin erblicke ich die äußerst große Bedeutung des Beschlusses der französischen Regierung. Ich sei überzeugt, daß aus den Verhandlungen, die von seiten der französischen Regierung vorgeschlagen waren, sich ein großer Fortschritt entwikkeln werde für die Zukunft unserer beiden Länder und für die Zukunft Europas.

7. Fortschritte durch die Londoner Außenministerkonferenz vom Mai 1950

Die Londoner Außenministerkonferenz tagte vom 11. bis zum 13. Mai 1950. Das Abschlußkommuniqué dieser Konferenz, das sich auch mit der Deutschlandfrage befaßte, betrachtete ich nach jeder Richtung hin als für Deutschland zufriedenstellend. Der Inhalt, die Form und der Ton des Abschlußkommuniqués zeigten einen außerordentlichen Fortschritt gegenüber der bisherigen Behandlung der Bundesrepublik durch die Westalliierten, und ich nahm mit ziemlicher Sicherheit an, daß schon in naher Zukunft erhebliche Erleichterungen für die Bundesrepublik eintreten würden. Sehr ermutigend fand ich die Sätze des Kommuniqués, nach denen die Westmächte nach wie vor fest entschlossen seien, wie bereits in dem Washingtoner Abkommen vom April 1949 niedergelegt, die allmähliche Wiederaufnahme Deutschlands in die Gemeinschaft der freien Völker Europas zu erwirken. Wenn dieser erstrebte Zustand in vollem Maße erreicht wäre, würde Deutschland von allen Kontrollen, denen es noch immer unterworfen sei, befreit werden und seine Hoheitsrechte bis zu einem Höchstmaß zurückerhalten, das mit der Grundlage des Besatzungsstatuts vereinbar sei. Die Westmächte hätten den Wunsch, dieses Ziel so schnell wie möglich zu erreichen. Es hieß wörtlich in dem Kommuniqué: „Die Westmächte wünschen, das Tempo des Fortschritts so schnell wie möglich zu sehen. Der Fortschritt wird abhängen von dem Grad der vertrauensvollen und offenen Zusammenarbeit seitens der Regierung und des Volkes der Bundesrepublik. In erster Linie wird das Tempo bestimmt durch das Ausmaß, in dem die Alliierten überzeugt sind, daß ihre eigene Sicherheit durch die Entwicklung des Wunsches nach Frieden und freundlicher Anlehnung an sie in Deutschland gewährleistet wird." Hieraus ging hervor, daß die Westalliierten ihrerseits durchaus zu schnellem und großem Entgegenkommen bereit waren, so daß meine Erwartung berechtigt zu sein schien. Meine rasche Stellungnahme zu dem Schuman-Plan und auch die Beschlußfassung des Kabinetts über den Beitritt in den Europarat schienen eine günstige Wirkung auf die Londoner Außenministerkonferenz gehabt zu haben.

Für den 16. Mai 1950 war eine Besprechung mit den Hohen Kommissaren auf dem Petersberg vereinbart. Ich sollte auf dieser Sitzung nähere Einzelheiten über die Londoner Außenministerkonferenz erfahren.

McCloy führte aus, die Außenminister hätten sich hauptsächlich damit auseinandergesetzt, wie ein Kräfteausgleich zwischen der kommunistischen und der antikommunistischen Welt herbeizuführen sei. Man habe festgestellt, daß eine Ungleichheit zwischen der militärischen Kraft der kommunistischen Welt und derjenigen der nichtkommunistischen Welt herrsche. Es sei beraten worden, wie man diese Ungleichheit beseitigen könne. Man sei sich einig gewesen darin, daß neben der militärischen Stärke ein Ausgleich der wirtschaftlichen Kräfte nötig sein werde. Der Lebensstandard müsse im Westen steigen. Man glaube, daß eine derartige Tatsache eine Antwort an den Osten darstelle. Die Stärke und die Vitalität des Westens müßten unbedingt vergrößert werden. Es sei auch über die Situation im Fernen Osten, insbesondere in Südostasien, gesprochen worden, und man sei sich darüber einig, daß die Position in Südostasien unbedingt gehalten werden müsse.

Die Frage der Verschmelzung Westeuropas habe eine sehr bedeutende Rolle gespielt. Der amerikanische Außenminister Dean Acheson habe ausgeführt, daß mit Ablauf der Marshall-Plan-Hilfe Ende 1952 das amerikanische Interesse an Europa nicht aufhören werde.

Der Vorschlag von Außenminister Schuman, der, wie McCloy es ausdrückte, wie eine kleine Atombombe gewirkt habe, sei gleichfalls ausführlich besprochen worden. McCloy bemerkte, daß alle die Schnelligkeit begrüßt hätten, mit der ich den Plan von Außenminister Schuman aufgegriffen und erklärt hätte, daß ich mit dem Plan und den zugrunde liegenden Prinzipien einverstanden sei.

Dann ging McCloy auf den Inhalt der Erklärungen der Londoner Außenministerkonferenz hinsichtlich Deutschlands ein. McCloy sagte, daß man Deutschland mehr und mehr Unabhängigkeit geben und daß man so wenig wie möglich in die Handlungen der Bundesregierung eingreifen wolle. Deutschland solle möglichst schnell als Partner in die westliche Welt eingegliedert werden, deren Wunsch nach Frieden und Freiheit groß sei. In den Erklärungen sei die Bedeutung des demokratischen Staatswesens stark hervorgehoben worden und die Bedeutung, die man der Freiheit des Individuums in einem solchen demokratischen Staatswesen beimesse. Die Alliierten glaubten, daß die Verwirklichung dieser demokratischen Grundsätze in Deutschland die beste und dauerhafteste Garantie für eine Sicherheit sei, die durch künstliche Kontrollmaßnahmen niemals erreicht werden könne.

McCloy meinte, es wäre sicherlich bedeutungsvoll für mich zu hören, daß sich die Außenminister darin einig gewesen seien, daß die Anwesenheit von Besatzungstruppen in Deutschland weniger darauf beruhe, übliche Aufgaben von Besatzungstruppen zu erfüllen, sondern vielmehr, Verteidigungsmaßnahmen auszuführen, und zwar Verteidigungsmaßnahmen gegen Angriffe ausländischer Mächte, die der jungen deutschen Republik während ihres Wiedererwachens und Wiedererwachsens Schaden zufügen könnten.

Dann übergab er mir einige Dokumente, die sich mit der deutschen Frage beschäftigten. Das erste Dokument betraf die Einsetzung einer Studiengruppe.

Die Aufgabe dieser Studiengruppe sollte sein, Vorschläge für eine Revision des Besatzungsstatuts auszuarbeiten; ihre Aufgabe würde auch die Behandlung einer Anzahl verschiedener Fragen umfassen, die die weitere Entwicklung Deutschlands bis zum Abschluß eines Friedensvertrages hindern könnten.

Wie McCloy sagte, seien Verhandlungen über die Beendigung des Kriegszustandes mit Deutschland geführt worden. Man sei dabei auf eine große Anzahl technischer Schwierigkeiten gestoßen, die die Lösung dieses Fragenkomplexes kompliziert hätten. Es werde nicht Aufgabe der Studiengruppe sein, die Beendigung des Kriegszustandes direkt herbeizuführen oder einen Friedensvertrag vorzubereiten. Aber es sei Aufgabe der Studiengruppe, praktische Schwierigkeiten, die sich dadurch ergeben würden, daß die Beendigung des Kriegszustandes nicht sofort erklärt werden könne, auf ein Mindestmaß herabzusetzen und zu verhindern, daß diese praktischen Schwierigkeiten noch unangenehmere Folgen mit sich brächten, als es bereits der Fall sei. Die Einsetzung einer Studiengruppe stelle im Augenblick unbedingt einen Fortschritt dar. Einige der Angelegenheiten, mit denen sich die Studiengruppe befassen werde, wären zum Beispiel die Frage der Vorkriegs-Vertragsverpflichtungen Deutschlands und die Angelegenheit der ausstehenden Ansprüche Deutschlands.

Eines der mir übergebenen Dokumente, und zwar Dokument 3, enthielt Erklärungen der drei Außenminister zu Berlin. Die Hohen Kommissare teilten mir mit, die Vertreter der Beneluxstaaten hätten sofort zugestimmt, in Berlin mehr Einkäufe zu machen als bisher. Harriman, der Sonderbevollmächtigte der Vereinigten Staaten, hätte sich auch bereit erklärt, durch die Organisation der OEEC mehr Einkäufe in Berlin zu tätigen.

Robertson führte zu dem Ergebnis der Londoner Außenministerkonferenz aus, daß es sich bei den mir übergebenen Dokumenten nicht etwa um Propagandadokumente handele. Es sei nichts verhüllt und nichts vernebelt. Was man gedacht hätte, sei gesagt worden, und was man nicht gemeint hätte, sei nicht gesagt. Wenn in den Dokumenten geschrieben stünde, die Alliierten hielten an ihrem Ziel fest, daß Deutschland in immer fortschreitender Weise in die Gesellschaft der freien europäischen Nationen aufgenommen werden solle, so sei es genau das, was die Außenminister sagen wollten. Wenn in den Dokumenten stünde, daß die Westmächte in dieser Richtung einen möglichst raschen Fortschritt sehen wollten, so hätten sie es nicht gesagt, „weil sie etwas Hübsches sagen wollten", sondern weil sie es auch wirklich meinten. Robertson sagte wörtlich: „Wenn ferner in den Dokumenten steht, daß die Schnelligkeit des Fortschritts von der Freimütigkeit der Zusammenarbeit der deutschen Regierung und der deutschen Bevölkerung abhängt, so ist das wiederum genau das, was die Herren Minister sagen wollten. Daher bin ich für meine Person der Ansicht, daß diese Dokumente den Zeitabschnitt abschließen, in dem von Konzessionen der Alliierten gegenüber Deutschland die Rede sein sollte. Eine Konzession wird entweder durch Aufdringlichkeit oder durch Druck abgezwungen und ist nicht etwas, was freiwillig gegeben wird. Nach meiner Auffassung stellen diese Dokumente ganz eindeutig fest, daß von Konzessionen weiterhin nicht die Rede sein kann, sondern daß ein definitiver Plan besteht, Deutschland in fortschreitender Weise in die Gesellschaft der freien Nationen aufzunehmen."

In meiner Antwortrede begrüßte ich die Einsetzung des Studienausschusses. Zum Schuman-Plan sagte ich, ich hätte deshalb so schnell darauf reagieren können, weil es genau der Plan gewesen sei, den zwei Freunde von mir und ich im Jahre 1925 nach der Beendigung des passiven Widerstandes, als die Beziehungen zwischen Frankreich und Deutschland auf einem Tiefpunkt angelangt waren, der damaligen Reichsregierung vorgelegt hätten. In allererster Linie hätten wir damals diesen Plan aus politischen Gründen vorgeschlagen.

Die Bundesregierung erblicke in dem Schuman-Plan die Bildung eines wirklich dauerhaften Fundamentes für eine europäische Föderation, und die Bundesregierung werde sich diesem Plan mit ganzer Kraft widmen.

Ich unterstrich, daß ich den ganzen Ton und die Form der Beschlüsse der Außenminister als außerordentlich wohltuend empfunden hätte. Ich glaubte, daraus entnehmen zu können, daß ein neues Kapitel in den Beziehungen der Bundesrepublik zu den drei Westmächten beginnen werde, und ich sei sehr glücklich, aus den Worten von General Robertson entnommen zu haben, daß mein Eindruck richtig sei.

François-Poncet sagte hinsichtlich des Schuman-Plans, daß die französische Regierung beabsichtige, die an dem Schuman-Plan interessierten Regierungen zu befragen, ob sie an einer Studienkommission, die die französische Regierung einberufen wolle, teilnehmen würden. Selbstverständlich werde auch die deutsche Regierung eingeladen, sich in diesem Ausschuß vertreten zu lassen. Bis jetzt lägen für den Schuman-Plan erst sehr allgemeine Grundlinien vor. Nunmehr müßte man daran gehen, die Einzelheiten zu definieren. Monnet werde in der kommenden Woche nach Bonn kommen, um mit mir die Grundzüge des Schuman-Plans zu besprechen.

8. Treffen mit Jean Monnet

Am Dienstag, dem 23. Mai 1950, suchte mich Jean Monnet zusammen mit dem stellvertretenden Hohen Kommissar Bérard zu einer sehr ausführlichen Besprechung über den Schuman-Plan auf. Jean Monnet war der wirtschaftliche Organisator des Schuman-Planes, er war der Hauptmotor des ganzen Planes.

Monnet ist ein Mann von sehr großem wirtschaftlichen Organisationstalent, ein echter Mann des Friedens, ein Mann von gewinnenden Verhandlungsformen. Ich bin auch in der Folgezeit immer mit ihm freundschaftlich verbunden geblieben.

Monnet legte mir im einzelnen die Gedanken des französischen Außenministers zu dem Plan eines wirtschaftlichen Zusammenschlusses der Kohle- und Stahlindustrie dar. Ich war mit dem von ihm vorgetragenen Projekt sehr einverstanden.

Der Gedanke über die Art und Weise der Verhandlungen war gemäß den Äußerungen Monnets nach Auffassung der französischen Regierung folgender: Man war sich darüber klar, daß, wenn sich die technischen Sachverständigen der sechs Länder zusammensetzten, diesen die technischen Schwierigkeiten und Meinungsverschiedenheiten ungeheuerlich groß erscheinen mußten und diese dann derart ausführlich diskutiert würden, daß dadurch der ganze Plan in der Gefahr schwebte, zerredet zu werden. Monnet schlug deshalb vor, zu der am 20. Juni 1950 in Paris zusammentretenden Konferenz von sämtlichen beteiligten Ländern keine technischen Sachverständigen zu entsenden. Er schlug vielmehr vor, daß die Vertreter Persönlichkeiten mit einem weiten wirtschaftlichen Horizont seien, die auf europäischem Boden stünden und europäisch dächten. Das letztere sei die Hauptsache. Weiter wäre es erforderlich, daß die Vertreter in der Lage seien, staatsrechtliche Verträge zu entwerfen und zu beraten. Erst dann, wenn auf der Konferenz in Paris, auf der so schnell wie möglich gearbeitet werden sollte, eine grundsätzliche Verständigung über den Aufgabenkreis der Hohen Behörde des Schuman-Plans erzielt, wenn eine Verständigung über das Schema der abzuschließenden Staatsverträge erfolgt sein würde und wenn dazu die Parlamente der sechs Länder ihre Billigung ausgesprochen hätten, erst dann wäre nach Ansicht von Monnet, die ich für vollkommen richtig hielt, das Feld offen für technische Berater.

Italien und die Beneluxstaaten erklärten sich bald nach Veröffentlichung des Schuman-Plans zu einer Zusammenarbeit bereit. England hielt sich leider sehr zurück.

Wie schon gesagt, war für den 20. Juni ein erstes Treffen der von den einzelnen Staaten benannten Vertreter vereinbart. Für die Bundesrepublik hatte ich auf Vorschlag von Professor Röpke den Juristen Professor Hallstein von der Universität Frankfurt benannt. Professor Hallstein, der sich bis zu diesem Zeitpunkt nicht politisch betätigt hatte, bewährte sich in außerordentlich guter Weise. Ich werde auf seine Verdienste in einem anderen Zusammenhang noch näher eingehen.

9. Bundestagsentscheidung über den Beitritt zum Europarat

Für den 13. Juni 1950 war im Bundestag die Abgabe einer Regierungserklärung zum Beitritt der Bundesrepublik zum Europarat festgesetzt, der eine Debatte und eine anschließende Abstimmung des Bundestages hierüber folgen sollte.

Ich ging zu Beginn meiner Regierungserklärung auf die veränderte außenpolitische Situation ein, die durch den Schuman-Plan und durch die Londoner Außenministerkonferenz eingetreten war. In einer Regierungserklärung anläßlich der Saarkonventionen hatte ich am 10. März 1950 gesagt, in Deutschland seien Zweifel entstanden, ob wirklich der ernste Wille vorhanden sei, uns zur Mitarbeit am Wiederaufbau Europas heranzuziehen. Ich hatte auch gesagt, daß dieses Mißtrauen durch einen entschiedenen Schritt nach vorwärts überwunden werden müsse, und hatte eine Union zwischen Frankreich und Deutschland vorgeschlagen, der sich andere europäische Staaten anschließen könnten. Dieser deutlich sichtbare Schritt, der die durch die Entwicklung der Saarfrage entstandenen Zweifel des deutschen Volkes, ob man wirklich auf französischer Seite zu einer Verständigung mit Deutschland kommen wolle, beseitigen sollte, liege nunmehr für jeden erkennbar in dem Schuman-Plan vor. Ich wies die Kritiker meiner „verwirrenden" Interviews – die SPD hatte diesen Ausdruck für meine am 7. und 21. März 1950 Kingsbury-Smith gegebenen Interviews gebraucht – darauf hin, daß der Vorschlag einer politischen Union, den ich in diesen Interviews gemacht hatte, durch den Plan Schumans seiner Verwirklichung ein sehr großes Stück nähergekommen sei. Nach meiner Meinung verliere das Saarproblem durch den Schuman-Plan in sehr großem Maße an Bedeutung, weil die Saargruben und die Saarhüttenwerke unter dieses Abkommen fallen würden. Ich sei überzeugt, daß, wenn der Schuman-Plan realisiert würde, sich die Saarfrage aus sich heraus lösen werde.

Ich ging ausführlich auf den Schuman-Plan ein. Ich berichtete, die italienische Regierung, die luxemburgische Regierung, die belgische Regierung und die holländische Regierung seien bereits mit Erklärungen an die

Öffentlichkeit getreten, wonach sie auf der Grundlage des vom französischen Kabinett vorgeschlagenen Programms zu Verhandlungen bereit seien. Die Regierung Großbritanniens habe zu meinem großen Bedauern der Einladung der französischen Regierung bisher nicht Folge geleistet. Ich erklärte ausdrücklich, ich bedauerte diese Tatsache außerordentlich, und ich gäbe die Hoffnung nicht auf, daß im Laufe der Verhandlungen Großbritannien zu diesem Plan doch noch eine positivere Stellung einnehmen werde.

Ich befände mich in voller Übereinstimmung mit der französischen Regierung, wenn ich sagte, die Bedeutung des Schuman-Vorschlages sei in allererster Linie eine politische und nicht eine wirtschaftliche. Wenn man die Erklärungen des französischen Kabinetts vom 9. Mai 1950 mit Aufmerksamkeit lese, dann finde man an mehreren Stellen den ausdrücklichen Hinweis, daß mit diesem Plan der Anfang zu einem föderativen Aufbau Europas gemacht werden solle. Die politische Bedeutung des Vorschlages sei so stark wie nur denkbar unterstrichen, und aus persönlichen Gesprächen, die ich mit Monnet bisher geführt hätte, könne ich nur bestätigen, das politische Moment fiele nach französischer Auffassung am meisten in die Waagschale. Daß man, wenn man das Ziel verfolge, die seit Jahrhunderten bestehenden Differenzen zwischen dem französischen Volk und dem deutschen Volk zu beseitigen, gerade an eine derartige Konstruktion bezüglich Eisen, Stahl und Kohle denke, habe einen sehr guten Grund. Es gäbe keine bessere Möglichkeit, dem französischen Volk die Zweifel an der Friedensliebe des deutschen Volkes zu nehmen, als wenn man diejenigen Produktionen, nämlich Kohle, Eisen und Stahl, die nach wie vor die Hauptträger einer jeden Aufrüstung sein würden, in Frankreich und Deutschland so zusammenbringe, daß jeder Partner dieses Paktes über alles unterrichtet sei, was auf diesem Gebiete vor sich gehe. Ich betonte, nach meiner Überzeugung wünsche das deutsche Volk in seiner Gesamtheit, daß zwischen Frankreich und Deutschland in Zukunft alle psychologischen Hemmnisse beseitigt würden, damit endlich Frieden auch in Europa einkehre.

Wenn man nicht in den Europarat eintreten würde und die Einladung ablehne, so bedeute das eine Negierung dieses Vorschlages Frankreichs, denn der politische Zweck des französischen Vorschlages gehe ja gerade auf die Schaffung einer europäischen Föderation hinaus. Es sei allgemein bekannt, daß der Europarat, wenn er auch noch kein vollkommenes Instrument sei, dieselbe Tendenz habe. Es sei unmöglich, die Einladung zum Europarat abzuschlagen und gleichzeitig zu sagen: Ich will aber über den anderen Weg zu einem föderativen Europa. Derjenige, der die Einladung zum Europarat ablehne, präjudiziere damit auch seine Stellung zum Schuman-Plan.

Ich schnitt anschließend die Saarfrage im Zusammenhang mit dem Schuman-

Plan an und erklärte, es sei ausdrücklich seitens der Hohen Kommissare gesagt worden, daß die Einladung an die Saarregierung nicht eine Vorwegnahme der Entscheidung des Friedensvertrages bedeute. Das Saarproblem werde durch den Schuman-Plan in sehr großem Maße an Bedeutung verlieren. Nach meiner Auffassung seien der Eintritt der Saarregierung in den Europarat und die Ablehnung der Einladung durch Deutschland keine vergleichbaren Größen.

Ich wies die Abgeordneten auf meinen Schriftwechsel mit den Hohen Kommissaren hin, der den Zweck verfolgt habe, noch Zugeständnisse zu erreichen. Ich hätte diese Schritte unternommen, um zu versuchen, den sozialdemokratischen Abgeordneten die Möglichkeit zu geben, dem Beitritt der Bundesrepublik zum Europarat zuzustimmen. Ich hätte als Chef der Regierung Wert darauf gelegt, daß der Vorschlag der Bundesregierung zum Eintritt in den Europarat mit einer sehr großen Mehrheit angenommen werde.

Die SPD hatte auf ihrem Parteitag in Hamburg im Mai 1950 ihre ablehnende Haltung zum Beitritt der Bundesrepublik in den Europarat zu erkennen gegeben. Mir lag daran, auch die SPD für eine Zustimmung des Antrages der Bundesregierung zu gewinnen. Ich erwähnte in meiner Regierungserklärung eine Rede, die Henri Spaak am 11. Juni in Dortmund gehalten hatte, und ich betonte, daß Spaak, wie wohl jeder im Bundestag wisse, Sozialist sei.

Am 11. Juni hatte Henri Spaak in Dortmund auf einer Großkundgebung gesprochen. Er hatte gesagt, daß Europa seit Jahren von der Wohltätigkeit Amerikas gelebt habe. Damit könne man keine europäische Politik treiben. Diese Bemerkung richte sich nicht gegen die Amerikaner, sondern gegen die Europäer. Europa gehe, auf lange Sicht gesehen, der vollkommenen Länderautarkie und damit dem Untergang entgegen, wenn es nicht die einzige Chance ergreife, nämlich die europäische Zusammenarbeit. Deutschland müsse eine Rolle in dem „europäischen Konzert" spielen. Sein Beitritt zum Europarat würde nicht nur für diesen, sondern auch für Deutschland von Vorteil sein. Es wäre ein schwerer Schlag für den Europagedanken, wenn Deutschland dem Europarat nicht beitreten würde. Er stellte an die deutschen Sozialdemokraten die Frage: „Wie wollt ihr denn das Europaproblem und vor allem die Frage des deutschen Ostens lösen, wenn ihr außerhalb Europas steht?" Der Gedanke, der von den Gegnern eines Beitritts der Bundesrepublik zum Europarat ausgesprochen wurde, daß ein deutscher Beitritt einen Verzicht auf das Saarland und einen Verzicht auf die Gebiete östlich von Oder und Neiße bedeute, sei völlig falsch. Für ihre Forderung auf Rückgabe der Ostprovinzen und den Wunsch nach der Einheit Deutschlands werde die Bundesrepublik in Straßburg Alliierte und keine Gegner finden. Auch andere deutsche Probleme, wie vor allem die Flüchtlingsfrage, ließen sich nur in der europäischen Zusammenarbeit und keinesfalls in einem isolierten Deutschland lösen. Deutschland werde in der Beratenden Versammlung in Straßburg vollkommen gleichberechtigt sein. Für den Fall, daß seine „assoziierte Mitgliedschaft" Schwierigkeiten bringe, würde dies nur ein starkes Argument sein, alle Mitgliedstaaten von der Notwendigkeit zu überzeugen, die Bundesrepublik nicht nur in die Beratende Versammlung, sondern auch in den Ministerrat gleichberechtigt aufzunehmen. Sobald die Bundesrepublik einen Außenminister habe, werde Westdeutschland nach Meinung Spaaks ohnehin die Möglichkeit erhalten, Mitglied des Ministerrats zu werden*.

Am Schluß meiner Regierungserklärung wies ich noch einmal eindringlich auf die Bedeutung der Entscheidung hin, die der Bundestag zu fällen hatte. Das Ziel der Bundesregierung auf außenpolitischem Gebiet sei von Anfang an gewesen, Deutschland gleichberechtigt und gleichverpflichtet in die Gemeinschaft der Völker einzuführen. Dieser Weg sei deshalb besonders schwer, weil es infolge der Spannungen zwischen den beiden großen Mächtegruppen bis jetzt zu einer Friedensregelung noch nicht kommen konnte. Es sei trotzdem gelungen, wesentliche Etappen auf diesem Wege zu erreichen. Ich betonte, daß derjenige, der sich für die Ablehnung der Einladung ausspreche, sich damit zwar nicht für den Osten erkläre, wies aber darauf hin, daß das eine feststehe: Wer sich für die Ablehnung der Einladung ausspreche, der wende sich gegen den Westen. Der Europarat sei ein erster Versuch, Westeuropa zu einer Föderation zusammenzufassen. Alle seien sich darüber klar, daß, wenn sich die Bundesrepublik Deutschland nicht am Europarat beteilige, damit der Europarat gescheitert und der Versuch, eine europäische Föderation herbeizuführen, erledigt sei. Gegenüber dem Druck vom Osten sei eine Zusammenfassung der europäischen Länder absolut notwendig. Nur so werde Westeuropa befähigt, dem Druck vom Osten her Widerstand zu leisten. Die Entscheidung, die der Bundestag zu fällen habe, sei von einer großen historischen Bedeutung, und jedes Mitglied des Bundestages, das berufen sei, an dieser Entscheidung mitzuwirken, werde eines Tages vor seinem Gewissen und vor dem deutschen Volk Rechenschaft darüber ablegen müssen, was es getan habe.

Am 15. Juni erfolgte die Abstimmung über das Gesetz zum Beitritt der Bundesrepublik Deutschland in den Europarat. Die Abgeordneten der CDU/CSU, der FDP und der DP stimmten mit Ja. Die Mitglieder der SPD und KPD stimmten mit Nein. Das Gesetz wurde mit 220 gegen 152 Stimmen angenommen.

* Siehe „Kölnische Rundschau" vom 12. Juni 1950, AP-, dpa- und UPI-Meldungen.

XV. AUF DEM WEG ZUR ERLANGUNG DER VOLLEN SOUVERÄNITÄT

1. Interview mit dem „Cleveland Plain Dealer“

In der Auslandspresse wurde plötzlich im November 1949 die Frage der Wiederbewaffnung Deutschlands besprochen. In Frankreich war man über die Diskussion dieser Frage sehr beunruhigt. Der französische Informationsminister Teitgen gab eine Erklärung für die französische Regierung ab, wonach Frankreich unter keinen Umständen einer deutschen Wiederbewaffnung oder einem Beitritt Deutschlands zum Atlantikpakt zustimmen werde. Er sagte wörtlich: „Die Welt muß sich darüber im klaren sein, daß Frankreich nicht Partner eines Sicherheitssystems bleiben kann, welches eine deutsche Aufrüstung bejaht.“ Wenn man sich derartige Äußerungen in die Erinnerung zurückruft und dann bedenkt, daß bereits im Oktober 1950 die französische Nationalversammlung einen Vorschlag des damaligen Ministerpräsidenten Pleven billigte, eine europäische Verteidigungsgemeinschaft aufzubauen unter Einschluß eines deutschen Kontingentes, so muß man über diese Entwicklung staunen.

Die Diskussion über die Frage einer deutschen Wiederbewaffnung lebte Anfang Dezember 1949 erneut auf durch ein Interview, das ich am 3. Dezember 1949 dem Vertreter der amerikanischen Zeitung „Cleveland Plain Dealer“ gab. Die Bundesrepublik durfte damals noch kein Außenministerium einrichten, ihre außenpolitischen Interessen wurden durch die drei Hohen Kommissare wahrgenommen. Ich habe daher laufend versucht, unsere Ansichten über außenpolitische Vorgänge durch Interviews der öffentlichen Meinung des Auslandes klarzulegen.

Der Korrespondent des amerikanischen Blattes „Cleveland Plain Dealer“ hatte in dem Gespräch mit mir die Frage der deutschen Sicherheit und die Bedeutung des Atlantikpaktes angeschnitten und fragte mich nach meiner Ansicht über eine deutsche Wiederaufrüstung. Ich antwortete ihm, daß ich eine deutsche Wiederaufrüstung ablehne. Ich führte zur Begründung die schweren Menschenverluste Deutschlands im letzten Weltkrieg an. Daraufhin stellte der Korrespondent die Frage, wie ich zu einem deutschen Beitrag zur Verteidigung des europäischen Kontinents stünde. Er wies mit Nachdruck darauf hin, daß von sehr beachtlichen außerdeutschen Stellen die Notwendigkeit eines Beitrages Deutschlands eventuell in der Form eines Eintritts von Deutschen in andere Armeen erörtert würde.

Ich entgegnete, daß unter keinen Umständen zugestimmt werden könne, daß Deutsche als Söldner oder Landsknechte in fremde Armeen einträten. Auch wenn die Alliierten das Verlangen nach einem deutschen Beitrag zur Sicherheit Europas vorbrächten, würde ich die Aufstellung einer deutschen Wehrmacht ablehnen. Im äußersten Fall sei ich allerdings bereit, die Frage eines deutschen Kontingentes im Rahmen der Armee einer europäischen Föderation zu überlegen.

Am nächsten Tag, es war ein Sonntag, wurde ich von zahlreichen Journalisten angerufen, die mich nach dem Inhalt des Interviews fragten, das ich dem Berichterstatter des „Cleveland Plain Dealer" gegeben hatte. Offenbar war das Interview entstellt in den Vereinigten Staaten erschienen. In dieser entstellten Form schlug es in der gesamten Weltpresse große Wellen. Ich wurde gefragt, ob es zuträfe, daß ich meinen bisherigen Standpunkt bezüglich der Wiederaufrüstung geändert hätte und nunmehr die Aufstellung einer deutschen Armee befürworte. Ich versicherte allen Anrufern, daß das nicht der Fall sei. Ich stünde nach wie vor auf dem Standpunkt, daß Deutschland nicht wieder aufgerüstet werden sollte, denn wir hätten genügend Blut verloren. Wenn es allerdings nicht anders ginge, sei ich für Aufstellung einer europäischen Streitkraft mit einem deutschen Kontingent. Ich betonte nachdrücklichst, daß die Sicherheit Westdeutschlands Sache der alliierten Besatzungsstreitkräfte sei.

Ich dementierte Meldungen, wonach ich die Aufstellung eines autonomen deutschen Armeekorps als notwendig bezeichnet und ein Plädoyer für eine deutsche Aufrüstung gehalten hätte. Ich erklärte erneut, daß ich das Sicherheitsverlangen von Ländern, die während des letzten Krieges unter der deutschen Aggression gelitten hatten, anerkenne. Ich warf allerdings in meinen Gesprächen mit den Journalisten an diesem sehr hektischen Sonntag auch die Frage auf, welche Gefahr im heutigen Europa wohl größer sei, die sowjetische oder die deutsche.

Am nächsten Tag sah ich mich veranlaßt, erneut in einer Presseverlautbarung zu den irreführenden Meldungen, die am Sonntag durch alle Welt liefen, Stellung zu nehmen, und ließ folgende Presseverlautbarung veröffentlichen:

„Bei dem Interview, das der Bundeskanzler Dr. Adenauer dem Korrespondenten des ‚Cleveland Plain Dealer', Mr. Leacacos, am 3. 12. 1949 gegeben hat und bei dem der stellvertretende Bundespressechef Dr. Böx anwesend gewesen ist, führte Bundeskanzler Dr. Adenauer aus, daß er grundsätzlich gegen jede deutsche Wiederaufrüstung sei. Er betonte, daß Deutschland seine ganze Kraft dem Wiederaufbau zuwenden müsse, besonders nach den schweren Verlusten an Menschenleben des vergangenen Krieges.

Auf die Frage des Korrespondenten, wie die deutsche Regierung sich zu einer Aufforderung der Alliierten stellen würde, sich an der Verteidigung Europas zu beteiligen, führte Bundeskanzler Dr. Adenauer aus: Wenn auf einer Beteiligung Deutschlands an der Verteidigung Westeuropas bestanden würde, dann könne dies nur im äußersten Falle einer Konflagration und nur in der Form geschehen, daß ein deutsches Kontingent innerhalb einer europäischen Armee und unter europäischem Oberbefehl aufgestellt würde. Den Gedanken, Freiwillige in Deutschland zu werben, lehnte der Bundeskanzler als Landsknechtstum ab.
Die Frage, ob die deutsche Industrie Waffen herstellen könne, beantwortete Bundeskanzler Dr. Adenauer dahingehend, daß sie dazu nicht in der Lage sei, weil die entsprechenden industriellen Anlagen zerstört seien. Wenn überhaupt eine Aufrüstung erfolgen müsse, dann könne sie nur mit amerikanischen Waffen vorgenommen werden."
Meine Erklärung fand im In- und Ausland im allgemeinen eine positive Aufnahme. Es gab aber nach wie vor sehr kritische Stimmen. Sehr interessant fand ich einen Bericht im „Daily Telegraph" vom 5. Dezember 1949, der eine Äußerung des Chefs des britischen Empire-Generalstabes, Feldmarschall W. Slims, wiedergab, die er in der amerikanischen Militärakademie Westpoint abgegeben hatte. Nach dieser Meldung hatte er gesagt, Deutschland sei „die wertvollste und die gefährlichste Nation auf dem europäischen Kontinent". Ob Deutschland wieder aufgerüstet werden solle oder nicht, sei eine Angelegenheit für Politiker und Staatsmänner. Wenn er damit beauftragt würde, einen solchen Plan durchzuführen, dann könnte er daraus eine wirksame Angelegenheit machen.
Über die Stimmung in Amerika ging aus Presseberichten folgendes hervor: Es wurde ziemlich allgemein die Auffassung vertreten, daß die augenblickliche Belastung des amerikanischen Budgets durch die bereits beschlossenen militärischen Hilfeleistungen an die Signatarstaaten des Atlantikpaktes irgendwelche weiteren Ausgaben für eine deutsche Wiederaufrüstung ausschließe. Es wurden auch Stimmen laut, die besagten, daß eine deutsche Wiederaufrüstung von Deutschland selbst vorgenommen werden könne. Diese Äußerung wurde von dem Washingtoner Korrespondenten von „Le Monde" wiedergegeben. Der Korrespondent führte weiter aus, er sei darauf hingewiesen worden, daß das deutsche Produktionsniveau, das auf der Pariser Konferenz erneut begrenzt worden sei, absolut ungenügend sei, um irgendeine Fabrikation von Kriegsmaterial ins Auge zu fassen. Im übrigen kritisierten Truman und andere verantwortliche amerikanische Politiker ständig die hohen militärischen Kredite. Die deutsche Wiederaufrüstung sei deshalb schon aus materiellen Gründen unmöglich.

Sie sei unter allen Gesichtspunkten in das Reich der Phantasie zu verweisen.

Das „Journal de Genève" sprach in einem Leitartikel vom 5. Dezember 1949 deutlich aus, was auch meine Überzeugung war, daß letzten Endes die Frage der Wiederaufrüstung Deutschlands von Frankreich und von Europa abhänge und daß darüber hinaus die französische Auffassung die Haltung Washingtons maßgeblich bestimmen werde. Das Blatt schrieb wörtlich: „Am Ende wird es die französische Meinung sein, die Washingtons Haltung bestimmt. Wenn Frankreich Deutschland die Hand reichen will, dann wird man sich leicht verständigen. Die Franzosen werden dann als erste begreifen, daß es besser ist, einen eventuellen Angreifer von den Deutschen an der Elbe auffangen zu lassen, als das ganze Gewicht am Rhein allein zu tragen. So erklären sich die aufeinanderfolgenden Reisen und die widerspruchsvollen Erklärungen von Staatsmännern, Generälen und amerikanischen Juristen in Deutschland und Frankreich. Wird man die Deutschen wiederbewaffnen? So fragen sich die Völker Europas mit Beklemmung, denn sie erinnern sich an die letzten Schrecken des Krieges gegen Deutschland. Moskau antwortet nicht darauf, sondern es rüstet auf. Washington schiebt die Frage beiseite und betrachtet sie als ‚nicht aktuell'. Die einzige wirkliche Antwort kann Europa geben und noch genauer gesagt Frankreich, indem es Deutschlands Einordnung in Europa beschleunigt, denn dann wird nicht Deutschland wieder aufgerüstet, sondern Europa entscheidend gestärkt. Ein nationalistisches Deutschland, das man von Europa ausschließen würde, bleibt immer eine Kriegsgefahr. Ein in Europa einbezogenes Deutschland ist ebenso sicher ein Friedensfaktor."

In Frankreich ließ die öffentliche und offizielle Haltung in dieser Frage wenig Hoffnung für eine Entwicklung, wie sie vorstehend angedeutet wurde.

Am 7. und 8. Dezember 1949 fand der Rheinische Parteitag der CDU in Düsseldorf statt. Auf Grund der schwebenden Kontroversen im In- und Ausland über eine künftige deutsche Wiederbewaffnung, eine Frage, die ja von allergrößter Bedeutung für uns Deutsche war, nahm ich hierzu Stellung und sagte: „Nach all dem, was in den letzten Jahren geschehen ist, sind die Deutschen absolute Kriegsgegner. Wir alle hoffen, daß es zu keinem neuen Krieg kommen wird. Aber die Spannung zwischen Ost und West hat sich in letzter Zeit verschärft, und wenn auf beiden Seiten militärische Vorkehrungen getroffen werden, ist es natürlich möglich, daß etwas passiert. In einem solchen Fall stünde Deutschland entwaffnet und schutzlos da. Man kann von den Deutschen nicht erwarten, daß sie als Söldner in fremden Heeren dienen. Aber wenn eine europäische Föderation einen westdeutschen Beitrag zur Verteidigung Europas verlangen sollte, dann könnten sich unter gewissen Umständen auch Deutsche genauso wie Engländer, Franzosen und andere Nationen beteiligen."

Voraussetzung für eine deutsche Beteiligung an der Verteidigung Europas war für mich völlige Gleichberechtigung Deutschlands mit den anderen Völkern Europas. Gleiche Pflichten setzten gleiche Rechte voraus. Die Wiederbewaffnung würde meines Erachtens weitgehende Folgen für die politische Stellung unseres Volkes in der Welt haben. Auf dem Weg über die Wiederbewaffnung konnte die volle Souveränität der Bundesrepublik erreicht werden. Es war die Frage unserer politischen Zukunft schlechthin. Die Westalliierten, insbesondere auch Frankreich, mußten zu einer Beantwortung der Frage kommen, welche Gefahr die größere war: die von der Sowjetunion her drohende Gefahr oder ein deutscher Beitrag zu einer europäischen Verteidigungsgemeinschaft.

Die Sicherheit der Bundesrepublik bereitete mir große Sorge angesichts der Bewaffnung der Sowjetzonenpolizei. Die Russen forcierten die Aufrüstung der bewaffneten Polizeitruppe in der von ihnen besetzten Zone. Diese Maßnahmen waren eine Gefährdung unserer Sicherheit. Die Londoner „Times" schrieb am 19. Dezember 1949: „Je mehr die Russen die Volkspolizei ausbauen und verstärken, desto wahrscheinlicher machen sie die Aufstellung einer ähnlichen Truppe im Westen. Da die russische Gefahr gegenwärtig größer ist als die deutsche, kann man mit Bestimmtheit damit rechnen, daß die Westmächte, wenn sie vor die Wahl gestellt werden, lieber Deutschland wiederbewaffnen, als sich den russischen Drohungen unterwerfen werden."

Ich hatte in dem Interview mit dem „Cleveland Plain Dealer" gesagt, daß die Bundesrepublik nur bereit sei, gegebenenfalls einen Beitrag zu leisten innerhalb einer europäischen Armee oder, anders ausgedrückt, der Armee einer europäischen Föderation. Eine europäische Armee setzte eine europäische Föderation voraus. Innerhalb dieser europäischen Föderation müßte Deutschland als gleichberechtigtes Glied seinen Platz haben.

Drei Faktoren waren es, die meine Haltung in der Frage der Wiederbewaffnung Deutschlands beeinflußten:

1. die Erlangung der Souveränität als Folge der Wiederaufrüstung,
2. Sicherheit gegenüber der Aufrüstung der Sowjetzone durch Sowjetrußland,
3. die Herbeiführung einer europäischen Föderation.

2. Die Einwirkung der Vorgänge in Korea auf die deutschen Verhältnisse

Auf einer Konferenz in Kairo im November 1943 war es zwischen dem amerikanischen Präsidenten Roosevelt und dem britischen Premierminister Churchill einerseits und dem chinesischen Ministerpräsidenten Tschiang Kai-schek andererseits zu einer Vereinbarung gekommen, daß nach dem Sieg über Japan Korea selbständig werden sollte. Die Sowjets schlossen sich später dieser Vereinbarung an. Zunächst war eine Besetzung Koreas vorgesehen. Die Besetzung Koreas erfolgte, in Übereinstimmung mit den Kairoer Bestimmungen, im Laufe des August und September 1945. Nordkorea wurde von der Sowjetunion und Südkorea von den Vereinigten Staaten besetzt. Der 38. Breitengrad bildete die Demarkationslinie. Es fanden zwischen den Besatzungsmächten Verhandlungen statt über freie demokratische Wahlen, aus denen eine Regierung hervorgehen sollte. Diese Verhandlungen scheiterten im Mai 1946. Im Mai 1948 wurden unter Aufsicht der Vereinten Nationen in Südkorea Wahlen durchgeführt. Im Laufe des gleichen Jahres zogen die Vereinigten Staaten ihre Besatzungstruppen aus Südkorea zurück. Eine Beruhigung Südkoreas trat nicht ein, da Banden ein normales demokratisches Leben behinderten. Die Banden wurden zum großen Teil von nordkoreanischen Kommunisten unterstützt. Am 25. Juni 1950 überschritten nordkoreanische Truppen die Demarkationslinie unter der Parole, Südkorea von den Imperialisten zu befreien. Damit war die bisher ständig schwelende Koreakrise zu einem offenen Krieg ausgeweitet. Der Sicherheitsrat der Vereinten Nationen trat zusammen. Der Vertreter der Sowjetunion nahm an der Sitzung nicht teil. Dadurch kam ein Beschluß des Sicherheitsrates zustande, durch den die Vereinten Nationen Südkorea ihre Unterstützung zusagten. Am 7. Juli 1950 wurden die Hilfstruppen der Vereinten Nationen unter das Kommando der Vereinigten Staaten von Amerika gestellt. Zahlreiche Staaten sicherten Südkorea wirtschaftliche Hilfe zu.

Die militärische Unterstützung kam sehr spät, und Südkorea wurde daher von den Kommunisten fast völlig überrannt. Bis zum August 1950 konnte lediglich Pusan gehalten werden. Im September 1950 begann eine Gegenoffensive der Truppen der Vereinten Nationen. Nach wechselvollen Kämpfen gelang es schließlich im Mai 1951, die Front zwischen Nord- und Südkorea in der Nähe des 38. Breitengrades zu stabilisieren.

Der Überfall der nordkoreanischen Kommunisten auf Südkorea und die Kampfhandlungen dort erfüllten die deutsche Bevölkerung mit großer Unruhe. Die Lage Deutschlands hatte Ähnlichkeit mit der Koreas. Auch Deutschland war zweigeteilt: die eine Hälfte befand sich unter kommunistischer Diktatur, und die Bevölkerung des anderen Teiles Deutschlands lebte unter staatlichen Verhältnissen freier demokratischer Prägung. Im sowjetisch besetzten Teil Deutschlands lagen starke sowjetische Truppenverbände; dazu kam, daß die sowjetzonale sogenannte Volkspolizei militärisch ausgebildet war. Im Westen Deutschlands standen nur verhältnismäßig geringe Truppenteile der Besatzungsmächte. Die Abwehrbereitschaft der freien deutschen Bevölkerung gegen den Kommunismus hatte sich sehr deutlich in Berlin gezeigt, und diese Abwehrbereitschaft war auch in der Bundesrepublik Deutschland spürbar. Es bestand aber die Gefahr, daß der Widerstandswille der westdeutschen Bevölkerung gegen einen drohenden Angriff aus dem Osten, ähnlich wie in Korea, erlahmen könnte, wenn sich die Überzeugung ausbreiten würde, daß die Verteidigung des freien westdeutschen Gebietes aussichtslos sei.

Militärisch gesehen waren wir Deutsche vollkommen wehrlos; wir waren auf die Hilfe und Unterstützung der westlichen Besatzungsmächte angewiesen. Es war unbedingt notwendig, daß von diesen eine Erklärung abgegeben wurde, die die Bereitschaft und den festen Willen zur Verteidigung der Bundesrepublik Deutschland einschließlich Berlins erkennen ließ. Ein sichtbares Zeichen dieser Verteidigungsbereitschaft mußte erfolgen.

Wenn bisher das Thema einer Sicherheitsgarantie zur Sprache kam, war von den westlichen Regierungen stets darauf hingewiesen worden, daß der Schutz des Atlantikpaktes automatisch für die Dauer der Besatzung auch für die deutschen Gebiete gelte, die von den Westmächten besetzt waren. Mir schienen diese Hinweise jedoch nicht ausreichend.

Ich hielt es für notwendig, daß die deutsche Länderpolizei verstärkt, eine Hilfspolizei auf kommunaler Basis geschaffen werde und eine Verstärkung des Zollgrenzschutzes und der Bahnpolizei erfolgte. Mein erstrebtes Ziel war die Bildung einer Bundespolizei. Nach Ausbruch der Koreakrise ließ ich eine entsprechende Denkschrift verfassen und sie Ende Juni 1950 den Hohen Kommissaren überreichen. Ich wies auf das erhöhte Sicherheitsbedürfnis der Bundesrepublik hin.

Die offizielle Antwort der Hohen Kommissare auf die Denkschrift war zunächst ein Hinweis auf die in der Vergangenheit abgegebenen Erklärungen, die völkerrechtlich eine eindeutige Lage geschaffen hätten. Auf meinen Wunsch nach Bildung einer Bundespolizei ging man in der Antwort nicht näher ein.

In Korea war es zu einem offenen militärischen Konflikt gekommen. In anderen Teilen der Welt hielt der Nervenkrieg an. Durch Flüsterpropaganda und Verbreitung wilder Gerüchte versuchten die Kommunisten die Bevölkerung der westlichen Welt in Unruhe zu versetzen.

Mir war bekannt geworden, daß die Sowjets in der von ihnen besetzten Zone über 30 Divisionen stationiert hatten. Diese Divisionen waren nach meinen Informationen mit voller Kriegsausrüstung ausgestattet. Düsenflugzeuge waren aus dem Inneren Rußlands nach dem Westen vorgezogen worden. Neben diesem Ausbau der sowjetischen militärischen Kräfte, der einen offensiven Charakter trug, ging Hand in Hand die Militarisierung der sowjetzonalen Volkspolizei. Diese Volkspolizei war aus der allgemeinen Polizei herausgelöst worden und erhielt eine besondere Ausbildung. Nach zuverlässigen Angaben waren bis Mitte August 1950 etwa 60 000 Mann ausgebildet. 15 Waffenschulen waren zur Ausbildung von Offizieren und Unteroffizieren eingerichtet worden. Weitere waren im Aufbau.

Meine Überzeugung, daß Stalin von jeher die Absicht gehabt hatte, Westdeutschland möglichst unzerstört in seine Hände zu bekommen, hatte sich immer mehr gefestigt. Seine Politik der ersten Nachkriegsjahre hatte ihm die Erreichung dieses Zieles nicht gebracht. Aber die Sowjetunion hatte es nicht aufgegeben. Wenn es Stalin gelang, die Bundesrepublik möglichst unversehrt in seine Hand zu bekommen, würde er damit auch bestimmenden Einfluß auf Frankreich und Italien ausüben können. In diesen Ländern war die politische Ordnung nicht gefestigt, und es gab dort starke kommunistische Parteien. Bestimmender Einfluß der Sowjetunion auf die Bundesrepublik, Frankreich und Italien würde die Sowjetunion zur stärksten wirtschaftlichen, militärischen und politischen Macht der Erde machen. Das würde den Sieg des Kommunismus in der Welt, auch über die Vereinigten Staaten, bedeuten. Die Überzeugung, daß dies das Ziel der sowjetrussischen Politik sei, bestimmte immer meine Politik.

Wenn es Sowjetrußland gelingen würde, Westdeutschland in das sowjetrussische System einzubauen, so erfuhr es einen derartigen Zuwachs an Wirtschafts- und Kriegspotential, daß es ein Übergewicht gegenüber den Vereinigten Staaten erreichte. Zwar würde Sowjetrußland sicherlich vor der amerikanischen atomaren Streitmacht Respekt haben, bis es selbst über genügend Atombomben verfügen konnte. Im Januar 1949 war es den Sowjets erstmals gelungen, eine Atombombe zur Explosion zu bringen. Sie würden mit einem Angriff wahrscheinlich so lange zurückhalten, bis die Unterschiede in der Produktion der Atombomben aufgehoben waren. Dann allerdings konnte der Fall eintreten, daß weder Sowjetrußland noch die Vereinigten Staaten zur Anwendung der Waffe kämen. Es würde sich dann wahrscheinlich genauso verhalten wie im letzten Krieg mit dem Giftgas, über das beide Parteien in gleich großem Ausmaß verfügten, so daß man sich auf beiden Seiten davor hütete, dieses Mittel einzusetzen. Wenn ein Gleichgewicht in der Atombombenausrüstung erreicht wäre, würden wahrscheinlich für das Maß der Kampfkraft die Landarmeen und die Luftwaffe entscheidend sein.

Ich war fest überzeugt, daß Stalin für Westdeutschland das gleiche Vorgehen plante wie in Korea. Ich nahm an, daß Rußland sich im Laufe der nächsten Monate von der Sowjetzonenregierung stärker absetzen werde, um dieser den äußeren Anschein einer erhöhten Handlungsfreiheit zu geben. Ich fürchtete, wenn das erreicht sei, würde Stalin darin den richtigen Zeitpunkt erblicken, die Sowjetzonenpolizei zu einer sogenannten „Befreiung" der westdeutschen Gebiete einzusetzen. Ich hielt es für außerordentlich zweifelhaft, daß in einem solchen Falle, in dem nicht Sowjetrußland, sondern die sowjetzonale Regierung der Angreifer war, die Vereinigten Staaten die Atomwaffe gegen Rußland anwenden würden.

Die Bundesrepublik befand sich in einer äußerst gefährlichen Lage. Wir waren völlig unbewaffnet, wir besaßen keine eigenen Abwehrkräfte. Die westalliierten Truppen in Deutschland waren meiner Ansicht nach nicht stark genug. Die Sowjetzone dagegen war durch die Volkspolizei militärisch stark bewaffnet. Die Bundesrepublik würde gegenüber einem Angriff aus der Zone völlig wehrlos sein.

Wenn die Sowjetzonenarmee, ähnlich wie es in Korea geschehen war, mit Panzern angriff, so waren die Folgen eines solchen Vormarsches leicht zu übersehen. Die Bevölkerung Westdeutschlands würde sich gegenüber dieser einmarschierenden Sowjetzonenarmee neutral verhalten, und zwar in erster Linie aus psychologischen Gründen, denn es wären ja Deutsche, die einrückten. Zum anderen aber würde die deutsche Bevölkerung sich neutral verhalten, weil sie infolge der Ereignisse in Korea weitgehend den Glauben an die Stärke der Vereinigten Staaten verloren hatte. Ich erwähnte schon, daß die nordkoreanischen Truppen Südkorea in einem sehr kurzen Zeitraum so gut wie völlig besetzt hatten.

Ich führte verschiedene Gespräche mit Persönlichkeiten aus allen Volkskreisen, und ich war erschüttert über das Ausmaß des Absinkens der inneren Widerstandskraft, das ich aus diesen Gesprächen ersah. Der Glaube an einen erfolgreichen Widerstand schien verloren zu sein. Ein Vorgang in München, bei dem anläßlich eines Umzuges der FDJ die Polizei, als sie den Demonstranten die mitgeführten Transparente abnehmen wollte, mehrfach in die Flucht geschlagen worden war, veranschaulichte die Situation. Aus Unterhaltungen mit Polizeibeamten hatte ich den Eindruck gewonnen, daß die Wehrkraft unserer Polizei sehr gering war.

3. Um die Sicherheit der Bundesrepublik
Besprechung auf dem Petersberg am 17. August 1950

Die Sicherheit der Bundesrepublik war eine Frage von absolutem Vorrang. Ich hatte, wie bereits erwähnt, Ende Juni 1950 den Hohen Kommissaren einen Vorschlag zum Aufbau einer Bundespolizei übermittelt. Angesichts der Entwicklung in Korea und der Nervosität, die sich durch die Korea-Krise allgemein in der Welt ausbreitete, schienen die Bedenken gegen meinen Vorschlag, die hauptsächlich von den Franzosen erhoben wurden, zu schwinden. Mitte August war ich auf Grund vertraulicher Informationen überzeugt, daß ein erneuter Vorstoß meinerseits einen noch vorhandenen französischen Widerstand überwinden könnte.

Auf einer Sitzung mit den Hohen Kommissaren am 17. August 1950 brachte ich die Sicherheitsfrage zur Sprache.

Übrigens war inzwischen der britische Hohe Kommissar Robertson zu meinem großen Bedauern aus seinem Amt ausgeschieden. Robertson war fast fünf Jahre in Deutschland gewesen. Er war zu einem Zeitpunkt nach Deutschland gekommen, als wir Deutsche uns in einer äußerst schweren Lage befanden. Robertson hatte durch seine Persönlichkeit, durch die Ehrlichkeit seiner Gesinnung, durch seine Menschlichkeit und durch seine Lauterkeit sehr viel dazu beigetragen, daß die Entwicklung für uns Deutsche ganz anders geworden war, als wir es in den Jahren 1946/1947 erwartet hatten.

Robertson war abgelöst worden durch Sir Ivone Kirkpatrick, den ich sehr bald ebenfalls als einen äußerst klugen und den deutschen Problemen gegenüber aufgeschlossenen Mann schätzen lernte.

Zu dieser Besprechung waren alle drei Hohen Kommissare, McCloy, Kirkpatrick und François-Poncet, erschienen. Ich gab ihnen eine ausführliche Darstellung der Situation der Bundesrepublik, wie ich sie bereits aufgezeichnet habe. Ich richtete die dringende Bitte an die Hohen Kommissare, bei ihren Regierungen dafür einzutreten, in der Bundesrepublik militärische Macht zu zeigen, die den Menschen das Vertrauen gebe, daß ein Widerstand durchaus möglich sei. Dieser psychologische Gesichtspunkt sei von großer Bedeutung, und man könne ihn nicht ernst genug nehmen. Die Lage sei denkbar schlecht, und es müsse unbedingt etwas geschehen.

Meine zweite Bitte war, man möge die Bundesregierung in die Lage versetzen, eine Abwehrtruppe aufzubauen, die bis zum Frühjahr 1951 fähig sein würde, einem etwaigen Angriff der Volkspolizei wirksam Widerstand zu leisten. Hierzu seien Waffen erforderlich. Selbstverständlich wäre es besser, wenn die Alliierten selbst den Schutz des westdeutschen Gebietes an der Elbegrenze übernehmen würden. Ich bezweifelte aber, ob dies möglich sei. Ich legte den Hohen Kommissaren dar, daß ich daran dächte, eine deutsche Verteidigungsmacht aufzubauen in Form von freiwilligen Formationen bis zu einer Gesamtstärke von 150 000 Mann. Nach Artikel 3 des Besatzungsstatuts hätten die Alliierten das Recht, Maßnahmen zur Verteidigung der demokratischen Ordnung zu ergreifen. Sie könnten also jederzeit auf dieser Grundlage die Bundesregierung zu entsprechenden Maßnahmen ermächtigen.

Ich führte aus, daß Pieck und Ulbricht wiederholt erklärt hätten, daß sie Westdeutschland „befreien" wollten. Wenn man diese Äußerungen zusammen mit den militärischen Vorbereitungen der Sowjetzonenpolizei betrachten würde, so könne über die Absichten kein Zweifel bestehen. Demgegenüber stehe die Bundesregierung völlig hilflos da. Sie besitze nichts als eine enorme Verantwortung ohne Möglichkeiten, die daraus entstehenden Pflichten zu erfüllen. Die von den Alliierten zugestandene Verstärkung der Länderpolizei um insgesamt 10 000 Mann sei keine Lösung. Diese ganze Frage sei sehr dringend. Im September 1950 werde eine Außenministerkonferenz der drei Westmächte stattfinden. Ich bäte darum, daß die drei Außenminister dann diese Frage berieten. Es sei dazu erforderlich, daß die Alliierte Hohe Kommission den Außenministern bestimmte Vorschläge mache, damit diese Frage nicht weiter hinausgeschoben werde.

Weiter erklärte ich: Frankreich, England und die Vereinigten Staaten, darüber bestehe kein Zweifel, kämpften für sich und nicht für Deutschland. Deutschland könne nach allem, was geschehen sei, auch nicht verlangen, daß andere Völker es verteidigten. Aber gerade wenn man dies klar vor Augen habe, sei es notwendig, sich ins Gedächtnis zurückzurufen, daß derjenige, der Westdeutschland und seine Stahlproduktion besäße, voraussichtlich den dritten Weltkrieg zu seinen Gunsten entscheiden werde. Die Verfolgung der russischen Absichten zeuge von einer außerordentlichen Geschicklichkeit. Man baue in der sowjetisch besetzten Zone eine Armee auf; im entscheidenden Augenblick werde man sich zurückhalten und werde den Vereinigten Staaten und den Westalliierten die Entscheidung über die Frage überlassen, ob sie den Einmarsch der Sowjetzonenarmee in die westlichen Gebiete Deutschlands mit einem Krieg gegen Rußland beantworten sollten. Ich hätte vor kurzem einen bedeutenden amerikanischen Politiker gefragt, ob man in diesem Falle damit rechnen könne, daß die Vereinigten Staaten von der Atomwaffe Gebrauch machten. Meine Frage sei mit einem „Nein" beantwortet worden. Das einzig Positive an diesem dunklen Bild, wie es sich mir darstelle, sei die Tatsache, daß die sowjetzonale Armee heute noch nicht über eine ausreichende Anzahl von Offizieren verfüge. Das gebe eine letzte Frist.

McCloy antwortete als erster auf meine Ausführungen. Er meinte, die

Analyse, die ich gegeben hätte, sei eindrucksvoll und düster. Die Übermacht der sowjetischen Streitkräfte sei seit langem bekannt. Er gebe zu, daß die Entwicklung der letzten Monate eine Aktion dringend notwendig mache. Die starke Nervosität in Westdeutschland sei den Hohen Kommissaren gleichfalls bekannt. Nach seiner Meinung sei es erforderlich, unter zwei Gesichtspunkten zu handeln. Einmal müßten starke Streitkräfte nach Westeuropa verlegt werden, um das militärische Gleichgewicht wiederherzustellen; zum anderen müsse auf politischem Wege der Abwehrwille gestärkt werden. Es wäre gut, wenn in Westdeutschland durch Äußerungen westdeutscher Politiker der Glaube an die Demokratie stärker betont werde. Man könne zwar Panzer nicht mit Worten bekämpfen, aber es sei erwiesen, daß ein mutiger Geist viel ausrichten könne. Er erinnerte in diesem Zusammenhang an die Haltung der Berliner Bevölkerung bei Beginn der Blockade. Um der russischen Hoffnung, durch Propaganda in den westlichen Gebieten Deutschlands eine schwächliche Haltung der Bevölkerung zu erzeugen und sie damit für die Eroberung reif zu machen, wirksam zu begegnen, sei es unbedingt erforderlich, daß die führenden politischen Persönlichkeiten Westdeutschlands durch Reden und sonstige Äußerungen dagegen aufträten.

Im übrigen sei es eine entscheidende Frage, wie sich die westdeutsche Bevölkerung verhalten werde, wenn tatsächlich ein Angriff der Volkspolizei erfolge und alliierte Truppen Feuer auf die sowjetzonale Polizei eröffneten. Würde sich die westdeutsche Bevölkerung hinter die alliierten Truppen stellen? Würde eine westdeutsche Abwehrkraft gegen die eindringende Sowjetzonenpolizei Widerstand leisten? Die Beantwortung dieser Fragen werde von großer Bedeutung sein für die Beschlüsse, die die Außenminister Anfang September zu fassen hätten.

François-Poncet führte aus, nach Informationen, die der französischen Hohen Kommission vorlägen, müsse man tatsächlich damit rechnen, daß die sowjetisch gesteuerte Volkspolizei von den Sowjets vorgeschoben würde. Man könne auch annehmen, daß der Zeitpunkt eines Angriffes nahe bevorstehe. Er glaube, es sei kaum nötig, die alliierten Regierungen von der Gefährlichkeit der Situation noch zu überzeugen. Man sei sich einig darüber, daß so rasch wie möglich etwas geschehen müsse. Auch François-Poncet fragte: Würde eine westdeutsche Polizei gegen die Sowjetzonenpolizei kämpfen? Er, François-Poncet, sei nicht sicher, ob er diese Frage mit einem Ja oder einem Nein beantworten solle.

François-Poncet bat mich darzulegen, wie ich mir eine deutsche Aufrüstung vorstelle.

Ich ging zunächst auf die Ausführungen McCloys ein. Ich sagte, daß man eine Parallele zwischen Berlin und Westdeutschland nicht ziehen dürfe, denn wenn seinerzeit nicht sofort die Luftbrücke eingerichtet worden wäre, hätte Berlin nicht den Widerstand leisten können. Die Entfaltung der Macht habe das Signal zum Widerstand gegeben. Damals, zur Zeit der Berliner Blockade, sei der Glaube an die militärische Macht der Vereinigten Staaten auch in Westdeutschland sehr groß gewesen. Dieser Glaube habe durch Korea eine starke Beeinträchtigung erfahren. Es müßte unbedingt eine Manifestation der alliierten militärischen Macht erfolgen. Man müsse die psychologische Lage des deutschen Volkes verstehen, deren wesentliches Merkmal zur Zeit noch die Apathie sei, und diese Apathie sei erklärlich, wenn man an die Entwicklung seit 1914 denke. Die Bundesrepublik sei nunmehr elf Monate alt. Sie sei aus dem Nichts entstanden. Man habe von Grund auf neu beginnen müssen. Daraus ergebe sich heute noch eine Unstabilität der Gesamtstruktur, die man in Rechnung stellen müsse, wenn man die Haltung der Regierung und der Bevölkerung kritisieren wolle.

Meine ganze Konzeption basiere auf der Annahme, daß der Russe nicht marschieren werde. Denn wenn er marschiere, so habe es gar keinen Zweck mehr weiterzureden. Bei einem Angriff der Volkspolizei würden die alliierten Regierungen vor eine folgenschwere politische Entscheidung gestellt werden. Die Beziehungen Sowjetrußlands zu der Regierung der Sowjetzone würden sich dem Scheine nach völkerrechtlich ändern. Die Westalliierten müßten sich bei einem Einbruch der sowjetzonalen Polizei entscheiden, ob dies für sie der Anlaß zum dritten Weltkrieg sei. Deshalb erhebe ich die Forderung nach Bildung einer deutschen Verteidigungskraft, die den Kampf aufnehmen würde, wenn die Alliierten nicht eingreifen könnten.

Auf die von McCloy und François-Poncet gestellte Frage, ob die westdeutsche Polizei gegen die sowjetzonale Polizei kämpfen werde, antwortete ich aus voller Überzeugung mit einem „Ja“. Die westdeutschen Verteidigungskräfte würden kämpfen, wenn sie über Waffen verfügten, die den Erfolg garantierten.

Zu der zweiten Frage McCloys, ob bei einem Zusammenstoß zwischen alliierten und sowjetzonalen Truppen die westdeutsche Bevölkerung sich hinter die alliierten Truppen stellen würde, antwortete ich, daß die westdeutsche Bevölkerung dies zweifellos tun werde, wenn die alliierten Truppen stark genug seien, die einbrechenden sowjetzonalen Kräfte an der Elbe aufzuhalten. Denn die westdeutsche Bevölkerung würde in der angreifenden sowjetzonalen Armee lediglich ein Werkzeug Sowjetrußlands sehen.

Was die von François-Poncet gestellte Frage angehe, wie ich mir eine deutsche Aufrüstung vorstelle, so müsse ich sagen, daß diese Frage sehr schwer zu beantworten sei, einmal mit Rücksicht auf das Ausland, zum anderen mit Rücksicht auf die deutsche Bevölkerung. Seit dem Zusammenbruch sei der Wehrdienst diffamiert worden. Ich würde gerne an einer Wiederaufrüstung Deutschlands vorbeikommen, und ich hätte die Hoffnung, daß die Aufstellung der von mir geplanten Freiwilligenverbände ein ausreichendes Gegengewicht gegen die russischen Absichten bilden würde. Ich hätte die Erwartung nicht ganz aufgegeben, daß zu einem späteren Zeitpunkt eine Einigung zwischen Rußland und den Vereinigten Staaten erfolgen könne. Wenn mich aber diese Annahme täusche, so hoffte ich, daß auf dem Wege einer Verständigung mit Frankreich die Grundlage dafür geschaffen würde, aus den Freiwilligenverbänden mit Hilfe der Vereinigten Staaten etwas anderes zu entwickeln. Ich betonte sehr, daß es meine ernste Absicht sei, dem deutschen Volk eine Aufrüstung zu ersparen.

Kirkpatrick vertrat die gleiche Ansicht wie ich, daß die Wirksamkeit der Propaganda im wesentlichen von der Zurschaustellung der Macht abhänge. Die Alliierten könnten zwar in absehbarer Zeit keine 30 Divisionen nach Deutschland legen, aber er sei der Auffassung, daß eine Verstärkung der alliierten Truppen in Deutschland schon sehr wesentlich zur Hebung der Moral beitragen werde.

McCloy betonte erneut, daß auf dem Gebiet der Propaganda etwas geschehen müsse; vor allem aber müsse die deutsche Kritik an den Alliierten aufgegeben werden.

McCloy fragte mich dann, ob ich in der Lage wäre, 150 000 zuverlässige Freiwillige einzuberufen, auch dann, wenn die Opposition sich dagegen ausspräche.

Ich antwortete, daß ich dies nur mit Zustimmung der SPD tun würde. Ich hätte diese Frage bereits mit Dr. Schumacher besprochen und würde noch weitere Unterredungen mit ihm darüber haben. Ich hätte aus verschiedenen Gesprächen Hochachtung vor dem Urteil Dr. Schumachers gewonnen.

Um auf die Frage antworten zu können, ob ich in der Lage sei, 150 000 zuverlässige Freiwillige einzuberufen, wäre ich sehr dankbar, wenn man mir die Unterlagen, die die Westalliierten in den vergangenen Jahren über alle ehemaligen Offiziere und Soldaten in Westdeutschland gesammelt hätten, zugänglich machen würde. Ich sei überzeugt, daß es mir dann im Laufe von wenigen Monaten möglich sein würde, eine beträchtliche Anzahl tüchtiger Leute zusammenzustellen.

Churchill hatte am 11. August vor dem Europarat in Straßburg die Schaffung einer europäischen Armee unter Beteiligung Deutschlands angeregt. McCloy fragte mich, wie die Bundesregierung zu diesem von Churchill proklamierten Plan einer europäischen Armee stünde. In den Vereinigten Staaten sei er sehr begrüßt worden. McCloy fragte weiter, ob ich die Stel-

lung eines deutschen Kontingentes innerhalb dieser europäischen Armee für möglich halte.
Ich erklärte meine Zustimmung zu dem von Churchill vorgetragenen Plan einer europäischen Armee und meine Bereitschaft, für die Stellung eines deutschen Kontingentes innerhalb dieser Armee einzutreten.
Um die Gefährlichkeit der Lage, in der wir uns befanden, deutlich zu machen, ging ich noch einmal auf die Situation in Korea ein. Nordkoreanische Truppen hatten mit Unterstützung der Sowjetunion und Rotchinas innerhalb weniger Wochen ganz Südkorea bis auf die Stadt Pusan überrollt. Zwar hätten die Vereinten Nationen sich Anfang Juli dahin geeinigt, Südkorea Hilfstruppen zur Verfügung zu stellen, aber zum Zeitpunkt meiner Unterredung mit den Hohen Kommissaren sei die Lage noch so, daß Südkorea völlig in Händen der Kommunisten sei. Wir schwebten in Gefahr, einem ähnlichen Schicksal entgegenzugehen.
McCloy gab in einem Schlußwort dieser Unterredung vom 17. August zu, daß die Vereinigten Staaten die russischen Absichten in Korea unterschätzt hätten. Man habe auch ausreichende Maßnahmen zur Verteidigung vernachlässigt und auf dem Gebiet der Rüstung große Versäumnisse begangen. Aber diese Lage werde sich nunmehr radikal ändern. Amerika habe viele Schlachten verloren, aber alle Kriege gewonnen. Die Rüstung sei auf volle Touren angelaufen. Europa werde nicht vergessen werden, wenn es den Mut zur Verteidigung zeige.

4. Die Memoranden der Bundesregierung an die Westmächte vom 29. August 1950 über die Sicherheitsfrage und über die Frage der Neuordnung der Beziehungen der Bundesrepublik zu den Besatzungsmächten

Ich war auf der Sitzung mit den Hohen Kommissaren am 17. August 1950 von François-Poncet gefragt worden, wie ich mir eine deutsche Aufrüstung vorstelle. Ich hatte ihm, wie bereits geschildert, aus dem Stegreif eine kurze Antwort gegeben. Ich wollte es aber nicht hierbei belassen und fertigte ein Memorandum an, in dem ich konkrete Vorschläge zu dieser Frage machte. Ich war sehr zur Eile gezwungen, da Anfang September die Außenministerkonferenz der drei Westmächte in New York tagen und die deutsche Frage einen wesentlichen Beratungspunkt bilden sollte.
Ich war und bin der Auffassung, daß ein dritter Weltkrieg nur dann verhütet werden kann, wenn jeder von dem anderen weiß, daß er nicht nur keinen leichten Sieg haben wird, sondern wenn jeder weiß, daß ein dritter

Weltkrieg auch die Zerstörung des Landes des Siegers bedeutet. Wir waren nun einmal in diese unglückselige Entwicklung hineingekommen, zum Teil durch die Fortschritte der Technik, zum Teil durch die Gewöhnung an den Gedanken, daß nur auf kriegerischem Wege Lösungen über strittige Fragen zu erreichen seien. Man darf niemals den Glauben daran verlieren, daß es doch möglich sein wird und sein muß, Schwierigkeiten zwischen den einzelnen Ländern auf friedlichem Wege beizulegen. Aber ich war und bin fest davon überzeugt, daß die Neigung, Meinungsverschiedenheiten auf friedlichem Wege zu bereinigen – Beilegung von Meinungsverschiedenheiten bedeutet ja auch immer einen Verzicht auf gewisse Wünsche und Bestrebungen –, wesentlich stärker ist, wenn jeder der Beteiligten weiß, daß ein Krieg auch für ihn ein ungeheures Risiko in sich birgt. Aus diesen Gedankengängen heraus hielt ich den gegenwärtigen Zustand in Westeuropa trotz Atlantikpakt, trotz aller Verträge, die geschlossen waren, und trotz aller internationalen Institutionen, die man seit Kriegsende eingerichtet hatte oder die man plante, für völlig unbefriedigend. Deshalb durften wir Deutsche, und insbesondere die Bundesregierung, nicht nachlassen in der Forderung, in Westdeutschland einen starken militärischen Schutz aufzubauen. Ich war mir klar darüber, daß diesen Schutz in allererster Linie nur die Vereinigten Staaten von Nordamerika gewähren konnten. Europa und damit auch wir waren und sind auf die Hilfe der Vereinigten Staaten absolut angewiesen. Die Vereinigten Staaten von Nordamerika sind das wirtschaftlich stärkste Land. Sie haben eine ungeheure wirtschaftliche potentielle Kraft in sich. Das Schicksal hatte den Vereinigten Staaten von Nordamerika in dieser Periode der Nachkriegsgeschichte eine Rolle zugeteilt, wie sie vielleicht früher einmal das Reich der Römer in gewissen Perioden gespielt hat. Daß daneben die westeuropäischen Staaten nicht untätig sein durften, daß sie sich nicht damit begnügen konnten zu sagen: „Bitte, liebe Amerikaner, vergießt ihr euer Blut, gebt ihr euer Gut hin!“, war und ist selbstverständlich.

Die Entscheidung darüber, welche Rolle die Bundesrepublik Deutschland in dem Verteidigungssystem einmal erhalten sollte, lag nicht in unserer Hand. Aber es war mit Sicherheit anzunehmen, daß die Konferenz der Außenminister in New York sich gerade mit diesem Thema beschäftigen würde. Nun war die Lage in der Bundesrepublik aber so, daß die weit überwiegende Mehrheit des deutschen Volkes dem Gedanken an die Wiedererrichtung einer deutschen Wehrmacht völlig negativ gegenüberstand.

Die Zeiten waren vorbei, in denen eines der verhältnismäßig kleinen westeuropäischen Völker glauben durfte, daß es für sich allein bestehen könne. Wenn dem deutschen Volk in einem westlichen Verteidigungssystem eine

Rolle zugeteilt würde, dann mußten wir die Sache prüfen und, wenn gewisse Voraussetzungen gegeben waren, unsere Aufgabe erfüllen.

Europa war und ist der entscheidende Punkt in allen internationalen Spannungen. Weder Korea noch irgendein anderes Gebiet, wo sich ein Kriegszustand entwickeln konnte, würde von entscheidender Bedeutung sein. Absolut entscheidend war und bleibt das, was sich in Europa ereignet. Ich hoffte, daß man in den maßgebenden amerikanischen Kreisen von der Wahrheit dieser Tatsache überzeugt war und daß man sich nicht durch irgendein Feuer, das hier oder dort aufflackerte, ablenken lassen würde.

Um den drei westlichen Außenministern meine Ansichten über einen möglichen deutschen Verteidigungsbeitrag darzulegen, verfaßte ich ein Memorandum und übersandte dieses mit Schreiben vom 29. August 1950 an den damals Geschäftsführenden Vorsitzenden der Alliierten Hohen Kommission, McCloy.

Ich wies in dem Memorandum darauf hin, daß die Entwicklung im Fernen Osten innerhalb der deutschen Bevölkerung Unruhe und Unsicherheit ausgelöst habe. Das Vertrauen, daß die westliche Welt in der Lage sein würde, Angriffshandlungen gegen Westeuropa rasch und wirksam zu begegnen, sei in einem besorgniserregenden Ausmaß im Schwanken begriffen und habe zu einer gefährlichen Lethargie der deutschen Bevölkerung geführt. Der ganze Ernst der Situation ergebe sich aus der Betrachtung der in der Sowjetzone versammelten sowjetischen Kräfte und der dort in beschleunigtem Aufbau befindlichen Volkspolizei. Als Gegenkräfte stünden in Westdeutschland den sehr starken Truppeneinheiten in Ostdeutschland, die ich im einzelnen aufführte, je zwei amerikanische und britische Divisionen und einige französische Verbände gegenüber. Die Bundesrepublik besitze, wenn man von den schwachen Kräften des Zollgrenzdienstes absehe, keine Abwehreinheiten. In der britischen Zone gebe es eine Polizei, die auf kommunaler Basis organisiert, jedoch weder einheitlich ausgebildet noch einheitlich ausgerüstet sei und auch nicht über angemessene Waffen verfüge. Für einen Einsatz gegen einen Angriff der Volkspolizei der Sowjetzone seien die Polizeikräfte der Bundesrepublik völlig unzureichend, da sie, zahlenmäßig schwach, weder über eine entsprechende Waffenausbildung noch über eine Ausbildung in geschlossenem Einsatz verfügten. Sie seien auch nicht in der Lage, einen wirksamen Schutz an der Sowjetzonengrenze zu bilden, die in ihrer außerordentlichen Länge besondere Anforderungen stelle. Die Verteidigung des Bundes nach außen liege in erster Linie in den Händen der Besatzungstruppen. Ich hätte wiederholt um Verstärkung dieser Besatzungstruppen gebeten und erneuere diese Bitten hiermit in dringendster Form, denn die Verstärkung der alliierten Besatzungstruppen in Westeuropa

allein könne der Bevölkerung sichtbar den Willen der Westmächte demonstrieren, daß Westdeutschland im Ernstfall auch wirklich verteidigt werde.
Ich habe in dem Memorandum ferner unsere Bereitschaft erklärt, im Falle der Bildung einer internationalen westeuropäischen Armee einen Beitrag in Form eines deutschen Kontingentes zu leisten. Es heißt in dem Memorandum hierzu wörtlich: „Damit ist eindeutig zum Ausdruck gebracht, daß der Bundeskanzler eine Remilitarisierung Deutschlands durch Aufstellung einer eigenen nationalen militärischen Macht ablehnt."
Ich schlug in dem Memorandum vor, umgehend auf Bundesebene eine Schutzpolizei in einer Stärke aufzustellen, die eine ausreichende Gewähr für die innere Sicherheit bieten könnte. Die Bundesregierung sei sich darüber im klaren, daß eine solche Schutzpolizei nur im Wege eines verfassungsändernden Gesetzes geschaffen werden könne. Sie sei bereit, einen entsprechenden Entwurf sofort den gesetzgebenden Körperschaften vorzulegen.
Gleichzeitig mit diesem Memorandum, das sich mit der Sicherheitsfrage der Bundesrepublik befaßte, übersandte ich der Hohen Kommission noch ein weiteres Memorandum. Ich bat, auch dieses Memorandum der bevorstehenden Außenministerkonferenz in New York vorzulegen. Es betraf die Frage der Neuordnung der Beziehungen der Bundesrepublik zu den Besatzungsmächten. Wegen seiner Bedeutung gebe ich es im Wortlaut wieder:

„Memorandum

zur Frage der Neuordnung der Beziehungen der Bundesrepublik zu den Besatzungsmächten.

I.

Das gegenwärtige Besatzungsregime beruht auf einem Statut, das vor eineinhalb Jahren unter politischen Voraussetzungen geschaffen wurde, die heute zum wesentlichen Teil nicht mehr bestehen. Die Bundesrepublik hat sich seit ihrem Bestehen auf staatlichem und wirtschaftlichem Gebiet zunehmend gefestigt. Sie hat das öffentliche Leben auf demokratischer Grundlage freiheitlich gestaltet und sich als Partner in die wirtschaftliche Zusammenarbeit Europas eingeordnet.
Die Außenminister der Besatzungsmächte haben bereits in der Londoner Schlußverlautbarung vom 13. Mai 1950 ihre Bereitschaft ausgedrückt, dem ‚natürlichen Wunsch des deutschen Volkes nach Erleichterung der Kontrollen und Wiederherstellung der Souveränität' Rechnung zu tragen.
Seitdem hat die Wiedereingliederung Deutschlands in die europäische Gemeinschaft durch den Beitritt zum Europarat und die Verhandlungen über den Schuman-Plan weitere Fortschritte gemacht. Darüber hinaus ist in

jüngster Zeit die Beteiligung der Bundesrepublik an der gemeinsamen Verteidigung Westeuropas in den alliierten Ländern in zunehmendem Maß erörtert worden.

II.

Wenn die deutsche Bevölkerung die Pflichten erfüllen soll, die ihr im Rahmen der europäischen Gemeinschaft aus der gegenwärtigen Lage und ihren besonderen Gefahren erwachsen, muß sie innerlich hierzu instand versetzt werden. Es muß ihr ein Maß von Handlungsfreiheit und Verantwortlichkeit gegeben werden, das ihr die Erfüllung dieser Pflichten sinnvoll erscheinen läßt. Wenn der deutsche Mensch Opfer jeder Art bringen soll, so muß ihm wie allen anderen westeuropäischen Völkern der Weg zur Freiheit offen sein.

III.

Die Bundesregierung hält es daher für notwendig, daß die Beziehungen Deutschlands zu den Besatzungsmächten auf neue Grundlagen gestellt werden. Die Bundesregierung bittet die alliierten Außenminister, auf der kommenden Konferenz in New York etwa die folgenden Erklärungen abzugeben:

1. Der Kriegszustand zwischen den alliierten Mächten und Deutschland wird beendet.
2. Der Zweck der Besatzung ist in Zukunft die Sicherung gegen äußere Gefahr.
3. Die Beziehungen zwischen den Besatzungsmächten und der Bundesrepublik werden fortschreitend durch ein System vertraglicher Abmachungen geregelt.

Solche Erklärungen würden gerade im gegenwärtigen Augenblick innerhalb der deutschen Bevölkerung eine ganz besonders starke Resonanz haben.

IV.

Die Verwirklichung dieser Grundsätze erfordert eine umfassende Umgestaltung des gegenwärtigen Rechtszustandes. Die Bundesregierung schlägt vor, mit deren Vorbereitung eine Kommission zu beauftragen, in der alliierte und deutsche Sachverständige zusammenwirken.

Bonn, den 29. August 1950."

5. Weitere Gespräche mit den Hohen Kommissaren am 31. August 1950

Am 31. August 1950 kam es zu einer Besprechung auf dem Petersberg auf Wunsch der Alliierten Hohen Kommission, bei der der Inhalt der Memoranden über die Sicherheit der Bundesrepublik und über die zukünftige Gestaltung der Beziehungen zwischen den alliierten Besatzungsmächten und der Bundesrepublik erörtert werden sollte.

McCloy war durch General Hays vertreten. General Hays sprach als erster und führte aus, daß die Hohen Kommissare meine in dem Memorandum schriftlich erklärte Bereitschaft zur Stellung eines deutschen Kontingents in einer westeuropäischen Armee sehr begrüßt hätten. General Hays meinte, daß das von mir geschilderte düstere Bild sich in ein positives Bild verwandelte, wenn man die Atomwaffen, über die die Vereinigten Staaten verfügten, mitberücksichtige.

General Hays schnitt dann das Problem einer Bundespolizei an. Die entscheidende Frage, die sich hier stelle, sei, ob diese geplante Bundespolizei gegebenenfalls gegen die Volkspolizei eingesetzt werden, ob sie in ihrer Organisation, ihrer Rüstung und ihrer Ausbildung der Volkspolizei entsprechen solle oder nicht. Über diese Frage müßten die Außenminister, wenn sie auf der New Yorker Konferenz darüber eine Entscheidung treffen sollten, vorher von mir eine klare und eindeutige Antwort haben, die sich aus meinem Memorandum nicht in vollem Umfang ergeben habe. Die Hohen Kommissare hätten sich auch die Frage gestellt, ob die politischen Parteien in der Bundesrepublik und die Länder mit einer solchen Bundespolizei einverstanden seien. Es frage sich, ob für die notwendige Verfassungsänderung die erforderliche Mehrheit im Bundestag und Bundesrat erreicht werden könnte.

In meiner Antwort betonte ich, daß die Bundespolizei unter allen Umständen stark genug sein müßte, um gegen die Volkspolizei einen wirksamen Widerstand leisten zu können. Anzeichen sprächen dafür, daß zwischen der Sowjetregierung und der Sowjetzonenregierung ein Abkommen geplant sei, durch das die Sowjetunion sich völkerrechtlich von der Sowjetzonenregierung stärker distanzieren würde. Dadurch bestünde die Möglichkeit, daß eine selbständig gewordene Sowjetzone im kommenden Jahr versuchen könnte, Westdeutschland anzugreifen. Ein Eingreifen der alliierten Truppen würde in diesem Fall sofort auch den Einsatz der Sowjettruppen und damit den dritten Weltkrieg auslösen. Es werde abzuwarten sein, ob die Vereinigten Staaten eine solche Entscheidung dann als opportun ansehen würden. Für die Deutschen bestehe eine sehr große Gefahr.

Zu der Frage, welche Haltung die politischen Parteien zu den Absichten der Bundesregierung hinsichtlich der Errichtung einer Bundespolizei einnehmen würden, könne ich nur erklären, daß die drei Koalitionsparteien und die SPD sich für eine Bundespolizei ausgesprochen hätten. Eine Stellungnahme der Ministerpräsidenten liege noch nicht vor. Man müsse damit rechnen, daß ein Teil der Länder meinen Vorschlag nicht günstig beurteilen werde. Die Stellungnahme der Ministerpräsidenten könne aber durch eine entsprechende Einwirkung der großen Parteien geändert werden.

Ich führte weiter aus, daß ich Verständnis dafür hätte, wenn in gewissen Staaten der Gedanke aufkäme, die Bundesregierung beabsichtige, auf dem Wege über diese Bundespolizei eine nationale Armee zu errichten. Ich hätte aber wiederholt unmißverständlich zum Ausdruck gebracht, daß dies in keiner Weise den Absichten der Bundesregierung entspreche.

In der anschließenden Diskussion fragte ich die Hohen Kommissare, ob ihre jeweiligen Regierungen einen Einmarsch der Sowjetzonenpolizei in das Gebiet der Bundesrepublik als einen Angriff auf ihre Staaten betrachten würden. Eine eindeutige Erklärung sei bisher noch nicht erfolgt. Wohl seien Erklärungen abgegeben, daß ein Angriff Sowjetrußlands auf das Bundesgebiet als ein Angriff auf ihre eigenen Staaten betrachtet würde. Sowjetrußland würde die Sowjetzone in absehbarer Zeit zu einem selbständigen Staat machen, so daß eine zusätzliche Definition der Haltung der alliierten Regierungen erforderlich sei. Ich legte auf volle Klärung dieses Punktes den größten Wert. Ich sei der Auffassung, daß eine offizielle Erklärung notwendig sei vor allem im Hinblick auf ihre Wirkung für die Sowjetzone. Es müßte deutlich ausgesprochen werden, daß ein Angriff auf das Gebiet der Bundesrepublik unmittelbar den Kriegsfall auslöse.

Man müsse einen Unterschied machen zwischen äußerer Sicherheit und innerer Sicherheit der Bundesrepublik. Unter äußerer Sicherheit verstünde ich die Sicherung gegen Sowjetrußland. Unter innerer Sicherheit verstünde ich die Sicherung gegen die Sowjetzone. Beide Probleme müßten gleichzeitig angefaßt werden. Es sei keine Zeit zu verlieren. Die Beziehungen zur Sowjetzone seien ganz besonders gelagert, denn von dort aus sei mit Versuchen der Unterminierung der Bundesrepublik und mit Sabotageakten zu rechnen.

Hays ergriff erneut das Wort und bat mich um Aufklärung zu dem zweiten, von mir der Hohen Kommission zugeleiteten Memorandum. Er fragte mich, wie ich mir die Stellung der Hohen Kommission für die Zukunft dächte.

Ich hatte bereits in einer der vorangegangenen Beratungen mit den Hohen Kommissaren meine Hoffnung ausgesprochen, daß die Arbeit der Studiengruppe, die in London tagte und an der Revision des Besatzungsstatuts arbeitete, sichtbare Ergebnisse bringen möge. Francois-Poncet hatte in dieser Besprechung vor zu großen Hoffnungen gewarnt. Er hatte erklärt, es müsse vermieden werden, daß die deutsche Öffentlichkeit glaube, schon in absehbarer Zeit werde als Ergebnis der Londoner Besprechungen jegliche Kontrolle in der Bundesrepublik aufhören, und die Hohen Kommissare würden „sterben".

Ich hatte François-Poncet entgegnet, man brauche doch nicht von dem Tod der Hohen Kommissare zu sprechen, und wies darauf hin, wenn eine Raupe sich zum Schmetterling verwandele, das doch keinen Tod bedeute. Daraufhin hatte mir François-Poncet erwidert: „Dann wünschen Sie also, daß meine Kollegen und ich uns in Schmetterlinge verwandeln, aber bitte, verfolgen Sie uns dann nicht mit einem Schmetterlingsnetz!"

Diese Verwandlung von Raupen in Schmetterlinge, das heißt die Umwandlung der Hohen Kommissare in Botschafter, war unter anderem das Ziel, das ich mit meinem zweiten Memorandum verfolgte. Ich erklärte den Punkt 3 des Memorandums dahin, daß ich eine Entwicklung wünsche und nicht eine plötzliche Umstellung erwarte. Der Grund für diese von mir erhoffte Entwicklung sei folgender: Es sei nötig, für die 50 Millionen Deutschen, die in den Westzonen lebten, größere Freiheiten zu erhalten. Die Bundesregierung müsse das deutsche Volk damit vertraut machen, daß es in Zukunft auch große Lasten zu tragen habe im deutschen und europäischen Interesse. Dies könne dem deutschen Volk aber nur klargemacht werden, wenn es in absehbarer Zeit in der Gesellschaft der anderen Völker wieder gleichberechtigt dastehe. Hätte sich die Weltlage stetig entwickelt, so hätte man eine allmähliche, schrittweise Revision des Besatzungsstatuts in Angriff nehmen können. Bei der heutigen Situation aber müsse etwas Eindrucksvolleres geschehen. Hierzu seien die drei erbetenen Erklärungen erforderlich.

Kirkpatrick sagte mir am Schluß der Sitzung, daß sich die Alliierte Hohe Kommission der großen Schwierigkeiten der gegenwärtigen Lage in der Bundesrepublik voll bewußt sei. Die drei Hohen Kommissare würden ihren Einfluß in New York nach Kräften dafür einsetzen, daß etwas geschehe, was einem Appell an weite Kreise des Volkes gleichkomme.

6. Bedeutsame Entscheidungen in New York
Außenministerkonferenz vom September 1950

Am 12. September 1950 begannen in New York die Beratungen der Außenminister Dean Acheson, Ernest Bevin und Robert Schuman. Das Abschlußkommuniqué über diese Konferenz, das am 19. September herausgegeben wurde, war sehr umfangreich. Die Lage in Deutschland und die Beziehun-

gen der Alliierten zu der Bundesrepublik unter Berücksichtigung der Entwicklung seit der letzten Außenministerkonferenz vom Mai 1950 waren ein Hauptgegenstand der Beratungen gewesen. Es hieß zu Beginn des Abschlußkommuniqués, daß bei den Beratungen die Auffassungen, die von der Regierung der Bundesrepublik in letzter Zeit geäußert worden waren, in Betracht gezogen seien*. Es wurde in dem Kommuniqué betont, daß die drei Außenminister und ihre Regierungen den Wunsch des deutschen Volkes zur Wiedervereinigung in Freiheit teilten, zur Wiedervereinigung auf einer Basis, welche die Grundfreiheiten achtete. Trotz aller Anstrengungen, dieses Ziel zu erreichen, werde es offensichtlich nicht verwirklicht werden können, solange die Sowjetunion fortfahre, die Vorschläge, für ganz Deutschland umfassende demokratische Wahlen durchzuführen, zu ignorieren, und kontrollierte Wahlen, wie sie für den 15. Oktober in der Sowjetzone angesetzt waren, stattfinden lasse. Es hieß in dem Kommuniqué wörtlich:
„Bis zur Wiedervereinigung Deutschlands sehen die drei Regierungen die Regierung der Bundesrepublik als die einzige deutsche Regierung an, die frei und legitim gebildet und deshalb berechtigt ist, als Repräsentant des deutschen Volkes in internationalen Angelegenheiten für Deutschland zu sprechen.
Sie bestätigen erneut ihren Wunsch, den sie schon oft unter Beweis gestellt haben, die Bundesrepublik in die Gemeinschaft der freien Nationen einzuordnen. Sie sind überzeugt, daß die überwiegende Mehrheit des deutschen Volkes an der Errichtung der europäischen Gemeinschaft und an der Stärkung der gemeinsamen europäischen Zivilisation mitzuwirken wünscht. Sie sind der Ansicht, daß nunmehr die Zeit gekommen ist, einen neuen Schritt auf dem Wege zur Erreichung dieser Ziele zu unternehmen."
Die drei Außenminister hatten, nach dem Wortlaut des Kommuniqués zu schließen, die Frage der Sicherheit der Bundesrepublik sowohl unter ihrem innenpolitischen als auch unter ihrem außenpolitischen Aspekt eingehend erörtert. Sie stellten die Tatsache fest, daß regelrechte militärische Einheiten in der sowjetischen Besatzungszone aufgestellt waren. Diese Tatsache hätte in Verbindung mit den jüngsten Ereignissen in Deutschland und anderorts eine Lage entstehen lassen, die zu ernsten Besorgnissen Anlaß gebe. Die alliierten Regierungen seien der Ansicht, daß ihre Streitkräfte in Deutschland neben ihren Besatzungspflichten auch die wichtige Aufgabe hätten, als Sicherungskräfte zum Schutz und zur Verteidigung der freien Welt einschließlich der deutschen Bundesrepublik und der Westsektoren Berlins zu wirken. Um diesen Schutz wirksamer zu gestalten, würden die alliierten Regierungen ihre Streitkräfte in Deutschland verstärken. Es folgte der

* Abschlußkommuniqué siehe Dokumentenband.

gewichtige Satz: „Sie werden jeglichen Angriff gegen die Bundesrepublik oder Berlin, von welcher Seite er auch kommt, als einen gegen sich selbst gerichteten Angriff behandeln."
Der zweite Teil des Kommuniqués ging auf die Forderung ein, die ich in meinem Memorandum vom 29. August 1950 zur Frage der Neuordnung der Beziehungen der Bundesrepublik zu den Besatzungsmächten erhoben hatte. Es hieß hierzu in dem Kommuniqué, daß die neue Phase, in die die Beziehungen zwischen den Alliierten und der Bundesrepublik eingetreten seien, sich durch erhebliche Erweiterungen der Befugnisse der Bundesregierung kennzeichne. Die Besatzungsmächte seien bereit, das Besatzungsstatut zu ändern, wobei sie jedoch die Rechtsgrundlage für die Besetzung aufrechterhalten würden. Man erwarte von der Bundesrepublik, daß sie gewisse Verpflichtungen übernehme und bestimmte Maßnahmen ergreife, die mit ihrer neuen Verantwortung in Einklang stünden.
Am Schluß des Kommuniqués wurde der Bevölkerung Berlins für ihre ausdauernde Standhaftigkeit in ihrem Kampf um die Wahrung ihrer Freiheit nachdrücklich Anerkennung ausgesprochen. Man werde sich weiterhin jeder Form der Aggression gegen die Bevölkerung Berlins widersetzen. Es würden Schritte unternommen, um die alliierten Streitkräfte in Berlin zu verstärken. Die alliierten Regierungen würden ihre Bemühungen fortsetzen, die wirtschaftliche Lage Berlins zu erleichtern. Die Hohe Kommission sei angewiesen, die Regelung der Grundsätze, die für die Beziehungen zwischen der alliierten Hohen Kommandantur und Berlin maßgebend seien, zu überprüfen und die alliierten Kontrollen in Berlin in größtmöglichem Ausmaß zu lockern.
Es schien sich durch die New Yorker Entscheidungen der Außenminister ein neuer Abschnitt in den Beziehungen der Bundesrepublik zu den Westmächten anzubahnen. Hierzu hieß es in dem Abschlußkommuniqué: „Diese Entscheidungen stellen einen bedeutenden Abschnitt auf dem Wege zur Normalisierung der Beziehungen dar und dürften zur Schaffung einer Atmosphäre gegenseitigen Vertrauens und Verstehens beitragen. Sie bedeuten einen großen Fortschritt in Richtung auf die allmähliche Rückkehr Deutschlands in die westeuropäische Gemeinschaft und in Richtung auf die Konsolidierung der westlichen Völker in ihren Bemühungen, eine feste Grundlage für den zukünftigen Frieden Europas und der Welt zu schaffen."
Die in meinen Memoranden vom 29. August 1950 ausgesprochenen Forderungen und Wünsche schienen weitgehend berücksichtigt zu sein. Wenn auch die New Yorker Beschlüsse nicht alle unsere Wünsche erfüllt hatten, so sah ich doch in der Erklärung der drei Außenminister einen erfreulichen Schritt auf dem Wege der Bundesrepublik vom besetzten Lande zu einer

freien Nation. Auf diesem Wege würde es auf unserer wie auch auf alliierter Seite der Geduld, des guten Willens und der Bereitschaft bedürfen.
Am 23. September unterrichteten mich die drei Hohen Kommissare ausführlich über das Ergebnis der New Yorker Außenministerkonferenz. Außenminister Bevin hatte Kirkpatrick ausdrücklich beauftragt, mir seine Gedanken mitzuteilen. Danach seien die Beziehungen der alliierten Westmächte zu der Bundesrepublik in ein kritisches Stadium eingetreten. Er sei der Auffassung, daß das New Yorker Abschlußkommuniqué, sowohl was den Inhalt als auch den ganzen Ton betreffe, einen erheblichen Schritt vorwärts bedeute. Er habe daher besonders die Notwendigkeit unterstrichen, daß alle diejenigen, die guten Willens seien, sich jetzt anstrengten, um die Entwicklung auf dem rechten Wege vorwärts zu treiben. Außenminister Bevin würde es daher begrüßen, wenn die deutsche Bundesregierung alles daransetzen würde, um sicherzustellen, daß guter Wille, Geduld und Entschlossenheit in dieser Richtung aufgebracht würden. Er sei überzeugt, daß man sich, wenn diese Bedingungen gegeben seien, sehr bald dem erstrebten Ziel nähern werde.
McCloy erläuterte während der Besprechung, daß man in New York versucht habe, eine Formel für den Frieden in Europa innerhalb einer freien Gemeinschaft zu finden. Und wenn auch in New York viel von militärischen Angelegenheiten gesprochen worden sei, wenn man auch überlegt habe, welche Schritte man unternehmen könne, um die militärischen Kräfte zu erhöhen, wenn man auch überlegt habe, wie und mit wem man Garantien eingehen wolle – übrigens eine Maßnahme, die jedenfalls für die Vereinigten Staaten von Nordamerika völlig revolutionär war –, so dürfe man nicht vergessen, daß die ganze Atmosphäre, in der man gearbeitet habe, eine friedliche war. Niemals sei der Gedanke an eine Aggression aufgetaucht. Er hoffe, daß die angekündigten Maßnahmen die Atmosphäre der Furcht und der Bedrohungen beseitigen würden.
Die Entscheidungen von New York betreffend Deutschland seien nicht nur getroffen worden, um Deutschland gegen Angriffe zu schützen, sondern auch, um dem Ziel der Einheit Deutschlands näherzukommen. McCloy glaubte, auf beiden Gebieten, auf dem Gebiet der Sicherheit wie in der Frage der Einheit, würde jetzt eine Periode eintreten, in der man mit viel mehr Vertrauen als bisher einen Erfolg erhoffen könne.
McCloy sprach die Hoffnung aus, ich möge erkennen, daß meine Vorschläge in New York sehr sorgfältig erwogen worden seien und daß man auch die von mir vorgeschlagene Methode nach allen Seiten hin geprüft habe. Auch werde mir wohl nicht entgehen, zu welcher Schlußfolgerung man in New York gekommen sei, nämlich, daß mein Ziel, das ich in den Memoranden

dargestellt hatte, auf die von den Westalliierten nunmehr vorgeschlagene Art und Weise erreicht werden könne.

Die Hohen Kommissare übergaben mir ein Schriftstück, in dem das Ergebnis der New Yorker Außenministerkonferenz in bezug auf die von der Bundesrepublik Deutschland erwarteten Verpflichtungen näher festgelegt und erläutert war. Das Dokument war unter zwei Aspekten verfaßt. Im ersten Teil ging es auf die Fragen und Wünsche ein, die ich in meinen Memoranden vom 29. August 1950 ausgesprochen hatte. Im zweiten Teil behandelte das Dokument die Revision des Besatzungsstatutes.

Die erste meiner Forderungen betraf die Beendigung des Kriegszustandes. McCloy erläuterte hierzu, in New York sei man übereingekommen, auf diesen Wunsch einzugehen, aber die Verfassungsbräuche und Verfassungsrechte der einzelnen alliierten Länder seien verschieden. Es sei notwendig, je nach dem bei ihnen geltenden Recht verschiedenartige Maßnahmen zu treffen. Man werde bemüht sein, die Entscheidungen möglichst gleichzeitig in Kraft treten zu lassen.

Obgleich man sich der Schwierigkeiten bewußt sei, sei der in dem Kommuniqué bekanntgegebene Beschluß auf höchster Ebene in New York getroffen worden. McCloy hoffte, daß alle inneramerikanischen Widerstände, die auf gesetzlichem Gebiete lägen, überwunden werden könnten, gleichgültig, wie kompliziert und wie schwierig sie sein mochten.

Die weitere von mir vorgetragene Forderung betraf die allmähliche Ersetzung des Besatzungsstatutes durch Verträge. Hierzu hieß es in dem mir überreichten Dokument, die drei Mächte seien der Auffassung, zunächst die Grundlagen, auf denen ihre Anwesenheit in der Bundesrepublik und insbesondere in Berlin beruhe, nicht abändern zu sollen. Aber sie würden in allen Fällen, in denen eine Frage im Wege des freien Meinungsaustausches und des gegenseitigen Einvernehmens geregelt werden könne, das von mir vorgeschlagene Verfahren anwenden.

Ich hatte in meinen Memoranden das Problem der inneren und äußeren Sicherheit der Bundesrepublik aufgeworfen. Hinsichtlich der äußeren Sicherheit hatten die Westalliierten eine vollständige Garantie für das Gebiet der Bundesrepublik und für Berlin übernommen. Es wurde angekündigt, daß die Westmächte innerhalb kürzester Frist die Zahl ihrer auf dem Bundesgebiet stehenden Truppen erhöhen und verstärken würden, um dieser Garantie größere Wirksamkeit zu geben.

In dem Dokument hieß es, daß die Truppenverstärkungen nach strategischen Gesichtspunkten auf das gesamte Bundesgebiet verteilt würden. Sie würden einen Bestandteil der vereinigten und unter einem gemeinsamen Oberbefehl stehenden europäischen Verteidigungsarmee bilden, deren Organisation zur Zeit Gegenstand der Besprechungen der drei Mächte und der Signatarstaaten des Atlantikpaktes in New York war. Der Gedanke, in diesem Zusammenhang eine unabhängige deutsche Armee zu schaffen, sei abgelehnt worden. Aber man hätte die Frage gestellt, ob, zu welchem Zeitpunkt und unter welchen Voraussetzungen die Bundesrepublik, indem man ihr die Mitwirkung durch militärische Kontingente gewähre, an den Anstrengungen der westlichen Völker teilnehmen könne. Diese Frage werde zur Zeit geprüft. Man würde mir Gelegenheit geben, mit den Hohen Kommissaren darüber Besprechungen zu führen.

Was die innere Sicherheit der Bundesrepublik beträfe, so hätten die Außenminister meiner Bitte um Genehmigung zur Schaffung einer Bundesschutzpolizei in der Form, in der ich sie vorgebracht hätte, nicht zustimmen können. Zu der von mir vorgeschlagenen Form wäre eine deutsche Verfassungsänderung erforderlich, die zu viel Zeit in Anspruch nehmen würde. Man sei bemüht, ein System auszuarbeiten, das zwar auf Länderbasis beruhe, aber die Einheitlichkeit, den inneren Zusammenhalt, die Beweglichkeit, die Schnelligkeit und die leichte Einsatzfähigkeit der von mir vorgeschlagenen Bundesschutzpolizei besäße. Die anfängliche Stärke dieser Polizeiformation könnte 30 000 Mann betragen und eventuell später erhöht werden. Diese Polizei würde mit leichten Waffen ausgerüstet werden, die im gemeinsamen Einvernehmen im einzelnen festzulegen wären.

Der zweite Teil des mir übergebenen Dokumentes befaßte sich mit den der Bundesrepublik gewährten Erleichterungen und der Revision des Besatzungsstatutes.

Auf zahlreichen Gebieten, insbesondere auf dem der innerdeutschen wirtschaftlichen Angelegenheiten, werde ein weitgehender Abbau der Kontrollen erfolgen und das zur Zeit bestehende System der Überprüfung der deutschen Gesetzgebung abgeändert werden. In gewissen Fällen würden die Befugnisse der Alliierten erlöschen, sobald die Bundesregierung entsprechende Verpflichtungen übernommen und geeignete Maßnahmen getroffen hätte. Die Hohe Kommission werde unverzüglich Besprechungen mit der Bundesregierung beginnen, um die erforderlichen Vereinbarungen über diese Verpflichtungen auszuarbeiten.

Auch die Bestimmungen hinsichtlich der verbotenen und eingeschränkten Industrien sollten überprüft werden. Die Hohe Kommission habe Anweisung erhalten, alle Beschränkungen hinsichtlich Größe, Geschwindigkeit und Zahl der Handelsfrachtschiffe aufzuheben, die für Exportzwecke gebaut würden. Ferner solle einer Stahlproduktion über die gegenwärtig festgesetzte Höhe hinaus zugestrebt werden, sofern diese die Verteidigungsmaßnahmen des Westens unterstütze.

Bei Inkrafttreten des Besatzungsstatutes war angekündigt worden, daß nach Ablauf einer bestimmten Zeitspanne eine Revision erfolgen würde. Mir wurde erklärt, man würde sich sicher in der Bundesrepublik darüber wundern, warum das Besatzungsstatut nicht mit sofortiger Wirkung einfach aufgehoben worden sei. Man müsse sich jedoch darüber klar sein, daß die Beendigung des Kriegszustandes nicht die Abschaffung des Besatzungsregimes einschließe. Bei Abschaffung des Besatzungsstatutes hätte die Anwesenheit alliierter Truppen in Deutschland und in Berlin keine rechtliche Grundlage mehr. Aber die Besatzungsbestimmungen könnten gelockert werden, und die vorgesehenen Erleichterungen würden eine neue Phase darstellen. Es sei sicher nicht die letzte Phase. Eine weitere Phase würde später eintreten. Sie werde bereits erörtert.

Bevor jedoch die in New York beschlossenen Erleichterungen in Kraft gesetzt würden, erwarteten die drei Außenminister, daß die Bundesrepublik vorher zwei Verpflichtungen übernehme:

1. Mit Rücksicht auf die Beendigung des Kriegszustandes wie auf den der Bundesrepublik zuerkannten neuen rechtlichen Status glaubten die Außenminister, daß nunmehr für die Bundesrepublik die Zeit gekommen sei, die deutschen Auslandsschulden der Vorkriegszeit sowie die aus der wirtschaftlichen Unterstützung in der Nachkriegszeit entstandenen Schulden anzuerkennen und sich bereit zu erklären, bei der Aufstellung eines angemessenen Planes für die Regelung dieser Schulden mitzuarbeiten. Man brauche keinesfalls anzunehmen, daß von der Bundesrepublik die Zahlung astronomischer Beträge verlangt würde. Es handle sich vielmehr um die Anerkennung eines Grundsatzes, der im Völkerrecht stets gegolten habe und der die Kontinuität eines politischen Regimes mit dem ihm nachfolgenden festhalte. Bei der Anwendung dieses allgemein anerkannten Grundsatzes werde sich der Schuldenregelungsplan selbstverständlich den Gegebenheiten und Möglichkeiten anpassen.
2. Die weitere Verpflichtung, die von der Bundesrepublik verlangt werde, bestehe darin, daß sie zusagen werde, mit den Alliierten zusammenzuarbeiten, um eine angemessene Verteilung von für die gemeinsame Verteidigung notwendigen Rohstoffen und Erzeugnissen herbeizuführen, deren Bestände ungenügend seien oder werden könnten.

McCloy überreichte mir hierzu ein Schriftstück und sagte, ich würde daraus ersehen, daß die erste Forderung hinsichtlich der Schuldenerklärung vom Bundestag bestätigt werden müßte. Die Hohe Kommission werde sich jedoch zunächst mit der Annahme durch die Bundesregierung begnügen, um die vorgesehenen Erleichterungen zu gewähren.

Diese Erleichterungen zerfielen in zwei Kategorien. Die erste werde sofort in Kraft treten, sobald die beiden genannten Verpflichtungen eingegangen seien. Die zweite Kategorie der Erleichterungen werde eintreten, sobald gewisse Voraussetzungen, die McCloy mir anschließend näher erläuterte, erfüllt worden seien.

Zu den Erleichterungen der ersten Kategorie gehörten die auswärtigen Angelegenheiten, Fragen der Wirtschaft und der Gesetzgebungskontrolle.

Hinsichtlich der auswärtigen Angelegenheiten führte McCloy aus, daß die Bundesregierung ermächtigt werde, ein Auswärtiges Amt zu errichten und ihre Außenpolitik selbständig zu führen unter dem Vorbehalt des Rechtes einer Mißbilligung, insbesondere hinsichtlich der Beziehungen Westdeutschlands zu den Ländern des sowjetischen Machtbereiches oder mit anderen Ländern, die aus Sicherheitsgründen mir noch besonders genannt würden.

Die Bundesregierung könne Botschafter ins Ausland entsenden, jedoch bis auf weiteres nicht in die Hauptstädte der drei alliierten Mächte, um keine Verwirrung hervorzurufen, die aus dem gleichzeitigen Vorhandensein von Botschaftern und von Hohen Kommissaren entstehen könnte. Den Generalkonsuln, durch die die Bundesrepublik bereits im Vereinigten Königreich, in den Vereinigten Staaten und in Frankreich vertreten werde, könnte nach Vereinbarung der Charakter eines „diplomatischen Vertreters" zuerkannt werden.

Die diplomatischen Missionen, die im Bundesgebiet errichtet seien, würden bei der Bundesregierung und gegebenenfalls auch bei der Hohen Kommission akkreditiert werden.

Der Abschluß von Handelsverträgen unterstehe weiterhin gewissen Vorbehalten. Auf dem Gebiet des Außenhandels und der Devisenbewirtschaftung sollten die Befugnisse der Hohen Kommissare nur insoweit ausgeübt werden, als dies für die Durchführung genau bezeichneter Zwecke erforderlich sei, zum Beispiel um aus Sicherheitsgründen den Handel mit gewissen Produkten zu überwachen und um zu gewährleisten, daß die deutsche Handelspolitik mit den Grundsätzen des allgemeinen Abkommens über die Zolltarife und den Handel (GATT) übereinstimme.

Ein weiterer Fortschritt war, daß von jetzt an die Gesetze des Bundes und der Länder unmittelbar mit ihrer Verkündung durch die zuständigen deutschen Stellen in Kraft treten sollten. Das Verfahren der vorherigen Prüfung durch die Hohe Kommission wurde aufgehoben. Die Hohe Kommission behielt sich lediglich das Recht vor, Gesetzes- und Verordnungstexte, die mit der alliierten Gesetzgebung unvereinbar waren oder eine schwere Bedrohung der grundlegenden Zwecke der Besatzung darstellten, aufzuheben oder für nichtig zu erklären.

McCloy ging dann über zu Ausführungen über die Kategorie der Erleichterungen, die der Bundesregierung gewährt würden, sobald gewisse Voraussetzungen erfüllt seien. Hierzu gehörte die Bestimmung des Besatzungsstatutes, nach der die Hohe Kommission die Befugnisse hatte, die Einhaltung des Grundgesetzes und der Verfassung der Länder zu fordern. Diese sollte wegfallen, sobald ein Bundesverfassungsgericht mit der Aufgabe, die Rechte der Einzelpersonen und die Verfassungsbestimmungen wirksam zu schützen, errichtet worden sei. Ferner sollten die Befugnisse der Hohen Kommission auf dem Gebiet der Entkartellisierung außer Kraft treten, sobald die Bundesregierung eine befriedigende Gesetzgebung verkündet habe, durch die die Bildung neuer Wirtschaftsmächte verhindert werde.

In meiner Antwort auf die Darlegungen McCloys erklärte ich, die mir überreichte Note in Verbindung mit den soeben gehörten Ausführungen bedeute in der Tat einen Fortschritt auf dem Wege, Deutschland in die Gemeinschaft der friedliebenden und freien Völker der Welt zurückzuführen. Ich sei besonders glücklich über die Sicherheitsgarantie, die für die Bundesrepublik Deutschland und für Berlin gegeben worden sei. Ich betrachte sie als einen der vornehmlichsten Gewinne der Arbeit in New York. Die Sicherheitszusage in Verbindung mit den Erfolgen, die in den letzten Wochen in Korea von seiten der Truppen der Vereinten Nationen unter Führung der Vereinigten Staaten von Nordamerika zu verzeichnen seien, habe das Gefühl der Sicherheit bei der Bevölkerung der Bundesrepublik sehr gehoben. Besonders dankbar sei ich auch für die Ausführungen über die Einheit Deutschlands.

Ich sprach den Hohen Kommissaren meinen Dank für ihre Bemühungen in New York aus und meine Überzeugung, daß der Erfolg unserer Arbeit sich bald zeigen und uns alle mit großer Befriedigung erfüllen werde.

Abschließend sagte François-Poncet, daß die Hohen Kommissare und ich wohl darin übereinstimmten, daß die Neuorganisation Westeuropas, die auf dem Gefühl der Zusammengehörigkeit beruhe, vor allen Dingen eine Änderung der Atmosphäre der deutsch-französischen Beziehungen als Grundlage haben müsse. Der Schuman-Plan sei eines der Mittel, die zur Erneuerung dieser Atmosphäre beitragen sollten.

Am 24. September 1950 suchte mich der amerikanische Hohe Kommissar McCloy in meinem Hause in Rhöndorf auf, um mir noch ergänzend über den Verlauf der New Yorker Außenministerkonferenz zu berichten.

Man habe nicht nur im Gremium der drei Außenminister, sondern auch bei den Beratungen der Außenminister der Atlantikpaktstaaten ein starkes Interesse an der Errichtung einer internationalen Wehrmacht gezeigt. Die Beteiligung der Bundesrepublik sei von amerikanischer Seite zur Diskussion gestellt worden. Die Franzosen hätten erklärt, daß sie zu einer Erörterung dieses Problems nicht ermächtigt seien. Unter den Sozialisten in Frankreich gäbe es starke Kräfte, die sich sehr gegen eine Remilitarisierung Deutschlands wendeten. Wenn die Frage in New York positiv erörtert worden wäre, so bestünde nach den Ausführungen Schumans die Gefahr, daß die Sozialisten aus dem französischen Kabinett ausschieden und man dadurch mit einer ernsten Regierungskrise rechnen müsse. Man hätte schließlich die Franzosen doch von der Notwendigkeit der Erörterung dieses Problems überzeugen können.

McCloy sei von der Art und Weise, in der die Frage der Teilnahme Deutschlands an einer europäischen Streitmacht auf der gleichzeitig abgehaltenen Konferenz der Atlantikpaktstaaten beraten worden sei, äußerst beeindruckt gewesen. Gerade von den kleineren Mitgliedstaaten sei mit großem Nachdruck die Einbeziehung Deutschlands in eine europäische Wehrmacht gefordert worden. Man sei sich allgemein darüber einig gewesen, daß Deutschland hierzu nicht gezwungen werden, sondern freiwillig seine Mitarbeit erklären sollte. McCloy betonte, die Einbeziehung in eine internationale Wehrmacht dürfe auf gar keinen Fall zu einem Handelsgeschäft werden. Die Bundesrepublik dürfe einen Beitritt nicht mit politischen Forderungen verknüpfen.

Für den Oberbefehl einer internationalen Verteidigungsmacht sei eine amerikanische führende militärische Persönlichkeit vorgesehen, die im Frieden die Ausbildung, im Krieg die Operationen leiten solle. Neben der zu bildenden internationalen Streitmacht solle es keine nationalen Armeen mehr geben, mit einer Ausnahme allerdings, nämlich, daß Frankreich seine Armee in Indochina unter eigenem Befehl beibehalten könne.

Das deutsche Kontingent solle in der geplanten internationalen Streitmacht gleichberechtigt mitwirken. Die Bundesrepublik solle in dem internationalen Generalstab genauso vertreten sein wie die anderen Völker.

McCloy ging dann auf den Beschluß der New Yorker Außenministerkonferenz ein, wonach die Bundesregierung als die einzig legitime Regierung in Deutschland ausdrücklich anerkannt wurde. Daraus folge, wie McCloy mir sagte, daß die Bundesregierung ausschließlich das Recht habe, die Rechte und Verpflichtungen des früheren Deutschen Reiches zu übernehmen. Allerdings ergebe sich daraus auch, daß der Bund vorbehaltlich der endgültigen Regelung im Friedensvertrag die Schulden des Reiches übernehmen müsse. Die Erklärung, die die Regierungen der Westmächte zur Übernahme der früheren Schulden und Verpflichtungen des Reiches durch den Bund forderten, sei notwendig, um in den außerordentlich komplizierten und verworrenen Schuldenverhältnissen Deutschlands gegenüber dem Ausland eine gewisse Ordnung zu schaffen, denn nur, wenn Deutschland sich im Prinzip zur Übernahme der früheren Schulden verpflichte, könne an neue Investierungen herangetreten werden. McCloy bat mich, diese Forderung als einen positiven Schritt zu bewerten. Die Erklärung der Übernahme der Schulden des früheren Reiches und die aus Hilfsleistungen der Alliierten sich ergebenden Verpflichtungen hätten nichts mit den auf Grund des Marshall-Plans Deutschland gewährten ECA-Leistungen zu tun. Die Forderung der Alliierten müsse in Zusammenhang gestellt werden mit den anderen Forderungen, um das ganze in New York vereinbarte Programm in Bewegung zu setzen.

Die Frage Berlin habe einen der Hauptgegenstände der Konferenz gebildet. Die in Berlin stationierten alliierten Truppen würden wesentlich verstärkt und Bereitschaften der Polizei würden organisiert. Es sollten Vorräte an Brennstoff und Nahrungsmitteln für die Dauer eines Jahres angelegt werden.

In der Polizeifrage habe man meinen Anregungen nicht folgen können. Man habe unter allen Umständen eine Änderung der deutschen Verfassung vermeiden wollen. Deshalb sei die von mir geforderte Bundespolizei nicht genehmigt worden.

Die Verstärkung der alliierten Truppen im Bundesgebiet sei ebenfalls Gegenstand eingehender Beratungen gewesen, und zwar werde man zusätzliche Truppenverbände nach den strategischen Notwendigkeiten im Bundesgebiet stationieren. Man müsse sich aber darüber klar sein, daß diese Verstärkungen für die Bundesrepublik und auch für die Bevölkerung des Bundesgebietes eine zusätzliche Belastung bedeuteten. An den Bau von Kasernen und Baracken müsse so rasch wie möglich herangegangen werden.

Ich äußerte meine große Befriedigung darüber, daß die Zahl der alliierten Truppen in Deutschland erhöht werden sollte. Diese Maßnahme sollte ohne Rücksicht auf etwa notwendige Belastungen so schnell wie möglich erfolgen.

Der Polizei würde ich sofort meine volle Aufmerksamkeit widmen. Die SPD bestehe sehr stark auf einer Verfassungsänderung, offenbar aus dem Wunsch heraus, diese Gelegenheit zu benutzen, um die Rechte des Bundes auf die Dauer zu erweitern.

Ich stimmte der Forderung der Außenminister zu, die Anerkennung der früheren Auslandsverpflichtungen auszusprechen. Diese Frage müsse jedoch Gegenstand eingehender Untersuchungen werden.

Hinsichtlich des deutschen Kontingentes innerhalb einer internationalen Streitmacht sei ich durchaus einverstanden, die deutsche Bereitschaft hierzu nicht mit politischen Forderungen zu verknüpfen. Ich hätte mit Befriedigung festgestellt, daß nach Auffassung der Alliierten die deutschen Kontingente innerhalb dieser Armee gleichberechtigt seien hinsichtlich Ausbildung, Bewaffnung und Teilnahme an der Arbeit in den zentralen Führungsstäben.

McCloy meinte, es sei doch sehr wichtig, daß in der deutschen öffentlichen Meinung rechtzeitig eine gute Atmosphäre für die Aufstellung eines deutschen Kontingentes geschaffen werde. Man würde es in den Vereinigten Staaten nicht verstehen, wenn etwa deutscherseits an der Idee eines deutschen Kontingentes Kritik geübt werde, denn wenn die Vereinigten Staaten sich zu einer äußerst weitgehenden Sicherheitsgarantie gegenüber Deutschland und Berlin verpflichteten, so sei es unbedingt erforderlich, daß Deutschland an der Erfüllung dieser Garantie auch mitwirke.

Ich unterrichtete McCloy über ein Gespräch, das ich am Tage vorher mit François-Poncet über die Frage der deutschen Mitwirkung in einer internationalen Armee geführt hatte. François-Poncet hatte mir in diesem Gespräch erklärt, daß die französische öffentliche Meinung an den Gedanken einer deutschen Beteiligung noch gewöhnt werden müsse. Die Dinge seien etwas zu plötzlich gekommen. Ich müßte für die Bevölkerung der Bundesrepublik sagen, daß ähnliches bei uns gelte. Die psychologische Lage in Deutschland sei für die eben besprochenen Pläne nicht ganz leicht. Die totale Niederlage des Jahres 1945 und die Diffamierungen der militärischen Einrichtungen hätten starke Rückwirkungen hinterlassen. Ich glaube aber, daß der überwiegende Teil des deutschen Volkes sich für einen Beitrag im Rahmen einer europäischen Armee aussprechen werde, wenn man ihm nur die Situation gründlich genug erkläre. Besondere Schwierigkeiten bestünden bei einem kleinen Teil der evangelischen Kirche, und zwar vor allem bei dem Kreis um Niemöller, zu dem auch Heinemann gehöre.

Ich muß hier ergänzend einfügen, daß der bisherige Innenminister Heinemann mir sein Rücktrittsgesuch übergeben hatte auf Grund meiner Bereitschaft, einen deutschen Beitrag zu einer europäischen Armee zu leisten. Ich erklärte McCloy, daß ich entschlossen sei, das Rücktrittsgesuch anzunehmen. Ich müßte jedoch jetzt sehr sorgfältig vermeiden, daß Niemöller und Heinemann in der Öffentlichkeit als die Freunde des Friedens und die Bundesregierung als Anhängerin einer kriegerischen Lösung hingestellt würden.

Bei der Diskussion über den Eintritt der Bundesrepublik in den Europarat hatte sich bereits ein Gegensatz zwischen Innenminister Heinemann und den übrigen Kabinettsmitgliedern und mir angebahnt. Heinemann war gegen den Eintritt in den Europarat, weil nach seiner Auffassung dadurch der Graben zwischen dem Westen und dem Osten Deutschlands vertieft werde. Von dem gleichen Gesichtspunkt geleitet, nahm Heinemann auch zu den Fragen: Schutz der Verfassung, Aufbau der Polizei und zu der Frage einer etwaigen Beteiligung Deutschlands an einer europäisch-amerikanischen Streitmacht eine sehr passive beziehungsweise negative Haltung ein. Heinemann vertrat nach seinen eigenen Worten den Standpunkt, daß man, nachdem Gott den Deutschen zweimal die Waffen aus der Hand geschlagen habe, sie nicht zum dritten Mal ergreifen dürfe. Man müsse Geduld haben, um den Willen Gottes im Weltregiment zu erkennen, und in Ruhe abwarten, wie sich alles entwickeln werde. Man könne zwar den Willen Gottes jetzt noch nicht erkennen, aber nach seiner Überzeugung würde sich in einem bis eineinhalb Jahren eine klare Situation zeigen.

Ich möchte hier über Gottvertrauen an sich und über Frömmigkeit im allgemeinen nichts sagen, aber ich hatte Herrn Heinemann, als er mich beschwor, in der Sache der Verteidigung der Bundesrepublik nichts zu tun, erwidert, daß nach meiner Auffassung Gott uns den Kopf zum Denken gegeben habe und die Arme und Hände, um damit zu handeln.

Heinemann blieb auf seinem Standpunkt bestehen und unterbreitete mir in einem Augenblick der Erregung sein Rücktrittsgesuch. Ich nahm das Rücktrittsgesuch an, da das Bundeskabinett eine einheitliche Linie in dieser wichtigen Frage einnehmen mußte.

Der Rücktritt Heinemanns erregte großes Aufsehen in Deutschland, zumal Heinemann Präses der Synode der Evangelischen Kirchen Deutschlands und sehr eng mit hohen evangelischen Stellen verbunden war. Er stand namentlich in sehr enger Verbindung zu dem Kirchenpräsidenten Niemöller, der gleichfalls eine äußerst ablehnende Haltung zu der Frage eines eventuellen deutschen Beitrages zu einer europäischen Armee einnahm. Heinemann trat später in die SPD ein und ist noch heute Mitglied der SPD-Fraktion des Deutschen Bundestages.

Die Haltung der Bundesregierung stellte sich folgendermaßen dar: Die Vereinigten Staaten von Amerika machten gegenwärtig die größten Anstrengungen, um Europa und den Frieden zu retten. Den Frieden konnte man aber nur retten, wenn eine entsprechende Streitmacht aufgestellt wurde, die dem Angreifer deutlich zeigte, daß er bei einem Angriff sich selbst in Gefahr brachte. Es war meines Erachtens vollkommen klar: Man konnte von den Müttern und Vätern in den Vereinigten Staaten nicht erwarten, daß sie bereit waren, ihre Söhne zu opfern, ohne daß auch wir einen Beitrag zur Verteidigung leisteten.

Über die Tagung des Rates des Nordatlantikpaktes, die am 26. September 1950 zu Ende ging, wurde ein Kommuniqué veröffentlicht, nach dem der Rat sich darüber einig war, daß Deutschland in die Lage versetzt werden müsse, zum Aufbau der Verteidigung Westeuropas beizutragen. Es hieß in dem Kommuniqué, daß die Mitglieder des Nordatlantikpaktrates zur Kenntnis genommen hätten, daß die Besatzungsmächte diese Angelegenheit prüften. Sie forderten den Verteidigungsausschuß auf, baldmöglichst Empfehlungen über die Art und Weise auszuarbeiten, in der Deutschland am zweckmäßigsten seinen Beitrag leisten könnte.

7. Die Situation im Spätherbst 1950

Im November 1950 standen drei Fragen im Mittelpunkt der politischen Erörterung: erstens ein Vorschlag der Sowjetregierung vom 3. November 1950 zur Einberufung einer Außenministerkonferenz der Vereinigten Staaten von Amerika, Großbritanniens, Frankreichs und Sowjetrußlands zur Erfüllung der Beschlüsse der Potsdamer Konferenz hinsichtlich der Entmilitarisierung Deutschlands; zweitens ein am 24. Oktober 1950 von der französischen Nationalversammlung im Prinzip gebilligter Vorschlag von Ministerpräsident Pleven für eine gemeinsame europäische Armee mit deutscher Beteiligung, der sogenannte „Pleven-Plan", und drittens die Frage eines Beitrages der Bundesrepublik Deutschland zu der Verteidigung des Westens, die auf der New Yorker Außenministerkonferenz und mehreren sich daran anschließenden Konferenzen erörtert wurde.

Diese drei Fragen standen in einem inneren Zusammenhang. Eine zutreffende Würdigung war nur möglich, wenn man die von Sowjetrußland seit 1940 und in verstärktem Maße seit 1944/45 verfolgte Politik kannte. Sowjetrußland hatte sich in diesen Jahren ein ungeheures Gebiet unterworfen, zum Teil durch direkte Annexion, zum Teil durch Umwandlung des betreffenden Landes in einen Rußland hörigen Satellitenstaat. Es war bei diesen Maßnahmen immer nach dem gleichen Rezept vorgegangen: zunächst Schaffung einer Fünften Kolonne in dem betreffenden Lande, bestehend aus der Sowjetunion blind gehorchenden, zu jeder Gewalttat fähigen Personen, gleichzeitig Einschüchterung und Lähmung der Sowjetrußland ablehnend gegenüberstehenden Kreise durch jede Art von Terror, Wahlen mit Einheitslisten, Bildung einer Sowjetrußland hörigen Regierung durch das auf Grund von sogenannten Einheitswahlen zustande gekommene Parlament. Mit dieser Methode hatte sich Sowjetrußland 1940 Litauen, Lettland und Estland einverleibt, als Satellitenstaaten hatte es seiner Herrschaft unterworfen: 1945 Albanien und Jugoslawien, 1948 Rumänien, die Tschechoslowakei und Nordkorea, 1949 Bulgarien, Polen und Ungarn, 1950 die Mandschurei. In der Sowjetzone Deutschlands schuf die Sowjetunion einen Satellitenstaat nach der üblichen Methode.

In zwei Ländern war Sowjetrußland auf erbitterten Widerstand gestoßen: in Griechenland und in Aserbeidschan. Dort mußte die Sowjetunion ihr Vorgehen einstellen.

Wo es Sowjetrußland nötig erschien, hatte es nicht einmal den Schein einer gewissen Selbständigkeit des betreffenden Satellitenstaates gewahrt, sondern das Heer des Landes seinem Kommando direkt unterstellt, so zum Beispiel in Polen und in der Tschechoslowakei.

Die Tendenz der sowjetrussischen Politik gegenüber Deutschland und gegenüber Westeuropa insgesamt ging aus folgendem hervor: In der Sowjetzone waren erhebliche sowjetrussische Truppenmassen konzentriert. Nach einer Erklärung des britischen Verteidigungsministers Shinwell vom Juli 1950 vor dem britischen Unterhaus befanden sich 30 russische Divisionen in der Sowjetzone. Diese Divisionen waren vollständig ausgerüstet mit Munition, Treibstoff und feldmarschmäßiger Verpflegung, um nötigenfalls in kürzester Frist marschieren zu können. Es befanden sich in der Sowjetzone Panzerdivisionen und motorisierte Divisionen, die Luftwaffe wurde ständig verstärkt. Die Sowjetzone selbst begann, wie bereits erwähnt, seit Anfang des Jahres 1950 mit der Aufstellung einer aus Deutschen bestehenden Armee. Die Organisation war so angelegt, daß die Sowjetzonenarmee im Jahre 1951 etwa 150 000 Mann, im Jahre 1952 etwa 300 000 Mann stark sein würde. Den Truppen dieser Sowjetzonenpolizei wurde von Propagandaoffizieren als Ziel die Befreiung der Bundesrepublik Deutschland von den Westalliierten und die Vereinigung mit der Sowjetzone bezeichnet.

Alle Übergriffe Sowjetrußlands hatten die Westalliierten bis zum Sommer 1950 stets nur mit Protestnoten beantwortet. Erst die Vorgänge in Korea, der Einfall der nordkoreanischen Truppen in Südkorea, führten dazu, daß sich die Westalliierten dazu entschlossen, mit Waffengewalt gegen das Vordringen der Kommunisten vorzugehen.

Um das Bild der Situation vom Spätherbst 1950 vollständig zu machen, muß ich erwähnen, daß die zielbewußte Wühlarbeit gegen das Bestehen der Bundesrepublik Deutschland durch die Kommunistische Partei und durch die SED verstärkt fortgesetzt wurde. Mir waren im September 1950 Meldungen zugegangen, nach denen am 24. August in Richtlinien des Politbüros ins einzelne gehende Maßnahmen angeordnet waren, wie bei einer Besetzung der westlichen Sektoren Berlins durch die Volkspolizei zu verfahren sei. Bei Einmarsch der Volkspolizei müßten sämtliche Organisationen sich der Volkspolizei zur Verfügung stellen. Alle Kraftfahrzeuge sollten bis zu diesem Datum auf ihre Einsatzfähigkeit hin überprüft werden, damit sie sofort eingesetzt werden könnten. Nach erfolgter Besetzung Berlins müßte unmittelbar die „Säuberung“ Berlins erfolgen.

Aus Gesprächen mit führenden SED- und Volkspolizei-Funktionären ging hervor, daß man dort fest davon überzeugt war, daß Westdeutschland noch im Jahre 1950 „befreit" würde. Alle Maßnahmen ließen diesen Schluß zu. Es wurde darauf hingewiesen, daß man im Ernstfall über ausgezeichnete Kader in Westdeutschland in Stärke von etwa 100 000 Mann verfüge, gegen die die Bundesrepublik praktisch nichts einzusetzen habe. Besonders gut sei die Organisation in Hamburg und im Ruhrgebiet durchgeführt.

Am 3. November 1950 ließ die Sowjetunion eine Note an die Vereinigten Staaten, Großbritannien und Frankreich gehen, in der sie den Zusammentritt einer Außenministerkonferenz verlangte. Bezeichnend war, daß in dieser Note die beabsichtigte Remilitarisierung Westdeutschlands schärfstens beanstandet, hingegen die Sowjetzonenarmee mit keinem Wort erwähnt wurde. Bezeichnend war ferner, daß die Note in einem Augenblick übergeben wurde, in dem die Frage eines deutschen Beitrages zur Verteidigungsfront gegen eine Aggression Sowjetrußlands akut wurde. Ebenso bezeichnend war, daß diese Note überreicht wurde, während gleichzeitig Sowjetrußland Nordkorea mit neuem Kriegsmaterial versorgte. In der Note wurde als Grundlage der Außenministerkonferenz der vier Großmächte die Durchführung der Prager Beschlüsse vom 21. Oktober 1950 gefordert.
Die Prager Beschlüsse waren von den Außenministern der Sowjetunion, Albaniens, Bulgariens, der Tschechoslowakei, Polens, Rumäniens, Ungarns und der Sowjetzone verabschiedet worden. In ihnen wurde unter anderem verlangt: Bildung eines gesamtdeutschen konstituierenden Rates unter paritätischer Zusammensetzung aus Vertretern Ost- und Westdeutschlands, der die Bildung einer „gesamtdeutschen, souveränen, demokratischen und friedliebenden" provisorischen Regierung vorzubereiten und der Sowjetunion, den Vereinigten Staaten, Großbritannien und Frankreich die entsprechenden Vorschläge zur gemeinsamen Bestätigung zu entwerfen habe und der bis zur Bildung einer gesamtdeutschen Regierung zur Konsultation bei der Ausarbeitung des Friedensvertrages heranzuziehen sei.
Dieser grundlegende und entscheidende Bestandteil des Prager Abkommens war für die Bundesrepublik Deutschland völlig unannehmbar. Es gab in der Sowjetzone keine auf Grund von freien, gleichen und geheimen Wahlen zustande gekommene Vertretung. Es war ausgeschlossen, daß wir in irgendwelche Verhandlungen mit der Sowjetzone über die Bildung eines gemeinsamen Organes traten, ehe dem von uns wiederholt gestellten Verlangen nach Durchführung freier Wahlen in der Sowjetzone stattgegeben war.
Soweit ich aus ersten Reaktionen entnehmen konnte, stieß die sowjetische Note in den Vereinigten Staaten auf Ablehnung. In England stand man ihr

skeptisch gegenüber. Lediglich in Frankreich fanden sich Stimmen, die glaubten, in irgendeiner Form auf diese Note eingehen zu sollen.

Die Beschlüsse einer Außenministerkonferenz, die die Prager Beschlüsse zur Grundlage haben würden, waren für uns untragbar. Ich hatte die berechtigte Hoffnung, daß, ehe eine Stellungnahme von alliierter Seite zu der sowjetrussischen Note erfolgen würde, man vorher unsere Meinung darüber einholen und entsprechend beachten werde, denn es handelte sich bei der vorgeschlagenen Konferenz um unser Schicksal, um das Geschick des deutschen Volkes und damit Europas. Die Entwicklung seit 1945, insbesondere aber seit der Schaffung der Bundesrepublik Deutschland, war so weit fortgeschritten, daß die Stimme der Bundesrepublik gehört und beachtet werden mußte. In diesem Zusammenhang war die ausdrückliche Erklärung der New Yorker Außenministerkonferenz vom September 1950 äußerst wichtig, worin die Organe der Bundesrepublik Deutschland als die einzigen legitimen Vertreter des deutschen Volkes von den Westalliierten anerkannt worden waren.

Nach meinem Dafürhalten war die sowjetrussische Note nichts anderes als ein Störversuch, um jede Konsolidierung einer Abwehrfront gegen eine sowjetische Aggression, wie sie sich durch die Anbahnung einer europäischen Verteidigungsgemeinschaft abzeichnete, zu verhindern oder zumindest wesentlich zu verlangsamen.

Am 6. September 1950 hatte der amerikanische Außenminister Acheson eine Erklärung abgegeben über die Beteiligung Deutschlands an der Verteidigung des Westens. Er sagte, daß es wichtig sei, einen angemessenen Weg zu finden, der es Deutschland ermögliche, in der Verteidigung Westeuropas einen Platz einzunehmen. Er bezog sich auf eine Äußerung des amerikanischen Hohen Kommissars McCloy, in der dieser gesagt hatte, daß es den Deutschen ermöglicht werden müsse, wenn sie es wünschten, ihr eigenes Land zu verteidigen. Acheson erklärte, daß McCloy vollkommen recht habe. Ziel der Truppenverstärkung in Westeuropa müsse es sein, den gesamten atlantischen Raum gegen einen Angriff zu schützen. Da das deutsche Volk sich in diesem Gebiet befinde, sei es in hohem Maße wünschenswert, einen richtigen Weg zu finden, damit es sich an den Verteidigungsanstrengungen beteilige.

Aus zahlreichen Erklärungen des britischen Außenministers und des französischen Außenministers ging klar hervor, daß sie die amerikanische Einstellung in diesem Umfang nicht teilten. Mir war bekanntgeworden, daß Bevin zu der New Yorker Außenministerkonferenz vom September 1950 mit Direktiven gereist war, die, ähnlich wie die französischen, sich negativ zu einem deutschen Verteidigungsbeitrag aussprachen.

Am 12. September 1950 erklärte Bevin bei seiner Ankunft in New York, daß Deutschland in die Gemeinschaft der Nationen zurückgeführt werden müsse. Er glaube jedoch nicht, daß die Eingliederung von deutschen militärischen Verbänden in die Streitkräfte Westeuropas der richtige Weg dafür sei. Er machte vor Pressevertretern sehr deutlich, daß er gegen den Gedanken sei, deutsche Einheiten als Teile einer westeuropäischen Verteidigungsmacht aufzustellen. Er war allerdings für eine Verstärkung der westdeutschen Polizeikräfte.

Die Amerikaner setzten sich mit ihrer Auffassung durch, daß die Bundesrepublik in eine westeuropäische Verteidigungsorganisation einbezogen werden müsse.

Ich habe erwähnt, daß ein weiteres Ereignis, das im November 1950 ein großes politisches Gewicht darstellte, der französische Plan zur Verteidigung des Westens war, den Ministerpräsident René Pleven in einer Regierungserklärung am 24. Oktober 1950 verkündet hatte. Pleven erklärte, daß die im Atlantikpakt verbündeten Nationen die Notwendigkeit erkannt hätten, die atlantische Gemeinschaft gegen jede mögliche Aggression auf einer Linie zu verteidigen, die so weit östlich läge wie möglich. Sie hätten zu diesem Zweck beschlossen, die in Europa stationierten Streitkräfte zu verstärken. Sie seien übereingekommen, daß alle diese Streitkräfte, gleich welcher Nationalität, unter das Kommando eines einzigen Oberbefehlshabers gestellt werden sollten. Deutschland, das dem Atlantikpakt nicht angehöre, sei dennoch aufgerufen, sich an dem notwendigen Sicherheitssystem zu beteiligen. Es sei nur gerecht, daß es seinen Beitrag zur Aufstellung einer Verteidigungsmacht Westeuropas leiste. Aus diesem Grunde habe sich die französische Regierung entschlossen, die Initiative zu folgender Erklärung zu ergreifen:

„Die Lösung des Problems eines deutschen Beitrages zu der gemeinsamen Verteidigung sollte ohne jeden Kompromiß und ohne verzögernde Ausflüchte, gleichermaßen im Rahmen der Möglichkeiten einer sofortigen Aktion wie im Hinblick auf die Zukunft eines geeinten Europas, gesucht werden.

Der Rahmen, in dem die europäischen Probleme besprochen werden, ist in der großzügigsten Weise durch die im Europarat vereinigten Staaten abgesteckt worden. Aber die Initiativen der aufeinanderfolgenden französischen Kabinette waren von der Hoffnung begleitet, daß Verpflichtungen und Institutionen schnell das kühne, von allen angenommene Vorhaben kräftigen würden.

In diesem Geiste hat die französische Regierung am 9. Mai 1950 allen europäischen Ländern vorgeschlagen, ihre Produktionen von Kohle und Stahl zusammenzulegen. Sie erklärte damals: ‚So wird einfach und rasch die Zusammenfassung der Interessen verwirklicht, die für die Schaffung einer Wirtschaftsgemeinschaft unerläßlich ist, und das Ferment einer weiteren und tieferen Gemeinschaft den Ländern eingeflößt, die lange Zeit durch blutige Fehden getrennt waren.'

. . . . .

Die französische Regierung dachte, daß die Verwirklichung der Montanunion es ermöglichen würde, sich an den Gedanken einer europäischen Gemeinschaft zu gewöhnen, ehe die so delikate Frage einer gemeinsamen Verteidigung in Angriff genommen würde. Die Ereignisse in der Welt lassen ihr keine Frist. Vertrauend auf eine friedliche Bestimmung Europas und überzeugt von der Notwendigkeit, allen europäischen Völkern das Gefühl kollektiver Sicherheit zu geben, schlägt die französische Regierung vor, diese Frage auf dieselbe Weise und im gleichen Geiste zu regeln.

. . . . .

Sie schlägt für eine gemeinsame Verteidigung die Schaffung einer europäischen Armee vor, die mit den politischen Institutionen des geeinten Europas verbunden ist.

Dieser Vorschlag leitet sich direkt aus der Empfehlung her, die am 11. August 1950 von der Konsultativversammlung des Europarates angenommen wurde und die sofortige Schaffung einer gemeinsamen europäischen Armee forderte, die zur Verteidigung des Friedens mit den amerikanischen und kanadischen Streitkräften zusammenarbeiten sollte.

Die Aufstellung einer europäischen Armee könnte sich nicht einfach aus der Zusammenfassung nationaler Militäreinheiten ergeben, die in Wirklichkeit nur eine Koalition alten Typs verschleiern würde. Unzweifelhaft gemeinsamen Aufgaben können nur gemeinsame Organismen gerecht werden. Eine Armee des geeinten Europas, gebildet aus Männern der verschiedenen europäischen Nationen, soll, soweit dies irgend möglich ist, eine vollständige Verschmelzung der Mannschaften und der Ausrüstung herbeiführen, die unter einer einheitlichen politischen und militärischen europäischen Autorität zusammengefaßt werden*."

Am 7. November 1950 hatte mir Ministerpräsident Pleven durch den französischen Hohen Kommissar François-Poncet ergänzende Erklärungen zu gewissen Formulierungen seines am 24. Oktober 1950 veröffentlichten Planes über eine europäische Verteidigungsgemeinschaft geben lassen. Er ließ mir insbesondere erklären, daß jede Diskriminierung Deutschlands

* Vollständiger Wortlaut der Regierungserklärung von Ministerpräsident Pleven vom 24. Oktober 1950 siehe Dokumentenband.

ausgeschlossen sei und daß Deutschland nach dem Pleven-Plan mit allen anderen Partnern völlig gleichgestellt sein sollte. Ich nahm mit großer Befriedigung von dieser Mitteilung Kenntnis.

Nach den Ausführungen François-Poncets war die französische Regierung nach wie vor der Auffassung, daß die europäischen Probleme nur auf der Grundlage einer deutsch-französischen Verständigung gelöst werden könnten.

Die französische Regierung erstrebe eine möglichst baldige Unterzeichnung des Schuman-Planes. Der Unterzeichnungsakt, der in Paris stattfinden solle, müsse eine große Kundgebung der Solidarität sein. Ministerpräsident Pleven ließ mir sagen, daß er hoffe, daß ich aus diesem Anlaß nach Paris kommen werde.

Die Unterredung mit François-Poncet nahm ich zum Anlaß zu erklären, daß die Schuman-Plan-Verhandlungen im allgemeinen gute Fortschritte machten, daß jedoch die Frage der Beseitigung der Ruhrbehörde und einiger anderer Beschränkungen für die Bundesrepublik, die mit dem Schuman-Plan nicht zu vereinbaren seien, noch nicht gelöst sei.

Ich hatte wiederholt zu Beginn der Beratungen über den Schuman-Plan darauf hingewiesen, daß die Bundesregierung die Auflösung der Ruhrbehörde als Voraussetzung der Unterzeichnung fordere. Ich hatte mit Monnet, dem Leiter der französischen Delegation, wiederholt über dieses Thema gesprochen. Monnet hatte mir zugesagt, sich für eine Lösung einzusetzen, die alle Beteiligten befriedigen würde. Ich betonte nunmehr François-Poncet gegenüber erneut, daß die Beseitigung der Ruhrbehörde unbedingte Voraussetzung zur Unterzeichnung des Schuman-Planes sei.

Unter Bezugnahme auf die europäische Verteidigungsfrage wies ich auf die psychologische Lage in der Bundesrepublik hin und auf die wachsende Unsicherheit der Bevölkerung. Eine weitere Verzögerung der Lösung dieser Frage hielt ich für gefährlich. Ich erklärte François-Poncet, daß ich es bedauert hätte, daß der Pleven-Plan nicht in ausreichendem Maße Vorkehrungen für sofort zu treffende Maßnahmen enthalte.

Der positiven Bedeutung des Pleven-Planes war ich mir trotz seiner zahlreichen Mängel jedoch voll bewußt. Der Pleven-Plan schien mir ein wesentlicher Beitrag zur Integration Europas zu werden. Die Integration Europas war und ist eines der Hauptziele der deutschen Politik. Ich war der Auffassung, daß die Schaffung einer europäischen Armee, möglichst unter Teilnahme Englands, einen sehr wesentlichen Fortschritt auf dem Wege zur Erreichung des Endzieles, nämlich der Integration Europas, bedeuten würde. Aus diesen Gründen war ich bereit, an dem Pleven-Plan mitzuwirken.

Gegen den Pleven-Plan waren von deutscher Seite zahlreiche Bedenken laut geworden, und diese Bedenken schienen mir verständlich. Es war klar, daß der Versuch zur Regelung einer so schwierigen und wichtigen Materie nicht sofort und in allen Punkten alle interessierten Staaten befriedigen konnte, und eine sehr sorgfältige Beratung war nötig. Eine solche Beratung und die Verwirklichung des Zieles erforderten Zeit. Die Situation in der Welt war aber derartig, daß wir so bald wie möglich Lösungen finden mußten, die den Frieden garantierten. Die Fortdauer der Spannungen schien mir nicht weiter tragbar.

Nur, wenn sich Europa unter Einschluß eines freien Deutschlands bildete, konnte es ein Damm gegen die rote Flut sein. Nur mit einem starken Europa hatten wir auch Aussicht, die Sowjetzone und die Gebiete jenseits der Oder und Neiße für die Freiheit zurückzugewinnen. Unter dem Gesichtspunkt der Förderung der Integration Europas war ich auch für den Schuman-Plan eingetreten. Wenn Kohle, Eisen und Stahl gemeinschaftlich bewirtschaftet würden und wenn dazu noch eine gemeinsame europäische Armee gebildet würde, so wären nach meiner Auffassung die wesentlichen Fundamente Europas geschaffen. Dann würde auf jeden Fall ein Krieg zwischen Frankreich und Deutschland auch dem befangensten Franzosen unmöglich erscheinen. Deutsche und französische Offiziere würden auf der gleichen Kriegsschule lernen, sich nicht mehr als Gegner, sondern als Waffengefährten zu betrachten.

8. Die innere Haltung des deutschen Volkes zu dem Verteidigungsproblem

Nach den Erfahrungen, die wir Deutsche mit dem totalitären Regime der nationalsozialistischen Zeit gemacht hatten, nach den Erfahrungen, die die Welt mit dem totalitären Sowjetrußland seit 1944 gesammelt hatte und die ich bereits im einzelnen skizzierte, mußte nach meiner Meinung folgendes die gemeinsame Überzeugung aller Deutschen sein: Totalitäre Staaten, und das galt insbesondere für Sowjetrußland, kennen nicht, wie die demokratischen Länder, als wesentliche Faktoren des Zusammenlebens der Menschen und der Völker Recht und Freiheit der Person. Totalitäre Staaten kennen nur einen maßgebenden Faktor, und das ist die Macht. Mit einem totalitären Staat und insbesondere mit Sowjetrußland konnten daher nur dann Verhandlungen zur Regelung internationaler Fragen mit Aussicht auf Erfolg geführt werden, wenn derjenige, der die Verhandlungen führte, ebenso stark, wenn nicht noch stärker war als Sowjetrußland. Das Verhalten Sowjetrußlands seit 1945, insbesondere sein Verhalten in Griechenland und

Aserbeidschan, hatte gezeigt, daß Sowjetrußland nicht ohne weiteres geneigt war, Risiken einzugehen.

Ich war der festen Überzeugung, daß die westlichen Mächte unter Führung der Vereinigten Staaten von Amerika in der Lage sein würden, gegen Sowjetrußland eine wirksame Abwehrfront zu errichten. Aus Reden und Äußerungen verantwortlicher amerikanischer Politiker ging klar hervor, daß die Vereinigten Staaten die große und schwere Aufgabe, die ihnen ihre ungeheure wirtschaftliche und politische Macht auferlegt hatte, erkannten und daß sie auch bereit waren, diese Aufgabe im Interesse des Friedens und der Freiheit in der Welt zu erfüllen.

Die Frage, ob die Bundesrepublik, wenn sie dazu aufgefordert würde, sich an einer gemeinsamen westlichen Abwehrfront beteiligen solle, wurde in der Bundesrepublik lebhaft diskutiert. Wenn man die Frage der Beteiligung der Bundesrepublik beantworten wollte, mußte man davon ausgehen, daß es sich darum handelte, den Frieden zu retten, und daß die Bildung einer solchen Abwehrfront die einzige Möglichkeit war, einen Krieg zu verhüten und den Frieden zu erhalten. Das Vorgehen Sowjetrußlands seit 1945 zeigt völlig klar die Tendenz der russischen Politik und auch die Möglichkeiten, trotz dieser Tendenz zu einem Frieden mit Rußland zu kommen. Wir Deutsche mußten uns darüber klar sein, daß wir unmöglich erwarten konnten, die Vereinigten Staaten und die westeuropäischen Länder würden die Opfer, die mit der Schaffung einer gemeinsamen Verteidigungsarmee verbunden waren, auf sich nehmen, während wir nichts dazu beitrugen. Für jeden Menschen mit gesundem Empfinden mußte es ein zwingendes Gebot sein, seine Heimat und seine Freiheit zu verteidigen.

Zwei Voraussetzungen für die Beteiligung Deutschlands mußten jedoch erfüllt sein: Einmal mußte diese Abwehrfront so stark sein, daß sie jede russische Aggression unmöglich machte, und zweitens mußte die Bundesrepublik Deutschland, wenn sie einen Beitrag leisten sollte, die gleichen Pflichten, aber auch die gleichen Rechte haben wie alle anderen daran beteiligten Staaten. Durch François-Poncet hatte mir Premierminister Pleven, wie bereits erwähnt, zusichern lassen, daß diese letzte Bedingung erfüllt werde.

Die Sozialdemokraten erklärten, daß jeder militärische Beitrag der Bundesrepublik zu irgendeinem Verteidigungssystem einen verfassungsändernden Charakter habe und daher nur mit einer Zweidrittelmehrheit beschlossen werden könnte. Sie bestritten dem gegenwärtigen Bundestag das Recht, in dieser Frage zustimmend zu entscheiden, weil zur Zeit der Wahl des Bundestages das Problem eines Verteidigungsbeitrages noch nicht sichtbar gewesen sei. Eine Entscheidung für einen etwaigen deutschen militärischen

Beitrag war nach Auffassung der Sozialdemokraten nur auf der Grundlage von Neuwahlen zum Bundestag möglich.
Ich hielt diese Einwendungen der Sozialdemokraten rechtlich nicht für haltbar. Jeder Bundestag hat für die Zeit seiner Wahl das Recht und die Pflicht, alle Aufgaben zu erfüllen, die während dieser Zeit an ihn herantreten, gleichgültig, ob bei der Wahl diese Aufgaben schon erkennbar waren oder nicht.
Die Sozialdemokraten sprachen bereits von einer erforderlichen Selbstauflösung des Bundestages. Nach unserem Grundgesetz hat der Bundestag jedoch nicht das Recht hierzu. Man hatte nach reiflicher Überlegung und mit Zustimmung der Sozialdemokraten im Parlamentarischen Rat für den Fall, daß politische Notwendigkeiten eine Neuwahl erforderten, nur dem Bundeskanzler das Recht gegeben, durch Stellung eines Vertrauensantrages eventuell eine Neuwahl zu erzwingen. Maßgebend war bei diesen Überlegungen im Parlamentarischen Rat, daß man vermeiden wollte, daß heterogene politische Faktoren, die zu gemeinsamer politischer Arbeit nicht fähig waren, sich aus destruktiven Gründen zur Lahmlegung der politischen Arbeit zusammenfinden könnten. Bei den Beratungen des Grundgesetzes im Parlamentarischen Rat war auch ausführlich über Fragen militärischer Art und die Möglichkeit eines Krieges gesprochen worden. In Artikel 26 Absatz 1 war mit Zustimmung der sozialdemokratischen Vertreter lediglich die Vorbereitung eines Angriffskrieges für verfassungswidrig erklärt worden. In Artikel 4 Absatz 3 war bestimmt, daß niemand gegen sein Gewissen zum Kriegsdienst mit der Waffe gezwungen werden dürfe. In einem weiteren Artikel war festgelegt, daß der Bund sich zur Wahrung des Friedens in ein System gegenseitiger kollektiver Sicherheit einordnen könne. Aus allen diesen Bestimmungen ging eindeutig hervor, daß die Entscheidung über einen militärischen Beitrag nicht „das Wesen der Bundesrepublik Deutschland von Grund auf verändert“, wie die sozialdemokratische Fraktion des Bundestages ausführte.
Die westliche Welt befand sich in einer großen Gefahr. Die Bundesrepublik Deutschland war Teil dieser westlichen Welt. Sie war auf Grund ihrer geographischen Lage der Gefahr noch stärker ausgesetzt als andere Länder. Diese gemeinsame Gefahr begründete eine Schicksalsgemeinschaft, denn wo immer eine Aggression erfolgen würde, sie würde diese Gemeinschaft in allen ihren Gliedern treffen. Die Gefahr war nicht unabwendbar, und das deutsche Volk durfte niemals die Hoffnung aufgeben, daß der Friede erhalten bleiben könne. Wir mußten jede Anstrengung machen, um ihn zu bewahren. Aus den Erfahrungen der letzten Jahre folgte, daß in einer Lage wie der gegenwärtigen Verhandlungen mit dem Ziel einer Normali-

sierung der Beziehungen nur dann Aussicht auf Erfolg hätten, wenn die Sowjetunion genau wußte: der Verhandlungspartner ist so stark, daß mit einer Aggression ein wirkliches Risiko verbunden ist. Die Stärke der westlichen Welt würde aber nur dann gewährleistet sein, wenn die westliche Welt ihre Verteidigung als eine einheitliche Verteidigung organisierte.
Gegen eine Wiederaufrüstung Deutschlands war zu erwarten eine politische Opposition von seiten der Oppositionsparteien, eine psychologische Opposition von seiten pazifistisch eingestellter, nationalistischer und gewisser kirchlicher Kreise und eine Opposition aus den Kreisen der früheren Wehrmacht, die aus verschiedenen Gründen am Aufbau eines deutschen Kontingents nicht beteiligt werden konnten. Je schneller und sichtbarer die westlichen Besatzungsmächte die psychologisch notwendigen Voraussetzungen für die Stellung eines deutschen Kontingents zu einer europäischen Armee verwirklichen würden, um so leichter würde die Opposition zu überwinden sein. Unter den notwendigen Voraussetzungen waren zu verstehen: ein ausreichender und rechtzeitiger militärischer Schutz des Aufbaues des deutschen Kontingents durch die Westmächte, völlige politische und militärische Gleichberechtigung der Bundesrepublik, Aufgabe der Diffamierung des deutschen Soldaten und eine befriedigende Regelung der Frage, wie mit den teils zu recht, teils zu unrecht wegen Kriegsverbrechen verurteilten Personen zu verfahren sei.
Ein deutscher Beitrag zu einer Verteidigungsarmee war in der Bundesrepublik ausgesprochen unpopulär. Die innere Haltung des deutschen Volkes machte mir sehr große Sorge. Das deutsche Volk war durch den Krieg und die Nachkriegszeit in einen Zustand gekommen, in dem es zwar die Freiheit schätzte, aber nicht bereit zu sein schien, für die Freiheit Opfer zu bringen. Es war eine menschlich begreifliche Einstellung. Die Kommunisten versuchten diese Einstellung der Deutschen für ihre Zwecke auszunutzen. Mir war zum Beispiel bekanntgeworden, daß Molotow für die Prager Außenministerkonferenz vom Oktober 1950 die Anweisung gegeben hatte, auf der ganzen Linie gegenüber Westdeutschland, sowohl in der Sache als auch was die Personen anging, keine polemischen Angriffe zu führen, sondern alles zu tun, um auf irgendeine Weise mit der Bundesrepublik in ein Gespräch zu kommen. Man sollte versuchen, die Deutschen mit der Losung „Nationale Einheit“ einzufangen. Am 16. November 1950 hielt der Kommunist Renner im Bundestag eine derart nationale Rede, daß ich äußerst überrascht war.
Über die Erfolge einer solchen kommunistischen Agitation durfte man sich keiner Täuschung hingeben. Der Vorwand, daß eine Wiederaufrüstung oder eine Beteiligung der Bundesrepublik an einer europäisch-amerikani-

schen Armee die Spaltung Deutschlands vertiefe, wurde sehr gern gebraucht, um sich bei der Ablehnung der Übernahme von gefährlichen Konsequenzen vor sich selbst zu rechtfertigen.

Die sozialdemokratische Agitation lieferte denjenigen Deutschen, die sich der Übernahme von Verpflichtungen entziehen wollten, einen weiteren Vorwand.

Die sozialdemokratische Agitation beruhte im wesentlichen auf zwei Grundgedanken. Der eine Gedanke war: Es ist sicher gut, für die Freiheit alles hinzugeben, aber ihr seid ja gar nicht frei, und ihr werdet auch nicht frei; infolgedessen lohnt es sich ja gar nicht, für Europa etwas zu tun. Der zweite Einwand bestand darin, daß zur Rechtfertigung der Ablehnung einer Verteidigungslast durch die SPD gesagt wurde: Es ist den Westalliierten ja im Grunde genommen mit der Verteidigung Westdeutschlands gar nicht ernst, sondern sie wollen die deutschen Truppen nur zur hinhaltenden Verteidigung ihrer eigenen Länder benützen. Ein führender Bundestagsabgeordneter der SPD hatte zum Beispiel in München gesagt: Es ist besser für die Deutschen, mit gesunden Gliedern in erhaltenen Häusern, wenn auch unter bolschewistischer Herrschaft, zu sitzen als mit zerschlagenen Knochen in Erdlöchern.

Nun war es absolut notwendig, daß das deutsche Volk wenigstens in seiner überwiegenden Mehrheit einen Verteidigungsbeitrag bejahte. Die Parteien, die den gleichen Standpunkt wie die Bundesregierung einnahmen, konnten aber bis zum Ende des Jahres 1950 keine Agitation in dieser Richtung betreiben, weil sie nicht wußten, ob eine entsprechende Frage von seiten der Alliierten an das deutsche Volk gestellt würde. Ich hatte keine Zweifel, daß es uns gelingen würde, wenn einmal die Frage gestellt war, die überwiegende Mehrheit des deutschen Volkes von der Richtigkeit unserer Auffassung zu überzeugen, aber die westalliierten Regierungen mußten uns durch Stellung der Frage dabei helfen. Es war sehr notwendig, daß etwas geschah, damit in der Mehrheit des deutschen Volkes eine psychologische Umstellung erfolgte. Der Zustand des Halbdunkels, das heißt der Zustand, in dem wir nicht definitiv wußten, was die Westalliierten von uns verlangen würden, der Zustand, daß unter den Alliierten lediglich über einen „eventuellen" Verteidigungsbeitrag Deutschlands diskutiert wurde, durfte nicht länger bestehen bleiben.

Im Laufe des Monats November hatte eine Reihe von Landtagswahlen, so zum Beispiel in Hessen, in Württemberg-Baden und in Bayern, stattgefunden. Die innenpolitische Situation in Deutschland hatte sich durch die Wahlkampagnen sehr zugespitzt. Für die Regierungskoalition waren die Ergebnisse der Landtagswahlen nicht günstig ausgefallen. Hierfür gab es verschiedene Gründe. Entscheidend war die Agitation, die die Sozialdemokraten mit Unterstützung von Niemöller gegen einen deutschen Verteidigungsbeitrag entfaltet hatten. Diese Agitation war völlig unvereinbar mit den deutschen Interessen. Sie ließ sich in einem Satz zusammenfassen, etwa so: „Wer den Krieg will, der wähle die Regierungskoalition, wer den Frieden will, der wähle die SPD." Die Regierungsparteien befanden sich demgegenüber in einer sehr schwierigen Lage, da wir keine positiven Angaben über unseren Beitrag zur Verteidigung machen konnten. Die Vertreter der Regierungskoalition konnten sich nicht Tag für Tag hinstellen und etwa sagen: „Ob wir gefragt werden, wissen wir nicht. Wenn wir gefragt werden, sind wir bereit, einen Beitrag zu leisten." Damit hätten die Redner sich lächerlich gemacht. Folglich mußten sich die Regierungsparteien in ihren Äußerungen und Antworten auf die Wahlagitation der SPD sehr zurückhaltend ausdrücken.

Auf der New Yorker Außenministerkonferenz vom September 1950 und auf einigen ihr folgenden Einzelkonferenzen war die Frage eines Beitrages der Bundesrepublik Deutschland zu der Verteidigung des Westens aufgeworfen worden. Über die geführten Diskussionen zu diesem Thema bestand innerhalb und außerhalb Deutschlands große Unklarheit.

Die Bundesregierung erhielt kaum offizielle Mitteilungen über den Verlauf dieser Beratungen und war weitgehend auf das angewiesen, was hierüber in Zeitungen veröffentlicht wurde. Hierdurch ergab sich für die Bundesregierung ein völlig unmöglicher Zustand. Es war ein peinliches Gefühl, wenn auf Fragen, die gestellt wurden, Regierungsvertreter stets ausweichend antworten mußten. Das Ansehen der Bundesregierung litt außerordentlich in der deutschen Öffentlichkeit, auch innerhalb der Koalition.

Die ganze Verzögerung der Entscheidung und die daraus folgende Entwicklung wurden im allgemeinen auf das Verhalten der französischen Regierung zurückgeführt. Der gute Wille weitester deutscher Kreise, zu einer Verständigung mit Frankreich zu kommen, erhielt infolge des Mißtrauens, das immer wieder uns gegenüber, trotz aller deutschen Beteuerungen, gezeigt wurde, einen sehr starken Stoß. Mir war es sehr schmerzlich, wenn ich auf Vorhaltungen, daß meine ganzen Bemühungen gegenüber Frankreich keinen Erfolg gehabt hätten, mehr oder weniger schweigen mußte.

Trotz aller Anstrengungen der Bundesregierung und der Koalitionsparteien blieb der Gedanke der Leistung eines Beitrages und der Übernahme von Verpflichtungen zur Verteidigung Europas im deutschen Volk sehr unpopulär, und zwar auf Grund der Agitation der Kommunistischen Partei und der Sozialdemokratischen Partei, auf Grund von Rundfunkkommentaren und Zeitungsäußerungen, auch von angeblich neutralen Blättern. Um die ablehnende Haltung der deutschen Bevölkerung zu überwinden, schien es mir notwendig, das deutsche Volk davon zu überzeugen, daß wir frei waren, oder zumindest, daß die Aussicht bestand, bald völlige Freiheit für die Bundesrepublik zu erlangen, daß es sich deshalb lohnen würde, Opfer für diese Freiheit zu bringen. Nach meiner Meinung waren großzügige Gesten von seiten der Westalliierten gegenüber der Bundesrepublik dringend erforderlich. Es schien mir sonst äußerst schwer, wenn nicht gar unmöglich zu werden, die deutsche Bevölkerung zu einer freiwilligen Mitarbeit an der Verteidigung Europas zu gewinnen.

9. Besprechung mit den Hohen Kommissaren am 16. November 1950

In meinem Memorandum vom 29. August 1950 hatte ich den westalliierten Regierungen mitgeteilt, ich hielte es für nötig, daß die Beziehungen Deutschlands zu den Besatzungsmächten auf neue Grundlagen gestellt und daß sie fortschreitend durch ein System vertraglicher Abmachungen geregelt würden. Die drei Außenminister hatten sich auf ihrer Konferenz vom September 1950 in New York jedoch lediglich entschlossen, eine Milderung des Besatzungsstatuts in einer Reihe von Punkten eintreten zu lassen. Seit der New Yorker Außenministerkonferenz hatten sich die Verhältnisse in der Welt und auch in Europa weiter derartig zugespitzt, daß ich es für notwendig ansah, die westalliierten Regierungen erneut zu bitten, unter den gegenwärtigen Umständen meine Forderungen noch einmal zu prüfen.

Auf einer Sitzung mit den Hohen Kommissaren am 16. November 1950 brachte ich dieses Anliegen vor. Ich bat zu erwägen, ob nicht das nach deutscher Auffassung sehr häßlich klingende Wort „Besatzungsstatut“ verschwinden könnte.

Ich erinnerte die Hohen Kommissare an mein Memorandum vom 29. August 1950, in dem ich es als notwendig bezeichnet hatte, „daß die Beziehungen Deutschlands zu den Besatzungsmächten auf neue Grundlagen gestellt und daß sie fortschreitend durch ein System vertraglicher Abmachungen geregelt werden“. Ich machte den Hohen Kommissaren deutlich, daß ich die baldige Verwirklichung dieses Vorschlages für dringend erforderlich hielt.

Zur Frage einer Erhöhung der Besatzungskosten und zur Frage eines deutschen Kostenbeitrages zur gemeinsamen westlichen Verteidigung führte ich aus, daß der Gesamtumfang der deutschen Belastung unter Berücksichtigung der besonderen sozialen Aufgaben festgelegt werden müßte. Die Frage der Ostvertriebenen und die Beseitigung noch sehr schwerer Kriegsschäden müßten berücksichtigt werden. Präsident Truman hatte in einer Rede am 17. Oktober 1950 in San Francisco auf das besondere Zusammenwirken von äußerer Stärke und innerer sozialer Sicherheit hingewiesen. Er sagte wörtlich von den Vereinigten Staaten: „Wir sind stark auf Grund unseres sozialen Sicherheitssystems." Äußere und innere Stärke und Sicherheit ließen sich in der Tat nicht voneinander trennen. Wenn die Bundesregierung gezwungen würde, auf Grund der Kosten für die Besatzung und für die Verteidigung Europas ihre sozialen Leistungen trotz Steuererhöhungen herabzusetzen, würde die innere Sicherheit der Bundesrepublik gefährdet und damit der Wille zur Verteidigung herabgemindert werden. Ich erklärte den Hohen Kommissaren, daß ich bereit wäre, die Leistungsfähigkeit der Bundesrepublik unter Berücksichtigung der sozialen Aufgaben durch unabhängige neutrale Sachverständige nachprüfen zu lassen.

Ich bat in diesem Zusammenhang, man möchte doch alle Demontagen, die noch durchgeführt würden, einstellen. Einige der zur Demontage vorgesehenen Werke lieferten zum Beispiel Eisen nach Kanada und angereicherte Erze nach Belgien, und zwar für Rüstungszwecke. Wenn nun trotzdem weiter demontiert würde, so verstünden das die Menschen einfach nicht.

Ich sprach auch die Bitte aus nachzuprüfen, ob nicht wesentliche Erleichterungen auf dem Gebiet der verbotenen und beschränkten Industrien gewährt werden könnten. Unsere Devisenlage würde sich dadurch außerordentlich verbessern. Eine weitere Bitte betraf die Erleichterung der wissenschaftlichen Forschung, die zu diesem Zeitpunkt noch auf vielen Gebieten, die nichts mit irgendwelchen Kriegsindustrien zu tun hatten, beschränkt war.

Die ganze Weltlage und insbesondere die Lage in Europa war für die Bundesrepublik kritischer und gefährlicher als für irgendein anderes europäisches Land. Es lag mir außerordentlich viel daran, auch gegenüber Sowjetrußland den Eindruck zu verwischen, als wenn in der Bundesrepublik Deutschland kein starker Wille des Widerstandes lebendig wäre. Wenn man von der Haltung eines wenn auch kleinen Teiles der evangelischen Kirche unter der Führung von Niemöller und von der Haltung der sozialdemokratischen Opposition gegen die Leistung eines Beitrages zur Verteidigung Europas ausging, so war leicht verständlich, daß man in Sowjetrußland und innerhalb der SED glaubte, es sei mit keinem starken Widerstandswillen in der Bundesrepublik zu rechnen. Ich bat die Hohen Kommissare, daß sie durch ihre Einwirkung auf ihre Regierungen die Bundesregierung in die Lage versetzten, das deutsche Volk aufzuklären und einen wirksamen Feldzug zum Schutze der Freiheit Europas zu unternehmen.

Ich trug den Hohen Kommissaren noch eine Reihe von Einzelfragen vor, in denen ich Erleichterungen erbat. Ich forderte die Mitwirkung der Bundesregierung bei allen Fragen der Entflechtung und Dekartellisierung und eine baldige Bereinigung der Restitutionsfrage. Auf dem Gebiet des Rechtswesens legte ich dar, daß die Auslieferung von Deutschen an das Ausland, wie sie von einigen Staaten gefordert wurde, unvereinbar sei mit Artikel 16 Absatz 2 des Grundgesetzes. Ich bat um Einstellung dieser Forderungen. Weiter bat ich um schnellstmögliche Beendigung aller Kriegsverbrecherprozesse und die Umwandlung aller noch nicht vollstreckten Todesurteile in Freiheitsstrafen, da nach Artikel 102 des Grundgesetzes die Todesstrafe abgeschafft war. Ferner verlangte ich volle Wiederherstellung der deutschen Justizhoheit. In Deutschland wohnende Personen sollten grundsätzlich der deutschen Gerichtsbarkeit unterstehen, und Ausnahmen müßten auf ein Mindestmaß beschränkt werden. Als letztes bat ich um die Wiederherstellung der Rechtslage auf dem Gebiet des Rundfunkwesens, wie sie etwa bis 1933 bestanden hatte. Für den Fall einer Zuspitzung der außen- und innenpolitischen Lage schien es mir nicht zweckmäßig zu sein, daß das Propagandamonopol des Rundfunks allein in der Hand von Personen lag, die gegenüber dem Parlament und der Regierung nicht verantwortlich waren.
Die Hohen Kommissare sagten mir zu, daß sie die von mir vorgetragenen Bitten an ihre Regierungen weiterleiten und mich im gegebenen Augenblick über das Ergebnis unterrichten würden.

10. Fortsetzung der Diskussion um einen deutschen Verteidigungsbeitrag

In der wechselvollen militärischen Auseinandersetzung in Korea erlitten im Spätherbst 1950 die Truppen der Vereinten Nationen einen starken Rückschlag. Diese Tatsache spielte eine wesentliche Rolle bei der Entwicklung der psychologischen Lage in Deutschland. Die sowjetrussische Gefahr erschien in den Augen der meisten Deutschen zu diesem Zeitpunkt noch viel drohender und viel gefährlicher als in den ersten Wochen des Koreakonfliktes. Eine lähmende Angst ergriff weite Kreise des deutschen Volkes.
Drei Hauptmomente kennzeichneten die psychologische Lage in Deutschland: die Angst vor Sowjetrußland, die sich durch die Erfolge Rotchinas in Asien gesteigert hatte, das lange Hinziehen der Verhandlungen zwischen den Westalliierten über den Aufbau einer westeuropäischen Verteidigungsfront und drittens die Agitation der Sozialdemokratischen Partei, die den

breiten Massen des deutschen Volkes klarzumachen versuchte, daß man den Frieden für Deutschland wahren könne, indem man nichts tue. Die Situation in Deutschland konnte nur dann gerettet werden, wenn die westalliierten Regierungen eine für den Mann auf der Straße verständliche Erklärung darüber abgaben, daß die Bundesrepublik Deutschland in naher Zukunft mit anderen Völkern gleichberechtigt sein würde.

Die Erleichterungen, die die New Yorker Außenministerkonferenz für Deutschland vorgesehen hatte, waren noch nicht in Kraft getreten. Das Inkrafttreten war an bestimmte Bedingungen geknüpft, die ich bereits wiedergegeben habe. Ich mußte meine ganzen Bemühungen darauf richten, von seiten der Alliierten so bald wie möglich eine Erklärung zu erreichen, daß das Besatzungsstatut durch Verträge ersetzt werde. Diese Erklärung durfte an keinerlei Bedingungen geknüpft sein, wenn sie eine entsprechende Wirkung beim deutschen Volk erreichen sollte. Früher oder später würde das Besatzungsstatut sowieso durch Verträge ersetzt werden. Wenn das jedoch erst nach langem Bitten und Drängen und nach Verstreichen vieler Monate geschah, war zu befürchten, daß ein solcher Akt von den Deutschen nicht mehr entsprechend honoriert würde, während er, freiwillig und möglichst bald gegeben, die Bundesregierung in den Stand versetzte, gegen den Defaitismus, der in Deutschland aus den geschilderten Gründen herrschte, entsprechend aufzutreten.

Am 21. November 1950 gab mir der britische Hohe Kommissar Kirkpatrick eine Zwischenmitteilung über die Haltung der britischen Regierung zu meinen auf der Besprechung mit den Hohen Kommissaren am 16. November 1950 vorgetragenen Forderungen. Die britische Regierung stand hiernach meiner Forderung nach Ersetzung des Besatzungsstatuts durch ein System von Verträgen nicht ablehnend gegenüber und war bereit, in eine Prüfung dieser Frage einzutreten. Eine wesentliche Schwierigkeit bestand nach Auffassung der britischen Juristen darin, daß das Recht der Alliierten, Truppen in Berlin zu halten, auf dem Besatzungsstatut beruhe und daß die Bundesregierung im Falle der Abschaffung des Besatzungsstatuts und der Ersetzung durch Verträge keine Verpflichtungen für Berlin übernehmen könne. Es müßte daher in diesem Falle eine neue Rechtsgrundlage für die Besetzung Berlins durch alliierte Truppen gefunden werden.

Die Diskussion um einen deutschen Verteidigungsbeitrag innerhalb einer europäisch-amerikanischen Armee ging weiter. Mir wurde eine Äußerung des französischen Außenministers Schuman vom 16. November 1950 bekannt, nach der Schuman zugab, daß im Verlauf der gegenwärtigen Rüstungsverhandlungen der Atlantikpaktmächte selbstverständlich Meinungsverschiedenheiten auftreten würden, denen man aber nicht den Charakter

bleibender Kontroversen beimessen dürfe. Schuman, der vor den Mitgliedern des amerikanischen Clubs in Paris sprach, versicherte, daß die enge Zusammenarbeit mit den Vereinigten Staaten von Amerika und Großbritannien der Eckpfeiler der französischen Außenpolitik bleiben werde. Er habe keinen Zweifel an einer endgültigen Einigung der Westmächte über noch bestehende Meinungsgegensätze.
Diese Meinungsgegensätze bezogen sich auf die Einbeziehung der Bundesrepublik in eine europäische Verteidigungsgemeinschaft.
Schuman erklärte, offensichtlich auf die Wiederbewaffnung Westdeutschlands anspielend, daß Gefühle in der Politik keinen Platz hätten. Sie müßten jedoch bei der Psychologie des Volkes berücksichtigt werden.
Am 16. November 1950 fand eine Debatte in der französischen Kammer über die Außenpolitik der Regierung Pleven statt. Nach siebenstündigen Verhandlungen wurde die Außenpolitik Plevens mit 171 gegen 142 Stimmen gebilligt. In einer vorangegangenen Sitzung hatte Außenminister Schuman erklärt, es bestünden gute Aussichten, daß der Westen sich dem französischen Plan über die Eingliederung deutscher Einheiten in eine europäische Armee anschließen werde. Frankreich hätte gern die wirtschaftlichen Probleme vor den militärischen Fragen behandelt gewußt, aber die Ereignisse hätten die militärischen Probleme in den Vordergrund geschoben. Eine sogenannte Wiederbewaffnung Deutschlands außerhalb eines amerikanisch-europäischen Rahmens würde weder der erstrebten deutsch-französischen Annäherung noch der Schaffung eines geeinten Europas dienlich sein. Nach dem Pleven-Plan würde die französische Regierung nicht einer eigenen deutschen Armee, wohl aber der Aufnahme deutscher Truppen in eine europäische Armee zustimmen.

11. Russische Noten vom 15. Dezember 1950

Am 15. Dezember 1950 ließ die sowjetische Regierung der französischen Regierung durch ihren Botschafter in Moskau eine Note übergeben, in der sie, wie bereits mit ihrer Note vom 3. November 1950, gegen eine Beteiligung der Bundesrepublik an einer europäischen Armee protestierte. Sie schlug erneut vor, eine Außenministerkonferenz zur Behandlung der Frage der Durchführung des Potsdamer Abkommens über die Entmilitarisierung Deutschlands einzuberufen. Die Sowjetregierung nahm Bezug auf die gegenwärtig laufenden Verhandlungen über ein Abkommen, nach dem Westdeutschland in die westeuropäische und auch in die nordatlantische Mächtegruppe einbezogen werden sollte. Die Frage der künftigen Gesamtstärke einer westdeutschen Armee stünde auf der Tagesordnung. Die Note bezog sich auf Presseveröffentlichungen, nach denen die Generalstabschefs der Nordatlantikmächte davon ausgingen, daß die westdeutsche Armee im Anfangsstadium ein Fünftel aller Streitkräfte der nordatlantischen Mächtegruppe umfassen solle. Hierdurch würde die westdeutsche Armee innerhalb der Streitkräfte der westeuropäischen Mächte in Zukunft einen vorherrschenden Platz einnehmen.

Es hieß in der Note weiter, daß ich es mit der Errichtung einer sogenannten europäischen Armee sehr eilig hätte, indem ich erklärte, daß dies eine Stärkung der Westmächte auf der bevorstehenden Viermächtekonferenz mit der Sowjetunion bedeuten würde.

Das Verhalten der französischen Regierung habe gezeigt, daß sie bereit sei, in Gemeinschaft mit den anderen Westmächten mit der „Adenauer-Regierung" und Westdeutschland ein unmittelbares militärisches Bündnis vorzubereiten. Dieser Sachverhalt bedeute eine schwere Bedrohung des Friedens. Die Sowjetregierung halte es für notwendig zu erklären, daß ein derartiges Verhalten der französischen Regierung nicht nur im Widerspruch zu dem Potsdamer Abkommen über die Entmilitarisierung Deutschlands stünde, dem Frankreich beigetreten sei, sondern auch in direktem Widerspruch zu dem französisch-sowjetischen Abkommen vom 10. Dezember 1944. In Artikel 3 dieses Vertrages heiße es: „Die Hohen Vertragschließenden Teile werden in gleicher Weise nach Beendigung dieses Krieges gegen Deutschland gemeinsam daran weiterarbeiten, alle notwendigen Maßnahmen zu treffen, um jede neue von Deutschland ausgehende Bedrohung auszuschalten und jedes Vorgehen zu verhüten, das neue Aggressionsversuche Deutschlands erlauben würde."

Ferner wurde Artikel 5 dieses französisch-sowjetischen Vertrages zitiert, der folgenden Wortlaut hat: „Die Hohen Vertragschließenden Teile verpflichten sich, kein Bündnis abzuschließen und an keiner Koalition teilzunehmen, das (oder die) gegen den anderen Hohen Vertragschließenden Teil gerichtet ist." Entgegen dem Geist dieses französisch-sowjetischen Vertrages sei Frankreich der sogenannten Westunion und dem Nordatlantikpakt beigetreten, die sich gegen die Sowjetunion richteten.

Der stellvertretende sowjetische Außenminister Gromyko überreichte am gleichen Tag in Moskau dem britischen Geschäftsträger Nichols ebenfalls eine Note, in der der britischen Regierung vorgeworfen wurde, die Bestimmungen des britisch-sowjetischen Vertrages von 1942 gebrochen zu haben.

Der Zweck dieser russischen Noten war leicht zu erkennen. Für die zweite Hälfte Dezember war eine Ministerkonferenz der NATO-Staaten in Brüssel vorgesehen. Auf dieser Konferenz sollte eingehend die Beteiligung

Deutschlands an der europäischen Verteidigung zur Debatte stehen. Die Russen versuchten, durch ihre Noten die Behandlung dieser Frage zu torpedieren oder zumindest zu verzögern.
Der Wortlaut der Note an die französische Regierung war äußerst geschickt abgefaßt und konnte in der französischen öffentlichen Meinung nicht ohne Beachtung bleiben.

12. Gespräche vor der Brüsseler Konferenz

Am 7. Dezember 1950 wurde ein Beschluß der NATO auf der Ebene der Ständigen Vertreter unter dem Vorsitz des Amerikaners Spofford bekannt, wonach in diesem Gremium ein Kompromiß erzielt worden war zwischen einem amerikanischen Verteidigungsplan für Europa und dem Pleven-Plan. Der französische Ministerrat gab öffentlich bekannt, daß er dem Spofford-Kompromiß zwar zustimme, ihn jedoch nur als eine Übergangslösung betrachte, bis die Verhandlungen über eine europäische Armee zu Ende geführt würden. Der erarbeitete Kompromißvorschlag sah etwa folgendes vor: Frankreich verlangte nicht mehr, wie bisher im Pleven-Plan vorgesehen, die Unterzeichnung des Schuman-Planes und die Bildung einer europäischen Armee vor Aufstellung deutscher Kontingente. Die Vereinigten Staaten hatten ihrerseits Unterstützung für die baldige Verwirklichung des Schuman-Planes und die Abhaltung einer Konferenz über eine europäische Armee zu Beginn des Jahres 1951 zugesagt. Statt der im Pleven-Plan geforderten deutschen Bataillone sollten nunmehr Einheiten aufgestellt werden, die nicht mit schweren Waffen ausgerüstet sein würden. Diese Einheiten wurden als sogenannte „combat-teams“ bezeichnet. Zu größeren Einheiten sollten sie nur mit anderen alliierten Truppen zusammen vereinigt werden. Die Zahl der deutschen Kontingente durfte 20 Prozent der gesamten alliierten Streitkräfte nicht übersteigen. Dies würde bei insgesamt 50 Divisionen etwa 150 000 deutschen Soldaten entsprechen. Einen deutschen Generalstab und ein deutsches Verteidigungsministerium dürfe es nicht geben.
Am 11. Dezember 1950 hatte ich ein längeres Gespräch mit dem amerikanischen Journalisten Kingsbury-Smith über den Spofford-Plan.
Ich lehnte den Plan ab. Ich erklärte Kingsbury-Smith, daß ich nur dann bereit sei, die Frage der Integration deutscher Truppen in die atlantische Armee dem Ermessen eines amerikanischen Oberkommandos zu überlassen, wenn die Westalliierten das Prinzip der vollkommenen Gleichberechtigung für die deutschen militärischen Streitkräfte, insbesondere auch in bezug auf

Waffen und Kommandogewalt, akzeptierten. Unter Betonung meines Wunsches, keineswegs eine grundsätzlich ablehnende Haltung einzunehmen, führte ich aus, daß Deutschland nicht auf einer zahlenmäßigen Gleichheit in der atlantischen Armee bestehe. Zahlen seien nicht entscheidend. Wenn unser Beitrag an Soldaten auf ein Zehntel der Gesamtzahl der Soldaten in der atlantischen Armee festgesetzt werde, würde mir das nur recht sein. Aber auf folgendem müßte ich bestehen: In bezug auf Waffen und Befehl müßten die deutschen Verbände völlig gleichberechtigt mit den anderen behandelt werden. Unsere Truppen dürften auf keinen Fall etwa lediglich als Kanonenfutter vorgesehen sein. Ohne eigene schwere Waffen hätten die deutschen Truppen keine Chance, sich wirksam zu verteidigen, und sie würden sich folglich nur als Kanonenfutter betrachten. Ohne eine entscheidende deutsche Vertretung im Oberkommando würden die deutschen Soldaten das Gefühl haben, zweitrangig zu sein. Damit würde sehr wahrscheinlich gerade das Gegenteil erreicht werden von dem, was Frankreich wünsche. Unzufriedene Kampfgruppen seien schwer in der Hand zu behalten.

Der sogenannte Spofford-Plan würde von der deutschen Öffentlichkeit, der deutschen Bundesregierung und dem deutschen Parlament abgelehnt werden. Ich hätte nicht die Absicht, die Verhandlungen der Atlantikpaktmächte zu stören, aber ich hätte den dringenden Wunsch zu verhindern, daß ein derartiger Plan uns formell unterbreitet würde. Ich sprach in dem Interview auch die Warnung aus, daß die Durchführung des Spofford-Planes die deutsche Unterstützung des Schuman-Planes beeinträchtigen würde. Ich könnte mir nicht vorstellen, daß Frankreich sich vor 150 000 deutschen Soldaten fürchte. Es wäre töricht sich einzubilden, daß diese kleine Streitmacht in Frankreich einfallen würde, mit Rußland im Rücken und Westeuropa und den Vereinigten Staaten auf der Seite der Franzosen.

Was den deutschen Beitrag zu einer atlantischen Armee anbetreffe, so glaubte ich, daß eine Einigung sehr leicht erzielt werden könnte, wenn man die drei alliierten Hohen Kommissare autorisieren würde, mit der Bundesregierung zu verhandeln. Es wäre psychologisch falsch, in Washington, Paris oder London Verhandlungen über das Schicksal des deutschen Volkes zu führen, an denen es nicht beteiligt werde.

Ich führte aus, daß mit der Schaffung einer französisch-deutschen Armee ein Anfang gemacht werden könnte, indem gemeinsame Militärschulen errichtet würden, in denen die französische und die deutsche Jugend zusammen ausgebildet und schließlich in gleichen Einheiten in eine europäische Armee aufgenommen werden könnten. Auf diese Weise würden Franzosen und Deutsche zusammenstehen und, wenn notwendig, Schulter an Schulter wie Brüder für die Verteidigung Europas und die westliche Zivilisation kämpfen.

Am 18. Dezember 1950 begann in Brüssel die Ministerratstagung des Nordatlantikpaktes. Die drei Hohen Kommissare nahmen ebenfalls daran teil. Man hatte mir gegenüber die Möglichkeit durchblicken lassen, daß ich bei dieser Tagung zu den Beratungen, die sich mit Deutschland befaßten, hinzugezogen werden sollte. Da mir deren Ausgang unsicher schien, habe ich dieses Angebot nicht angenommen.

Am 14. Dezember 1950 fand noch eine eingehende Beratung mit den Hohen Kommissaren zur Vorbereitung der Brüsseler Konferenz statt. Man forderte mich auf, eindeutig Stellung zu nehmen zu der Haltung der Bundesregierung bezüglich der New Yorker Beschlüsse, die sich mit den deutschen Vorkriegsschulden, der Verteilung der Rohmaterialien und der zur Verteidigung notwendigen Produkte befaßten.

Ich erklärte den Hohen Kommissaren, daß von seiten der Bundesregierung diese Bedingungen positiv beantwortet würden. Nach unserem Grundgesetz sei es jedoch erforderlich, daß eine Erklärung bezüglich der deutschen Vorkriegsschulden von dem Bundestag genehmigt werde. Der Auswärtige Ausschuß beschäftigte sich bereits mit diesem Thema.

Mir wurde nahegelegt, eine Erklärung des Bundestages so bald wie möglich, möglichst noch vor Weihnachten, zu erreichen. Im Augenblick seien Volk und Regierung der drei alliierten Nationen des Westens sehr erregt über Äußerungen der SPD, die New Yorker Entscheidungen seien nichts wert, und es wäre besser, mit einer Stellungnahme noch zu warten und zu sehen, ob man nicht, wenn noch eine kurze Zeitspanne verstrichen wäre, alle deutschen Forderungen sofort erfüllt bekäme. Durch Erklärungen dieser Art würde, wie mir McCloy sagte, der gute Wille zur Unterstützung Deutschlands, der zum Beispiel in Amerika vorhanden sei, getötet. Die Reaktion auf derartige Äußerungen der SPD sei in den Vereinigten Staaten sehr schlecht. McCloy fügte hinzu, er könne das auch für Großbritannien und Frankreich sagen. Man habe in den Vereinigten Staaten den Wunsch, in der Frage der Unabhängigkeit der Bundesrepublik voranzugehen. Ein derartiges Vorgehen könnte jedoch vollständig blockiert werden, wenn es sich erweise, daß die deutsche Regierung und die breite öffentliche Meinung der Bundesrepublik nicht den Wunsch hätten, die New Yorker Entscheidungen auszuführen.

Als Erwiderung erklärte ich, daß die Äußerungen der Sozialdemokratischen Partei nach meiner Überzeugung nicht mit der Meinung der Wähler der Sozialdemokraten identisch seien. Man könne unter keinen Umständen sagen, daß die Mehrheit des deutschen Volkes auf dem Standpunkt stehe, den die Sozialdemokratie proklamiere.

McCloy brachte auf dieser Sitzung eine weitere Frage vor, die ihm Sorge

machte, und er bat um meine Meinung zu diesem Punkt. Nach McCloys Ansicht sprächen viele Anzeichen dafür, daß die Russen eine neue Offensive begännen; vielleicht nicht vergleichbar mit der Offensive, wie sie die Blockade Berlins darstellte; vielmehr werde man versuchen, Deutschland vom Westen abzudrängen, Deutschland aus seiner sicheren Lage dem Osten gegenüber dadurch herauszulösen, daß man ihm als Köder die deutsche Einheit vorhalte. Aber mit dem Begriff der deutschen Einheit verbinde man auf östlicher Seite den Begriff eines vollkommen verteidigungslosen Deutschlands. Nach Ansicht McCloys hatten die Russen erkannt, daß, wenn Deutschland sich mit dem Westen verbinde und sich an einer europäischen Armee beziehungsweise an einer europäischen Verteidigungsanstrengung beteilige, die Erfüllung des russischen Wunsches, Deutschland zu bolschewisieren, blockiert würde. McCloy fürchtete, daß die Russen bereit seien, alles zu versprechen, vorausgesetzt, daß in der Zwischenzeit bezüglich des deutschen Beitrages zur europäischen Verteidigung ein Halt eintrete.
Diese Voraussage McCloys hat sich erfüllt. Ich gehe im Zusammenhang mit der bekannten russischen Note über die Wiedervereinigung Deutschlands aus dem Jahre 1952 noch ausführlich darauf ein.

XVI. DEUTSCHE WIEDERBEWAFFNUNG

1. Die Brüsseler NATO-Rats-Konferenz vom Dezember 1950

McCloy hatte mir in einer vertraulichen Besprechung in seinem Hause in Bad Homburg unmittelbar vor Beginn der Brüsseler NATO-Rats-Konferenz gesagt, daß man von dieser Konferenz keine sehr großen Ergebnisse erwarten dürfe. Die Frage eines deutschen Verteidigungsbeitrags sei nur einer der vielen Tagesordnungspunkte, und dementsprechend sei für sie wenig Zeit vorhanden. Was man nach den Worten McCloys in Brüssel zu erreichen hoffte, war, eine Diskussionsbasis zu schaffen, die man dann der Bundesregierung zur Beurteilung vorlegen würde. Zu einer für die Interessen der Deutschen derart lebenswichtigen Frage, wie sie der Beitrag zur europäischen Verteidigung darstelle, müsse der deutsche Standpunkt gehört und berücksichtigt werden.

Auf keinen Fall sei damit zu rechnen, daß mir etwa eine Art Diktat auferlegt würde. Es sei bestimmt beabsichtigt, ausreichende Gelegenheit zu Verhandlungen und zu einem gründlichen Austausch der Meinungen zu geben.

McCloy stellte fest, daß ein grundlegender Ausgangspunkt für die Alliierten wie auch für die Bundesregierung die Notwendigkeit der Schaffung einer europäischen Verteidigungsgemeinschaft sei, hinter der nationale Interessen zurückzustehen hätten. Beratungen über dieses Thema würden sicher stattfinden. Er, McCloy, wolle versuchen, an einer Erklärung der Alliierten über einen deutschen Beitrag mitzuwirken beziehungsweise sie herbeizuführen, einer Erklärung unter politischem und militärischem Aspekt.

Ich erhob im Laufe der Unterredung erneut meine den Hohen Kommissaren mehrfach unterbreitete Forderung nach einer vertraglichen Neuregelung der Beziehungen zwischen der Bundesrepublik und den Westalliierten. McCloy sagte mir, daß dieser Punkt bereits Gegenstand von Beratungen sei und daß eine Anzahl von entsprechenden Entwürfen schon vorläge.

Am 19. Dezember 1950 waren die Beratungen in Brüssel beendet, und es wurde bekanntgegeben, daß die Ministerkonferenz der NATO-Staaten die Hohen Kommissare zur Aufnahme von Verhandlungen mit der Bundesregierung über eine Beteiligung Deutschlands an der europäischen Verteidigung beauftragt habe.

Auf einer Sitzung mit den Hohen Kommissaren am 21. Dezember 1950 erläuterte François-Poncet die Ergebnisse der Brüsseler Konferenz. Er gab einen ausführlichen Bericht über die Beratungen hinsichtlich der Bildung einer gemeinsamen europäischen Armee. Es sei beschlossen worden, ein Oberkommando für die europäischen Verteidigungskräfte einzusetzen. Präsident Truman habe General Eisenhower für den Posten eines Oberkommandierenden benannt. General Eisenhower würde ein Generalstab zur Seite gestellt werden, dem Vertreter sämtlicher Kontingente angehören sollten. Für den Fall einer zukünftigen deutschen Beteiligung würden in diesem Generalstab auch deutsche Offiziere vertreten sein. Ferner sei beschlossen worden, ein gemeinsames Amt für die zur Verteidigung notwendige Produktion zu errichten.

Die zwölf Minister des NATO-Rates hätten den Wunsch ausgesprochen, daß Deutschland durch Kontingente zu dieser gemeinsamen Armee beitrüge. Die Hohen Kommissare seien beauftragt, die großen Linien darzulegen, unter denen der deutsche Beitrag erfolgen solle.

Der Plan hinsichtlich einer deutschen Beteiligung an der gemeinsamen Verteidigung hätte keineswegs den Charakter irgendeiner Alternative oder einer auferlegten Forderung. Der Plan stelle eine Gesamtheit von Vorschlägen dar, wobei die deutsche Bundesregierung völlige Freiheit hätte, den Plan zu studieren, ihn zu bewerten und gegebenenfalls Gegenvorschläge zu machen. Die Hohen Kommissare seien beauftragt worden, eine entsprechende Vereinbarung zu erarbeiten. Der Vertrag solle, was seinen Inhalt und seine Form betreffe, einen völlig freiwilligen Charakter haben. Im allgemeinen, abgesehen von einem Vorbehalt, auf den François-Poncet im späteren Verlauf der Unterredung zurückkam, sollten hinsichtlich aller Fragen Lösungen gefunden werden, die auf einer vertraglichen Basis beruhen müßten.

François-Poncet sagte, daß der Gedanke der Bildung einer Armee für das europäische Verteidigungssystem auf der Grundlage völliger Gleichheit sämtlicher Beteiligten nicht außer acht gelassen worden sei. Für Januar 1951 sei vorgesehen, daß die französische Regierung sämtliche beteiligten europäischen Staaten zu einer Konferenz einlade, auf der die verschiedenen Modalitäten des Systems einer vereinigten europäischen Armee festgelegt werden sollten. Die Bundesrepublik würde zu dieser Konferenz gleichfalls eingeladen und mit denselben Rechten und in derselben Weise wie alle anderen beteiligten europäischen Staaten daran teilnehmen.

François-Poncet führte aus, daß ein deutscher militärischer Beitrag zu den gemeinsamen europäischen Verteidigungsbemühungen eine neue politische Lage schaffen würde. Das augenblicklich bestehende Besatzungsstatut müßte dieser neuen Entwicklung angepaßt werden. Ich hätte darum ersucht, das

Besatzungsstatut durch eine vertragliche Regelung zu ersetzen. Man sei zu Verträgen bereit unter der Voraussetzung, daß das wesentliche Prinzip, das der Anwesenheit der Besatzungsmächte in Deutschland eine juristische Grundlage gäbe, im gegenwärtigen Zeitpunkt nicht abgeändert werde. Man wolle jedoch in liberalstem Geist sämtliche Vorschläge, die von der Bundesregierung in dieser Hinsicht vorgelegt würden, entgegennehmen und anhören.

Dies sei im wesentlichen der Inhalt der Brüsseler Beratungen hinsichtlich der Bundesrepublik Deutschland. François-Poncet bat mich um Äußerung meiner Meinung hierzu.

In meiner Antwort gab ich meiner großen Genugtuung Ausdruck über die Erklärung, daß der Bundesrepublik volle Freiheit gelassen werde, den in Brüssel ausgearbeiteten Plan anzunehmen, ihn abzulehnen oder Gegenvorschläge zu machen. Ich erklärte, daß ich in der Koordinierung der Rohstoffproduktion, wie sie in der Montanunion erfolgen solle, und der Schaffung einer gemeinsamen europäischen Armee die wesentlichsten Fundamente für die Bildung einer europäischen Einheit und einer europäischen Föderation erblicke. Ich hoffte, daß im geeigneten Augenblick auch Großbritannien zu diesen Einrichtungen die Stellung einnehmen werde, die sich aus der Gemeinsamkeit der Interessen Großbritanniens mit den europäischen Interessen ergebe.

Es sei den Hohen Kommissaren sicherlich bekannt, daß von der deutschen Öffentlichkeit zwei Voraussetzungen für eine Teilnahme der Bundesrepublik an dem gemeinsamen Verteidigungswerk genannt worden seien. Die erste Voraussetzung sei, das gesamte Gebiet der Bundesrepublik Deutschland in die europäische Verteidigung einzubeziehen. Deshalb müßten Einheiten der zu bildenden europäischen Armee in der Bundesrepublik stationiert werden. Aus diesen Maßnahmen würde dann klar hervorgehen, daß die Verteidigung auch der Bundesrepublik Deutschland gegen eine mögliche russische Invasion ernst gemeint sei und daß es sich nicht darum handele, nur den Rückzug der westalliierten Truppen zu decken. Ich persönlich hielte diese Voraussetzung für gegeben, und zwar aus folgenden Erwägungen: Ich sei der Überzeugung, Großbritannien und Frankreich seien sich klar darüber, daß bei Ausdehnung der russischen Herrschaft auch auf die Bundesrepublik Deutschland es weder für Großbritannien noch für Frankreich Sicherheit gäbe.

Die zweite Voraussetzung bestünde in der Forderung nach der Gleichberechtigung deutscher Truppen, das heißt, deutsche Kontingente dürften

nicht unter ungünstigeren Bedingungen zu kämpfen haben als die Kontingente anderer Völker. Ich schlug daher vor, daß militärische Sachverständige sowohl von deutscher wie auch von alliierter Seite über diese militär-technischen Probleme berieten.
Politisch gesehen begrüßte ich die Erklärung der drei Westalliierten, deutsche Vorschläge entgegenzunehmen. Es gebe jedoch in den Ausführungen François-Poncets einen Satz, den ich nicht ganz verstanden hätte, und zwar habe François-Poncet gesagt, man sei bereit, Vorschlägen zur Ersetzung des Besatzungsstatuts durch Verträge unter der Voraussetzung zuzustimmen, daß das Prinzip, das den Armeen der Westalliierten die juristische Grundlage gebe, im Gebiet der Bundesrepublik zu verbleiben, nicht geändert werde. Das Prinzip, auf dem zur Zeit die Besatzung völkerrechtlich beruhe, sei die bedingungslose Kapitulation. Wenn die diesbezügliche Erklärung der drei Außenminister so zu verstehen wäre, daß dieses Prinzip erhalten bleiben müsse, dann würde damit ja auch den drei westalliierten Mächten die völkerrechtliche Möglichkeit gegeben werden, jedes Übereinkommen, das mit der deutschen Bundesregierung getroffen worden sei, jederzeit einseitig wieder aufzuheben und der Bundesrepublik Deutschland jede Souveränität, die man ihr zugestanden habe, wieder zu entziehen. Mich hätte allerdings die Formulierung François-Poncets, „augenblickliche Regelung“, beruhigt. Ich hoffte auf das Verständnis der Hohen Kommissare, wenn ich dieses „pour ce moment“ als möglichst kurze Zeitspanne betrachte. Um die ganzen Beziehungen vertraglich neu zu ordnen, seien, das verstehe sich von selbst, mehrere Monate nötig. Ich richtete an die Hohen Kommissare die dringende Bitte, nicht in der Öffentlichkeit mitzuteilen, daß dieses Prinzip aufrechterhalten bleiben solle, selbst wenn man betont hinzusetzen würde „pour ce moment“, denn die deutsche Öffentlichkeit würde diese Worte entweder nicht lesen oder sie vergessen, aber um so stärker darauf hinweisen, daß das Prinzip der Besatzung bestehen bleibe.
Ich gab meiner großen Hoffnung Ausdruck, daß man auf dem Wege zu einer europäischen Einigung rasch vorankommen werde, denn diese Einigung sei für die Wahrung des Friedens gegenüber der von Osten her drohenden Gefahr außerordentlich notwendig. Ich hoffte, daß die Beschlüsse von Brüssel rasch einem guten Ende entgegengeführt würden.
François-Poncet ging sogleich auf meine Frage über den Vorbehalt hinsichtlich der juristischen Grundlage ein, auf der die Anwesenheit der Alliierten in der Bundesrepublik beruhe. Ich hätte sehr richtig gesagt, daß diese Grundlage die bedingungslose Kapitulation sei. Er erklärte hierzu wörtlich: „Dieses Prinzip ist wie eine Wurzel, die im Boden steckt. Aus dieser Wurzel ist der Baum der Besatzung mit seinen sehr vielen Zweigen gewachsen.

Unser Gedanke ist der, daß wir damit beginnen müssen, uns zunächst mit den Zweigen zu beschäftigen, das heißt, die diese Zweige betreffenden Probleme zu lösen, bevor wir die Wurzel selbst beseitigen. Das ist der Sinn der Worte ‚pour ce moment'. Wir wollen folglich damit beginnen, die Äste anzugreifen. Wenn wir diese Äste in Verträge umgewandelt haben, können wir uns an die Wurzel machen."

Anschließend ergriff McCloy das Wort. Zur Frage der Rechtsgrundlage der Besatzung in Deutschland führte er aus, auch er hätte die Beschlüsse der Brüsseler Konferenz dahin verstanden, daß man bereit sei, eine vertragliche Basis für die Modalitäten zu schaffen. Man sei allerdings nicht bereit gewesen, das Recht der Alliierten, in der Bundesrepublik zu sein, auf eine vertragliche Basis zu stellen, und zwar deshalb, weil hiermit sehr viele weitere Fragen verknüpft seien, die noch geklärt werden müßten. Auf eine Vertragsbasis könne man sich auch deshalb nicht einlassen, weil ein Vertrag ja von beiden Seiten gekündigt werden könne. So sei der Fall möglich, daß die Bundesrepublik den Alliierten einen solchen Vertrag aufkündige, und dem wolle man sich nicht aussetzen. Dann wäre nämlich der Stationierung alliierter Truppen in der Bundesrepublik die Grundlage entzogen.

Ich war sehr erschrocken und entsetzt über die von François-Poncet und McCloy gemachten Ausführungen. Ich ergriff hierzu erneut das Wort. Ich wolle zu dem poetischen Bild, das François-Poncet gebraucht habe, in derselben bilderreichen Sprache sagen, daß, wenn man einem Baum mit einer starken Wurzel Äste abschneide, er die Kraft habe, neue Äste zu treiben.

Zur völkerrechtlichen Lage führte ich aus, daß auf Grund einer bedingungslosen Kapitulation der Sieger nicht das Recht habe, das besiegte Land auf ewige Zeiten besetzt zu halten. Das besiegte Land habe ein Recht darauf, daß eines Tages ein Friedensvertrag geschlossen werde. Ich bat die Hohen Kommissare auf das dringendste, diesen ganzen Fragenkomplex noch einmal einer Nachprüfung zu unterziehen.

McCloy antwortete, aus dem Abschlußkommuniqué der Außenminister nach der Brüsseler Konferenz gehe sehr klar hervor, daß die Außenminister bereit seien, mit der deutschen Bundesregierung alle Probleme auf politischem und militärischem Gebiet zu diskutieren. Was aber nun das Recht der Alliierten anbetreffe, in Deutschland zu bleiben, so sei das eine Angelegenheit, bei der mit größter Vorsicht vorgegangen werden müsse. Wir befänden uns augenblicklich in einer kritischen Situation. Wenn ich gesagt hätte, es sehe so aus, als wolle man für immer die Besatzung in der Bundesrepublik aufrechterhalten, so sei das Unsinn. Wie man in dieser Beziehung von Ewigkeit sprechen könne, verstehe er nicht ganz.

Weiterer Gegenstand der Diskussion war die Antwort der drei Westmächte auf die sowjetrussische Note vom 3. November 1950, mit der die Sowjetunion zu einer gemeinsamen Konferenz der Außenminister aufgefordert hatte.

Die Aufforderung der Sowjetunion an die drei Westmächte zu einer Außenministerkonferenz wurde von den Westmächten positiv beantwortet, obgleich man sich auf westlicher Seite wohl ziemlich klar darüber war, daß es sich um ein russisches Verzögerungsmanöver handelte. Unmittelbar nach Überreichung der russischen Note waren mir vertrauliche Nachrichten zugegangen, nach denen die amerikanische Regierung nur dann zu einer Außenministerkonferenz bereit sei, wenn es sich bei den Vorverhandlungen über die Tagesordnung erweisen würde, daß die Russen ernsthafte Verhandlungsabsichten hätten.

Ich sollte nunmehr über den Inhalt der Antwortnote informiert werden, bevor sie abgeschickt wurde. Die drei Westmächte kamen, wie ich annehmen mußte, der sowjetischen Aufforderung nach, da offensichtlich bei den Beratungen über die Tagesordnungspunkte eine die Westmächte zufriedenstellende Haltung der Sowjetunion ersichtlich war. Nach meiner Überzeugung bestand allerdings die Gefahr, daß die Vier-Mächte-Besprechungen negativ verliefen und daß sich danach die Weltlage noch weiter zuspitzte. Aber dieses Risiko nahmen die Westmächte offenbar in Kauf.

Anschließend wurde über die Gleichberechtigung der deutschen Truppeneinheiten gesprochen. François-Poncet stellte es als selbstverständlich hin, daß alle Truppeneinheiten gleichberechtigt seien. McCloy unterstrich ebenfalls, daß man sich über das Grundprinzip der Gleichberechtigung völlig einig sei: Die Bewaffnung müsse die gleiche sein, die deutschen Soldaten müßten genausogut ausgerüstet sein wie die Soldaten der anderen Nationen.

Im Anschluß an die Besprechungen mit den Hohen Kommissaren übersandte mir auf meine Bitte hin François-Poncet eine Aufzeichnung, die er als Unterlage während der Besprechung am 21. Dezember 1950 benutzt hatte. Er wies mich darauf hin, daß es sich hierbei lediglich um persönliche Notizen handele und nicht etwa um ein diplomatisches Dokument. Er habe sie gemacht mit dem Bestreben, sich bei seinem Vortrag nicht auf eine Improvisation zu verlassen, sondern seinen mündlichen Ausführungen eine Stütze zu geben.

Diese Aufzeichnung enthielt ergänzende Angaben zu den Ausführungen François-Poncets und McCloys zur Frage der Gleichberechtigung deutscher Truppenteile, die mir zufriedenstellend erschienen. Ich gebe sie im folgenden wieder:

„...
Der Gedanke der Errichtung einer Armee und eines europäischen Verteidigungssystems auf der Grundlage völliger Gleichberechtigung aller Beteiligten bleibt die Grundlage für die ins Auge gefaßte Lösung ...
Die Arbeiten, die zur Schaffung einer solchen Armee führen werden, die kein anderes Ziel verfolgt, als die Sicherheit Europas und die Verteidigung des Friedens zu gewährleisten, erfordern jedoch Zeit, denn sie berühren nicht nur die militärischen Fragen, sondern auch die politische und finanzielle Seite des Problems der gemeinsamen Verteidigung.
Demgemäß waren die in Brüssel versammelten Atlantikmächte der Auffassung, daß es notwendig sei, die Möglichkeiten sofortiger Maßnahmen zu prüfen, die es, ohne der zukünftigen Entwicklung vorzugreifen, Deutschland gestatten würden, sich für seinen militärischen Beitrag zur Verteidigung des Westens vorzubereiten.
Während dieser Übergangsperiode würden gewisse Kontrollen erforderlich sein. Es ist jedoch anerkannt worden, daß diese Kontrollen gelockert werden würden, sobald die permanenten Institutionen errichtet wären, in die Deutschland eingegliedert werde.
Der Rahmen, in welchem der deutsche Beitrag erfolgen könnte, ist von den Mitgliedstaaten des Atlantikrates auf der Grundlage von Berichten des Rates der Stellvertreter im Einvernehmen mit dem Militärausschuß des Atlantikrates umrissen worden.
Dieser Plan sieht vor, daß vom gegenwärtigen Zeitpunkt an deutsche Einheiten aufgeboten werden können. Sie würden nach dem Muster der modernsten Kampfeinheiten gebildet und aus einer mit großer Feuerkraft ausgestatteten Infanterie bestehen, zu welcher Panzer, Artillerie, Pioniertruppen und eine taktische Luftwaffe hinzutreten würden.
Diese Einheiten würden mit der wirksamen Unterstützung der alliierten Truppen in Deutschland ausgebildet werden. Ihre Offiziere und Unteroffiziere könnten diese Ausbildung zusammen mit den alliierten Offizieren und Unteroffizieren in gemeinsamen Schulen oder Akademien erhalten.
Die Modalitäten der Aushebung, der Ausrüstung und der Organisation dieser deutschen Einheiten könnten von der Bundesregierung und der Alliierten Hohen Kommission im gegenseitigen Einvernehmen geprüft und festgelegt werden.
Die Bewaffnung der deutschen Einheiten würde je nach ihrer Art entweder durch die Alliierten oder durch die deutsche Industrie auf Grund der festzulegenden Programme beschafft werden.
Die zukünftige Verwendung der betreffenden Einheiten würde unter Berücksichtigung der jeweiligen Umstände und nach gebührender Prüfung der

Stellungnahme des Oberkommandos festgelegt werden. Während der Übergangsperiode würden sie den in Deutschland stationierten alliierten Truppen zugeteilt sein.

Der deutsche militärische Beitrag zu der gemeinsamen Anstrengung würde eine neue politische Situation herbeiführen. Es dürfte zweckmäßig sein, das gegenwärtig in Kraft befindliche Besatzungsregime dieser Situation anzupassen."

Die in der Aufzeichnung François-Poncets gemachten Ausführungen hinsichtlich des Grundprinzips der Besatzung Deutschlands befriedigten mich dagegen nicht. Ich ließ meine Kritik der Hohen Kommission mitteilen. Mir wurde von der Hohen Kommission erneut versichert, daß in Brüssel keinerlei Beschluß gefaßt worden sei, wonach das Besatzungsstatut für alle Zeit aufrechterhalten bleiben sollte. Man sei vielmehr in Brüssel der Auffassung gewesen, daß die Möglichkeiten der Ersetzung des Statuts durch vertragliche Vereinbarungen so schnell wie möglich geprüft werden sollten. Man sei sich jedoch auch darüber einig gewesen, daß ein Termin für die Beendigung des Besatzungsstatuts noch nicht genannt werden könne, zumal mit der Sowjetunion über eine Konferenz der vier Mächte verhandelt werde und man Vier-Mächte-Besprechungen nicht vorgreifen wolle. Auf keinen Fall dürfe ich diesen letzteren Vorbehalt hinsichtlich der Vier-Mächte-Besprechungen auffassen als einen Versuch, Deutschland zu „verkaufen".

Es müsse vermieden werden, daß man in eine taktisch schlechte Position gerate.

Mir wurde mitgeteilt, daß bei einem normalen Verlauf des Weltgeschehens man zweifellos amerikanischerseits auf den Gedanken des Sicherheitspaktes schon früher eingegangen wäre und daß man heute schon mit der Ausarbeitung eines neuen vertraglichen Bündnisses zwischen den Westalliierten und der Bundesrepublik beschäftigt sein würde. Die russische Gefahr hätte bei allen beteiligten Großmächten Hemmungen ausgelöst, die sicherlich bedauerlich und fehlerhaft seien, die man aber aus der Unsicherheit der Gesamtlage verstehen müsse.

2. Die Situation in den USA – Isolationistische Tendenzen

Mir wurde von der amerikanischen Hohen Kommission mitgeteilt, daß die wachsende Neutralitätstendenz in Westdeutschland eine große Sorge der amerikanischen Regierung sei. Falls diese Tendenz das Übergewicht erlange, so würde eine Revidierung der amerikanischen Politik hinsichtlich dieses Teiles Westeuropas unvermeidlich werden.

Diese Äußerung von seiten der amerikanischen Hohen Kommission deckte sich mit den Berichten, die Generalkonsul Krekeler über die Situation in den Vereinigten Staaten von Amerika gab.

Seit Mitte 1950 war die Bundesrepublik in den Vereinigten Staaten durch ein Generalkonsulat vertreten. Der erste deutsche Generalkonsul war Heinz Krekeler, ein FDP-Abgeordneter.

Generalkonsul Krekeler berichtete mir Ende Dezember 1950 über eine Rede des früheren amerikanischen Präsidenten Hoover vom 20. Dezember 1950, in der dieser die Auffassung vertrat, daß die Vereinigten Staaten von Amerika sich auf die westliche Hemisphäre, abgesehen von einigen Inselvorposten, zurückziehen sollten. Das bedeutete einen Rückzug aus Europa.

Ein Beamter des deutschen Generalkonsulats in New York hatte Anfang Januar 1951 eine lange Aussprache mit Hoover, in der er ihn auf diese Rede ansprach. Der Beamte sagte Hoover, daß seine Rede große Bestürzung und Sorge in Deutschland hervorgerufen habe. Im August 1950 hatte Hoover dem gleichen Beamten erklärt, daß Deutschland wieder aufrüsten müsse, andernfalls würden sich die Vereinigten Staaten aus Europa zurückziehen. In seiner Ansprache am 20. Dezember war er nunmehr laut Presseberichten einen Schritt weitergegangen, indem er durchblicken ließ, daß Europa und damit auch Deutschland seinem Schicksal überlassen bleiben müsse.

Hoover entgegnete unserem Beamten, er habe lediglich gesagt, daß die Vereinigten Staaten nur in der Lage seien, Europa mit ihrer Luftwaffe, mit ihrer Flotte, mit Lebensmitteln und mit Waffen zu helfen. Amerika könne weitere Anstrengungen nicht machen, wenn es nicht selber zugrunde gehen wolle. Schon jetzt sei der Wert des Dollars stark gesunken.

Der Beamte erwiderte Hoover, daß der deutsche militärische Beitrag, wie er von den Alliierten gewünscht werde, nur sehr gering sei. Eine Rüstungsindustrie bestehe nicht mehr. Es sei deswegen ganz unmöglich, von Deutschland zu verlangen, sich gegen einen russischen Einfall so zu verteidigen, wie er, Hoover, sich das offenbar vorstelle.

Hoover antwortete, daß er seit fünf Jahren ununterbrochen die Demilitarisierung Deutschlands und Japans als „the greatest folly of history" bezeichne; denn nur diese beiden Länder seien überhaupt imstande, Rußland Widerstand zu leisten. Es scheine aber, als ob die Dummheit aller Regierungen dies verhindern wolle.

Der Beamte beschränkte sich darauf, Hoover zu erwidern, daß es ein Unglück sei, wenn ein Mann wie er, der wie kein anderer die materielle Not Europas gelindert habe, nunmehr eine Politik verfolge, die schließlich dahin führe, daß Europa durch die Russen zerstört werde. Europa sei eine Idee, die man nicht übergehen dürfe, es sei nicht nur ein Erdteil.

Präsident Hoover entgegnete mit einiger Erregung, daß die Entsendung von amerikanischen Truppen und die Aufstellung von nur 60 Divisionen in Europa geradezu eine Herausforderung an Rußland seien. Wenn Europa es nicht fertig brächte, den 300 russischen Divisionen eine Armee in mindestens gleicher Stärke entgegenzustellen, was durchaus möglich wäre, so müsse es eben seinem Schicksal überlassen bleiben.

Auf den Hinweis, daß Deutschland weder ermächtigt werden würde noch überhaupt imstande sei, eine Armee aufzustellen, die fähig wäre, auch ohne amerikanische Hilfe, selbst im Bündnis mit anderen europäischen Staaten, sich zu verteidigen, gab Hoover nur durch ein Achselzucken zu verstehen, daß dann eben nichts zu machen sei.

Als Erklärung für den überraschenden Vorstoß Hoovers konnte man die These der Quäker von der Möglichkeit einer Koexistenz der westlichen Kultursphäre mit dem Kommunismus ansehen. Hoover war Quäker. Ich muß jedoch hinzufügen, daß diese Auffassung nicht von allen Quäkern geteilt wurde. Isolationistische Bestrebungen in Amerika hat es in mehr oder minder starker Form immer gegeben. Die Lasten, die der amerikanische Steuerzahler auf sich nehmen mußte, um weite Gebiete der Welt gegen den vordringenden Kommunismus zu schützen, konnten den Wunsch vieler Amerikaner erklären, sich auf ihren eigenen Kontinent zurückzuziehen und vor den wachsenden Schwierigkeiten außerhalb Amerikas so weit wie möglich zurückzuweichen. Die Rede Hoovers mußte diesen Strömungen einen großen Auftrieb geben. Es war notwendig, daß Europa diese Tendenzen in Amerika sorgfältig beobachtete und versuchte, ihnen entgegenzuwirken.

Trotz einer großen Anzahl sich widersprechender politischer Strömungen und Tendenzen in den Vereinigten Staaten war doch festzustellen, daß die Mehrheit der verantwortlichen Regierungskreise und die Mehrheit der öffentlichen Meinung die Entscheidung Präsident Trumans unterstützten, der kommunistischen Herausforderung zu begegnen und das verlorengegangene Gleichgewicht der Kräfte durch eine entschieden vorangetriebene Aufrüstung wiederherzustellen und zugunsten der Vereinigten Staaten zu verändern. In einem Bericht vom 28. Dezember 1950 über die politische Lage in den Vereinigten Staaten bejahte Generalkonsul Krekeler die Frage, ob das amerikanische Volk auch in der Zukunft trotz der damit verbundenen großen materiellen Opfer die von Präsident Truman aufgezeigte Linie weiterhin unterstützen werde. Er schrieb hierzu: „Das durch das kommunistische Auftreten bei den internationalen Anlässen stark verletzte Selbstbewußtsein gab die Grundlage dafür, daß die öffentliche Meinung seinerzeit den Entschluß des Präsidenten zum Eingreifen in Korea vollständig gebilligt hat. Der Ablauf der Ereignisse in Korea sowie der Verlauf der

Verhandlungen in den Vereinten Nationen haben diesem Selbstbewußtsein inzwischen weitere Wunden geschlagen. Dies hat bisher nur die Wirkung gehabt, die öffentliche Meinung in ihrer Haltung zur Aufrüstung zu bestärken."

Nach dem Bericht Krekelers begegnete die Außenpolitik des Präsidenten Truman in den Vereinigten Staaten zwar einer sehr scharfen Kritik, Truman sei jedoch eine Persönlichkeit, die an einem einmal gefaßten Entschluß zäh festhalte und sich nicht durch Kritik oder Ratschläge aus dem Kreis der Mitarbeiter davon abbringen lasse. Trumans Charakter lasse die Erwartung zu, daß er während seiner Amtszeit, die bis zum Januar 1953 dauere, seinen entscheidenden Entschluß, dem Kommunismus durch eine umfassende Aufrüstung zu begegnen, nicht aufgeben werde, es sei denn, es würden Ereignisse eintreten, die die Voraussetzungen für diesen Entschluß aufhöben. Krekeler führte hierzu aus: „Hinter dem Entschluß, das Gleichgewicht wiederherzustellen, steht nun aber nicht nur die Auffassung, militärisch für eine Auseinandersetzung gerüstet sein zu müssen, sondern der politische Wille, dem bisherigen Zustand der Unsicherheit ein Ende zu machen. Es steht dahinter die Auffassung, daß es auf die Dauer unerträglich ist, unter ständiger Kriegsdrohung zu leben, und daß die Fortdauer dieses Zustandes der ständigen Drohung letzten Endes genügen würde, um die demokratische Grundlage der Vereinigten Staaten zu zerstören."

Hinsichtlich der Kräfteverhältnisse zur Sowjetunion sei die Meinung in den Vereinigten Staaten ungeteilt, daß aufzuholen sei, aber auch, daß aufgeholt werden könne und werde. Krekeler schrieb weiter hierzu: „Alles hier Bekanntgewordene deutet darauf hin, daß die amerikanische Regierung wesentlich weniger bereit ist, Konzessionen zu machen, als beispielsweise der nächststarke Partner in der westlichen Koalition, die Briten. Zusammenfassend möchte ich sagen, daß das amerikanische Volk in sich einig ist, sowohl in der Frage der militärischen Aufrüstung als auch in der politischen Bereitschaft, auch die äußersten Konsequenzen auf sich zu nehmen, falls das Verhalten der kommunistischen Gruppierung dies unvermeidbar machen sollte."

Nach dem Bericht Krekelers gingen die Auseinandersetzungen in der öffentlichen Meinung vor allem darum, ob die Vereinigten Staaten noch weiterhin entscheidende Anstrengungen machen sollten, um die europäische Festlandsposition zu halten, oder nicht. Krekeler schrieb: „Dabei ist es sehr interessant festzustellen, daß der Washingtoner Korrespondent der New York Times, James Reston, in einem Artikel vom 23. Dezember 1950 die Auffassungen von Hoover und Kennedy, dem früheren amerikanischen Botschafter in London*, so deutete, als ob diese einen Krieg mit der Sowjet-

* Vater des späteren Präsidenten John F. Kennedy.

union für absolut unvermeidlich hielten und deshalb ein rechtzeitiges Zurückziehen auf einigermaßen haltbare Positionen verlangten. Ich halte dies für unwahrscheinlich, denn gerade die Ausführungen Kennedys zeigen, daß dieser mit einer globalen Auseinandersetzung nicht rechnet, sondern glaubt, allerdings im Gegensatz zu jeder Erfahrung der vergangenen Jahrzehnte, annehmen zu können, daß das kommunistische System bei der Ausdehnung auf das gesamte westliche Kontinentaleuropa schließlich an seinen Schwierigkeiten zerbrechen werde. Auch bei Hoovers Auffassung ist sicher die Quäkerthese von der Möglichkeit der Koexistenz der beiden Systeme ein wesentliches Element.

Die Entscheidung, ob Kontinentaleuropa auch weiterhin wirtschaftlich von den Vereinigten Staaten unterstützt werden wird, das diese Hilfe noch sehr notwendig braucht, wird sicherlich wesentlich von der militärischen Konzeption abhängen. Wird dieses Gebiet auch in Zukunft als ein wesentlicher Bestandteil des westlichen Verteidigungsgebiets angesehen, was sicherlich die Politik der Regierung ist und worin diese trotz der Auseinandersetzung in der öffentlichen Meinung bisher noch nicht wankend geworden ist, dann ergibt sich daraus, daß die wirtschaftliche Hilfe zwangsläufig weiterlaufen muß."

Aus amerikanischer Sicht sei es selbstverständlich, daß das Schicksal der westeuropäischen Staaten miteinander verknüpft sei. Zwar gebe es politische Strömungen in den Vereinigten Staaten, die zum Nachteil Deutschlands differenzieren wollten. Doch wirkten gegen diese Kräfte die Gesichtspunkte der Militärs, deren Einfluß sehr groß sei. Krekeler schrieb hierzu wörtlich: „Ich habe nicht den Eindruck, daß man in den Vereinigten Staaten die Einbeziehung Deutschlands in das westliche Verteidigungssystem als kriegsentscheidend ansieht. Sie wird aber meines Erachtens von allen Militärs als eine Voraussetzung für das Halten der europäischen Festlandsposition südlich von Skandinavien und nördlich der Alpen und der Pyrenäen angesehen. Es wird von diesen wahrscheinlich auch angenommen, daß ein Verlust dieser Position nur durch außerordentliche Opfer für Amerika selbst wieder auszugleichen wäre. In das Bewußtsein der amerikanischen Öffentlichkeit sind diese Zusammenhänge in ausreichendem Maße aber noch nicht eingedrungen."

Wie richtig der Gedanke an die Gefahr eines drohenden amerikanischen Isolationismus war, bestätigten Ausführungen McCloys, die er anläßlich eines Treffens mit mir am 2. Januar 1951 machte.

McCloy führte aus, daß man nach amerikanischer Überzeugung vor einer neuen großen Propaganda-Aktion der Sowjets stehe. Wenn man auch in den Vereinigten Staaten entschlossen sei, dagegen Widerstand zu leisten, so werde doch im Laufe der kommenden Monate in der amerikanischen Öffentlichkeit, vor allem aber im Kongreß, eine generelle Überprüfung der gesamten amerikanischen Außenpolitik im Zusammenhang mit den notwendigen Geldbewilligungen vorgenommen werden müssen. Um zu vermeiden, daß bei dieser Überprüfung die Elemente, die eine Aufgabe der Außenpositionen der Vereinigten Staaten im Fernen Osten und in Mitteleuropa für erforderlich hielten, an Boden gewännen, müsse auch in Deutschland der Geist der Entschlossenheit zur Verteidigung viel stärker zum Ausdruck kommen, als dies bisher geschehen sei. Wenn auch in gewissen Teilen der Welt auf Grund der Vorgänge in Ostasien und der ständig wachsenden russischen Drohung Verwirrung eingetreten sei, dürfe dies nicht auch auf die Bundesrepublik übergreifen, da hierdurch eine gefährliche Rückwirkung auf die Entwicklung in Amerika erfolgen könne. Es komme darauf an, daß Regierung und Parteien nicht zwei Sprachen sprächen. Außerdem müsse die Bevölkerung der Bundesrepublik im ganzen zu einer energischen Haltung angespornt werden. McCloy sagte wörtlich: „Wenn es überhaupt ein Land gibt, das eine europäische Aufgabe hat, so ist das Deutschland, das über mehr Kraft und Energie verfügt als andere europäische Länder. In diesem Zusammenhang sind von ganz besonderer Bedeutung die Klärung des deutsch-französischen Verhältnisses und die fortschreitende Integration Europas, wie sie durch den Schuman-Plan erstrebt wird. Der europäischen Integration kann nicht genug Bedeutung beigemessen werden. Sie ist das einzige Gegengewicht gegen die Bemühungen der Russen, Europa zu sowjetisieren. Ich muß immer wieder mit Nachdruck betonen, daß die amerikanische Hilfe für die freien Nationen Europas ausschließlich davon abhängt, ob sich in Europa der Geist der Entschlossenheit durchsetzt oder nicht. Amerika wird in Kürze stark genug sein, um in noch höherem Maße den Beitrag zu liefern, den Europa auf den verschiedenen Gebieten dringend braucht."

Ich stimmte mit McCloy in der Beurteilung der politischen Lage überein. Auch ich hielt die neue Phase für außerordentlich gefährlich. Die Voraussetzungen, unter denen die Sowjetregierung politisch operierte, hatten sich von Monat zu Monat verbessert. Die Stimmung in Westdeutschland war infolge der unglücklichen Entwicklung in Korea sehr gedrückt. Das Beispiel von China zeigte, daß auch die Satellitenstaaten, durch Sowjetrußland modern ausgerüstet, den Frieden bedrohen und militärische Erfolge erzielen konnten, ohne daß Sowjetrußland selbst einzugreifen brauchte. Die Vereinigten Staaten hatten sich zu stark auf ihre Atomwaffe und die Maßnahmen, die sie durch Wirtschaftshilfe ergriffen, verlassen. Gerade Südkorea war ein Beispiel dafür, daß dies allein gegen den Kommunismus nicht ausreichte.

In Europa waren bisher nennenswerte Abwehrkräfte nicht organisiert. Ich erklärte McCloy, es sei unerläßlich, daß die amerikanische Macht sichtbar würde. Nur wenn dies der Fall sei, könne man damit rechnen, daß die Deutschen deutlicher ihre Haltung gegenüber Sowjetrußland zeigten.

Die Propaganda der SED innerhalb des Gebietes der Bundesrepublik war in letzter Zeit besonders aktiv und erfolgreich. Ich wies McCloy darauf hin, daß die Bundesregierung völlig außerstande war, hiergegen mit Erfolg einzuschreiten, da die Polizei ausschließlich Angelegenheit der Länder sei. Man müsse sich darüber klar sein, daß die Bundesregierung, da sie über keinerlei Macht verfüge, nicht die Autorität besitze, die sie benötige, um Westdeutschland zu einem wirklichen Faktor in der westeuropäischen Verteidigung zu machen. Der Fehler liege an der zu starken Dezentralisation, wie sie im Grundgesetz vorgesehen sei.

Ich ging dann auf die bevorstehende Vier-Mächte-Konferenz ein, auf der in erster Linie das Schicksal Westdeutschlands behandelt werden sollte. Allen sei die zunehmende Schwäche der Bundesrepublik klar. Die Bundesrepublik werde auf dieser Konferenz nicht vertreten sein. Man könne wohl mit einiger Sicherheit behaupten, daß die Westalliierten sich in der Behandlung des deutschen Problems nicht einig seien. Ich wisse zum Beispiel, daß es im Quai d'Orsay Strömungen gebe, die sich sehr stark für eine Neutralisierung Westdeutschlands oder Deutschlands als Ganzes einsetzten. Die Haltung Großbritanniens sei noch nicht definitiv bekannt. Als sicher dürfe ich wohl annehmen, daß die Vereinigten Staaten die soeben wiedergegebene Auffassung des Quai d'Orsay nicht teilten.

Deutschland müsse unter allen Umständen seine Souveränität zurückgewinnen, wenn es akzeptieren solle, was die vier Mächte auf der Konferenz beschließen würden. Neutralisierung auf vertraglicher Basis sei nicht durchführbar. Deutschland müsse im Falle, daß der Gedanke der Neutralität sich durchsetzen sollte, soviel Verteidigungskraft zugestanden werden, daß es auch seine Neutralität verteidigen könne. Mit anderen Worten, es müsse über eine Abwehrkraft verfügen, ohne daß diese sich für Angriffszwecke mißbrauchen lassen könnte. Ich sei der Auffassung, daß der Bundesregierung die Möglichkeit gegeben werden müsse, sich über diese Frage unmittelbar mit den einzelnen Westmächten auseinanderzusetzen.

Dann ging ich auf den Hauptpunkt der Ausführungen McCloys ein, wonach die Möglichkeit einer Überprüfung der Außenpolitik der Vereinigten Staaten durch den Kongreß und die amerikanische öffentliche Meinung bestünde. Ich hätte geglaubt, daß nach den Antworten Trumans und Achesons auf Erklärungen von Taft und Hoover dieses Problem ausgeräumt sei. Die Vereinigten Staaten dürften nicht vergessen, daß, wenn Sowjetrußland Europa besäße, es dann über nahezu zwei Drittel des Rüstungs- und militärischen Potentials der Welt verfügte. Eine von Sowjetrußland derart kontrollierte Welt werde sich eines Tages gegen die Vereinigten Staaten wenden. In Europa werde sich deshalb auch das Schicksal der Vereinigten Staaten entscheiden. Ich hoffte sehr, daß die Vereinigten Staaten trotz der gegenwärtigen „Flauten" ihre aktive Verteidigungspolitik fortsetzten.

Zum Thema der Annäherung zwischen Frankreich und Deutschland sagte ich, daß diese wesentlich erschwert sei durch die innenpolitische Lage in Frankreich. Für Deutschland blieben als größte Hoffnung die Vereinigten Staaten.

McCloy erwiderte, daß die Regierung der Vereinigten Staaten oft daran gedacht hätte, den Marshall-Plan zu erneuern, ihn jedoch gleichzeitig als Zwangsmittel gegen die zögernden westeuropäischen Regierungen zu benutzen. Man sei sich aber darin einig, daß man nicht mit Zwang arbeiten könne, wie es die Sowjets täten. Europa müsse seine Kräfte selbst entwikkeln. Die Vereinigten Staaten hätten nicht die Neigung, Zwang auszuüben. Leider sei die in Amerika lange Jahre hindurch verbreitete Illusion, nach der Europa nach seinem wirtschaftlichen Wiederaufbau seinen Widerstandsgeist zurückgewinnen würde, zerbrochen.

Ich warf ein, daß der Widerstandsgeist Europas durch den Druck vom Osten gelähmt sei. Man müsse berücksichtigen, daß Westeuropa immer noch ein unter den Folgen der vergangenen Kriege psychologisch schwer leidendes Gebiet sei.

McCloy fuhr fort, daß die führenden Persönlichkeiten der Vereinigten Staaten sich über die in der Zukunft drohende Gefahr von seiten Sowjetrußlands durchaus im klaren seien. Äußerungen, wie sie Truman und Acheson abgegeben hätten, seien nicht ausreichend, um die Frage eines neuen Isolationismus zu lösen. Der Kongreß müsse den amerikanischen Beitrag zur Verteidigung der westlichen Welt diskutieren, und er hoffe sehr, daß die internationale Verantwortung letztlich auch von allen Mitgliedern des Kongresses anerkannt werde. Aber hierzu sei notwendig, daß von Europa entsprechende Zeichen gegeben würden. Jede Äußerung meinerseits und jede Rede von Dr. Schumacher würden mit größter Aufmerksamkeit beachtet. Die amerikanische öffentliche Meinung registriere die kommunistische Propaganda ebenso wie die kritische Haltung der Westeuropäer hinsichtlich der amerikanischen wirtschaftlichen, politischen und militärischen Maßnahmen. Korea werde allgemein Deutschland gleichgestellt. Der Durchschnittsamerikaner stelle sich die Frage: Sollen wir unsere Boys nach Deutschland schicken, wenn Deutschland oder Westeuropa sich lediglich auf Kritik beschränken und keine Bereitschaft zeigen, positiv an der Verteidigung der freien Welt mitzuwirken?

Ich entgegnete McCloy, daß ich diese Tendenz durchaus verstände. Auch ich sei äußerst verstimmt über Äußerungen führender Politiker in der Bundesrepublik, die sich gegen einen deutschen Verteidigungsbeitrag aussprächen und die die Verteidigungsbereitschaft im Volke untergrüben. Ich trüge mich mit dem Gedanken, eine Anzahl von Flüchtlingen und ehemaligen Gefangenen aus der Sowjetzone in öffentlichen Versammlungen überall im Lande sprechen zu lassen, um die deutsche Bevölkerung einmal über das wahre Gesicht der Sowjetrussen aufzuklären.

McCloy meinte, eine derartige Propaganda-Aktion werde zweifellos außerordentlich nützlich sein. Es sei keine Zeit zu verlieren, und die Anstrengungen müßten in den nächsten drei Monaten erfolgen, damit die deutsche öffentliche Meinung sich konkretisiere.

Das Gespräch kam noch einmal auf die bevorstehende Vier-Mächte-Konferenz. Ich fragte McCloy, wie er sich den Ausgang dieser Konferenz und seine Auswirkungen auf die deutsche psychologische Lage vorstelle. Ich wies McCloy darauf hin, daß man, ohne daß Deutschland gefragt werde, kaum eine nützliche Vereinbarung treffen könne. Wenn die Deutschen in den Jahren 1946 bis 1948 gewisse Entscheidungen hingenommen hätten, so sei es jetzt im Jahre 1951 anders. Die Nichtbeteiligung Deutschlands an der Gestaltung seines Schicksals sei mit einer der entscheidenden Faktoren, die zum Beispiel das politische Interesse der Jugend lähmten.

McCloy erwiderte, wenn die Sowjets auf freie Wahlen und eine absolut gesicherte Bewegungsfreiheit aller Parteien eingingen, werde man schnell zu einer Einigung kommen können.

McCloy legte Wert darauf, daß Besprechungen zwischen militärischen Sachverständigen von alliierter und deutscher Seite so schnell wie möglich aufgenommen wurden. Man müsse stark in die Vier-Mächte-Konferenz hineingehen.

3. Haltung der SPD zur Frage einer deutschen Wiederbewaffnung

Der beste Weg, um gegen die isolationistischen Strömungen in den Vereinigten Staaten zu wirken, war, immer wieder unser Bekenntnis zur westlichen Kultur, zur demokratischen Lebens- und Staatsauffassung und den christlichen Idealen zu betonen und die Gemeinschaft mit Amerika zu unterstreichen. Es war unbedingt notwendig, daß wir ein eindeutiges Bekenntnis zum Westen ablegten. Generalkonsul Krekeler wies mich eindringlich auf diese Notwendigkeit hin. Er war ein ausgezeichneter Kenner der amerikanischen Verhältnisse. Er studierte und analysierte eingehend die amerikanische öffentliche Meinung. Er ließ mich Ende Dezember 1950 wissen, es sei dringend erforderlich, daß wir den wankenden Glauben in uns befestigten und unmißverständlich zum Ausdruck brächten, daß die Bundesrepublik Deutschland kompromißlos zur westlichen Sache stehe. Der Glaube an uns sei in den Vereinigten Staaten durch zahlreiche Vorgänge in der Bundesrepublik, wie zum Beispiel die scharfe Polemik der SPD gegen den Schuman-Plan und gegen einen deutschen Verteidigungsbeitrag, sehr erschüttert worden.

Die Haltung der SPD zur Frage einer deutschen Beteiligung an einer europäischen Verteidigungsgemeinschaft war sehr negativ. Bundespräsident Heuss versuchte, einen mäßigenden und ausgleichenden Einfluß auf die SPD auszuüben, doch diese Bemühungen blieben ohne Erfolg. Heuss berichtete mir bei einem meiner üblichen Besuche über ein Gespräch, das er mit Dr. Schumacher geführt hatte.

Nach Dr. Schumachers Auffassung sei das Anerbieten einer deutschen Beteiligung, wie es in meinem Memorandum vom 29. August 1950 ausgesprochen worden war, verfrüht gewesen. Nach den ihm bekannten westalliierten Plänen würde Westdeutschland derart schwach verteidigt werden, daß die Russen innerhalb von 36 Stunden in Bonn sein könnten. Über Westdeutschland würde unendliches Elend hereinbrechen. Nach Äußerungen McCloys gegenüber Dr. Schumacher seien die Amerikaner der Überzeugung, daß ihr Rückzug unvermeidlich sein würde. Sie würden das Ruhrgebiet jedoch nicht unversehrt in die Hände der Russen fallen lassen. Sie würden es vorher zerstören.

General a. D. Hermann Foertsch, ein Bruder des späteren Generalinspekteurs, hatte mir Mitte Oktober 1950 über ein Gespräch mit Dr. Schumacher berichtet, in dem Dr. Schumacher als Voraussetzung eines möglichen deutschen Beitrages zur Verteidigung Europas einen ausreichenden Schirm durch amerikanische und britische Panzerkräfte mit entsprechenden Fliegerverbänden bezeichnet hatte. Die Verteidigung müsse in der Kampfart einer „offensiven Defensive" geführt werden. Die Gesamtkonzeption der Verteidigung sei absolut wesentlich. Die Alliierten sollten nicht etwa nur uns, sondern sich selbst verteidigen, aber nicht bei uns, sondern mit uns. Dr. Schumacher hatte die Sorge, daß die Amerikaner möglichst schnell eine Übereinstimmung mit der Bundesrepublik erreichen wollten, um damit die Widerstände der Franzosen zu „unterlaufen". Er fürchtete, die Amerikaner würden dabei der Bundesrepublik Angebote machen, die sie nicht halten könnten.

Dr. Schumacher vertrat die These einer offensiven Verteidigung. Die Amerikaner müßten nach seiner Auffassung in der Bundesrepublik über sehr starke motorisierte Kräfte verfügen, die sie in die Lage versetzten, ebenso schnell in Berlin sein zu können wie die Russen am Rhein. Bei einem militärischen Konflikt müßte der Angriff sofort in den Osten hereingetragen werden, so daß eine Entscheidung außerhalb des deutschen Gebietes falle. Es komme bei einer künftigen Auseinandersetzung auf den Ausgang der ersten Schlacht an.

McCloy hat mir einmal den Inhalt eines Gespräches mit Dr. Schumacher wiedergegeben, in dem dieser von den Amerikanern verlangt hatte, an der Elbe mindestens 60 Divisionen aufzustellen. Die Wiedergabe des Gespräches McCloys mit Dr. Schumacher deckte sich mit dem, was Heuss und Foertsch mir mitteilten.

Heuss berichtete, daß nach Dr. Schumachers Eindruck die Amerikaner von reinem Materialismus beherrscht seien; es bestünde bei ihnen die Vorstellung, daß die Deutschen sozusagen als Wiedergutmachung für den letzten Krieg ihre Menschen im Vorfeld Europas opfern sollten. Dr. Schumacher zitierte die Äußerung eines Amerikaners auf die Frage, warum nicht die Amerikaner die Ausbildung von etwa einer Million Soldaten statt in Amerika in der Bundesrepublik durchführten. Der Amerikaner habe geantwortet, daß man sie damit in die Gefahr brächte, Gefangene der Russen zu werden.

Dr. Schumacher war überzeugt, daß im Falle einer kriegerischen Auseinandersetzung bei der von den Alliierten geplanten Art der Verteidigung Europas mit Sicherheit damit zu rechnen sei, daß westdeutsche Offiziere ihre Soldaten im Falle eines russischen Angriffes auf die russische Seite führen würden, da sie eine zwecklose Vernichtung ihrer Truppen zur Deckung des alliierten Rückzuges nicht verantworten könnten.

Nach Heuss' Ausführungen habe er Dr. Schumacher darauf hingewiesen, daß die Vereinigten Staaten in der ganzen Welt große Verteidigungsaufgaben wahrzunehmen hätten. Es seien sowohl in der Republikanischen wie in der Demokratischen Partei starke isolationistische Tendenzen bemerkbar, wie aus dem Wahlerfolg des Senators Taft, der als Isolationist bekannt war, hervorgehe. Man müsse Verständnis dafür haben, daß die amerikanische Regierung unter diesen Umständen ihre Bevölkerung nicht zu einem großen Einsatz für die Verteidigung Deutschlands bewegen könnte, wenn nicht auch deutscherseits wenigstens die Bereitschaft zum Ausdruck gebracht werde, sich an einer solchen Verteidigung zu beteiligen. Dr. Schumacher ließ sich aber in seiner ablehnenden Haltung nicht beeinflussen. Auch der Hinweis von Heuss, daß man doch bedenken müsse, daß bei den Amerikanern nicht rein materielle Interessen eine Rolle spielten, sondern daß die Amerikaner von einer Art ethischer Missionsidee beseelt seien und daß als Folge der beiden Weltkriege eine große Verantwortung empfunden werde, brachte Dr. Schumacher nicht von seinem negativen Standpunkt ab.

Ich setzte ungeachtet der starren Haltung Dr. Schumachers meine Bemühungen fort, die Sozialdemokratische Partei für meine Politik hinsichtlich eines deutschen Verteidigungsbeitrages zu gewinnen. Ich fertigte eine Aufzeichnung, in der ich meine Gedanken zur Lage niederlegte, und übersandte diese mit Schreiben vom 31. Januar 1951 an Dr. Schumacher in der Hoffnung, daß bei einem genauen Studium die Sozialdemokraten ihre Meinung ändern würden. Ich gebe im folgenden diese Niederschrift wieder:

„1. Die Bundesrepublik ist von dem aggressiven Imperialismus Sowjetrußlands bedroht. Der Beweis hierfür liegt in der von Sowjetrußland seit 1945 in allen Teilen der Welt planmäßig betriebenen Ausweitung seines Machtbereichs. Die in den letzten Monaten klar erkennbare Aktivierung der Politik der Ostzonenregierung führt unvermeidbar zu dem Schluß, daß wir nicht damit rechnen können, daß die sowjetische imperialistische Ausweitungspolitik an der Elbe haltmacht. Wenn es Sowjetrußland gelingt, die Bundesrepublik Deutschland möglichst unversehrt irgendwie in seinen Einflußbereich einzubeziehen, wird es dadurch sein Kriegspotential so stärken, daß es dem Potential der Vereinigten Staaten gewachsen ist. Es wird dadurch gleichzeitig den Zusammenschluß Westeuropas als eines starken Faktors in der Verteidigung der westlichen Welt verhindern. Mit Wahrscheinlichkeit würde damit auch der sowjetischen Politik der Erfolg beschieden werden, den isolationistischen Bestrebungen in den Vereinigten Staaten einen so starken Auftrieb zu geben, daß die Vereinigten Staaten sich vom europäischen Kontinent zurückziehen.

2. In den Vereinigten Staaten besteht trotz der Erklärungen der Regierung zur Zeit eine latente Neigung zum Isolationismus. Seine Wortführer waren Hoover und Taft. Herr McCloy hat in einem Gespräch mit mir, das nach der Rede Hoovers und vor der Rede Tafts stattfand, nachdrücklich darauf hingewiesen und erklärt, die Entscheidung über die amerikanische Politik werde im Kongreß in den ersten drei Monaten des Jahres 1951 fallen.
   Am 26. 1. hat mir McCloy in Gegenwart des früheren Senators Cooper – C. ist einer der beiden republikanischen Berater, die Truman Acheson zugeteilt hat – gesagt, die Haltung der Bundesrepublik in der Frage der Leistung eines Beitrages zur gemeinsamen Verteidigung werde für die amerikanische Politik entscheidend sein, entscheidender als die Haltung Frankreichs.

3. Für die strategischen Pläne der gemeinsamen Verteidigung und damit für deren Aufbau ist von wesentlicher Bedeutung, ob die Bundesrepu-

blik als sicheres Gebiet, das heißt als ein Land, das zuverlässig auf der Seite der westlichen Welt steht, betrachtet werden kann oder nicht. Die westliche Welt wird nur dann Deutschland als „sicher“ in diesem Sinne betrachten, wenn die Bundesrepublik sich entschließt, einen angemessenen Verteidigungsbeitrag zu leisten.

4. Die Viererkonferenz wird aller Wahrscheinlichkeit nach zustande kommen: Frankreich will sie unter allen Umständen, England will sie ebenfalls, und die Vereinigten Staaten werden nicht ihr Zustandekommen unmöglich machen.
Auf dieser Konferenz wird Sowjetrußland in einem Junktim die Wiederherstellung der Einheit Deutschlands, seine Neutralisierung und Demilitarisierung und Räumung beantragen. In Frankreich sind starke politische Kräfte bereit, auf diesen Vorschlag einzugehen. Die Haltung Englands ist nicht völlig klar. Die offiziellen Kreise in den Vereinigten Staaten erklären, daß sie gegen eine derartige Neutralisierung Deutschlands sind, weil Deutschland dadurch dem Ostblock ausgeliefert werde; den isolationistischen Bestrebungen könnte aber ein solcher Vorschlag annehmbar erscheinen.
Ich erblicke in einem solchen Vorschlag Sowjetrußlands auf der Konferenz die denkbar größte Gefahr für das deutsche Volk und für Europa.

5. Unter Würdigung der oben geschilderten Situation und im Hinblick auf die Gefahren für die innere Standfestigkeit des deutschen Volkes, die die Fortdauer des gegenwärtigen Schwebezustandes mit sich bringt, erscheint es mir notwendig, sobald sich durch den Bericht Eisenhowers die Situation in den Vereinigten Staaten geklärt hat, eine Entscheidung des Bundestages herbeizuführen.

6. Meines Erachtens muß die Bundesrepublik Deutschland sich bereit erklären, einen ihren Verhältnissen entsprechenden Beitrag zu leisten. Folgende wesentliche Voraussetzungen müssen dabei gegeben sein:
a) Die militärischen Maßnahmen der Westmächte müssen so sein, daß sie nach sachverständigem Urteil die Gewißheit dafür geben, daß sie ihre ganze Kraft dafür einsetzen, eine Aggression zurückzuschlagen und das Gebiet der Bundesrepublik nicht zum Kampfgebiet werden zu lassen.
b) In Anbetracht der außerordentlichen Lasten, die auf sozialem Gebiet in der Bundesrepublik bestehen, ist eine finanzielle Unterstützung dringend erforderlich. Diese soll der Erfüllung der sozialen Verpflichtungen, der Erhaltung der Stabilität des Geldes, der Sicherung des Budgetgleichgewichts und der Aufrechterhaltung eines auskömmlichen Lebens-

niveaus dienen, die wesentliche Faktoren des Verteidigungspotentials darstellen.

c) Wenn die Bundesrepublik Deutschland sich an der gemeinsamen Verteidigung aktiv beteiligt, muß das Besatzungsprinzip durch das Vertragsprinzip ersetzt werden. Der bisher durch das Besatzungsstatut geordnete Stoff ist so groß, daß sämtliche Anordnungen der Alliierten nicht mit einem Schlag beseitigt werden können. Die Beseitigung muß aber so schnell, wie das arbeitsmäßig möglich ist, erfolgen. Am Anfang müssen die Westalliierten sich in einer allgemein verpflichtenden Erklärung zu diesem Prinzip bekennen.

In gewissen Bereichen müßten die Notwendigkeiten, die der Aufenthalt der alliierten Sicherungstruppen auf deutschem Boden mit sich bringt, berücksichtigt werden, sie müssen zum Gegenstand vertraglicher Vereinbarungen gemacht werden.

Die Politik der Bundesrepublik und der Westalliierten gegenüber dem Ostblock muß gleichlaufend verlaufen. Hier muß im Wege der Vereinbarung mit den Alliierten ein Mechanismus gefunden werden, der eine Übereinstimmung der Methoden und Ziele gewährleistet.

d) Das deutsche Verteidigungskontingent muß den Kontingenten der Alliierten hinsichtlich der Gliederung, Bewaffnung und Führung gleichgestellt sein.

7. Folgen einer Beteiligung, Folgen einer Nichtbeteiligung.

A. Folgen einer Beteiligung.

a) Es stellt sich zuerst die Frage, ob ein solcher Beitrag eine russische Aggression auslöst.

Das Ziel Sowjetrußlands ist die Einbeziehung der Bundesrepublik Deutschland in die Sphäre der Sowjetzone, und zwar in möglichst unversehrtem Zustande. Daher wird Sowjetrußland den Kalten Krieg, der ihm so große Erfolge gebracht hat und der auch nach den bisherigen Ergebnissen in der Bundesrepublik für Sowjetrußland vorteilhafte Ergebnisse erzielt hat, auch in der Bundesrepublik Deutschland dem heißen Krieg vorziehen.

Der heiße Krieg würde zwar im besten Falle das Kriegspotential der Westalliierten durch die Verwüstung Deutschlands und die Verhinderung der Aufrüstung Frankreichs und Italiens schwächen, aber andererseits den Bestand Sowjetrußlands durch das Eingreifen der industriell überlegenen Vereinigten Staaten selbst gefährden.

Daher ist unwahrscheinlich, daß Sowjetrußland auf die Leistung eines deutschen Beitrages mit dem heißen Krieg antworten wird.

b) In dem unwahrscheinlichen Falle einer Aggression würde eine vereinte Abwehrkraft bereit stehen, die es möglich macht zu verhindern, daß die Bundesrepublik Kriegsgebiet wird. Die Versorgung mit Rohstoffen und vor allem mit Lebensmitteln, deren wir zur Aufrechterhaltung unserer Existenz bedürfen, würde gesichert bleiben.

c) Die in der Viererkonferenz ruhende Gefahr einer Abkehr der Vereinigten Staaten von Europa und damit einer Überantwortung Deutschlands an den sowjetischen Machtbereich kann nur, jedenfalls viel sicherer, durch eine rechtzeitige Klarstellung der Haltung der Bundesrepublik zur Frage eines Verteidigungsbeitrages abgewandt werden.

d) Wir würden wieder ein souveräner Staat werden.

e) Wir haben dann die Aussicht, im Laufe der Entwicklung wieder zur Einheit von Deutschland in Freiheit zu kommen.

f) Eine Beteiligung der Bundesrepublik Deutschland bietet hier die einzige Möglichkeit, unter Umständen auf die Entschlüsse der Westalliierten gegenüber Sowjetrußland einzuwirken.

B. Folgen einer Nichtbeteiligung.

a) Wenn die Bundesrepublik eine Beitragsleistung ablehnt oder wenn sie, was einer Ablehnung in den Folgen gleichkommen würde, einer Erklärung ausweicht, würde die Bundesrepublik Deutschland mit größter Wahrscheinlichkeit in das Ostblocksystem geraten, vielleicht schon durch die bevorstehende Viererkonferenz.

b) Falls die USA in diesem Falle auf ihre Europapläne nicht überhaupt verzichten, würden die strategischen Pläne der Westalliierten von einer Verteidigungslinie im Westen ausgehen und darauf abgestellt werden, daß das Gebiet der Bundesrepublik Deutschland Kriegsgebiet ist.

c) Wir würden keine Rohstoffe erhalten.

d) Wir würden keine Souveränität erhalten, nicht zu einer Einheit Deutschlands in Freiheit kommen.

e) Wahrscheinlich würde ganz Europa unter sowjetischen Einfluß kommen.

8. Europa, in erster Linie Deutschland, schwebt durch die Haltung Sowjetrußlands in einer tödlichen Gefahr. Nur ein nicht provozierendes, aber entschlossenes Eintreten der Bundesrepublik Deutschland in die Gruppe der Westalliierten Staaten bietet die größere Chance dafür, daß ein Krieg vermieden wird, daß die Bundesrepublik wieder frei wird und daß die Einheit Deutschlands in Freiheit wiederhergestellt wird, daß die verschiedenen Europapläne in irgendeiner Form verwirklicht werden und Europa erhalten bleibt."

Dr. Schumacher antwortete mir mit Schreiben vom 6. Februar 1951, dem er seinerseits eine Skizze beifügte, in der er eine Darstellung der sozialdemokratischen Auffassung niederlegte.

Dr. Schumacher stimmte mit mir darin überein, daß der bisherige Zustand für die Sicherheit der Bundesrepublik Deutschland in jeder Beziehung unbefriedigend und gefährlich sei. Er war jedoch der Auffassung, daß die Gefahren, die für uns vom Osten her drohten, durch einen deutschen militärischen Beitrag nicht aus der Welt geschafft oder auch nur gemildert werden könnten. Er führte in seinem Memorandum aus:

„Jede deutsche Aufrüstung kann, wenn sie ungestört bleibt, erst zukünftigen Gefahren begegnen ... Die Ausbildung der ersten größeren taktischen Formationen benötigt mindestens eineinhalb Jahre. Ein militärischer Beitrag von kriegswichtiger Bedeutung würde unter drei bis vier Jahren nicht zu leisten sein. In dieser Periode wäre Deutschland ungeschützt. Es könnte sich weder aus eigener Kraft verteidigen noch durch die vorhandenen oder für die überblickbare Zukunft bisher versprochenen alliierten Kräfte vor einem eventuellen sowjetrussischen Eingriff erfolgreich bewahrt werden."

Die Auswirkungen eines deutschen militärischen Beitrages auf die sowjetrussische Politik waren nach Auffassung Dr. Schumachers nicht überschaubar. Die Meinung, daß bei einer deutschen Aufrüstung die Sowjetrussen in jedem Fall den heißen Krieg vermeiden würden, sei keine sichere Grundlage.

Dr. Schumacher teilte mir mit, was er bereits mehrfach öffentlich gesagt hatte, daß die Sozialdemokratische Partei mit allem Nachdruck dem gegenwärtigen, nach Auffassung der Sozialdemokratischen Partei unter anderen Verhältnissen gewählten Bundestag die Legitimation zu einer solchen Entscheidung abstritt.

Im übrigen müßten vor Festlegung im Sinne eines deutschen Verteidigungsbeitrages bestimmte Voraussetzungen von seiten der Alliierten erfüllt sein. Die Festlegung der Voraussetzungen müsse auf alle Fälle vor Abgabe bindender Erklärungen deutscherseits erfolgen. Dr. Schumacher führte hierzu wörtlich aus:

„Das Wesen der Voraussetzungen ist ihre Stabilität und Unverrückbarkeit. Ihr Wert liegt in ihrer Tatsächlichkeit. Voraussetzungen können nicht durch Versprechungen ersetzt werden. Sie sind grundsätzlich etwas anderes als aushandelbare Bedingungen oder Vorbehalte. Das tatsächliche Verhalten der Alliierten seit den Tagen des Petersberger Abkommens verbietet die Hoffnung, daß deutsche Vorleistungen die Voraussetzungen herstellen können. Das deutsche Volk verlangt von niemand etwas, was es nicht selbst leisten will. Umgekehrt darf es sich aber zu keiner Leistung verpflichten, die die anderen nicht von sich selbst verlangen."

Dr. Schumacher ging genau wie ich davon aus, daß ein deutscher Verteidigungsbeitrag nur auf der Basis völliger Gleichheit erfolgen könne. Hierzu sagte er:

„Gemeinsamkeit ist Gleichheit in den Bedingungen und Voraussetzungen innerhalb der westlichen Welt. Von dieser Gemeinsamkeit wird viel gesprochen, aber jeder versteht etwas anderes darunter. Die Deutschen werden aufgefordert, ihre Gleichberechtigung als etwas bereits Vorhandenes zu betrachten und sich danach einzurichten. Tatsächlich aber halten die Alliierten selbst die deutsche Gleichberechtigung nur für eine Möglichkeit der Zukunft. Jede Politik ist zum Scheitern verurteilt, die sich bemüht, die Gleichberechtigung mit militärischen Beiträgen zu erkaufen. Das Ergebnis ist immer die tatsächliche Ungleichheit zugunsten des anderen Teiles. Die politische Gleichberechtigung ist die Voraussetzung eines militärischen Beitrages und nicht sein Ergebnis.

. . . . .

Das Petersberger Abkommen, die Behandlung der Saarfrage, die Ungleichheit im Europäischen Rat von Straßburg, die Ruhrbehörde und der Schuman-Plan sind Beispiele, wie sehr man Gemeinsamkeit zum Deckmantel für Egoismus benutzt und wie fern man der tatsächlichen Gleichheit der europäischen Völker ist."

Dr. Schumacher beurteilte die Folge einer Beteiligung an der militärischen Aufrüstung der westlichen Welt unter den damaligen Gegebenheiten und Bedingungen eindeutig negativ.

Die Folgen einer Nichtbeteiligung der Bundesrepublik an einer europäischen Verteidigungsmacht hielt Dr. Schumacher nicht für gefährlich. Das Verlangen nach einem deutschen Bekenntnis zum Westen wirkte nach seinen Worten „außerordentlich aufreizend". Er sagte hierzu wörtlich:

„Die politischen Parteien in Deutschland haben durch Proklamationen und Taten ohne Rücksicht auf die möglichen Konsequenzen ein solches Bekenntnis zu einer Zeit abgelegt, als man eine eindeutige Ablehnung der Sowjets bei den westlichen Alliierten noch vermißt hat. Die dauernde Aufforderung, doch ja mit einem neuen Bekenntnis aufzuwarten, ist eine Nichtachtung des Geleisteten."

Nach seinen Worten gab es keine amerikanische Politik, die in der Lage wäre, Europa aufzugeben. Die Weltgeltung Amerikas und die Position gegenüber dem Kommunismus ließen das nicht zu. Er sagte hierzu:

„Heute sind die USA auch in ihren bisher isolationistischen Teilen an den subventionierten Exporten von Agrarprodukten interessiert. Von der Industrieseite her muß alles getan werden, um die Produktionsüberlegenheit der USA zu erhalten ... Selbst Hoover spricht nicht mehr die Sprache des alten Isolationismus."

Ich kann in diesem Zusammenhang nicht auf alle Punkte, die Dr. Schumacher in seinem Memorandum anschnitt, eingehen. Allgemein muß ich sagen, daß es eine Anzahl von Punkten gab, in denen offenbar Übereinstimmung mit der Auffassung der Bundesregierung herrschte. Der wesentliche Unterschied bestand jedoch darin, daß Dr. Schumacher darauf bestand, daß alle Wünsche der Bundesregierung von seiten der Alliierten ausnahmslos und ohne Einschränkung erfüllt werden müßten. Dr. Schumachers Standpunkt war sehr theoretisch. Die Erfahrung bei internationalen Verhandlungen, daß man zu Kompromissen bereit sein muß, wenn man ein positives Ergebnis erreichen will, schien er nicht zu kennen. Wie konnte man in diesem Falle Voraussetzungen für einen deutschen Verteidigungsbeitrag erzwingen, wenn nicht deutscherseits gleichzeitig etwas geleistet würde? Wie sollten die freien Völker, die erhebliche Opfer im Kampf gegen den Kommunismus brachten, von der Verteidigungswürdigkeit eines Landes überzeugt sein, wenn dieses auf Vorleistungen der anderen Seite beharrte, ohne selbst gleichzeitig deutlich zu erkennen zu geben, welche Leistungen es selbst aufzubringen bereit wäre? Als derartiges Zeichen war nach Auffassung der Bundesregierung die prinzipielle Erklärung nötig, daß sie bei Erfüllung der bekannten Voraussetzungen ihrerseits bereit war, einen Beitrag zur Verteidigung der westlichen Welt zu leisten. Es war selbstverständlich, daß dieser Beitrag zur Errichtung einer friedenserhaltenden Verteidigungsmacht gestellt werden sollte. Sowjetrußland würde nur dann seine Expansionsabsichten nach Westen aufgeben, wenn es überzeugt war, daß es sonst ein Risiko auf sich nehmen mußte.

XVII. MEIN ERSTER BESUCH ALS BUNDESKANZLER UND AUSSENMINISTER DER BUNDESREPUBLIK DEUTSCHLAND IN PARIS IM APRIL 1951

1. Die Bedeutung des Schuman-Planes

Anfang April 1951 war nach fast neunmonatiger Beratung der „Vertragsentwurf über die Gründung der Europäischen Gemeinschaft für Kohle und Stahl" von den Verhandlungsführern der sechs Staaten, die die Montanunion bilden wollten, fertiggestellt. Die Unterzeichnung des Montanunion-Vertrages erfolgte am 18. April 1951 in Paris.

In meiner Eigenschaft als Außenminister der Bundesrepublik Deutschland fuhr ich zu letzten Beratungen und dem Unterzeichnungsakt am 11. April 1951 nach Paris.

Dr. Schumacher bezeichnete den Plan in einer Rede als ein wirtschaftliches Unding. Er warnte davor, das Wort „europäisch" im Zusammenhang mit diesem Plan zu gebrauchen, da er nur die Ecke Europas umfasse, die „die Brutstätte des Kapitalismus, des Klerikalismus und der Kartelle ist".

Der Schuman-Plan war der Anfang der europäischen Einigung. Mit der Unterzeichnung des Montanunion-Vertrages begann in meinen Augen ein neuer Abschnitt der europäischen Geschichte.

Die Erkenntnis, daß die europäischen Völker zueinanderfinden mußten, wenn sie sich Freiheit und Wohlstand erhalten wollten, war bereits nach dem Ersten Weltkrieg lebendig geworden. Diese Erkenntnis hatte jedoch nicht zu praktischen Ergebnissen führen können, weil die überkommenen Vorstellungen und das Mißtrauen in allen Lagern noch zu stark waren. Wir alle hatten dann erleben müssen, wie ein übersteigerter Nationalismus Europa an den Rand des Abgrundes brachte.

Aus dieser Katastrophe hatten fast alle Völker Europas Folgerungen gezogen. Sie hatten erkannt, daß ein Neubau des europäischen Lebens in Frieden und Freiheit nur dann möglich sei, wenn die Energien der Völker praktischer Zusammenarbeit dienstbar gemacht würden. Es war zu prüfen, ob die alten Formen zwischenstaatlicher Zusammenarbeit noch ausreichten oder ob es erforderlich sei, neue Institutionen zu schaffen.

Im Hinblick auf diese Umgestaltung zwischenstaatlicher Beziehungen, wie sie auch schon im Jahre 1948 bei der Versammlung europäischer Vereinigungen in Den Haag sich geltend gemacht hatten, hatte sich der Parlamentarische Rat bei Schaffung des Grundgesetzes einmütig für den Weg einer europäischen Zusammenarbeit erklärt und in das Grundgesetz die Bestimmung aufgenommen, daß die Bundesrepublik durch einfaches Gesetz Hoheitsrechte auf zwischenstaatliche Einrichtungen übertragen und in die Beschränkungen ihrer Rechte einwilligen könne, soweit diese Beschränkungen eine friedliche und dauerhafte Ordnung in Europa und zwischen den Völkern der Welt herbeiführen und sichern könnten.

Der Deutsche Bundestag und die deutsche Bundesregierung haben seit ihrem Bestehen eine ihrer vornehmsten Aufgaben darin erblickt, sich immer wieder für die Schaffung einer europäischen Gemeinschaft auszusprechen und zu versuchen, sie herbeizuführen. Am 26. Juli 1950 verabschiedete der Bundestag eine Entschließung folgenden Wortlautes:

„In der Überzeugung, daß die gegenwärtige Zersplitterung Europas in souveräne Einzelstaaten die europäischen Völker von Tag zu Tag mehr in Elend und Unfreiheit führen muß, tritt der in freien Wahlen berufene Bundestag der Bundesrepublik Deutschland für einen europäischen Bundespakt ein, wie ihn die Präambel und der Artikel 24 des Grundgesetzes für die Bundesrepublik Deutschland vorsehen. Dieser europäische Bundespakt soll:

1. eine übernationale Bundesgewalt schaffen, die sich auf allgemeine, unmittelbare und freie Wahlen gründet und über gesetzgebende, ausübende und richterliche Kompetenzen verfügt;
2. diese Gewalt mit allen Befugnissen ausstatten, die erforderlich sind, um a) die wirtschaftliche Einheit Europas auf der Grundlage sozialer Gerechtigkeit herbeizuführen, b) eine gemeinsame europäische Außenpolitik zu ermöglichen, die dem Frieden in der Welt dient, c) die Gleichheit der Rechte aller europäischen Völker herzustellen und weiterhin zu sichern, d) die Grundrechte und menschlichen Freiheiten der europäischen Bürger zu garantieren und unter Rechtsschutz zu stellen."

In gleicher Weise hatte sich die Bundesregierung für eine aktive Europapolitik eingesetzt und, wann immer sich eine Gelegenheit bot, gleiche Bestrebungen im Ausland nach Kräften unterstützt.

Die Bundesregierung war ohne Zögern und in voller Bereitschaft zur Mitwirkung dem Appell des französischen Außenministers Robert Schuman gefolgt, mit dem er am 9. Mai 1950 den Vorschlag einer europäischen Montanunion zur Erörterung stellte. Robert Schuman hatte „zur Überwindung des alten Gegensatzes zwischen Frankreich und Deutschland die Schaffung konkreter Tatsachen als Voraussetzung einer Solidarität der Tat" gefordert. Mit Unterzeichnung des Montanunion-Vertrages war der erste Schritt auf diesem Wege getan, dessen tiefste Bedeutung für Frankreich und Deutschland darin lag, durch die Schaffung einer Solidarität der Produktion auf zwei Gebieten, nämlich der Kohle- und Stahlproduktion, die Voraussetzung dafür zu geben, daß jeder Krieg zwischen Frankreich und Deutschland nicht nur undenkbar, sondern materiell unmöglich wurde. Der Abschluß dieses Vertrages über die Montanunion setzte deshalb in erster Linie den feierlichen und unwiderruflichen Schlußstrich unter die Vergangenheit, in der diese beiden Völker sich aus Mißtrauen, Konkurrenzsucht und Egoismus immer wieder mit den Waffen in der Hand gegenübertraten.

Die mit der Montanunion gegebene endgültige Bereinigung des Verhältnisses zwischen Frankreich und Deutschland sollte nicht Selbstzweck sein, sondern vielmehr das Kernstück einer Lösung, die ganz Europa umfassen sollte. Ich war daher sehr glücklich, daß von vornherein außer Frankreich und Deutschland Italien, Belgien, die Niederlande und Luxemburg sich zur Mitarbeit an diesem großen Werk bereit erklärt hatten.

Bei dem Aufbau des Vertragswerkes war nicht lediglich daran gedacht, eine Union für Kohle, Eisen und Stahl zu schaffen, sondern wir wollten ein Vorbild geben für etwaige zukünftige weitere internationale Institutionen in Europa. Ich war der festen Überzeugung, wenn dieser Anfang mit der Montanunion einmal gemacht worden war, wenn in diesem Vertrag sechs europäische Länder freiwillig und ohne Zwang einen Teil ihrer Souveränität auf ein übergeordnetes Organ übertrugen, dann konnte man hoffen, daß auch auf anderen Gebieten ähnliche Vorgänge folgen würden und daß damit der Nationalismus, der Krebsschaden Europas, einen tödlichen Stoß bekommen werde.

Alle Unterzeichnerstaaten des Montanunion-Vertrages waren sich darüber einig, daß die Errichtung der Montanunion der erste Schritt auf dem Wege des europäischen Zusammenschlusses war. Ähnliche Projekte zeichneten sich auf dem Gebiet der Landwirtschaft und des Verkehrs ab. Ich war gewillt, nach Kräften mich dafür einzusetzen, daß auch auf diesen Gebieten ein positives Ergebnis erreicht würde ähnlich wie bei den zur Zeit laufenden Verhandlungen über die Organisation einer militärischen europäischen Verteidigung.

Selbstverständlich sollte die Montanunion sich nicht auf die an ihr bisher mitwirkenden sechs Staaten beschränken. Ich hoffte, daß der Kreis der mitwirkenden Völker sich ständig erweitern werde, denn ich wußte, daß der Sinn dieser Union erst dann erfüllt sein konnte, wenn alle europäischen Völker teilnähmen. Selbst wenn sich einige europäische Staaten im Augenblick nicht für eine Zusammenarbeit auf dieser Basis entschlossen, mußten doch Mittel und Wege gefunden werden, die ihnen erlaubten, zu ihrem eigenen und zum Nutzen aller mit der Montanunion zusammenzuarbeiten. Ich dachte insbesondere an Großbritannien.

Die Teilnehmer an diesem europäischen Einigungswerk waren sich völlig des Anteils bewußt, den die Regierung und die öffentliche Meinung der Vereinigten Staaten in allen Phasen der dem Abschluß dieses Werkes vorausgegangenen Verhandlungen genommen hatten. Die Anstrengungen der europäischen Völker wären vergeblich geblieben und würden vergeblich sein, wenn sie nicht sicher sein konnten, daß die Vereinigten Staaten von Amerika auch in Zukunft ihre aktive Unterstützung geben würden. Die Montanunion war nicht dazu geschaffen, Europa von der übrigen Welt abzuschließen und damit den nationalen Egoismus gleichsam auf eine kontinentale Ebene zu verlagern.

Ziel der Montanunion sollte es vielmehr sein, sich mit der gesamten atlantischen Welt aufs engste zu verknüpfen, weil sie ihre wirtschaftlichen und politischen Aufgaben erst dann ganz erfüllen könnte.

Ich war überzeugt, daß die Montanunion in ihren Auswirkungen nicht nur die wirtschaftlichen Verhältnisse unseres Kontinentes, sondern das ganze Denken und das politische Empfinden des europäischen Menschen verändern würde. Ich war überzeugt, daß sie die Europäer aus der Enge ihres nationalstaatlichen Lebens hinausführen würde in die Weite des europäischen Raumes, die dem Leben des einzelnen einen größeren und einen reicheren Sinn geben würde.

Die Jugend aller europäischen Völker sehnte sich danach, in anderen Ländern Erfahrungen zu sammeln, zu lernen und zu wirken. Der sich bildende gemeinsame Wirtschaftsraum und die mit ihm gegebenen großen Möglichkeiten des Austausches auf allen Gebieten würden die Jugend davor bewahren, Beute falscher Propheten zu werden. Aus Menschen, deren Gefühle noch zu diesem Zeitpunkt wesentlich durch Mißtrauen, Konkurrenzsucht und Ressentiments bestimmt waren, würden Nachbarn und Freunde werden.

Mit der Unterzeichnung des Abkommens über den Schuman-Plan am 18. April 1951 war der erste Versuch der modernen Geschichte geglückt, in Europa einen großen einheitlichen Wirtschaftsraum für die Grundprodukte Kohle und Stahl zu schaffen.

Die wirtschaftlichen Auswirkungen dieses Vertrages würden erst in Zukunft richtig bewertet werden können. Es war jedoch mit Sicherheit zu erwarten, daß der kommende, von staatlichen Hindernissen und privaten monopolistischen Schranken freie, große, gemeinsame Markt für Kohle und Stahl die internationale Arbeitsteilung vervollkommnen, die Kreditwürdigkeit der westeuropäischen Wirtschaft erhöhen, die Exportchancen vergrößern und die Kosten für Produktion und Verteilung auf lange Sicht senken würde.

Ich war überzeugt, daß jeder einzelne Europäer und nicht zuletzt der europäische Arbeiter aus dieser Entwicklung wesentlichen Nutzen ziehen werde, denn zweifellos würde er sehr bald in die Lage versetzt sein, mehr Güter als bisher zu billigeren Preisen zu erwerben und so sein Lebensniveau zu verbessern.

Die größere Bedeutung des Schuman-Planes bestand jedoch darin, daß aus der gemeinsamen Arbeit an diesem Werk überstaatlichen Charakters Vertrauen erwuchs, das unser europäisches Leben von Grund auf verändern würde.

Der Schuman-Plan war ein Anfang. Wie man sich auf dem Gebiet der europäischen Verteidigung um eine europäische Organisation bemühte, so sollten auch auf anderen Gebieten möglichst rasch Zusammenschlüsse erfolgen. Ein einheitlicher Wirtschaftsraum für mehr als 150 Millionen Menschen, den wir erstrebten, würde dem Wirtschaftsraum der Vereinigten Staaten gleichen, deren staunenswerte Entfaltung von Wohlstand und Kraft dadurch möglich wurde, daß keine staatlichen Hindernisse dem freien Güteraustausch entgegenstanden.

2. Letzte Beratungen über den Schuman-Plan – Die Saarfrage – Beseitigung der Ruhrbehörde – Der Sitz der Montanbehörde

Mein Empfang auf dem Flugplatz von Orly war sehr unzeremoniell. Ich war das erste Mitglied der deutschen Bundesregierung, das seit Kriegsende Paris besuchte. Jean Monnet war zu meiner Begrüßung auf dem Flugplatz erschienen; ein Mitglied der französischen Regierung war nicht anwesend, da zu dem Zeitpunkt meiner Ankunft eine wichtige Beratung des französischen Kabinetts stattfand.

Es war meine erste offizielle Auslandsreise, die ich als Bundeskanzler und als Außenminister unternahm. Bewußt galt mein erster offizieller Besuch der französischen Hauptstadt. Ich wollte damit dokumentieren, daß ich das deutsch-französische Verhältnis für die Kernfrage jeder europäischen Lösung hielt.

Die Bundesrepublik Deutschland war seit Sommer 1950 durch einen Generalkonsul in Paris vertreten. Als ersten Vertreter der Bundesrepublik wählte ich den Kunsthistoriker Professor Dr. Wilhelm Hausenstein. Er war bekannt als ein äußerst gebildeter Mann, der für die französische Kultur stets ein besonderes Interesse gezeigt hatte. Ich hielt es für ratsam, nicht einen Berufsdiplomaten als ersten Vertreter Deutschlands nach Frankreich zu entsenden. Die Aufgaben, die einen deutschen Vertreter in Paris erwarteten, waren in erster Linie psychologischer Art. Ich hielt Hausenstein für die geeignete Persönlichkeit, die diesen äußerst schwierigen Aufgaben gewachsen sein würde. Hausenstein bewährte sich in hervorragender Weise. Er war ein bedeutender Schrittmacher der deutsch-französischen Aussöhnung. Sein Haus in Paris wurde, wie ich das erwartet hatte, ein geistiger Mittelpunkt.

Am Tage nach meiner Ankunft in Paris gab der Präsident der Französischen Republik, Auriol, mir zu Ehren im Elysée-Palast ein Frühstück. Die Unterredung, die ich anläßlich dieses Frühstücks mit ihm führte, verlief in sehr freundlichem Ton und war ein guter Auftakt für diesen sehr wichtigen Pariser Besuch.

Am 12. April 1950 begannen im französischen Außenministerium am Quai d'Orsay letzte Beratungen über den Schuman-Plan, an denen die sechs Außenminister der beteiligten Staaten teilnahmen. Belgien war durch Außenminister van Zeeland, Luxemburg durch Außenminister Bech, Frankreich durch Außenminister Robert Schuman, Italien durch Außenminister Graf Sforza, die Niederlande durch Außenminister Stikker vertreten.

Es waren noch Entscheidungen zu treffen, so zum Beispiel über den Sitz der Montanunion, über Mitgliederzahl, Zusammensetzung und Befugnisse der Hohen Behörde, über Zuständigkeiten des Ministerrates und der Gemeinsamen Versammlung, über die Abstimmungsmethode, über die Verhandlungssprache und über die Befugnisse des Vorsitzenden der Hohen Behörde.

Eine wichtige Frage, die ich mit Schuman abseits von den Verhandlungen mit den vier Außenministern zu klären hatte, war die Saarfrage. Frankreich vertrat den Standpunkt, daß die gegenwärtigen Zustände an der Saar rechtlich legitimiert seien, die Bundesregierung war entgegengesetzter Auffassung. Beide Regierungen waren sich aber darin einig, daß die endgültige Regelung der Verhältnisse an der Saar dem Friedensvertrag mit Deutschland oder einem Vertrag, der die Funktion des Friedensvertrages eines Tages erfüllen würde, vorbehalten bleiben müsse.

Beide Regierungen und auch die Regierungen der anderen vier Schuman-Plan-Länder waren der Überzeugung, daß die Produktion des Saargebietes sowohl hinsichtlich der Kohle wie hinsichtlich des Eisens und Stahls vom Schuman-Plan erfaßt werden müsse. Es galt eine Regelung zu treffen, die den beiderseitigen Standpunkten, sowohl dem Standpunkt der französischen Regierung wie dem der Bundesregierung, Rechnung trug. Es gelang uns, den richtigen Weg zu finden.

Wenn Staaten Verträge schließen, muß man naturgemäß immer daran denken, daß der Verhandlungspartner auch eine Opposition hat. Daher müssen Verhandlungen so geführt werden, daß ein Abschluß erreicht wird,

den beide Regierungen sowohl vor den sie tragenden Parteien als auch vor ihrer Opposition vertreten können.
Die Lösung, die Schuman und ich fanden, war sehr zufriedenstellend. Über die Anwendung des Schuman-Planes auf die Produktion des Saargebietes wurde in den Vertrag folgender Passus aufgenommen:

„Dieser Vertrag findet auf die europäischen Gebiete der Hohen Vertragschließenden Teile Anwendung. Er findet ebenso auf die europäischen Gebiete Anwendung, deren auswärtige Angelegenheiten ein Unterzeichnerstaat übernimmt; bezüglich der Saar ist ein Briefwechsel zwischen der Regierung der Bundesrepublik Deutschland und der Regierung der Französischen Republik diesem Vertrag beigefügt."

Die französische Regierung nahm die auswärtigen Beziehungen verschiedener Territorien wahr, so zum Beispiel diejenigen des Fürstentums Monaco. Ähnlich nahm sie auch wahr die auswärtigen Beziehungen des Saargebietes. Daran konnten wir zu diesem Zeitpunkt noch nichts ändern.
Ich brauchte eine Erklärung, die eindeutig gegen die Behauptung der SPD Stellung nahm, daß die Unterzeichnung des Schuman-Planes eine stillschweigende Anerkennung der endgültigen Abtrennung und staatlichen Unabhängigkeit des Saargebietes bedeute. Es mußte ein Weg gefunden werden, der für beide Parlamente, das deutsche und das französische, annehmbar war. Auch Schuman hatte mit einer starken parlamentarischen Opposition zu rechnen.
Schuman und ich einigten uns auf folgenden Briefwechsel, den wir am 18. April vollzogen und der als Annex in die Montanunion-Verträge aufgenommen wurde:

„Seiner Exzellenz — z. Z. Paris, den 18. 4. 1951
Herrn Präsident Robert Schuman
Minister des Auswärtigen
Paris

Herr Präsident!
Die Vertreter der Bundesregierung haben bei den Verhandlungen über die Europäische Gemeinschaft für Kohle und Stahl wiederholt die Erklärung abgegeben, daß die endgültige Regelung des Status der Saar nur durch den Friedensvertrag oder einen gleichartigen Vertrag erfolgen kann.
Sie haben ferner bei den Verhandlungen die Erklärung abgegeben, daß die Bundesregierung durch die Unterzeichnung des Vertrages keine Anerkennung des gegenwärtigen Status an der Saar ausspricht.

Ich wiederhole diese Erklärung und bitte, mir zu bestätigen, daß die französische Regierung mit der Bundesregierung darüber übereinstimmt, daß die endgültige Regelung des Status der Saar nur durch den Friedensvertrag oder einen gleichartigen Vertrag erfolgt und daß die französische Regierung in der Unterzeichnung des Vertrages über die Europäische Gemeinschaft für Kohle und Stahl durch die Bundesregierung keine Anerkennung des gegenwärtigen Status an der Saar durch die Bundesregierung erblickt.
Genehmigen Sie, Herr Präsident, den Ausdruck meiner ausgezeichnetsten Hochachtung.

(gez.) Adenauer“

„Herrn Dr. Konrad Adenauer
Bundeskanzler und Bundesminister des
Auswärtigen der Bundesrepublik
Deutschland

Paris, den 18. April 1951

Herr Bundeskanzler,
in Beantwortung Ihres Schreibens vom 18. April 1951 nimmt die französische Regierung davon Kenntnis, daß die Bundesregierung in der Unterzeichnung des Vertrages über die Gründung der Europäischen Gemeinschaft für Kohle und Stahl keine Anerkennung des gegenwärtigen Status der Saar erblickt.
Die französische Regierung erklärt von ihrem eigenen Standpunkt aus, daß sie im Namen der Saar auf Grund ihres gegenwärtigen Status handelt, daß sie aber in der Unterzeichnung des Vertrages durch die Bundesregierung keine Anerkennung des gegenwärtigen Status der Saar durch die Bundesregierung erblickt. Sie ist nicht der Auffassung, daß der Vertrag über die Gründung der Europäischen Gemeinschaft für Kohle und Stahl dem endgültigen Status der Saar vorgreift, der durch einen Friedensvertrag oder durch einen an Stelle eines Friedensvertrages abgeschlossenen Vertrag zu regeln ist.
Genehmigen Sie, Herr Bundeskanzler, den Ausdruck meiner ausgezeichnetsten Hochachtung.

(gez.) Schuman“

Wir befanden uns auf dem Weg zu einem vereinigten Europa, in dem die Grenzen fallen sollten. Es erschien mir völlig antiquiert, in diesem Stadium der europäischen Entwicklung einen weiteren europäischen Zwergstaat schaffen zu wollen, wie es das Bestreben der Saarregierung war.

Nach den Deklarationen der Alliierten vom 5. Juni 1945 hatte Deutschland nicht aufgehört, als Staat – nach dem Gebietsstand vom 31. Dezember 1937 – zu bestehen. Das Grundgesetz der Bundesrepublik Deutschland war zwar nicht von dem gesamten deutschen Volk geschaffen worden, sondern nur von der Bevölkerung Deutschlands in elf Ländern unter Mitwirkung der Vertreter Berlins. Das deutsche Volk in den elf Ländern hatte dabei aber zugleich für die Deutschen gehandelt, denen mitzuwirken versagt war. Die Bundesregierung, die sich auf freie demokratische Wahlen stützte, war daher befugt und verpflichtet, die deutschen Rechte und Interessen insgesamt zu wahren. Durch das Potsdamer Abkommen und andere alliierte Erklärungen wurde grundsätzlich festgelegt, daß der Gebietsstand Deutschlands nur durch einen Friedensvertrag geändert werden könne. Infolgedessen betrachtete die Bundesregierung die Saar rechtlich als einen Teil Deutschlands. Das von uns in Anspruch genommene Recht, gesamtdeutsche Interessen international zu wahren, wurde in der Erklärung der alliierten Außenminister zur Deutschlandfrage in New York im September 1950 ausdrücklich anerkannt.

Die französisch-saarländischen Konventionen vom 3. März 1950 hatten in ihrem Wortlaut den Eindruck erweckt, als sei von der französischen Regierung in der Saarfrage das letzte Wort gesprochen. Diese Saarkonventionen erlebten ein merkwürdiges Schicksal. Während der saarländische Landtag die Konventionen in einer einzigen Sitzung wenige Tage nach der Unterzeichnung in Bausch und Bogen ratifizierte, überlegte die französische Regierung es sich bis zum Oktober 1950, also volle sieben Monate, ehe sie die Saarkonventionen ihren gesetzgebenden Körperschaften zur Zustimmung vorlegte. In Kraft gesetzt wurden sie am 31. Dezember 1950, allerdings mit einem sehr beachtlichen Unterschied zu ihrer ursprünglichen Konzeption. Die politischen Konventionen, das heißt das Abkommen, das die Abtrennung der Saar von dem übrigen Deutschland betraf, waren von der französischen Regierung ohne parlamentarische Ratifikation in Kraft gesetzt worden. Bei der Beratung der Konventionen in der Französischen Nationalversammlung am 21. Oktober 1950 sagte Außenminister Schuman hierzu wörtlich:

„Die nicht-ratifikationsbedürftigen Abkommen können ohne Mitwirkung des Parlamentes geändert werden. Es kann notwendig sein, diese Abkommen leicht und schnell ohne Eingreifen des Parlamentes den in ständiger Entwicklung befindlichen Bedürfnissen anzupassen."

Aus diesen Worten Schumans entnahm ich, daß meine Befürchtung, die französische Regierung habe sich endgültig auf die Saarkonventionen fest-

gelegt, nicht zu Recht bestand und daß die französische Regierung unsere Ansicht teile, daß das letzte Wort über die Saar noch nicht gesprochen war.
Die Saarregierung hatte die Aufnahme des Saarlandes als assoziiertes Mitglied in den Europarat und die Zulassung eines Beobachters der Saarregierung zu den Sitzungen des Ministerkomitees des Europarates in voreiliger Weise als eine Gleichstellung der Saarregierung mit der Bundesregierung und als eine internationale Anerkennung eines selbständigen Saarstaates gedeutet. Die Saarregierung hätte gut daran getan, wenn sie sich des Beschlusses des Ministerkomitees vom 3. November 1949 erinnert hätte, der wörtlich lautete, „daß die Lage in den Besatzungszonen Westdeutschlands dazu geführt hat, daß die Saar augenblicklich nicht im Europarat vertreten ist, und in dem es als wünschenswert erachtet wird, daß seine Bevölkerung darin vertreten ist, bis ein Friedensvertrag das Statut der Saar endgültig regelt". Aus diesem Beschluß des Ministerkomitees des Europarates ging klar hervor, daß die Bevölkerung des Saargebietes, nicht aber ein Saarstaat im Europarat vertreten sein sollte.
Außenminister Schuman hatte sich am 20. Februar 1951 dem Drängen seines Parlamentes, mit der Bundesregierung in eine Diskussion über die Saarfrage einzutreten, mit der Bemerkung entzogen, er wolle in der Saarfrage keine sterilen Auseinandersetzungen mit der Bundesregierung führen. In der Politik werde der recht behalten, der die stärkeren Nerven habe. Schuman hatte mir aus dem Herzen gesprochen. In der Behandlung der Saarfrage kam es darauf an, die Nerven zu behalten.
Aus dieser Haltung heraus hatte ich im Europarat die Saarfrage ruhig auf uns zukommen lassen. Die Bundesregierung ist ihr nicht ausgewichen.
Wir standen bei Unterzeichnung des Schuman-Planes dem Versuch gegenüber, die Saar bei Abschluß eines multilateralen internationalen Vertrages als Vertragspartner in den Kreis der europäischen Staaten einzuführen. Die Saarregierung hatte bei der französischen Regierung die Forderung gestellt, das Saargebiet müßte als siebtes Land und damit als gleichberechtigter Partner des Schuman-Planes zugelassen werden. Nach den Erfahrungen, die wir mit den Ansprüchen der Saarregierung beim Europarat in Straßburg gemacht hatten, reagierten wir auf diese Absicht mit entsprechender Deutlichkeit. Wäre die Saarregierung zur Unterzeichnung des Schuman-Planes zugelassen worden, so hätte das ein Scheitern des Schuman-Planes zur Folge gehabt. Die Bundesregierung hätte das Abkommen nicht unterzeichnet. Diese Haltung hatte ich gegenüber der französischen Regierung deutlich gezeigt. Schwierigkeiten im gleichen Ausmaße hätten sich auch dann ergeben, wenn die französische Regierung den Anspruch erhoben hätte, den Vertrag im eigenen Namen und im Namen der Saarregierung zu unter-

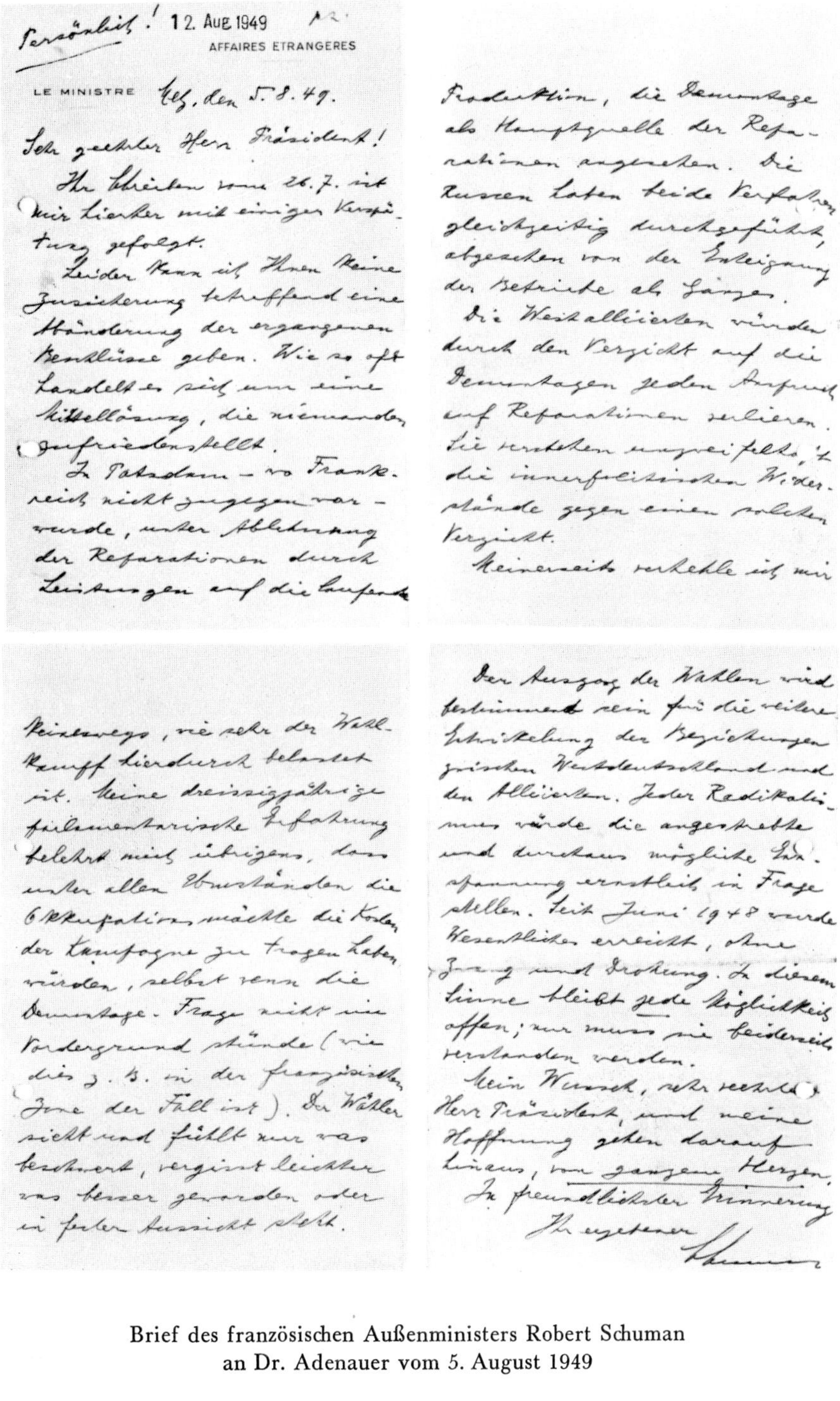

Persönlich! 12. Aug 1949

AFFAIRES ETRANGERES

LE MINISTRE Metz, den 5. 8. 49.

Sehr geehrter Herr Präsident!

Ihr Schreiben vom 26. 7. ist mir hierher mit einiger Verspätung gefolgt.

Leider kann ich Ihnen keine Zusicherung betreffend eine Abänderung der ergangenen Beschlüsse geben. Wie so oft handelt es sich um eine Mittellösung, die niemanden zufriedenstellt.

In Potsdam – wo Frankreich nicht zugegen war – wurde, unter Ablehnung der Reparationen durch Leistungen auf die laufende Produktion, die Demontage als Hauptquelle der Reparationen angesehen. Die Russen haben beide Verfahren gleichzeitig durchgeführt, abgesehen von der Enteignung der Betriebe als Ganzes.

Die Westalliierten würden durch den Verzicht auf die Demontagen jeden Anspruch auf Reparationen verlieren. Sie verstehen unzweifelhaft die innerpolitischen Widerstände gegen einen solchen Verzicht.

Meinerseits verhehle ich mir keineswegs, wie sehr der Wahlkampf hierdurch belastet ist. Meine dreissigjährige parlamentarische Erfahrung belehrt mich übrigens, dass unter allen Umständen die Okkupationsmächte die Kosten der Kampagne zu tragen haben würden, selbst wenn die Demontage-Frage nicht im Vordergrund stünde (wie dies z. B. in der französischen Zone der Fall ist). Der Wähler sieht und fühlt nur was beschwert, vergisst leichter was besser geworden oder in naher Aussicht steht.

Der Ausgang der Wahlen wird bestimmend sein für die weitere Entwickelung der Beziehungen zwischen Westdeutschland und den Alliierten. Jeder Radikalismus würde die angestrebte und durchaus mögliche Entspannung ernstlich in Frage stellen. Seit Juni 1948 wurde Wesentliches erreicht, ohne Zwang und Drohung. In diesem Sinne bleibt jede Möglichkeit offen; nur muss sie beiderseits verstanden werden.

Mein Wunsch, sehr geehrter Herr Präsident, und meine Hoffnung gehen darauf hinaus, von ganzem Herzen.

In freundlichster Erinnerung

Ihr ergebener

Schuman

Brief des französischen Außenministers Robert Schuman
an Dr. Adenauer vom 5. August 1949

Croix de Guerre

zeichnen. Durch ein derartiges Verfahren wäre das Saargebiet als eine politische, durch die französische Regierung vertretene völkerrechtliche Einheit anerkannt worden. Als die Saarregierung eingesehen hatte, daß sie mit einer Zulassung als siebter Vertragsstaat nicht rechnen konnte, konzentrierte sie ihre Anstrengungen auf diese letzte Lösung. Auch diesen Gedanken hat die französische Regierung, um den Schuman-Plan nicht zu gefährden, fallenlassen. In dem Briefwechsel, den ich mit dem französischen Außenminister am 18. April 1951 vollzogen habe, waren die deutsche und die französische Regierung, beide unter Wahrung ihres eigenen Standpunktes, übereingekommen, daß die endgültige Regelung der Saarfrage nur durch einen Friedensvertrag oder durch einen gleichartigen Vertrag erfolgen könnte. Eine derartige Abmachung hatte bis zu diesem Zeitpunkt zwischen der deutschen und der französischen Regierung nicht bestanden. Die getroffene Vereinbarung schloß in sich, daß bis zu dieser endgültigen Regelung durch den Friedensvertrag von keiner Seite Handlungen vorgenommen und Verhältnisse geschaffen werden durften, die einer endgültigen Regelung durch den Friedensvertrag vorgriffen.

Im Frühjahr 1950 war durch einen Kabinettsbeschluß ausdrücklich festgelegt worden, daß die Bundesregierung keinen Saarstaat anerkennen würde. Die Saarregierung war außer von Frankreich von keinem anderen Staat anerkannt worden und von der französischen Regierung nur, wie der Briefwechsel vom 18. April 1951 ausdrücklich feststellte, vorbehaltlich der endgültigen Regelung im Friedensvertrag oder einem gleichartigen Vertrage. Durch den Briefwechsel vom 18. April 1951 war es zum ersten Male gelungen, unserem Rechtsstandpunkt in einem internationalen Vertrag Geltung zu verschaffen. Besonders wichtig erschien mir, daß hierbei zwischen der deutschen und der französischen Regierung eine Rechtsgrundlage für die künftige Gestaltung der Verhältnisse an der Saar geschaffen worden war. Da der Briefwechsel einen integrierenden Bestandteil des Vertrages über die Montanunion darstellte, war die in ihm dargelegte Rechtsauffassung auch von den übrigen Signatarmächten dieses Vertrages anerkannt worden. Darin sah ich einen um so größeren Erfolg, als er ohne viel Lärm erreicht wurde.

Wenn wir auf diesem Wege fortfahren würden, wenn wir, um die Worte des französischen Außenministers Schuman noch einmal zu gebrauchen, ruhige Nerven behielten, so konnten wir mit einer ebenso ruhig denkenden französischen Regierung zu einer Einigung über die Saarfrage kommen. Diese Einigung konnte nur nach dem Grundsatz erfolgen, den ich von Anfang an vertrat: Frankreich hat wirtschaftliche Interessen, wir haben wirtschaftliche und nationale Interessen in diesem Gebiet. Zwischen diesen Interessen mußte im Geiste einer ehrlichen und zu Kompromissen bereiten europäischen Zusammenarbeit ein Ausgleich gefunden werden, der allen gerecht wurde, insbesondere aber den Wünschen der Saarbevölkerung. Die Saarfrage durfte unter keinen Umständen zu einer Störung der Bemühungen, zwischen Deutschland und Frankreich gute Beziehungen herzustellen, und damit zu einer Erschwerung des Aufbaues von Westeuropa führen. Etwa eintretende Vorfälle und Schwierigkeiten in dieser Frage durften keine Veranlassung geben, von der Linie der für Deutschland, Frankreich, Europa und den Weltfrieden entscheidenden Politik der Integration Europas und der Herstellung eines guten Einvernehmens zwischen Frankreich und Deutschland, das die Grundlage der Integration Europas ist, abzuweichen. Ich war fest entschlossen, an der Verfolgung meiner Europapolitik und der Politik der Herbeiführung eines guten Verhältnisses zwischen Deutschland und Frankreich trotz aller etwa auftretenden Zwischenfälle unbeirrt festzuhalten.

Mit Inkrafttreten des Schuman-Planes wurden die Saarkohle und das Saareisen europäische Kohle und europäisches Eisen genausogut wie die Kohlen und Eisenerze der anderen Schuman-Plan-Länder. Damit entfiel für Frankreich ein sehr wesentlicher und nicht ungerechtfertigter wirtschaftlicher Gesichtspunkt, der es bei der Politik hinsichtlich der Saar leitete. Ich war überzeugt, der Abschluß des Schuman-Planes werde dazu beitragen, daß eines Tages die Verhältnisse an der Saar in einer vernünftigen und guten und dem Willen der Saarbevölkerung entsprechenden Weise geregelt würden. Diese Hoffnung hat mich nicht getrogen.

Ein weiterer Punkt, der bei den Verhandlungen der Delegationen bis zur Unterzeichnung des Schuman-Planes geklärt werden mußte und zum Teil auch geklärt worden war, der jedoch im letzten Augenblick plötzlich eine gewisse erregende Bedeutung erhielt, war die Frage des Ruhrstatuts. Ruhrstatut und Schuman-Plan waren nicht miteinander zu vereinbaren. Es war ein Unding, wenn eine Ruhrbehörde über die Produktion an der Ruhr verfügte und die Hohe Behörde, die für den Schuman-Plan vorgesehen war und in die Vertreter aller Schuman-Plan-Länder entsandt werden sollten, die gleiche Aufgabe hatte. Die Lösung dieses Problems wurde dadurch erschwert, daß Großbritannien Mitglied der Ruhrbehörde war, jedoch nicht Mitglied der Schuman-Plan-Organisation.

Mir war durch Kirkpatrick die Auffassung des britischen Außenministers Bevin hinsichtlich der Ruhrbehörde und des Ruhrstatuts bekannt. Kirkpatrick hatte mich Ende November 1950 anläßlich einer ausführlichen politischen Aussprache über die Auffassung Bevins zum Schuman-Plan informiert. Bevin nahm hiernach einen durchaus positiven Standpunkt zu dem Schuman-Plan ein und begrüßte auch einen baldigen Abschluß der Verhandlungen. Absicht von Außenminister Bevin war es, unmittelbar nach Unterzeichnung des Schuman-Planes zwischen England und den am Schuman-Plan beteiligten Ländern auf der Basis des Schuman-Planes Abkommen abzuschließen. Zu meiner Forderung, die ich seit Beginn der Verhandlungen über den Schuman-Plan immer wieder ausgesprochen hatte, daß die Ruhrbehörde und das Ruhrstatut abgeschafft werden müßten, sagte mir Kirkpatrick, daß auch Bevin der Überzeugung sei, daß die Ruhrbehörde mit Abschluß des Schuman-Planes ihre Existenzberechtigung verliere, und daß Bevin für die Abschaffung der Ruhrbehörde und des Ruhrstatuts sei. Ich war über diese Haltung der britischen Regierung zu der Frage der Ruhrbehörde sehr erfreut.

Während der letzten Besprechungen vor Unterzeichnung des Schuman-Planes in Paris waren in dieser Frage erneut Schwierigkeiten aufgetaucht. Ich setzte jedoch meinen Standpunkt durch und erwirkte eine schriftliche Bestätigung, die meinen Forderungen entsprach. Am 18. April 1951 richtete Schuman als Präsident der Montanunion folgenden Brief an mich:

„Paris, den 18. 4. 1951

Herr Bundeskanzler!

Im Augenblick der Beendigung der Besprechungen über den Schuman-Plan ist es mir ein Bedürfnis, Ihnen zu sagen, wie sehr die französische Regierung die besonders freundliche Atmosphäre zu schätzen weiß, in der sich die Verhandlungen abgespielt haben und zu einem glücklichen Abschluß gelangt sind.

Die heute unterzeichneten Abkommen schaffen eine europäische Gemeinschaft von übernationalem Charakter.

Sie verwirklichen die Zusammenlegung der Produktionsmöglichkeiten für Kohle und Stahl in den sechs Ländern unter der Autorität der Gemeinschaft und im Interesse aller beteiligten Länder auf der Grundlage völliger Gleichberechtigung. Sie eröffnen damit eine neue Ära in den Beziehungen zwischen den beteiligten Ländern und stellen einen entscheidenden Abschnitt auf dem Wege zu der europäischen Integration dar. Die Deutschland auf dem Gebiete der Kohle und des Stahls auferlegten besonderen Verpflichtungen [und das ist das Ruhrstatut] sind nach Auffassung der französischen Regierung nicht mehr mit den gemeinsamen Regeln vereinbar, denen alle Unterzeichnerstaaten des Vertrages in gleicher Weise unterworfen sind. Die französische Regierung ist demgemäß vorbehaltlich der Zustimmung der beteiligten Regierungen der Auffassung, daß die folgenden Maßnahmen getroffen werden müßten:

1. Die gegenwärtig von der Ruhrbehörde ausgeübten Funktionen müssen in dem Maße erlöschen, in dem die Hohe Behörde die Befugnisse zur Ausübung ihrer Zuständigkeit gemäß dem Abkommen über die Übergangsbestimmungen erhält. Die Ruhrbehörde und das Londoner Abkommen vom 28. 4. 1949, mit welchem sie eingesetzt wurde, müßten sodann im Einvernehmen mit den Unterzeichnerstaaten spätestens mit der Errichtung des gemeinsamen Marktes für Kohle außer Kraft treten.
2. Soweit es sich um die Stahlproduktion und die Produktionskapazität für Stahl handelt, dürfte Deutschland nur noch den auf alle Unterzeichnerstaaten gemeinsam anwendbaren Regeln unterworfen sein. Demgemäß müßten die Beschränkungen für die Produktion und die Produktionskapazität Deutschlands für Stahl bei Inkrafttreten des Vertrages aufgehoben werden.
3. Die Hohe Kommission müßte darauf verzichten, für sich selbst und für die ihr angegliederten Stellen einschließlich der Kontrollgruppen diejenigen ihrer Funktionen auf dem Gebiet von Kohle und Stahl auszuüben, für welche die Hohe Behörde die Zuständigkeit erhalten hat, und zwar in dem Maße, in dem diese ermächtigt sein wird, diese Zuständigkeit gemäß der Konvention über die Übergangsbestimmungen auszuüben.

Die Gesamtheit der in diesem Schreiben vorgesehenen Maßnahmen würde spätestens mit der Errichtung des gemeinsamen Marktes in Kraft treten.
Die französische Regierung beabsichtigt außerdem, nach Unterzeichnung des Vertrages sowohl bei den Unterzeichnermächten des Londoner Abkommens als auch bei den übrigen Besatzungsmächten die Schritte zu unternehmen, die zur Erwirkung ihrer Zustimmung zu den vorstehenden Maßnahmen erforderlich sind.

(gez.) Robert Schuman“

Die britische Regierung war mit dem Inhalt dieses Schreibens voll einverstanden. Das Ruhrstatut erlosch mit Wirkung vom 21. Dezember 1951.
Der Inhalt des Schuman-Planes war wirtschaftlich gesehen sicher von großer Bedeutung, aber von noch größerer Bedeutung war der ideelle Gedanke, der ihm zugrunde lag. Dieser ideelle Gedanke bestand darin, eine Gemeinschaft der europäischen Länder zu schaffen auf dem Boden völliger Gleichberechtigung. Gemeinschaft gibt es nur dann, wenn alle Mitglieder der Gemeinschaft gleichberechtigt sind. Dieser ideelle Gedanke war von größter Tragweite für die deutsche Politik, für die französische Politik, für die europäische Politik und für die Weltpolitik.
Ich war der Überzeugung, daß die Unterzeichnung des Schuman-Planes sich

weiter auswirken würde auf den verschiedensten politischen Gebieten. Am letzten Tag der Beratungen war im Geiste dieses Grundgedankens des Schuman-Planes ein gemeinsamer Beschluß der sechs Schuman-Plan-Staaten gefaßt worden, der von äußerst großer politischer Bedeutung war. In einem gemeinsamen Beschluß, den alle sechs Staaten unterschrieben, wurde vereinbart, daß der Gedanke, der dem Schuman-Plan zugrunde lag, mit ganzer Kraft von den Ländern auch auf anderen Gebieten weiter gefördert werden solle, und zwar durch häufigere Konsultationen und persönliche Fühlungnahmen. Das Wort „Konsultationen" war wesentlich. Es hat einen ganz bestimmten Inhalt im Völkerrecht und in der Diplomatensprache. Für uns Deutsche war diese Zusage häufigerer Konsultationen unter den Schuman-Plan-Ländern über wichtige politische Angelegenheiten ein großer politischer Erfolg.

Bei den Beratungen über den Sitz der Montanbehörde war es zu heftigen Kontroversen gekommen. Die Sitzung, auf der unter anderem über diese Frage beraten wurde, dauerte bis 5 Uhr morgens. Es war eine besonders schwierige und unangenehme Sitzung. Fast jeder der beteiligten Außenminister wollte den Sitz der Montanbehörde in seinem Lande haben. Schließlich bot der luxemburgische Außenminister Bech als eine Auswegmöglichkeit an, ihn vorläufig nach Luxemburg zu legen. Da die Außenminister durch die harten und ermüdenden Verhandlungen erschöpft waren und da niemand Bedenken anmeldete, das kleine Land Luxemburg könnte dadurch, daß es den Sitz dieser wichtigen europäischen Organisation in seinem Lande beherberge, eine erhöhte politische Bedeutung innerhalb der Montanunion erhalten, einigte man sich schließlich auf seinen Vorschlag.

Es handelte sich bei dem Vorschlag Bechs um ein großes Entgegenkommen Luxemburgs, da er zunächst eine große Belastung durch Schaffung von Räumen für die Montanbehörde und Zurverfügungstellung von Wohnungen für die Bediensteten bedeutete. Das Angebot, den Sitz der Montanbehörde nach Luxemburg zu legen, hat Luxemburg jedoch nicht zum Schaden gereicht. Ich glaube, daß der sehr kluge Minister Bech sich darüber schon von Anfang an klar war.

Es gab bei diesen letzten Beratungen über den Schuman-Plan zwar eine Reihe von Differenzen, aber da alle Anwesenden von vornherein entschlossen waren, den Vertrag auf dieser Tagung zu unterzeichnen, herrschte bei den Auseinandersetzungen eine gute Unterströmung der Bereitschaft zur Nachgiebigkeit.

3. Allgemeine Eindrücke – Unterzeichnung des Schuman-Planes – „La Croix de Guerre"

Mein erster offizieller Besuch in Paris wurde in der französischen Presse lebhaft kommentiert. Die Artikel, die – mit einigen Ausnahmen – in einem freundlich-sachlichen Ton geschrieben waren, hoben meine Bemühungen um die deutsch-französische Verständigung hervor. Der konservative „Figaro" schrieb, wer behaupte, ich sei ein Freund Frankreichs, würde eine irreführende Floskel verwenden. Die Wahrheit wäre, daß ich ein Mann guten Willens sei, ein Deutscher, der die Verständigung mit Frankreich wünsche, und darum sollten mich die Franzosen mit gebührender Wertschätzung empfangen.

Maurice Schumann erklärte in dem Parteiblatt der christlich-sozialen MRP, „L'Aube": „Es erforderte Mut für Dr. Adenauer, trotz der schon seit Wochen kläffenden Meute nach Paris zu gehen, aber das Übermaß an Provokationen zeigt auch das Heilmittel an. Mit bloßem Mißtrauen auf die Wiedergeburt des Pan-Germanismus zu antworten, wäre nur eine Art, abermals die Fehler der Vergangenheit zu begehen. Adenauer ist nicht Brüning, und 1951 ist nicht 1931."

Nur die kommunistischen Blätter ergingen sich in einer Agitation gegen die Bundesrepublik und mich. Sie bezeichneten mich als den „Strohmann der amerikanischen Waffenfabrikanten" und den „Marionettenkanzler der Alliierten".

Ich war einen Tag vor Beginn der Beratungen über den Schuman-Plan nach Paris geflogen. Ich benutzte den ersten Tag meines Parisaufenthaltes zu einem ausgiebigen Spaziergang durch den Bois de Boulogne, über die Boulevards und entlang den Champs-Elysées. François-Poncet begleitete mich. Er hatte mich unter den Arm gefaßt, und so gingen wir über die berühmte Einkaufsstraße von Paris.

François-Poncet führte mich zum Arc de Triomphe. Wir fuhren mit dem Fahrstuhl hinauf und hatten einen herrlichen Blick über Paris.

Wir waren von zahlreichen Schutzengeln in Gestalt von Sicherheitsbeamten betreut und daher sofort erkenntlich für die meisten Straßenpassanten. Bei denen, die stehenblieben, unsere Gruppe betrachteten und mich als Bundeskanzler der Bundesrepublik Deutschland erkannten, habe ich nicht ein einziges Mal Zeichen der Unfreundlichkeit bemerkt. Zunächst zeigte sich ein gewisses Gefühl der Neugierde. Je länger mein Aufenthalt in Paris dauerte, desto freundlicher wurden die Gesichter der Menschen, denen ich begegnete. Die Atmosphäre während dieses meines ersten Aufenthaltes in Frankreich als Bundeskanzler wurde sehr freundschaftlich, und ich fühlte mich ausgesprochen glücklich über den Erfolg für unser Vaterland.

Am Tag nach meiner Ankunft in Paris, am Donnerstag, dem 12. April, begann um 16 Uhr im französischen Außenministerium die Konferenz der Außenminister der sechs am Schuman-Plan beteiligten Staaten. Zum ersten Mal seit neunzehn Jahren nahm an einer Verhandlung einer internationalen Außenministerkonferenz wieder ein Vertreter eines demokratischen Deutschlands teil. Der mit kostbaren Wandteppichen geschmückte Beauvais-Salon des Quai d'Orsay, in dem 1946 die vier alliierten Außenminister Byrnes, Molotow, Bevin und Bidault getagt hatten, diente als Konferenzsaal. Ich saß zwischen den Vertretern Frankreichs und Belgiens. Den Vorsitz der Konferenz hatte Schuman. Offizielle Verhandlungssprachen waren Französisch und Deutsch. Die erste Zusammenkunft dauerte zweieinhalb Stunden. Noch am gleichen Abend hatte ich eine vierstündige Besprechung mit Schuman unter vier Augen. Wir erörterten in vollster Offenheit die Saarfrage und weitere Punkte, bei denen noch Differenzen zwischen der deutschen und der französischen Auffassung bestanden. Wir sprachen über weitere Möglichkeiten einer Stärkung Europas, über die geplante Europäische Verteidigungsgemeinschaft und über gemeinsame europäische Agrar-, Energie- und Verkehrspläne.

Die Atmosphäre auf der Konferenz war erfüllt von dem Geist einer freundschaftlichen Wärme. Es gelang, alle Beschlüsse einstimmig zu fassen. Kein Land wurde bei irgendeinem Punkt überstimmt. Immer versuchte man mit Glück und Erfolg, Einstimmigkeit herbeizuführen. Schuman leitete die Verhandlungen mit einer nicht zu übertreffenden Unparteilichkeit, mit außerordentlich großem Verantwortungsgefühl und mit Wohlwollen und Sympathie gegenüber allen Teilnehmerstaaten, insbesondere auch gegenüber Deutschland.

Die Konferenz war durch die Arbeit der Delegationen in hervorragender Weise vorbereitet. An erster Stelle gebührt Jean Monnet Dank, der mit unermüdlicher Energie sich immer und immer wieder in den fast neun Monaten der Vorverhandlungen darum bemüht hatte, daß ein gutes Ergebnis erreicht würde.

Diese Außenministerkonferenz, zu der wir Deutsche zum ersten Male mitberufen worden waren, war von einer Atmosphäre erfüllt, die sich durch eine steigende Wärme und wachsende Freundschaft unter den Mitgliedern auszeichnete, und gerade das persönliche Vertrauensverhältnis der Staatsmänner der verschiedenen Länder untereinander ist für die Lösung politischer Fragen von größter Bedeutung. Wenn man dem anderen traut, wenn man Sympathie für ihn hat, wenn man seine Bestrebungen versteht und

anerkennt, ist eine andere Arbeit möglich als in einer Atmosphäre des Mißtrauens. Mir wurde von verschiedenen Konferenzteilnehmern, die zahlreichen Konferenzen beigewohnt hatten, auf denen Deutschland in den Jahren nach 1918 vertreten war, übereinstimmend gesagt, daß der Unterschied im Geiste dieser Konferenz gegenüber der Atmosphäre von damals gar nicht hoch genug eingeschätzt werden könne.
Am Nachmittag des 18. April 1951 erfolgte in einem feierlichen Akt die Unterzeichnung des Vertrages über die Montanunion im „Uhrensaal" des Quai d'Orsay. Am 17. und 18. April waren noch derart viele Änderungen vorgenommen worden, daß die französische Staatsdruckerei bei der Kürze der zur Verfügung stehenden Zeit mit dem Druck des Vertrages nicht fertig wurde. Der Vertrag wurde auf Blankobogen unterschrieben. Die Unterzeichnung erfolgte in alphabetischer Reihenfolge. Ich unterzeichnete als erster für Deutschland-Allemagne.

Als ich an diesem Tag ins Hotel zurückkam, ich wohnte mit meiner Begleitung im Hotel Crillon, fand ich einen Briefumschlag, an mich persönlich adressiert, vor. Er enthielt ein „Croix de Guerre" aus dem Ersten Weltkrieg. Ein langes Schreiben lag ihm bei. Absenderin war ein junges Mädchen, Simone Patrouilles, eine Pariser Studentin. Sie schrieb mir folgendes:

„Monsieur le Chancelier!
Ich habe die große Ehre, mich als Französin aus Paris an Sie zu wenden, die sich zusammen mit vielen anderen Menschen unserer alten Stadt unendlich über den Besuch Eurer Exzellenz in unserer alten Hauptstadt gefreut hat, so kurz Ihr Aufenthalt hier auch ist.
Ich erblicke darin das Symbol eines ersten wirklichen Schrittes auf dem Wege des Friedens und des Heiles, nicht nur für Ihr Vaterland Deutschland, sondern für Frankreich und alle Völker, die sich des Wertes des gemeinsamen Erbes bewußt sind, das wir die Pflicht und die Mission haben zu verteidigen.
Mein Vater ist an den Folgen des Krieges 1914–1918, den er von Anfang bis Ende mitmachte, gestorben. Ich bitte Sie, sehr geehrter Herr Kanzler, dieses Kriegskreuz eines französischen Soldaten, das meinem Vater gehörte und das ich diesem Brief beilege, annehmen zu wollen. Behalten Sie es als bescheidene Erinnerung an Ihren bedeutsamen Besuch in Paris im April 1951. Es ist eine bescheidene Geste der Hoffnung auf eine reine und wahre Versöhnung der beiden Völker, die so viel, eines durch das andere, gelitten haben."

Ich war tief bewegt über den Brief. Für mich bedeutete diese Gabe, die mir bei meinem ersten offiziellen Besuch als Vertreter des deutschen Volkes in Paris übergeben wurde, ein Zeichen dafür, daß vor allem die Jugend unserer beiden Völker zueinander finden möge. Dieses „Croix de Guerre" war während meiner ganzen Kanzlerjahre für mich Symbol des echten Willens des französischen Volkes, mit dem deutschen Volk Freundschaft zu schließen. Es ist mir sehr kostbar.

XVIII. BERATUNGEN ÜBER DIE EUROPÄISCHE VERTEIDIGUNGSGEMEINSCHAFT

1. Beginn der Beratungen über eine Europäische Verteidigungsgemeinschaft in Paris am 15. Februar 1951

Je höher die von den drei Allierten aufzubringenden Verteidigungskosten anstiegen, desto mehr wurde bei ihnen die Frage erörtert, die Bundesrepublik Deutschland auf irgendeinem Wege diese Verteidigungskosten mitaufbringen zu lassen. Auf Grund von schon früher von mir gemachten Vorschlägen war man sich darüber klar, daß die Bundesrepublik darauf bestehen werde, wieder Waffen zu Verteidigungszwecken zu erhalten, wenn sie an den Verteidigungskosten beteiligt werden sollte.

Auf der New Yorker Außenministerkonferenz vom September 1950 war die französische und auch die englische Delegation durch die Nachhaltigkeit, mit der die Amerikaner einen deutschen Verteidigungsbeitrag forderten, überrascht worden. Nach zähen Verhandlungen hatte man sich in New York schließlich darauf geeinigt, das Problem der westeuropäischen Verteidigung einem militärischen Expertenausschuß zur Beratung zu übertragen. Dieser Ausschuß trat im Oktober 1950 in New York zusammen. Die Außenminister hatten dem Expertenausschuß den Auftrag gegeben festzustellen, ob die Verteidigung Westeuropas ohne einen deutschen Beitrag möglich sei und in welcher Form gegebenenfalls ein deutscher Verteidigungsbeitrag erfolgen solle. Das Ergebnis der Beratungen dieses Ausschusses wurde der Öffentlichkeit nicht mitgeteilt, aber das Abschlußkommuniqué der Brüsseler Außenministerkonferenz vom Dezember 1950 ließ ohne weiteres erkennen, daß die Experten zu der Überzeugung gekommen waren, daß ein deutscher Beitrag zur Verteidigung Westeuropas erforderlich sei. In Brüssel hatte man sich zwar darauf geeinigt, daß ein deutscher Verteidigungsbeitrag angestrebt werden sollte, daß er jedoch durch gewisse Vorbehalte und Begrenzung auf kleinere Kampfgruppen in seiner Bedeutung einzuschränken sei. Eine endgültige Entscheidung darüber, ob ein deutscher Verteidigungsbeitrag in den Rahmen des Pleven-Planes oder aber in den der NATO einzubauen wäre, war in Brüssel anscheinend offengelassen worden.

Zum allgemeinen Verständnis möchte ich über die Aufgabe der NATO folgendes anführen: In den Jahren nach dem Zusammenbruch Deutschlands hatte Sowjetrußland sein Herrschaftsgebiet so brutal und in solchem Umfange vergrößert, daß schließlich die Westalliierten einsehen mußten, welche Gefahr Sowjetrußland für ganz Europa bedeutete. Infolgedessen hatten sich am 4. April 1949 folgende Staaten im Nordatlantikpakt zusammengeschlossen: Belgien, Dänemark, Frankreich, Großbritannien, Island, Italien, Luxemburg, Niederlande, Norwegen, Portugal, die Vereinigten Staaten von Amerika und Kanada. Der Nordatlantikpakt ist in seinen wesentlichen Bestimmungen ein Konsultativ- und Beistandspakt, der vor allem auf dem in Artikel 51 der Charta der Vereinten Nationen bestätigten natürlichen Recht der Staaten auf individuelle und kollektive Selbstverteidigung gegen jeden bewaffneten Angriff beruht.

Nach dem Vertrag gilt ein Angriff auf ein Mitglied als Angriff gegen alle. Daher wird jedes Mitglied dem angegriffenen Mitglied Beistand leisten, indem es individuell oder im Verein mit anderen die Maßnahmen ergreift, einschließlich des Gebrauches bewaffneter Macht, die es für notwendig erachtet, um die Sicherheit der atlantischen Zone aufrechtzuerhalten. Diese Zone umfaßt auch Angriffe auf die Besatzungstruppen der Mitglieder in Europa. Die Beistandspflicht tritt nicht automatisch ein, Art und Ausmaß werden in das Ermessen der Mitglieder gestellt.

Der Nordatlantikpakt ist nicht rein militärischer Art, sondern verpflichtet die Mitglieder auch zur Förderung der Voraussetzungen für Stabilität und Wohlfahrt der wirtschaftlichen Zusammenarbeit und zur Beseitigung von Konflikten in ihrer internationalen Wirtschaftspolitik.

Bei Beratungen, die der französische Ministerpräsident Pleven Ende 1950 in Washington geführt hatte, war man offenbar hinsichtlich des Verteidigungsbeitrags Deutschlands zu folgender Kompromißlösung gekommen: Die Realisierung eines deutschen Verteidigungsbeitrags sollte, obgleich seine Notwendigkeit grundsätzlich anerkannt wurde, hinausgezögert werden, um dadurch den Franzosen einen eindeutigen Rüstungsvorsprung zu sichern. Den für Anfang 1951 in Paris geplanten Verhandlungen über eine europäische Verteidigungsarmee sollte eine Chance gegeben werden. Außerdem wollte man eine Vierer-Konferenz, über die im ersten Halbjahr 1951 ein lebhafter Notenaustausch mit Sowjetrußland stattfand, nicht von vornherein zum Scheitern verurteilen.

Die Amerikaner schienen es vorzuziehen, ein deutsches Kontingent in die NATO einzubauen. Wie aus zahlreichen Erklärungen führender amerikanischer Politiker hervorging, beurteilten sie die NATO als die einzig praktische Form einer westlichen Verteidigungsorganisation gegenüber Sowjetrußland; allerdings hatten die Amerikaner den Gedanken einer Europa-Armee begrüßt. Die Engländer waren in ihren Äußerungen sehr zurückhaltend, doch schienen sie den amerikanischen Standpunkt, daß die NATO einer Europa-Armee vorzuziehen sei, zu unterstützen. Aus den Besprechungen mit den Hohen Kommissaren auf dem Petersberg hatte ich den bestimmten Eindruck gewonnen, daß die Vereinigten Staaten und England die Verhandlungen über einen eventuellen deutschen Verteidigungsbeitrag innerhalb der NATO nicht endgültig abbrechen wollten.

Am 24. Januar 1951 verkündete die französische Regierung den Beschluß, eine Konferenz zur Beratung über die Schaffung einer europäischen Armee nach Paris einzuberufen. Die Bundesrepublik wurde in der gleichen Weise und zum gleichen Zeitpunkt eingeladen wie alle europäischen Mitgliedstaaten der NATO. Die deutsche Delegation sollte bei dieser Konferenz völlig gleichberechtigt mit den anderen Delegationen behandelt werden. Der amerikanischen und der kanadischen Regierung wurde vorgeschlagen, Vertreter als Beobachter zu dieser Konferenz zu entsenden.

Der stellvertretende französische Hohe Kommissar Bérard hielt am 26. Januar 1951 in Bad Godesberg eine Pressekonferenz ab, auf der er ausführlich auf Idee und Ziel des Pleven-Planes einging. Der Pleven-Plan, der zum ersten Mal am 24. Oktober 1950 der Öffentlichkeit vorgelegt wurde, bewegte sich nach den Worten Bérards auf derselben Linie und hatte dieselbe Basis wie der Schuman-Plan. Es sei selbstverständlich und natürlich, daß eine Verbindung bestehe zwischen der Idee einer gemeinsamen Wirtschaft und der einer gemeinsamen Armee. Es sei weiter selbstverständlich, daß eine politische und militärische Zusammenarbeit nur auf der Basis einer wirtschaftlichen Zusammenarbeit realisiert werden könne. Es bestehe eine Verbindung zwischen diesen beiden Plänen, aber nicht eine Abhängigkeit der Pläne untereinander.

Bérard führte aus, daß die französische Regierung zunächst die Unterzeichnung des Schuman-Planes abwarten wollte, bevor sie zu der zweiten Etappe auf dem Weg der europäischen Einigung, nämlich zur Schaffung einer gemeinsamen Armee, überging. Die französische Regierung wisse nicht genau, wann die Unterzeichnung des Schuman-Planes erfolgen werde. Es sei möglich, daß sie sich noch um einige Wochen verzögern könne.

Der Pleven-Plan sei keine Improvisation. Die französische Regierung wünsche, daß sich die europäischen Regierungen im Laufe der geplanten Konferenz über eine feststehende und dauerhafte Institution einigten. Oberstes Ziel sei für Frankreich die Einigung Europas. Sie stelle eine Konstante der französischen Politik dar.

Wenn im Augenblick an die Schaffung einer europäischen Armee gedacht werde, so deshalb, um es Europa zu ermöglichen, sich mit den notwendigen Streitkräften zu versehen, damit es sich gegen die Gefahren, die ihm vom Osten her drohten, verteidigen könne.

In seiner Pressekonferenz wies Bérard darauf hin, daß der Plan einer europäischen Armee einen großen Vorteil für die Bundesrepublik habe, und zwar folgenden: Jegliche Wiederaufrüstung Deutschlands trage das Risiko in sich, von Rußland als eine Provokation betrachtet und für seine Propagandazwecke benutzt zu werden. Wenn eine deutsche Wiederaufrüstung im Rahmen einer europäischen Armee erfolge, so sei damit nach französischer Auffassung diese Gefahr beiseite geräumt.

Bisher habe die Aufrüstung eines Staates bedeutet, daß die jeweilige Regierung völlige Freiheit und die volle Verfügung besaß, ihre Streitkräfte als Instrument ihrer Politik zu benutzen. Durch den Aufbau einer gemeinsamen europäischen Verteidigungsmacht würden die Streitkräfte nicht mehr den einzelnen Staaten direkt unterstehen. Die französische Regierung trete für eine integrierte Armee ein, die über gemeinsame Organisationen verfüge und die einem einzigen Kommando unterstellt sei. An der Spitze dieser gemeinsamen europäischen Verteidigungsorganisation müsse ein gemeinsamer Verteidigungsminister stehen. Dieser Verteidigungsminister solle einem Ministerrat, der von sämtlichen beteiligten Ländern zu bilden sei, verantwortlich sein. Die französische Regierung wünsche, daß die zu schaffende europäische Verteidigungsorganisation von einer europäischen Versammlung kontrolliert werde, sei es von dem Straßburger Europarat, sei es von einer anderen Versammlung, die zu diesem Zweck zu schaffen sei. Es müßte ein gemeinsames Budget aufgestellt werden zur Finanzierung der europäischen Armee.

Dies seien Vorschläge, die die französische Regierung durch ihre Delegation auf der bevorstehenden Konferenz machen werde. Es sei selbstverständlich, daß sämtliche Vorschläge, die andere Staaten vortrügen, geprüft würden. Die endgültige Organisation einer europäischen Armee werde von den auf der Konferenz gefaßten Beschlüssen abhängen.

Zur Stellung der Bundesrepublik in der zu schaffenden Verteidigungsorganisation erklärte Bérard, die französische Regierung sei der Ansicht, daß die Bundesrepublik völlig gleichberechtigt beteiligt sein müsse. Das bedeute, daß die Bundesrepublik im europäischen Ministerrat sowie in der Interparlamentarischen Versammlung vertreten sein und in der Verwaltung des gemeinsamen Budgets mitwirken werde. Es sei selbstverständlich, daß alle Soldaten und Offiziere der Europa-Armee denselben Status haben und dieselben Vorteile und dieselben Rechte genießen würden. Nur diejenigen Streitkräfte, die für die Verteidigung überseeischer Gebiete vorgesehen seien, sollten ihren nationalen Charakter behalten, und dies auch nur in der Übergangsperiode. Während der Übergangsperiode werde ein Unterschied eintreten, der sich aus den Notwendigkeiten ergebe, denen sich einzelne

europäische Länder in den außerhalb Europas gelegenen Gebieten gegenübersähen, wie zum Beispiel Frankreich in Indochina.
Die Vereinigten Staaten begrüßten sehr die von der französischen Regierung ergriffene Initiative zur Einberufung einer Konferenz der interessierten europäischen Mächte über die Schaffung einer europäischen Armee und nahmen die Einladung zur Entsendung eines Beobachters zu der für den 15. Februar 1951 einberufenen Konferenz an. Die kanadische Regierung sagte gleichfalls die Entsendung eines Beobachters zu.
Mir wurde Kenntnis gegeben von einem Schreiben, das der amerikanische Außenminister Acheson an den französischen Außenminister Schuman richtete, in dem er den positiven amerikanischen Standpunkt nachdrücklich unterstrich. Die Vereinigten Staaten, so schrieb er, hätten durch Erklärungen, Maßnahmen und Verträge zahlreiche Beweise für das Ausmaß ihres Interesses für Europa sowie für ihre Unterstützung eines europäischen Zusammenschlusses und für ihren Wunsch nach Zusammenarbeit mit Europa gegeben. Acheson sei überzeugt von dem Wunsch des amerikanischen Volkes, daß dieser Zustand anhalte und sich weiterentwickele. Wenn die französische Regierung in engem Einvernehmen mit den Regierungen Deutschlands und der anderen europäischen Länder, die bereit seien, sich an der gemeinsamen Arbeit zu beteiligen, die großen Linien für einen Plan zur weiteren Annäherung der freien Völker Europas in dem Geiste ausarbeitete, der so deutlich aus dem Schuman-Plan spräche, könne man mit berechtigter Hoffnung langfristige Lösungen für viele der gegenwärtigen politischen, militärischen und wirtschaftlichen Probleme erwarten.
Acheson hob in dem Schreiben hervor, daß die Regierung der Vereinigten Staaten die europäische Integration voll und ganz unterstütze. Wenn den europäischen Ländern der Zusammenschluß gelinge, werde dieser Zusammenschluß eine solide Grundlage bieten, auf der eine militärische und wirtschaftliche Macht aufgebaut werden könne. Es würde ein Schwerpunkt geschaffen werden, von dem aus ein freies Europa seine Kräfte entfalten könne, um seinen Glauben und seine historische Tradition erfolgreich verteidigen zu können. Ein starkes Europa sei unerläßlich, um im Rahmen der Atlantischen Gemeinschaft den Aufbau der freien Welt und die Verwirklichung der allgemeinen Sicherheit zu fördern.
Als Delegationsführer zu der Pleven-Plan-Konferenz bestimmte ich Professor Hallstein, der gleichzeitig auch die deutsche Schuman-Plan-Delegation leitete.

Am 15. Februar 1951 eröffnete der französische Außenminister Robert Schuman im Namen der französischen Regierung die Konferenz über die Europa-Armee. Als Vollteilnehmer hatten zu dieser Konferenz Vertreter entsandt: Belgien, Frankreich, Italien, Luxemburg und die Bundesrepublik. Durch Beobachter waren vertreten Dänemark, Großbritannien, die Niederlande, Norwegen, Portugal, die Vereinigten Staaten und Kanada.

Wie ich später durch den damaligen niederländischen Außenminister Stikker erfuhr, hatten die Niederlande einen eigenen Vorschlag eingebracht. Dem Pleven-Plan gab die niederländische Regierung keine großen Chancen, durch das französische Parlament angenommen zu werden. Um ihre skeptische Haltung deutlich zu zeigen, entsandte sie deshalb lediglich einen Beobachter zu dieser Konferenz. Im Spätherbst 1951 beteiligten sich die Niederlande als Vollmitglied an den Verhandlungen über die Europäische Verteidigungsgemeinschaft, da sie die Chancen nach dem Verlauf der Verhandlungen zu diesem Zeitpunkt positiver beurteilten.

Schuman erklärte in seiner Eröffnungsansprache, daß die französische Regierung innerhalb der Zeitspanne von neun Monaten zwei Initiativen ergriffen habe mit dem Ziel, europäische Institutionen eines völlig neuen Charakters zu schaffen. Die eine Initiative habe die Zusammenlegung der Kohle- und Stahlproduktion zum Ziele gehabt. Die zweite Initiative, die Forderung nach Aufstellung einer europäischen Armee, beruhe allerdings nicht auf einer französischen Erfindung. Dieser Gedanke sei im August 1950 durch die Beratende Versammlung des Europarates aus der Taufe gehoben worden. Er sei wiederholt auf die Liste der Institutionen gesetzt worden, die nach allgemeiner Ansicht mit dem Begriff eines geeinten Europas untrennbar verbunden seien.

Zur Kritik an der französischen Initiative sagte er, daß nicht der Gedanke als solcher die Gemüter erschrecke, die Kritik beruhe weniger auf einer feindlichen Einstellung gegenüber der überstaatlichen Organisation als solcher als vielmehr auf dem Gefühl, daß die französische Initiative unzeitgemäß und verfrüht sei. Der französische Vorschlag sei zu einem Zeitpunkt vorgelegt worden, da die Nationen des Atlantikpaktes mühsam ihre Verteidigung organisierten. Es erhebe sich die Frage, ob dieses Bemühen, das allzulange hinausgezögert worden sei, durchkreuzt und ein so gewaltiges und in sich so schwieriges Unternehmen durch weitere Komplikationen erschwert werde. Diese Frage bedürfe der Beantwortung.

Schuman sagte, falls die französische Initiative die atlantische Verteidigung gefährden oder auch nur verzögern sollte und der Beweis hierfür erbracht werde, so würde die französische Regierung ihren Vorschlag auf einen späteren Zeitpunkt vertagen.

Zum atlantischen Verteidigungssystem führte Schuman aus:

„Das atlantische System mag dringenden, zugleich aber auch vorübergehenden Forderungen entsprechen und genügen; das Problem Europa aber bleibt bestehen. Wir sind der Ansicht, daß ohne Rücksicht auf die jeweilige Lage und auf die etwa anderswo gefundenen interkontinentalen und globalen Lösungen ein Europa organisiert werden muß, ein Europa, das aus einer anachronistisch und absurd gewordenen Zerstückelung erlöst werden muß, ein Europa, welches das Stadium eines überlebten Nationalismus überwinden muß. Diese Wahrheit haben wir erkannt, und wir verkünden sie auf dem Gebiet der Wirtschaft und der Politik. Diese Wahrheit gilt aber auch für die Organisation der Verteidigung, wenn man ein für die Dauer bestimmtes militärisches System zu finden bemüht ist.

Die atlantische Verteidigung und die europäische Verteidigung schließen daher einander nicht aus und überschneiden sich nicht. Sie liegen vielmehr auf verschiedenen Ebenen."

Zu dem Einwand, wieso man eine europäische Armee bilden und unterhalten könne, bevor eine europäische politische Behörde, eine europäische Regierung und ein europäisches Parlament vorhanden seien, sagte Schuman:

„Wir sind überzeugt, daß Europa nicht auf einmal ins Leben gerufen werden kann wie eine Utopie. Es wird vielmehr langsam entstehen. Es ist bereits im Begriff zu entstehen, Stück für Stück und Schritt für Schritt, wobei sich vorübergehend ein Nebeneinander zwischen Altem und Neuem ergibt, jedoch eine mehr oder minder rasche Entwicklung einsetzt. Die getroffenen Maßnahmen werden dabei ständig durch die Erfahrung erprobt und den praktischen Bedürfnissen angepaßt."

Schuman gab in seiner Eröffnungsrede bekannt, daß die französische Regierung ein Memorandum erarbeitet habe, in dem ihre Auffassung über die europäische Armee dargelegt sei. Aus diesem Memorandum zitierte Schuman einige grundlegende Gedanken. Er sagte folgendes:

„Innerhalb der atlantischen Streitkräfte wird eine europäische Armee stehen als ständiges Werkzeug der Sicherheit unseres Kontinents und als wesentliches Element der europäischen Integration. Meine Regierung hat vorgeschlagen, daß gleichzeitig mit der Bildung dieser Armee die Errichtung politischer Institutionen vor sich gehen soll."

Zunächst müsse ein europäischer Verteidigungskommissar ernannt werden, der unter der Kontrolle einer interparlamentarischen Versammlung mit dem Ministerrat zusammenarbeiten sollte. Über die Aufgaben dieses Verteidigungskommissars führte Schuman aus, daß der Kommissar verpflichtet sein müsse, die ihm von den europäischen Körperschaften erteilten Weisungen durchzuführen. Der Kommissar müsse für die Einsatzbereitschaft der von jedem Land gestellten Kontingente und für die Bildung europäischer Einheiten sorgen. Es würde notwendig sein, daß er auf die Unterstützung

Bundeskanzler Adenauer in Berlin mit dem
Regierenden Bürgermeister Professor Ernst Reuter

Bei der Unterzeichnung des Deutschlandvertrages am 26. Mai 1952 in Bonn
Von links nach rechts: Die Außenminister Eden, Adenauer, Acheson, Schuman

Während der Pleven-Plan-Konferenz in Paris im Dezember 1951. Von links nach rechts: Staatssekretär Hallstein, Ministerpräsident und Außenminister Bech, Außenminister Beyen, Bundeskanzler und Außenminister Adenauer, Außenminister de Gasperi, Außenminister Schuman, Außenminister Stikker

der Regierungen rechnen könne, die ihn ernannt hätten und die ihm in ständig zunehmender Weise ihre Autorität übertragen müßten.

Schuman wies nachdrücklich darauf hin, daß die europäische Armee nicht gegen irgendeinen Staat gerichtet sei. Sie sei ebensowenig dazu bestimmt, den Interessen einzelner Staaten zu dienen.

Es würde notwendig sein, in den beteiligten Staaten nach noch festzulegenden Grundsätzen Kontingente zu rekrutieren, die gleichartigen gesetzlichen und disziplinarischen Bestimmungen unterstellt und mit den gleichen Waffen ausgerüstet seien, sowie diese dann in große Einheiten einzugliedern, die Kontingente verschiedener Nationalitäten umfassen müßten. Die Aufstellung und Ausbildung dieser Kontingente sowie die Schaffung eines festen administrativen Rahmens seien Aufgaben, die sich fortschreitend durch die verschiedenen Phasen hindurch entwickeln und für die Abgrenzung der Vollmachten des Kommissars, seine Beziehungen zu dem Ministerrat, die Erhöhung der Effektivstärke und die zunehmende Verschmelzung der Kontingente maßgebend seien.

Schuman sagte wörtlich:

„Wir dürfen bei unseren Arbeiten nicht vergessen, daß unser unmittelbares Ziel darin besteht, ein militärisches Werkzeug zu schaffen, dessen Schlagkraft außer Zweifel steht, und nicht nur unseren Technikern, sondern auch unseren Völkern mit Sicherheit zu beweisen, daß die Armee des Vereinten Europas fähig ist, einen etwaigen Angreifer zurückzuschlagen, und zwar vermöge eines inneren Zusammenhaltes und einer Kraft, die ebenso groß sind wie die der nationalen Armeen. Aus diesem Grunde vor allem müssen wir konkrete und gültige Lösungen suchen, auch wenn sie ihrem Umfang nach beschränkt sind."

Am Schluß seiner Rede unterstrich Schuman erneut, daß die französische Regierung von dem Bestreben erfüllt sei, den Völkern Europas das Bewußtsein ihrer Solidarität zu vermitteln und ihnen gleichzeitig die Institutionen und Mittel zu geben, die ihnen die Verwirklichung dieser Solidarität ermöglichten. Schuman führte aus:

„Wir haben diesen Weg beschritten. Fünf Jahre nach Beendigung des Zweiten Weltkrieges haben Nationen, die noch vor kurzem durch einen Abgrund getrennt waren, in der Sorge um ihre gemeinsame Zukunft die Kämpfe der Vergangenheit vergessen und sich an dem gleichen Verhandlungstisch zusammengesetzt, um zu versuchen, das, was das Werkzeug eben dieser Kämpfe gewesen ist, die nationalen Armeen, durch eine gemeinsame Armee zu ersetzen, die nur noch der Verteidigung ihrer gemeinsamen Kultur dienen darf."

Dies seien die leitenden Gedanken, welche die französische Regierung zur

Beratung vorlege. Während der Konferenz und bei der Durchführung ihrer Beschlüsse würden alle Länder auf der Grundlage völliger Gleichheit, und zwar der Gleichheit der Rechte und Pflichten gegenüber der Gemeinschaft, zusammenarbeiten.

An uns Deutsche gerichtet sagte Schuman, daß wir zu dieser Konferenz der atlantischen Nationen hinzugebeten seien als ein Land, bezüglich dessen die französische Regierung wiederholt festgestellt habe, daß sie sich Europa nicht ohne seine Mitwirkung denken könne. Heute würde uns Deutschen vorgeschlagen, unseren Anteil an dem Werk der gemeinsamen Verteidigung zu übernehmen, und zwar mit den gleichen Rechten und Pflichten wie alle anderen freien Länder, die infolge ihrer geographischen Lage und durch ihr Schicksal gleichen Gefahren und gleichen Problemen gegenüberstünden.

Abschließend wiederholte Schuman erneut: „Was wir wollen, ist keine Improvisation, die uns die unmittelbare Notwendigkeit auferlegt. Das Werk, das wir schaffen wollen, wird nicht zeitlich begrenzt sein. Es muß ein dauerhafter Bau werden, der Ausdruck einer endlich gegründeten Europäischen Gemeinschaft."

2. Besprechung mit den Hohen Kommissaren am 5. April 1951

Die Beratungen in Paris über den Pleven-Plan waren sehr schwierig und verliefen sehr zögernd. Es mußte jedoch dringend bald etwas für die Sicherheit der Bundesrepublik getan werden. Während einer Besprechung mit den Hohen Kommissaren am 5. April 1951 brachte ich dieses Thema erneut zur Sprache.

Ich erinnerte die Hohen Kommissare daran, daß auf der New Yorker Außenministerkonferenz im September 1950 die westalliierten Außenminister die Sicherheit der Bundesrepublik und der Stadt Berlin garantiert hatten. Mir sei kurz nach dieser Außenministerkonferenz durch die Hohe Kommission, und zwar durch François-Poncet, gesagt worden, daß, um dieser Garantie eine größere Wirksamkeit zu verleihen, geplant sei, innerhalb kürzester Frist die Stärke der auf dem Bundesgebiet stehenden westalliierten Truppen zu erhöhen. Seit der New Yorker Außenministerkonferenz seien fast sieben Monate vergangen, und ich glaubte, daß man nicht sagen könne, seitdem sei die Ruhe in der Welt größer geworden, vielmehr sei trotz Aussicht auf eine Vier-Mächte-Konferenz das Gegenteil der Fall. Der Krieg in Korea verlange immer größere Anstrengungen, und die Vorgänge in Persien würden höchstwahrscheinlich auch die Ansammlung größerer

Kräfte im Nahen Orient erfordern. Die Bedrohung durch die in der Sowjetzone stehenden sowjetischen Truppen sei unverändert geblieben. Die Sorge der deutschen Bevölkerung, daß es trotz der New Yorker Garantieerklärung den Russen doch möglich sein würde, in Westeuropa und speziell in Westdeutschland einzubrechen, sei inzwischen gewachsen. Eine der Hauptwaffen der Sowjetunion sei es, durch die Wühlarbeit der Fünften Kolonne Furcht zu erwecken und zu verbreiten.

Die Verhandlungen über die Aufstellung deutscher Truppenverbände, die nach der New Yorker Konferenz begonnen hatten, seien völlig zum Stocken gekommen. Die Gespräche, die zwischen militärischen Sachverständigen der Westalliierten und der Bundesregierung seit Januar 1951 auf dem Petersberg stattfänden, seien mehr oder weniger einseitig und theoretisch. Sie würden von deutscher Seite nur deshalb weitergeführt, weil ein Abbrechen dieser Besprechungen, das natürlich in der Öffentlichkeit bekannt würde, sich auf die allgemeine Stimmung in der Bundesrepublik nachteilig auswirken würde.

Mir als verantwortlichem Regierungschef mache die Entwicklung der ganzen Situation außerordentlich große Sorge. Ich bäte die Hohen Kommissare, ihren Regierungen meine Bitte zu unterbreiten, daß das Oberkommando der Atlantikpakt-Armee die Bundesregierung oder den Bundeskanzler durch geeignete deutsche militärische Sachverständige über die militärischen Absichten bezüglich der Erfüllung der New Yorker Sicherheitsgarantie unterrichte.

Wenn ich Führer der Opposition in der Bundesrepublik wäre, würde ich, statt gegen den Schuman-Plan zu wüten, eine Anfrage an den Bundeskanzler richten, in der ich auf das Sicherheitsversprechen der New Yorker Außenministerkonferenz hinweisen würde. Ich würde den Bundeskanzler fragen, was er jetzt nach Ablauf von sieben Monaten über die Vorkehrungen zu sagen habe, die seitens der die Sicherheit gewährenden Mächte getroffen worden seien, um dem deutschen Volk die garantierte Sicherheit zu geben.

Ich wäre lediglich in der Lage, folgendes zu antworten: In dem Haushaltsplan ist eine Summe von soundsoviel Milliarden DM für gewisse Truppenverbände angefordert, und es werden auch Flugplätze angelegt. Aber ich würde nichts darüber sagen können, wann nun effektiv die Truppenverstärkungen in der Bundesrepublik erfolgen würden. Ich würde vor allem auch nichts darüber sagen können, welches die strategischen Pläne der Atlantikpakt-Armee seien, insbesondere ob beabsichtigt sei, die Methode einzuschlagen, die nach Auffassung unserer deutschen militärischen Sachverständigen allein die mögliche und sichere Aussicht auf Erfolg verspreche.

Nach den Erfahrungen unserer militärischen Sachverständigen im Kriege mit Sowjetrußland seien die Russen außerordentlich flankenempfindlich. Nach ihrer Auffassung würde es mit Sicherheit möglich sein, einen Angriff der Russen von vornherein zu verhindern, wenn entsprechende Truppen in der Nordflanke und in der Südflanke an der Zonengrenze oder hinter der Zonengrenze bereitgehalten würden. Die deutschen Sachverständigen seien der Überzeugung, daß bei zehn bis zwölf Divisionen im Norden und ebensoviel Divisionen im Süden und einer geringeren Anzahl von Divisionen in der Mitte ein russischer Angriff überhaupt nicht erfolgen würde.

Die Hohen Kommissare wiesen darauf hin, daß entgegen meiner Darstellung doch eine Verstärkung der alliierten Truppen erfolgt sei. Statt zwei Divisionen stünden nunmehr vier Divisionen in der Bundesrepublik. Mir wurde versichert, daß im Laufe des Jahres 1951 erheblich größere Truppenverstärkungen geplant seien.

Ich knüpfte an meine vorherigen Ausführungen an und bat die Hohen Kommissare, sich einmal in die Lage der Deutschen zu versetzen, die Verantwortung trügen. Obwohl es sich um Millionen von Deutschen handele, seien wir lediglich Objekt. Die Hohen Kommissare würden sicherlich Verständnis dafür haben, daß derjenige, der selber in Situationen der Gefahr etwas tun könne, viel weniger pessimistisch sei als derjenige, der nichts tun könne als abzuwarten, was andere tun. Ich erinnerte die Hohen Kommissare an meine Bitte um Sicherheit für die Bundesrepublik, die ich bereits zwei Monate nach Konstituierung der Bundesrepublik vorgebracht hätte. Man hätte mich damals zwar höflich angehört, aber meine Bitte doch nicht recht ernst genommen. Ich erinnerte die Hohen Kommissare weiter an Ausführungen, die McCloy vor etwa einem Jahr gemacht und in denen er gesagt hatte, daß die Anwesenheit eines amerikanischen Soldaten in der Bundesrepublik die größte Sicherheit sei, die wir überhaupt bekommen könnten. Ich sei weit davon entfernt, etwa zu sagen, daß überhaupt nichts getan worden sei. Ich erkenne die Leistungen des amerikanischen Volkes, des französischen Volkes und des britischen Volkes durchaus an.

In spätestens zwei Jahren stünden wir in der Bundesrepublik mitten im Wahlkampf für den neuen Bundestag. Wenn nicht innerhalb der nächsten zwölf Monate die Stärke der Westalliierten den Deutschen wirklich sichtbar vor Augen geführt werde, fürchtete ich, daß in dem neuen Bundestag der Radikalismus eine außerordentliche Bedeutung haben werde. Der Wahlkampf, der gegenwärtig in Niedersachsen für die Landtagswahlen stattfinde, zeige, daß zahlreiche rechtsradikale Gruppen dort tätig seien. Das Entscheidende sei, daß nach sehr zuverlässigen Nachrichten eine außerordentlich enge Verbindung zwischen den Rechtsradikalen und der SED bestünde. Die Initiatoren der rechtsradikalen Gruppen, die an sich gar nicht zahlreich seien, wagten sich jetzt deswegen hervor, weil infolge des Gefühls der Unsicherheit und der Angst die Leute sich nicht zur Wehr setzten. Ich fürchtete, es gäbe infolgedessen mehr Rückversicherer, als wir glaubten. Die große Gefahr bestünde darin, daß in weitesten Kreisen der Glaube verbreitet werde, daß gegenüber dem Osten doch nichts getan werden könne. Es sei meine Pflicht, mich nicht nur mit den täglichen Aufgaben zu beschäftigen, sondern ich müsse auch an die zukünftige Entwicklung denken, und die Dinge gingen sehr schnell voran. Ich glaubte nicht, zu pessimistisch zu sein.

Kirkpatrick erwiderte mir, er wolle mich nicht eines zu großen Pessimismus bezüglich der Weltlage oder der inneren Lage in Deutschland beschuldigen, sondern lediglich eines Pessimismus bezüglich der Anstrengungen, die gemacht würden, um die Stärke, von der ich sprach, wirklich hervorzubringen. Er verstehe sehr gut, daß derjenige, der relativ untätig zusehen müsse, größere Besorgnis empfinde als der andere, der sich aktiv mit dem Problem auseinandersetzen könne. Aber mit der modernen Bewaffnung sei es nun einmal so, daß eine Spanne Zeit vergehe von dem Augenblick an, in dem man den Groschen in den Automaten hineinstecke, bis zu dem Augenblick, in dem man unten etwas herausholen könne. Er sei überzeugt, daß ich erleben werde, daß eines Tages genug unten aus der Maschine herauskommen werde, um mir ernsthafte Peinlichkeiten zu verursachen.

Ich erwiderte Kirkpatrick, daß ich das gern in Kauf nehmen würde.

Zum Schluß der Besprechung bat ich die Hohen Kommissare, folgendes zu prüfen:

Jede Armee habe ihre eigenen Methoden; das gelte insbesondere von den Russen. Nun habe aber weder ein amerikanischer noch ein französischer noch ein englischer General bisher mit den Russen gekämpft. Die deutschen Generäle hätten darin Erfahrungen. Ich bat zu erwägen, ob es nicht gut wäre, wenn diese Experten mit ihrem sachverständigen Urteil von den maßgebenden westalliierten militärischen Stellen herangezogen würden.

Die Hohen Kommissare sagten mir eine Prüfung dieses Vorschlages zu. Sie wollten ihn an General Eisenhower, den Oberbefehlshaber der Atlantikstreitkräfte in Europa, weiterleiten.

3. Unterredungen mit McCloy im April und Juni 1951

McCloy beabsichtigte, Anfang Mai nach Washington zu reisen, um dort vor verschiedenen Ausschüssen des Senats über die wirtschaftliche und politische Entwicklung in Deutschland zu sprechen. Der Anlaß der Reise waren Beratungen des Senats über die Bewilligung neuer Gelder für deutsche Zwecke. McCloy bat mich vor seiner Abfahrt nach Washington um eine Unterredung, um von mir über den letzten Stand der deutschen Entwicklung unterrichtet zu werden und damit ich ihm mitteile, was bei den Besprechungen mit den Senatsausschüssen von ihm als Argumente verwandt werden könnte.

In der Unterredung, die am 26. April 1951 stattfand, sagte mir McCloy, daß ihn die allgemeine Lage in Westeuropa sehr beunruhige. Die Verhältnisse in den Parlamenten Frankreichs und Englands seien unbefriedigend. Er fürchte, daß in beiden Ländern keine lebensfähigen Regierungen zustande kommen könnten und daß man deshalb mit einer Stagnation der politischen Verhältnisse in Zentraleuropa rechnen müsse. Darunter werde auch die Lage in der Bundesrepublik leiden. Unter den gegebenen Bedingungen werde man sich in Frankreich und auch in England sicherlich nur schwer entschließen, den Status Deutschlands weiterzuentwickeln und die Beziehungen zur Bundesrepublik auf vertragliche Grundlagen zu stellen.

Ich gab eine eingehende Schilderung der gegenwärtigen Lage in der Bundesrepublik. Ich erwähnte meine Bemühungen anläßlich meines Besuches in Paris, sowohl im Kreise der Außenminister als auch in der Öffentlichkeit Klarheit über die definitive Eingliederung Westdeutschlands in Westeuropa zu schaffen. Ich betonte, daß die Bundesregierung sich weiterhin wirksam an den im Februar 1951 begonnenen Verhandlungen über den Pleven-Plan beteilige. Ich hätte der deutschen Delegation eine entsprechende Weisung erteilt, allerdings mit der Einschränkung, daß in Paris nichts geschehen dürfe, was die Entwicklung der NATO stören könne.

Die Frage eines deutschen Verteidigungsbeitrages könne jedoch nur gelöst werden, wenn gewisse unerläßliche Voraussetzungen geschaffen worden seien. Zu diesen gehöre erstens die wirksame Verstärkung der alliierten Truppen in Westdeutschland. Nach den mir von Kirkpatrick und auch ihm, McCloy, gemachten Angaben sei wohl damit zu rechnen, daß diese Voraussetzung bis Ende des Jahres erfüllt sein werde. Die zweite Voraussetzung sei, daß der Verteidigungsbeitrag der Bundesregierung die Erfüllung der großen sozialen Verpflichtungen nicht beeinträchtige, die auf Grund der Millionen von Flüchtlingen und der Kriegszerstörungen bestünden. Die Höhe der bisher einseitig von den Alliierten festgesetzten

Besatzungskosten sei für uns nicht tragbar. Die Bundesregierung sei damit beschäftigt, in einer gewissenhaften Prüfung der deutschen Leistungsfähigkeit unter Berücksichtigung der großen sozialen Lasten eine Summe zu errechnen, die als Verteidigungsbeitrag möglich sei. Eine letzte Voraussetzung sei, möglichst bald eine Grundsatzerklärung zu veröffentlichen, aus der sich der neue Status der Bundesrepublik und die Garantie ihrer Gleichberechtigung ergäben.

Unter diesen Voraussetzungen glaubte ich, daß die Frage des Verteidigungsbeitrages von der deutschen öffentlichen Meinung und vom Parlament positiv entschieden würde. Die „Ohne-mich-Stimmung“ in Deutschland sei im Abflauen.

McCloy erwiderte mir, daß es ihm hinsichtlich der von mir verlangten Grundsatzerklärung zweifelhaft erscheine, daß die französische und die englische Regierung schon bald bereit sein würden sich festzulegen. Er glaube, daß beide Regierungen erst eine grundsätzliche Klärung der Beziehungen zur Sowjetunion auf einer möglichen Vierer-Konferenz abwarten wollten.

Über das Zustandekommen dieser Vierer-Konferenz standen die Westmächte mit der Sowjetunion seit deren Aufforderung hierzu Anfang November 1950 immer noch in einem Notenaustausch, ohne daß sich jedoch ein konkretes Ergebnis abzeichnete.

McCloy fuhr in seinen Ausführungen fort, General Eisenhower trete für einen deutschen Verteidigungsbeitrag ein. Anläßlich eines Zusammentreffens in Luxemburg hätte Eisenhower ihm, McCloy, erklärt, daß Westeuropa einschließlich Westdeutschlands nur mit Hilfe deutscher Truppen wirksam verteidigt werden könnte. Eisenhower habe ihn gebeten, sich bei der Bundesregierung dafür zu verwenden, daß man so schnell wie möglich die deutsche Polizei und den Grenzschutz ausbaue.

Ende Juni kehrte McCloy aus den Vereinigten Staaten zurück. Er setzte sich unmittelbar nach seiner Rückkehr mit mir in Verbindung, um mich eingehend über die Haltung der amerikanischen Regierung zu den entscheidenden deutschen Problemen und über seine Besprechungen in den Vereinigten Staaten zu unterrichten.

Er berichtete mir, zwischen Republikanern und Demokraten bestünde weitgehend Einigkeit hinsichtlich der Deutschland gegenüber zu befolgenden Politik. Zwei Gedanken beschäftigten hauptsächlich die führenden amerikanischen Persönlichkeiten im Kongreß, und zwar: Welche Fortschritte hat Deutschland auf dem Wege zu einer echten Demokratie gemacht? Wo steht Deutschland in der Auseinandersetzung zwischen Ost und West, neigt es instinktiv zur westlichen Welt oder bedarf es hierzu noch besonderer Entscheidungen? Diese Fragen seien Gegenstand der Unterredungen gewesen, die er, McCloy, mit Truman, Acheson und Marshall geführt hätte.

McCloy teilte mir mit, daß die amerikanische Regierung für das kommende Jahr 175 Millionen US-Dollar aus den Mitteln der ECA-Hilfe zur Verfügung stellen werde. Es bedeutete nach den Worten McCloys eine besondere Hilfsbereitschaft, daß die Vereinigten Staaten die Bundesrepublik in den Kreis derjenigen Länder aufgenommen hätten, denen, wie Griechenland und der Türkei, außerhalb der Zuwendungen für militärische Zwecke noch weitere Geldbeträge zur Verfügung gestellt würden.

Die Kriegsproduktion in den Vereinigten Staaten schreite gut voran. Es sei ihm, McCloy, von zuständiger Stelle versichert worden, daß, wenn auch die Ausrüstung für den Fall eines Krieges nicht ausreichen werde, doch schon genug Waffen vorhanden seien, um keine Verzögerung in der Ausbildung der Truppen eintreten zu lassen. Die Produktion von Waffen werde sich sehr rasch von Monat zu Monat steigern. Auf gewissen waffentechnischen Gebieten wären außerordentliche Entwicklungen zu erwarten.

Nach den Ausführungen McCloys spielte in den Überlegungen der amerikanischen führenden Persönlichkeiten der Schuman-Plan eine entscheidende Rolle. Im allgemeinen werde der Schuman-Plan in den Vereinigten Staaten als eine „herrliche Sache“ angesehen. Kein Mensch wisse, was er wirklich bedeute, aber es genügten die mit ihm verknüpften allgemeinen Vorstellungen über eine Zusammenfassung von Deutschland und Frankreich, die für alle Zeiten kriegerische Auseinandersetzungen ausschlösse.

Die Überzeugung sei in den Vereinigten Staaten im Wachsen, daß man Deutschland wieder trauen könnte. Er, McCloy, hätte in größeren Gremien über den Schuman-Plan und von der deutschen Bereitschaft zur Mitarbeit auf allen diesen Gebieten berichtet.

Hinsichtlich des deutschen militärischen Beitrages führte McCloy folgendes aus:

In den Fragen des Rüstungsbeitrages spiele der Faktor Zeit eine entscheidende Rolle bei allen amerikanischen Überlegungen. Man suche eine Form, um in den nächsten Monaten vorwärtszukommen. Man sei etwas verstimmt darüber, daß in den Pariser Verhandlungen über den Pleven-Plan nicht mehr Fortschritte gemacht worden seien. Jeder in Amerika sei davon überzeugt, daß, wenn Europa sich ernsthaft verteidigen wolle, ein deutscher Beitrag unerläßlich sei, und zwar sowohl politisch als auch militärisch. Die Besprechungen auf dem Petersberg vom Dezember 1950 hätten eine ausreichende Basis der Übereinstimmung, wenn auch nicht in allen Punkten, gezeigt, so daß man hoffen könne, zu einer Einigung zu gelangen. Die Vereinigten Staaten hielten nach wie vor an den Auffassungen der Brüsseler Konferenz hinsichtlich der Schaffung einer Europa-Armee fest. Sie sei um so notwendiger, als kein europäisches Land über genügend Mittel verfüge, um eine eigene Rüstung zu finanzieren. Wirkten aber die europäischen Völker zusammen, so würden sie wohl in der Lage sein, die entsprechenden finanziellen Lasten zu tragen. Alle diese Fragen würden Gegenstand der künftigen Verhandlungen sein. Man könne den Weg einer europäischen Armee aber nur weiter beschreiten, wenn eine tatsächliche militärische Kraft aufgestellt werde, und zwar innerhalb einer möglichst kurzen Zeit.

Die amerikanische militärische Führung sei sehr skeptisch hinsichtlich der französischen Pläne. Zunächst sei es wichtig, daß der Interimsbericht der Pleven-Plan-Konferenz so schnell wie möglich fertiggestellt werde, damit man ein Bild von den Notwendigkeiten und den Schwierigkeiten erhalte. Die Joint Chiefs of Staff hätten vor wenigen Wochen eine Rundfrage an die amerikanischen Befehlshaber in Europa erlassen zu dem Problem, wie man am besten eine europäische Armee effektiv gestalten könne. Diese Berichte zusammen mit den Ergebnissen der Petersberger Konferenz und der Pleven-Plan-Konferenz würden einer Konferenz der Außenminister der Atlantikpaktstaaten vorgelegt, die im September stattfinden solle und auf der diese Berichte als Grundlage für die über die politischen und militärischen Fragen zu fassenden Beschlüsse dienen würden.

Hinsichtlich des Status der Bundesrepublik erklärte McCloy, daß die Amerikaner sehr weit gehen wollten, weiter als die anderen Alliierten. Es blieben aber einige Fragen, die auch die amerikanische Regierung sehr beschäftigten. Acheson hätte ihm zum Beispiel die Frage gestellt, was geschehen würde, wenn die SRP (Sozialistische Reichspartei) einen Staatsstreich mache oder wenn sonst innere Unruhen ausbrechen würden, deren die Bundesregierung nicht Herr werden könne. Man beobachte in diesem Zusammenhang mit Sorge das Wiedererwachen des Nationalismus in Deutschland.

In meiner Antwort auf die ausführlichen Darlegungen McCloys sagte ich grundsätzlich, daß die Frage des deutschen Verteidigungsbeitrages unbedingt baldigst gelöst sein müsse. Das Hauptziel der sowjetischen Politik sei, eine Neutralisierung und völlige Demilitarisierung Deutschlands zu erreichen, weil sie nur auf diese Weise den Boden für ihre Expansionspolitik im Westen als genügend vorbereitet betrachte. Sei aber einmal die Frage des Verteidigungsbeitrages positiv gelöst, dann könne von einer Demilitarisierung und Neutralisierung Deutschlands nicht mehr die Rede sein. Damit wäre die Verfolgung eines der wesentlichen Ziele der sowjetischen Politik gescheitert.

Es komme hinzu, daß die ganze europäische Aufrüstung in Bewegung versetzt werde, wenn Deutschland endlich damit beginne und die anderen Staaten dann damit rechnen könnten, daß zu gegebener Zeit von Westdeutschland ein gewisser Schutz gegenüber der sowjetischen Bedrohung geboten würde. Die psychologische Situation in Westdeutschland hinsichtlich der Frage eines Verteidigungsbeitrages habe sich in positivem Sinne verändert. Heute sei die Mehrheit der deutschen Bevölkerung für einen Verteidigungsbeitrag, und wenn in der Sozialdemokratischen Partei noch gewisse Widerstände bestünden, so beschränkten sich diese auf einige prominente Mitglieder der Führung. Die Verhandlungen des Internationalen Sozialisten-Kongresses in Frankfurt am Main, die positive Stellungnahme der Gewerkschaften und auch die Verhandlungen des Internationalen Gewerkschaftskongresses in Mailand hätten deutlich gezeigt, daß wir in Westdeutschland vor einem Wandel der Auffassungen stünden.

Hinsichtlich der Art des Beitrages dürften lediglich militärische Gesichtspunkte entscheidend sein. Es wäre unsinnig, aus politischen Gründen etwas zu tun, was militärisch nicht durchführbar sei. Anläßlich der Petersberg-Besprechungen sei man nahezu einig gewesen, trotz des französischen Widerstandes. Bei den Verhandlungen in Paris seien die wichtigsten Seiten des Problems noch nicht angepackt worden. Zweifellos werde die Europa-Armee auf lange Sicht unbedingt notwendig sein, denn selbst wenn die heutigen Spannungen überwunden würden, so würde der Druck des übermächtigen Sowjetreiches auf Westeuropa immer wieder zu neuen Krisen führen.

Die Nordatlantikpakt-Armee sei für die Überwindung der gegenwärtigen Spannungen, die Europa-Armee sei für eine weitere Periode geplant. Es komme mit Sicherheit der Zeitpunkt, an dem Amerika sich aus Europa zurückziehe. Dann bedürfe es europäischer Formationen. Man sollte versuchen, die Pariser Verhandlungen auf den Stand der Petersberg-Besprechungen zu heben. Bei den Pariser Verhandlungen sei die deutsche Taktik die gewesen, durch relative Zurückhaltung einen zu starken Gegensatz mit Frankreich zu vermeiden, der sich auf die Petersberg-Besprechungen nur nachteilig hätte auswirken müssen.

Die Verhandlungen müßten nunmehr beschleunigt werden. Es müsse sich zeigen, ob die Franzosen in Paris andere Ansichten hätten als die Vertreter Frankreichs auf dem Petersberg. Es wäre sehr wünschenswert, daß die Vereinigten Staaten ihr Einverständnis mit dem Verlauf der Petersberg-Verhandlungen zu erkennen gäben.

Zur Erläuterung der Petersberg-Verhandlungen ist zu sagen, daß seit Januar 1951 auf dem Petersberg Verhandlungen geführt wurden zwischen deutschen militärischen Sachverständigen und militärischen Vertretern der drei alliierten Hohen Kommissare. Diese Verhandlungen hatten einen sehr befriedigenden Verlauf genommen. Außerdem wurden auf dem Petersberg seit September 1950 Verhandlungen zwischen deutschen und alliierten Vertretern über Fragen der Revision des Besatzungsstatuts geführt.

Ich betonte gegenüber McCloy, daß der amerikanische Einfluß mit Nachdruck darauf gelenkt werden sollte, die Verhandlungen in Paris zu beschleunigen.

Sollten diese nicht rasch genug vorwärtsgehen, dürfe man die Lösung der Frage eines deutschen Verteidigungsbeitrages nicht verzögern, denn wenn Deutschland von Sowjetrußland überrannt wäre, könnte der Rest Europas nicht gehalten werden. Es wäre damit eine unmittelbare Gefährdung der Vereinigten Staaten gegeben.

4. Zwischenbericht der Pleven-Plan-Konferenz

Ende Juni 1951 waren die Verhandlungen der Pleven-Plan-Konferenz in ein entscheidendes Stadium getreten. Die französische Delegation drängte auf Abfassung eines Zwischenberichtes. Die Amerikaner unterstützten den Wunsch der Franzosen. Ich erteilte der deutschen Delegation die Instruktion, sich diesem Verlangen nicht zu widersetzen, aber darauf zu achten, daß der Zwischenbericht richtig und vollständig abgefaßt werde, insbesondere, indem er auf die noch offenen, zum Teil noch gar nicht erörterten Probleme und deren Bedeutung hinweise.

Staatssekretär Hallstein, der Verhandlungsführer der deutschen Pleven-Plan-Delegation, erklärte in seinen Unterredungen mit den anderen Delegationen, daß ein Zwischenbericht lediglich einen Querschnitt der Verhandlungslage darstelle und daß noch keine abschließenden Feststellungen getroffen werden könnten. Wesentliche Fragen, die noch nicht geklärt seien, wie zum Beispiel die Stellung des Kommissars, namentlich die Abgrenzung seiner Funktionen von denen des Atlantischen Oberkommandos und von denen der nationalen Verteidigungsminister, müßten in dem Zwischenbericht als solche gekennzeichnet werden. Außerdem müßte der Stand der Regelung der Übergangsperiode, die für Deutschland besonders wichtig sei, wiedergegeben werden. Nicht befriedigend beantwortet war bisher in den Verhandlungen unsere Forderung, daß schon in der Übergangsperiode jede Diskriminierung der Bundesrepublik beseitigt sein müsse. Hallstein machte in seinen Unterredungen in Paris unmißverständlich deutlich, daß die deutsche Bundesregierung keinen Vertrag unterzeichnen werde, der eine Reihe von wesentlichen Fragen offenlasse. Die Fragen der Nichtdiskriminierung, die zum Beispiel mit der Aufstellung wirksamer national-homogener Kampfeinheiten, einem deutschen Anteil an dem Oberkommando und mit Aufstellung deutscher Kontingente durch deutsche Stellen zusammenhingen, müßten vorher eine befriedigende Lösung gefunden haben.

Die unlösbare Verknüpfung konkreter Verhandlungsfragen mit allgemeinen politischen Fragen, die sich aus dem Besatzungsstatut ergaben, wie zum Beispiel die Kontrolle durch die Ruhrbehörde, war bei den Beratungen über den Schuman-Plan von allen beteiligten Verhandlungspartnern klar erkannt worden, und diese Erkenntnis fand ihren Ausdruck in den politischen Entschlüssen im Zusammenhang mit dem Schuman-Plan. Das politische Gewicht des Gedankens einer Europa-Armee war sehr viel bedeutsamer als gewisse Fragen des Schuman-Planes. Um eine Mehrheit im Deutschen Bundestag für den Pleven-Plan zu erhalten, mußte der Vertrag über die Schaffung einer Europa-Armee jede Diskriminierung der Bundesrepublik beseitigen.

In einem Gespräch, das Hallstein mit dem amerikanischen Botschafter in Paris, Bruce, führte, sagte ihm Bruce, daß die Anregung auf Erstattung eines Zwischenberichtes von ihm ausgegangen sei. Sein Gedanke sei gewesen, den Regierungen durch Vorlage eines solchen Berichtes einen Eindruck von den Fortschritten, die seit Beginn der Verhandlungen erzielt worden seien, zu geben. Bei dem Gespräch mit Bruce wies Hallstein, wie er mir berichtete, auf den Unterschied zwischen dem europäisch ausgerichteten Schuman-Plan und dem zum großen Teil einseitig französisch entworfenen Pleven-Plan hin. Auch Bruce gegenüber unterstrich Hallstein nachdrücklichst die deutsche Forderung auf Ausschluß jeder Diskriminierung.

Bruce erklärte im Laufe der Unterredung mit Hallstein, daß nichts geplant werden und geschehen dürfe, was die Zusammenfassung der atlantischen Streitkräfte unter einer einheitlichen Führung beeinträchtigen würde.

Ich hatte der deutschen Delegation zu Beginn der Pleven-Plan-Verhandlungen eindeutige Instruktionen dahin erteilt, daß keinerlei Beeinträchtigung der atlantischen Gesichtspunkte durch die zu schaffenden Streitkräfte eintreten dürfe. Hallstein gab Bruce von diesen Weisungen Kenntnis. Bruce war durch diese Mitteilung, wie mir Hallstein sagte, sichtlich beruhigt.

Hallstein wurde von dem französischen Verhandlungsführer Alphand darauf hingewiesen, daß die Forderungen der Bundesregierung, die sie bei den Petersberger Besprechungen erhoben hätte, bei weitem über die der Bundesrepublik auf Grund der Brüsseler Beschlüsse der drei Außenminister zugebilligten Zugeständnisse hinausgingen.

Die Franzosen hatten ursprünglich in dem Pleven-Plan die Bildung „kleinster Einheiten“ oder, wie sie es wörtlich nannten, „combat teams“ gefordert. Sie schienen im Laufe der Verhandlungen über den Pleven-Plan von dieser Grundidee abgegangen zu sein. Nunmehr war auf Vorschlag der deutschen Seite die Formulierung „kleine Divisionen“ geläufig.

Am 24. Juli 1951 fand in Paris eine Sitzung der Pleven-Plan-Konferenz statt, auf der ein Zwischenbericht ihrer Tätigkeit genehmigt wurde.

Aus dem Zwischenbericht ging die Einigung der fünf Pleven-Plan-Delegationen darüber hervor, die zu bildenden Streitkräfte der Europäischen Verteidigungsgemeinschaft, mit Ausnahme der überseeischen Streitkräfte und der Polizeitruppen, einer gemeinsamen überstaatlichen Behörde zu unterstellen. Alphand, der Vorsitzende der Pleven-Plan-Konferenz, führte in einer Pressekonferenz am 24. Juli über das Ergebnis der Beratungen wörtlich aus:

„Dieser Zusammenschluß muß sowohl vom Standpunkt der Menschen wie des Materials in dem mit den militärischen Notwendigkeiten zu vereinbarenden Maße so vollständig wie möglich sein. In der gleichen Zeit, in der er deren Wert und Wirksamkeit entwickeln und nicht vermindern soll, soll er auch zusammen mit der Montan-Gemeinschaft für Kohle und Stahl eine sehr wichtige Etappe auf dem Wege zur Bildung eines vereinten Europas darstellen.

Wie Robert Schuman im Europarat in Straßburg gesagt hat, soll der Vertrag keinerlei Diskriminierungen der Teilnehmerstaaten enthalten.“

Es war nach dem bisherigen Stand der Beratungen vorgesehen, daß zur Deckung aller Ausgaben der integrierten europäischen Streitkräfte ein gemeinsamer europäischer Verteidigungsfonds errichtet werden sollte. Es sollten ein einheitliches Versorgungssystem und ein gemeinsames Rüstungsprogramm aufgestellt werden, deren Ziel die Normung der Rüstung und die Spezialisierung der Rüstungsproduktion sein sollte, wodurch eine wesentliche Ersparnis an Geldmitteln erreicht würde. In dem Bericht wurde betont, daß die Europäische Verteidigungsgemeinschaft friedlichen Zwecken dienen solle. Die Tatsache, daß die in der Europäischen Verteidigungsgemeinschaft integrierten Streitkräfte nicht mehr von den einzelnen Nationalstaaten befehligt würden, gebe die Garantie dafür, daß das gemeinsame Interesse vor den Zielen der einzelnen Nationen den Vorrang hätte.

Die Beziehungen der Europäischen Verteidigungsgemeinschaft zu der NATO sollten sehr eng sein. Es war vorgesehen, daß die integrierte europäische Streitmacht dem atlantischen Kommando zur Verfügung gestellt werden und sich nach seinen Direktiven richten sollte.

Der Zwischenbericht stellte fest, daß zwischen den Delegationen Einigkeit über die Zahl und die Aufgaben der einzelnen zu schaffenden Institutionen erreicht war. Es sollten gebildet werden:

1. Eine europäische Verteidigungsbehörde, die die Aufgabe eines europäischen Verteidigungsministeriums wahrnehmen sollte;
2. ein Ministerrat, dessen Zustimmung erforderlich sein würde, wenn diese Behörde wichtige Entscheidungen zu treffen hätte;
3. eine parlamentarische Versammlung, die aus den gleichen Delegierten bestünde wie die in dem Schuman-Plan für die Montan-Gemeinschaft vorgesehene Versammlung. Diese parlamentarische Versammlung würde die Aufgabe haben, die Amtsführung der unter 1. erwähnten Behörde und in gewissem Umfange die ihr zu gewährenden Kredite zu kontrollieren;
4. ein Gerichtshof zur Entscheidung über etwa auftretende Rechtsfragen.

Die Verbände, aus denen die europäische Streitmacht bestehen würde, sollten hinsichtlich Führung, Ausstattung und Versorgung zu integrierten europäischen Staffeln gehören. Es sollte integrierte Stäbe, integrierte Luftstreitkräfte, Bestimmungen über die Vereinheitlichung und europäische Schulen für die Ausbildung der Kader geben. Der Umfang des Grundverbandes war eine Frage, über die noch Meinungsverschiedenheiten bestanden. Die Regierungen müßten hierüber entscheiden.

Der Vertrag sollte, wie der Schuman-Plan, für fünfzig Jahre geschlossen werden. Die Rekrutierung der Streitkräfte sollte in der Übergangszeit, in der die überstaatliche Behörde noch keine Zuständigkeit hatte, durch die nationalen Behörden erfolgen.

XIX. FORTSCHRITT

1. Revision des Besatzungsstatutes vom 6. März 1951 – Bundesrepublik Deutschland wird vollberechtigtes Mitglied des Europarates – Beendigung des Kriegszustandes

Ich war seit Konstituierung der Bundesrepublik ständig bemüht gewesen, Schritt für Schritt die Souveränität der Bundesrepublik zu erlangen. Ein wesentlicher Fortschritt in dieser Richtung war die Revision des Besatzungsstatutes, die im März 1951 in Kraft trat.

Im Besatzungsstatut war eine Revisionsklausel enthalten, nach der nach Ablauf einer angemessenen Frist eine Überprüfung der Bestimmungen „im Lichte der Erfahrungen" erfolgen solle. Ein auf Grund eines Beschlusses der Londoner Außenministerkonferenz der drei Westmächte vom Mai 1950 eingesetzter Sachverständigenausschuß erhielt die Aufgabe, Änderungsvorschläge auszuarbeiten. Auf der Außenministerkonferenz der drei Westmächte im September 1950 in New York hatte man sich auf wesentliche Erleichterungen für die Bundesrepublik geeinigt, von denen die wichtigsten jedoch an die Erfüllung von zwei Voraussetzungen gebunden waren. Die Forderungen bestanden in der Anerkennung der Auslandsschulden des Deutschen Reiches und in der Bereitschaftserklärung, sich an einer gemeinsamen Verteilung der für Kriegsindustrien notwendigen Rohstoffe zu beteiligen.

Ich habe bereits erwähnt, daß der Bundestag zu der ersten Forderung seine Zustimmung geben mußte. Anfang März 1951 war eine Einigung der Fraktionen des Deutschen Bundestages erreicht, und ich konnte den Hohen Kommissaren eine entsprechende schriftliche Mitteilung machen. Mit Schreiben vom 6. März 1951 bestätigte ich, daß die Bundesregierung für die „äußeren Vorkriegsschulden des Deutschen Reiches" hafte ebenso wie für die Schulden aus der seit Kriegsende geleisteten Wirtschaftshilfe. Im Interesse einer Wiederherstellung normaler Wirtschaftsbeziehungen zwischen der Bundesrepublik und anderen Ländern regte ich an, „sobald wie möglich einen Zahlungsplan auszuarbeiten, der die Regelung der öffentlichen und privaten Forderungen gegen Deutschland und deutsche Staatsangehörige zum Gegenstand" habe*.

Zu der Frage der Rohstoffverteilung hatten die Hohen Kommissare der

* Wortlaut des Schreibens vom 6. März 1951 betr. Anerkennung der deutschen Auslandsschulden siehe Dokumentenband.

Bundesregierung Vorschläge unterbreitet. Gleichfalls am 6. März 1951 gab ich hierzu in einem Schreiben die positive Stellungnahme der Bundesregierung bekannt. Ich erklärte die Bereitschaft der Bundesregierung, bei einer Verteilung von Rohstoffen, Erzeugnissen und Dienstleistungen, die knapp seien oder knapp werden könnten oder die für die gemeinsame Verteidigung erforderlich seien oder erforderlich werden könnten, mitzuwirken.

Damit waren die Bedingungen erfüllt, die das Inkrafttreten der sehr wesentlichen Erleichterungen für die Bundesrepublik Deutschland zur Voraussetzung hatte.

Noch am Tage der Zustellung meiner Briefe verkündete die Alliierte Hohe Kommission das Inkrafttreten der in New York beschlossenen Änderungen des Besatzungsstatutes. Ich begrüßte diese erste Revision des Besatzungsstatutes, der noch weitere Revisionen folgen sollten, als einen Fortschritt auf dem Wege zur vollen Souveränität der Bundesrepublik und gleichzeitig als eine Etappe auf dem Wege zur völligen Beseitigung des Besatzungsstatutes. Diese Revision war eine wichtige Maßnahme mit dem Ziel einer Normalisierung der deutsch-alliierten Beziehungen. Sicherlich entsprach das Ausmaß der gewährten Erleichterungen nicht meinen Hoffnungen und Forderungen, aber es bedeutete einen guten Beginn.

Ein großer Fortschritt bestand in der Übertragung der Vollmachten für einen regulären Auswärtigen Dienst von den Besatzungsmächten auf die Bundesrepublik. Die wirtschaftlichen Erleichterungen und die neuen Bestimmungen auf dem gesetzgeberischen Gebiet waren gleichfalls sehr wichtig.

Artikel 3 des Besatzungsstatutes blieb unverändert bestehen. In diesem Artikel hieß es unter anderem:

„... Die Besatzungsbehörden behalten sich jedoch das Recht vor, auf Anweisung ihrer Regierungen ganz oder zum Teil die Ausübung der vollen Gewalt wiederaufzunehmen, wenn diese Regierungen der Auffassung sind, daß dieses für die Sicherheit oder die Erhaltung der demokratischen Regierung in Deutschland oder in Wahrnehmung der internationalen Verpflichtungen ihrer Regierungen notwendig ist. Bevor sie dieses tun, werden sie die zuständigen deutschen Behörden förmlich von diesem Beschluß und den dafür maßgeblichen Gründen in Kenntnis setzen."

Die Beibehaltung dieses Rechtes der Alliierten wurde in Deutschland kritisiert. Um diese Kritik zu entschärfen, wies ich in einer Presseverlautbarung darauf hin, daß Deutschland von ganz besonderen Gefahren bedroht sei, die es für die Alliierten notwendig machen könnten, auf diesen Vorbehalt zurückzugreifen. Man dürfe außerdem die Mentalität der anderen Völker nicht außer acht lassen und müsse erkennen, daß die Entwicklung zur vollen Souveränität nur in Etappen verlaufen könne.

Die Umwandlung der bisherigen Dienststelle für Auswärtige Angelegenheiten in ein Auswärtiges Amt bedeutete einen sehr großen Fortschritt, da wir nunmehr direkt mit den Regierungen anderer Staaten Verhandlungen und Beratungen aufnehmen konnten. Auf einer Sitzung des Bundeskabinetts vom 13. März 1951 wurde beschlossen, daß ich bis auf weiteres neben dem Amt des Bundeskanzlers auch die Aufgaben eines Bundesministers des Auswärtigen wahrnehmen würde. Am 15. März 1951 erhielt ich von Bundespräsident Professor Heuss die Ernennungsurkunde zum Außenminister.
Ich beabsichtigte nicht, nach der nunmehr erfolgten Schaffung eines Auswärtigen Amtes auf außenpolitischem Gebiet sofort sehr aktiv zu werden. Bei Betrachtung der psychologischen Situation der Völker in ihrer Haltung gegenüber Deutschland erschien es mir angebracht, zunächst Zurückhaltung zu bewahren.

Ein weiterer sehr wichtiger Schritt auf dem Wege zur Erlangung der Souveränität war der Beschluß des Ministerausschusses des Europarates vom 2. Mai 1951, die Bundesrepublik als vollberechtigtes Mitglied aufzunehmen. An der Frühjahrstagung der Beratenden Versammlung des Europarates nahm somit die Bundesrepublik zum erstenmal als vollberechtigtes Mitglied teil.
Der holländische Außenminister Stikker hielt in seiner Eigenschaft als derzeitiger Vorsitzender des Ministerausschusses eine an mich gerichtete Begrüßungsansprache. Er sagte:
„Dieses ist die dritte internationale Organisation, in der ich Deutschland seinen legitimen Platz einnehmen sah. Zuerst geschah es in der OEEC und in der Europäischen Zahlungsunion, später beim Schuman-Plan und jetzt im Europarat. Ich sagte ‚seinen legitimen Platz', weil es Westeuropa klargeworden ist, daß Europa nicht ohne Deutschland und daß Deutschland nicht ohne Europa existieren kann. Mir ist die Bedeutung bewußt, die Deutschland und besonders die Jugend den Prinzipien des Europarates beimißt: der Erhaltung des Friedens und dem Streben nach größerer Einigkeit unter seinen Mitgliedstaaten."
Ich dankte Stikker für seine Worte und erklärte, daß die Aufnahme als Mitglied in den Europarat für die Bundesregierung und für das ganze deutsche Volk sehr bedeutungsvoll sei. Ich griff die Worte Stikkers auf, nach denen Europa nicht ohne Deutschland und Deutschland nicht ohne Europa existieren könne. Ich fügte hinzu, daß die Deutschen ihre ganze Kraft einsetzen würden für Europa und für den Frieden.
Die Bundesrepublik hatte in der kurzen Zeitspanne von 18 Monaten einen weiten Weg von völliger Unselbständigkeit zur Gleichberechtigung in der

europäischen Gemeinschaft zurückgelegt. Die Mitgliedschaft der Bundesrepublik in der Montanunion und im Europarat waren entscheidende Etappen auf dem Weg der Bundesrepublik in die europäische Gemeinschaft. Diese Erfolge in so kurzer Zeit waren nur möglich, weil das deutsche Volk durch seinen Fleiß, seine Energie und seine Fähigkeiten der Bundesregierung die Voraussetzungen zu ihrer Arbeit gegeben hatte.

Etwas mehr als eineinhalb Jahre, nachdem die deutsche Bundesrepublik ins Leben getreten war, wurde sie als gleichberechtigtes Mitglied in den Europarat und damit in das repräsentativste Gremium der europäischen Völker aufgenommen. Dieses Ereignis erfüllte mich mit großer Freude und Genugtuung. Wenn man die verhältnismäßig kurze Zeitspanne überdenkt, in der dieser Erfolg erreicht wurde, so darf man dabei nicht vergessen, wie schwer es gewesen ist, das Tor nach Europa wieder zu öffnen. Ich hatte bei meinem Regierungsantritt im Herbst 1949 mit allem Nachdruck darauf hingewiesen, daß es uns viel Geduld kosten würde, die psychologischen Hemmungen rings um uns zu beseitigen. Ich wurde, da wir die erste Etappe unseres Wiedereintritts in die europäische Gemeinschaft zurückgelegt hatten, nicht müde zu wiederholen, daß das seelische Trauma, das durch den Nationalsozialismus bei unseren Nachbarn entstanden war, nur dann heilen werde, wenn wir die gewährte Gleichberechtigung nicht als Wiederherstellung einer überholten Souveränitätsvorstellung im Stil des nationalistischen 19. Jahrhunderts ansähen, sondern als unsere Chance, in und mit Europa zu leben.

In dem Beschluß des Ministerausschusses des Europarates vom 2. Mai 1951 sah ich eine Bestätigung meiner Politik der zähen Geduld. Nicht die Politik des Faustschlages auf einen noch gar nicht erreichten Verhandlungstisch, sondern die unermüdliche Bekundung unseres Willens zur Mitarbeit an der Sicherung des Friedens und des sozialen Fortschrittes in Europa hatte auf dem Wege über das Petersberger Abkommen, den Eintritt in die OEEC und die Mitarbeit am Schuman-Plan uns jenes Maß an Souveränität wiedergebracht, das unserer Lage entsprach und das wir nur erhalten und erweitern konnten, wenn wir es als friedliches Kapital in die kommende europäische Föderation einbrachten.

Es konnte nicht deutlich und nicht oft genug gesagt werden, daß eine neue Epoche der europäischen Politik begonnen hatte. Ihre Besonderheit lag darin, daß die führenden Politiker der noch freien Völker Europas klar erkannt hatten, daß das Zeitalter der gegeneinander gerichteten Souveränitätskomplexe in Europa in kürzester Zeit beendet sein mußte, wenn unser Kontinent nicht dem Bolschewismus verfallen sollte. Einer der energischsten Verfechter dieser europäischen Föderationspolitik, der französische Außen-

minister Robert Schuman, hatte diese Erkenntnis, die der innerste Antrieb seiner Deutschlandpolitik war, in folgende Worte gefaßt:
„Die Zerstückelung Europas ist zu einem Anachronismus geworden, zu einem Nonsens, zu einer Anarchie."
Ich bemühte mich, diese Worte mit allem Nachdruck in das Bewußtsein aller Deutschen einzuprägen, und ich ergänzte sie durch den Hinweis, daß gerade das Abbauen der Anachronismen zu den notwendigsten, aber auch schwierigsten Dingen in der Politik überhaupt gehöre.
Der Widerstand, dem der Schuman-Plan als Grundlage der europäischen Föderation bei einem Teil der Deutschen begegnete, bewies, wie schwer es war, diesen Teil der Deutschen von ihrem bisherigen nationalistischen Denken zu befreien. Noch immer wurden die selbstmörderischen Träume von nationaler Autarkie weitergeträumt, obwohl jeder die Tatsachen an der Hand abzählen konnte, die nicht nur für uns, sondern mehr oder weniger für alle europäischen Völker die völlig neue Situation der gegenseitigen Hilfsbedürftigkeit und der unausweichlichen Schicksalsgemeinschaft geschaffen hatten.
Der von der Opposition offen ausgesprochene Vorwurf, ich hätte mit der Unterschrift unter den Schuman-Plan die deutsche Souveränität verkauft, erregte im Ausland ein besorgniserregendes Echo. Derartige unverantwortliche nationalistische Exzesse zeigten sehr deutlich, wie aufmerksam und betroffen unsere Nachbarn alles registrierten, was einem nationalistischen Restaurationsbedürfnis in Deutschland ähnlich sah. Geradezu unübersehbar groß aber war der Schaden, der aus einer Verleumdung der ehrlichen Absichten unserer Schuman-Plan-Partner, insbesondere der französischen Initiatoren, für unsere Stellung in Europa erwuchs. Diese Unverantwortlichkeiten rissen immer wieder alte Wunden auf und stärkten das Mißtrauen gegen Deutschland. Von der Überwindung des aus drei deutsch-französischen Kriegen gespeisten Mißtrauens hing für Deutschland und für Europa alles ab. Die Beseitigung dieser Wurzel aller politischen Fehlentwicklungen in Europa war jedoch nicht nur Sache der Politiker, sondern eine wahrhaft nationale und europäische Aufgabe für alle, die im Zeichen unserer Gleichberechtigung die Kontakte mit unseren Nachbarn verstärkten. Man durfte dabei nie vergessen, daß zwischen Bonn und Paris die riesigen Leichenfelder von Verdun liegen und daß es einer gemeinsamen und fortgesetzten Anstrengung des guten Willens aller bedurfte, um endlich eines der tragischsten Kapitel in der Geschichte Europas zu schließen und ein neues zu beginnen.
Wir hatten wieder, wie Stikker in Straßburg sagte, unseren „legitimen Platz in Europa, weil es Westeuropa klargeworden ist, daß Europa nicht

ohne Deutschland und daß Deutschland nicht ohne Europa existieren kann". Diesen legitimen Platz zu erhalten und ihn für Deutschland voll auszufüllen, da er das Forum für die Lösung der unsere eigenen Kräfte übersteigenden Probleme war und ist, darin lag und liegt die eigentliche Aufgabe für eine deutsche Politik, deren Devise „Deutschland in Europa" heißt und die es mit dem Geiste wahrhaft europäischer Zusammenarbeit mehr denn je zu erfüllen galt, nachdem das Eis um Deutschland gebrochen war.

Ein weiterer wichtiger Schritt auf dem Wege zur Gleichberechtigung Deutschlands war die mir durch Schreiben der drei Hohen Kommissare am 9. Juli 1951 übermittelte Erklärung der drei Westmächte, den Kriegszustand mit Deutschland zu beenden. Kurz zuvor hatten bereits 37 Staaten gleichfalls erklärt, daß für sie der Kriegszustand mit Deutschland beendet sei. Damit hatten zu diesem Zeitpunkt 46 Staaten entweder den Kriegszustand mit Deutschland bereits beendet oder entsprechende Gesetzesverfahren eingeleitet, um das zu bewirken.

Durch diese Erklärungen war noch kein Friedensvertrag geschlossen, sondern es war durch diese Beschlüsse lediglich zum Ausdruck gebracht worden, daß die diskriminierenden Erschwerungen, die die miteinander kriegführenden Staaten von beiden Seiten den Angehörigen der anderen Staaten auferlegt hatten, nunmehr überwunden waren. Aber es war ein großer Fortschritt.

2. Drei-Mächte-Erklärung und Abschlußkommuniqué über die Außenministerkonferenz vom September 1951

Der amerikanische Hohe Kommissar McCloy hielt sich in den ersten Sommermonaten 1951 zu Beratungen mit der amerikanischen Regierung in den Vereinigten Staaten auf. Am 23. Juni 1951 wurde mir ein Interview bekannt, das McCloy in Amerika gegeben hatte und in dem er dafür eintrat, die drei wesentlichen Bedingungen, unter denen die deutsche Bundesregierung sich bereit erklären würde, einen Beitrag zur Europäischen Verteidigungsgemeinschaft zu leisten, zu erfüllen. Als diese Bedingungen nannte er die völlige Gleichberechtigung mit den anderen Staaten der zu bildenden Europäischen Verteidigungsgemeinschaft, die Verlegung ausreichender alliierter Streitkräfte nach Deutschland, um dem deutschen Volk das Gefühl der Sicherheit zu geben, und drittens, daß innerhalb der europäischen Verteidigungsarmee keine Unterschiede zwischen Deutschen und Angehörigen anderer Staaten gemacht würden. McCloy kündigte an, daß diese Bedingungen, soweit sie nicht bereits erfüllt seien, in Kürze berücksichtigt würden, da die Westalliierten ein aufrichtiges Interesse daran hätten, Deutschland wieder zu einem freien, unabhängigen und gleichberechtigten Mitglied der Völkerfamilie zu machen.

Diese in der Öffentlichkeit abgegebenen Äußerungen McCloys waren ein ermutigendes Zeichen für die Haltung der amerikanischen Regierung auf der bevorstehenden westlichen Außenministerkonferenz, die für September 1951 angesetzt war.

Die Stimmung der Bevölkerung in der Bundesrepublik hinsichtlich der Frage eines deutschen Verteidigungsbeitrages war positiv geworden. So antworteten auf die Frage des Emnid-Institutes vom Juni 1951 „Hat Ihrer Meinung nach Deutschland Pflichten im Rahmen der europäischen Verteidigung?“ 45 Prozent mit „Ja“, 26 Prozent mit „Nein“, 29 Prozent waren ohne Meinung.

Am 10. September 1951 begann in Washington die Konferenz der Außenminister der drei Westmächte, auf der Dean Acheson die Vereinigten Staaten, Herbert Morrison Großbritannien und Robert Schuman Frankreich vertraten. Auf dieser Konferenz sollte versucht werden, neue Wege für die Eingliederung Deutschlands in die Gemeinschaft der freien Völker zu finden. Die Beratungen endeten am 14. September 1951. Ihre Ergebnisse wurden in einer Drei-Mächte-Erklärung und einem Pressekommuniqué veröffentlicht. Diese Beschlüsse waren für uns Deutsche, aber nicht nur für uns Deutsche, sondern für ganz Europa und die Welt von denkbar größter Bedeutung.

In den Veröffentlichungen, die über die Beratungen herausgegeben wurden, waren an erster Stelle die Bereitschaft zur Beteiligung Deutschlands an der Verteidigung des Westens und der Wille zur Herbeiführung der Einheit Europas hervorgehoben worden. Es wurde die Hoffnung ausgesprochen, daß durch Verhandlungen mit der Bundesregierung Abkommen zwischen den vier Regierungen zustande kämen, die die Beteiligung Deutschlands an der gegenwärtig in Vorbereitung befindlichen Europäischen Verteidigungsgemeinschaft herbeiführen sollten.

Weiter wurde ausgeführt, daß der Eintritt der Bundesrepublik in die Europäische Verteidigungsgemeinschaft auf der Grundlage der Gleichberechtigung und eine Beteiligung der Bundesrepublik an den vorgesehenen Maßnahmen ohne eine völlige Änderung des Charakters der Beziehungen der drei Mächte zu der Bundesrepublik nicht möglich sei. Die Hohen Kommissare wurden von ihren Regierungen beauftragt, so bald wie möglich Verhandlungen mit der Bundesregierung aufzunehmen mit dem Ziel, das Besatzungsstatut durch ein System von Verträgen abzulösen, die auf der Basis der Gleichberechtigung für Deutschland abgeschlossen werden sollten. Das Ziel der Verhandlungen sollte sein, die Souveränität der Bundesrepublik wiederherzustellen, wobei sich Einschränkungen im wesentlichen nur

aus der Tatsache der Zweiteilung Deutschlands und den Gefahren der allgemeinen politischen Weltlage ergaben, und zwar insbesondere für die Sicherheit der alliierten Truppen im Bundesgebiet sowie für die Stellung Berlins und die Wiedervereinigung Deutschlands. Die Alliierte Hohe Kommission sollte aufgelöst werden. Die drei Westmächte sollten in Zukunft durch Botschafter vertreten sein. Bei den Beratungen zwischen der Bundesregierung und den Hohen Kommissaren sollte ein Weg gefunden werden, die Mitwirkung der Bundesrepublik bei der Verteidigung Europas im Rahmen einer europäischen Armee herbeizuführen, die ihrerseits der Organisation der Nordatlantikpaktstaaten (NATO) unterstehen sollte.
Die Verhandlungen sollten nach Rückkehr der Hohen Kommissare, die an der Washingtoner Außenministerkonferenz teilgenommen hatten, beginnen, und zwar am 24. September 1951.
Aus den Veröffentlichungen über die Außenministerkonferenz der drei Westmächte sprach sehr stark der feste Wille der Westalliierten, uns eine volle, gleichberechtigte Partnerschaft anzubieten. Wir Deutschen konnten davon nur mit großer Freude Kenntnis nehmen. Wir mußten uns davor hüten, zu diesem Zeitpunkt schon alle möglichen Betrachtungen über die uns noch unbekannten Einzelweisungen, die die Hohen Kommissare mir mitteilen würden, anzustellen. Das Entscheidende war, daß es zu echten Verhandlungen kommen würde. Ich war gewillt, in diese Verhandlungen einzutreten unter Berücksichtigung der großen Gesichtspunkte, die für unsere Entscheidungen maßgebend sein mußten. Ich ging in diese Verhandlungen hinein mit Optimismus und mit Vertrauen.

3. Analyse der Weltsituation

Um zu einem richtigen Urteil über die Bedeutung der bevorstehenden Verhandlungen zu kommen, ist es notwendig, die politische Geschichte der Jahre seit dem Zusammenbruch 1945, die Zuspitzung der weltpolitischen Lage und die Entwicklungstendenzen der letzten Monate zu berücksichtigen. In der Entwicklung seit 1945 muß man unterscheiden die Periode von 1945 bis zum Ausbruch des Konfliktes in Korea im Sommer 1950 und die Zeit danach. In den ersten fünf Jahren nach dem Zusammenbruch Deutschlands hatten die Westalliierten im Gegensatz zu Sowjetrußland abgerüstet. Sie hatten zum Teil ihre Rüstungswerke völlig vernachlässigt. Sie hatten so gehandelt, als wäre der ewige Friede über die Welt gekommen. Ein Land handelte anders – und das war Sowjetrußland. Sowjetrußland hatte seit 1945 ständig und mit aller Kraft unter Vernachlässigung der dringendsten innenpolitischen Aufgaben weitergerüstet. Es hatte die Zeit seit 1945 benutzt, um auf dem Wege des Kalten Krieges, ohne daß auch nur ein einziger russischer Soldat eingesetzt worden wäre, sein Gebiet in ungeheurer Weise zu erweitern. Es hatte seit 1944 die Souveränität vieler Staaten vernichtet. Sowjetrußland hatte sich seit 1944 die drei baltischen Staaten einverleibt; Polen, Rumänien, Bulgarien, Albanien, Ungarn, die Tschechoslowakei und die sogenannte DDR hatte es zu Satellitenstaaten gemacht. Es hatte ferner in Frankreich und in Italien große kommunistische Parteien aufgebaut, und es hatte versucht, die Bundesrepublik auf dem Wege des Kalten Krieges reif für den Kommunismus zu machen.

Durch die Vorgänge in Korea waren den Westalliierten die Augen darüber aufgegangen, wohin die russische Politik führte. Seit Korea rüsteten die Vereinigten Staaten von Amerika mit ganzer Kraft auf. Diese Reaktion hatten die Russen nicht einkalkuliert. Sie hatten, nach meiner Überzeugung, geglaubt, daß die übrige Welt auch Korea schlucken würde, aber die übrige Welt hatte Korea nicht geschluckt.

Seit Korea war sich Amerika darüber klar, daß es nicht genügte, Europa wirtschaftlich zu unterstützen, sondern daß gegenüber einem Land wie Sowjetrußland nur eines wirkt: Macht. Ich weiß nicht, ob sich jemals zuvor in der Weltgeschichte ein Land, das als Sieger aus einem Krieg hervorgegangen war, das dadurch ungeheure Machtfülle auf sich konzentrierte, der Verpflichtung bewußt geworden ist, die eine solche Machtkonzentration dem betreffenden Land auferlegt. Ich weiß nicht, ob jemals in der Geschichte nach einem derart furchtbaren Kriege ein Land dem am Boden liegenden Feind so zu Hilfe gekommen ist, wie das die Vereinigten Staaten uns gegenüber taten.

Man mußte sich unsere Situation vor Augen führen: Auf der einen Seite das hochaufgerüstete Sowjetrußland mit seinen Satellitenstaaten, auf der anderen Seite die westliche Welt, die begann, sich aufzurüsten und zu formieren. Wir, die Bundesrepublik, lagen dazwischen, entmilitarisiert, nicht souverän, übervölkert, mit drückenden sozialen Problemen belastet, mit einer in vieler Beziehung schwer notleidenden Bevölkerung, so lagen wir mitten zwischen diesen Kräftepolen. Wir befanden uns in einem Vakuum zwischen dem Ostblock und den Westalliierten, ohne Möglichkeit, uns aus eigener Kraft zu schützen und zu verteidigen. Dieser Zustand war auf die Dauer unmöglich.

Diesen Zustand des Vakuums mußten wir uns vor Augen halten, wenn wir einen richtigen Standpunkt einnehmen wollten in der kommenden Entwicklung.

Die Sowjetrussen sind sehr kühle Rechner. Sie werden nicht, wie die Führer des deutschen Nationalsozialismus es getan haben, mit dem Kopf gegen die Wand rennen. Sowjetrußland berechnet kühl und ruhig die Chancen zu gewinnen oder zu verlieren. Bisher hatte Sowjetrußland durch den Kalten Krieg für einen sehr billigen Preis ungeheure Gewinne gemacht. Es würde versuchen, auf diesem Wege fortzufahren, und es würde versuchen, auf dem Wege des Kalten Krieges den Gewinn zu machen, der ihm als der höchste Gewinn vorschwebte: die Neutralisierung und schließlich die Einverleibung der Bundesrepublik in den sowjetrussischen Machtbereich. Eine neutralisierte und demilitarisierte Bundesrepublik würde in verhältnismäßig sehr kurzer Zeit ein Satellitenstaat werden wie die osteuropäischen Länder. Falls Sowjetrußland dieses Ziel erreichte, hätte es einen derartigen Zuwachs an Kriegspotential sowohl materiell wie personell gewonnen, daß es den Vereinigten Staaten überlegen wäre. Denn Frankreich und Italien mit ihren kommunistischen Parteien würden dann Sowjetrußland ohne weiteres wie reife Äpfel in den Schoß fallen.

Ein Abschluß von Verträgen mit den Westalliierten, wie sie laut den Veröffentlichungen über die Außenministerkonferenz der drei Westmächte vom 14. September 1951 vorgesehen waren, würde dem auf die Dauer unmöglichen und untragbaren Zustand der Bundesrepublik, nämlich dem eines politischen und militärischen Niemandslandes, ein Ende machen. Die Bundesrepublik würde Vertragspartner der Westalliierten zur gegenseitigen Verteidigung gegen jeden Angriff auf Deutschland oder Europa werden. Sie würde gleichzeitig ihre volle Souveränität wiedererhalten. Damit würde Sowjetrußland eine vernichtende Niederlage seiner Politik in Westeuropa erfahren.

Das Ziel der sowjetrussischen Europapolitik war völlig klar. Die Sowjetunion wollte zunächst den politischen und militärischen Schwebezustand Deutschlands erhalten, weil damit das Zusammenwachsen Westeuropas unmöglich gemacht wurde. Sowjetrußland rechnete damit, daß die Vereinigten Staaten an einem zerbröckelnden Westeuropa – und ohne Zusammenfassung und Integration war Westeuropa dem Zustand des Zerbröckelns überantwortet, waren die westeuropäischen Staaten mehr oder weniger machtlos – kein Interesse mehr hätten und sich aus Europa zurückziehen würden. Sowjetrußland würde dann nicht nur die Bundesrepublik, sondern auch die übrigen westeuropäischen Länder ohne Krieg in seine Einflußsphäre ziehen und schließlich Herr von ganz Europa werden. Was dann unser Los sein würde, war eindeutig. Man brauchte nur an die Tschechoslowakei, an Ungarn, an Polen und die übrigen Satellitenstaaten zu denken. Der Untergang Deutschlands war dann sicher. Die abendländisch-christliche Kultur, das Christentum selbst würden vernichtet werden. Blieb Deutschland Niemandsland und käme es schließlich doch zu einer kriegerischen Auseinandersetzung in Europa, so würde Deutschland Kampffeld für die aufeinanderprallenden Mächte werden. Das Schicksal des unglücklichen Korea wäre dann unser Schicksal. Über Korea war bis zum August 1951 siebenmal der Kampf hin und her gegangen.

Die Erklärungen der Außenminister und der Ausgang der darauf basierenden Verhandlungen mit der Bundesregierung würden Entscheidungen von historischem Ausmaß bringen. Entweder wir blieben politisch und militärisch ein Niemandsland oder wir wurden als freier und gleichberechtigter Staat Partner des europäischen und damit des nordatlantischen Verteidigungssystems gegen jede Aggression Sowjetrußlands.

Das war der Gesichtspunkt, von dem aus ich die Verhandlungen zu führen hatte und deren Ergebnis beurteilen mußte. Wenn man, sei es bei uns in der Bundesrepublik, sei es in Frankreich oder sonstwo in der Welt, bei diesen Verhandlungen an diesem oder jenem Punkt Anstoß nehmen wollte, diese oder jene Sorge und Befürchtung aussprechen sollte, diesen oder jenen Rückblick in die Vergangenheit maßgebend sein lassen würde für die zu treffenden Entscheidungen, so würde man damit in einer historischen Stunde einen völlig falschen Maßstab anlegen. Es galt immer wieder zu versuchen, die Gegebenheiten und Situationen klar und einfach zu sehen. Man durfte sich nicht verwirren lassen durch im Grunde genommen nicht entscheidende Überlegungen. Vor allem aber mußte die Situation Deutschlands unter einem völlig kühlen und verstandesmäßigen Abwägen und Beurteilen der gesamten Weltlage betrachtet werden, losgelöst von allen parteipolitischen Erwägungen und Zielen und Blicken in die Vergangenheit.

Viele stellten damals in der Bundesrepublik und in anderen Ländern Westeuropas die Frage: Wird die Politik der Integration Europas, wird die Politik des Beitritts der Bundesrepublik zur Europäischen Verteidigungsgemeinschaft, die ihrerseits wieder mit der Nordatlantikpakt-Organisation verbunden werden sollte, wird diese Politik nicht geradezu einen Krieg mit Sowjetrußland herbeiführen? Ich war fest überzeugt davon, daß das nicht der Fall sein würde. Die Europäische Verteidigungsgemeinschaft würde ihrer ganzen inneren Struktur nach einen eindeutig defensiven Charakter haben. Es war völlig ausgeschlossen, daß sie irgendwelche offensiven Absichten verfolgte. Die drei Außenminister hatten in ihren Veröffentlichungen am 14. September 1951 ausdrücklich folgendes erklärt:

„Die drei Minister bestätigen erneut, daß diese Politik, die zusammen mit den anderen freien Nationen verfolgt werden wird, auf die Schaffung und Aufrechterhaltung eines dauerhaften Friedens hinzielt, der auf Recht und Gerechtigkeit begründet ist. Ihr Ziel besteht darin, das Gedeihen und die

Sicherheit Europas zu fördern, ohne in irgendeiner Weise den rein defensiven Charakter der Nordatlantikpakt-Organisation zu ändern. Sie bestätigen erneut ihre Entschlossenheit, die Verwendung eines derartigen Abkommens zur Verfolgung einer aggressiven Politik unter keinen Umständen zuzulassen."

Die Sowjetunion hatte seit 1945 ständig von Frieden und Freiheit geredet. Sie hatte aber als einzige Großmacht seit 1945 vielen Völkern Frieden und Freiheit genommen und uns ständig bedroht. Sowjetrußland ist zwar konsequent und zielbewußt in seiner Außenpolitik, aber auch vorsichtig. Es würde keine großen Risiken eingehen. Wenn Europa und die Vereinigten Staaten sich zur gemeinsamen Verteidigung zusammenschlössen, würde es für Sowjetrußland mehr als gefährlich sein, einen Krieg mit dieser Macht zu beginnen. Ich hoffte, daß, wenn dieser Zusammenschluß der Kräfte Westeuropas und der Vereinigten Staaten vollzogen sein würde, dann auch Verhandlungen mit Sowjetrußland möglich werden würden, um der Welt einen dauerhaften Frieden zu geben.

4. Besprechung mit den Hohen Kommissaren am 24. September 1951

Am 24. September 1951 traf ich, wie vorgesehen, mit den alliierten Hohen Kommissaren auf Schloß Ernich, dem Sitz des französischen Hohen Kommissars, zusammen, um gemäß den Washingtoner Beschlüssen die Verhandlungen über die zu schaffenden Verträge aufzunehmen.

François-Poncet übergab mir einen schriftlichen Bericht über die Ergebnisse der Washingtoner Außenministerkonferenz und überreichte mir gleichzeitig den Entwurf eines Generalabkommens* mit der Bundesrepublik als Grundlage für die kommenden Erörterungen.

Ich überflog die mir übergebenen Papiere und stellte fest, daß in dem Vertragsentwurf eine Klausel über die gegenseitige Konsultation hinsichtlich der Beziehungen zum Ostblock nicht enthalten war. Ich wies die Hohen Kommissare darauf hin und fragte, wie ich das zu verstehen hätte.

François-Poncet erwiderte, daß man in der Vergangenheit der Bundesrepublik bereits mehrfach die Zusicherung der Unterrichtung gegeben hätte. Diese Konsultation sei auch tatsächlich bei den letzten internationalen Ab-

---

* In den ersten Verhandlungsmonaten wurde der abzuschließende Vertrag als „Generalvertrag" und auch als „Deutschlandvertrag" bezeichnet. Ich verwende in meiner Darstellung die im Laufe der Zeit üblich gewordene Bezeichnung „Deutschlandvertrag".

machungen verschiedentlich erfolgt. Eine erneute Zusicherung wäre möglich. Er wies mich auf die Konsultationsbestimmungen hin, die im alliierten Entwurf hinsichtlich Gesamtdeutschlands und Berlins vorgesehen wären.
Ich vermißte ferner eine Bestimmung über die Sicherheitsgarantie und militärische Gegenleistungen der Alliierten im Falle eines deutschen Verteidigungsbeitrages.
McCloy entgegnete auf diesen Hinweis, daß die von mir angeschnittenen Fragen in den Verhandlungen geklärt werden müßten.
Kirkpatrick ging gleichfalls auf meine Beanstandungen ein und meinte, man solle die Dinge nicht zu pessimistisch behandeln, um dem deutschen Volk nicht das Gefühl zu geben, daß man an einen Friedensvertrag nicht glaube. Er sei der Auffassung, daß das bevorstehende Stadium eine Übergangslösung darstelle, die man zu einer vertraglichen Regelung erweitern könne.
Ich erklärte, das deutsche Volk sähe ein, daß ein Friedensvertrag zur Zeit nicht möglich sei. Ein Vertrag, der sich als ein Ersatz für eine Friedensregelung darstelle, würde akzeptiert werden. Das deutsche Volk würde aber nicht verstehen, wenn zwischen Besatzungsstatut und Friedensvertrag eine Zwischenstation eingeschaltet würde. Ich bat dringend, alles zu tun, damit die Vorschläge, wie sie mir überreicht worden waren, nicht an die Öffentlichkeit drängen.
Es wurde eine Pause eingelegt, um mir Gelegenheit zu geben, die mir überreichten Papiere eingehend zu studieren. Nach Wiederaufnahme der Verhandlungen erklärte ich, daß ich mich in einer sehr schwierigen Situation befände. Ich glaubte, daß ich den Hohen Kommissaren volle Offenheit schuldig sei. Ich hätte um so mehr Recht auf gegenseitige Offenheit, als ich bewiesen hätte, wie sehr mir an einer baldigen Integration Europas liege. Mein Ausgangspunkt für die gegenwärtigen Verhandlungen sei die Vorstellung, daß die Beseitigung des Besatzungsstatutes gleichzeitig mit dem deutschen Verteidigungsbeitrag vor sich gehen müsse. Ein deutscher Verteidigungsbeitrag, das heißt der Eintritt in eine Europa-Armee, verlange andere Voraussetzungen, als sie der mir vorgelegte Entwurf und seine Erläuterungen gäben. Ein Volk könne einen Verteidigungsbeitrag nur leisten auf dem Boden der Gleichberechtigung und der Gegenseitigkeit. Ich hätte geglaubt, daß das Vertragswerk auf diesen beiden Bedingungen basieren werde. Ich bat die Hohen Kommissare, nicht zu glauben, daß ich vergessen hätte, wieviel Unglück Deutschland über die Welt gebracht hätte. Man müßte sehr kühl an die Zukunft denken angesichts der schweren Gefahren, die uns bedrohten. Wir Deutsche könnten nicht verlangen, daß die Welt vergesse. Die Zukunft dürfe aber nicht auf den Gefühlen der Vergangenheit aufgebaut werden.

Es gebe rechtliche Tatbestände und gesetzgeberische Maßnahmen, die die Hohe Kommission getroffen hätte und die von der Bundesrepublik weiterverfolgt werden müßten. Ich als Bundeskanzler verstünde durchaus, daß diese Bestimmungen nicht einfach von heute auf morgen aufgehoben werden könnten. Über diese Dinge müßte beraten werden.

Der Grundsatz der Gleichheit, den man in den Washingtoner Erklärungen proklamiert hätte, sei aber in entscheidenden Punkten in den mir übergebenen Papieren nicht aufrechterhalten worden. So könne man zum Beispiel von Freiheit in außenpolitischen Fragen nicht sprechen, wenn ein Botschafterrat eingesetzt werde – wie in dem Entwurf vorgesehen –, der mit Mehrheitsentscheidungen in die deutsche Außenpolitik eingreifen könnte und dem ein Inspektionsorgan angegliedert würde. Hierdurch würde in der Bundesrepublik der Eindruck erweckt, daß die Hohe Kommission in neuer Aufmachung fortbestünde.

Weiter führte ich aus, bei der Abfassung des mir vorgelegten Entwurfs scheine der Gedanke der europäischen Armee beiseite gelegt zu sein. Die Bundesrepublik solle keine Flugzeuge und keine schweren Waffen produzieren und keine Atomstudien betreiben. Wenn man aber eine europäische Armee schaffe, an der mehrere Staaten mitwirkten, dann sei es unmöglich, für den einen Teilnehmer Verbote zu schaffen und für den anderen nicht. Diese Fragen müßten Gegenstand der Verhandlungen über die europäische Armee und die westliche Verteidigungsgemeinschaft werden. Wenn man eine europäische Gemeinschaft schaffen wolle, dann müsse man allen Mitgliedern gleiches Vertrauen entgegenbringen. Eine Gemeinschaft mit einem Partner, dem man so wenig Vertrauen schenke wie uns, sei unmöglich.

Wenn die Bundesregierung unter den ihr jetzt vorgelegten alliierten Vertragsentwurf ihren Namen setzte, so würde sie damit das Mißtrauen als berechtigt anerkennen, das gegen uns bestehe. Ich müßte erklären, daß keine deutsche Bundesregierung je ihre Unterschrift unter einen derartigen Vertrag setzen würde.

Es sei unmöglich, dem deutschen Volk klarzumachen, daß es bereit sein solle, Opfer an Menschenleben und materiellen Gütern zu bringen, ohne daß auch gleichzeitig von der anderen Seite eine entsprechende vertragliche Festlegung der Verteidigung des Bundesgebietes erfolgte. Die New Yorker Sicherheitserklärung vom September 1950 sei eine einseitige Erklärung; einseitige Erklärungen könnten auch einseitig zurückgenommen werden.

Zum Wesen eines gegenseitigen Verteidigungsbeitrages gehöre, daß man sich binde hinsichtlich etwaiger Verhandlungen mit dem vermutlichen Gegner. Ich müßte darauf drängen, daß eine Konsultationsklausel in das Vertragswerk eingebaut werde.

Die vorliegenden Vorschläge bedeuteten nichts anderes als einen Abbau des Besatzungsstatutes, während die Bundesregierung eine völlig neue, auf Gegenseitigkeit beruhende Vertragsbasis erstrebe. Ich hielte es deshalb für notwendig, den Hohen Kommissaren in großen Zügen die psychologischen Schwierigkeiten der gegenwärtigen deutschen Lage darzustellen.

Zur Beurteilung der Verfassung des deutschen Volkes müßte man sich vergegenwärtigen, welches Schicksal über das deutsche Volk in den letzten vierzig Jahren hingegangen sei. Im Augenblick trieben die meisten Menschen eine Vogel-Strauß-Politik und glaubten, damit seien die Gefahren aus der Welt geschafft.

Bei der psychologischen Lage des deutschen Volkes wäre der Zeitpunkt da, daß es sich endgültig für oder gegen die Integration in Westeuropa entscheide. Wenn die Integration nicht jetzt erfolge, so wäre der Zeitpunkt endgültig verpaßt. Dann müßte man diesen Plan aufgeben. Ich bat die Hohen Kommissare eindringlich, die Lage unter diesem Gesichtspunkt zu betrachten.

Grotewohl hatte am 15. September 1951 einen Vorschlag bezüglich der Wiedervereinigung gemacht, auf den ich in einem anderen Zusammenhang ausführlich eingehen werde. Ich nahm auf diesen Brief Grotewohls Bezug und fuhr in meinen Ausführungen fort: In die jetzige Situation hinein sei der Vorstoß Grotewohls erfolgt, und es bestünde die Notwendigkeit, dazu Stellung zu nehmen. Ich gab eine Bemerkung eines meiner Mitarbeiter wieder, der beim Überfliegen der Dokumente erklärt habe, daß, wenn sie bekannt würden, sie die beste Unterstützung für Grotewohl darstellten.

Man müsse sich über die Gefühle des deutschen Volkes klar sein. Es handele sich doch jetzt darum, Deutschland in die westeuropäische Gemeinschaft einzugliedern, da es sonst unfehlbar in den Sog des Ostens gerate. Für mich sei die eingetretene Situation äußerst schwierig. Was sollte ich der Opposition, was dem Außenpolitischen Ausschuß über die mir übergebenen Dokumente sagen! Ich wüßte ehrlich nicht, wie ich mich in dieser Situation verhalten sollte.

Ich hatte vor Beginn der Washingtoner Konferenz informell in Einzelgesprächen mit den Hohen Kommissaren Anregungen geäußert hinsichtlich eines zu schließenden Vertrages mit der Bundesrepublik. Ich hatte diese Anregungen schriftlich niedergelegt und übergab sie auf dieser Sitzung den Hohen Kommissaren mit der Bitte, sie zur Grundlage der gegenwärtigen Verhandlungen zu machen.

Der Kernpunkt meiner Anregungen war: Das Besatzungsstatut müsse durch eine vertragliche Vereinbarung zwischen der Bundesregierung und den drei westalliierten Regierungen ersetzt werden, in der ausdrücklich die Sicherung des Bundesgebietes und Berlins gegenüber Angriffen von außen zu gewährleisten sei.

Zu dem abzuschließenden Verteidigungsabkommen erklärte ich, das Abkommen müsse eine Formulierung der Sicherungsgarantien für das Bundesgebiet und Berlin enthalten, ähnlich wie sie in den New Yorker Beschlüssen gegen alle Angriffe, von welcher Seite sie auch kommen mochten, enthalten war.

In die außer diesen Garantien sich ergebenden Verpflichtungen könne die Bundesrepublik durch besondere Formulierungen einbezogen werden.

Der gemeinsame Schutz des Bundesgebietes und Berlins müsse gegeben sein

1. durch alliierte Truppen, das heißt Land-, Luft- und Seestreitkräfte der Vereinigten Staaten, Großbritanniens und Frankreichs und
2. durch deutsche Truppen.

Diese beiden Gruppen müßten nach Organisation, Aufbau, Ausrüstung und Teilnahme am Oberbefehl völlig gleichberechtigt beteiligt sein.

Der Oberbefehl solle international zusammengesetzt sein und in seiner Spitze in gewissen Zeiträumen wechseln, etwa nach zwei Jahren.

Alle Teilnehmerstaaten an diesem Sicherheitspakt müßten sich verpflichten, in ihrer Politik alles zu vermeiden, was eine Gefährdung der Sicherheit des Bundesgebietes und Berlins zur Folge haben könnte. Hierbei wäre zu denken an spezielle Abmachungen des einen oder anderen Vertragspartners mit Ländern, die dem Ostblock angehören.

Es müßte klar herausgestellt sein, daß die Sicherung des Bundesgebietes eine Angelegenheit sei, die die Bundesregierung genauso beträfe wie die drei westalliierten Regierungen, die am Pakt teilnähmen.

Alle sich auf die politischen Auswirkungen des Paktes beziehenden Fragen sollten Gegenstand der Beratungen und Entscheidungen eines Konsultativrates werden, dem Vertreter der drei Westmächte und der Bundesrepublik völlig gleichberechtigt angehörten. Hierbei könnte an eine ständige Botschafterkonferenz gedacht werden, die alle grundsätzlichen Fragen berate und die Wahrung der sich aus dem Sicherheitspakt ergebenden Verpflichtungen überwache.

Ich hatte unter Hinweis auf die außerordentlichen sozialen Lasten, denen die Bundesrepublik auf Grund des Flüchtlings- und Vertriebenenproblems gegenüberstand, eine Verpflichtung der Alliierten gefordert, uns gegebenenfalls bei Überwindung wirtschaftlicher Krisen zu unterstützen.

Ich wies die Hohen Kommissare auf die innenpolitische Lage der Bundesrepublik hin. Den Hohen Kommissaren seien sicherlich die Bestimmungen des Grundgesetzes hinsichtlich des Mißtrauensantrages gegen den Bundeskanzler und abzuhaltender Neuwahlen bekannt. Wenn die gegenwärtigen

Verhandlungen nicht zu einem positiven Ergebnis führten, würde das bei uns große innenpolitische Konsequenzen mit sich bringen. Wenn zu diesem Zeitpunkt Neuwahlen unter der Parole „Für den Verteidigungsbeitrag" oder unter der Parole „Gegen den Verteidigungsbeitrag" erfolgten, so bestehe für mich kein Zweifel, daß die Anhänger der ersten Parole in der Minderheit blieben, da in einem Wahlkampf über dieses Thema unsachliche Argumente von seiten der Opposition die Meinung des deutschen Volkes verwirren würden.

Die der deutschen Bundesregierung gemachten Vorschläge stimmten mit dem Schuman-Plan nicht überein. Ich erklärte den Hohen Kommissaren, daß unter diesen Umständen auch nicht mehr mit einer Mehrheit des Bundestages für die Ratifizierung des Schuman-Planes gerechnet werden könnte. Man sei davon ausgegangen – und auf Grund der Schuman-Plan-Verhandlungen schien die Berechtigung dazu gegeben zu sein –, daß man Deutschland in Zukunft vertrauensvoll als gleichberechtigten Partner behandeln wolle. Der vorliegende Vertragsentwurf gehe zwar davon aus, daß man uns als Partner hinsichtlich der zu erfüllenden Leistungen betrachte, daß man uns aber, abgesehen von gewissen Konzessionen, letzten Endes doch nicht traue. Eine Gemeinschaft gebe es aber nur bei gegenseitigem Vertrauen.

François-Poncet dankte mir dafür, daß ich so offen meine Meinung gesagt hätte. In gewissen Teilen meiner Ausführungen bestünden jedoch Interpretationsfehler. Ich hätte erklärt, daß Deutschland in seiner auswärtigen Politik nicht frei wäre, wenn gemäß dem alliierten Entwurf ein Botschafterrat eingesetzt würde. Die von mir gegebene Interpretation der Aufgaben dieser Institution sei nicht richtig. Die Botschafter würden nur in den Fällen zusammentreten, in denen es sich um Drei-Mächte-Entscheidungen über die von den Alliierten gemachten Vorbehalte handele, also nicht über Fragen der Außenpolitik. Der Botschafterrat solle auf keinen Fall die Funktion eines Kontrollorganes ausüben, im Gegenteil, er solle eine gemischte Kommission sein, in der auch Deutschland mitwirke. Er würde keine andere Aufgabe erhalten, als die Erfüllung der vertraglichen Vereinbarungen auf gewissen Gebieten zu sichern.

Der alliierte Vertragsentwurf enthalte auch die Absicht zur Regelung der gegenseitigen Sicherheit. Ein Teil der deutschen Vorschläge sei akzeptiert. Auf gewissen Gebieten begegne man aber Verfassungsschwierigkeiten.

Nicht durchführbar sei der Vorschlag der Bundesregierung, im Deutschlandvertrag eine alliierte Verpflichtung hinsichtlich wirtschaftlicher Unterstützung zur Überwindung wirtschaftlicher Krisen und Arbeitslosigkeit aufzunehmen.

Die Abschaffung der Hohen Kommission, die Beendigung der Kontrolle überhaupt, einer Kontrolle, die viel länger hätte dauern sollen als zweieinhalb Jahre, scheine für Deutschland kein Preis zu sein. In den Augen der Alliierten jedoch wäre der Verzicht hierauf eine große Konzession.

Ich erwiderte François-Poncet, was er über verfassungsrechtliche Schwierigkeiten der Verträge gesagt hätte, gelte doppelt und dreifach hinsichtlich der Sicherheitsgarantie. Seine Ausführungen hätten gezeigt, daß die Grundlagen, von denen aus man von alliierter und deutscher Seite an die Lösung der gestellten Probleme heranginge, völlig verschieden seien. Für Deutschland sei nicht entscheidend, ob die Hohe Kommission ihre Tätigkeit 1952 oder später einstelle, entscheidend sei vielmehr, daß eine Europäische Verteidigungsgemeinschaft geschaffen würde, die funktioniere, und dies wäre eben nur möglich unter Partnern, die Vertrauen zueinander hätten. Gingen die drei Außenminister von diesem Gesichtspunkt aus, so würde man leicht zu einer vernünftigen Lösung kommen. Ein Vertrag aber, wie er sich nach dem alliierten Entwurf darstelle, würde niemals von einer Bundesregierung dem Bundestag vorgelegt, würde niemals von einem Bundestag ratifiziert werden. Der Gedanke einer europäischen Integration würde damit im Kern getroffen. Ich spräche hier nicht in erster Linie als Deutscher, sondern vielmehr als Westeuropäer.

Kirkpatrick und McCloy waren dem Zwiegespräch zwischen François-Poncet und mir aufmerksam gefolgt. Kirkpatrick meinte, er hätte schon an vielen Verhandlungen teilgenommen, aber er hätte noch keine erlebt, die mit größeren Schwierigkeiten begonnen hätte als diese. Es entspreche den Tatsachen, daß die drei Außenminister mit der getroffenen Regelung für Deutschland einen Platz suchen wollten, der auf Freiheit und Gleichheit basiere. Diese Absicht sei vielleicht nicht in jeder Hinsicht zum Ausdruck gekommen. Darüber müsse man verhandeln. Er sei der Überzeugung, daß es sich hier nicht um unüberwindliche Schwierigkeiten handele. In der Frage des Botschafterrates könnte er sich ein alliiertes Entgegenkommen vorstellen. Die Begrenzung der Produktion auf dem Gebiet der schweren Waffen und der Flugzeuge und das Verbot der Atomforschung auf einer europäischen Ebene müßten mit den Regierungen erörtert werden. Hinsichtlich der Sicherheitsgarantie bestünden ernsthafte verfassungsrechtliche Schwierigkeiten, denn es handele sich hier, soweit Großbritannien in Frage komme, um die Sicherheit seiner gesamten Truppen. Es bestehe nämlich die Absicht, nahezu die ganze englische Armee nach Westdeutschland zu verlegen.

Anschließend ergriff McCloy das Wort. Er sagte, niemand dürfte die ehrliche Absicht der Außenminister bezweifeln, die Integration Europas durchzusetzen, und zwar als entscheidendes Element des Friedens. Die Integration Europas bedeute aber die Eingliederung Deutschlands. Diese sei notwendig, denn ohne Deutschland werde die europäische Integration nicht die Bedeutung erlangen, die die Alliierten erhofften.

Ich hätte einen Entwurf ausgearbeitet und den Hohen Kommissaren soeben übergeben. Er, McCloy, habe sich diesen Entwurf durchgesehen und müsse erklären, daß keines der alliierten Länder in der Lage sein würde, ihn zu unterzeichnen. Er werde jedoch mit als Grundlage für die weiteren Erörterungen dienen.

Die in meinem Entwurf entwickelten Gedanken zur Sicherheitsgarantie und Stärke der alliierten Truppen in Westdeutschland müßten, wenn sie in einem Abkommen Ausdruck finden sollten, von den amerikanischen verfassunggebenden Organen gebilligt werden. Die New Yorker Sicherheitsgarantie vom September 1950 sei mit den beiden Auswärtigen Ausschüssen des Kongresses abgestimmt worden. Man sei damals übereingekommen, diese Erklärung nicht zu ratifizieren, da sie lediglich eine tatsächlich gegebene Lage wiedergebe. Ob eine Bestätigung dieser Sicherheitsgarantie erfolgen könne, werde gegenwärtig noch geprüft. Besprechungen mit dem Außenminister und den Joint Chiefs of Staff seien im Gange. Eine endgültige Formel habe man noch nicht gefunden. Es müsse außerdem auch noch eine Abstimmung mit den anderen beteiligten Nationen herbeigeführt werden. Man könne daran denken, die Form der NATO-Verpflichtung nach Artikel V des Atlantikpaktes auch für Deutschland anzuwenden. Diese Verpflichtung nach dem NATO-Vertrag wäre aber für Deutschland ungünstiger als der Inhalt der Sicherheitserklärung von New York, da nach dem Artikel V des Atlantikpaktes jedem Mitglied der NATO die Entscheidung überlassen sei, wie und in welcher Weise es im Falle eines Angriffes zu Hilfe kommen werde.

Es sei außerordentlich schwierig, eine Form zu finden, aus der die Verpflichtung zur Stationierung von Truppen hervorgehe. Die Schwierigkeiten seien mannigfach. Hierbei spiele die Frage der Dauer und der zahlenmäßigen Stärke eine Rolle. Nie in der Geschichte der Vereinigten Staaten sei eine derartige Verpflichtung eingegangen worden, wenn man absehen wolle von gewissen Verpflichtungen, die während der letzten beiden Weltkriege übernommen worden seien.

Kirkpatrick und François-Poncet hätten das Nötige zu der Frage des Botschafterrates gesagt und gleichfalls zur Kontrolle der Produktion schwerer Waffen und der Atomenergie. Man müsse über diese Fragen verhandeln und dabei prüfen, ob man diese Kontrolle auf europäische Ebene verlagere. Man solle deutscherseits jedenfalls vermeiden, in die Argumentation von Dr. Schumacher zu verfallen, der kürzlich in einer höchst üblen Bemerkung von einem sich auf ganz Deutschland erstreckenden „Kuh-Handel" ge-

sprochen habe. Die Schumachersche These: „Wir bekommen sowieso alles. Sie (die Westalliierten) müssen uns gegen den Osten verteidigen, sonst werden wir kommunistisch“, auf Grund deren immer höhere und höhere Forderungen gestellt würden, sei verheerend und schade dem deutschen Ansehen. McCloy erkannte die außerordentlich schwere Situation an, in der ich mich befand, und meinte, daß er oftmals von Mitleid für mich erfüllt sei, aber, so fuhr er fort, man müsse sich freimachen von emotionalen Störungen. Man solle als erwachsener Mensch sich nicht von den wankelmütigen Gefühlen des Mobs und der Straße beeinflussen lassen. Nur wenn man gewissen Stürmen standhalte, erreiche man gemeinsam das erstrebenswerte Ziel.
Die Sitzung endete damit, und wir beschlossen, die Besprechungen am Montag, dem 1. Oktober 1951, auf Schloß Röttgen, dem Sitz des britischen Hohen Kommissars, fortzusetzen.

5. Verlauf der Verhandlungen mit den Hohen Kommissaren

Am folgenden Tag, dem 25. September 1951, empfing ich den Vorsitzenden der Sozialdemokratischen Partei, Dr. Schumacher, und den Vorsitzenden der Sozialdemokratischen Bundestagsfraktion, Ollenhauer. Ich gab den Herren von dem Ergebnis meiner Besprechungen mit den Hohen Kommissaren Kenntnis und mußte zu meiner Überraschung feststellen, daß sie bereits eingehend über die mir von François-Poncet gemachten Erläuterungen sowie über die mir überreichten Papiere hinsichtlich des Vertragsentwurfs mit der Bundesrepublik unterrichtet waren. Dr. Schumacher zeigte eine sehr negative Haltung zu den angelaufenen Verhandlungen mit den Hohen Kommissaren und erklärte nach der Besprechung mit mir gegenüber der Presse, daß weder er noch die SPD ihre Haltung in der Frage eines Verteidigungsbeitrages einer Änderung unterziehen würden. Durch den Schuman-Plan werde die Wirtschaftskraft Deutschlands, durch den Vertrag über die Europäische Verteidigungsgemeinschaft das Menschenpotential Deutschlands in den Dienst einer französischen Diplomatie gestellt.
Am 26. September erstattete ich dem Auswärtigen Ausschuß des Bundestages Bericht über die Verhandlungen und war auch dort überrascht, in welchem Ausmaß die Abgeordneten bereits unterrichtet waren.
Der mir von den Hohen Kommissaren vorgelegte Vertragsentwurf enthielt zahlreiche Bestimmungen, die für mich unannehmbar waren. Ich mußte in den künftigen Verhandlungen versuchen, sie zu beseitigen. Es war aber ein unhaltbarer Zustand, daß Bestimmungen, wie sie in dem alliierten Entwurf vorgesehen waren und die die Gleichberechtigung der Bundesrepublik ver-

hinderten, einem größeren Kreis oder sogar der Öffentlichkeit im jetzigen Stadium zugänglich gemacht wurden. Ich hatte in meiner Unterredung mit den Hohen Kommissaren am 24. September darauf hingewiesen, daß, wenn die Öffentlichkeit von diesem Vertragsentwurf Kenntnis erhielte, es für mich unmöglich werde, hierüber weiter zu verhandeln.

Mir war bekannt geworden, daß von seiten der Hohen Kommissare mit Kabinettsmitgliedern und Mitgliedern des Bundestages darüber Besprechungen geführt wurden, zum Beispiel zwischen McCloy und Vizekanzler Blücher und dem Abgeordneten Schäfer. Derartige Erörterungen, wie sie McCloy mit Blücher und Schäfer geführt hatte, brachten die Gefahr mit sich, daß zwischen meinen Mitteilungen über den Stand der Verhandlungen und den Mitteilungen der Hohen Kommissare Differenzen entstanden, die nur Anlaß zu Mißtrauen boten. Ich wies die Hohen Kommissare unverzüglich auf diese meine Einstellung hin und fügte in meiner Mitteilung hinzu, daß es sicherlich auch von alliierter Seite als ungewöhnlich empfunden werden würde, wenn ich zum Beispiel mit de Gaulle, der in Opposition zur derzeitigen französischen Regierung stand, eine intime Aussprache führte, eine Aussprache, die mir von verschiedenen Seiten bereits mehrfach nahegelegt worden war.

Die Zusammenkunft mit den Hohen Kommissaren am 24. September 1951 war der Auftakt zu mehreren Besprechungen, in denen die politischen Richtlinien eines künftigen Vertrages zwischen der Bundesrepublik Deutschland und den drei Westmächten festgelegt wurden. Die Hauptfragen, die bei diesen Besprechungen behandelt wurden, waren die von mir geforderte Sicherheitserklärung für die Bundesrepublik Deutschland, das Problem der Obersten Gewalt und die damit zusammenhängende Vorbehaltsklausel und Notstandserklärung, die Frage der gegenseitigen Konsultation im Falle von Verhandlungen mit Sowjetrußland, die Frage der rechtlichen Stellung Berlins und die Frage der Durchführung spezieller „Programme", wie zum Beispiel die Entflechtung großer Konzerne, insbesondere auf dem Gebiet der Kohle- und Eisenindustrie.

Ich hatte zu Beginn der Verhandlungen den Eindruck gewonnen, als meinten die Hohen Kommissare, daß die Bundesregierung nunmehr höhere Forderungen stelle als ursprünglich vor Beginn der Washingtoner Außenministerkonferenz. Zur Richtigstellung wies ich die Hohen Kommissare in den Beratungen nachdrücklich darauf hin, daß sowohl die Ausführungen François-Poncets vom 24. September 1951 als auch der mir übergebene alliierte Entwurf des Deutschlandvertrages nicht mit den Erklärungen der Außenminister in Washington übereinstimmten. In dem Kommuniqué vom 14. September 1951 hieß es:

„Die drei Außenminister haben die Beziehungen ihrer Länder zu der Bundesrepublik Deutschland geprüft. Sie haben ihre Weisungen an die alliierten Hohen Kommissare festgelegt, und zwar hinsichtlich der Verhandlung von gegenseitig annehmbaren Abkommen mit der Bundesregierung, die die Wirkung haben, den Charakter der Beziehungen der drei Mächte zu der Bundesrepublik vollständig zu ändern.

Wie in der heute veröffentlichten Drei-Mächte-Erklärung bestätigt wird, wird ihre Politik weiterhin die Integration der Bundesrepublik in eine europäische Gemeinschaft auf der Grundlage der Gleichberechtigung zum Hauptziel haben, eine Gemeinschaft, die selbst in eine in ständiger Entwicklung begriffene atlantische Gemeinschaft eingegliedert ist.

Die Teilung Deutschlands verhindert gegenwärtig eine derartige Regelung. Diese Teilung sowie die Sicherheitsprobleme, die die Bundesrepublik bewältigen muß, verpflichten die Alliierten, sich im gemeinsamen Interesse gewisse Sonderrechte vorzubehalten, die sich ausschließlich auf die Beibehaltung bewaffneter Streitkräfte in Deutschland und auf den Schutz der Sicherheit dieser Streitkräfte sowie auf die Fragen betreffend Berlin und Gesamtdeutschland beziehen, einschließlich der künftigen Friedensregelung und der friedlichen Wiederherstellung der deutschen Einheit."

Die Washingtoner Erklärungen gingen von dem Gedanken der Partnerschaft aus, während die mir übergebenen Schriftstücke im wesentlichen lediglich vom Gesichtspunkt des Abbaues des Besatzungsstatutes bestimmt waren.

François-Poncet hatte mir mitgeteilt, daß die drei Außenminister in Washington anerkannt hatten, daß die Teilnahme der Bundesrepublik an der Verteidigung des Westens es ihnen erlauben würde, auf den meisten Gebieten die Ausübung der Obersten Gewalt aufzugeben, die die Alliierten Deutschland gegenüber auf Grund der völligen Niederlage besaßen.

Der Verzicht der Westalliierten auf Ausübung der Obersten Gewalt in der Bundesrepublik war eines der wesentlichsten Ziele, die ich in den Verhandlungen zu erreichen suchte. Ich mußte zugeben, daß gewisse Reserven hinsichtlich der Obersten Gewalt berechtigt waren. Ich erstrebte jedoch, daß diese Reserven in besondere vertragliche Abmachungen gekleidet würden. In der Präambel des Vertragsentwurfs, den ich den Hohen Kommissaren am 24. September übergeben hatte, war mit Nachdruck gefordert, daß die Beziehungen zwischen den drei Westmächten und der Bundesrepublik „auf frei vereinbarte Verträge" zu gründen seien. Ich forderte in meinem Vertragsentwurf weiter, daß das Verhältnis der Bundesrepublik zu den drei Westmächten in Zukunft ausschließlich nach den zwischen ihnen abgeschlossenen Verträgen und den allgemeinen Regeln des Völkerrechtes bestimmt würde.

Die Verhandlungen mit den Hohen Kommissaren über die Frage der Preisgabe der Obersten Gewalt waren sehr hart.
Unklar war in dem alliierten Vertragsentwurf, ob die Bundesrepublik hinsichtlich der Wiederherstellung der deutschen Einheit selbständig handeln dürfe oder ob sie sich fügen müßte in das, was die Alliierten bestimmten. Im Zusammenhang mit dieser Frage stand ein Artikel des alliierten Entwurfes, der wie folgt lautete:
„Auf Antrag der Regierung der Bundesrepublik und in allen Fällen, in denen diese selbst hierzu nicht in der Lage ist, werden die Regierungen der drei Mächte die erforderlichen Maßnahmen treffen, um die Interessen der Bundesrepublik gegenüber anderen Staaten und in einzelnen internationalen Organisationen oder auf einzelnen internationalen Konferenzen zu vertreten."
Dieser Wortlaut war sehr unbestimmt. Nähere Erläuterungen waren dringend notwendig.
Ein weiteres Problem war durch die Forderung der Westalliierten aufgeworfen, die Durchführung des Gesetzes Nr. 27 der Alliierten Hohen Kommission voranzutreiben. Dieses Gesetz betraf die Entflechtung großer Konzerne, insbesondere der kohle- und eisenverarbeitenden Industrie. Das Gesetz Nr. 27 über die Entflechtung war vor dem Schuman-Plan ergangen. Man war sich darüber einig gewesen, daß es nicht so hart, wie ursprünglich konzipiert, durchgeführt werden sollte, sobald der Schuman-Plan bestünde. Die Durchführung wurde als eine wesentliche Voraussetzung zur Verwirklichung der Europäischen Gemeinschaft für Kohle und Stahl bezeichnet.
François-Poncet hatte zu Beginn der Verhandlungen die Forderung nach Durchführung dieses Gesetzes ausdrücklich unterstrichen. Hierdurch war eine sehr peinliche Situation eingetreten. Ich war der Auffassung gewesen, daß die Entflechtung ursprünglich aus allgemeinen wirtschaftlichen und politischen Auffassungen der Alliierten heraus verlangt wurde. Erklärte man sie jetzt zu einer Bedingung für die Verwirklichung des Schuman-Planes, so wurde damit die These der SPD unterstützt, daß die Entflechtung nur erfolge, um die Stellung der deutschen Wirtschaft innerhalb des Schuman-Planes zu schwächen. McCloy hatte mir mehrfach versichert, daß der Inhalt des Gesetzes Nr. 27 gemildert werde, um Widerstände gegen den Schuman-Plan in Deutschland zu überwinden. Nach den Erklärungen François-Poncets schienen nunmehr die Gegner des Schuman-Planes recht zu behalten, die behaupteten, daß die deutsche Wirtschaftskraft geschwächt werden solle. Diese Auffassung wurde noch unterstützt durch Ausführungen eines Leitartikels in „Le Monde", der Ende September 1951 erschienen war und in dem es hieß, daß der Schuman-Plan in ausreichender Weise

für Frankreich und Westeuropa das Wirtschaftspotential Westdeutschlands sichere. Dies sei viel wichtiger als die Sicherung des deutschen Menschenpotentials, so daß man deshalb ohne Schwierigkeiten den Gedanken einer Neutralisierung Deutschlands ins Auge fassen könnte.

Ich kannte die außerordentliche Stärke der Tradition des Quai d'Orsay. Ich hatte selbst erlebt und beobachtet, wie schwer es insbesondere in den ersten Nachkriegsjahren gewesen war, gegen diese Tradition anzugehen, und zwar insbesondere eine Tradition, die eine Verbindung Frankreichs mit Sowjetrußland befürwortete. Ich fürchtete, daß diese Tradition auch jetzt noch sehr lebendig war. Ich hatte eine Note der französischen Regierung an die Sowjetregierung vom 26. September 1951 sehr genau studiert. Der leitende Gedanke dieser Note war, Rußland nicht vor den Kopf zu stoßen. Es war nicht besonders ermutigend für uns, wenn ausgeführt wurde, daß der Einbau Deutschlands in die westliche Verteidigungsgemeinschaft nichts anderes bedeute als eine Demilitarisierung Deutschlands. Ich fragte mich, wie das mit dem höheren Gesichtspunkt einer Europäischen Verteidigungsgemeinschaft zu vereinbaren war.

Auf der gleichen Linie wie die französische Note vom 26. September 1951 lag eine Bemerkung, die der stellvertretende französische Hohe Kommissar Bérard Blankenhorn gegenüber hinsichtlich der Bedeutung des französisch-sowjetischen Vertrages vom Dezember 1944 gemacht hatte. Danach schien Frankreich an einer Aufrechterhaltung dieses Vertrages sehr viel zu liegen. Bérard hatte unter anderem gesagt, daß Frankreich den ihm im alliierten Beschluß vom 5. Juni 1945 eingeräumten Rechtstitel für die Stellung seiner Truppen in Deutschland nicht aufgeben könne, weil damit ein Zustand geschaffen würde, der dem Artikel 3 des französisch-sowjetischen Vertrages vom Dezember 1944 widerspreche. Dadurch war ziemlich klargestellt, daß man von Paris aus zwei Arten von Politik verfolgte: Die eine bestand in Verfolgung des Zieles einer europäischen Integration, die andere bestand in Aufrechterhaltung des Bündnisses mit Sowjetrußland. Ich fragte mich, wie die Politik Frankreichs gegenüber Sowjetrußland mit seinen Pflichten einer europäischen Partnerschaft harmoniere. Ich mußte es für außerordentlich bedauerlich und gefährlich halten, wenn in Frankreich jene Richtung überhand nehmen würde, die nur bedingt mit Deutschland zusammenzugehen bereit war, im übrigen aber ihre enge Verbindung mit Sowjetrußland aufrechterhielt.

Aus den Unterredungen, die ich mit dem französischen Außenminister Robert Schuman geführt hatte, wußte ich, daß seine Politik eine andere war. Die von mir oben gezeichnete Politik gehörte aber keineswegs der Vergangenheit an.

Der Wortlaut zu der Entflechtung der deutschen Industrie in dem alliierten Vertragsentwurf gab den Gegnern des Schuman-Planes recht. Danach sollten Kontrollen für Kohle und Stahl aufrechterhalten bleiben, obwohl deren Beseitigung von allen Parteien des Bundestages zur Vorbedingung einer Ratifizierung des Schuman-Planes erklärt worden war.

McCloy hatte mir auf meinen Protest gegen die alliierte Formulierung erwidert, man müßte sich die historische Entwicklung dieser Frage vergegenwärtigen. Man müsse bedenken, daß es ursprünglich viel weitergehende Entflechtungspläne gegeben hätte. Das Gesetz zur Entflechtung sei im Zusammenhang mit dem Schuman-Plan stark gemildert worden. Die Entflechtung der großen Konzerne hätte aber sehr viel Zeit erfordert. Eine große Anzahl von Hindernissen und Verzögerungen sei eingetreten, so daß man heute von der Durchführung noch weit entfernt sei. Man sollte aber gleichsam von einer gewissen einheitlichen Linie ausgehen und von dieser aus sowohl die deutschen wie die anderen Industrien kontrollieren. Es gebe eine praktische Lösung, und zwar so schnell wie möglich die Entflechtung vorzunehmen, damit die Kontrollen beseitigt werden könnten.

Auch von französischer Seite trat man für eine möglichst beschleunigte Durchführung der Entflechtung ein, da die weitere Fortsetzung der Kontrollen mit dem Schuman-Plan oder anderen vertraglichen Vereinbarungen nicht in Verbindung gebracht werden dürfe.

Ich stimmte den Auffassungen McCloys und auch der französischen Hohen Kommission zu. Die beste Lösung würde sein, die Entflechtung vorzunehmen, bevor der Schuman-Vertrag ratifiziert werde. Sollte sie dann noch nicht beendet sein, so erhebe sich die Frage, wie man die Durchführung sicherstelle. Es würden sich große Schwierigkeiten ergeben hinsichtlich der Ratifizierung des Schuman-Planes. Ich erinnerte an den Briefwechsel mit dem französischen Außenminister Schuman vom 18. April 1951, durch den ein Nebeneinander der Ruhrkontrollgruppen und der Hohen Behörde ausgeschlossen sei und nach dem die Funktionen der Kontrollgruppen auf die Hohe Behörde und zum Teil auch auf die Bundesregierung übergehen sollten.

Eine Frage, die gleichfalls zu langen Auseinandersetzungen führte, war meine Forderung nach einer Sicherheitsgarantie für die Bundesrepublik. Mir wurde erklärt, daß die Außenminister großes Verständnis für die Lage der Bundesregierung hätten. Aus diesem Grunde seien sie bereit, nochmals zu prüfen, wie man mir trotz der eigenen Schwierigkeiten entgegenkommen könne. Ich müsse jedoch die parlamentarischen Schwierigkeiten in den anderen Ländern berücksichtigen. Die Sicherheitsgarantie sei ein entscheidender Punkt des Atlantikpaktes gewesen. Wochen und Monate seien vergangen, bis diese Frage geregelt worden sei. Damals sei Dänemark eines der großen Probleme gewesen, dessen Lage in vielem der deutschen Lage ähnlich sei, einmal hinsichtlich der geographischen Situation und dann auch hinsichtlich der unmittelbaren Bedrohung durch den Osten. Die dänische Regierung habe damals die gleiche Haltung eingenommen, wie ich sie heute verträte. Dänemark sei dann trotzdem dem Atlantikpakt und damit dem Artikel V des Atlantikpaktes beigetreten zu einem Zeitpunkt, da die Macht der Alliierten sehr viel geringer und die Bedrohung sehr viel größer gewesen sei als heute. Insbesondere Kirkpatrick wies mich darauf hin, daß mit Schwierigkeiten im britischen Parlament zu rechnen sei, wenn nun Deutschland größere Garantien erhalte als Dänemark. Um der Bundesregierung entgegenzukommen, sei von den Alliierten im September 1950 eine Sicherheitserklärung abgegeben worden, die deshalb keiner Ratifizierung bedürfe, weil sie in die Form der Anerkennung eines gegebenen Zustandes gekleidet sei.

Auch McCloy wies auf die starken Widerstände hin, die im Senat und im State Department dagegen bestünden, sich zu einer Sicherheitsgarantie zu verpflichten. Man müsse sich diese Haltung aus der Geschichte der Vereinigten Staaten erklären, die eine Sicherheitsgarantie in dem von mir gewünschten Sinne nicht kenne. Derartige Verpflichtungen seien bisher lediglich in Kriegsfällen eingegangen worden, Verpflichtungen, wie zum Beispiel den Krieg gemeinsam zu beenden und den Frieden nur gemeinsam zu beschließen. Der einzige Fall einer Garantieerklärung sei die Monroe-Doktrin, aber das sei eine Erklärung und kein Vertrag gewesen. Die öffentliche Meinung sei sehr gegen irgendwelche Garantien, vor allem in Europa, eingestellt. Die Vereinigten Staaten seien der NATO beigetreten in einer Form, die, wie er glaube, mir nicht die gewünschte Erleichterung bringen werde. Die Erklärung, der sich die Regierung der Vereinigten Staaten im September 1950 angeschlossen hätte, sei unzweideutig. Er könne sich wohl vorstellen, daß sie einseitig zurückgezogen werden könne, wenn auch nur nach Konsultation. Die Erklärung, die nicht leicht zu erreichen gewesen sei, stelle sich dar als die Anerkennung eines schon bestehenden Zustandes. Sie sei zwar nicht vom Senat ratifiziert, sei aber von Acheson und Truman mit dem Auswärtigen Ausschuß des Senats abgesprochen worden. Die Bedeutung dieser Erklärung werde von allen beteiligten Seiten anerkannt. Die öffentliche Meinung und der Senat hätten sich zunehmend daran gewöhnt, sie als eine feierliche Verpflichtung zu betrachten. Anläßlich seines letzten Aufenthalts in den Vereinigten Staaten habe er, McCloy, mit Außenminister Acheson und den Joint Chiefs of Staff diese Angelegenheit besprochen. Sie hätten sich bereitgefunden, falls erwünscht, eine erneute Bekräftigung dieser Erklärung auszusprechen. Eine derartige Erklärung könne sich auch auf die Stationierung von Truppen erstrecken, vor allem darauf, daß sie nicht nur zum Scheine erfolge. Es sei aber nicht möglich, sich zur Entsendung einer bestimmten Zahl von Soldaten auf unbegrenzte Zeit zu verpflichten. Um die Stärke der Truppen deutlich zu machen, seien die Joint Chiefs of Staff bereit, den Wortlaut der Erklärung so abzufassen, daß es sich bei der Entsendung von Truppen nicht um Militärmissionen, sondern um Kampftruppen handele. Wenn der Deutschlandvertrag vom Senat ratifiziert werde, würde die Erklärung über die Sicherheitsgarantie mit dem Vertrag parallel laufen. Es bestünden Anzeichen dafür, daß auch diese Erklärung dem Senat vorgelegt werde. Wenn Deutschland es wünsche, könnte eine NATO-Zusage auch auf Deutschland erstreckt werden.

McCloy stellte zusammenfassend fest, er sehe ein, daß die dargelegte Situation für mich nicht zufriedenstellend sei. Auf der anderen Seite müsse man bedenken, daß die Vereinigten Staaten und Großbritannien etwas anböten, das sie nicht einmal ihren traditionellen Verbündeten angeboten hätten. Es wäre ein gefährlicher Schritt, eine Sicherheitserklärung abzugeben, die über das hinausgehen würde, was anderen Ländern, die genauso exponiert seien wie Deutschland, gewährt worden sei zu einem Zeitpunkt, als die militärischen Möglichkeiten sehr viel geringer gewesen seien als heute.

Ich dankte für die Anerkennung der Schwierigkeiten der deutschen Regierung. Ich meinerseits verstünde auch durchaus die Schwierigkeiten, in denen sich die Alliierten befänden. Ich glaubte jedoch an die Möglichkeit einer Lösung. Die deutsche Situation ließe sich übrigens mit der dänischen doch nicht ganz vergleichen.

Die Frage gegenseitiger Konsultationen bei Verhandlungen mit der Sowjetunion und das Problem, das durch die beabsichtigte Einrichtung eines Botschafterrates entstanden war, wurden zu meiner Zufriedenheit gelöst. Die Alliierten sagten mir Konsultationen zu, und auf die Einrichtung des ursprünglich vorgesehenen Botschafterrates wurde verzichtet.

Am 10. Oktober 1951 hatte ich in den Verhandlungen mit den Hohen Kommissaren die politischen Richtlinien für den künftigen Deutschlandvertrag soweit geklärt, daß die Experten in Fachausschüssen mit der Ausarbeitung der Einzelheiten der vertraglichen Bestimmungen beginnen konnten.

In der Zwischenzeit waren die Arbeiten der sogenannten Pleven-Plan-Konferenz sehr rasch vorangegangen und standen Anfang November vor der Beendigung. Die Arbeiten der Fachausschüsse für den Deutschlandvertrag verliefen gleichfalls sehr zügig.

XX. GROSSBRITANNIEN UND DIE ENTWICKLUNG IN EUROPA

1. Die Situation Großbritanniens in weltpolitischer Sicht

Die Situation Großbritanniens war nach dem Kriege außerordentlich schwierig. Der Krieg hatte zwei Nervenstränge der Macht Großbritanniens schwer getroffen. Seine Machtstellung in der Welt beruhte auf zwei eng miteinander zusammenhängenden Faktoren: Auf der Herrschaft über die Meere und auf seiner mit dieser zusammenhängenden Machtposition in außereuropäischen Gebieten. Die Herrschaft über die Meere, die Großbritannien Jahrhunderte hindurch besessen hatte, war ihm aus der Hand genommen durch die Entwicklung auf dem Gebiete des Flugwesens. Das Flugzeug hatte sich zu einem Machtinstrument allerersten Ranges entwikkelt. Der Bau der großen Schiffe, insbesondere der großen Kriegsschiffe, mit denen England seine Macht begründet und entfaltet hatte, war nur England möglich gewesen, nicht den anderen Mächten, nicht den Vereinigten Staaten, nicht Frankreich, nicht Rußland, nicht Deutschland. Noch zu Beginn des 20. Jahrhunderts war die englische Flotte größer als die beiden nächstgroßen Flotten der Welt zusammengenommen. Alles das hatte die Entwicklung des Flugzeuges verändert, und zwar für immer.

Eine weitere Folge, die diese Entwicklung mit sich brachte, war die mit dem Schwinden der Vormacht Englands zur See in seinen überseeischen Beziehungen Hand in Hand einhergehende allmähliche Lockerung der Bindungen zwischen dem Mutterland und den Überseebesitzungen.

Diese fundamentale Änderung seiner Weltsituation hätte meines Erachtens die Haltung Englands gegenüber dem europäischen Kontinent beeinflussen müssen.

In dieser ernsten Lage war das Ausscheiden Winston Churchills aus seiner Stellung als Premierminister infolge des Verlustes der Parlamentswahlen durch die Konservative Partei im Sommer 1945 ein weiterer schwerer Schlag. Churchill hatte die Bedeutung und die Aufgabe, die dem europäischen Kontinent durch den Kriegsausgang zufiel, so frühzeitig erkannt wie kein anderer britischer oder nichtbritischer Staatsmann. Durch das Ansehen, das er in seinem Lande und in der Welt genoß, wäre es ihm vielleicht möglich gewesen, Großbritannien von der Notwendigkeit eines festen Anschlusses an Europa zu überzeugen. Kein anderer britischer Politiker hatte den dazu nötigen Einfluß.

Was war die Folge? Großbritannien verhielt sich gegenüber den neuen europäischen Möglichkeiten zögernd, zaudernd, unentschieden; es wollte, und es wollte nicht.

Als Churchill im November 1951 wieder Premierminister wurde, lag die politische Haltung Großbritanniens gegenüber Europa fest: Abwarten!

Inzwischen war durch Robert Schuman, unterstützt von Jean Monnet, ein ernsthafter Vorstoß zur Zusammenfassung Europas erfolgt, der Vorschlag zur Schaffung einer europäischen Montanunion. Wie Schuman mir damals schrieb, hatte er diesen Vorschlag zuerst Großbritannien gemacht. Großbritannien lehnte ihn ab. Dann unterbreitete er ihn am 9. Mai 1950 der Bundesrepublik und allen interessierten europäischen Ländern. Ich stimmte dem Plan Schumans sofort zu.

Premierminister Attlee sagte in einer Unterhausdebatte über den Schuman-Plan am 26. Juni 1950, daß Großbritannien nicht den Grundsatz anerkennen könne, lebenswichtige wirtschaftliche Kräfte seines Landes einer europäischen Behörde unterzuordnen. Eine derartige Maßnahme betrachte er als absolut undemokratisch und unvereinbar mit den Grundsätzen der britischen Demokratie. Eden erklärte in der gleichen Debatte als Sprecher der Konservativen Partei, die sich damals in der Opposition befand, daß der Erfolg des Schuman-Planes im britischen Interesse liege; jedoch auch die Konservative Partei sprach sich nicht für eine Beteiligung am Schuman-Plan aus.

Am 18. April 1951 wurde der Vertrag über die Montanunion in Paris von Frankreich, der Bundesrepublik, Italien und den Beneluxstaaten unterzeichnet.

Im November 1951 wurde, wie gesagt, Churchill wieder Premierminister. Der große Augenblick für England und Kontinentaleuropa, gemeinsam das Werk der Einigung Europas zu beginnen, war vertan. Die ablehnende Haltung Englands gegenüber der Schaffung europäischer Gebilde war so ausgesprochen prinzipieller Natur, daß man meines Erachtens auch für die Zukunft nicht mit einer positiveren Einstellung rechnen konnte. Meines Erachtens sollte man England die Tür offenhalten, aber man sollte sich nicht durch sein Nein abhalten lassen zu handeln. Es war und ist notwendig, Europa zu schaffen.

2. Unterredung mit Unterstaatssekretär Lord Henderson am 29. März 1951

Am 29. März 1951 führte ich ein sehr interessantes Gespräch mit dem parlamentarischen Unterstaatssekretär für Auswärtige Angelegenheiten im britischen Foreign Office, Lord Henderson, über das Verhältnis Großbritanniens zu Europa. Im britischen Außenministerium war ein Wechsel eingetreten; Bevin war durch Morrison abgelöst worden.

Ich hatte mit Außenminister Bevin im Frühjahr 1949 ein langes Gespräch über Europa, in dem wir uns über die grundsätzlichen Linien einig waren. Der Schuman-Plan und auch der Pleven-Plan, die zur Zeit Gegenstand von Gesprächen unter den kontinental-europäischen Staaten waren, entsprachen diesen Grundlinien. Mir hatte Kirkpatrick angedeutet, wenn der Schuman-Plan fertiggestellt sei, würde Großbritannien „sich in seiner Nähe bewegen". Ich nahm diese Äußerung Kirkpatricks zum Anhaltspunkt, Lord Henderson zu fragen, wie sich Großbritannien nunmehr zu dieser Frage stelle.

Lord Henderson antwortete, die britische Haltung zum Schuman-Plan und zu den dadurch aufgeworfenen Problemen sei unverändert. Großbritannien halte sich vorerst abseits. Es habe in die Verhandlungen nicht eingegriffen, um sie nicht zu präjudizieren oder etwa abträglichen Einfluß auszuüben. Großbritannien warte ab, was bei dem Schuman-Plan herauskommen werde. Vielleicht würde es die Regierung später für notwendig befinden, sich der neu entstandenen Situation anzupassen. Vorerst müsse der Schuman-Plan jedoch geprüft werden, und erst nach Abschluß dieser Prüfung könne man sagen, wieweit man sich ihm anschließen werde.

Ich erwiderte, daß nach meiner Überzeugung Großbritannien bei dem nunmehr begonnenen Zusammenschluß Europas nicht beiseite stehen dürfe, sondern auf allen wichtigen Gebieten seine Auffassung von Beginn an zur Geltung bringen müsse.

Lord Henderson legte mir daraufhin ausführlich die Gründe dar, die England den Beitritt zum Schuman-Plan und ähnlichen Vertragswerken unmöglich machten. Großbritannien sei nicht in der Lage, eine supranationale Behörde hinzunehmen. Großbritannien habe diesen Standpunkt bei allen möglichen Gelegenheiten öffentlich verkündet, und daran halte es auch heute nach wie vor fest. Wenn aber erst einmal das Schema des Schuman-Planes einer eingehenden Prüfung unterzogen sein würde, dann könne der Gedanke eines losen Anschlusses gegebenenfalls in Erwägung gezogen werden. Großbritannien habe jedenfalls bei den Verhandlungen daran festgehalten, sich nicht einzumischen. Es habe die Partner soweit wie möglich ermutigt und sich bemüht, die gemeinsamen Werte der europäischen Völker stets herauszustellen. Es habe seine eigene Auffassung von einer Integration Europas, und zwar solle sie nicht auf dem Wege über eine supranationale Behörde, sondern durch eine so eng wie möglich gestaltete Zusammenarbeit zwischen den europäischen Völkern mit dem Ziel der Erhaltung unserer gemeinsamen demokratischen Lebensformen erfolgen. An diesem Ziel halte England unverrückbar fest, und ich müsse ihm, Lord Henderson, glauben, daß Großbritannien sich durch keinerlei Erwägungen davon abbringen lasse.

Ich dankte Lord Henderson für seine offenen Ausführungen. Mir sei bekannt, daß die eben dargelegte Haltung sowohl von der britischen Regierung wie auch von der Opposition vertreten würde. Ich müsse jedoch meine große Besorgnis unterstreichen, daß bei der sich nun anbahnenden Entwicklung in Westeuropa Großbritannien abseitsstehen werde. Der Schuman-Plan habe zu einer Gemeinschaft auf dem Gebiet von Eisen, Stahl und Kohle geführt. Der Pleven-Plan solle eine Gemeinschaft auf dem Gebiet der Verteidigung bilden. Damit sei auf zwei sehr wesentlichen Gebieten, nämlich auf den Gebieten der Grundstoffindustrien und der Verteidigung, eine gemeinsame Grundlage der europäischen Völker geschaffen worden, die doch auch für Großbritannien annehmbar sein sollte. Nach meiner Ansicht müsse Großbritannien unbedingt versuchen, einen Weg zu finden, seine bisherige Stellungnahme zu ändern.

Lord Henderson sagte, daß Bevin dem Gedanken eines föderativen Europas stets mit Sympathie gegenübergestanden habe. In England bevorzuge man jedoch die funktionelle Methode der europäischen Integration. Weder der Schuman-Plan noch der Pleven-Plan stellten eine funktionelle Lösung dar. Das Funktionieren dieser beiden Pläne würde von der Errichtung einer supranationalen Behörde abhängig sein. Großbritannien sei jedoch nicht bereit, seine nationale Souveränität aufzugeben. Wenn andere Nationen ihre eigenen Schuman- oder Pleven-Pläne aufstellen wollten, würde Großbritannien seine Sympathien nicht versagen, diese Pläne müßten nur durchführbar sein.

Ich bemerkte, wer ein Omelett backen wolle, müsse vorher die Eier dazu zerschlagen. Habe im übrigen nicht England, indem es das Haager Gericht und einen internationalen Schiedsspruch für Ägypten anerkannte, ebenfalls einen Teil seiner Souveränität aufgegeben?

Lord Henderson verneinte dieses. Ein internationaler Gerichtshof sei nicht mit einer supranationalen Behörde auf politischem Gebiet zu vergleichen. Obwohl er wisse, daß er mich nicht überzeugen könne, genauso wie ich ihn von seiner Grundhaltung nicht abbringen könne, würde es sich vielleicht doch lohnen, einmal die Ausgangspunkte zu betrachten, weil sich daraus die verschiedenen Auffassungen entwickelten: Ich glaubte an eine föderative Lösung in der Frage der europäischen Integration, Großbritannien auf der anderen Seite halte die funktionelle Methode für richtig und als Vorbedingung dazu die erforderliche Zusammenarbeit der verschiedenen Regierungen. Großbritannien führe eine solche Zusammenarbeit bereits im Rahmen der OEEC und des Atlantikpaktes durch. Mein Beispiel vom Omelett sei sicherlich für zahlreiche Lebensbezirke sehr gut anwendbar. Jedoch in diesem Falle käme es in erster Linie darauf an, den Tatsachen ins Auge zu sehen. So hätte doch auch ich klar erkannt, daß in Großbritannien Regierung sowohl wie Opposition gegen einen Verzicht auf Souveränitätsrechte seien. Regierung und Opposition verbinde die ablehnende Haltung gegenüber dem Prinzip, das den Abschluß des Schuman-Planes herbeigeführt habe. Was die Zukunft bringe, sei ungewiß. Aber nach dem jetzigen Stand der Dinge zu urteilen, würde sich Großbritannien niemals an derartigen Einrichtungen, wie sie der Schuman-Plan schaffe, beteiligen.

Ich wiederholte mein großes Bedauern darüber, daß England bei der Integration Europas, die durch den Schuman-Plan und den Pleven-Plan begonnen habe, abseitsstehe. Ich sagte Lord Henderson, daß ohne die Beteiligung Großbritanniens ein wichtiger Faktor fehle. Ich gäbe die Hoffnung noch nicht auf, daß Großbritannien nicht vielleicht doch einige Grundsätze über Bord werfe, um sich dem gemeinsamen großen Plan anschließen zu können.

Lord Henderson bedankte sich für meine offenen Ausführungen und bat, ich möge nicht glauben, daß Großbritannien gegenüber dem Schicksal und den Aussichten eines vereinigten Europas gleichgültig sei. Er erinnerte an die Rolle, die Bevin für die Integration Europas wiederholt gespielt habe. Die schnelle Verwirklichung der Marshall-Plan-Hilfe sei einer Initiative Bevins zu verdanken. Bevin sei es auch gewesen, der die Brüsseler Konferenz, den Brüsseler Pakt und die Nordatlantikpakt-Organisation in rascher Folge veranlaßt habe. Es genüge nicht, nur an Westeuropa zu denken, man müsse auch die Atlantische Gemeinschaft berücksichtigen. Beide Bereiche, Westeuropa und Atlantische Gemeinschaft, müßten sich gegenseitig durchdringen. Auf allen Gebieten, auf denen England seine Zusammenarbeit in Westeuropa und der Atlantikpakt-Organisation betreibe, halte es immer an der hohen Zielsetzung der Festigung der demokratischen Lebensordnung in Europa fest. Die Zusammenarbeit der europäischen Länder sei sicherlich ein wichtiges Mittel, die politische und wirtschaftliche Entwicklung im Sinne einer Integration voranzutreiben. So betrachtet, bestehe kein wirklicher Unterschied, weder im Geist noch in der Zielsetzung zwischen der britischen und der kontinentalen Methode. Letztes Ziel auch der Engländer sei ein voll integriertes Westeuropa.

Ich betonte, daß ich nie daran gezweifelt hätte, daß auch Großbritannien dieses Ziel vorschwebe. Ich hielte es nur für außerordentlich wesentlich, daß Großbritannien in der europäischen Entwicklung von vornherein die Rolle spiele, die ihm auf Grund seiner Bedeutung, seiner Lebensform, seiner Politik, seines Denkens und seiner Erfahrung gebühre.

Henderson meinte, daß mannigfaltige Wege zu dem gleichen Ziel führen könnten. Es sei die feste Absicht Englands, für die Entwicklung eines demokratischen Europas den vollsten Beitrag zu leisten. Es wolle sich dabei jedoch nicht unter den Regenschirm – er sagte wörtlich „umbrella" – einer supranationalen Behörde stellen.

Ich hatte Lord Henderson zwei Jahre vorher das erste Mal in einem politischen Gespräch erlebt. Damals war Hauptgegenstand unseres Gespräches der Beitritt der Bundesrepublik zum Europarat. Lord Henderson hatte mir gesagt, daß nach seiner Auffassung die Bundesrepublik, ehe ein Jahr nach ihrem Beitritt als assoziiertes Mitglied verstrichen sein würde, volles Mitglied im Ministerausschuß sein werde. Die Voraussage Lord Hendersons schien einzutreffen, denn wir standen im März 1951 unmittelbar vor diesem Schritt. Lord Henderson erinnerte mich an dieses Gespräch und freute sich, daß seine damalige Voraussage eingetroffen war. Er sagte, was damals nur Plan und Idee gewesen sei, habe jetzt Früchte getragen, und darüber sei er glücklich. Er erinnerte mich an seine damaligen Worte, nach denen man sich zwar auf ein Ziel festlegen, aber einen genauen Stundenplan für die einzelnen Etappen der Verwirklichung nicht aufstellen könne. Ich hätte ihm damals geantwortet, daß ich es verstünde, Geduld zu üben.

3. Unterredung mit dem britischen Außenminister Morrison am 19. Mai 1951

Am 19. Mai 1951 weilte der britische Außenminister Morrison zu einem Besuch in der Bundesrepublik. Ich hatte Gelegenheit zu einem ausführlichen Gedankenaustausch mit ihm. Morrison hatte im März 1951 Bevin im Amt des Außenministers abgelöst.

Ich sprach mit Morrison über das Verhältnis von Rußland zu Europa im Zusammenhang mit der Frage, ob Rußland für Westeuropa und insbesondere für Deutschland wirklich gefährlich sei oder nicht. Bei meinen Überlegungen hierüber, die ich Morrison ausführlich darlegte, ging ich von folgendem aus:

Die Beziehungen zwischen dem Zarentum und dem preußischen Königshof seien viele Jahrzehnte hindurch sehr vertraut gewesen, schon allein auf Grund der verwandtschaftlichen Beziehungen zwischen dem preußischen Königshaus und den Zaren. Nach 1918 hätten zwischen der Roten Armee und der Reichswehr vielleicht sogar engere Beziehungen bestanden, als allgemein bekannt wäre. Zu der Zeit, als das Rheinland von französischen Truppen besetzt war, wurde regelmäßig der Jahrestag der Roten Revolution in Berlin im russischen Botschafterpalais zwischen den Spitzen der Roten Armee, die zu diesem Zweck herüberkamen, und den Spitzen der deutschen Armee in sehr intimem Kreise gefeiert.

Diese Reminiszenzen, erklärte ich Morrison, seien vielleicht unter dem Gesichtspunkt von Bedeutung, daß Rußland seit sehr langer Zeit das Bestreben gehabt habe, Deutschland, und zwar sowohl die deutsche Industrie als auch den deutschen Menschen, mit Rußland in enge Verbindung zu bringen. Hinsichtlich der Bundesrepublik verfolge Sowjetrußland nach meiner Überzeugung ein doppeltes Ziel: ein Fernziel und ein Nahziel. Das Fernziel sei die Einbeziehung der Bundesrepublik in die sowjetrussische Machtsphäre. Das Nahziel sei, unter allen Umständen zu verhindern, daß das Kriegspotential der Bundesrepublik in einem Krieg gegen Sowjetrußland verwendet werden könne. Rußland könne das auf dreierlei Weise verhindern.

Die erste Möglichkeit sei ein plötzlicher Überfall und eine Zerstörung der Bundesrepublik, aber ich glaubte, daß Sowjetrußland sich dazu nur im äußersten Falle entschließen würde, zumal die Russen mit dem Begriff der Zeit anders umgingen als wir und insbesondere, weil eine solche fundamentale Zerstörung den letzten Zielen der russischen Politik in bezug auf Deutschland widerspreche.

Der zweite und dritte Weg gingen ein großes Stück zusammen. Rußland wolle seinen Einfluß auf die Bundesrepublik Deutschland verstärken und schließlich sich die Bundesrepublik Deutschland für die Dauer nutzbar machen. Der Ausdruck „nutzbar machen" sei sehr vorsichtig gewählt. Wenn das nicht auf dem Wege der Schaffung eines Satellitenstaates zu erreichen sei, werde Rußland eben versuchen, einen anderen Weg zu gehen. Ein solcher Weg wäre zum Beispiel die Neutralisierung Deutschlands, die zweifellos von Sowjetrußland sehr ernst ins Auge gefaßt werde. Zu meiner größten Genugtuung hätte der französische Außenminister Schuman erklärt, daß Frankreich sich unter keinen Umständen darauf einlassen würde.

Über die Folgen einer Neutralisierung Deutschlands führte ich aus, daß in einem solchen Fall der russische Einfluß in Deutschland in kürzester Zeit dominierend sein würde. Die kommunistischen Parteien in Frankreich und Italien erhielten dadurch mit Sicherheit einen großen Auftrieb, und der

Gedanke des Zusammenschlusses eines einheitlichen, nichtkommunistischen Westeuropas wäre erledigt. Es gehöre zu den Zielen Sowjetrußlands, auf alle Fälle das Entstehen eines solchen geschlossenen Westeuropas zu verhindern.

Der dritte Weg sei der des Kalten Krieges, in bezug auf die Bundesrepublik konkret ausgedrückt, der Weg über die Fünfte Kolonne. Ich sagte Morrison, daß sich ein Ausländer von dem Umfang der Tätigkeit der Fünften Kolonne in Deutschland kaum ein richtiges Bild machen könne. Ich hätte die berechtigte Überzeugung, daß in vielen Behörden Leute säßen, die aus Angst und Furcht vor der kommenden Entwicklung sich der Macht Sowjetrußlands willfährig zeigten und jedenfalls den Bestrebungen der Fünften Kolonne keinen Widerstand entgegensetzten.

Zur Sicherung unseres Staates sei es außerordentlich wichtig, daß die Menschen, insbesondere die Jugend, das Gefühl der Sicherheit gegenüber dem Osten bekämen.

Wir sprachen dann über die Frage einer Wiederbewaffnung Deutschlands. Morrison fragte mich nach meiner Meinung über das Argument, daß die Aufrüstung Deutschlands die Russen zu einem Krieg provozieren könnte.

Ich erklärte Morrison, daß ein solches Argument nach meiner Überzeugung lächerlich sei. Ich könnte mir nicht vorstellen, daß die Russen wegen höchstens 250 000 deutscher Soldaten einen Krieg entfesseln würden. Die Russen seien bemüht, die endgültige Integration Deutschlands in Westeuropa zu verhindern, weil diese ihrem Fernziel, Deutschland in irgendeiner Form in die russische Einflußsphäre zu ziehen, widerspreche. Die Integration Deutschlands in Westeuropa würde zweifellos durch eine Beteiligung an der europäischen Verteidigung sehr gefördert werden.

Damit sei ich bei dem Thema Europa. Ich wolle hierüber einiges sagen, was Morrison vielleicht nicht gern höre; aber sehr ernste Sorge veranlasse mich, es trotzdem zu tun.

Ich hätte den Eindruck, als wenn die britische Öffentlichkeit sich noch nicht genügend darüber klargeworden sei, welche Folgen zunächst die Zerstörung der österreichisch-ungarischen Monarchie und jetzt nach dem Ende des Zweiten Weltkrieges der Zusammenbruch und die Teilung des Deutschen Reiches in Europa mit sich gebracht hätten. Diese Ereignisse seien von so großen und in die Zukunft reichenden Folgen, daß sich, wie ich glaubte, die englische Öffentlichkeit darüber klar sein müsse, daß Westeuropa, nachdem Österreich-Ungarn, nachdem das Deutsche Reich zerbrochen seien, gegen den Druck aus dem Osten auf Westeuropa, der sich immer wiederholen werde, auch wenn einmal eine Periode des Stillstandes käme, nicht bestehen könne, wenn England sich nicht als ein Teil Europas und nicht nur lediglich als Nachbar fühle. Man müsse sich darüber klar sein, daß die Struktur Europas, wie sie im vorigen Jahrhundert und bis hinein in dieses Jahrhundert bestanden habe, durch den Wegfall Österreich-Ungarns und des Deutschen Reiches aus den Fugen geraten sei. Ich legte Morrison dar, daß nach meiner Auffassung die Bundesrepublik, Frankreich, Italien und die Beneluxstaaten nicht die innere Kraft hätten, gegen den kommunistischen Druck von Osten her auf die Dauer einen festen Widerstand zu leisten, wenn nicht die Struktur Europas durch den Zutritt Großbritanniens wieder neu gefestigt und gestärkt werde. Wenn Sowjetrußland eines Tages in Westeuropa maßgebend sein würde, wäre damit auch die Kraft Englands derart geschwächt, daß es seine Aufgabe im Commonwealth nicht mehr erfüllen könne. Vielleicht sei es etwas gewagt, dem britischen Außenminister so etwas zu sagen, aber ich glaubte, daß Großbritannien auf zwei Beinen stehen müsse, und zwar sowohl in Westeuropa als auch in der übrigen Welt, und daß es, wenn es nicht in Westeuropa fest verwurzelt sei, seine Aufgabe in den übrigen Teilen der Welt auf die Dauer nicht werde erfüllen können.

Morrison meinte, man müßte doch beachten, daß die Einstellung Großbritanniens zu Europa, so wie sie heute sei, einen enormen Fortschritt gegenüber den vergangenen Jahrhunderten darstelle, der vielleicht ebenso groß sei wie derjenige, den die Vereinigten Staaten hinsichtlich der Zusammenarbeit mit anderen Ländern und Kontinenten gemacht hätten. Im 19. Jahrhundert hätte sich Großbritannien nicht als ein Teil Europas gefühlt. Großbritannien hätte die Politik des europäischen Gleichgewichtes verfolgt, hätte sich jedoch das Recht vorbehalten, sich aus kriegerischen Konflikten herauszuhalten oder auf einer der beiden Seiten in einen in Europa ausbrechenden Krieg einzugreifen, vom Gesichtspunkt des britischen Interesses aus gesehen und nicht vom Gesichtspunkt des europäischen Wohlergehens. Eine der Folgen dieser Politik sei es gewesen, daß im Jahre 1914 Kaiser Wilhelm II. bis zum letzten Augenblick nicht gewußt habe, wie Großbritannien sich in einem Konflikt verhalten würde.

Heute dagegen sei Großbritannien in der westlichen Union, es sei Mitglied des Atlantikpaktes, es sei in der „Organisation für europäische wirtschaftliche Zusammenarbeit" (OEEC) und in einer großen Anzahl weiterer Organisationen. Es bestehe eine enge wirtschaftliche und auch militärische Zusammenarbeit mit den europäischen Ländern. Der Verteidigungsbeitrag, den Großbritannien mit einem sehr großen Kostenaufwand nicht nur zum eigenen Wohle oder zur Verteidigung des Commonwealth, sondern vor allem auch zur Verteidigung Europas leiste, stehe sicherlich gegenüber demjenigen irgendeines anderen westeuropäischen Landes nicht zurück. Großbritannien sei an die Verteidigung Westeuropas gebunden und habe die volle Absicht, diesen Verpflichtungen nachzukommen. Auf der anderen Seite sei es jedoch eine Tatsache, daß Großbritannien nun einmal eine Insel sei, und das sei nicht Schuld der Engländer, das habe der liebe Gott so eingerichtet, und sie, die Engländer, müßten das Beste daraus machen, was sie könnten. Darüber hinaus bestünden in Großbritannien gewisse verfassungsmäßige Traditionen, die vielleicht auf dem europäischen Kontinent nicht immer verstanden würden.

In England sei es so, daß das Volk das Parlament wähle. Aus dem Parlament gehe die Regierung hervor, und die Regierung wiederum sei dem Parlament und letzten Endes dem Volke verantwortlich. Die Stellung des Parlamentes sei stärker als in anderen europäischen Ländern. Er sagte: „Es ist ein sehr schwerer Brocken für uns, daß Rechte des Parlamentes, das allem übergeordnet ist – das ist das absolut Entscheidende in Großbritannien –, auf eine Art übernationale Organisation übertragen werden sollen. Das ist ein Brocken, der für uns sehr schwer zu schlucken ist. Wir sind immer bereit, unsere Zusammenarbeit ad hoc gegebenenfalls zur Verfügung zu stellen. Das ist nicht nur eine Möglichkeit, damit ist fest zu rechnen. Nichtsdestoweniger muß man sich jedoch in Europa vor Augen halten – das ist kein Argument, das ist ganz einfach eine Tatsache –, daß wir in England nicht bereit sind und nur sehr schwer bereit wären, uns unter irgendeine übernationale Organisation zu fügen, die noch über unserem Parlament stünde und uns Anweisungen geben könnte. Ich erwähne den Schuman-Plan, den wir sehr fair und ganz offen ohne Vorurteil studieren werden. Wir werden, wenn es nötig oder wenn es gerechtfertigt ist, gern unsere Hilfe geben. Dazu werden wir immer bereit sein. Aber es fällt uns sehr schwer, uns in irgendeiner Weise die Suprematie unseres Parlaments nehmen zu lassen."

Morrison erklärte, man müsse die Entwicklung abwarten. Aus den verschiedenen Organisationen, wie zum Beispiel OEEC, die sehr gut arbeiteten, könne sich im Laufe der Zeit langsam eine europäische Organisation entwickeln, die für alle europäischen Staaten annehmbar sei. Die Engländer stünden auf dem Standpunkt, daß das langsam vor sich gehen sollte, durch Versuche, durch begangene und dann eingesehene Fehler und durch Verbesserungen. Das wäre nach britischem Dafürhalten bedeutend klüger, als sich sofort einer theoretisch auf dem Papier ausgearbeiteten Verfassung zu unterwerfen, die dann vielleicht nicht zufriedenstellend funktionieren würde. Es sollte vielmehr eine langsame Evolution stattfinden.

Morrison sagte, er habe das Gefühl, daß die kontinentalen Völker das britische Volk nicht immer ganz verstünden. Die Engländer würden manchmal für schlecht und böswillig gehalten, wenn sie in Wirklichkeit sich offenherzig und wohlmeinend verhielten. Es bestünden da gewisse Schwierigkeiten. Englischerseits verstehe man auch nicht immer die Handlungen der kontinental-europäischen Völker. Daher wäre es ganz gut einzusehen, daß andere Länder die Briten auch nicht immer verstünden.

4. Besuch in London im Dezember 1951

Morrison hatte mich bei seiner Anwesenheit in der Bundesrepublik eingeladen, nach Großbritannien zu kommen. Ich nahm diese Einladung an. Mein Besuch war ursprünglich für Oktober 1951 vorgesehen, mußte dann jedoch wegen der notwendig gewordenen Parlamentswahlen in Großbritannien auf Dezember verschoben werden.
Aus den Wahlen in Großbritannien am 25. Oktober 1951 war die Konservative Partei als Sieger hervorgegangen. Churchill wurde erneut Premierminister, und Anthony Eden wurde zum Außenminister ernannt.
Meine Reise nach Großbritannien war der erste offizielle Besuch eines deutschen Regierungschefs seit dem Besuch von Reichskanzler Brüning im Jahre 1931.
Vor meiner Abfahrt nahm ich auf einer Pressekonferenz zu dem Verhältnis Großbritannien–Deutschland Stellung. Ich sagte hierzu, daß England und Deutschland gemeinsame Ziele hätten: die Erhaltung des Friedens und die Verteidigung der demokratischen Ordnung. Ich versicherte, daß Deutschland sich bei der Verfolgung dieser Ziele als ein unerschütterlicher und zuverlässiger Partner erweisen werde.
Als Zweck meines Besuches in Großbritannien stellte ich in der Pressekonferenz die Entwicklung und Verwirklichung einer Politik freundschaftlicher Zusammenarbeit der Bundesrepublik und Großbritanniens heraus. England sei das Kernstück des britischen Commonwealth, führte ich aus, und sei darüber hinaus ein wichtiges Mitglied zahlreicher internationaler Zusammenschlüsse, wie etwa des Brüsseler Paktes. Die Bundesrepublik ihrerseits fühle sich als Glied der im Werden begriffenen europäischen Gemeinschaft. Beide Staaten, Großbritannien und die Bundesrepublik, würden sich in zunehmendem Maße in internationalen Körperschaften begegnen, weil sie berufen sein würden, gemeinsam verantwortliche Entscheidungen zu treffen. Deshalb sei es notwendig und für die ganze freie Welt bedeutsam, daß Großbritannien und Deutschland versuchten, gemeinsame politische Ziele zu definieren und Übereinstimmung über die Methoden zu ihrer Verwirklichung zu finden. Abgesehen von dem möglichen englisch-deutschen Zusam-

menwirken innerhalb internationaler Organisationen böten sich auch Gelegenheiten zu einer im Interesse beider Staaten liegenden Zusammenarbeit bei herkömmlichen bilateralen Abkommen. Dies gelte besonders für die wirtschaftlichen Beziehungen. Hier habe sich ein guter Geist der Zusammenarbeit entwickelt.

Mir war bekannt, daß in Großbritannien die Besorgnisse wegen einer deutschen wirtschaftlichen Konkurrenz groß waren.

Hinsichtlich der britischen Zurückhaltung gegenüber den europäischen Plänen sagte ich, daß ich sehr gut verstünde, daß diese Haltung bis zu einem gewissen Grad durch Englands Stellung im Commonwealth bedingt sei, aber Englands Wohlfahrt und Sicherheit seien mit dem Schicksal des europäischen Kontinentes unlösbar verbunden. Großbritannien und die im Entstehen begriffenen europäischen Zusammenschlüsse müßten durch ständige Verbindungsorgane ihre beiderseitigen Bemühungen abstimmen. Für die Kontinental-Europäer sei eine Dosis von britischer Mäßigung und politischem Realismus sicher von sehr großem Wert.

Es waren in Großbritannien Befürchtungen über das Wiederaufleben eines deutschen Nationalismus laut geworden. Ich versicherte bei zahlreichen Gelegenheiten vor meinem Besuch und während meines Besuches in England, daß die überwältigende Mehrheit des deutschen Volkes über den Nationalismus hinausgewachsen sei. Ich unterstrich die Entschlossenheit der Bundesregierung wie auch des Parlaments, ein Wiedererstarken etwaiger nationalistischer Bewegungen zu verhindern, und machte darauf aufmerksam, daß der Prozentsatz der radikalen Wähler in der Bundesrepublik ungewöhnlich gering sei. Radikalistische Tendenzen in Deutschland würden zusammenbrechen und zu einem unbedeutenden Bruchteil der öffentlichen Meinung werden, wenn Deutschland in Verfolg der von der Bundesregierung eingeleiteten Politik frei und souverän in die Gemeinschaft der Völker zurückgekehrt sei. Die Besorgnis, deutsche Verteidigungsstreitkräfte könnten einen ungesunden Nationalismus in das Sicherheitssystem des Westens bringen, sei völlig unbegründet. Der Radikalismus sei weitgehend eine bittere Frucht von Nachkriegsnöten. In dem Maße, in dem die Politik der Bundesregierung und die Hilfe und Einsicht der anderen Länder Deutschland wieder zu einem ehrenvollen Platz in der Gemeinschaft der freien Völker verhelfen würden, werde der Rechtsradikalismus verschwinden.

Im Hinblick auf die Sorge, daß die Bundesrepublik, sobald sie über eine Armee verfüge, diese als einen Hebel verwenden könnte, um Moskau gegenüber eine Rapallo-Politik zu betreiben, sagte ich, daß Deutschland sich eindeutig für den Westen entschieden habe. Die Deutschen hätten genügend Erfahrungen gesammelt, aus denen sie zu der Erkenntnis gekommen seien, in der Gemeinschaft der freien Völker die Erfüllung ihrer Wünsche und ihrer Ziele zu suchen. Ein deutscher militärischer Beitrag im Rahmen der Europäischen Verteidigungsgemeinschaft mache seiner ganzen Struktur nach jegliche Rapallo-Politik unmöglich.

Die Themen meiner Besprechungen mit den britischen Regierungsvertretern sollten die Europafrage und der deutsche Verteidigungsbeitrag sein. Meine Unterredungen, insbesondere mit Churchill, erhielten durch die bevorstehende Tagung der Außenminister der führenden westeuropäischen Staaten in Straßburg eine besondere Bedeutung. In Straßburg sollten die Möglichkeiten für die baldige Bildung einer politischen europäischen Autorität als „Überbau" über den Schuman- und Pleven-Plan erörtert werden. Den Straßburger Besprechungen wurde sehr große Bedeutung zugemessen, insbesondere, da die Gaullisten durch ihre Sprecher im Europarat durchblicken ließen, daß sie bereit seien, der Europa-Armee zuzustimmen, wenn es möglich würde, den Verteidigungsplan gleichzeitig wenigstens durch Ansätze einer politischen Föderation zu untermauern. Die Amerikaner wurden sehr ungeduldig und drängten auf eine Entscheidung über die politische Einigung Europas, selbst wenn zunächst nur ein „Kleinst-Europa" entstünde. Ich wollte mir in London ein klares Bild von der Einstellung der neugewählten britischen Regierung zu der Europafrage verschaffen und versuchen, Churchill zu einer aktiven Beteiligung an dem europäischen Einigungswerk zu veranlassen. Ich wollte auf dem Wege über eine persönliche Kontaktaufnahme mit den führenden britischen Staatsmännern mich mit der Atmosphäre vertraut machen, aus der heraus dort die Probleme beurteilt wurden, die für Großbritanniens Haltung zu den großen Fragen unserer Zeit bestimmend waren.

Rückblickend erinnere ich mich noch sehr deutlich, wie angenehm berührt ich war von der Aufgeschlossenheit und dem freundschaftlichen Geist, in dem ich von allen, mit denen ich zusammentraf, insbesondere auch von Churchill und Eden, empfangen wurde. Ich nahm Fühlung mit Vertretern des englischen politischen und geistigen Lebens. Ich erhielt überall das starke Empfinden, daß dieser Besuch den Schlußstrich unter die Vergangenheit ziehen sollte und konnte. Diese Überzeugung war das Wertvollste, was ich als Resultat mit nach Deutschland zurückbringen durfte.

Ich war nach Großbritannien gekommen als Repräsentant eines Landes, das nach einer wechselvollen Geschichte und vielen Irrwegen den Weg zu einem demokratischen, freiheitlichen Staatswesen gefunden hatte und das fest entschlossen war, sein Geschick mit dem der westlichen Demokratien zu verbinden.

Der englische Parlamentarismus hatte sich in Jahrhunderten langsam und stetig entwickelt. Ein Vergleich mit dem deutschen Schicksal drängte sich mir auf. Auch Deutschland kennt seit Anbeginn seiner Geschichte demokratische und parlamentarische Formen. In vielen Gemeinschaften, seien sie nun ständischer oder städtischer Art, hat stets die Verantwortlichkeit der führenden Männer gegenüber gewählten Vertretern des Volkes eine entscheidende Rolle gespielt. Die Tragik in der Entwicklung der deutschen Demokratie liegt darin, daß, obwohl der demokratische Gedanke im Volk und auch in der Schicht der Gebildeten immer tief verwurzelt war, er auf nationaler Ebene nur schwer Gestalt und Form finden konnte.

1848 schien es, als könnte das Werk gelingen. Aber die antidemokratischen Kräfte erwiesen sich damals als stärker. Dem kaiserlichen Deutschland blieben die Möglichkeit und die Zeit zu einer ruhigen Evolution in Richtung auf eine echte Demokratie versagt. Die Weimarer Republik, deren Politiker und Staatsmänner durchweg von lebendigem, demokratischem Geist erfüllt waren, wurde durch die Auswirkungen des Ersten Weltkrieges mit seinen außerordentlichen wirtschaftlichen Lasten geschwächt und schließlich vom Nationalsozialismus überwältigt, der Deutschland in die verhängnisvolle Zeit der Diktatur führte.

Der neue Versuch, Deutschland endlich zu einem demokratischen Staatswesen zu machen, war belastet mit den furchtbaren Folgen des Zusammenbruches von 1945. In der sowjetisch besetzten Zone Deutschlands wurde der Versuch der Errichtung einer demokratischen Ordnung gewaltsam verhindert und ein Regime eingesetzt, das alle Zeichen des Totalitären aufweist. Die Neugründung des demokratischen Staatswesens blieb zunächst auf die drei von den Westalliierten kontrollierten Zonen Deutschlands und den freien Teil Berlins beschränkt. Angesichts der Gesamtlage kann man mit Genugtuung darauf hinweisen, daß das deutsche Volk sich mit überwältigender Mehrheit für diejenigen Parteien ausgesprochen hat, die demokratische Prinzipien vertreten. Es war gewiß nicht leicht für das deutsche Volk, nach der Zerstörung all der Illusionen, die eine düstere Epoche mit sich gebracht hatte, nach der Zerstörung aller Werte, die seine Verführer bewußt betrieben hatten, nun wieder Maß und Vernunft zu gewinnen und der Freiheit des einzelnen den Platz einzuräumen, der ihr gebührt.

Die demokratischen Prinzipien, nach denen Großbritannien und die übrigen westeuropäischen Länder lebten, Schutz der Menschenwürde, Gleichheit vor dem Gesetz, Freiheit der Person und Freiheit des Glaubens, haben auch in den Grundrechten des Grundgesetzes für die Bundesrepublik Deutschland ihren Platz gefunden. Sie sind unmittelbar zwingendes Recht.

Ich mußte bei meinem Besuch in Großbritannien bemüht sein, das Verständnis für uns Deutsche zu wecken und zu erweitern. Eine breite Möglichkeit,

Gehör zu finden, bot mir eine Veranstaltung der Foreign Press Association in London am 8. Dezember 1951, auf der ich ausführlich unsere Situation darlegte. Ich wies auf die Notwendigkeit der Aufwendungen und Leistungen der Bundesrepublik für die Festigung der inneren Ordnung, für die Erreichung gesunder sozialer Verhältnisse hin und betonte, daß diese Maßnahmen einen wichtigen und wertvollen Beitrag für die Verteidigung der demokratischen Freiheiten gegenüber der Bedrohung aus dem Osten darstellten. Wenn die Frage der Leistung eines Verteidigungsbeitrages von einem Teile des deutschen Volkes zunächst mit Zurückhaltung behandelt würde, so dürfe man nicht übersehen, daß ein Volk, dessen Vertrauen zweimal enttäuscht oder mißbraucht worden, daß ein Volk, das nur knapp der völligen Vernichtung entgangen war, mit Sorge daran dächte, noch einmal in die Lage kommen zu können, in der es Waffen einsetzen müsse, um sich zu verteidigen.

Ich wies darauf hin, daß es jedem Deutschen aus den bitteren Erfahrungen der Vergangenheit heraus bewußt sei, daß nur die Eingliederung Deutschlands in die Gemeinschaft der freien Völker Wohlfahrt und Sicherheit gewähren könne. Es sei nicht allein die Furcht vor dem Bolschewismus, sondern die unabhängig davon gewonnene Erkenntnis, daß die Probleme, vor die uns die Gegenwart gestellt habe, nämlich die Erhaltung des Friedens und die Verteidigung der Freiheit, nur in einer größeren Gemeinschaft zu lösen seien. Diese Überzeugung werde von der breiten Mehrheit des deutschen Volkes geteilt. Diese Tatsache hätte der Bundesregierung und den frei gewählten Vertretern des deutschen Volkes die Möglichkeit gegeben, sich mit an die Spitze der europäischen Bewegung zu stellen und jede Aktion, die der Vereinigung und Integration Europas diene, tatkräftig zu unterstützen. Die Bundesrepublik wünsche, den Prozeß der europäischen Integration so weit voranzutreiben wie nur möglich: überlegt und ohne Hast, aber stetig und wirksam. Die Politik der Eingliederung Deutschlands in die Gemeinschaft der freien Völker sei die Grundlinie der deutschen Außenpolitik. Der Prozeß der Integration und der Bildung größerer Völkergemeinschaften diene der Erhaltung der abendländisch-christlichen Werte, die unserem Leben Sinn gäben. Er diene weiter dem sozialen Fortschritt und der materiellen Wohlfahrt, die in der demokratischen Welt nicht im Gegensatz, sondern im Einklang mit der Freiheit der Person und der Völker verwirklicht werden könnten.

In diesem Sinne hätte ich das Ergebnis der Pariser Konferenz der drei alliierten Außenminister im November besonders hoch gewertet. Der eigenartige politische Schwebezustand zwischen Ost und West, in dem sich Deutschland infolge der bedingungslosen Kapitulation und der seit 1945 zwischen den Westalliierten und Sowjetrußland eingetretenen Spannung befinde, sei zu Ende. Die Bundesrepublik gehöre endgültig und unwiderruflich zur Gemeinschaft des Westens. Diese Entscheidung schließe eine Lösung der Spannung zwischen Ost und West nicht aus, im Gegenteil, sie werde der Lösung nützlich sein. Die Unklarheit der ganzen Lage sei auch ein Grund für diese Spannung gewesen.

Zu dem englisch-deutschen Verhältnis im Rahmen der zukünftigen deutschen Partnerschaft mit dem Westen sagte ich, daß wir uns darüber im klaren seien, daß die Mehrzahl der für die Bundesrepublik und das Vereinigte Königreich bedeutsamen Probleme nicht in einem zweiseitigen Gespräch zwischen Deutschland und England allein gelöst werden könnte. Die Erhaltung des Friedens, die Bemühungen um die wirtschaftliche Wohlfahrt, die Verteidigung seien infolge der Weltlage Aufgaben von solcher Größe, daß ihre Lösung nur im Rahmen umfassender Gemeinschaften gefunden werden könne. Auf wirtschaftlichem Gebiete lägen die Verhältnisse ähnlich. Auch hier ließen sich viele Erscheinungen des modernen Wirtschaftsablaufes nur in größeren zwischen- oder überstaatlichen Gemeinschaften lösen und meistern. In den bestehenden europäischen Organisationen hätte sich ungeachtet dessen, daß die einzelnen Staaten ihre Belange mit Offenheit verträten, ein Geist der Solidarität entwickelt.

Großbritannien und das britische Commonwealth hätten gegenüber den europäischen Einigungsplänen eine gewisse Reserve gezeigt. Engländer hätten von einer „wohlwollenden Interesselosigkeit“ gesprochen. Wir auf dem Kontinent hätten durchaus Verständnis dafür, daß Englands Stellung als Herzstück des britischen Commonwealth ihm besondere Verpflichtungen auferlege, aber wir seien auch überzeugt, daß das Schicksal des Kontinentes mit Großbritannien eng verbunden sei. Ich sei glücklich zu wissen, daß diese Auffassung auch von den führenden Männern des Vereinigten Königreiches, sowohl in der Regierung als auch in der Opposition, geteilt werde.

5. Unterredung mit dem britischen Premierminister Churchill am 4. Dezember 1951

Am zweiten Tag meines Aufenthaltes in London kam es im Anschluß an ein Frühstück, das Premierminister Churchill für mich gab, zu einem ausführlichen Gespräch über Europa.

Schon in seiner Tischrede hatte Churchill das Thema „Europa“ berührt. Er hatte erklärt:

„Es wird nun gesagt, ich hätte mein ganzes Leben gegen Deutschland gekämpft. In Wirklichkeit waren es aber doch nur fünf Jahre. Andererseits habe ich mein ganzes Leben eine tiefe Zuneigung für Frankreich empfunden. Wie herrlich wäre es, wenn Deutschland nun dazu käme, wenn ein großes Gefühl der Loyalität Großbritannien, Frankreich und Deutschland umspannen und unsere Völker in einem breiten Strom einer lichtvollen Zukunft entgegenführen könnte. Wenn wir alle unsere Leistungen, Hilfsmittel und Kräfte vereinigen könnten, um eine unerschütterliche freie Demokratie zu gründen, in der die Völker das Recht hätten, über ihr eigenes Schicksal zu entscheiden, so würden wir dem verhängnisvollen Krieg entgehen und in einer umfassenden wahren Harmonie des Friedens gemeinsam weiterleben können."

Zu Beginn des Gespräches mit Churchill, an dem auf britischer Seite Außenminister Eden teilnahm, legte ich meine Überzeugung dar, nach der die Sowjetunion gegen die Integration der Bundesrepublik in Westeuropa sei. Um eine Integration der Bundesrepublik in Westeuropa zu verhindern, machten die Sowjets alle möglichen Winkelzüge. Eine Integration Europas ohne Deutschland sei nicht möglich. Ich träte für Westeuropa und für die Integration der Bundesrepublik in Westeuropa ein. Unter diesem Gesichtspunkt hätte ich den Schuman-Plan sehr begrüßt. Der Schuman-Plan bringe Deutschland zunächst keine besonderen Vorteile, im Gegenteil, Deutschland müsse eine Reihe von Vorleistungen machen. Das gleiche gelte für den Pleven-Plan. Aber das Entscheidende sei ein Zusammengehen zwischen Deutschland und Frankreich.

Churchill hatte in seiner berühmten Rede in Zürich im Herbst 1946 gesagt, daß Europa nur entstehen könne, wenn Deutschland und Frankreich sich verständigten. Ich kannte Churchill als Befürworter einer speziellen deutsch-französischen Verständigung.

In bezug auf den Pleven-Plan wiederholte ich meine bereits mehrfach in der Öffentlichkeit und in Gesprächen mit führenden ausländischen Politikern abgegebene Erklärung, daß ich keine nationale deutsche Armee wolle. Ich betonte gegenüber Churchill, daß die deutschen Kräfte in eine europäische Armee eingegliedert werden müßten.

Ich sei mir der besonderen Lage Großbritanniens bewußt. In Frankreich seien gewisse Kreise besorgt bei dem Gedanken, es mit Deutschland allein zu tun zu haben. Daher wünschten diese Kreise unbedingt eine Teilnahme Großbritanniens an einer Europäischen Verteidigungsgemeinschaft. Ich erklärte Churchill, daß es schon ausreichend sein würde, wenn seitens Großbritanniens eine starke Sympathie für die europäische Einigung gezeigt würde. Der Westen müsse unbedingt stark sein. Erst durch Erfüllung dieser Voraussetzung sei eine Entspannung ohne Krieg möglich. Man könne jedoch niemals dessen ganz sicher sein und müsse entsprechende Vorkehrungen treffen.

Churchill stimmte dem letzten Punkt meiner Ausführungen zu und warf ein, daß eine Entspannung nur durch einen langwierigen Prozeß zu erreichen sein würde. Der Druck vom Osten her würde noch lange Jahre hindurch bestehen bleiben.

Ich brachte die Rede wieder auf Europa. Ich sagte, daß die Erfahrungen Großbritanniens Europa zugute kommen müßten. Ich wiederholte, daß es schon ausreichend sein würde, wenn Großbritannien sagte, wo seine Sympathien lägen.

Churchill erwiderte: „England muß das Gleichgewicht herstellen. Deutschland ist stärker als Frankreich. Es herrscht eine große Sorge in Frankreich vor einem Angriff Deutschlands. In einem solchen Fall würden wir uns auf die Seite Frankreichs stellen. Ich nehme allerdings nicht an, daß dieser Fall eintreten wird."

Ich antwortete: „Diesen Gedanken darf man nicht einmal aussprechen. Ich bitte, Deutschland zu vertrauen. Es ist manchmal schwer, Deutschland richtig einzuschätzen. Der Deutsche neigt zum Extremen. Er ist oft zu theoretisch. Wir haben aber teures Lehrgeld gezahlt. Die Deutschen sind nicht mehr in alten Mentalitäten befangen. Deutschland und Frankreich müssen sich zusammenschließen. Dies muß in den nächsten zwei Jahren geschehen. Deutschland ist eine Masse, die zu formen ist. Es kommt darauf an, ob von guten oder von schlechten Händen."

Darauf Churchill: „Es ist nicht möglich, die nationalen Gefühle ganz auszumerzen.

Frankreich und Deutschland müssen zusammenwirken. Ihre Truppen müssen unter dem Klang der ‚Marseillaise' und der ‚Wacht am Rhein' zusammen marschieren."

Eden warf ein: „Wir hoffen auf eine europäische Armee. Wir werden ihr zur Seite stehen. Wir gehen mit, ohne ganz dasselbe zu sein. Churchill ist der Vater des Vereinigten Europas."

Churchill fügte hinzu: „Meine Grundauffassung, warum ich für ein Vereinigtes Europa bin, ist, daß Deutschland und Frankreich Freunde sein müssen. Großbritannien wird mit zu dieser deutsch-französischen Freundschaft beitragen. Deutschland ist stärker als Frankreich. Das Gleichgewicht wird mit Englands Hilfe hergestellt werden."

Ich meinte, Churchill solle Deutschland nicht überschätzen, auch wir hätten Schwächen.

Darauf Churchill: „Ich weiß, Sie haben 9 Millionen Flüchtlinge. Was Sie geleistet haben, ist bewunderungswürdig."

Ich ging auf das Thema Sowjetrußland über und sagte, daß die größte Gefahr von der Sowjetunion her drohe. Außerhalb Deutschlands hätten die

Menschen keine Vorstellung, wie die Sowjetunion die Bundesrepublik zu unterminieren versuche. Der Kommunistischen Partei Deutschlands stünden monatlich 20 Millionen DM zur Verfügung.

Eden erklärte: „Deutschland braucht nicht zu befürchten, an die Sowjetunion verkauft zu werden. England wird nur im Einverständnis mit der Bundesrepublik handeln. Wir werden die Bundesrepublik nicht preisgeben, um einen Frieden mit der Sowjetunion zu erlangen. Eine Verständigung mit der Sowjetunion wird nur mit Ihrem Einverständnis erfolgen."

Churchill unterstrich die Ausführungen Edens: „Wir werden euch nicht verraten. Wenn der Westen stärker ist, wird die Sowjetunion vielleicht zurückweichen und eine Vereinigung Deutschlands zulassen. Es wird keine Verständigung mit der Sowjetunion auf Kosten Deutschlands erfolgen. Aus einem Verrat kann nur falsche Freundschaft erwachsen."

Ich fragte: „Wir können also auf die Unterstützung Großbritanniens rechnen?"

Churchill antwortete: „Wir stehen zu unserem Wort. Warum hat sich die Sowjetunion so töricht benommen, warum nur? Die Sowjets fürchten unsere Freundschaft mehr als unsere Feindschaft. Der Kontakt mit uns würde ihren Zusammenbruch herbeiführen. Die Berührung der Bewohner der Sowjetunion mit dem Westen würde das Ende des verruchten Systems bedeuten."

Ich stimmte dem zu. Der Kommunismus wäre erledigt, wenn die Bevölkerung mit der freien Welt in Berührung komme. Die Sowjetunion sei mit einer chinesischen Mauer umgeben. Die Kommunisten seien zielbewußt. Sie wüßten, warum sie eine Abschnürung betrieben.

Churchill kam dann auf die Oder-Neiße-Linie zu sprechen: Es wäre für Deutschland ein Fehler, jetzt von der Oder-Neiße-Linie zu reden. Er könne die Versicherung abgeben, daß dies bei der künftigen Friedensregelung geklärt werde. Man sollte diese Frage jetzt nicht aufwerfen.

Churchill erkundigte sich, ob ein gutes Verhältnis zwischen Deutschland und Polen möglich sei. Ich bejahte diese Frage. Eden bemerkte hierzu, wenn Deutschland seine Nachbarn in Schrecken versetze, so spiele es der Sowjetunion in die Hände. Die Satellitenstaaten würden dann durch die Angst vor Deutschland zusammengeschweißt.

Ich wies auf eine positiv verlaufene Zusammenkunft junger Deutscher und Polen hin. Eden sprach sich dafür aus, in den Vereinten Nationen den Kontakt mit Polen und den Satellitenstaaten zu pflegen.

Churchill erklärte erneut: „Haben Sie volles Vertrauen zu England, wir werden nicht hinter Ihrem Rücken Geschäfte machen."

Ich dankte Churchill für diese Erklärung.

Churchill fuhr fort: „Verlassen Sie sich darauf, die Friedenssehnsucht ist bei allen Menschen groß, ebenso die Angst vor der Sowjetunion. Man muß die Türen offenlassen zu einer Verständigung mit der Sowjetunion, aber nicht auf Kosten Deutschlands. Wenn die Bundesrepublik zum Westen steht, werden die Vereinigten Staaten und Großbritannien dies honorieren."
Anschließend kam das Gespräch auf die innere Lage der Bundesrepublik. Ich erklärte, daß man sich über Neofaschisten keine Sorgen zu machen brauche. Die Bundesregierung habe die Lage fest in der Hand. Wir würden eine Wiederholung der Ereignisse von 1930–1933 nicht zulassen. Auch Schumacher dürfe man nicht zu ernst nehmen. Er sei ein Nationalist auf marxistischer Basis. Die größte Gefahr für die Bundesrepublik sei das Flüchtlingsproblem.
Churchill fragte: „Was kann man machen?"
Ich erwiderte, daß Wohnungsbau und Ausdehnung der industriellen Produktion die beste Abhilfe seien. Es bestehe stets die Gefahr der Radikalisierung der Flüchtlinge, wenn ihre dringendsten und berechtigten Ansprüche nicht befriedigt werden könnten. Eine weitere Gefahr bedeute auch die Haltung der jungen Leute bis zu 35 Jahren gegenüber dem Staat. Sie seien ablehnend, weil sie zuviel Ungutes erlebt hätten. Je mehr die Bundesrepublik als gleichberechtigter Partner in Europa eingeordnet wäre, desto anziehender würde sie für die jungen Leute sein.
Churchill stimmte zu und meinte: „Die Jugend braucht ein Symbol." Plötzlich fragte er: „Sind Sie Preuße? Die Preußen sind Bösewichte. Ich habe Angst vor ihnen."
Lachend gab ich zurück, daß ich kein Preuße sei.
Darauf sagte Churchill: „Die Preußen haben aber einen guten kämpferischen Geist."
Ich kam zurück auf das Thema der Jugend. Man müsse die Einbildungskraft der jungen Leute auf Europa konzentrieren.
Ich betonte die Wichtigkeit eines gegenseitigen deutsch-englischen Jugendaustausches. Es müßten viel mehr Engländer nach Deutschland kommen. Bisher seien so gut wie keine englischen Studenten in Deutschland.
Eden sprach sich auch für den gegenseitigen Jugendaustausch aus.
Abschließend kam Churchill noch einmal auf die europäische Entwicklung zurück. Er sagte: „Wir werden alle vernichtet werden, wenn wir uns nicht einigen. Aber wenn wir zusammenhalten, dann werden wir, so Gott will, bestehen bleiben. Sollten wir dennoch untergehen, so wird es wenigstens nicht unsere Schuld sein."
Ein weiterer Höhepunkt meines fünftägigen Aufenthaltes in Großbritannien war mein Besuch im Buckingham Palace bei König Georg VI. König

Georg VI. war gerade von einer längeren Krankheit genesen. Ich war der erste ausländische Besucher, den er nach seiner Krankheit in offizieller Audienz empfing. Er war von seinem Schloß Sandringham nach London gekommen, um mit mir zusammenzutreffen.

Ich hatte eine etwa halbstündige Unterredung mit König Georg VI. Er wirkte außerordentlich sympathisch auf mich. Wir sprachen über die gesamte europäische Situation. König Georg VI. war sehr gut über die Probleme der Bundesrepublik und über die politische Lage im allgemeinen informiert. Er zeigte ein großes Interesse für Deutschland.

Ich wohnte im Claridge's Hotel in London. Während meines Aufenthaltes fanden kleinere Demonstrationen gegen die Bundesrepublik und gegen mich statt, zum Beispiel vor der Downing Street 10, im Unterhaus und während meines Besuches in Oxford.

Die Begrüßung durch die britische Presse war kühl, aber nicht unfreundlich. Eine liberale Zeitung schrieb: „Die Wahrheit ist, daß sowohl Dr. Adenauer als auch die britische offizielle Auffassung sich seit den dunklen Tagen von 1945 sehr gewandelt haben. Dr. Adenauer ist nicht mehr wie bisher der britischen Politik gegenüber tief mißtrauisch und der Zusammenarbeit mit England abgeneigt. Die Engländer ihrerseits erkennen, daß er nicht ganz der konservative Autokrat ist, für den sie ihn hielten, und sie bewundern seine Leistungen. Aber es wäre falsch, die Zweifel und Differenzen zu verdecken, die noch weiter bestehen. Die Hauptdifferenz ist wohl Dr. Adenauers anhaltender Argwohn gegenüber Mr. Churchills Rußlandpolitik. Es heißt, Dr. Adenauer sei von dem Alptraum eines neuen Jalta geplagt. Es kann nur gut sein, wenn er und Churchill sich über diese Fragen offen aussprechen."

Die britische Zeitung hatte mit ihren Ausführungen hinsichtlich meiner Befürchtungen nicht ganz unrecht, und ich habe wiederholt vor Pressevertretern während meines Aufenthaltes in Großbritannien erklärt, daß eine Neutralisierung Deutschlands für Deutschland und den gesamten Westen unannehmbar sei. Eine Rückkehr zu Potsdam berge große Gefahren für die Bundesrepublik und für Europa in sich.

Es war für mich ein sehr umfangreiches Besuchsprogramm aufgestellt. Ich mußte zahlreiche Reden halten, so zum Beispiel vor der britischen Gruppe der Interparlamentarischen Union, vor dem Royal Institute of International Affairs und, wie bereits erwähnt, vor dem Verein der ausländischen Presse in London. Offizielle Frühstücke, Empfänge und Abendessen, zwischendurch politische Besprechungen ließen mir wenig Zeit, die Schönheiten Londons anzusehen. Trotzdem nahm ich mir die Zeit, in die Westminster Abbey zu gehen. Sehr viel war mir daran gelegen, die Kunstschätze der

National Gallery zu sehen. Auch dem Britischen Museum stattete ich einen Besuch ab.

Von meinem Aufenthalt in England habe ich tiefe Eindrücke mit nach Hause genommen, Eindrücke, die sich besonders noch verstärkt haben durch einen Besuch in Oxford. Ich beneide jeden Studenten, der in der ruhigen Atmosphäre Oxfords seinem Studium nachgehen kann. Man zeigte mir in Oxford im Balliol College auf einer Gedächtnistafel für die im Zweiten Weltkrieg gefallenen Studenten auch den Namen eines meiner Neffen, und zwar von Hans Adenauer, dem zweitältesten Sohn meines Bruders August, der hier in den Jahren 1928 bis 1929 studiert hatte.

Überall begegneten mir während der reich angefüllten fünf Tage Verständnis und Wohlwollen gegenüber uns Deutschen. Ich spürte, daß eine Gemeinschaft der westlich-christlichen Kultur und Tradition uns sehr stark miteinander verband. Ich war für die Aufnahme, die ich in England fand, aufrichtig dankbar. Es war nicht der Zweck meines Besuches, schriftliche Abmachungen zu treffen oder Verträge zu schließen. Abmachungen und Verträge sind bei weitem nicht immer das Wertvollste. Viel wertvoller ist das gegenseitige Verständnis der Völker und der leitenden Männer der Völker untereinander. Dieses Verständnis habe ich in Großbritannien in wirklich überraschend umfangreichem Maße gefunden. Man ging in den Unterredungen auf unsere Gedankengänge ein, ich fand Verständnis für die Eigenart der deutschen Verhältnisse unter den vorläufig gegebenen Umständen. Andererseits hatte ich in freimütigen Aussprachen von den englischen Problemen Kenntnis nehmen können, und ich habe mich bemüht, die Gedankengänge meiner britischen Gesprächspartner aus ihrer historischen Gegebenheit zu verstehen.

Ich beurteilte meinen Besuch in England als sehr nützlich. Ich erhoffte mir davon als Ergebnis eine Erleichterung in der Abwicklung einiger besonders brennender Fragen und eine Förderung der Lösung gemeinsamer Aufgaben, die alle Völker des Westens beschäftigten.

Auch Churchill schien das Treffen mit mir nützlich gefunden zu haben. Er schrieb mir in seiner Antwort auf mein Telegramm, das ich bei Verlassen Großbritanniens an ihn richtete: „Ihr Besuch fand in einem wichtigen Abschnitt der Entwicklung neuer und glücklicher Beziehungen zwischen unseren beiden Ländern statt. Ich teile Ihre Ansicht, daß unsere Zusammenkunft unserem gemeinsamen Werke der Konsolidierung Europas und der Stärkung des Weltfriedens einen großen Dienst erwiesen hat. Bei diesem großen Werk können Sie auf die Zusammenarbeit und den guten Willen der britischen Regierung und des britischen Volkes zählen.“

Eineinhalb Jahre später, am 14. Mai 1953, führte ich erneut ein Gespräch mit Churchill über Großbritannien und sein Verhältnis zu Europa. Dieses Gespräch erscheint mir sehr bemerkenswert. Churchill faßte seine Gedanken dahin zusammen, daß die Vereinigten Staaten, Großbritannien mit dem Commonwealth und das Vereinigte Europa wie drei Kreise, die einander berühren, miteinander verbunden sein müssen. In einer Zeichnung, die er bei Tisch auf einem Kärtchen machte, verdeutlichte er seine Gedanken. An dieser Haltung Großbritanniens hat sich nichts geändert.

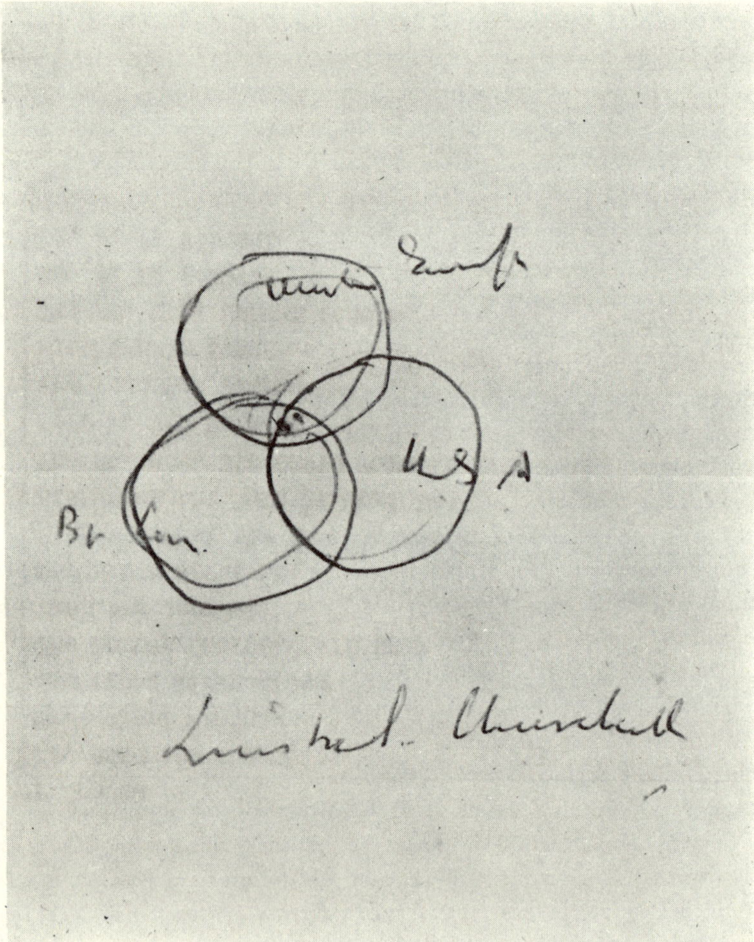

Tischkarte mit Skizze von Sir Winston Churchill
zum Verhältnis von Europa, Commonwealth und USA

XXI. DEUTSCHLANDVERTRAG UND VERTRAG ÜBER DIE EUROPÄISCHE VERTEIDIGUNGSGEMEINSCHAFT (EVG)

1. Paraphierung des „Dachvertrages“ zum Deutschlandvertrag in Paris am 22. November 1951

Am Dienstag, dem 20. November 1951, flog ich zu einer Zusammenkunft mit den Außenministern der Vereinigten Staaten, Großbritanniens und Frankreichs nach Paris. Die Verhandlungen über den Deutschlandvertrag waren so weit gediehen, daß der sogenannte „Dachvertrag“ zu dem umfangreichen Vertragswerk unterzeichnet werden konnte.

Am Mittwoch, dem 21. November, hatte ich im Anschluß an ein Frühstück, welches der amerikanische Botschafter in Paris, Bruce, für den amerikanischen Außenminister Dean Acheson und mich gab, ein ausführliches Gespräch mit Acheson.

Acheson meinte, daß die nächsten neunzig Tage von geradezu schicksalhafter Bedeutung seien. In dieser Zeit müßte der Vertrag über die Neuordnung des Verhältnisses der Bundesrepublik zu den Alliierten sowie der Vertrag über die Europäische Verteidigungsgemeinschaft fertiggestellt und abgeschlossen sein. Daß innerhalb dieser Frist die Verträge abgeschlossen sein müßten, sei auch deshalb nötig, weil im Herbst des Jahres 1952 die Präsidentenwahl in den Vereinigten Staaten stattfände und weil daher schon mit Beginn des Frühjahres 1952 die Gefahr bestehe, daß die Verträge in den amerikanischen Wahlkampf hereingezogen würden. Wolle man dies vermeiden, so sei Eile geboten. Er, Acheson, beabsichtige, dem Kongreß zu Beginn des Jahres 1952, also möglichst noch rechtzeitig vor den Vorbereitungen zum Wahlkampf, ein ganzes Bündel von Verträgen zur Ratifikation vorzulegen. Dazu gehöre der japanische Friedensvertrag, der Sicherheitspakt mit Australien und Neuseeland, der Sicherheitspakt mit den Philippinen, der Vertrag über die Aufnahme Griechenlands und der Türkei in die NATO und schließlich das vorliegende Vertragswerk mit der Bundesrepublik, sobald es fertiggestellt sei.

Ich äußerte Acheson gegenüber meine dankbare Befriedigung darüber, daß die Vereinigten Staaten mit so großer Zielstrebigkeit und Energie ihrer Verantwortung auf dem Gebiet der Weltpolitik, insbesondere auch in Europa, nachkämen. Dieser feste Kurs werde nicht von allen alliierten Mächten in gleicher Weise verfolgt. Es gebe manche, die ich als „wackelig“ bezeichnen möchte. Mir liege bei den Unterredungen mit den drei Außenministern in

Paris vor allem daran festzustellen, ob irgendwelche Versuche vorlägen, Deutschland zum Objekt einer Verständigung mit Sowjetrußland zu machen, wie es hier und da in der öffentlichen Meinung befürchtet werde.

Acheson erwiderte mir, wenn ich den einen oder anderen der Westalliierten als „wackelig" bezeichne, so wäre vielleicht dieser Eindruck darauf zurückzuführen, daß die außerordentlichen finanziellen Lasten für die Verteidigung und die sich daraus entwickelnden Konsequenzen für die innere Produktion und den Lebensstandard bei diesen Völkern starke Reaktionen gegen die Aufrüstung ausgelöst hätten. Von keiner Seite hätte man es jedoch gewagt, an ihn mit einem Plan heranzutreten, Deutschland zum Objekt einer Ost-West-Verständigung, das heißt einer Verständigung der Westalliierten mit Sowjetrußland zu machen. Keine der Großmächte des Westens denke an so etwas, noch wären in irgendeiner Form Ansätze zu derartigen Versuchen im Gange gewesen, im Gegenteil, eine Reihe von kleineren Staaten seien bei ihm vorstellig geworden und hätten ihn mit Nachdruck darauf hingewiesen, welche katastrophalen Folgen etwaige Versuche in dieser Richtung haben würden.

Wir sprachen eingehend über den Artikel VII des Deutschlandvertrages, der eine Friedensregelung und die Wiedervereinigung Deutschlands betraf. Hierzu erklärte ich, daß die Bundesregierung von den Alliierten erwarte, daß sie hinsichtlich der Gebiete östlich der Oder-Neiße keinerlei Bindungen gegenüber Dritten, zum Beispiel Polen, eingingen. Dieses Problem müsse der Friedensregelung vorbehalten bleiben. Hallstein, der bei der Unterredung anwesend war, führte ergänzend aus, daß der Bundesregierung daran liege, den Inhalt der Friedensregelung durch die Anführung gewisser Prinzipien näher zu bestimmen, wie zum Beispiel durch den Hinweis auf die Prinzipien der Atlantikcharta, ein Hinweis, der unter anderem auch den Polen zeigen sollte, daß man nicht an eine einseitige, den deutschen Interessen allein dienende Lösung, sondern an eine vernünftige und gerechte Lösung des gesamten Territorialproblems, auch unter Berücksichtigung polnischer Wünsche, denke. Dies sei notwendig, um der starken sowjetischen Propaganda zu begegnen, die den Polen den Schrecken eines wiederkehrenden Eroberers an die Wand male, der nichts anderes im Auge habe, als die Polen aus den Ostgebieten wieder zu vertreiben.

Im Laufe des Gespräches legte ich Acheson die innenpolitische Entwicklung in Deutschland dar und bezeichnete es als meine Hauptaufgabe, die Jugend an den Staat heranzuführen. Um dies erreichen zu können, müsse aber der deutsche Staat eine größere Autorität erhalten als bisher. Schon deshalb sei es sehr notwendig, daß der Deutschlandvertrag schnellstens zu einem Abschluß gebracht werde.

Bei der Verabschiedung gab ich der Hoffnung Ausdruck, daß die Vereinigten Staaten weiterhin intensiv am Schicksal der europäischen Welt teilnähmen. Acheson bekräftigte seinerseits den Willen, die bisherige Politik fortzusetzen. Europa könne versichert sein, daß sich Amerika seiner Verantwortungen bewußt bleibe.

Am nächsten Tag, dem 22. November, fand eine gemeinsame Sitzung der vier Außenminister im Quai d'Orsay statt, auf der der sogenannte „Dachvertrag" des Deutschlandvertrages paraphiert wurde.

Zu Beginn der Sitzung begrüßte mich Außenminister Schuman außerordentlich herzlich im Kreise der Außenminister und stellte fest, dies sei das erste Mal, daß der Bundeskanzler und Außenminister der Bundesrepublik Deutschland im Kreise der Außenminister der Westmächte anwesend sei. Er benutzte die Gelegenheit, um mir seine aufrichtigen Wünsche und die seiner Kollegen für eine erfolgreiche Zusammenarbeit auszusprechen.

Ich dankte Schuman für seine Worte und erklärte, daß ich mir von der heutigen Außenministerkonferenz, an der Deutschland zum ersten Male mitwirke, eine gute Konsolidierung der politischen Verhältnisse in Deutschland verspräche. Die Bundesrepublik hätte bisher gleichsam zwischen Ost und West in der Luft gehangen. Mit dem heutigen Tage spreche die Bundesregierung aus eigener Autorität, eingegliedert in die westliche Welt. Die Beschlüsse der Außenministerkonferenz machten die Bundesrepublik zu einem starken Faktor für die Sicherheit Europas und zu einer großen Attraktion für die Sowjetzone. Sowjetrußland werde erkennen, daß es ihm nicht gelungen sei, mit den Mitteln des Kalten Krieges die Integration Deutschlands in den Westen zu verhindern. Dies alles bedeute einen wesentlichen Schritt zur Konsolidierung der europäischen Verhältnisse.

Anschließend ergriff Acheson das Wort. Er führte aus, große Veränderungen seien in dem Verhältnis Deutschlands zur Umwelt eingetreten. Noch vor wenigen Jahren wäre es unmöglich gewesen, daß ein deutscher Außenminister in Paris mitgearbeitet hätte. Die mit dem heutigen Tage eingeleitete Zusammenarbeit müßte fortgesetzt werden. Er schließe sich aus vollem Herzen den Worten der Begrüßung an, die Außenminister Schuman für mich gefunden habe.

Nach Acheson sprach Außenminister Eden. Er sagte, er habe zwar nicht zu den Urhebern des Grundgesetzes gehört; er habe aber, was vielleicht viel schwieriger sei, von der Oppositionsbank aus die Bestrebungen der alliierten Außenminister unterstützt. Er hoffe sehr, daß diesem Treffen noch weitere Zusammenkünfte folgen werden. Großbritannien freue sich, an der deutsch-französischen Freundschaft mitzuwirken, die von britischer Seite in der Erinnerung an die tragischen Ereignisse der Vergangenheit sehr gewünscht werde.

Im Anschluß an die Begrüßungsworte für mich als Vertreter der Bundesrepublik Deutschland ging Außenminister Schuman auf die Bedeutung des vorliegenden Vertrages ein. Die Bedeutung liege nicht nur darin, einen Schlußstrich unter eine schmerzhafte Vergangenheit zu ziehen, sondern gemeinsam eine Welt zu bauen, die gegen die Gefahren der Zukunft gewappnet sei. Frankreich und Deutschland benötigten hierzu Paten. Die Regierungen der Vereinigten Staaten und Großbritanniens seien die Paten des großen Unternehmens, des größten vielleicht, das seit Jahrhunderten unternommen worden sei. Unsere Völker würden das begreifen. Das große Ziel könne nur etappenweise erreicht werden. Der heutige Tag bedeute eine solche Etappe.

Bei den Beratungen der Außenminister spielte eine große Rolle die Verbindung der Europäischen Verteidigungsgemeinschaft – der Ausdruck „Europäische Verteidigungsgemeinschaft" für die zu schaffende europäische Armee war allgemein üblich geworden – mit der NATO. Die Außenminister bejahten die Notwendigkeit einer solchen Verbindung.

Wir vier Außenminister waren einig, dem vorliegenden Deutschlandvertrag im Prinzip unsere Zustimmung zu geben. Man hatte über bestimmte Einzelverträge, die sogenannten Annexverträge, noch keine endgültige Übereinstimmung erreicht. Wir beschlossen, den „Dachvertrag", in dem die grundsätzlichen Fragen der Beziehungen der Bundesrepublik zu den Westalliierten geregelt waren, auf dieser Sitzung zu paraphieren, den Wortlaut jedoch erst nach Abschluß der Annexverträge zu veröffentlichen. In dem Kommuniqué über diese Sitzung wurde demgemäß lediglich die Feststellung veröffentlicht, daß eine Einigung über den Deutschlandvertrag erzielt sei.

2. Außenpolitische Schwierigkeiten – Die Saarfrage – NATO

Die politischen Fragen waren in dem Dachvertrag geregelt. In den Annexverträgen waren lediglich Vereinbarungen technischer und finanzieller Natur zu treffen, technischer Natur, da sich aus der Stationierung großer Truppenverbände anderer Länder auf deutschem Boden eine Reihe von Fragen ergaben, die vertraglich geregelt werden mußten, finanzieller Natur, weil es darum ging, Lösungen zu finden, welchen Betrag der europäischen Verteidigungskosten jedes einzelne Land zu übernehmen hatte.

Die Verhandlungen rein militärischer Art, wie sie der Eintritt der

Bundesrepublik in die Europäische Verteidigungsgemeinschaft mit sich brachte, verliefen in einer überraschend guten Atmosphäre.

Die Fachausschüsse, die die Annexverträge im einzelnen berieten, mußten auf ausdrücklichen Wunsch des amerikanischen Außenministers zügig vorangehen. Wir rechneten bei Unterzeichnung des Dachvertrages damit, daß spätestens im Januar 1952 die Annexverträge gleichfalls unterzeichnungsreif seien.

Es zeigten sich jedoch im Laufe der Verhandlungen zahlreiche Schwierigkeiten, so daß das Vertragswerk erst im Mai 1952 zur Unterzeichnung durch die Außenminister fertiggestellt war.

Im Februar 1952 waren plötzlich bei den Verhandlungen über die Europäische Verteidigungsgemeinschaft zwischen Frankreich und Deutschland Spannungen aufgetaucht. Diese Spannungen betrafen die Saarfrage und den Atlantikpakt.

Am 25. Januar 1952 ernannte die französische Regierung den bisherigen französischen Hohen Kommissar in Saarbrücken, Grandval, zum Botschafter. Im Frühjahr 1950, als die Bundesrepublik kurz davorstand, ihre Entscheidung „Beitritt in den Europarat oder nicht" zu treffen, war eine große Erschwernis in der Entscheidung dieser Frage durch die Saarkonventionen eingetreten. Nunmehr, da wir kurz vor Abschluß der Verhandlungen über die Europäische Verteidigungsgemeinschaft standen, hatte die Ernennung Grandvals zum Botschafter eine ähnliche Wirkung.

Staatssekretär Hallstein befand sich gerade anläßlich einer Außenministerkonferenz, an der ich nicht teilnahm und mich durch ihn vertreten ließ, in Paris. Ich wies Hallstein an, bei der französischen Regierung eine Erklärung für die plötzliche Ernennung Grandvals zum Botschafter zu erbitten.

Schuman ließ mir auf meine Anfrage folgendes sagen: Grandval habe den persönlichen Titel eines Botschafters erhalten; seine Dienststelle heiße fortan diplomatische Mission; die Funktionen würden jedoch die gleichen bleiben, wie sie vorher die französische Hohe Kommission im Saargebiet ausgeübt hätte.

An dem Tag, an dem Hallstein diese Auskunft von Schuman erhielt, gab der stellvertretende französische Hohe Kommissar in Deutschland, Bérard, auf einer Pressekonferenz bekannt, daß das Saargebiet in Paris künftig durch eine diplomatische Mission vertreten sein werde und daß verschiedenen französischen diplomatischen Vertretungen in anderen Ländern Vertreter des Saargebietes beigegeben würden.

Ich telegrafierte an Hallstein, daß die Antwort Schumans unbefriedigend sei. Ich forderte Hallstein auf, weitere Klarstellungen zu erbitten, und gab ihm die Weisung, bis auf weiteres bei etwaigen Beschlüssen der Konferenz über die Schaffung der Europäischen Verteidigungsgemeinschaft sich der Stimme zu enthalten.

Für den 7. und 8. Februar 1952 war eine Debatte im Bundestag über den deutschen Verteidigungsbeitrag angesetzt. Im Hinblick auf die überraschende Ernennung Grandvals zum Botschafter gab ich am 27. Januar eine Presseerklärung der Bundesregierung heraus, nach der es zweifelhaft sei, ob die vorgesehene Debatte des Bundestages über den Verteidigungsbeitrag im gegenwärtigen Augenblick stattfinden könne.

Acheson hatte mir in Paris erklärt, daß die amerikanische Regierung größten Wert darauf legte, daß die Vertragswerke so bald wie möglich fertiggestellt würden. Die Amerikaner waren daher über die eingetretene Schwierigkeit sehr aufgebracht. Ich erhielt ein Schreiben McCloys vom 28. Januar 1952, in dem er mir unter anderem folgendes schrieb:

„Es scheint mir eine Fügung zu sein, daß die Saarfrage bei jeder wichtigen Phase der europäischen Entwicklung wieder auftaucht. Ich wünschte, wir könnten uns sofort mit dieser Frage wieder befassen und sie jetzt regeln, anstatt damit bis zur Friedenskonferenz zu warten. Ich habe das Gefühl, daß sie alle unsere Bemühungen verpesten wird, solange sie nicht wirksam geregelt ist. Andererseits ist sie trotz der ärgerlichen Begleiterscheinungen nicht von so großer Bedeutung, daß sie die Hauptziele beeinträchtigen könnte.

Mister Reber sagte mir, daß Sie Sir Ivone Kirkpatrick wegen der Verzögerung in den Verhandlungen geschrieben haben und daß nach Ihrem Empfinden zu großer Nachdruck auf Punkte von minderer Bedeutung gelegt wird ..."

In der Tat hatte ich ein Schreiben an Kirkpatrick gesandt, denn mir schienen die Verhandlungen ein typisches Beispiel dafür zu werden, wie durch Behandlung von Fragen zweiten Ranges die Erreichung von Zielen ersten Ranges verhindert wird. In meinem Brief an Kirkpatrick vom 24. Januar 1952 hatte ich geschrieben:

„Erlauben Sie mir, offen auszusprechen, daß ich ein wesentliches Hindernis, rechtzeitig zu einem Endergebnis zu kommen, darin erblicke, daß vielen nebensächlichen Fragen von alliierter Seite ein Gewicht beigemessen wird, das ihnen im Vergleich zu den großen Aufgaben, die von uns gemeinsam zu lösen sind, nicht zukommt.

Wenn das Ziel, das wir in diesen Verhandlungen gemeinsam erstreben – nämlich die Sicherung der freien Welt gegen die Bedrohung aus dem Osten und den Aufbau einer friedlich zusammenwirkenden europäisch-atlantischen Gemeinschaft unter Einbeziehung Deutschlands –, wirklich erreicht werden soll, dann ist dies nur durch großzügige und weitsichtige Entschlüsse möglich. Der psychologische Eindruck, den unser Vertrag auf das deutsche Volk machen muß und der unbedingt notwendig ist, um die Deutschen zu zuverlässigen und vollwertigen Gliedern der westlichen Verteidigungsgemeinschaft zu machen, kann leicht dadurch beeinträchtigt werden, daß die Zusatzverträge mit zu viel drückenden und im Grunde unnötigen Belastungen beschwert werden, die notwendigerweise Ressentiments hervorrufen werden ..."

Zum Zeitpunkt, da ich diesen Brief schrieb, waren es die Zusatzverträge, die mir Sorge bereiteten. Die nunmehr aufgetretene Erschwernis auf Grund der französischen Aktionen an der Saar war ungleich gefährlicher und dazu angetan, meine Befürchtungen wahr zu machen.

McCloy befand sich zu der Zeit in einem amerikanischen Militärhospital in München. Er hatte sich anläßlich eines Skiurlaubs eine Verletzung zugezogen und kurierte sie dort aus. Ich bat die Staatssekretäre Hallstein und Lenz und Ministerialdirigent Blankenhorn, nach München zu fahren und über McCloy das State Department zu bitten, sich in Paris einzuschalten und dort den Vorschlag zu machen, die französische Regierung möge sich des Inhaltes des Briefwechsels vom 18. April 1951 erinnern und sich erneut dazu bekennen, das heißt keine Tatsachen an der Saar schaffen, die in irgendeiner Weise eine zukünftige Friedensregelung präjudizieren könnten. Ich ließ das State Department bitten, der französischen Regierung nahezulegen, freie Wahlen mit allen ihren Voraussetzungen für die Saar zuzusagen.

Die Unterredung mit McCloy fand am 30. Januar 1952 in München statt. McCloy ließ mir antworten, er glaube nicht, daß die Ernennung Grandvals eine ausschließliche Saarangelegenheit sei. In einem Dolmetscher-Protokoll, das über diese Unterredung gefertigt wurde, heißt es:

„Er (McCloy) glaube vielmehr, daß es sich hier um einen Schuß gewisser antieuropäisch eingestellter französischer Kreise auf das Europakonzept und insbesondere die Europäische Verteidigungsgemeinschaft handele. Er wisse genau, daß im französischen Außenministerium machtvolle Gruppen beständen, die mit Eifersucht diese Europapolitik verfolgten und die stets nach einer Möglichkeit gesucht hätten, sie zu torpedieren ...

Mit Monnet sei er sich immer darüber einig gewesen, daß es falsch sei, die Lösung der Saarfrage bis zum Friedensvertrag zurückzustellen, denn eine solche offene Wunde am Körper Europas würde zwangsläufig immer wieder zu Komplikationen führen und das Gesamtfundament des Europabaues gefährden. Diese Auffassung teile auch François-Poncet."

McCloy warnte vor einer Verschiebung der Bundestagsdebatte, weil das eine Gefährdung der übrigen Termine mit sich bringe. Er regte an, eine Konferenz über die Saarfrage anzukündigen. Hallstein und Lenz wiesen darauf hin, daß eine Konferenz hierüber nicht zweckmäßig sei; denn wenn keine Einigung auf dieser Konferenz erreicht werde, würde meine Position dadurch erschwert. Die Debatte im Bundestag über den deutschen Verteidigungsbeitrag würde sehr schwierig, wenn die Franzosen nicht Zusicherungen wegen freier Wahlen im Saargebiet gäben. McCloy entgegnete, daß eine amerikanische Demarche in dieser Richtung im Augenblick bei der französischen Regierung kaum Aussicht auf Erfolg hätte, und zwar weil Amerika nicht auf die weitgehenden Unterstützungswünsche Frankreichs in Indochina eingehen wolle. Dagegen sagte McCloy zu, meinen Wunsch, die französische Regierung zu bitten, sich erneut zu dem Schriftwechsel vom 18. April 1951 zu bekennen, an das amerikanische Außenministerium weiterzugeben.

Man mußte die letzten Ereignisse an der Saar im Zusammenhang mit der bevorstehenden Unterzeichnung des Vertrages über die Schaffung einer Europäischen Verteidigungsgemeinschaft sehen. Der Zusammenhang lag in folgendem: Schuman hatte mit mir am 18. April 1951 Briefe gewechselt, in denen ausdrücklich ausgeführt wurde, daß der endgültige Status an der Saar von keiner Seite präjudiziert werden sollte. Die nunmehr ergriffenen Maßnahmen an der Saar bedeuteten jedoch eine Präjudizierung. Ich fand es höchst gefährlich, wenn in einem Augenblick, in dem durch Verhandlungen über die Europäische Verteidigungsgemeinschaft eine dauerhafte Partnerschaft in Europa und zwischen Frankreich und Deutschland herbeigeführt werden sollte, durch gewisse Handlungen das Vertrauen, daß der andere es wirklich ehrlich meinte, gestört wurde.

Die Debatte im Deutschen Bundestag über einen deutschen Verteidigungsbeitrag fand übrigens dann doch, wie ursprünglich vorgesehen, am 7. und 8. Februar 1952 statt.

Eine weitere große Aufregung war durch Ausführungen entstanden, die Staatssekretär Hallstein bei der Außenministerkonferenz Ende Januar 1952 in Paris zur Atlantikpaktfrage gemacht hatte. In der französischen Presse wurden sie so wiedergegeben, als wenn Deutschland ganz plötzlich die Forderung nach Beitritt in die NATO erhebe, um dadurch Druck auf Frankreich auszuüben.

Die Frage der Verbindung der Europäischen Verteidigungsgemeinschaft mit dem Atlantikpakt hatte in der Präambel zum Entwurf des Deutschlandvertrages mit Zustimmung der Vereinigten Staaten, Großbritanniens und Frankreichs ihren ersten Ausdruck gefunden. Es hieß in dieser Präambel

ausdrücklich, daß es das gemeinsame Ziel der Signatarstaaten sei, die Bundesrepublik auf der Grundlage der Gleichberechtigung in die europäische Gemeinschaft einzugliedern, „die sich ihrerseits in die sich entwickelnde atlantische Gemeinschaft einfügen wird“. Bei den Beratungen der Pariser Außenministerkonferenz im November 1951 war die notwendige und natürliche Verbindung zwischen der Europäischen Verteidigungsgemeinschaft und dem Atlantikpakt von allen bejaht worden. Die an sich selbstverständlichen Gründe, warum eine solche Verbindung in der Natur der Sache lag, waren folgende: Wenn wir in die Europäische Verteidigungsgemeinschaft eintraten, würden als Folge Deutsche in die europäische Armee eingegliedert. Die europäische Armee würde, solange die gegenwärtigen Spannungen in der Welt dauerten, dem alliierten Oberbefehlshaber in Europa (SACEUR) unterstellt werden; damals war es Eisenhower. Eisenhower wiederum war anderen Organen des Atlantikpaktes untergeordnet. Es war selbstverständlich, daß wir unter keinen Umständen junge Deutsche einfach einem Organ unterstellten, auf dessen Funktionieren und auf dessen Arbeit wir keinen Einfluß hatten. Wir waren als einziger Mitgliedstaat der Europäischen Verteidigungsgemeinschaft nicht zugleich Mitglied der NATO. Es war für mich allerdings sicher, daß wir, wenn wir in die Europäische Verteidigungsgemeinschaft eintraten, eines Tages durch den Gang der Entwicklung auch Mitglied des Atlantikpaktes würden, und zwar ganz von selbst.
Bevor wir in die Europäische Verteidigungsgemeinschaft eintraten und hierdurch gewisse Verpflichtungen eingingen, mußte eine Verbindung zur NATO hergestellt werden, die es uns ermöglichte, auf diese irgendwie Einfluß zu nehmen. Das war in meinen Augen eine absolute Selbstverständlichkeit, ein Gebot der inneren Gerechtigkeit, ein Gebot der Verantwortung, die die Bundesregierung gegenüber dem deutschen Volk hatte.

In Washington und in London dachte man über diese Frage sehr viel ruhiger und konsequenter als in Paris. In Paris war eine große Aufregung darüber entstanden.

Am 4. Februar 1952 hatte ich vor der CDU/CSU-Bundestagsfraktion längere Ausführungen über den Stand der Verhandlungen, über den Deutschlandvertrag und über die Errichtung einer Europäischen Verteidigungsgemeinschaft gemacht und hatte hierbei unter anderem erklärt, daß sowohl die Saarfrage als auch die Stellung der Bundesrepublik zum Atlantikpakt zufriedenstellend geklärt werden müßte. Am nächsten Tag wurden meine Äußerungen in entstellter Weise in der deutschen Presse wiedergegeben. Danach sollte ich gesagt haben, daß die Bundesregierung sich nicht in der Lage sehe, den Deutschlandvertrag, die Zusatzverträge und das Abkommen über die Europäische Verteidigungsgemeinschaft zu unterzeichnen, bevor nicht die deutschen Wünsche hinsichtlich der Saar und des Eintritts der Bundesrepublik in die NATO erfüllt seien. Diese letztere Meldung löste in der Pariser Nationalversammlung einen Sturm aus.

In Frankreich war das Mißtrauen gegen die Bundesrepublik nach wie vor sehr stark, und die französische Regierung und Außenminister Schuman hatten große Schwierigkeiten, eine Mehrheit für ihre Pläne zu finden.

Am 11. Februar 1952 hatte in der französischen Nationalversammlung eine Debatte über die Europäische Verteidigungsgemeinschaft begonnen. Am 16. Februar 1952 stellte der französische Ministerpräsident Edgar Faure die Vertrauensfrage, indem er dem Parlament einen Antrag zur Abstimmung vorlegte, der unter anderem folgendes besagte:

„Die Nationalversammlung billigt, daß Deutschland eine nichtdiskriminierende Behandlung in den integrierten Organisationen gewährt wird. Sie fordert dazu auf, daß die vertraglichen Vereinbarungen, welche das Okkupationsregime ersetzen werden, wenn die Europäische Verteidigungsgemeinschaft in Kraft getreten sein wird, die nötigen Garantien mit Rücksicht auf die Waffenproduktion, auf die Polizei sowie auf die Verteilung der finanziellen Lasten enthalten müssen, und sie fordert weiterhin dazu auf, daß die Zulassung Deutschlands zur Europäischen Verteidigungsgemeinschaft in keinem Falle mit dessen Eintritt in die atlantische Organisation verbunden wird ..."

Die Nationalversammlung empfahl der Regierung:

„... c) die britische und amerikanische Regierung zu ersuchen, für den Fall eines Bruches oder einer Verletzung des Vertrages durch einen Mitgliedstaat die gegenüber der Europäischen Verteidigungsgemeinschaft eingegangenen Verpflichtungen zu garantieren, indem diese Garantie durch ein den Umständen entsprechend langes Verbleiben genügender amerikanischer und britischer Truppen auf dem europäischen Kontinent materialisiert wird".

Ich konnte nur hoffen, daß es gelingen würde, die Spannungen zwischen Frankreich und uns möglichst bald zu beseitigen. Wir hatten ein gemeinsames Ziel. Wir wollten nicht nur für den Augenblick den Frieden für uns und für Europa retten, sondern wir wollten, daß ein Krieg in Europa, ein Krieg zwischen Deutschland und Frankreich ein für allemal unmöglich gemacht würde. Das war eines der Hauptziele, die ich in meiner Politik verfolgte, ein Ziel, das man über die augenblicklichen Spannungen hinaus nicht aus den Augen verlieren durfte. Darum betrachtete ich die Schaffung einer Europäischen Verteidigungsgemeinschaft neben der Schaffung des Schuman-

Planes als ein ganz wesentliches Element einer dauerhaften Befriedung Europas. Das große Fernziel, die Verhütung europäischer Kriege, durfte über den gegenwärtigen Spannungen und Schwierigkeiten nicht außer acht gelassen werden. Jede Geburt vollzieht sich unter Wehen, und ich war mir darüber im klaren, daß auch die Geburt des neuen Europas Wehen und krisenhafte Phasen mit sich bringen würde. Aber wenn etwas nötig war und wenn wir eine Lehre ziehen wollten aus alledem, was sich seit 1914 ereignet hatte, dann war es, daß jeder, der guten Willens war, alles, was in seiner Kraft stand, einsetzen mußte, damit wir zu einer Vereinigung Europas kamen.

3. Besuch in London im Februar 1952 Beseitigung der Schwierigkeiten

Am 6. Februar 1952 war König Georg VI. von Großbritannien gestorben. Als Vertreter der Bundesrepublik Deutschland wurde ich zu den Beisetzungsfeierlichkeiten eingeladen.

Am 14. Februar 1952 flog ich nach London. Die Beisetzung König Georgs VI., für den ich eine sehr große Hochachtung empfand, erfolgte am 15. Februar. Noch am Tage meiner Ankunft in London stattete ich Königin Elizabeth II. im Buckingham Palace einen Beileidsbesuch ab. Ich sprach sie im Verlauf meines Londoner Aufenthaltes noch ein zweites Mal, und zwar am Tage meines Abfluges, am 19. Februar 1952, als sie Acheson, Schuman und mich je getrennt für eine Viertelstunde zu einer Audienz empfing. Königin Elizabeth machte einen ausgezeichneten Eindruck auf mich; sie wirkte sehr natürlich.

Während der Trauertage in London erhielt ich einen tiefen Eindruck von der Verbundenheit zwischen dem englischen Königshaus und dem englischen Volk, die sich auf alle Schichten der Bevölkerung erstreckte. Sehr bewegend für mich war die Aufbahrung des Königs in der Westminster Hall. Die Westminster Hall ist über 800 Jahre alt. In der Mitte der Halle stand der Sarg, über den die britische Fahne gebreitet war. Die Krone mit Reichsapfel, Zepter und ein Kreuz lagen auf dem Sarg. Ununterbrochen zogen durch die riesige Halle in zwei Reihen die Engländer, die ihrem König ein letztes Lebewohl sagen wollten, in absoluter Stille. Ich weiß nicht, wie viele vorübergezogen sind, vor der Halle warteten in über vier Kilometer langen Schlangen die Menschen, um Eintritt zu bekommen. Die Halle, der Sarg und die unendliche Prozession von Leidtragenden sind mir unvergeßlich geblieben.

Die Trauerzeremonien waren von einer sehr großen Würde getragen, ohne übertriebenen Prunk, unter großer Teilnahme der ganzen Bevölkerung. Nach den Trauerfeierlichkeiten in London fuhr die königliche Familie mit dem Sarg in einem Sonderzug nach Windsor. In einem weiteren Sonderzug waren die Trauergäste, darunter auch ich, vorausgefahren. Zu beiden Seiten der Bahndämme standen kilometerlang die Menschen, ohne Kopfbedeckung, um ihrem König die letzte Ehre zu erweisen.

Anläßlich der Trauerfeierlichkeiten waren der amerikanische Außenminister Acheson und der französische Außenminister Schuman in London anwesend. Es war dringend notwendig, die entstandenen Schwierigkeiten, die einen Abschluß der Vertragswerke blockierten, zu überwinden.

Am 18. und 19. Februar fanden Beratungen zwischen den Außenministern Eden, Acheson, Schuman und mir statt, die zu den spannungsreichsten Konferenzen gehörten, die ich bis dahin mitgemacht hatte. In Paris tagte die Nationalversammlung und fanden Besprechungen des französischen Kabinetts unter Ministerpräsident Faure statt, bei denen man nicht wußte, was die nächste Stunde bringen würde.

Wohl die wichtigste Frage, die im Zusammenhang mit den abzuschließenden Vertragswerken besprochen wurde, war die Verbindung zwischen NATO und der Europäischen Verteidigungsgemeinschaft.

In der französischen Nationalversammlung hatte man sich in einem Beschluß dagegen ausgesprochen, daß die Bundesrepublik der NATO beitrete. Man begründete diesen Beschluß damit, daß die NATO eine rein defensive Organisation sei, wir jedoch Ansprüche erhoben auf gewisse Territorien. Es wurden starke Bedenken laut, daß durch unsere Mitgliedschaft der Charakter der NATO sich ändern könnte.

Zur organisatorischen Verknüpfung zwischen der Atlantikpakt-Organisation und der Europäischen Verteidigungsgemeinschaft waren auf politischer Ebene gemeinsame Sitzungen des Atlantikpaktrates und des Ministerrates der Europäischen Verteidigungsgemeinschaft sowohl von französischer wie von deutscher Seite im Rahmen der Pariser Verhandlungen vorgeschlagen. Wir kamen in London überein, daß in bezug auf Fragen, die gemeinsame Angelegenheiten der beiden Organisationen betrafen, wechselseitige Konsultationen durchgeführt werden sollten. Wenn einer der beiden Räte, sei es der Rat des Atlantikpaktes oder sei es der Rat der Europäischen Verteidigungsgemeinschaft, entscheide, daß es wünschenswert sei, sollten gemeinsame Sitzungen stattfinden. Diese gemeinsamen Sitzungen sollten auch erfolgen, wenn einer der Mitgliedstaaten des Atlantikpaktes oder einer der Mitgliedstaaten der Europäischen Verteidigungsgemeinschaft der Ansicht sei, daß die territoriale Integrität, die politische Unabhängigkeit oder die Sicherheit eines von ihnen oder das Weiterbestehen oder die Integrität der

Atlantikpakt-Organisation oder der Europäischen Verteidigungsgemeinschaft bedroht seien.

Frankreich hatte von den Vereinigten Staaten von Amerika und Großbritannien ein generelles Sicherheitsversprechen gefordert für den Fall, daß die Bundesrepublik sich aus der Europäischen Verteidigungsgemeinschaft herauslösen würde. Diese Forderung wurde bei den Besprechungen in London gleichfalls erörtert. Ich erklärte Acheson und Eden, daß mir jede Garantie, sei es eine Garantie der Vereinigten Staaten, sei es eine Garantie Großbritanniens, die die Europäische Verteidigungsgemeinschaft stärken würde und zusammenhielte, recht wäre, natürlich unter der Voraussetzung, daß solche Garantieversprechen sich nicht etwa einseitig gegen die Bundesrepublik richteten, sondern daß sie abgegeben würden bezüglich aller Teilnehmer an der Europäischen Verteidigungsgemeinschaft.

Ich hatte in der Sitzung, in der diese Frage beraten wurde, ausdrücklich erklärt, daß wir unseren Wunsch, Mitglied des Atlantikpaktes zu werden, nach wie vor aufrechterhielten. Ich betonte erneut, daß die Bundesrepublik die Wiedervereinigung Deutschlands nur mit friedlichen Mitteln erreichen wolle und somit der Charakter der NATO sich durch ihre Aufnahme nicht ändern werde.

Eine weitere Frage, die in London zur Sprache kam, war die Höhe der Verteidigungsbeiträge der einzelnen Mitgliedstaaten. In Paris war eine Kommission eingesetzt worden, die allgemein als der „Rat der Weisen" bezeichnet wurde; sie beriet ausschließlich über die finanziellen Fragen der Europäischen Verteidigungsgemeinschaft. Diese Kommission hatte kurz vor Beginn des Treffens der Außenminister in London ihre Arbeit beendet und das Ergebnis den Außenministern vorgelegt. Eine endgültige Stellungnahme konnte ich in London noch nicht abgeben, da die Höhe des Verteidigungsbeitrages im Zusammenhang mit den außerordentlich großen sozialen Lasten der Bundesrepublik beurteilt werden und eine eingehende Prüfung erfolgen mußte.

Eine Frage, die zu dieser Zeit in Deutschland stark diskutiert wurde, war die Frage der Behandlung der „Kriegsverbrecher". Ich hatte seit Gründung der Bundesrepublik Deutschland keine Gelegenheit vorübergehen lassen, dieses Problem mit führenden ausländischen Persönlichkeiten zu besprechen. In London kamen wir überein, daß eine Behörde eingesetzt werden sollte, bestehend aus je einem Amerikaner, einem Franzosen, einem Engländer und drei Deutschen. Diese Behörde sollte das Recht erhalten, in allen Fällen nachzuprüfen, ob ein Erlaß der Strafe, eine Verkürzung der Strafe oder eventuell eine Entlassung auf Ehrenwort angebracht sei oder nicht. Wenn die Behörde einstimmig zu einem Ergebnis käme, wäre die betreffende

Macht verpflichtet, deren Beschlüssen stattzugeben. Wenn die Empfehlungen der Behörde mit Stimmenmehrheit erfolgten, so wären sie zwar nicht verbindlich für die betreffende Macht, die die Entlassung oder jeweilige Milderung der Strafe auszusprechen hätte, aber man konnte annehmen, daß in ungefähr allen Fällen, in denen eine Mehrheit der Behörde eine mildernde Empfehlung aussprach, dieser Folge geleistet würde. Der Behörde wurde die Überwachung des Strafvollzuges übertragen. Sie sollte ferner dafür sorgen, daß ungerechtfertigte Härten vermieden würden.

Während meines Londoner Aufenthaltes sprach ich ausführlich mit Schuman über die wegen der Saar entstandenen Schwierigkeiten. Wir kamen nicht zu einer abschließenden Lösung, aber es zeichnete sich die Möglichkeit zu einer Verständigung ab. Sowohl Schuman wie auch ich trafen uns in der Überzeugung, daß weder Frankreich noch die Bundesrepublik über das Schicksal der Saar endgültig eine Entscheidung treffen konnten, ohne daß die Saarbevölkerung selbst hierzu Stellung nahm.

Eine sehr ausführliche Debatte fand statt über die Frage des Aufbaues von Rüstungsindustrien in der Bundesrepublik, über das Verbot beziehungsweise über die Kontrolle der Herstellung von Waffen und über allgemeine Sicherheitskontrollen in der Bundesrepublik. Die Sicherungen, die man von uns verlangte, schienen mir zu weit zu gehen, und ich fühlte mich veranlaßt, den Außenministern folgendes zu erklären:

„Wir sollen drei- oder viermal als Beweis unserer guten Absichten dieses oder jenes versprechen. Bitte, mißverstehen Sie mich nicht, wenn ich sage: Das ist ein seltsamer Partner, der bei Eintritt in die Partnerschaft gleich dreimal erklären soll, daß er ein anständiger Kerl ist und nur anständige Absichten hat. Es muß sich doch jeder darüber klar sein, daß Erklärungen und Abkommen nichts bedeuten, wenn der gute Wille fehlt. Wenn man aber von einem Partner immer wieder verlangt, er müsse seinen guten Willen beweisen, dann macht das einen sehr schlechten Eindruck."

Ich bat die Außenminister, sie möchten sich doch einmal die tatsächliche Situation in der Bundesrepublik vor Augen halten. In der Bundesrepublik befänden sich im Augenblick und noch für eine Reihe von Jahren schwer bewaffnete amerikanische und britische Divisionen und demnächst auch Truppen der Europäischen Verteidigungsgemeinschaft. Auf der anderen Seite besitze die deutsche Polizei nicht einmal Waffen. Wie könne man sich vor Menschen fürchten, die überhaupt keine Waffen hätten? Wenn noch lange über die Sicherheitsmaßnahmen gegenüber der Bundesrepublik verhandelt würde, führe ich mit dem Gefühl in die Bundesrepublik zurück, daß wir in Wirklichkeit viel stärker wären, als ich je gedacht hätte.

Kennzeichnend jedoch für die Londoner Besprechungen war der feste Wille aller Beteiligten, unter allen Umständen den baldigen Abschluß der Vertragswerke zu fördern und zu erreichen.
Sehr befriedigt war ich darüber, daß in das Schlußkommuniqué über die Londoner Konferenz folgender Passus aufgenommen wurde:
„Die vier Außenminister waren sich darüber einig, daß die Bemühungen um eine Wiedervereinigung Deutschlands mit demokratischen und friedlichen Mitteln fortgesetzt werden müssen."

4. Innerdeutsche Schwierigkeiten vor der Unterzeichnung der Vertragswerke

Mitte April 1952 erhielt ich eine Mitteilung Dean Achesons, in der er seine große Sorge über die Langsamkeit, mit der die Vertragswerke beraten wurden, ausdrückte. Nach seiner Meinung gefährdete der schleppende Fortschritt der Beratungen die Pläne ernstlich. Er richtete an mich genauso wie an die Außenminister Großbritanniens und Frankreichs einen Appell, gemeinsam mit allen beteiligten Regierungen eine letzte und große Anstrengung zu unternehmen, die verschiedenen Verträge und Abkommen so rechtzeitig zu vollenden, daß sie nach Möglichkeit bis spätestens Mitte Mai unterzeichnet werden könnten. Er machte auf die Gefahren aufmerksam, die durch eine Verzögerung in Europa hervorgerufen würden. Er wies aber insbesondere auf die ernsthaften Schwierigkeiten hin, die in den Vereinigten Staaten im Hinblick auf das Verfahren im Kongreß als Folge einer weiteren Verzögerung entstehen würden. Über die beantragten Mittel für gegenseitige Sicherheitshilfe würde im Kongreß spätestens Mitte Mai verhandelt werden. Es würde für die Regierung der Vereinigten Staaten äußerst schwierig sein, wirkungsvolle Gründe für die Annahme dieser Ausgabenansätze vorzubringen, solange die Anstrengungen für die Errichtung einer Europäischen Verteidigungsgemeinschaft keinen erfolgreichen Abschluß gefunden hätten. Er erklärte in seiner Botschaft, daß weitere vage Versprechungen über Fortschritte auf diesem Gebiet, wie er fürchte, auf den Kongreß entmutigend wirken und als Beweis dafür angesehen würden, daß man in Europa unfähig sei, eine gemeinsame Verteidigungsanstrengung zustande zu bringen.
Die Mahnung Achesons blieb nicht ohne Erfolg, und die Verträge waren tatsächlich Mitte Mai so weit gediehen, daß ein festes Datum für die Unterzeichnung angesetzt werden konnte.
Anfang Mai schien das Verhandlungsergebnis über den Deutschlandvertrag

erneut gefährdet, da der Gesamtvorstand der FDP in einer gemeinsamen Besprechung mit dem Vorstand der Bundestagsfraktion der FDP und den der FDP angehörenden Vertretern des Außenpolitischen Ausschusses des Bundestages am 1. Mai 1952 erhebliche Änderungsvorschläge beantragte. Der Stellvertreter des Bundeskanzlers, Bundesminister Blücher, der zugleich Vorsitzender der FDP war, richtete an mich in einem Schreiben vom 6. Mai 1952 die Forderung, die sehr umfangreichen Abänderungsvorschläge der FDP zu berücksichtigen. Blücher schrieb mir, die FDP sei sich der Tatsache bewußt, daß die von ihr angestrebte entscheidende Änderung des Generalvertrages wahrscheinlich nur auf dem Wege unmittelbarer Verhandlungen zwischen mir und den drei westlichen Außenministern herbeigeführt werden könnte. Er meinte, selbst wenn dadurch ein zeitlicher Aufschub des Verhandlungsabschlusses eintreten sollte, so müßte dieser Nachteil bei der großen Tragweite des Vertrages in Kauf genommen werden.

Auf die Forderungen der FDP konnte ich nicht eingehen. Bei dem Zustandekommen des ganzen Vertragswerkes war es darauf angekommen, die große Zielsetzung im Auge zu behalten, wenn auch einige Schönheitsfehler zunächst den Blick trüben konnten.

Ich antwortete Blücher noch am gleichen Tage. Ich schrieb ihm folgendes:

Rhöndorf, den 6. Mai 1952

„An den
Vorsitzenden der
Freien Demokratischen Partei
Herrn Vizekanzler Blücher
B o n n

Sehr geehrter Herr Blücher!

Ihren Brief vom 6. Mai nebst Anlagen habe ich erhalten. Ich möchte im folgenden zunächst zu den einzelnen aufgestellten Forderungen keine Stellung nehmen, sondern zu dem (von der FDP vorgeschlagenen) Verfahren, das, wie ich fürchte, mit Sicherheit zum Nichtzustandekommen des gesamten Vertragswerkes führt.

Sie haben, wie Sie schreiben, am 1. Mai unter Ihrem Vorsitz den Gesamtvorstand der FDP gemeinsam mit dem Vorstand der Bundestagsfraktion und Vertretern des Außenpolitischen Ausschusses der FDP zu einer ersten Besprechung über den Generalvertrag vereinigt. Wenn ich mir vorstelle, daß die Fraktionen der CDU/CSU und der DP in der gleichen Weise verfahren, so kommen wir nach meiner Schätzung zu dem Ergebnis, daß vier verschiedene Gremien, die zusammen etwa 100 Personen umfassen, bei uns in Deutschland Abänderungsvorschläge machen. Stellen Sie sich, bitte, vor, daß in gleicher Weise in Frankreich, in England, in den Vereinigten Staaten verfahren wird, so werden Sie – wie ich wohl annehmen darf –, sicher mit mir darin übereinstimmen, daß dies jahrelanger Verhandlungen bedarf, um überhaupt zu einer Einigung zu kommen. Daß unter solchen Umständen Indiskretionen, gewollten und ungewollten, Tür und Tor geöffnet ist und daß damit von deutscher Seite gegen die vornehmste Verpflichtung der außenpolitischen Verhandlungen, Verschwiegenheit zu beobachten, in einer die deutschen Interessen auch in Zukunft außerordentlich schädigenden Weise verstoßen wird, ist wohl klar.

Aber selbst wenn in den drei anderen genannten Ländern man nicht eine so komplizierte Beratung vornimmt, so bleibt folgendes bestehen:

Das Beispiel der FDP wird von den anderen Fraktionen nachgeahmt werden. Abänderungsvorschläge werden in diesem oder jenem Punkt übereinstimmen, in anderen nicht, und wir erhalten ein völliges Durcheinander.

Ich hatte das Vorgehen immer so aufgefaßt – und wie ich glaube, habe ich das auch zum Ausdruck gebracht –, daß in den unter Ihrem Vorsitz geführten Sitzungen im Museum Koenig je zwei sachverständige Mitglieder der Fraktion sich mit der Materie befassen sollten, daß dann in der für den 10., 11. und 12. Mai geplanten Kabinettssitzung, an der von jeder Fraktion die Vorsitzenden und eines dieser Mitglieder teilnehmen sollten, die Frage, ob die Zustimmung der Mehrheit des Bundestags zur Ratifizierung demnächst nach menschlichem Ermessen sicher sei, beantwortet werden soll.

Ihr Vorgehen, ich bitte, mir das nicht übelnehmen zu wollen, sehr geehrter Herr Blücher, ist völlig gegen jede Verabredung und bringt das Ganze in eine heillose Verwirrung. Ganz abgesehen davon, ob die drei Westalliierten etwaigen deutschen Abänderungsvorschlägen zustimmen werden oder nicht – auch sie haben ihre Konzeptionen –, scheint es mir nicht möglich, auf diesem Wege eine einheitliche deutsche Konzeption zustande zu bringen.

Ich bin überzeugt, daß Sie sicher das Beste gewollt haben, aber, wenn ich Ihren Brief lese, so möchte ich fast annehmen, daß damit das Ende jeder Außenpolitik herbeigeführt ist. Welche innerpolitischen Folgen dann entstehen werden, brauche ich nur anzudeuten. Die außenpolitische Zukunft Deutschlands ist damit völlig in Frage gestellt. Ich habe den Eindruck, daß viele unserer Herren über der Freude am Formulieren die Tatsachen und den Gefahrenzustand, im dem wir leben, außer acht lassen.

Zum Schluß möchte ich noch hinzufügen, was offenbar den Teilnehmern an Ihrer Verhandlung nicht mehr im Gedächtnis war, daß vor der Wehrdebatte im Februar d. Js. in den Koalitionsfraktionen, insbesondere in der FDP, eine eingehende Unterrichtung über den Inhalt des Generalvertrages stattgefunden hat, bei der ein großer Teil der Bestimmungen sogar wörtlich verlesen worden ist.

Endlich weise ich darauf hin, daß ich im Kabinett eingehend den Generalvertrag vorgetragen habe und jedes der Kabinettsmitglieder den Wortlaut des Generalvertrages erhalten hat. An dem Generalvertrag hat sich seitdem nichts geändert.

Auch der Bundestag hat, gestützt auf die Mitteilungen über den Inhalt des Generalvertrages, in der Resolution zum Abschluß der Verhandlungen über den Wehrbeitrag zugestimmt.

Wenn jetzt Deutschland, nachdem die Vereinigten Staaten, Frankreich und Großbritannien in Paris im November 1951 ebenso wie ich zugestimmt haben, wenn auch noch nicht unterschrieben, mit solchen Änderungen kommt, wird das Vertrauen in die Zuverlässigkeit der deutschen Außenpolitik völlig untergraben.

Mit vorzüglicher Hochachtung
Ihr sehr ergebener
(gez.) Adenauer“

5. Die Unterzeichnung der Verträge

Mitte Mai 1952 waren die Verhandlungen in Paris über den EVG-Vertrag und die Verhandlungen in Bonn über den Deutschlandvertrag so gut wie abgeschlossen, und es wurden Termine zur Unterzeichnung der großen Vertragswerke vereinbart. Auf Vorschlag von Außenminister Eden beschloß man, am 26. Mai 1952 die Unterzeichnung des Deutschlandvertrages in Bonn vorzunehmen. Am folgenden Tag, dem 27. Mai 1952, sollte dann in Paris die Unterzeichnung des EVG-Vertrages durch die Außenminister der beteiligten Staaten erfolgen.

Am 23. Mai 1952 wurde der Abschluß der ganzen Vertragswerke erneut in Frage gestellt. In Frankreich drohten die Stimmen der Kritik und des Mißtrauens gegen die Bundesrepublik das Ergebnis der monatelangen Verhandlungen zu gefährden.

Der mir aus meiner Tätigkeit als Oberbürgermeister von Köln während der Weimarer Republik gut bekannte namhafte französische Politiker Edouard Herriot gab am 25. Mai 1952 eine Erklärung ab, die mir bezeichnend erschien für die Einstellung vieler Franzosen:

„Ich bin über die Wiederbewaffnung Deutschlands sehr beunruhigt. Wenn wir so überzeugt sein würden, daß Deutschland seine unterschriebenen Verpflichtungen einhalten wird, wie wir von seinem Willen überzeugt sind, seine alte Größe wiederherzustellen, würden wir keine Unruhe verspüren. Aber die mit ihm auf dem Papier vereinbarten Verpflichtungen sind ungenügend ... Ich flehe mit all meiner Überzeugungskraft unsere amerikanischen Freunde an, uns nicht in eine Reihe derartiger Experimente zu ziehen, deren schmerzlicher und machtloser Zeuge ich zwischen den beiden Kriegen war. Man sagt, daß die Amerikaner Geschäftsleute sind. Dies stimmt nicht. Sie sind Idealisten, und zwar von einem leicht naiven Idealismus. An diese Amerikaner richte ich die folgende Beschwörung: Laßt uns nicht wieder die Fehler beginnen, in die ihr uns hineingezogen habt ... Vergeßt nicht diese relativ junge Vergangenheit."

Am 23. Mai 1952 beschloß der französische Ministerrat, die Unterzeichnung sowie die Beantragung der Ratifikation der Vertragswerke über die Europäische Verteidigungsgemeinschaft und die Verträge über die Ablösung des Besatzungsstatuts mit der Bundesrepublik von neuen Bedingungen abhängig zu machen.

Es hatten zwischen der französischen Regierung auf der einen Seite und den Regierungen der Vereinigten Staaten und Großbritanniens auf der anderen Seite Verhandlungen über die im Februar 1952 geforderte Garantieerklärung stattgefunden, eine Garantieerklärung für den Fall des Austritts eines der Mitglieder aus der EVG. Gemeint war damit die Bundesrepublik. Die von den Vereinigten Staaten und Großbritannien gegebenen Erklärungen schienen nicht ausreichend zu sein, und der französische Ministerrat forderte nunmehr eine Präzisierung. Außerdem forderte man eine angloamerikanische Garantieerklärung gegen das Wiedererstehen einer deutschen autonomen Wehrmacht. Eine weitere Bedingung war, daß die Alliierten die militärischen Verpflichtungen Frankreichs in Übersee berücksichtigten und daß diese Haltung in einer allgemeinen Erklärung festgelegt würde. Man wollte hiermit bezwecken, daß die in Frankreich erhobene Befürchtung ausgeräumt würde, Frankreich könne sich infolge seiner überseeischen Verpflichtungen, wie zum Beispiel in Indochina und Nordafrika, im Rahmen der Europäischen Verteidigungsgemeinschaft im Verhältnis zu Deutschland eines Tages in einer schwächeren Position befinden.

Als der Beschluß des französischen Ministerrats gefaßt wurde, befand sich Robert Schuman bereits in Bonn. Die Außenminister Acheson und Eden waren gleichfalls schon am 23. Mai 1952 in Bonn eingetroffen. Acheson, Eden, Schuman und ich setzten uns erneut zusammen, um die aufgetauchten

Schwierigkeiten zu erörtern und zu beseitigen. Schuman war angewiesen worden, uns die französischen Forderungen zu unterbreiten.

Alle meine Bemühungen, das Mißtrauen gegen uns Deutsche abzubauen, schienen wenig Erfolg gehabt zu haben. Aber es war auf der anderen Seite verständlich, daß sich ein derartig tiefes Mißtrauen, wie es sich in Frankreich gegen uns auf Grund der Geschichte der letzten siebzig Jahre entwickelt hatte, nicht in der kurzen Zeitspanne von sieben Jahren vollständig ausräumen lassen konnte.

Bei den Verhandlungen mit den Außenministern meldete nunmehr auch ich Ansprüche an. Bisher war das Inkrafttreten des Deutschlandvertrages und des EVG-Vertrages aneinander gekoppelt. Für den Fall, daß aus irgendwelchen Gründen in einem der beteiligten Staaten die Ratifizierung des EVG-Vertrages entweder hinausgezögert oder aber sogar abgelehnt wurde, mußte ich eine Zusicherung erhalten, daß der Deutschlandvertrag vorher zumindest teilweise in Kraft trat. Die Bundesrepublik sollte nach dem bisher vorgesehenen Verfahren erst in dem Augenblick ihre volle Souveränität erhalten, wenn der EVG-Vertrag von allen beteiligten Staaten ratifiziert worden war. Ich bat um die Zusicherung, daß gewisse im Deutschlandvertrag vorgesehene Bestimmungen im Falle erheblicher Verzögerungen schon vorher in Kraft treten könnten. Acheson und Eden erklärten sich bereit, meinem Verlangen nachzukommen.

Schuman weigerte sich zunächst. Er befürchtete, daß bei Gewährung meines Wunsches im französischen Kabinett erneut Schwierigkeiten entstehen könnten. Doch schließlich gab auch er sein Einverständnis.

Ich erhielt die schriftliche Zusicherung, daß im Falle einer Verzögerung des Inkrafttretens des EVG-Vertrages eine Konferenz der drei Besatzungsmächte unter Teilnahme der Bundesrepublik einberufen würde, um über das Inkrafttreten des Deutschlandvertrages zu beraten und zu entscheiden.

Die Vereinigten Staaten und Großbritannien gaben eine Erklärung ab, nach der, falls die Integrität oder die Einheit der Europäischen Verteidigungsgemeinschaft von irgendeiner Seite durch irgendeinen Schritt bedroht werden sollte, die Regierungen Großbritanniens und der Vereinigten Staaten einen solchen Schritt als eine Bedrohung ihrer eigenen Sicherheit ansehen würden. Die Vereinigten Staaten und Großbritannien verpflichteten sich, in Europa Truppen in einer solchen Stärke zu halten, wie sie für die Verteidigung des NATO-Gebietes und die Sicherung der Integrität der EVG notwendig seien. Mit dieser Erklärung gab sich die französische Regierung zufrieden.

Hinsichtlich einer Unterstützung der französischen Politik in Nordafrika und Indochina wurde die erbetene Erklärung nicht gegeben. Bei den Beratungen über diese Frage war ich nicht zugegen und habe meine Kenntnis lediglich aus Zeitungsnachrichten. Über die Gründe der Ablehnung dieser Erklärung von seiten der Amerikaner schrieb Ende Mai die amerikanische Zeitung „New York Herald Tribune" folgendes: Staatssekretär Dean Acheson habe den französischen Regierungsmitgliedern erklärt, daß eine befriedigende Entwicklung in Nordafrika und Indochina in erster Linie von entsprechend wirksamen Maßnahmen Frankreichs selbst abhänge. Frankreich sollte dafür besorgt sein, die Durchführung seiner Reformprogramme zu beschleunigen, um den nationalistischen Problemen in Nordafrika zu begegnen. Es solle auch die Maßnahmen zur Organisierung eingeborener Kampftruppen in Indochina rascher durchführen. Auf den französischen Wunsch, daß sich die Vereinigten Staaten in die französische Nordafrikapolitik nicht zugunsten der Nationalisten einmischen, sondern die französische Politik unterstützen mögen, habe Acheson erwidert, daß eine solche Unterstützung von der Art der französischen Politik abhängig sei *.

Am Abend des 25. Mai 1952 erhielt Schuman die Mitteilung, daß das französische Kabinett die anglo-amerikanische Garantieerklärung, wie ich sie oben wiedergegeben habe, als ausreichend ansehe und daher nunmehr der Unterzeichnung der Verträge nichts mehr im Wege stehe.

Am Montag, dem 26. Mai 1952, um 10 Uhr, fand die feierliche Unterzeichnung des „Vertrages über die Beziehungen zwischen der Bundesrepublik Deutschland und den Drei Mächten", kurz „Deutschlandvertrag" genannt, im Saale des Bundesrates statt. Es waren zahlreiche Ehrengäste aus dem deutschen öffentlichen Leben, wie zum Beispiel die Vertreter der einzelnen Parteien des Bundestages und die Ministerpräsidenten der Länder, eingeladen. Dr. Schumacher hatte sich am 22. Mai 1952 in einem Interview mit der Nachrichtenagentur „United Press" scharf gegen die Unterzeichnung des Deutschlandvertrages ausgesprochen. Er hatte den Unterzeichnungsakt des Deutschlandvertrages als eine „plumpe Siegesfeier der alliierten-klerikalen Koalition über das deutsche Volk" bezeichnet. Er hatte gesagt: „Wer diesem Generalvertrag zustimmt, hört auf, ein guter Deutscher zu sein." Zu dem Unterzeichnungsakt war kein Vertreter der SPD erschienen.

Am Nachmittag des 26. Mai 1952 flogen Acheson, Eden, Schuman und ich nach Paris, wo am Vormittag des nächsten Tages, am Dienstag, dem 27. Mai 1952, im Uhren-Saal des Quai d'Orsay die Unterzeichnung des „Vertrages über die Gründung der Europäischen Verteidigungsgemeinschaft", des EVG-Vertrages, durch die Außenminister von Belgien, Deutschland, Frankreich, Holland, Italien und Luxemburg erfolgte.

Im Anschluß daran unterzeichneten Acheson, Eden und Schuman die von

* Zitiert nach „Europa-Archiv".

Frankreich geforderte Sicherheitsgarantie, und daran anschließend wurde ein Vertrag unterschrieben zwischen den sechs EVG-Ministern und Großbritannien. Großbritannien erklärte in diesem Vertrag, „solange es Mitglied der NATO ist, der EVG oder jedem einzelnen ihrer Mitglieder, falls sie in Europa Opfer einer Aggression werden sollten, mit allen ihm zur Verfügung stehenden Mitteln zur Hilfe zu kommen".

6. Allgemeine Gedanken

Es war mir seit vielen Jahren klar, daß eine Politik der deutsch-französischen Verständigung mit erheblichen Schwierigkeiten zu rechnen hatte. Man mußte davon ausgehen, daß diese Schwierigkeiten sich immer wieder geltend machten. Psychologische Hemmungen, wie sie zwischen unseren Völkern bestanden, lassen sich nicht von heute auf morgen überwinden. Das zeigte besonders deutlich die Debatte über den Verteidigungsbeitrag im französischen Parlament vom Februar 1952.

Aber es gibt politische Notwendigkeiten, die so zwingend sind, daß sie sich auf lange Sicht durchsetzen müssen. Durch die beiden Kriege, durch Revolutionen und Aufstände, die sich an sie anschlossen, insbesondere durch die ungeheuer große Expansion der Sowjetunion – namentlich in Europa – war der Zusammenschluß der freien Völker Europas eine politische Notwendigkeit ersten Ranges geworden. Mein Optimismus, den ich bei diesen Bemühungen trotz aller Schwierigkeiten behielt, war nichts anderes als das Vertrauen in die Kraft dieser Notwendigkeit. Die Schwankungen der Tagespolitik konnten hieran nichts Wesentliches ändern. Die deutsch-französische Verständigung war aber das Kernproblem der europäischen Vereinigung.

Die europäischen Nationalstaaten hatten meines Erachtens eine Vergangenheit, aber keine Zukunft. Das galt im politischen, wirtschaftlichen wie auch im sozialen Bereich. Kein einzelner europäischer Staat konnte aus eigener Kraft seiner Bevölkerung eine sichere Zukunft garantieren.

Sowohl den Schuman-Plan als auch die Europäische Verteidigungsgemeinschaft betrachtete ich als Vorstufe eines politischen Zusammenschlusses Europas. In dem Vertrag der Europäischen Verteidigungsgemeinschaft war vorgesehen, daß ihre kontrollierende Instanz, die sogenannte Parlamentarische Versammlung – übrigens die gleiche Versammlung, die auch in der Montanunion die parlamentarische Kontrollfunktion ausübte –, die Fragen prüfen sollte, „die sich aus dem Nebeneinander verschiedener, bereits vorhandener oder zu schaffender Organisationen für europäische Zusammenarbeit ergeben, um deren Zusammenfassung im Rahmen des bundesstaatlichen oder staatenbündischen Aufbaus sicherzustellen".

Das Militärische war nur ein Teilproblem des werdenden Europas, richtiger gesagt, zunächst Westeuropas. Wenn eine vollständige Partnerschaft innerhalb Westeuropas erreicht werden sollte, so konnte man nicht bei der Verteidigung haltmachen.

Ich brachte kein Verständnis auf für eine verantwortungslose und letzten Endes aussichtslose „Ohne-mich-Haltung", wie sie in der Bundesrepublik weit verbreitet war. Ich war mir wohl bewußt, daß es für die deutschen Politiker keine einfachen und leichten Entschlüsse geben werde. Ich habe nie vergessen, daß es sich um das Schicksal von vielen Millionen Menschen handelte, einschließlich der Millionen der Sowjetzone. Aber ein verantwortungsbewußter Politiker kann eines ganz gewiß nicht, er kann nicht einfach in das Nicht-Handeln ausweichen, nur, weil es keine Möglichkeit des Handelns ohne Schattenseiten gibt. Dann nämlich handeln andere über diesen Politiker und sein Land hinweg, und dann kommt dieses Land mit Sicherheit ins Hintertreffen. Nach zwölf Jahren Nationalsozialismus gab es nun einmal für Deutschland keine vollkommenen Lösungen, für ein geteiltes Deutschland ganz gewiß nicht. Es gab sehr oft nur die Politik des kleineren Übels.

Wir waren ein schwaches und überaus exponiertes Land. Wir konnten aus eigener Kraft nichts vollbringen. Wir durften nicht zwischen Ost und West ein Niemandsland sein. Dann hätten wir nirgends Freunde und im Osten einen gefährlichen Nachbarn. Jede Weigerung der Bundesrepublik, mit dem Westen, mit Europa, gemeinsame Sache zu machen, wäre ein deutscher Isolationismus gewesen, wäre eine gefährliche Flucht in das Nicht-Handeln. Es herrschte in diesen Jahren eine sehr beliebte politische Illusion in der Bundesrepublik, und zwar glaubten weite Kreise, daß Amerika auf alle Fälle in Europa oder gar an der Elbe gebunden wäre. Die amerikanische Geduld hatte aber ihre Grenzen. Für mich galt: „Hilf dir selbst, so helfen dir die Vereinigten Staaten!"

Die von mir angeführten, tief verletzenden Ausführungen Dr. Schumachers verrieten eine erschütternde Unkenntnis der ganzen politischen Situation. Daß die Vertreter der SPD dem Akt der feierlichen Unterzeichnung des Deutschlandvertrages am 26. Mai 1952 in Bonn fernblieben, war noch erschütternder. Was sollten die Westmächte von uns denken? Lohnte es sich für sie, mit Deutschland weiter zu verhandeln? Oder sollten sie sich mit der vierten Siegermacht, Sowjetrußland, in die deutsche Beute teilen?

In Deutschland waren Auffassungen vertreten, nach denen es für uns entweder nur eine Politik für Europa oder aber eine Politik für die deutsche

Einheit gäbe. Ich hielt dieses „Entweder-Oder" für einen sehr verhängnisvollen Irrtum. Es konnte niemand erklären, wie ohne ein starkes und einiges Europa die deutsche Einheit in Freiheit zu verwirklichen wäre. Wenn ich „in Freiheit" sage, so meine ich die Freiheit vor, während und vor allem auch nach gesamtdeutschen Wahlen. Nur mit Wünschen allein läßt sich keine Politik machen, und aus der Schwäche heraus erst recht nicht. Erst wenn der Westen stark war, konnte sich ein wirklicher Ausgangspunkt für Friedensverhandlungen ergeben mit dem Ziel, nicht nur die Sowjetzone, sondern das ganze versklavte Europa östlich des Eisernen Vorhanges zu befreien, und zwar in Frieden zu befreien. Der Weg in die europäische Gemeinschaft erschien mir der beste Dienst, den wir den Deutschen in der Sowjetzone erweisen konnten.

Die große Aufgabe, die mit der Unterzeichnung der Vertragswerke erfüllt werden sollte, war die Eingliederung der Bundesrepublik in die Gemeinschaft der freien Völker. Dieser Vorgang, daß nämlich die Bundesrepublik fest in ein Vertragssystem eingefügt wurde, das sich die freien Nationen zur Verfolgung ihrer gemeinsamen Ziele schafften, hatte nach meiner Überzeugung für die Zukunft Deutschlands eine Bedeutung, die nicht genug hervorgehoben werden konnte. Jeder Deutsche hatte in seinem Leben, und die meisten sogar am eigenen Leibe, erfahren, daß das Verhältnis Deutschlands zur übrigen Welt und seine Stellung zu seinen Nachbarn für das Wohl und Wehe jedes deutschen Bürgers bestimmend war.

Mit der Unterzeichnung des Deutschlandvertrages und mit der Unterzeichnung des Vertrages über die Europäische Verteidigungsgemeinschaft war ein Schlußstrich gezogen unter den schrecklichen Krieg und die Nachkriegszeit. Wir Deutsche würden in eine politische Gemeinschaft eintreten, in der wir alle Rechte, aber auch alle Pflichten mit unseren Partnern teilen würden. Über das Werk, das in der Zeit von etwa einem Jahr zustande kam, das Werk, bei dem am Deutschlandvertrag vier Länder, bei dem Vertrag über die Europäische Verteidigungsgemeinschaft sechs Länder mitgewirkt hatten, konnte wohl kein Land sagen: Es ist alles so, wie wir es uns gedacht haben. Geben und Nehmen ist die einzige Möglichkeit, um zu einer Verständigung und zu einer Zusammenarbeit zu kommen, und vor allem, um zu einer Gemeinschaft zusammenzuwachsen. Das war der Leitgedanke bei der Arbeit, die geleistet worden war.

Ich hatte in über dreißig Sitzungen mit den Hohen Kommissaren über den Deutschlandvertrag verhandelt, oft in tagelangen Sitzungen. Die Verhandlungsstunden der Sachverständigen waren kaum zu zählen. Für den Vertrag über die Europäische Verteidigungsgemeinschaft galt Entsprechendes. In dem Ergebnis steckte ungeheuer viel Arbeit. Natürlich war bei jedem der beteiligten Staaten der Wunsch und der Wille vorhanden, den eigenen Standpunkt durchzusetzen und das eigene Interesse zu vertreten. Zugleich war aber auf allen Seiten die Bereitschaft zum Kompromiß lebendig. Ohne diese Bereitschaft hätte das Vertragswerk nie abgeschlossen werden können. Jeder hatte hier oder dort nachgeben müssen. Jeder hatte auf diesen oder jenen Wunsch verzichtet. Die Bundesrepublik bildete keineswegs eine Ausnahme. Es war nicht denkbar, daß das Vertragssystem vom Standpunkt eines einzelnen Landes aus vollkommen erscheinen konnte. Das Grundsätzliche war das Wichtigste.

Am 26. Mai 1952 hatten die Vertreter der Regierungen Frankreichs, Großbritanniens, der Vereinigten Staaten von Amerika und der Bundesrepublik in Bonn den Deutschlandvertrag unterschrieben. Am 27. Mai 1952 wurde durch die Vertreter der Regierungen Frankreichs, Italiens, der Niederlande, Belgiens, Luxemburgs und Deutschlands im französischen Außenministerium in Paris der Vertrag über die Europäische Verteidigungsgemeinschaft unterzeichnet. Die vertragschließenden Mächte waren bei den beiden Vertragswerken nicht die gleichen. Dennoch bildeten die Verträge ein unteilbares Ganzes.

Durch den Deutschlandvertrag mit den drei Mächten erhielt die Bundesrepublik auf allen Gebieten ihre Handlungsfreiheit zurück. Durch ihn wurde sie völkerrechtlich in den Stand gesetzt, den Vertrag über die Europäische Verteidigungsgemeinschaft zu schließen. Sie wurde vertrags- und bündnisfähig.

Mit der Bildung der Europäischen Verteidigungsgemeinschaft gewann die Bundesrepublik eine feste Verbindung zum Atlantikpakt. Durch den Beitritt zur Europäischen Verteidigungsgemeinschaft konnte die Bundesregierung eines ihrer Ziele verwirklichen, nämlich die Einbeziehung Deutschlands in eine europäische Gemeinschaft, die ihrerseits wieder einen Platz in dem weltweiten Gefüge von Verträgen einnahm, das sich die freie Welt zur Erhaltung des Friedens geschaffen hatte. Wir standen nicht mehr allein. Wir waren nicht mehr nur ein Objekt der Außenpolitik anderer Mächte. Das volle Gewicht dieser Feststellung mußte jedem zum Bewußtsein kommen, der in diesen Maitagen, in denen sich ein geschichtlicher Wandel vollzog, zurückdachte an jene Maitage des Jahres 1945, an denen uns allen das Ausmaß der Katastrophe klarwurde. Drei Jahre nach der Unterzeichnung des Grundgesetzes der Bundesrepublik Deutschland im Bundesratssaal hatten wir am 26. Mai 1952 in dem gleichen Saal unsere völkerrechtliche Aktionsfreiheit wiedergefunden. Mit der Unterschrift unter den Vertrag über die Europäische Verteidigungsgemeinschaft machten wir hiervon erstmals Gebrauch. Es geschah, um ein Werk zu begründen, das den Lauf der deutschen und europäischen Geschichte auf die Dauer zum Guten wenden konnte.

Die Bildung der Europäischen Verteidigungsgemeinschaft war aus der Erkenntnis heraus entstanden, daß keiner der europäischen Nationalstaaten auf sich allein gestellt in der Lage wäre, Freiheit und Wohlfahrt seiner Bürger zu schützen. Die politische Arbeit, die mit dem Schuman-Plan eine erste Etappe durchschritt und mit der Europäischen Verteidigungsgemeinschaft einen weiteren Abschnitt erreichte, hatte die Hinwendung zu einer Gemeinschaft der europäischen Völker zum Ziel. Künftig wollten die europäischen Regierungen zusammenarbeiten, um gemeinsam politische und wirtschaftliche Kraft zu erlangen zum Nutzen aller, eine Kraft, die uns befähigen sollte, das große europäische Erbe zu wahren.

Ich war mir in diesen Tagen, da die Unterzeichnung der Vertragswerke erfolgte, durchaus bewußt, daß viele Probleme noch ungelöst waren. Deutschland war noch geteilt, die europäischen Gemeinschaften beschränkten sich auf Westeuropa. Ich war überzeugt, daß der Bund der europäischen Völker anziehend und werbend auf andere europäische Länder wirken und damit ein Kräftefeld zur Wiedervereinigung Deutschlands wie für die Bildung der europäischen Einheit werden würde.

Von den unterzeichneten Verträgen war der Vertrag über die Europäische Verteidigungsgemeinschaft der absolut wichtigere. Er sollte die Zukunft neu gestalten. Der Deutschlandvertrag schuf die Voraussetzungen hierfür, indem er die Vergangenheit bereinigte. Auf dem Weg Deutschlands vom Feind zum Partner der freien Welt gab uns der Deutschlandvertrag zahlreiche Freiheiten zurück, die uns in der Besatzungszeit genommen waren. Es waren Freiheiten, die wir brauchten, um überhaupt Partner zu werden, um als Partner einen Europavertrag abschließen zu können.

Es war nicht ohne Bedeutung, daß Bonn und Paris die beiden Unterzeichnungsorte waren. Darin kam zum Ausdruck, daß mehr abgeschlossen werden sollte als die Nachkriegsphase der letzten sieben Jahre. Eine ganze Epoche wurde beendet, die Epoche der Feindschaften und Kriege zwischen den Völkern des Westens. An diesem tragischen Nebeneinander waren Frankreich und Deutschland besonders stark beteiligt gewesen. Für den Schlußstrich unter diese Vergangenheit war die Unterzeichnung in Bonn und Paris ein Symbol.

Es konnte für uns allerdings keine reine Freude an einem politischen Ereignis geben, solange Deutschland geteilt war. Wir hatten daher auch bei Unterzeichnung der Verträge keinen Anlaß zu jubeln oder gar zu triumphieren, aber wir durften uns das politische Urteil nicht verwirren lassen. Die Verträge, die unterzeichnet worden waren, bildeten kein Hindernis für die Wiedervereinigung Deutschlands, im Gegenteil, ich sah in ihnen das einzige Mittel, um uns der deutschen Einheit in Freiheit näherzubringen. In der harten Welt der Tatsachen gab es für die Bundesrepublik nur zwei Wege: Ein Zusammengehen mit dem Westen oder aber ein Zusammengehen mit den Sowjets. Alles, was dazwischen lag, war nicht Politik, sondern Illusion; denn alles, was dazwischen lag, würde uns in die Ohnmacht des Alleinseins versetzen und uns zum Spielball widerstreitender Kräfte machen. Als Ohnmächtige zwischen den Mächten wären wir Kriegsbeute, die es noch zu verteilen galt, der Magnet für einen Krieg.

Die Möglichkeit eines Zusammengehens mit den Sowjets gab es nicht. Mit ihnen im Bunde konnte man nur zum Satelliten werden, zum willenlosen Werkzeug der Moskauer Machtpolitik. Wir sahen das überall östlich des Eisernen Vorhanges, wir sahen es am deutlichsten und am nächsten in der deutschen Sowjetzone. Dieser Anschauungsunterricht genügte. Deutschland gehört zum Westen, nach seiner Überlieferung und Überzeugung. Das ganze Deutschland gehört zum Westen. In dieser Partnerschaft allein liegt unsere Zukunft.

Es gab Stimmen, die den von mir gezeichneten Weg nicht als den Weg zur deutschen Einheit bezeichneten. Aber es kam darauf an zu erkennen, daß es zunächst für uns keinen anderen Weg gab. Die Sowjets würden früher oder später einsehen, daß sie sich mit dem Westen verständigen müßten, daß sie ihn nicht niederzwingen könnten. In einer solchen friedlichen Verständigung lag meine Hoffnung und sah ich unsere Chance. Sie würde allerdings nur dann für uns gegeben sein, wenn wir uns im Zeitpunkt einer solchen allgemeinen Einigung zwischen West und Ost bereits als zuverlässiger Partner des Westens erwiesen hätten. Nur dann würde der Westen bei einer Verständigung unsere Interessen zu seinen eigenen machen.

Es wurden Einwände erhoben, daß der Notenwechsel mit den Sowjets vom Frühjahr 1952, auf den ich im nächsten Band noch ausführlich eingehen werde, zu berechtigten Hoffnungen Anlaß gebe, die deutsche Einheit könnte schon sehr bald hergestellt werden.

Wenn die Sowjets wirklich bereit sein sollten, das Problem der deutschen Einheit in Freiheit isoliert zu lösen, so stand dem nichts im Wege. Auch nach der Unterzeichnung der Verträge und auch nach Ratifizierung war die Tür für Verhandlungen mit der Sowjetunion in keiner Weise zugeschlagen. Aussichtsreiche Vier-Mächte-Besprechungen mit den Sowjets hielt ich für durchaus wünschenswert und notwendig.

7. Inhalt der Verträge

In einer Demokratie ist es so, daß die Regierung die außenpolitischen Verhandlungen führt und das Ergebnis dann dem Parlament zur Entscheidung vorlegt. Es ist nicht möglich, das Parlament mitverhandeln zu lassen. Es ist nicht möglich, unfertige Verträge im einzelnen parlamentarisch zu debattieren. Nur Grundsatzdebatten sind zweckmäßig, und so war es auch mit den nunmehr abgeschlossenen Vertragswerken gehandhabt worden. Über das Grundsätzliche des Vertragssystems hatte der Bundestag sich in aller Ausführlichkeit aussprechen können. Jetzt nach der Unterzeichnung konnte der Bundestag in voller Freiheit entscheiden, ob er die Verträge ratifizieren wollte oder nicht. Davon hing ab, ob sie in Kraft traten. Der Bundestag und auch die Parlamente der anderen Vertragsstaaten verfügten über genügend Zeit, verfügten über alle Unterlagen und über eine unbeschränkte parlamentarische Souveränität. Ratifizieren heißt, in vollem Bewußtsein der Verantwortung ja oder nein sagen. Es wäre nicht denkbar, daß jedes der acht Parlamente zahlreiche Abänderungsanträge zu den Verträgen beschließen und die Regierungen entsprechend beauftragen könnte, neu zu verhandeln. Das würde ein endloses und aussichtsloses Verfahren bedeuten. Acht Regierungen, jede mit gebundenen Marschrouten im einzelnen, könnten überhaupt nicht miteinander verhandeln, geschweige denn Ergebnisse erzielen. Im jetzigen Stadium hing alles davon ab, ob die Parlamente die Verträge in ihrer Gesamtheit ratifizierten oder nicht.

Ich war voller Zuversicht, daß im Deutschen Bundestag die Verträge eine Mehrheit bekämen. Ich vertraute auf die politische Einsicht der Mehrheit der Bundestagsabgeordneten. Wer die Grundidee der Verträge bejahte, würde Bedenken gegen Einzelheiten überwinden. Die Mehrheit des Bundestages wollte Europa, wollte heraus aus der deutschen Isolierung.

In den jetzt unterzeichneten Verträgen hatten die Westmächte sich verpflichtet, im Vertrauen auf die Bereitschaft der Bundesrepublik zur Partnerschaft mit dem Westen, mit uns zusammen für eine friedliche Wiedervereinigung Deutschlands einzutreten. Auch auf diesem für uns entscheidend wichtigen Gebiet waren wir zu Partnern des Westens geworden. Innerhalb des nunmehr unterzeichneten Vertragswerkes gab es keinerlei Gefahr mehr, daß der Westen sich etwa auf unsere Kosten mit den Sowjets verständigen könnte. Es war ein wesentlicher Vorteil der Partnerschaft, daß Verhandlungen und Abmachungen über unseren Kopf hinweg nicht mehr möglich waren.

Ein wichtiger Fortschritt war, daß durch den Deutschlandvertrag das Besatzungsstatut aufgehoben wurde. An Stelle der Hohen Kommissare sollten

Botschafter treten. Das militärische Sicherheitsamt und viele andere alliierte Kontrollstellen würden aufgelöst werden. Zahlreiche Hemmungen für die deutsche Wirtschaft, für Wissenschaft und Forschung sollten beseitigt werden; aus einseitig auferlegten Besatzungskosten wurden vertraglich auszuhandelnde Verteidigungskosten. Fast drei Viertel dessen, was wir in Zukunft zu leisten hatten, mußte bisher auf fremden Befehl gezahlt werden, ohne jede Kontrollbefugnis hinsichtlich der Verwendung.

Der Deutschlandvertrag war eine Art vorläufiger Friedensvertrag zwischen der Bundesrepublik und den drei Westalliierten, von dem ich hoffte, daß er zur gegebenen Zeit durch einen Gesamtfriedensvertrag zwischen den vier Alliierten und Deutschland abgelöst würde.

In der Präambel zum Deutschlandvertrag war vereinbart, daß das gemeinsame Ziel der Unterzeichnerstaaten – Englands, Frankreichs, der Vereinigten Staaten von Amerika und der Bundesrepublik – war, die Bundesrepublik Deutschland auf der Grundlage der Gleichberechtigung in die europäische Gemeinschaft zu integrieren, die ihrerseits in die sich entwickelnde atlantische Gemeinschaft eingefügt würde. In der Präambel wurde weiter erklärt, daß die Wiederherstellung eines völlig freien und vereinigten Deutschlands auf friedlichem Wege und die Herbeiführung einer frei vereinbarten friedensvertraglichen Regelung ein grundlegendes und gemeinsames Ziel der Unterzeichnerstaaten blieb.

In Artikel I des Deutschlandvertrages wurde erklärt, daß die Bundesrepublik die Vollmacht über ihre inneren und äußeren Angelegenheiten erhalte, vorbehaltlich der Bestimmungen, nach denen einige wichtige alliierte Vorbehaltsrechte aufrechterhalten blieben. Diese Vorbehaltsrechte waren im Deutschlandvertrag und in den Zusatzverträgen genau aufgezählt und eingegrenzt worden. Es war festgelegt, daß im Zweifelsfalle die Vermutung für die Souveränität der Bundesrepublik spreche. Die sogenannten Vorbehaltsrechte waren in Artikel II gekennzeichnet. In diesem Artikel war festgelegt, daß die drei Mächte im Hinblick auf die internationale Lage die bisher von ihnen ausgeübten oder innegehabten Rechte in bezug auf

a) die Stationierung von Streitkräften in Deutschland und den Schutz der Sicherheit dieser Streitkräfte

b) Berlin

c) Deutschland als Ganzes einschließlich der Wiedervereinigung Deutschlands und einer friedensvertraglichen Regelung

sich vorbehalten.

Der Vorbehalt dieser Rechte lag auch in unserem eigenen Interesse. Der

Hauptgrund für diese Vorbehaltsrechte war, Sowjetrußland nicht einen Vorwand zu geben, bei seiner Politik gegenüber der Sowjetzone den Standpunkt einzunehmen, die drei Mächte hätten sich selbst von allen vertraglichen Bindungen, die sie mit Sowjetrußland in bezug auf diese Fragen eingegangen waren, gelöst, und daher wäre auch Sowjetrußland völlig frei in der Verfügung über die Sowjetzone. Insbesondere das Vorbehaltsrecht bezüglich Deutschland als Ganzes einschließlich der Wiedervereinigung ging davon aus, daß eine Wiedervereinigung nur im Wege der Verhandlungen auch mit Sowjetrußland möglich war. Daher behielten sich die drei Mächte in unserem Interesse das Recht vor, in diesem Sinne, aber mit uns gemeinsam, mit Sowjetrußland zu verhandeln.

Besonders wichtig war Absatz 3 des Artikels III, wonach sich die drei Mächte verpflichteten, die Bundesrepublik zu konsultieren, wenn sie mit Staaten verhandelten, mit denen die Bundesrepublik keine Beziehungen unterhielt, falls sie mit diesen Staaten verhandelten über Fragen, die das deutsche politische Interesse unmittelbar berührten. An dem Einbau dieser Klausel in das Vertragswerk hatte mir außerordentlich viel gelegen. Ich hatte bereits in meiner ersten Besprechung mit den Hohen Kommissaren nach Bekanntwerden der Washingtoner Beschlüsse am 24. September 1951 Konsultationen sehr nachdrücklich gefordert.

Artikel V behandelte einen etwa auftretenden Notstand bezüglich der Sicherheit der im Bundesgebiet stationierten Streitkräfte. Die drei Mächte hätten in einem solchen Falle nur dann die Möglichkeit, Maßnahmen zu ergreifen, die erforderlich wären, um die Ordnung aufrechtzuerhalten oder wiederherzustellen und die Sicherheit ihrer Streitkräfte zu gewährleisten, wenn die Bundesrepublik und die Europäische Verteidigungsgemeinschaft außerstande wären, der Lage Herr zu werden. In Ziffer 6 des Artikels V hieß es wörtlich: „Heben die Drei Mächte die Erklärung des Notstandes nicht innerhalb von dreißig Tagen auf, nachdem die Bundesregierung darum ersucht hat, so kann die Bundesregierung den Rat der Nordatlantikpaktorganisation ersuchen, die Lage zu überprüfen und zu erwägen, ob der Notstand beendet werden soll. Gelangt der Rat zu dem Ergebnis, daß die Aufrechterhaltung des Notstandes nicht länger gerechtfertigt ist, so werden die Drei Mächte den Normalzustand so schnell wie möglich wiederherstellen." Dieser Notstandsartikel gab den drei Mächten nicht das Recht, die volle Gewalt wieder an sich zu ziehen.

Im Artikel VI war der besondere Schutz Berlins festgelegt.

Artikel VII war von größter Bedeutung. Ich möchte ihn hier teilweise wörtlich wiedergeben:

„Artikel VII

(1) Die Bundesrepublik und die Drei Mächte sind sich darüber einig, daß ein wesentliches Ziel ihrer gemeinsamen Politik eine zwischen Deutschland und seinen ehemaligen Gegnern frei vereinbarte friedensvertragliche Regelung für ganz Deutschland ist, welche die Grundlage für einen dauerhaften Frieden bilden soll. Sie sind weiterhin darüber einig, daß die endgültige Festlegung der Grenzen Deutschlands bis zu dieser Regelung aufgeschoben werden muß.

(2) Bis zum Abschluß der friedensvertraglichen Regelung werden die Bundesrepublik und die Drei Mächte zusammenwirken, um mit friedlichen Mitteln ihr gemeinsames Ziel zu verwirklichen: Ein wiedervereinigtes Deutschland, das eine freiheitlich-demokratische Verfassung, ähnlich wie die Bundesrepublik, besitzt und das in die europäische Gemeinschaft integriert ist.

(3) Im Falle der Wiedervereinigung Deutschlands – vorbehaltlich einer zu vereinbarenden Anpassung – werden die Drei Mächte die Rechte, welche der Bundesrepublik auf Grund dieses Vertrages und der Zusatzverträge zustehen, auf ein wiedervereinigtes Deutschland erstrecken und werden ihrerseits darin einwilligen, daß die Rechte auf Grund der Verträge über die Bildung einer integrierten europäischen Gemeinschaft in gleicher Weise erstreckt werden, wenn ein wiedervereinigtes Deutschland die Verpflichtungen der Bundesrepublik gegenüber den Drei Mächten oder einer von ihnen auf Grund der genannten Verträge übernimmt. Soweit nicht alle Unterzeichnerstaaten ihre gemeinsame Zustimmung erteilen, wird die Bundesrepublik kein Abkommen abschließen noch einer Abmachung beitreten, welche die Rechte der Drei Mächte auf Grund der genannten Verträge beeinträchtigen oder die Verpflichtungen der Bundesrepublik auf Grund dieser Verträge mindern würden." *

Über den Artikel VII, Absatz 3, hatten noch am Tage vor der Unterzeichnung in Bonn Verhandlungen stattgefunden. Übereinstimmung über die endgültige Fassung des Absatzes 3 war erst gegen Mittag des 25. Mai erreicht.

Vor der Unterzeichnung des Deutschlandvertrages hatte die sogenannte „Bindungsklausel" des Artikels VII des Deutschlandvertrages erhebliche Bedenken ausgelöst. Bei den Verhandlungen hatte dieser Artikel VII eine große Rolle gespielt. Es ging hierbei um die Frage, was mit dem Vertragswerk geschehen würde, wenn die Wiedervereinigung Deutschlands erfolgte. Was würde an dem Tage geschehen, an dem eine Regierung für ganz

* Absatz 3 des Artikels VII wurde in der zweiten Fassung des Deutschlandvertrages vom 23. Oktober 1954 gestrichen.

Deutschland gebildet würde? Diese Frage brachte, wie Robert Schuman es aussprach, eine „gewisse Unsicherheit" mit sich. Schuman sagte, daß für ihn die Frage wäre: Wenn nach Inkrafttreten des Vertrages eine einheitliche deutsche Regierung die Regierungsgewalt in Deutschland übernähme, dann müßte gemeinsam ein Beschluß gefaßt werden, ob das Gebiet von Ostdeutschland in das Verteidigungsgebiet einbezogen würde und welche Übergangslösungen zu treffen seien. Im politischen Leben befände man sich immer in Ungewißheit bei neuen Gegebenheiten. Man müßte versuchen, in dieser Frage eine Lösung zu finden.

Wie erwähnt, wurde noch am letzten Tag vor der Unterzeichnung des Deutschlandvertrages über diesen Artikel beraten. Die endgültige Fassung besagt, daß ein wiedervereinigtes Deutschland die Rechte auf Grund der Verträge in Anspruch nehmen kann, wenn es bereit ist, die Pflichten zu übernehmen. Ich hielt diesen Text für gut. Ein wiedervereinigtes Deutschland konnte hiernach nicht schlechter gestellt werden als die Bundesrepublik, sofern eine gesamtdeutsche Regierung in die Rechte und Pflichten der Verträge einzutreten gewillt war.

Artikel X des Vertrages sah eine Revision des Deutschlandvertrages vor für den Fall der Wiedervereinigung Deutschlands, für den Fall der Schaffung einer europäischen Föderation oder bei Eintritt eines anderen nach Auffassung aller Vertragschließenden ähnlich grundlegenden Ereignisses.

Die Rechtsstellung Berlins wurde durch die Verträge grundsätzlich nicht geändert. Alles in allem genommen wurde die Stellung Berlins teilweise wesentlich verbessert, wenn es auch auf Grund der internationalen politischen Lage und der Tatsache, daß Berlin von ihr besonders in Mitleidenschaft gezogen wurde, noch nicht möglich war, Berlin den Status zu geben, den die Bundesrepublik durch die Verträge erlangte.

Der Deutschlandvertrag hatte eine Reihe von Annexverträgen, von denen die umfangreichsten der sogenannte „Truppenvertrag" und der „Vertrag zur Regelung aus Krieg und Besatzung entstandener Fragen" (sogenannter „Überleitungsvertrag") waren.

Die Annexverträge zum Deutschlandvertrag kann ich hier nicht im einzelnen wiedergeben. Ich begnüge mich damit, die wichtigsten Abmachungen und Bestimmungen hervorzuheben und zu erläutern.

Als ersten Zusatzvertrag möchte ich den Truppenvertrag nennen. Er war im großen und ganzen den Verträgen nachgebildet, die mit den einzelnen NATO-Staaten bezüglich des Aufenthaltes von fremden Truppen in ihrem Lande abgeschlossen waren. Der Truppenvertrag regelte die Tatbestände, die sich aus der Anwesenheit von Sicherheitstruppen auf deutschem Boden ergaben. Er bezog sich nicht auf die EVG-Truppen. Da die ganze Materie

außerordentlich kompliziert war und man zunächst Erfahrungen sammeln wollte, war für den Truppenvertrag eine Überprüfung nach zwei Jahren vorgesehen.
Der Überleitungsvertrag ergab sich zwangsläufig aus der Tatsache, daß nach 1945 zunächst der Vier-Mächte-Kontrollrat, später dann die drei Westalliierten, in den westlichen Zonen eine Fülle von Gesetzen, Verordnungen und so weiter erlassen hatten, die nicht mit einem Tag erlöschen konnten, weil sonst eine grenzenlose Unordnung entstanden wäre. Es mußte eine gewisse Überleitung stattfinden.
Ein weiterer Annexvertrag zum Deutschlandvertrag war der sogenannte Finanzvertrag, in dem die finanziellen Leistungen, die die Bundesrepublik für die gemeinsame Verteidigung des Westens übernehmen sollte, festgelegt und in dem die damit im Zusammenhang stehenden verfahrensrechtlichen Fragen geregelt waren.

Von unvergleichlich größerer Bedeutung – die leider in der deutschen Öffentlichkeit damals nicht genügend beachtet wurde – als der Deutschlandvertrag, so wichtig er auch für uns war, war der Vertrag über die Europäische Verteidigungsgemeinschaft. Der Vertrag über die Europäische Verteidigungsgemeinschaft wurde damals nach meiner Meinung viel zu sehr unter dem Gesichtspunkt der augenblicklichen Spannung zwischen Ost und West betrachtet. Es war bedauerlich, daß er hauptsächlich unter dem Gesichtspunkt der Abwehr einer etwaigen sowjetrussischen Aggression beurteilt wurde.
Der Vertrag über die Bildung einer Europäischen Verteidigungsgemeinschaft war in erster Linie dazu bestimmt, losgelöst von den Problemen, die die Niederlage Deutschlands und die bedingungslose Kapitulation mit sich gebracht hatten, in Westeuropa einen Krieg unter den europäischen Völkern unmöglich zu machen. Er hatte in erster Linie den Sinn, die europäische Einigung zu fördern. Seine Gültigkeit war auf die Dauer von fünfzig Jahren festgelegt.
Der Vertrag über die Europäische Verteidigungsgemeinschaft sah den Verzicht der Teilnehmerstaaten auf ihr wichtigstes Souveränitätsrecht, nämlich die Aufstellung eigener Streitkräfte, und die Übertragung dieses Rechtes auf eine supranationale Behörde vor. Dies war von weittragenden Konsequenzen für die Schaffung eines vereinigten Europas. Es sollte durch diesen Vertrag gleichsam automatisch eine Angleichung der Teilnehmerstaaten in außenpolitischen und wirtschaftlichen Fragen herbeigeführt werden, die zusammen mit dem Schuman-Plan und anderen im Stadium der Beratung befindlichen Projekten sehr bald zu einer europäischen Föderation oder Konföderation führen sollte.

Der Vertrag über den Abschluß der Europäischen Verteidigungsgemeinschaft war ein Akt, der einzig dastand in der langen Geschichte Europas, jenes Europas, das immer wieder von kriegerischen Wirren erschüttert und durch die beiden letzten Kriege an den Rand des Abgrundes gebracht wurde, dem aber jetzt ein dauernder Friede und ein neues Leben gegeben werden sollte.
In der Präambel zu dem Vertrag über die Europäische Verteidigungsgemeinschaft hieß es:

„Sie (die Unterzeichnerstaaten) werden es sich dabei angelegen sein lassen, die geistigen und sittlichen Werte zu wahren, die das gemeinsame Erbe ihrer Völker sind, und sie sind überzeugt, daß in der gemeinsamen Streitmacht, die ohne unterschiedliche Behandlung der beteiligten Staaten gebildet wird, die Vaterlandsliebe der Völker nicht an Kraft verlieren, sondern sich vielmehr festigen und in erweitertem Rahmen neue Gestalt finden wird.
Sie tun diesen Schritt in dem Bewußtsein, hiermit einen weiteren und bedeutsamen Abschnitt auf dem Wege zur Schaffung eines geeinten Europas zurückzulegen."

In Artikel 38 des Vertrages waren der Versammlung und dem Rat der Europäischen Verteidigungsgemeinschaft sowie den Regierungen der Mitgliedstaaten bestimmte und befristete Verpflichtungen auferlegt, die zur Bildung eines vereinigten Europas hinführen sollten.

8. Bedeutung der Verträge

Es war eine wichtige politische Entscheidung, die nach Unterzeichnung der Verträge die Parlamente zu treffen hatten, die Entscheidung, ob sie die Verträge ratifizierten oder nicht. Für das deutsche Parlament sah ich die Entscheidung zwischen folgenden Möglichkeiten:

1. Bejahung der Verträge und damit Anschluß an den Westen,
2. Ablehnung, um damit zu erreichen entweder einen Anschluß an den Osten oder die Neutralisierung Deutschlands und
3. das Hinauszögern einer Entscheidung.

Um eine richtige Entscheidung treffen zu können, mußte man zunächst versuchen, die zur Zeit bestehende Lage bei uns, in der Sowjetzone, in Europa und in der ganzen Welt klar zu erkennen. Alle Entwicklungen, die zur gegenwärtigen Lage geführt hatten, und die zur Zeit bestehenden Spannungen hingen zusammen. Dieser Zusammenhang mußte berücksichtigt werden. Auch das Problem Deutschland durfte man nicht als ein für sich allein bestehendes Problem betrachten. Es war ein sehr wichtiger Teilabschnitt in der großen Spannungslinie zwischen Ost und West. Man mußte ferner untersuchen, wie es zu der gegenwärtigen Situation gekommen war, ob und welche Richtungstendenzen der Entwicklung zu erkennen waren, um aus ihnen auf die kommende Entwicklung zu schließen. Man mußte untersuchen, ob nach Annahme des Vertragswerkes eine Lage eintreten würde, die eine friedliche Weiterentwicklung und schließlich eine für uns annehmbare Lösung des Deutschlandproblems versprach. Man mußte sich auch klarwerden über die Folgen einer Ablehnung der Verträge, sei es, daß dadurch eine Neutralisierung bezweckt wurde, oder sei es sogar eine Option für den Osten. Schließlich mußte man gewissenhaft prüfen, ob ein Hinauszögern der Entscheidung möglich und mit den deutschen Interessen vereinbar wäre. Zu letzterem muß ich sagen, eine sachlich nicht gerechtfertigte Verschiebung einer Entscheidung kommt immer einem Ausweichen gleich. Nachdem nunmehr zwischen den Regierungen von acht Ländern in mühsamster Arbeit eine Einigung erfolgt war, durften einzelne Teilnehmerstaaten die Ratifizierung nicht auf die lange Bank schieben.

Das Ergebnis der Entwicklung seit 1945 läßt sich im folgenden kurz zusammenfassen:

Es hatten sich zwei gewaltige Machtsysteme aufgebaut, das von Sowjetrußland geführte und das westliche, in dem als stärkste Macht die Vereinigten Staaten hervortraten.

In dem von Sowjetrußland geführten Machtsystem waren, wie zahlreiche Vorkommnisse klar erkennen ließen, starke Expansions- und Aggressionskräfte wirksam, die sich im Wege des Kalten Krieges weit über die Grenzen des Ostblocks hinaus erstreckten, insbesondere in das Gebiet der Bundesrepublik Deutschland, Frankreichs und Italiens, getarnt oder ungetarnt.

Das westliche Machtsystem hatte seinen Ausdruck gefunden im Atlantikpakt und in einer Reihe von weiteren defensiven Bündnissen und Abmachungen.

Durch Zusatzprotokolle wurde der Atlantikpakt mit der Europäischen Verteidigungsgemeinschaft verbunden, womit auch die Bundesrepublik in sein Sicherheitssystem eingegliedert werden sollte.

Das Inkrafttreten der Verträge brachte für die Bundesrepublik folgende Fortschritte:

Das Besatzungsstatut fiel fort. Alle wirtschaftlichen Beschränkungen hörten auf. Wir erhielten die Unterstützung der Vereinigten Staaten. Wir erhielten ein Defensivbündnis mit Großbritannien. Die europäische Föderation begann auf dem neuralgischsten Gebiet, nämlich dem militärischen. Europäische Kriege würden in Zukunft ausgeschlossen sein. Durch den Einbau in das umfassendste Verteidigungssystem der Geschichte erhielten wir die denkbar größte Sicherheit. Wir waren nicht mehr Objekt politischer und strategischer Überlegungen, sondern Mithandelnde.

Dieser letzte Punkt war für uns besonders wichtig. Solange wir besetztes Land waren, solange wir nicht in das westliche Verteidigungssystem eingefügt waren, waren wir ein Niemandsland zwischen zwei großen Machtgruppen. Wie wir in den diplomatischen Auseinandersetzungen lediglich Objekt waren, so würden wir auch nur Objekt sein bei ernsten Auseinandersetzungen. Mit anderen Worten, wir würden Schauplatz dieser Auseinandersetzungen werden mit allen den furchtbaren Folgen, die sich daraus für unser Volk ergaben. Die in der Weltlage herrschenden Spannungen verlangten dringend von uns, aus dem Zustand der Schwebe herauszukommen. Wenn wir Mithandelnde wurden, konnten wir auch unsere ganze Kraft dafür einsetzen, daß die bestehenden Spannungen auf friedlichem Wege gelöst wurden.

In der Öffentlichkeit wurde die Frage diskutiert, ob nicht die Genehmigung der beiden Verträge die Wiedervereinigung mit der Sowjetzone unmöglich mache. Ich hielt diese Beurteilung für falsch. Ich war gerade der umgekehrten Ansicht, daß wir mit dem Abschluß dieser Verträge einen bedeutenden Schritt vorwärts taten in Richtung auf das Ziel, das der Bundestag in einer seiner ersten Sitzungen fast einstimmig so formuliert hatte: Wiedervereinigung Deutschlands in Frieden und Freiheit in einem freien Europa.

Es war und ist richtig, daß die Wiedervereinigung in Freiheit nur mit Zustimmung der vier Alliierten, also auch mit Zustimmung Sowjetrußlands, erfolgen konnte. Ich war der Auffassung, daß es klug wäre, wenn man sich für diese Politik zunächst die Hilfe von wenigstens drei der vier Großmächte sicherte, wie wir das im Deutschlandvertrag taten. Ich hoffte, daß es möglich sein würde, im richtigen Augenblick mit Sowjetrußland an den Verhandlungstisch zu kommen, wenn wir die Hilfe dieser drei Mächte hätten. Keiner glaubte wohl ehrlich, daß die Sowjetunion aus sich heraus die Sowjetzone freigeben würde. Ich konnte deswegen in keiner Weise einsehen, daß wir die Chancen einer Wiedervereinigung in Freiheit dadurch, daß wir diese Verträge abschlossen, verschlechterten. Ein Gesamtdeutschland, wie es die Russen in ihren Noten forderten, ein neutralisiertes, auf dem Boden des Potsdamer Abkommens errichtetes Gesamtdeutschland war für uns nicht möglich. Wir würden mit Hilfe der drei Westalliierten versuchen müssen, Sowjetrußland von seiner Forderung abzubringen. Ich war der Auffassung, daß Sowjetrußland, wenn es sich davon überzeugte, daß infolge des Abschlusses der Europäischen Verteidigungsgemeinschaft seine

Politik, im Wege des Kalten Krieges – im vorliegenden Falle zunächst durch Neutralisierung – die Bundesrepublik zu bekommen, keinen Erfolg mehr versprach, diese neu geschaffene politische Situation beachten und seine Politik dementsprechend einstellen würde. Das eine war sicher, wenn wir die Verträge nicht unterzeichneten, verbesserten wir die Aussicht auf Wiedervereinigung in keiner Weise. Ich wußte, daß die Männer und Frauen in der Sowjetzone diese Ansicht teilten. Ich wußte, daß sie den von uns eingeschlagenen Weg als den einzigen Weg betrachteten, der auch sie eines Tages aus ihrer Not herausführte.

Es war ferner die Frage aufgeworfen worden, ob nicht die militärische Stärkung des Westens, wie sie das Vertragswerk zur Folge hätte, Sowjetrußland dazu reizen würde, zum heißen Krieg überzugehen. Auch hier glaubte ich, daß das Gegenteil richtig war. Ich war der Überzeugung, daß man einen hochgerüsteten totalitären Staat nicht dadurch von einer Aggression abhielt, indem man möglichst schwach blieb. Die Geschichte der letzten zwanzig Jahre bot zwei ausgezeichnete Beispiele für die Richtigkeit meiner Auffassung. Als Hitler aufrüstete, war zunächst von den anderen europäischen Staaten und von seiten der Vereinigten Staaten von Amerika nichts geschehen. Weil Hitler wußte, daß sie militärisch schwach waren, schlug er in dem Augenblick los, als er glaubte, er wäre stark genug, um einen schnellen Sieg zu erlangen. Hätte man damals, als Hitler aufzurüsten begann, in den anderen Ländern auch die Verteidigungskräfte vermehrt, so hätte Hitler niemals den Krieg gewagt.

Etwas Ähnliches galt für die Zeit nach 1945. Da Sowjetrußland stark bewaffnet blieb, während die anderen Länder abrüsteten, machte es von seiner militärischen Überlegenheit durch die Unterwerfung der jetzigen Satellitenstaaten rücksichtslos Gebrauch. Ich bin überzeugt, daß Sowjetrußland das nicht getan hätte, wenn es hätte befürchten müssen, daß die anderen Mächte ihm in den Arm fallen würden.

Mit jeder Stärkung der westlichen Verteidigungskraft wuchs die Wahrscheinlichkeit, daß Sowjetrußland nicht zum heißen Krieg überging.

Die Bundesrepublik konnte nicht ohne Anlehnung an andere Staaten bestehen. Deutschlands geographische Lage ist politisch betrachtet besonders ungünstig. Es liegt in der Mitte Europas und hat keine geschützten Grenzen. Deutschland hatte schon seit den siebziger Jahren nach Verbündeten gesucht. Es glaubte zunächst durch den Drei-Kaiser-Bund – Deutschland-Österreich-Rußland – im Jahre 1872 sich Bundesgenossen und Sicherheit verschaffen zu können. Aber Bismarck hatte damals bald erkannt, daß ein lediglich auf dem monarchistischen Gedanken beruhendes Bündnis auf die Dauer keinen genügenden Halt haben würde. So bildeten sich dann in der

Folge zwei Bündnissysteme heraus: Der Dreibund zwischen Deutschland, Österreich-Ungarn und Italien im Jahre 1882 und die Triple-Alliance zwischen England, Frankreich und Rußland. Unter Delcassé entstand zwischen 1900 und 1904 die Entente cordiale zwischen Frankreich und Großbritannien, ein französisch-russisches Bündnis gab es bereits. Durch diese Entwicklung waren die kommenden Katastrophen vorbereitet.

Wir waren jetzt mehr denn je auf Bundesgenossen angewiesen, um unsere Freiheit zu bewahren. Durch den Eintritt in die Europäische Verteidigungsgemeinschaft, die ihrerseits wiederum verknüpft war mit dem Atlantikpakt durch den Abschluß des Defensiv-Bündnisses mit Großbritannien und durch das Sicherheitsversprechen der Vereinigten Staaten, bekamen wir für unser Land die denkbar größte Sicherheit. Alle diese Bündnisse und Pakte hatten einen rein defensiven Charakter. Ihr defensiver Charakter war nicht nur ausdrücklich ausgesprochen, er war auch durch die innere Struktur des ganzen Systems gewährleistet. Das westliche Verteidigungssystem konnte – das war meine feste Überzeugung – Europa und uns Frieden und Freiheit sichern. Die Spannung zwischen Ost und West war eine Tatsache. Die Kräfte der europäischen Länder, einzeln genommen, waren gelähmt. Sie sollten nunmehr zusammengefaßt werden, um den Frieden zu wahren. Die Vereinigten Staaten und Großbritannien unterstützten mit ganzer Kraft diese Bestrebungen. Ich war überzeugt, daß die Verträge der Sache der Freiheit, der Schaffung eines neuen Europas und der Wiedervereinigung Deutschlands in Frieden und Freiheit dienen würden.

XXII. DIE WELTPOLITISCHE SITUATION IM FRÜHJAHR 1953

1. Wechsel des Präsidenten in den Vereinigten Staaten
Eisenhower löst Truman ab

Am 4. November 1952 hatten in den Vereinigten Staaten Wahlen stattgefunden. Die Republikanische Partei mit ihrem Präsidentschaftskandidaten General Eisenhower ging als Siegerin daraus hervor. Es stellte sich nunmehr für uns die entscheidende Frage: Würde die Regierung Eisenhower die bisherige Europapolitik der Demokratischen Partei und des der Demokratischen Partei angehörenden Präsidenten Truman fortsetzen? In Europa waren sich alle einig, daß ohne Unterstützung durch die Vereinigten Staaten der Niedergang Europas unaufhaltsam sein würde.

In den Vereinigten Staaten gab es verschiedene Richtungen in der Beurteilung der Bedeutung Europas. Diese Richtungen konzentrierten sich in drei Persönlichkeiten: Taft (Republikaner), Truman (Demokrat), Eisenhower (Republikaner).

Truman und Eisenhower vertraten den Standpunkt, Europa ist für die USA wichtiger als Asien, während Taft der Auffassung war, daß der Schwerpunkt der amerikanischen Politik in Asien liegen müsse. Bei der Aufstellung des Präsidentschaftskandidaten der Republikanischen Partei hatte die Wahl zwischen General Eisenhower und Senator Taft gelegen, den Vertretern dieser entgegengesetzten politischen Richtungen. Die Richtung Eisenhowers setzte sich durch.

Am 6. November 1952 führte ich mit der amerikanischen Schriftstellerin Freda Utley ein Gespräch über den Wahlausgang in den Vereinigten Staaten. Mrs. Utley fragte mich nach meiner Meinung über den republikanischen Wahlsieg. Ich erwiderte, daß diese Frage nicht einfach zu beantworten sei, Deutschland habe der Regierung Truman und seinem Außenminister Acheson viel zu verdanken.

Mrs. Utley bat mich, ihr zu sagen, wie ich Eisenhower beurteile.

Ich hatte Eisenhower im Juni 1951 das erste Mal getroffen. Er suchte mich in seiner Eigenschaft als Oberbefehlshaber der NATO auf. Ein zweites Mal begegnete ich ihm am 2. Mai 1952 anläßlich seines Abschiedsbesuches als Oberbefehlshaber der NATO in Europa. Ich war froh, daß mit General Eisenhower ein guter Kenner der europäischen Verhältnisse Präsident der Vereinigten Staaten von Amerika wurde. Dulles, der künftige Außenminister, war mir das erste Mal im Jahre 1948 begegnet.

Ich erklärte Mrs. Utley, daß ich voller Vertrauen auf die künftige Regierung der Vereinigten Staaten von Amerika blicke.

Der Amtsantritt Präsident Eisenhowers war ein Ereignis von großer Bedeutung nicht nur für die Vereinigten Staaten, sondern für die ganze Welt, besonders auch für uns Europäer. Präsident Eisenhower kannte aus der Kriegszeit und der Nachkriegszeit und durch seine Tätigkeit als Oberbefehlshaber der NATO-Streitkräfte die Lage in Europa und den sowjetrussischen Druck. Ich war wegen seines Charakters und seiner Erfahrungen überzeugt, daß er die schon unter seinem Vorgänger hinsichtlich der Verteidigung Europas geführte Politik gegenüber dem Osten fortsetzen, wenn nötig verstärkt fortsetzen werde. Mit aufrichtiger Freude hörte ich das Bekenntnis, das Eisenhower bei seinem Amtsantritt zum Schutz der Freiheit und zum Schutz des Friedens ablegte.

Es hatte Stimmen gegeben, die vor der Inauguration des Präsidenten Eisenhower die Meinung vertraten, die neue amerikanische Administration werde eine andere Haltung gegenüber Sowjetrußland und Europa einnehmen als die Administration Truman, Stimmen, die glaubten, daß die amerikanische Administration alsbald Verhandlungen über die Beseitigung der Spannungen zwischen Sowjetrußland und den Vereinigten Staaten aufnehmen und ihr Interesse an Europa und damit der Bundesrepublik verlieren würde. Diese Propheten hatten sich getäuscht.

Das Gegenteil trat ein: Das amerikanische Interesse an der Integration Europas, an dem Zustandekommen des Vertrages über die Europäische Verteidigungsgemeinschaft wurde noch stärker zum Ausdruck gebracht als im letzten Halbjahr 1952.

2. Besuch von Dulles in Bonn im Februar 1953

Für Anfang Februar 1953 war ein Besuch des neuen amerikanischen Außenministers John Foster Dulles in Europa und damit auch in der Bundesrepublik vorgesehen. Ich maß diesem Besuch eine sehr große Bedeutung bei. Dulles kam nach Europa, um sich an Ort und Stelle über den Stand der politischen Situation zu informieren. Seine Eindrücke würden für die Gestaltung der amerikanischen Außenpolitik äußerst wichtig sein.

Der amerikanische Präsident und sein Außenminister waren keineswegs gebunden, die Außenpolitik ihrer Vorgänger voll und ganz zu übernehmen. Das galt in starkem Maße für die Europapolitik Amerikas, und die Deutschlandpolitik bildete da natürlich keine Ausnahme. Ich rechnete zwar nicht mit der Möglichkeit großer Schwankungen der amerikanischen Außenpolitik, nichtsdestoweniger waren die Eindrücke, die Dulles bei seinem Europabesuch gewinnen würde, von weittragender Bedeutung.

In Präsident Eisenhower hatte ich einen Mann kennengelernt, der genau wußte, was er wollte. Er war wie Truman nicht ein Mann, der morgen etwas für unerwünscht hielt, was ihm gestern noch notwendig erschien.

Es war mir klar, daß die Vereinigten Staaten in ihrer Europapolitik von der Voraussetzung ausgehen würden, daß Europa selbst bereit sein müsse, sich zu verteidigen und über das Militärische hinaus eine europäische politische Gemeinschaft zu errichten. Ich war überzeugt, daß unter dieser Voraussetzung Amerika weiterhin bereit sein würde, Europa zu helfen und mitzuverteidigen. Wenn diese Voraussetzung nicht erfüllt würde, könnte sich allerdings die amerikanische Politik ändern, und diese Änderung würde jedenfalls nicht zugunsten der Bundesrepublik ausfallen. Von größter Wichtigkeit war es daher, daß der EVG-Vertrag so bald wie möglich von den sechs beteiligten europäischen Ländern ratifiziert wurde. Wenn die EVG scheitern sollte, war das Interesse Amerikas an Europa gefährdet. Wenn wir an der Elbe verteidigt werden wollten, mußten wir uns entsprechend verhalten. Das Interesse Amerikas würde sich sehr nach der Haltung der europäischen Staaten richten.

Präsident Eisenhower mußte zunächst bemüht sein, für seine Außenpolitik eine sichere Mehrheit im Kongreß zu schaffen. Die Auseinandersetzung innerhalb der Republikanischen Partei mit dem Flügel um den Senator Taft, der die Auffassung verteidigte, der Schwerpunkt des Interesses der Vereinigten Staaten liege in Asien, nicht in Europa, war noch nicht abgeschlossen. Wie und ob Präsident Eisenhower eine Mehrheit für seine Politik finden würde, hing in hohem Maße davon ab, daß Europa sich zu einer gemeinsamen Verteidigungspolitik zusammenfand. Jedes europäische Zögern mußte Wasser auf die Mühlen einer politischen Konzeption sein, die der Verteidigung Asiens den Vorzug gab. Wer sich versichern lassen will, muß eine Prämie zahlen. Ähnliches galt für Europa. Wer glaubte, Europa sei bei Amerika prämienfrei versichert, befand sich in einem verhängnisvollen Irrtum. Entweder vereinigte sich Europa, oder aber es mußte auf die Dauer dem sowjetrussischen Druck unterliegen. Es wurde oft nach einer Alternative zu der Europapolitik gefragt. Der Untergang Europas war und ist die wahre Alternative.

Der amerikanische Außenminister Dulles wollte sich bei seinem Besuch in Europa in erster Linie darüber informieren, wie es mit der Einigung Europas stand. Diese Absicht hatte Dulles sehr deutlich angekündigt.

Ich hatte den Wunsch, daß er die Zeit finden möge, mit möglichst vielen deutschen Politikern zu sprechen. Ich hielt das nicht nur zu seiner eigenen Information für nützlich, sondern auch zur Information seiner deutschen Gesprächspartner. Es mußten einige deutsche Illusionen, insbesondere bei den Sozialdemokraten, zerstört werden. Mir allein wollte man nicht glauben, wenn ich sagte, daß die Amerikaner nicht gewillt sein würden, bei einer Nichtratifizierung des EVG-Vertrages und des Deutschlandvertrages von neuem zu verhandeln. Dulles würde man glauben.

Der Deutschlandvertrag und der EVG-Vertrag mußten im Deutschen Bundestag noch in dritter Lesung beraten werden. Zum Zeitpunkt des Besuches von Außenminister Dulles in Deutschland war bei uns noch eine große Anzahl von Schwierigkeiten zu überwinden, um im Bundestag eine Mehrheit für die Verträge zu gewinnen. Ich war jedoch überzeugt, daß dies gelingen würde. Ich glaubte daran, daß der Wirklichkeitssinn und die Vernunft stärker sein würden als alle Illusionen. Wirklichkeitssinn und Vernunft in der deutschen Außenpolitik hatten zur Voraussetzung, daß man von einer gegebenen Weltlage ausging und dann darin den bestmöglichen Platz für Deutschland suchte.

Viele Politiker gingen in ihren Gedanken jedoch andere Wege. Sie dachten sich etwas Wunderschönes für Deutschland aus, ohne Rücksicht auf die Weltlage zu nehmen.

Wenn aber ein schwaches Land wie Deutschland, das erst vor knapp acht Jahren nach dem wahnsinnigsten aller Kriege zusammengebrochen war, eine Politik der Weltverbesserung treiben wollte, so war das nichts anderes als eine Politik der Illusion. Bei uns in der Bundesrepublik wurden zahlreiche Ideen produziert, die nichts mit der Wirklichkeit zu tun hatten. Der politische Realismus war nach wie vor unsere schwache Seite.

Manche Pläne sahen etwa so aus: Die Russen und die Amerikaner sollen sich einigen. Die Amerikaner beendigen den Koreakrieg und überlassen ganz Korea dem Kommunismus. Im Austausch dafür geben dann die Russen die deutsche Sowjetzone auf. Deutschland wird also wiedervereinigt. Dann wird noch eine nationale deutsche Armee aufgestellt, die von den Sowjets und den Amerikanern gemeinsam kontrolliert wird, ebenso wie diese beiden Staaten gemeinsam die Neutralität des gesamtdeutschen Staates garantieren. So etwa sah es in den Augen neutralistischer Politiker aus. Die ganze Weltlage sollte also auf den Kopf gestellt werden, einem deutschen Wunschtraum zuliebe. Mit Plänen dieser Art, die am grünen Tisch erdacht wurden, verbaute man sich selbst den Zugang zur Wirklichkeit, denn weder die Sowjets noch die Amerikaner hatten die geringste Absicht, in diesem Sinne zu verfahren.

Die Realität sah anders aus. Der Kalte Krieg und die ständige sowjetische Gefahr waren Tatsachen. Auf der Seite des Westens hatte man sich zum gemeinsamen Schutz im Nordatlantikpakt miteinander verbunden. Es gab verschiedene Ansätze und Bemühungen zu einem engeren europäischen Zusammenschluß: Montanunion, Verteidigungsgemeinschaft, politische Gemeinschaft.

Für Deutschland bestand in dieser Weltlage nur eine sinnvolle Möglichkeit: Mit dem Westen gemeinsame Sache zu machen, sich einzufügen in das freie Europa, wirtschaftlich, militärisch und politisch. Es war eine Politik des reinen Selbsterhaltungstriebes. Es war die Politik des geringsten Risikos; eine Politik ohne Risiko gab es nicht.

Das geteilte Deutschland gehörte leider auch zu den Gegebenheiten der Weltlage. Aber die Verhältnisse waren nun einmal so, daß wir, wenn wir uns nicht mit dem Westen, mit Europa verbanden, dadurch der Wiedervereinigung Deutschlands in Freiheit auch nicht um einen Schritt näher kamen.

Am 5. Februar 1953 besuchte Dulles Bonn. Wie bereits erwähnt, hatte ich größten Wert darauf gelegt, daß Dulles bei seinem Deutschlandaufenthalt mit möglichst vielen deutschen Politikern aller Parteirichtungen zusammentraf, um ihnen unmißverständlich die amerikanische politische Haltung klarzulegen.

Dulles berichtete mir bei meinen Gesprächen mit ihm über seine Unterredung mit den Vertretern der SPD, den Herren Ollenhauer, Carlo Schmid und Wehner. Dulles hatte versucht, die Bedeutung des Deutschlandvertrages und des EVG-Vertrages den Sozialdemokraten klarzulegen. Der Haupteinwand von seiten der Sozialdemokraten sei gewesen, wie mir Dulles berichtete, daß die Verträge die Einigung Deutschlands verhinderten. Ohne Gerichtsentscheid würde die SPD diese Verträge nicht anerkennen, ohne solche Entscheidung würden sie auch nach ihrer Überzeugung vom deutschen Volk nicht akzeptiert werden. Als Alternative zur EVG hätten seine Gesprächspartner die Bildung einer Nationalarmee im Rahmen einer möglichst umfassenden Allianz vorgeschlagen.

Er, Dulles, habe ihnen erwidert, daß die Vereinigten Staaten auf eine Verschmelzung der französischen und deutschen Streitkräfte entscheidenden Wert legten, denn nur so könne man verhindern, daß diese beiden Völker je wieder gegeneinander kämpften, nur so könne man einem Neubeginn des alten Widerstreites in Europa vorbeugen. Die Vereinigten Staaten würden zu einem Rückfall in die alte europäische Situation der Nationalstaaten nicht die Hand geben. Das Gelingen der Integration sei notwendig, um der verhängnisvollen Entwicklung, die andernfalls eintrete, zu begegnen. Die

Vision der europäischen Integration habe nun einmal die Phantasie des amerikanischen Volkes geweckt. Wenn sie scheitere, so werde sicher die alte Situation rivalisierender und gegeneinander streitender Kräfte in Europa wieder entstehen. Selbst wenn die jetzige Regelung nicht vollkommen sei und Anlaß zur Kritik böte, so sei sie immer noch unendlich viel besser als, wie Dulles sagte, „die Katastrophe, die eintritt, wenn der Integrationsversuch scheitert". Die deutsche Wiedervereinigung sei nur durch eine starke Politik zu erreichen.

Zur Einheit Deutschlands habe er, Dulles, den Herren der SPD folgendes gesagt: Er sei, seitdem er 1947 an der Außenministerkonferenz in Moskau teilgenommen habe, mit dieser Frage befaßt, und er habe auf Grund seiner Beschäftigung mit den Problemen Österreich und Korea besondere Erfahrung auf dem Gebiete der Wiedervereinigung geteilter Nationen. Er wisse, daß eine Änderung der gegenwärtigen Situation von den Sowjets nicht durch Diskussionen, Plädoyers und Überredungskünste zu erlangen sei. Der schlechthin entscheidende Punkt sei, daß Westdeutschland es wagen müsse, eine unabhängige Politik zu treiben. Solange Westdeutschland das nicht tue und fürchte, damit die Geneigtheit Rußlands, der Wiedervereinigung zuzustimmen, zu beeinträchtigen, werde die Wiedervereinigung immer schwieriger werden. Ja, eine solche Haltung bedeute praktisch, daß Sowjetrußland dadurch, daß es mit der Zustimmung zur Wiedervereinigung als einem Lockmittel operiere, geradezu „die Bundesrepublik und ihre Politik kontrolliere". Es gebe nur einen Weg: Deutschland müsse stark werden, dann höre die Erpressungschance der Russen von selbst auf. Das alles hätte er, Dulles, den Herren der SPD in aller Deutlichkeit gesagt.

Ich war im vollen Einverständnis mit Dulles' Auffassung. Ich wies darauf hin, es gebe zahlreiche Beweise dafür, daß diese Auffassung auch in der Sowjetzone vorherrschend sei. Alle Stimmen, die von dort zu uns herüberklängen, besonders auch die der Flüchtlinge, lauteten dahin, daß man den Russen unbedingt eine feste Politik zeigen müsse.

Zur Ratifikation des Deutschlandvertrages und des EVG-Vertrages erklärte ich, daß die dritte Lesung bald beginnen könne. Ich rechne mit einer noch größeren Mehrheit als bei der zweiten Lesung. Übrigens solle man, was die Entwicklung Europas anbelange, neben der Verteidigungsgemeinschaft nicht vergessen, was in Luxemburg auf wirtschaftlichem Gebiet geschehe. Die EVG sei ein Teil in dem großen Geschehen der Vereinigung Europas.

Die Franzosen hätten noch eine Reihe von Sonderwünschen angemeldet, die uns bisher jedoch nur mündlich und in großen Zügen mitgeteilt worden seien. Ich gab der Hoffnung Ausdruck, daß es sich nicht um zusätzliche

Wünsche handele, die eine neue Ratifizierung der Verträge und damit weitere Verzögerungen notwendig machten. Mir sei bekannt, daß die anderen EVG-Staaten meine Ansicht teilten.

In dem Gespräch mit Dulles wies ich auf die besonderen Probleme hin, denen wir uns in der Bundesrepublik durch die Vertriebenen und die Flüchtlinge gegenübersahen. Wir hätten von 1945 bis 1952 aus eigenen Mitteln 25 Milliarden DM für diese sehr schweren Aufgaben aufgebracht. Wir könnten das Problem aber aus eigener Kraft nicht lösen, obwohl wir größte Anstrengungen unternähmen; so führe zum Beispiel der Lastenausgleich bereits eine Halbierung der vorhandenen Vermögen herbei. Für die Eingliederung der Flüchtlinge seien jährlich 3,7 Milliarden DM erforderlich. Davon könnten wir jährlich 1,1 Milliarden DM nicht selbst decken. Wir rechneten für das Jahr 1953 mit weiteren 250 000 Flüchtlingen. Hinsichtlich der Bauern, für die wir nicht genügend Land zur Verfügung hätten, sei die Lage besonders schwierig. Ich bäte nicht um wirtschaftliche Unterstützung, nach Möglichkeit wollten wir uns selbst helfen. Aber ich hätte eine große Sorge: Kapitalmangel. Wenn wirtschaftliche Schwierigkeiten aufträten, würde sich dieser Mangel sehr ernst auswirken. Unsere Unternehmen könnten keine Arbeitslosen durchhalten.

Die Schuldenverhandlungen in London gingen zu Ende. Ich hoffte, daß sich nach ihrem Abschluß für uns Kreditmöglichkeiten ergeben würden. Ich wäre sehr dankbar, wenn sich die Regierung der Vereinigten Staaten dafür verwende, daß wir Anleihen für unsere Unternehmen bekämen. Man dürfte nicht vergessen, daß sich der Kampf gegen die Kommunisten auch auf wirtschaftlicher Ebene abspiele.

Jedes Jahr, das verstreiche und zeige, daß Deutschland wieder aufsteige, und damit den Menschen wieder Hoffnung gebe, vermindere die Zahl derjenigen, die dem Kommunismus und übrigens auch rechtsradikalen Anschauungen anhingen.

Dulles nahm meine Ausführungen zur Kenntnis.

Die EVG lag Dulles, wie aus seinen Darlegungen deutlich hervorging, sehr am Herzen. Er betonte, es sei von großer Bedeutung, daß die EVG so schnell wie möglich ratifiziert werde. Es seien jetzt mehr als neun Monate seit der Unterzeichnung verflossen. In den Vereinigten Staaten sei bei vielen der Eindruck entstanden, daß das Projekt tot sei, und das habe zu einer Entmutigung geführt.

Sein Auftrag für die Europareise beziehe sich besonders auf die Forcierung der EVG. Eisenhower habe ihm den Auftrag gegeben, so schnell wie möglich nach Europa zu reisen, um dem Projekt wieder „einen Lebensfunken einzuhauchen“. Dulles wies mich auf die amerikanischen Zeitpläne hin. Am

23. April finde eine wichtige Konferenz der NATO statt. Bis dahin müßten exakte Pläne vorgelegt werden, die sich auf die Verteidigungskosten der Vereinigten Staaten bezögen. Es sei nicht mit der Billigung durch den Kongreß zu rechnen, wenn sich nicht vorher deutlich gezeigt hätte, daß die Verwirklichung der europäischen Pläne sicher sei.
Hinsichtlich der französischen Zusatzwünsche kenne er nicht die Einzelheiten. Es sei ihm aber von Ministerpräsident René Mayer kategorisch erklärt worden, daß diese Zusatzwünsche die Verträge nicht ändern würden. Sie sollten lediglich eine Vorwegnahme von Maßnahmen sein, die sonst erst nach Inkrafttreten der Verträge ergriffen würden. Der sicherste Weg, dabei eine Änderung der Verträge zu verhindern, sei übrigens, so bald wie möglich selbst zu ratifizieren. Frankreich allein könne nicht außerhalb der Gemeinschaft bleiben. Eine Ratifizierung durch die anderen Staaten werde einen derartigen Druck auf Frankreich bedeuten, daß es auch ratifizieren müsse. Er hoffe, daß die Italiener in allernächster Zeit ratifizierten. Er werde die Holländer bitten, ein Gleiches zu tun. Solange jedoch niemand in Europa die Ratifizierung abschließe, gehe es nicht vorwärts.
Der amerikanische Hohe Kommissar, McCloy, war durch Professor James Conant, bisher Präsident einer der ältesten und angesehensten Universitäten der Vereinigten Staaten, der Harvard-Universität, abgelöst worden. Dulles sagte während seiner Bonner Gespräche, man hätte Conant nicht zum Vertreter der Vereinigten Staaten in Deutschland bestimmt, wenn man nicht der Auffassung gewesen wäre, daß die Beziehungen zwischen den Vereinigten Staaten und Deutschland in Zukunft besonders wichtig würden. Conant bringe sein Wissen, seine Weisheit und seine Charakterstärke mit, Eigenschaften, die nicht nur in Amerika, sondern in der ganzen Welt anerkannt seien.
Zur Frage der Wiedervereinigung Deutschlands führte Dulles aus, er wünsche, daß man in Deutschland empfinde, wie echt die Besorgnis – er gebrauchte den Ausdruck „concern“ – Amerikas über das Schicksal der Deutschen im Osten sei. Er sagte wörtlich: „Ihre Brüder und Schwestern verdienen nicht das Schicksal, das ihnen zuteil geworden ist. Es muß ein Weg gefunden werden, sie von diesem Schicksal zu befreien und sie auf friedlichem Wege mit ihren Brüdern im Westen wiederzuvereinigen.“ Dulles erklärte, er hätte schon vor sechs Jahren bei der Moskauer Konferenz der Außenminister die Überzeugung gewonnen, die seitdem immer stärker geworden sei, nämlich, daß die Zersplitterung Deutschlands wieder rückgängig gemacht werden und seine Wiedervereinigung auf der Grundlage der internationalen Politik erfolgen müsse. Die Einigung Europas werde keine Verschiebung, sondern im Gegenteil nur eine Beschleunigung der

Wiedervereinigung Deutschlands bewirken. Diese beiden Ziele bildeten zusammen zwei wesentliche Aufgaben der internationalen Politik, die miteinander durchaus vereinbar seien. Aus all dem folge, daß man in Deutschland dem Plan der Einigung Europas vertrauensvoll entgegenblicken könne.

Tatsache sei, das müsse jeder, der Augen habe, ohne weiteres einsehen: Das Europa von früher, das Europa der einander bekämpfenden Nationen, habe keine Zukunft mehr. Die einzige Zukunft Europas liege in seiner Einigung, in seiner Integration. Diese Einigung müsse möglich werden, zumal die Kultur, die Zivilisation und die gesamten Anschauungs- und Lebensgewohnheiten der Europäer miteinander verwandt seien. Europa habe eine große Zukunft. Diese könne aber nur durch große Männer verwirklicht werden, die großer Taten fähig seien. Die Welt dürfe sich glücklich schätzen, daß in diesem kritischen Augenblick, in dem die Zukunft der Welt auf der Waagschale liege, Europa eine Anzahl tatkräftiger und weitblickender Männer hervorgebracht habe, die dieser großen geschichtlichen Aufgabe gewachsen seien.

3. Der Tod Stalins

Am 5. März 1953 überraschte der Tod Stalins die Welt. Schon geraume Zeit vorher waren Stimmen laut geworden, die glaubten, sein Tod werde eine allgemeine Entspannung bringen. Es zeigte sich jedoch sehr bald, daß er diese Entspannung nicht brachte, daß die neuen sowjetischen Machthaber unruhig und unberechenbar und daher besonders gefährlich waren.

Welche direkten Folgen der Tod Stalins auf den Gang der Weltpolitik und auf das Geschick Deutschlands und Europas haben würde, ließ sich unmittelbar danach noch nicht mit voller Klarheit erkennen. Eines jedoch glaubte ich mit Bestimmtheit sagen zu können: Der Tod Stalins hatte die Gefahren, die in der Weltlage enthalten waren und die insbesondere uns Deutsche bedrohten, sicherlich nicht gemindert. Er hatte die Labilität der Weltlage noch gesteigert, die Gefahr, in der wir alle schwebten, daher noch vermehrt.

Immerhin konnte es ja sein, daß der Tod Stalins die russischen Machthaber zwang, sich mehr mit innenpolitischen Fragen zu beschäftigen. Ich hoffte, daß die europäischen Völker diese mögliche Atempause zum Aufbau ihrer Verteidigung nutzen würden.

Auf der großen Weltbühne war mit dem Ausscheiden Stalins ein Zwischenakt eingetreten. Man wußte nicht und konnte nicht wissen, wie die Entwicklung im Osten weiter verlief. Achtsamkeit, Festigkeit, ruhige und stetige Fortführung der bisher eingeschlagenen Politik schienen mir in dieser Zeit der Unsicherheit und Ungewißheit angemessener denn je. Niemand von uns konnte sagen, was im Kreml wirklich vor sich ging. Das eine aber war sicher: Durch den Tod Stalins, in dessen Person sich die ganze Autorität für Sowjetrußland und die Satellitenstaaten verkörperte, war eine große Lücke entstanden, eine Lücke, die so unmittelbar danach weder ein Mann noch ein Direktorium würde ausfüllen können. Weil die Entwicklung so ungewiß war, mußte man mit allen Möglichkeiten rechnen, sich auf eine gute und auf eine schlechte Entwicklung einstellen. Man mußte daran denken, daß direkt nach dem Kriege die unsichere Politik des Westens gegenüber dem Vordringen Sowjetrußlands zu dieser verhängnisvollen Entwicklung in der Welt geführt hatte. Man sollte meines Erachtens daraus lernen und sich dessen bewußt sein, daß stetige Fortführung der vom Westen eingeschlagenen festen Politik der sicherste Weg zum Frieden war.

4. Die entscheidenden Punkte des EVG-Vertrages

Dulles hatte mir bei seinem ersten Besuch als Außenminister der Vereinigten Staaten in der Bundesrepublik im Februar 1953 gesagt, die Politik der Vereinigten Staaten in Europa sei von amerikanischen Interessen bestimmt. Und das Interesse der Vereinigten Staaten lag in einer Einigung und Stärkung Europas.

Am 19. März 1953 wurde der Deutschlandvertrag mit einer Mehrheit von 62 Stimmen, der EVG-Vertrag mit einer Mehrheit von 59 Stimmen vom Bundestag in dritter Lesung angenommen. Gegenüber der zweiten Lesung, die am 6. Dezember 1952 erfolgt war, hatte sich die Mehrheit für die Verträge vergrößert.

Der Bundestag hatte als erstes Parlament der an der EVG beteiligten Staaten diesen Vertrag verabschiedet.

Meines Erachtens war die EVG ein wichtiges Instrument auf dem Wege zur Einigung Europas. Eine einheitliche europäische Willensbildung war das Ziel meiner auf die europäische Integration gerichteten Politik. Die Vorbereitung dieser europäischen Integration hatte bereits zu einem ständigen Meinungsaustausch in wichtigen Angelegenheiten zwischen den Ministern und leitenden Beamten der Teilnehmerstaaten geführt. Ich war entschlossen, den ständigen Kontakt der Bundesregierung mit den Regierungen der Teilnehmerstaaten zu verstärken, damit unter Wahrung der Verfassung der Teilnehmerstaaten die Politik gemeinsam auf die Notwendigkeit eines Schutzes gegen Angriffe von außen ausgerichtet würde.

Sir Winston Churchill im Gespräch mit Dr. Adenauer

Dr. Adenauer im Gespräch mit Dr. Kurt Schumacher und
Professor Carlo Schmid

Wenn schon im Jahre 1952 der Abschluß des Vertrages über die Europäische Verteidigungsgemeinschaft und die Fortsetzung der Europapolitik der Bundesregierung notwendig waren, so waren sie seit dem Tode Stalins noch notwendiger geworden. Diese Politik wurde auch deshalb für uns noch dringender, weil die Bundesrepublik endlich aus der unmöglichen Lage herauskommen mußte, in der sie sich zur Zeit befand: Wir standen noch immer unter Besatzungsrecht mit allen sich daraus ergebenden Konsequenzen. Wir hatten noch immer Industriebeschränkungen, wir waren noch immer Objekt in der auswärtigen Politik. Und wenn man auch im Hinblick darauf, daß von den beteiligten Regierungen der Deutschlandvertrag und der Vertrag über die Europäische Verteidigungsgemeinschaft unterschrieben waren, uns dies nicht immer fühlen ließ und uns in den Fragen konsultierte, die das Verhältnis Deutschlands zu Sowjetrußland betrafen, so hatten wir letztlich noch keinen Anspruch auf solche Konsultationen.

Wenn man sich vor Augen hielt, wie groß die Labilität der gesamten politischen Lage auf der Erde infolge der zwischen Ost und West eingetretenen Spannungen war, dann konnte jeder Deutsche nur den einen Wunsch haben: Solange Sowjetrußland nicht einsieht, daß es trotz all seiner militärischen Macht nichts ausrichten kann, solange können wir nicht in Ruhe und Sicherheit leben; darum müssen wir alles tun, um den nötigen Schutz und die nötige Sicherheit so schnell wie möglich zu erhalten.

Der Abschluß und die Durchführung der Verträge würden uns diese größtmögliche Sicherheit geben.

Ein Vertrag, der unter sechs Partnern geschlossen wird, kann keinem der vertragschließenden Teile eine volle Erfüllung aller Wünsche und volle Befriedigung aller Interessen bringen. Nur durch Kompromisse und Ausgleiche kommen schließlich Verträge unter mehreren Beteiligten zustande. Es wäre nicht richtig, sein Urteil über einen Vertrag lediglich aufzubauen auf einer Kritik von Einzelheiten und nicht das vorstehend Gesagte sowie das Wesentliche und Große des Vertrages als Ganzes in einer Weltlage wie der unsrigen zu sehen. Wenn ich das Werk betrachte und beurteile, komme ich zu folgendem Ergebnis: Wir waren bedroht, wir waren Objekt der Außenpolitik anderer, wir konnten uns nicht wehren. Dieser Zustand würde sich nach der Ratifizierung des Deutschlandvertrages und des EVG-Vertrages grundlegend und schnell ändern. Wir würden uns zusammen mit den übrigen Staaten der Europäischen Verteidigungsgemeinschaft und den NATO-Streitkräften selbst verteidigen können. Wir wären gesichert und einbezogen in die größte Verteidigungsorganisation, die die Menschheit bisher geschaffen hatte. Wir legten durch die Ratifizierung des EVG-Vertrages als freies Volk mit die Grundlage für eine politische und wirtschaftliche Einigung Europas und trugen mit bei zur Rettung Europas vor dem drohenden Zerfall und Untergang.

Die britische Regierung hatte sich in einer Note vom 11. März 1953 bereit erklärt, auf eine Verlängerung der Laufzeit des Nordatlantischen Paktes auf fünfzig Jahre hinzuwirken, um ihn damit der Laufzeit des EVG-Vertrages anzugleichen. Außerdem hatte Großbritannien sich in der Note vom 11. März 1953 bereit erklärt, bei den Arbeiten der EVG dadurch unmittelbar mitzuwirken, daß die britische Regierung eine Sondermission zu dem Kommissariat der EVG entsenden und einen Vertreter an den Sondersitzungen des Ministerrates der EVG teilnehmen lassen würde. In den Sondersitzungen des Ministerrates der EVG sollten die Richtlinien der Zusammenarbeit zwischen der EVG und Großbritannien erörtert und Konsultationen in allen Fragen gemeinschaftlichen Interesses herbeigeführt werden. Wäre der EVG-Vertrag wirksam geworden, welche Möglichkeiten einer Bindung Großbritanniens an Europa wären gegeben gewesen!

Für alle Teilnehmerstaaten sowie auch für Großbritannien war der Abschluß des EVG-Vertrages von lebenswichtiger Bedeutung, denn die Sicherheit aller europäischen Staaten einschließlich Großbritanniens, aber auch diejenige der Vereinigten Staaten war bedroht.

Das waren die großen, die in Wahrheit entscheidenden Gesichtspunkte für die Entschlüsse und für das Handeln der Teilnehmerstaaten der EVG.

Gegen den Abschluß des Vertrages wurde in der Bundesrepublik der Einwand erhoben, daß dadurch die Wiedervereinigung Deutschlands verhindert würde. Ich hielt diese Ansicht für falsch. Niemand in der Welt konnte glauben, daß Sowjetrußland bereit sein würde, spontan und völlig uneigennützig die Sowjetzone freizugeben, auf daß sie frei zu uns zurückkehren könne. Die Forderung nach freien Wahlen in ganz Deutschland zur Bildung einer freien Regierung war von Sowjetrußland niemals beachtet worden. Die letzte Note der Westalliierten in dieser Frage blieb unbeantwortet. In der sowjetrussischen Note vom 29. August 1952 war ein Diktatfrieden für Deutschland auf Grund des Potsdamer Abkommens von Sowjetrußland verlangt worden. Es sollte uns ein niedriger Lebensstandard auferlegt werden und eine ständige, bis in die kleinsten Einzelheiten gehende Kontrolle.

Es gehörte zu den obersten Zielen der Politik der Bundesregierung, die Wiedervereinigung in Freiheit herbeizuführen. Die Bundesregierung würde es jederzeit begrüßt haben, wenn die drei Westalliierten zu aussichtsreichen und guten Verhandlungen mit Sowjetrußland gekommen wären, zu Verhandlungen, an denen wir als freies Land teilzunehmen berechtigt sein müßten. Aber es gab keinen anderen Weg, zu Verhandlungen mit Sowjetrußland zu kommen, es gab keinen anderen Weg, zur Wiedervereinigung

Deutschlands in Freiheit zu kommen, als den, den Westen so stark wie möglich zu machen.

Das Ziel der EVG war, ein starkes und einheitliches Europa zu schaffen. Wir mußten in Europa loskommen von dem Denken in nationalstaatlichen Begriffen. Durch den letzten Krieg, durch die Entwicklung der Waffentechnik und der Technik überhaupt waren neue Verhältnisse in der Welt geschaffen worden. Es gab zwei Weltstaaten: die Vereinigten Staaten und Sowjetrußland. Es gab das britische Commonwealth, dessen Macht im Sinken war. Die westeuropäischen Länder, zu denen wir gehörten, waren durch die Kriege wirtschaftlich verarmt und politisch geschwächt. Die westeuropäischen Länder waren nicht mehr in der Lage, sich allein zu schützen. Sie waren nicht mehr in der Lage, jedes für sich allein die europäische Kultur zu retten. Die westeuropäischen Völker mußten sich zusammenschließen, politisch, wirtschaftlich und auch kulturell. Nur diese Politik konnte es den europäischen Völkern ermöglichen, den Frieden zu schützen, Europa wieder aufzubauen und Europa wieder zu einem maßgebenden Faktor in der Weltpolitik, in der Kultur und in der Weltwirtschaft zu machen. Der EVG-Vertrag sollte ausschlaggebend für diese Politik sein.

Die Bildung des Europarates, die Gründung der Europäischen Gemeinschaft für Kohle und Stahl und die Schaffung einer Europäischen Verteidigungsgemeinschaft sollten der Befriedung Europas dienen. Insbesondere die supranationalen Organisationen sollten die vertragschließenden Mächte durch Souveränitätsverzichte so eng zusammenführen, daß innereuropäische Kriege unmöglich würden. Umsichtig und vorsichtig wurde bereits an dem Entwurf eines politischen europäischen Statutes gearbeitet. Die Bundesrepublik beteiligte sich an diesen Arbeiten. Sie war inzwischen in zahlreichen europäischen Organisationen Partner und Mitglied geworden. Deutschland mußte in der entstehenden Gemeinschaft der europäischen Völker ein zuverlässiger Partner werden.

Welche Schwierigkeiten hätte sich die freie Welt erspart, wenn der EVG-Vertrag in Kraft getreten wäre.

XXIII. FREUNDSCHAFTSBESUCH IN DEN VEREINIGTEN STAATEN IM APRIL 1953

1. Erste Reise nach Amerika

Im Jahre 1952 hatte mir der damalige Präsident Truman eine Einladung zu einem Besuch der Vereinigten Staaten ausgesprochen. Präsident Eisenhower wiederholte diese Einladung nach seinem Amtsantritt. Für den April 1953 war nunmehr die erste Reise des Bundeskanzlers der Bundesrepublik Deutschland nach den Vereinigten Staaten von Amerika festgelegt. Es war die erste Reise eines deutschen Regierungschefs in die Vereinigten Staaten.

Ich folgte gern der Einladung. Ein Hauptzweck meines Besuches sollte sein, das Vertrauen zu uns weiter auszubauen und zu stärken und die Bande der Sympathie zwischen den Vereinigten Staaten und Deutschland noch fester und enger zu knüpfen. Sympathie und das Vertrauen auf Zuverlässigkeit spielen unter den Völkern in ihren gegenseitigen Beziehungen eine entscheidende Rolle.

In erster Linie jedoch fuhr ich in die Vereinigten Staaten, um den Dank des deutschen Volkes zu bringen für alles, was die Bevölkerung der Vereinigten Staaten für Deutschland nach dem Zusammenbruch getan hatte, in einer so großzügigen und großherzigen Weise, daß es dafür kein Beispiel in der Geschichte gab.

Ich war erfüllt von Hochachtung vor den führenden Persönlichkeiten beider Parteien in den Vereinigten Staaten, unter anderem auch deswegen, weil sie nicht der Gefahr unterlegen waren, durch den plötzlichen Zuwachs an Macht und an Reichtum, den die USA im Laufe weniger Jahrzehnte erlebt hatten, zu vergessen oder zu übersehen, daß Macht und Reichtum Verpflichtungen mit sich bringen. Diese Verpflichtungen waren in den Vereinigten Staaten erkannt worden, zuerst durch die leitenden Persönlichkeiten, dann aber auch durch die öffentliche Meinung. Es ist vielleicht eines der größten Verdienste der Vereinigten Staaten, daß sie sich ihrer Verantwortung gegenüber anderen Ländern nach ihrem Siege so bewußt geworden sind.

Mein Besuch in Washington fiel in eine äußerst wichtige Periode der amerikanischen Politik. Er fiel in eine Zeit, da die Sowjetunion eine Friedensoffensive startete. Diese Friedensoffensive hatte eine sehr unsichere politische Situation hervorgerufen. Es schien so, als wäre ein großer Teil der amerikanischen öffentlichen Meinung nur allzugern bereit, den Verlockungen einer

Entspannung, die vorerst doch nur ein Wunschtraum war, zu erliegen. Die amerikanischen Familien wünschten, daß ihre Söhne aus Korea zurückkämen. Man war des Krieges und der Spannungen müde.

Mein Besuch fiel in eine Zeit, die durch Unsicherheit infolge des Todes von Stalin gekennzeichnet war. Er fiel in eine Zeit, in der die Regierung Eisenhower ihre politische Strategie festlegte.

Es war kein besonderes Programm für die Verhandlungen in den USA aufgestellt, und es war nicht damit zu rechnen, daß als Ergebnis meines Besuches präzise Beschlüsse gefaßt wurden. Die neue Administration der Vereinigten Staaten war bemüht, durch Besprechungen mit Großbritannien, mit Frankreich und mit uns sich ein allgemeines Bild der gesamten Lage zu verschaffen.

Ich fuhr nicht nach den Vereinigten Staaten mit der Erwartung, Abkommen zu schließen. Die Besuche des französischen Ministerpräsidenten Mayer, des französischen Außenministers Bidault und des britischen Außenministers Eden in Washington, die kurz vor meinem Besuch erfolgt waren, hatten keine großen Ergebnisse gebracht, und ich konnte nicht erwarten, daß mein Besuch anders ausfallen würde. Ich hoffte, mit Präsident Eisenhower und der amerikanischen Regierung in einen Gedankenaustausch über die allgemeine weltpolitische Entwicklung zu kommen und dabei die Probleme im einzelnen besprechen zu können, die beide Regierungen speziell betrafen. Ich wollte versuchen, unsere Auffassungen zur politischen Lage und zur Lage in Europa zu harmonisieren und damit die Voraussetzungen zu einem gemeinsamen politischen Handeln zu schaffen.

Am 2. April 1953 begann die Reise nach Amerika von Le Havre aus mit der „United States". Die „United States" war zur damaligen Zeit das schnellste Passagierschiff der Welt. Es war vollständig aus feuerfestem Material gebaut, zum größten Teil aus Leichtmetall. Die Überfahrt war äußerst stürmisch. Nach Aussage des Kapitäns erreichten die Wogen nach Abflauen des Sturmes, der am ersten und zweiten Tag der fünftägigen Schiffsreise wütete, eine Höhe bis zu vierzehn Metern. Da das ganze Schiff fast nur aus Metall bestand, war der Lärm, der durch die Erschütterungen verursacht wurde, wenn eine der Schiffsschrauben aus dem Wasser herausragte, unbeschreiblich groß.

Ich hatte mir von der Schiffsreise eine kleine Erholung erhofft, doch daraus wurde nicht sehr viel. Fast alle Mitglieder meiner Begleitung waren seekrank und wünschten die Stunde der Landung in New York herbei.

Am 6. April erreichten wir den Hafen von New York. Beim Einlaufen der „United States" setzte zu meiner Begrüßung ein ohrenbetäubendes Sirenenkonzert ein. Es war in der Tat eine sehr eindrucksvolle Begrüßungszeremonie, die, wie mir gesagt wurde, sehr selten einem Besucher zuteil wird.

Nach Anlegen der „United States" in New York kamen zahlreiche Reporter an Bord des Schiffes, um von mir ein Ankunftsstatement zu hören. Ich hielt eine kurze Pressekonferenz an Bord des Schiffes ab und erklärte den Journalisten, daß ich bei der Landung in den Vereinigten Staaten vor allem eines empfände: Ein Gefühl der Dankbarkeit gegenüber dem amerikanischen Volk. Wir Deutsche dankten von ganzem Herzen für die Wohltaten, die uns nach unserem Zusammenbruch erwiesen worden seien.
Ich sagte:

„Ich glaube, es ist sehr selten in der Geschichte vorgekommen, daß ein siegreiches Volk dem Besiegten in einer solchen Weise seine hilfreiche Hand entgegengestreckt hat, wie es das amerikanische Volk tat. Diese hilfreiche Gesinnung hat sich in allen denkbaren Formen gezeigt: von Mensch zu Mensch, von Organisation zu Organisation, durch Beschlüsse des Kongresses und durch die Maßnahmen der amerikanischen Regierung. Das deutsche Volk hat dadurch wieder Mut bekommen, es hat wieder Vertrauen bekommen, und es hat sich – und das scheint mir besonders wichtig – davon überzeugt, daß auch im Leben der Völker nicht nur Gewalt und Eigennutz die treibenden Kräfte sind.
Die verantwortlichen Stellen Amerikas, die amerikanische öffentliche Meinung haben in vorbildlicher Weise die Wahrheit erkannt, daß Macht und Reichtum Pflichten mit sich bringen gegenüber anderen. Das amerikanische Volk hat dies nicht nur erkannt, es hat auch entsprechend gehandelt. In der Geschichte unserer Zeit, die soviel dunkle Blätter enthält, wird mit goldenen Lettern verzeichnet werden, daß die Vereinigten Staaten, getreu ihrer Tradition und gestützt auf ihre Macht, die Verteidigung der Freiheit auf der Welt übernommen haben."

Während meines kurzen Aufenthaltes in New York wohnte ich im Hotel „Waldorf Astoria", auf dem zum ersten Male seit dem Kriege wieder die deutsche Fahne aufgezogen war.
Noch am Tage meiner Ankunft suchte ich den früheren amerikanischen Präsidenten Hoover auf. Es war mir ein dringendes Bedürfnis, diesem großherzigen Mann für alles zu danken, was durch seine Mitwirkung und Veranlassung dem deutschen Volke an Hilfe nach dem Kriege zuteil geworden war.
Präsident Eisenhower hatte mir sein Sonderflugzeug „Columbine" zum Flug von New York nach Washington zur Verfügung gestellt. Am Morgen nach meiner Ankunft in New York flog ich nach Washington; es war der 7. April 1953.
Auf dem Militärflugplatz von Washington wurde ich unter anderen von

Vizepräsident Richard Nixon, Außenminister John Foster Dulles, Finanzminister George Humphrey und Verteidigungsminister Charles Wilson begrüßt.

Nixon bezeichnete in seiner Begrüßungsansprache meinen Besuch in den Vereinigten Staaten als einen historischen Augenblick für die Beziehungen zwischen dem deutschen und dem amerikanischen Volk. Er sagte:

„In der Nähe des Gebäudes, in dem Sie wohnen werden, steht in einem Park ein Denkmal, das die Dankbarkeit des amerikanischen Volkes gegenüber Baron von Steuben verkörpert, gegenüber jenem Manne, der General Washington und unserer jungen Nation in den Tagen ihres Freiheitskampfes so kraftvolle und dringend benötigte Hilfe leistete. Das amerikanische Volk hat weder Steuben noch die Millionen von Deutschen vergessen, die nach ihm kamen und in so starkem Maße zur Stärke und zur inneren Kraft unserer Republik beigetragen haben. Eine Zeitlang ist unsere langjährige und traditionelle Freundschaft auf tragische Weise unterbrochen worden, und unsere beiden Länder wurden auf dem Wege der Gewalt einander entfremdet. Heute beten ich und Millionen meiner Landsleute, daß wir im Geiste der alten Tradition in eine neue Ära des Friedens und der Freundschaft zwischen unseren Völkern eintreten mögen." Nixon erwähnte den „wahrhaft bemerkenswerten Aufstieg" der Bundesrepublik und gab der Hoffnung Ausdruck, Deutschland möge sich schnell wieder einen geachteten und verantwortlichen Platz in der Völkerfamilie erwerben. Er führte hierzu wörtlich aus: „Möge diese glückliche Entwicklung andauern und dazu beitragen, daß Zwietracht und Streit beseitigt und der Grundstein für eine wirkliche und dauerhafte Partnerschaft gelegt werden."

Außenminister Dulles hielt gleichfalls eine sehr bemerkenswerte Begrüßungsansprache. Er sagte:

„Das amerikanische Volk ist durch die Tatsache ermutigt, daß die große Mehrheit aller Deutschen bereit ist, ihr Schicksal mit den übrigen freien Nationen Europas zu verbinden. Der Bundeskanzler ist in einem Augenblick nach Washington gekommen, in dem von den Vertretern des deutschen Volkes weitreichende und wahrhaft gewaltige Entscheidungen erörtert werden. Es ist nicht übertrieben, daß das Ergebnis dieser Entscheidungen nicht nur den Lauf der deutschen Geschichte formen, sondern auch das Leben von Millionen Männern und Frauen in der ganzen Welt beeinflussen wird.

Die Probleme, denen der Westen gegenübersteht, sind groß, und die Zeit ist kurz. Die Amerikaner haben die großen, von den europäischen Völkern auf dem Wege zur politischen, wirtschaftlichen und militärischen Einheit gemachten Schritte mit Bewunderung wahrgenommen. Wir sind Zeugen der Geburt eines neuen Europas ... In den vergangenen acht Jahren haben Regierung und Bevölkerung der USA an der Seite der Männer und Frauen in Deutschland gestanden, die mutig und erfolgreich versuchen, das Erbe der Vergangenheit zu liquidieren und ein neues Deutschland aufzubauen. Sie stehen nunmehr an der Schwelle dieses neuen Deutschlands, das unabhängig und souverän und doch in einer wirklichen Partnerschaft mit allen verbunden ist, die ihre Freiheit und ihr Recht lieben, diese Freiheit zu verteidigen. Es ist mein aufrichtiger Wunsch, daß unsere Besprechungen in Washington unsere gemeinsame Sache fördern und dazu beitragen werden, der neuen Gemeinschaft der freien Völker Gestalt und Wirklichkeit zu geben."

In meiner Erwiderung erklärte ich feierlich, das deutsche Volk stehe auf seiten der Freiheit, das deutsche Volk stehe auf seiten des Rechts und der Gerechtigkeit für alle Völker. Wir würden loyale und eifrige Partner auf dem Wege zur Freiheit und zum Frieden sein, auf dem die Vereinigten Staaten allen Nationen vorangingen.

Die Begrüßung in Washington war überaus herzlich. Sie war von einer Herzlichkeit, die „fast den Rahmen des Protokolls sprengte", wie eine deutsche Zeitung es in ihrem Bericht ausdrückte. Wie ich später feststellte, hatten sich weder Vizepräsident Nixon noch Außenminister Dulles an den vorbereiteten Text der Begrüßungsansprachen gehalten, sondern sehr viel herzlichere Worte gefunden.

Während meines Aufenthaltes in Washington wohnte ich im Blair House, dem Gästehaus der amerikanischen Regierung. Das Blair House liegt gegenüber dem Weißen Haus, im Zentrum Washingtons. Es gehört zu den berühmtesten Gebäuden der Vereinigten Staaten. Es ist mit zahlreichen wichtigen Ereignissen der amerikanischen Geschichte eng verbunden.

2. Unterredung mit Präsident Eisenhower

Noch am Morgen der Ankunft in Washington hatte ich die erste Zusammenkunft mit Präsident Eisenhower im Weißen Haus. Präsident Eisenhower begrüßte mich sehr warmherzig und hieß mich in Amerika willkommen.

Ich hatte anläßlich meines Besuches in den Vereinigten Staaten angeboten, über das Deutsche Rote Kreuz ein Lazarett mit dem entsprechenden Ärzte- und Schwesternpersonal für Korea zur Verfügung zu stellen. Ich war mir jedoch bewußt, daß das, verglichen mit den von Amerika gebrachten Opfern, nur ein sehr bescheidener Beitrag war. Eisenhower bedankte sich zunächst in seinem Namen wie im Namen seiner Kabinettskollegen und des amerikanischen Volkes für dieses Angebot. Eisenhower meinte, es beweise, daß Deutschland und die Vereinigten Staaten gemeinsame Probleme hätten, die sie zusammenführten.

Zu Beginn der Unterredung erklärte mir Eisenhower, ich möge mich wie unter Freunden fühlen, denen das Wohl eines freien Deutschlands am Herzen liege. Deutschland und die Vereinigten Staaten müßten ihre Probleme gemeinsam lösen.

Eisenhower betonte im Laufe seiner Ausführungen, daß die Vereinigten Staaten in ihrer Außenpolitik von der Erwägung ausgingen, daß die Länder Westeuropas einschließlich Deutschlands sich zu einem engen Bunde zusammenschließen müßten. Es sei in Amerika wohl bekannt, daß es noch gewisse Schwierigkeiten gebe, die eine europäische Einigung hemmten. Dazu gehöre zum Beispiel die Frage der Saar. Eisenhower bat mich, über diese Frage mit Außenminister Dulles ausführlich zu sprechen. Er fügte hinzu, ich möchte ihn nicht mißverstehen. Die Amerikaner hätten kein Wundermittel, die Saarfrage zu lösen, möchten aber gern behilflich sein. Er selbst sei gerne bereit, mit mir alle Probleme der europäischen Einigung zu erörtern.

Ich dankte Eisenhower für seine aufgeschlossene Haltung und sein Interesse an den europäischen Angelegenheiten. Bevor ich auf seine Ausführungen näher einging, versicherte ich ihm, daß nicht nur die Bundesrepublik, sondern auch die Deutschen jenseits des Eisernen Vorhanges zum Westen stünden.

Dann führte ich aus, es sei mein großes Ziel, die Europäische Verteidigungsgemeinschaft und den europäischen Zusammenschluß so bald wie möglich verwirklicht zu sehen. Wir in Deutschland bejahten die amerikanische Politik. Wir würden uns als treuer und zuverlässiger Partner erweisen. Bei dem Empfang auf dem Flugplatz habe Vizepräsident Nixon in beglückender Weise von den alten guten Beziehungen zwischen Deutschland und den Vereinigten Staaten gesprochen. Es sei unser Wunsch, diese Beziehungen wiederherzustellen und sie möglichst noch besser zu gestalten als vorher.

Mir lag sehr viel daran, die Haltung der Vereinigten Staaten hinsichtlich der sowjetischen Friedensfühler, wie sie in jüngster Zeit ausgestreckt worden waren, kennenzulernen.

Eisenhower erklärte hierzu, Amerika sei ebenso wie jedes andere Volk bestrebt, den Frieden zu erhalten. Solange jedoch die Sowjets nur einen Frieden mit Gewalt wollten, müsse man ihnen mit Macht Einhalt gebieten.

Außenminister Dulles richtete die Frage an mich, ob ich glaube, daß die russischen Friedensfühler sich auf die Haltung der deutschen Bevölkerung oder auf die EVG auswirken würden. Es wäre doch möglich, daß eventuell einige Deutsche lieber abwarten wollten, um zu sehen, wie die Dinge sich entwickelten. Ihm, Dulles, wolle es scheinen, als ob die sogenannten Friedensfühler hauptsächlich eine Reaktion auf die kraftvolle und konstruktive Politik seien, die der Westen in Europa und Asien verfolge. Man müsse daraus die Lehre ziehen, diese Politik weiterzuverfolgen und sich nicht von ihr abbringen zu lassen. Wenn es den Sowjets gelänge, uns durch Lockungen von unserer Politik abzubringen, würden wir das Mißgeschick verdienen, das dann über uns kommen würde. Wenn der Westen dagegen an seinem Kurs festhalte, könne er bekommen, was er wolle, nämlich die Wiedervereinigung Deutschlands, einen Staatsvertrag für Österreich und eine Friedensregelung in Korea und Indochina. Es sei die Taktik der Kommunisten, von Zeit zu Zeit einen Rückzieher zu machen in der Hoffnung, daß sie auf diese Weise die Gegenseite demoralisieren könnten.

Ich versicherte, man brauche in Amerika nicht zu befürchten, daß wir in Deutschland weich würden. Die Deutschen kennten die Sowjets und deren totalitäre Denkweise, und zwar besser als die meisten anderen Völker. Außerdem wüßten wir durch die Erfahrungen der nationalsozialistischen Zeit, wie ein totalitärer Staat Politik treibe. Amerika könne überzeugt sein, in Deutschland würden nur sehr wenige Menschen auf Grund der sowjetischen Friedensfühler ein Nachlassen in den Verteidigungsanstrengungen begrüßen. Im übrigen bestehe eine große Ähnlichkeit zwischen der jetzigen russischen Politik und derjenigen nach dem Tode Lenins. Auch damals hätten sich die Russen plötzlich vorübergehend friedfertiger und nachgiebiger gezeigt. Außerdem wies ich darauf hin, daß der sowjetische Druck in der Sowjetzone unvermindert anhalte und sich in letzter Zeit besonders auf kirchlichem Gebiet verschärft habe. Nach meiner Überzeugung sei die sowjetische Taktik ganz klar. Die sogenannten Friedensfühler seien bereits in einem Artikel Stalins in der Zeitschrift „Bolschewik“ und in einer Rede Malenkows auf dem kommunistischen Parteitag angedeutet worden.

3. Unterredungen mit Außenminister Dulles

Am Nachmittag führte ich mit Außenminister Dulles und Finanzminister Humphrey in größerem Kreise eine weitere Besprechung. Außenminister Dulles eröffnete die Sitzung, indem er seiner Freude Ausdruck gab über die Annahme der Verträge im Bundestag und über die günstigen Aussichten auf eine Ratifizierung durch den Bundesrat. Er sagte, er hoffe, daß hierdurch das baldige Inkrafttreten der EVG erleichtert werde.

Er sei etwas enttäuscht über die Verzögerung der Ratifizierung in Italien.

Seine Unterredungen mit den Franzosen hätten gezeigt, daß die Hauptschwierigkeit die Saar sei. Die Amerikaner hätten die französische These, daß die Lösung der Saarfrage die Voraussetzung für eine Ratifizierung des EVG-Vertrages sei, nicht akzeptieren können, und zwar aus rechtlichen Erwägungen. Obwohl die amerikanische Regierung mit der französischen These nicht übereinstimmen könne, sei sie doch der Ansicht, daß eine Lösung vor der Ratifizierung gefunden werden müsse. Damit wäre dann das alte Hindernis aus dem Weg geräumt. Im übrigen erwarte Amerika, daß Deutschland innerhalb einer europäischen Integration die ihm zukommende Rolle spielen werde.

Ich erwiderte Dulles, daß ich sehr bald einen neuen Versuch machen werde, eine Lösung der Saarfrage zu erreichen. Ein Grund dafür, daß man bisher nicht weitergekommen sei, liege in dem Regierungswechsel in Frankreich. Die Regierung Pinay sei gestürzt worden. Der jetzige Ministerpräsident sei René Mayer. Robert Schuman gehöre dem Kabinett nicht mehr an und sei in seinem Amt als Außenminister von Bidault abgelöst worden. Ich erklärte Dulles, ich hätte aber das Empfinden, daß wir bald zu einem guten Ende kommen könnten.

Ich erklärte weiter: Als der EVG-Vertrag unterschrieben wurde, seien alle der Auffassung gewesen, daß er im August oder September 1952 in Kraft treten werde. Durch die Verzögerung der Ratifizierung in verschiedenen Ländern werde das Inkrafttreten nunmehr um weitere fünf Monate, und zwar bis zum Herbst hinausgeschoben. Angesichts dieser Verzögerung würde ich es sehr begrüßen, wenn wir schon jetzt einige Schritte weiterkommen könnten. Die SPD mache sehr heftige Opposition im Hinblick auf die Bundestagswahlen im September. Diese Wahlen hätten auch in internationaler Hinsicht eine große Bedeutung. Es sei unbedingt notwendig, daß die jetzige Politik noch weitere vier Jahre fortgesetzt werde, vor allem mit Rücksicht auf die EVG. Es wäre gut gewesen, wenn die EVG schon vor den Wahlen in Kraft getreten wäre. Da dies nicht geschehen sei, sei es um so wichtiger, daß bei den Deutschen nicht der Eindruck entstehe, als ob die europäischen Dinge nunmehr zum Stillstand gekommen seien. Im Deutschlandvertrag gebe es eine Klausel, auf Grund derer der Vertrag schon in Kraft gesetzt werden könne, noch ehe alle Mitglieder der EVG den Vertrag ratifiziert hätten. Ich bäte um eine analoge Anwendung dieser Klausel, indem der amerikanische Hohe Kommissar schon jetzt zum Botschafter ernannt werde. Ich wolle damit nicht sagen, daß die amerikanische Hohe Kommission ihre

Tätigkeit aufgeben solle, aber es gebe gewisse Dinge, über die sich besser mit einem Botschafter als mit einem Hohen Kommissar verhandeln ließe. Es sei weiter wünschenswert, daß dann auch der deutsche Vertreter in Washington Botschafterrang erhalte. Im übrigen sei eine solche Lösung auch in Österreich möglich gewesen. Die Gewährung dieser Bitte amerikanischerseits würde in der deutschen Öffentlichkeit einen vorzüglichen Eindruck machen. Man würde dann zu der Überzeugung kommen, daß die Entwicklung nicht stillstehe.

Dulles entgegnete, die Vereinigten Staaten könnten hier nichts unternehmen, ohne sich vorher mit den britischen und französischen Vertretern zu besprechen. Er stehe allerdings dem deutschen Vorschlag wohlwollend gegenüber. Es sei aber besser, vorläufig in der Öffentlichkeit nichts darüber zu sagen, da sich sonst von anderer Seite eine gewisse Opposition herausbilden könnte.

Dulles wiederholte noch einmal, die Vereinigten Staaten stünden dem deutschen Vorschlag wohlwollend gegenüber, wenn Deutschland alles zur Ratifizierung Mögliche getan habe und wenn nach Möglichkeit ein gewisser Fortschritt in der Saarfrage zu verzeichnen sei. Wenn der amerikanische Hohe Kommissar Botschafter werde, dann würde die amerikanische Regierung selbstverständlich auch in Washington einen deutschen Botschafter begrüßen.

Dulles bat mich, meine Ansichten über die russische Situation nach dem Tode Stalins darzulegen, da er annehme, daß ich über Informationen verfüge, die die Vereinigten Staaten nicht besäßen.

Ich erwiderte, daß meine Anschauung über die russische Situation sich völlig decke mit den Ansichten des Präsidenten und Dulles', soweit ich sie bisher erfahren konnte. Nach meiner Meinung seien die russischen Friedensfühler nichts anderes als ein Zeichen dafür, daß die neuen sowjetischen Führer Ruhe zur Ordnung ihrer inneren Angelegenheiten brauchten und sich deshalb jede von außen kommende Beunruhigung vom Halse halten wollten.

Wir seien in der Bundesrepublik über die Vorgänge in der Sowjetzone und in den Satellitenstaaten gut orientiert. Es gebe keine Anzeichen dafür, daß Rußland von seinen Absichten abgelassen habe. Die Aufrüstung gehe in Rußland unvermindert weiter, gerade was die westliche Front anbetreffe. In den Satellitenstaaten befänden sich jetzt 70 Divisionen, die mit modernsten Waffen ausgerüstet seien, und dahinter stünden weitere 140 russische Divisionen mit mehreren tausend Düsenflugzeugen. In der Sowjetzone würden Flugplätze für Düsenjäger gebaut, die gegebenenfalls in 20 Minuten über Bonn, in 30 Minuten über Brüssel und in 50 Minuten über Paris sein könnten.

Für den Westen gebe es nach meiner Überzeugung angesichts dieser Tatsache nur eine Möglichkeit: Wenn die Sowjetunion etwas Konkretes anbiete, solle man es nehmen, im übrigen aber solle man in dem eingeschlagenen Kurs unbeirrt fortfahren. Die Bundesrepublik wolle wahrhaftig keinen Krieg, aber die Kriegsgefahr werde gerade dann größer, wenn der Westen in seinen Rüstungsanstrengungen nachlasse. Sie werde geringer, wenn der Westen in seiner Aufrüstung fortfahre.

Ich erinnerte daran, daß die Sowjetunion die letzte Note der Westmächte über freie Wahlen in Deutschland noch nicht beantwortet habe. Wenn die Sowjetunion es mit der Entspannung ernst meine, solle sie wirklich freie Wahlen zulassen. Dann würde es eine fühlbare Entspannung geben, und es könne tatsächlich zur Wiedervereinigung Deutschlands führen. Ich würde außerdem als Bundeskanzler auf dem Weg über die Alliierte Hohe Kommission die drei westlichen Regierungen auffordern, nochmals an die Sowjetunion wegen der 300 000 identifizierbaren Kriegsgefangenen und Verschleppten heranzutreten. Man solle auch gegenüber der Weltöffentlichkeit immer wieder diese Punkte erwähnen.

Anschließend brachte ich das Kriegsverbrecherproblem zur Sprache. Ich führte aus, daß es sich hier vor allem um ein psychologisches Problem handele. Die amerikanischen Besatzungsbehörden hätten die in ihrem Gewahrsam befindlichen Kriegsverurteilten langsamer und zögernder entlassen als die Engländer und Franzosen. Die Vorsitzenden der Soldatenverbände hätten mir erklärt, daß auch sie sich nicht für die Freilassung wirklicher Kriegsverbrecher einsetzen würden. Es würde aber eine künftige Rekrutierung erschweren, falls Leute, denen Kriegsverbrechen nicht nachgewiesen seien, weiterhin in Gefängnissen säßen. Bei dem Aufbau des deutschen Verteidigungskontingentes würden zunächst 60 000 bis 70 000 Freiwillige, vor allem Spezialisten, gebraucht. Es würde schwer sein, hier die besten Leute zu bekommen, falls bis dahin nicht Erleichterungen einträten. Die Betroffenen hätten die Einsetzung des in den Verträgen vorgesehenen gemischten Ausschusses, der die einzelnen Fälle überprüfen sollte, schon im letzten Herbst erwartet. Nun müsse man damit rechnen, daß eine einjährige Verzögerung eintrete. Es wäre daher gut, wenn die Bestimmungen über den gemischten Ausschuß schon vorzeitig in Kraft gesetzt werden könnten.

Außerdem bat ich, daß die amerikanischen Behörden ihre Begnadigungspraxis liberaler gestalten möchten. Die Engländer und Franzosen hätten das Begnadigungsrecht großzügiger angewandt. Amerika brauche also nicht auf die beiden anderen Mächte Rücksicht zu nehmen.

Als letztes forderte ich zu diesem Punkt, daß auch die Spandauer Fälle noch einmal überprüft würden. Mir seien die Schwierigkeiten hinsichtlich der Russen bekannt, und ich wisse auch, daß McCloy sich in dieser Sache schon bemüht hätte. Ich hielt es jedoch für eine moralische Pflicht, vor allem gegenüber den Alten und Kranken, noch einmal auf dieses Problem aufmerksam zu machen. Wenn die Russen jetzt tatsächlich eine bessere Stimmung machen wollten, könne man ja versuchen, auch in dieser Frage einige Konzessionen zu erreichen.

Dulles wollte sich die Angelegenheit überlegen und mir am nächsten Tag eine Antwort darauf erteilen.

Ein weiteres Gesprächsthema war das Problem des finanziellen Verteidigungsbeitrages. Ich gab der Erwartung Ausdruck, daß auf der Ministertagung in Paris am 17. April 1953 eine Einigung über den finanziellen Verteidigungsbeitrag erzielt werde. Dann würde die NATO-Konferenz am 23. April fertige Vorschläge vorliegen haben.

Dulles meinte, die Schwierigkeit sei die, daß die deutsche Seite bisher einen Beitrag vorgeschlagen habe, der wesentlich niedriger als der vorjährige sei. Er müsse sagen, daß in Anbetracht der verbesserten Wirtschaftslage in Deutschland eine geringere Anstrengung als die im letzten Jahr vereinbarte von den anderen Staaten nicht verstanden würde. Er wolle jetzt mit mir nicht über Zahlen diskutieren, aber er wolle doch sagen, er hoffe, ich würde mich mit diesem Problem noch einmal befassen, sobald ich nach Deutschland zurückgekehrt sei. Ein deutscher Stationierungsbeitrag sei für diejenigen Länder, die in Deutschland Truppen unterhielten, von großer Wichtigkeit.

Von amerikanischer Seite wurde betont, daß die deutschen Vorschläge für einen finanziellen Verteidigungsbeitrag unter dem gleichen Gesichtspunkt geprüft würden wie die der anderen Länder. Es fände keine Diskriminierung statt. Es sei sehr wichtig, daß der gesamte deutsche Verteidigungsbeitrag rechtzeitig festgelegt werde, damit auf der NATO-Konferenz am 23. April ein verbindliches Programm aufgestellt werden könne. Die entscheidende Voraussetzung für den Verteidigungsbeitrag sei die Entwicklung der Wirtschaft.

Am nächsten Tag, dem 8. April 1953, setzte ich die Beratungen mit Außenminister Dulles, wiederum in größerem Kreise, fort. Um das Verständnis der amerikanischen Regierung für unsere Leistungsfähigkeit hinsichtlich des Verteidigungsbeitrages zu wecken, ging ich ausführlich auf das Flüchtlingsproblem ein, dem wir in der Bundesrepublik gegenüberstanden.

Ich erklärte, diesem Problem komme eine menschliche, soziale, wirtschaftliche und politische Bedeutung zu. Es sei bisher von der Weltöffentlichkeit nicht genügend gewürdigt worden. Das Vorhandensein von Millionen von Vertriebenen und Flüchtlingen in der Bundesrepublik stelle einen Nährboden für den Radikalismus dar. Die Flüchtlinge und Vertriebenen seien gerne bereit zu arbeiten, es fehle aber an Wohnungen in der Nähe der Arbeitsstätten. Dies sei schon in dem sogenannten Sonne-Plan* erkannt worden, in dem zur Lösung des Problems eine internationale Flüchtlingsanleihe vorgeschlagen sei. Ich bat um die Unterstützung der Vereinigten Staaten für eine solche internationale Flüchtlingsanleihe.

Mir wurde erwidert, daß die amerikanische Regierung vor Mai keine konkreten Vorschläge machen könne. Erst dann werde eine Entscheidung im Kongreß fallen.

Ich beschrieb in großen Zügen den Lastenausgleich und erklärte, daß die Bundesrepublik hierdurch eine Leistung von einmaliger Größe vollbracht habe. Wir in Deutschland mäßen dem Flüchtlingsproblem eine ganz besondere Bedeutung bei. Das deutsche Volk sei entschlossen, sich bis zur Grenze des Möglichen selbst zu helfen.

Mir wurde vorgeschlagen, während meiner Reise durch die Vereinigten Staaten in meinen Reden auf den Lastenausgleich hinzuweisen. Die amerikanische Regierung werde diese Tatsachen jedenfalls im Auge behalten, wenn sie an den Kongreß mit entsprechenden Vorlagen heranträte.

Ich nahm diese Unterredung mit Dulles zum Anlaß, meinen Dank auszusprechen für die Hilfe, die nach Berlin gegeben wurde, insbesondere wegen der dort herrschenden Arbeitslosigkeit. Von seiten der amerikanischen Regierung wurde der Festigkeit und dem Mut der Bewohner Berlins hohe Anerkennung gezollt. Es wurde zugestimmt, daß die moralische und materielle Unterstützung zur Aufrechterhaltung der Kräfte der Stadt ein Gegenstand von großer Bedeutung sei. Mir wurde von amerikanischer Seite zugesagt, daß man Hilfsmaßnahmen erwäge, darunter ein Investitionsprogramm und andere Programme zur Verbesserung der wirtschaftlichen Lage in Berlin.

Ich wies jedoch auch darauf hin, daß die Flüchtlinge, die jetzt aus der Sowjetzone nach Berlin kämen, laufend in die Bundesrepublik geflogen und dort eingegliedert werden müßten. Außerdem dürfe man die alten Flüchtlinge nicht vergessen. Ich machte in meinen Besprechungen auf die großen Schwierigkeiten aufmerksam, denen sich die Bundesrepublik durch die Notwendigkeit gegenübersah, nicht nur die Millionen Ausgewiesenen einzugliedern, die aus den östlichen Gebieten Deutschlands vertrieben seien, sondern auch den erneuten Flüchtlingsstrom aus der Sowjetzone. Amerikanischerseits wurden die großen Bemühungen anerkannt, die die Bundesregierung unternommen hatte, um für die heimatlosen Menschen zu sorgen

---

* Sonne-Plan: Gutachten, ausgearbeitet von amerikanischen und deutschen Sachverständigen unter Leitung von Mr. Sonne, das Vorschläge enthält, wie man die Eingliederung der Vertriebenen in das deutsche Wirtschaftsleben erreichen könnte; am 21. März 1951 mir überreicht.

und um die wirtschaftliche und soziale Stabilität der Bundesrepublik zu erhalten. Es wurde auch anerkannt, daß die Bundesrepublik und Berlin allein nicht fähig sein konnten, diese Last zu tragen. Hilfe wurde in Aussicht gestellt. Diese Absicht wurde im Abschlußkommuniqué noch einmal ausdrücklich bekräftigt.

Im Laufe der Unterredung wurde von amerikanischer Seite betont, daß die Frage des Ost-West-Handels von großer Wichtigkeit sei. Es sei von wesentlicher Bedeutung, daß die amerikanische Öffentlichkeit nicht den Eindruck erhalte, die Bundesrepublik arbeite in diesem Punkte nicht voll mit. Dulles erwähnte die zur Zeit laufenden deutschen Lieferungen von Walzwerkteilen nach Ungarn. Die amerikanische Öffentlichkeit und der Kongreß seien in der Frage des Ost-West-Handels besonders empfindlich, und man müsse mit der Streichung jeglicher Auslandshilfe rechnen, wenn ein Land gegen wesentliche Teile des für den Ost-West-Handel aufgestellten Programms verstoße. Es wurde eindringlich die Bedeutung des Ost-West-Handels für die deutsch-amerikanischen Beziehungen unterstrichen. Wir kamen überein, zusammen mit anderen Nationen der freien Welt die Lieferung von strategischen Materialien an Nationen zu kontrollieren, deren Politik den Frieden und die Sicherheit der Welt gefährdeten. Ich gab die Zusicherung, zusammen mit anderen handeltreibenden und seefahrenden Nationen zusätzliche Maßnahmen wie Durchgangskontrollen gegen Verletzungen oder Umgehungen der bestehenden strategischen Überwachung zu ergreifen.

Dulles ließ mir während dieser Besprechung durch den amerikanischen Hohen Kommissar Conant, der gleichfalls an der Sitzung teilnahm, die Antwort der amerikanischen Regierung hinsichtlich des Kriegsverbrecherproblems erteilen. Conant erklärte, die Vereinigten Staaten seien bereit, die Bestimmungen der Verträge über das „Review Board", das heißt den gemischten Ausschuß, der über die Fragen einer Revision der Strafen entscheiden sollte, in Kraft zu setzen, sobald die Verträge von Deutschland endgültig ratifiziert, also auch vom Bundesrat gebilligt seien. Sollten die Franzosen oder Engländer sich einem solchen Vorschlag widersetzen, so komme ein neues Überprüfungsverfahren für die ausschließlich der amerikanischen Kontrolle unterstehenden Fälle in Frage. Conant bat mich um Äußerung, was ich von einem gemischten deutsch-amerikanischen „Parole Board", wie es bereits in Japan bestehe, halte.

Ich erklärte, daß ich einen derartigen Ausschuß außerordentlich begrüßen und ihn als eine große Hilfe betrachten würde.

Conant bat, man möge über dieses Thema in der Öffentlichkeit zunächst so wenig wie möglich sagen, um nicht vorzeitig Widerstand im englischen oder

Bundeskanzler Adenauer wird im Weißen Haus von Präsident Eisenhower begrüßt (7. 4. 1953). Hinter ihnen Außenminister Dulles (rechts) und der Hohe Kommissar Professor Conant

Außenminister John Foster Dulles empfängt Bundeskanzler Adenauer auf dem Flugplatz

Der Höhepunkt des Besuches in Amerika:
Bundeskanzler Adenauer auf dem Ehrenfriedhof von Arlington

französischen Lager zu mobilisieren. Was den Komplex Spandau anbetreffe, so seien die Amerikaner der Ansicht, daß man diese Frage im Zusammenhang mit der sowjetischen Friedensoffensive behandeln solle. Auch hier könnten die Sowjets ja ihren guten Willen beweisen.

Ich forderte, man möge das gemischte deutsch-amerikanische „Parole Board" so bald wie möglich einsetzen. Es komme dabei nicht auf die Publizität an, sondern allein darauf, daß diejenigen aus den Gefängnissen entlassen würden, die einer Entlassung würdig seien. Die Engländer und Franzosen, vor allem aber die Engländer, seien hier viel großzügiger. Ich erklärte, ich verriete in diesem Kreis wohl kein Geheimnis, wenn ich mitteilte, der britische Hohe Kommissar habe mir versichert, daß niemand, der wegen Krankheit vorübergehend entlassen worden sei, wieder in Haft genommen werde. Die Amerikaner könnten sich ja diesem britischen System anschließen und Leute aus Krankheitsgründen entlassen und sie dann einfach nicht wieder gesund werden lassen.

Im Rahmen meiner Washingtoner Besprechungen spielten Wirtschaftsfragen eine große Rolle. Hierzu hieß es im Abschlußkommuniqué wörtlich: „Die Vertreter beider Regierungen tauschten ihre Ansichten über die freiheitliche Gestaltung und Erweiterung des Welthandels und die Erreichung einer Konvertierbarkeit der Währungen aus. Die deutschen Vertreter brachten hauptsächlich ihr Interesse an einer Herabsetzung der Zoll- und Tarifschranken sowie der verwaltungsmäßigen Barrieren zum Ausdruck. Die Vertreter der Vereinigten Staaten verwiesen ihrerseits auf die Erklärung Präsident Eisenhowers vom 7. April, in der es heißt, ‚die Welt muß auf eine Erweiterung des Handels hinarbeiten, der in den Spitzen ausgeglichen wird und jeder Nation die Möglichkeit geben soll, ihren vollen Beitrag zum Fortschritt der Wirtschaft der freien Welt zu leisten und Anteil zu haben an dem Nutzen dieses Fortschritts'."

Es wurde eine Reihe spezieller Probleme erörtert, die mit der Normalisierung der kommerziellen Beziehungen zwischen den Vereinigten Staaten und Deutschland zusammenhingen, einschließlich der Aussichten für eine erhöhte Benutzung der Warenzeichen, die deutschen Staatsbürgern vor dem Zweiten Weltkrieg gehörten. Es waren bereits beträchtliche Fortschritte in den Bemühungen der Bundesregierung erzielt worden, diese Warenzeichen den ehemaligen deutschen Eigentümern wieder verfügbar zu machen. Künftige Fortschritte in dieser Richtung würden von der amerikanischen Regierung, wie mir versichert wurde, wohlwollend erwogen werden.

Hinsichtlich der deutschen Vermögenswerte und Warenzeichen war mir zugesagt worden, daß keine weiteren Beschlagnahmungen und Liquidationen erfolgen und daß eine spätere Rückgabe erwogen werde. Ich dankte für

diese Zusicherung. Man erklärte mir, daß ich noch vor meiner Abreise aus den Vereinigten Staaten als kleines Abschiedsgeschenk konkrete Mitteilungen über die Rückgabe von deutschen Schiffen erhalten würde.
In Washington und Bonn wurde nach Ablauf meines Washingtoner Aufenthalts gleichzeitig eine Erklärung herausgegeben, die die Rückgabe von etwa 350 Schiffen aus früherem deutschen Eigentum an die Bundesrepublik bekanntgab. Vorkehrungen für die Überführung dieser Schiffe in die Hand der deutschen Behörden sollten von dem amerikanischen Hohen Kommissar in Deutschland getroffen werden.
Ich war mit Außenminister Dulles übereingekommen, daß ein neuer Freundschafts-, Handels- und Schiffahrtsvertrag zwischen den Vereinigten Staaten und der Bundesrepublik dem Wohle beider Länder nutzen würde. Die Verhandlungen über einen solchen Vertrag sollten so bald wie möglich beginnen. In der Zwischenzeit würden die beiden Regierungen als eine vorläufige Maßnahme ein Abkommen ausarbeiten, das den Freundschafts-, Handels- und Konsulatsvertrag von 1923, der vor dem Ausbruch des Krieges Gültigkeit hatte, unter Berücksichtigung der gegenwärtigen Situation wieder in Kraft setze. Dieses zwischenzeitliche Übereinkommen würde, nachdem es ratifiziert worden sei, neben anderen Dingen die Grundlage wiederherstellen, auf der die Kaufleute beider Länder in der Lage seien, ihren Wohnsitz in einem der beiden Länder zu nehmen und dort ihre Geschäfte zu betreiben.
Von deutscher Seite war das Interesse an dem Abschluß von überseeischen Off-shore-Aufträgen für Deutschland zum Ausdruck gebracht worden. Mir wurde hierzu mitgeteilt, daß, sobald der Vertrag über die Europäische Verteidigungsgemeinschaft in Kraft getreten sei, die gleichen Richtlinien bei der Vergabe solcher Aufträge nach Deutschland innerhalb des Rahmens der Europäischen Verteidigungsgemeinschaft angewendet würden, wie sie bei der Vergabe an andere europäische Länder zum Zuge kämen.
Hinsichtlich einer engeren kulturellen Zusammenarbeit zwischen Deutschland und den Vereinigten Staaten und zur Förderung der gegenseitigen Verständigung zwischen den beiden Völkern erfolgte ein Notenwechsel über ein amerikanisch-deutsches Kulturabkommen zwischen Außenminister Dulles und mir in meiner Eigenschaft als Außenminister. In diesem Abkommen wurden zahlreiche Maßnahmen vereinbart, die ein besseres Verständnis des geistigen Lebens und der sozialen Verhältnisse der beiden Länder herbeiführen sollten. Durch Stipendien und Vergünstigungen zahlreicher Art sollte der Austausch von Professoren, Lehrern und Studenten gefördert werden. Es sollte zwischen kulturellen Gesellschaften, zwischen den Universitäten und Schulen, zwischen den Arbeiter- und Jugendorgani-

sationen, den landwirtschaftlichen, freiberuflichen und sozialen Verbänden eine möglichst enge Zusammenarbeit erreicht werden. Jeder der vertragschließenden Partner erhielt das Recht, im anderen Land Institutionen zu errichten und zu unterhalten wie zum Beispiel Kultur- und Informationsinstitutionen, die den Zweck haben sollten, den Sinn des Kulturabkommens zu verwirklichen. Das Wesentliche des Kulturabkommens sollte also sein, durch die Förderung von lebendigen geistigen Kontakten, durch eine praktische Teilnahme an den gegenseitigen Lebensformen die Verbindung zwischen den Vereinigten Staaten und der Bundesrepublik zu festigen.

Aus meinen Gesprächen mit den führenden Vertretern der neuen amerikanischen Regierung hatte ich die feste Überzeugung gewonnen, daß sie erkannt hatten, daß die Verteidigung Westeuropas eine Notwendigkeit sei und daß diese Verteidigung ermöglicht würde durch die Organisation des Nordatlantischen Paktes, der eine europäische Verteidigungsgemeinschaft mit umschließen müßte.

Wir stimmten darin überein, daß die sowjetischen Machthaber, wenn sie tatsächlich am Frieden und an der Zusammenarbeit aller Völker interessiert seien, keinen besseren Beweis ihres guten Willens geben könnten, als die Abhaltung wirklich freier Wahlen in der sowjetischen Besatzungszone Deutschlands zu gestatten und die Hunderttausende von deportierten deutschen Zivilisten und Kriegsgefangenen, die sich noch in sowjetischer Hand befanden, freizulassen.

Wir bekräftigten unsere gemeinsame Auffassung, daß eine dauerhafte Lösung des deutschen Problems nur erfolgen könne, wenn Deutschland mit friedlichen Mitteln auf freier demokratischer Grundlage wiedervereinigt würde. Die Erreichung dieses Zieles erfordere nach unserer Überzeugung ständige gemeinsame Bemühungen der Signatarmächte der vertraglichen Vereinbarungen, die im Mai 1952 in Bonn unterzeichnet wurden. Als ein äußerst wichtiges Ergebnis meiner Washingtoner Besprechungen wertete ich das Bekenntnis der amerikanischen Regierung, sich für eine Wiedervereinigung Deutschlands in Frieden und Freiheit einzusetzen. Auch im Abschlußkommuniqué wurde die Wiedervereinigung Deutschlands in Frieden und Freiheit als das Ziel der gemeinsamen Politik erklärt und gleichzeitig festgestellt, daß nur durch die Teilnahme Westdeutschlands als freier und gleichgestellter Partner an der Gemeinschaft des Westens eine vollständige und endgültige Wiedervereinigung Deutschlands möglich sei.

Am Schluß der Unterredung mit Dulles bat ich, man möge in dem Abschlußkommuniqué von der Saarfrage nicht sprechen. Es gebe gewisse Dinge, die sich am besten regeln ließen, wenn man über sie nicht spräche. Dulles erwiderte mir, er müsse sich meine Anregung etwas überlegen. Nach dem Besuch

des französischen Ministerpräsidenten René Mayer, der kurze Zeit vor meinem Besuch in Washington stattfand, sei an prominenter Stelle von der Saarfrage gesprochen worden, und es könne zu Mißverständnissen führen, wenn in dem jetzigen Kommuniqué überhaupt nicht davon die Rede sei.
Wir einigten uns später auf folgenden Passus:
„Das Saarproblem wurde erörtert, und es wurde Übereinstimmung erzielt, daß im gemeinsamen Interesse eine baldige Lösung gesucht werden müsse."
Ich hatte in Washington einen umfassenden und freien Meinungsaustausch über die Weltlage im allgemeinen und die amerikanisch-deutschen Beziehungen im besonderen geführt. Es bestand volle Übereinstimmung darin, daß keine Gelegenheit versäumt werden sollte, eine allgemeine Entspannung herbeizuführen, daß aber die freien Völker des Westens weder in ihrer Wachsamkeit nachlassen noch ihre Anstrengungen zur Festigung ihrer Einheit und zum Ausbau ihrer gemeinsamen Stärke verringern dürften.
Über meine dreitägigen Verhandlungen in Washington wurde ein ausführliches Kommuniqué verfaßt. Der Wortlaut wurde sehr ausgefeilt, jedes Wort war sehr überlegt. Es wurde in dem Kommuniqué hervorgehoben, und zwar sowohl am Anfang wie auch am Schluß, daß die Gespräche im Geiste der Freundschaft und Zusammenarbeit stattgefunden und eine weitreichende Übereinstimmung der Ansichten und Ziele ergeben hätten. Am Schluß war noch einmal ausdrücklich die Rede von den so glücklich wiederangeknüpften Banden der Freundschaft zwischen den beiden Ländern, die durch diese Verhandlungen gefestigt seien.
Das Kommuniqué über meine Besprechungen in Washington endete mit den Worten: „Der Präsident und der Bundeskanzler sind überzeugt, daß die Unterredungen, die jetzt abgeschlossen wurden, einen wesentlichen Beitrag für die Erreichung der gemeinsamen Ziele der beiden Länder darstellen, die Bande der Freundschaft, die jetzt glücklicherweise wieder angeknüpft sind, verstärken und die Ziele und die Stärke der freien Welt konsolidieren."

4. Verleihung der Ehrendoktorwürde durch die Georgetown-Universität

Am Tage meiner Ankunft in Washington wurde mir von der Universität Georgetown in einer sehr eindrucksvollen Feierstunde der Ehrendoktor der Rechte verliehen.
Rektor Pater Edward Bunn verlas den Text der Verleihungsurkunde, in der es hieß, die Gegenwartsaufgabe der Geschichte sei es, „wirkliche Staats-

männer zu finden, die sich durch Charakter und Weisheit auszeichnen und ihre Völker einem ehrenhaften Frieden und einer nutzbringenden Eintracht entgegenführen, nicht mit Gewalt, sondern auf dem Wege der Überzeugung, nicht durch Täuschung, sondern durch moralische Beeinflussung und nicht durch Opportunismus, sondern durch Grundsatztreue". Ich wurde in der Urkunde als „Vorkämpfer der Freiheit und Freund der europäischen Einheit" bezeichnet. Rektor Bunn sagte: „Daher ernennen wir in Ausübung des uns vom amerikanischen Kongreß zuerkannten Rechtes voller Stolz Konrad Adenauer zum Ehrendoktor der Rechte."

Ich empfand die Verleihung der Ehrendoktorwürde durch diese alte ehrwürdige Universität unmittelbar nach meiner Ankunft in den Vereinigten Staaten als eine hohe Auszeichnung.

Die Ansprache, die ich bei dem Verleihungsakt hielt, benutzte ich, um auf die große Auseinandersetzung hinzuweisen, die zwischen den aufbauenden Kräften der freien Welt und den zerstörenden Mächten des gottlosen Totalitarismus vor sich gingen. Ich erklärte, in diesem Entscheidungskampf würden die militärische Verteidigung, die wirtschaftliche Stärkung und die soziale Aufwärtsentwicklung der freien Völker zweifellos eine große Rolle spielen. Aber wir dürften uns keinen Illusionen hingeben. Mit militärischer und wirtschaftlicher Stärke allein würde es unmöglich sein, der immer weiter um sich greifenden Ideologie des Totalitarismus Einhalt zu gebieten. Ich sagte: „Wir stehen in einer entscheidenden geistigen Auseinandersetzung, in der gerade den Universitäten eine große Aufgabe zufällt. Manche falsche Ideologie, die in den verschiedensten Abarten des Totalitarismus den Frieden und die Freiheit der Welt bedroht, viele zersetzende Theorien sind von den Universitätskathedern herab gelehrt worden, lange bevor sie in populärer Form von Politikern aufgegriffen und zur Parteiideologie eines totalitären Systems gemacht wurden."

Ich unterstrich die Verantwortung der Hochschulen, alles zu tun, um in wissenschaftlicher Forschung und Lehre die falschen Theorien zu widerlegen, die die Zukunft der Welt gefährdeten, und die Grundsätze herauszuarbeiten, die geeignet seien, der menschlichen Gesellschaft in Familie, Staat und Völkergemeinschaft eine gesunde und friedliche Aufwärtsentwicklung zu sichern.

Die Georgetown-Universität stellt ihre Forschungs- und Lehrtätigkeit bewußt auf die Grundlagen eines christlichen Humanismus. Diese Grundlagen schienen mir besonders bedeutungsvoll zu sein für das Gebiet der internationalen Beziehungen. Die Verpflichtung zu Treue und Glauben, die Anerkennung einer für alle verbindlichen Rechtsordnung, die Ablehnung der Staatsomnipotenz und des einzelstaatlichen Egoismus, die Bejahung

der Solidarität aller Menschen und Völker und der daraus erwachsenden Verantwortung, die Verteidigung des Bonum Commune der internationalen Ordnung, die Ablehnung des Rassenwahns, die Achtung vor der Würde der gottgegebenen Freiheit des einzelnen waren Gedanken, die von christlichen Ideen maßgebend geformt und weiterentwickelt worden waren.
Ich erklärte, daß deshalb eine Hochschule wie die Georgetown-Universität berufen sei, einen entscheidenden Beitrag zur Klärung der Grundprinzipien der Völkergemeinschaft zu leisten und den reichen Schatz christlichen Gedankengutes in wissenschaftlich einwandfreier Methode für die Lösung der schwierigen Probleme zu verwerten, die das moderne Leben uns stelle.
Gesunde Ideen seien jedoch nicht der einzige Beitrag, den man von einer Universität wie der Georgetown-Universität erwarte. Sie habe darüber hinaus die Aufgabe, junge Menschen zu wirklichen Persönlichkeiten heranzubilden, Persönlichkeiten, die sich ihrer eigenen Verantwortung bewußt und in der Lage seien, sich dem Sog des Kollektivs zu widersetzen.
Die verschiedenen Systeme des Totalitarismus hätten niemals auch nur annähernd die ungeheure Macht über Millionen Menschen gewinnen können, wenn nicht gewisse Tendenzen und Entwicklungen der modernen Zivilisation das Terrain für die Beherrschung der Massen vorbereitet hätten. Der moderne Mensch sei sich weithin nicht mehr seiner Eigenständigkeit und seines Eigenwertes bewußt, er erarbeite sich nicht mehr sein Weltbild, sondern akzeptiere, oft aus Bequemlichkeit, die fertigen Schablonen, die ihm der Kollektivismus biete. Selbst in die Hochschulen sei der Geist der Entpersönlichung eingedrungen, der dem Wesen der Universität geradezu diametral entgegenstehe. Eine der Aufgaben der Hochschule sei die Erziehung der jungen Generation zu unabhängigem Denken und schöpferischem Schaffen.
Auch auf diesem Gebiet habe eine christliche Universität, so schloß ich meine Ausführungen, in der heutigen Zeit eine besonders dringende Aufgabe zu erfüllen. Ihr obliege es, die Studenten und Studentinnen zu reifen, selbständigen Persönlichkeiten heranzubilden auf der Grundlage einer religiösen Weltanschauung, die die beste Gewähr gegen die Infiltration des gottlosen Totalitarismus sei.

5. Beim National Press Club

Am Mittwoch, dem 8. April 1953, gab der National Press Club mir zu Ehren ein Frühstück. Anläßlich dieses Frühstücks legte ich vor den Vertretern der amerikanischen Presse meine Gedanken über die Lage der Bundesrepublik Deutschland und über die allgemeine Weltsituation dar. Heute vermag man sich kaum mehr vorzustellen, was es im Jahre 1953 bedeutete, daß ein Deutscher vor diesem sehr kritischen Gremium der amerikanischen Presse sprechen konnte.

In meiner Rede erklärte ich den Journalisten, um die fortwährend wechselnden Tagesereignisse ins rechte Licht zu rücken, müsse man sich den Lauf der politischen Ereignisse in den vergangenen Jahren vergegenwärtigen. Ich bezeichnete folgende Tatsachen als unwiderlegbar und unabänderlich, die als solche bei allen politischen Überlegungen in Rechnung gestellt werden müßten:

1. Die Vereinigten Staaten seien die mächtigste Nation der Erde geworden. Das Grundprinzip ihrer Existenz sei die persönliche Freiheit.
2. Die Sowjetunion reiche bis ins Herz Europas; sie sei seit dem Jahre 1918 militärisch und auch wirtschaftlich sehr erstarkt. Sie sei expansionistisch und habe seit 1945 ihr Herrschaftsgebiet beträchtlich erweitert. Auf dem Wege des Kalten Krieges versuche sie, es noch weiter auszudehnen.
   Die Sowjetunion verneine die persönliche Freiheit. Ihre Macht beruhe auf den Grundsätzen der totalitären Diktatur.
3. Infolge dieser Entwicklung in den Vereinigten Staaten und in der Sowjetunion habe Großbritannien mit dem Commonwealth nicht mehr den Einfluß als Weltmacht, den es vor den beiden Weltkriegen besessen habe.
4. Die Staaten Kontinental-Europas hätten durch die beiden Weltkriege außergewöhnlich große Verluste erlitten: politisch, wirtschaftlich und militärisch. Dieser Kräfteverlust stelle einen nicht zu übersehenden Faktor dar, einen Faktor, der von größter Bedeutung sei und den künftigen Lauf der Menschheitsgeschichte beeinflussen werde.

Als Mann, der die Verantwortung der Regierung der Bundesrepublik trage, des Landes, das, wenigstens innerhalb Europas, das wichtigste Ziel der sowjetrussischen Expansionspolitik und daher am meisten gefährdet sei, glaubte ich, es sei notwendig, diese Tatsachen meinen Zuhörern in ihrer ganzen Schwere und Bedeutung vor Augen zu stellen. Ich hielte es für notwendig, damit das Fundament der deutschen Politik und ihr Ziel klar erkannt würden.

Ich kennzeichnete das Fundament der deutschen Politik mit folgenden Sätzen: „Wir wollen die Freiheit. Wir verabscheuen den Kommunismus. Wir wollen daher die Zukunft des deutschen Volkes aufs engste mit den Demokratien des Westens verbinden."

Ich fuhr in meinen Ausführungen fort: „Die Vereinigten Staaten betrachten sich selbst auf Grund ihrer geschichtlichen Tradition als Hüter der Freiheit. Amerika verlangt von uns Europäern, daß auch wir alle unsere Kräfte für die Erhaltung und den Schutz der Freiheit einsetzen. Dieses Verlangen ist durchaus gerechtfertigt. Die europäischen Völker, insbesondere die sechs Unterzeichnerstaaten der Europäischen Verteidigungsgemeinschaft, müssen gemeinsam mit Großbritannien ihre vereinten Kräfte zur Erhaltung des Friedens in Europa nützen.

Wir in der Bundesrepublik haben die Gefahren, die der Freiheit drohen, in ihrer vollen Bedeutung erkannt. Wir wissen aus den Erfahrungen der Nazizeit, was ein Leben ohne persönliche Freiheit bedeutet. Wir sind bereit, unseren vollen Beitrag zur gemeinsamen Verteidigung der Freiheit zu leisten."

Zu den „Friedensfühlern" Sowjetrußlands erklärte ich, daß man die künftigen Entwicklungen aufgeschlossen, aber mit Vorsicht beobachten müsse. Man dürfe auf keinen Fall einem möglichen Versuch, die Einheit des Westens gegenüber Sowjetrußland zu schwächen, die Hand leihen.

Angesichts der Ungewißheit und der gefährlichen Gesamtlage und besonders hinsichtlich des mangelnden Kräftegleichgewichts könne der Westen nur eines tun: seine Politik stetig, folgerichtig und ruhig verfolgen. Dies sei der richtige Weg, um Frieden und Freiheit zu erhalten und Europa in seiner unbedingt notwendigen Entwicklung, die auch im Interesse der Vereinigten Staaten liege, zu unterstützen.

Ich sprach meine Überzeugung aus, daß die Vereinigten Staaten Europa helfen werden, die Vereinigung zu erreichen. Die aus dem Osten drohende Gefahr sei so groß und die europäischen Nationen seien derart geschwächt, daß sie, lediglich gestützt auf ihre eigene Kraft, das Ziel einer europäischen Union nicht ohne die Hilfe Amerikas erreichen könnten. Mir sei bewußt, daß die europäischen Nationen, die diese Union bilden werden, manche ihrer liebgewordenen Traditionen aufgeben müßten, aber die Zeiten hätten sich eben geändert. Der Fortschritt in der Entwicklung hin zu einer europäischen Union sei deutlich sichtbar. Kein europäischer Staatsmann könne und dürfe dieser Notwendigkeit ausweichen. Täte er es, so würde er den Bestand seines eigenen Landes wie auch den Europas gefährden.

Ich sagte wörtlich: „Die Entwicklung hin zu einer europäischen Union ist nicht nur wegen der aus dem Osten drohenden Gefahr notwendig, ich halte die europäische Union auch deswegen für gut und wünschenswert, weil sie neue schöpferische Kräfte, die noch durch unser Erbe an Furcht und Mißtrauen gehemmt sind, freimachen wird. Die europäische Union wird den Weg ebnen zu einer produktiven kulturellen Entwicklung, zu einem sozialen Wohlergehen für alle und für eine dauernde Gewähr von Frieden und Freiheit ...

Kein europäisches Volk ist in der Lage, sich allein militärisch zu schützen

oder wirtschaftlich zu entwickeln. Besteht man darauf, in der heutigen Welt die traditionellen Begriffe des Nationalismus hochzuhalten, so wird dies die Preisgabe Europas bedeuten.
Jede geschichtliche Epoche hat ihre eigenen Aufgaben. Jedes einzelne auf Vernunft gegründete Argument zeigt uns in Europa den Weg zu einem geeinten Vorgehen, an dessen Ende eines Tages die Vereinigten Staaten von Europa stehen werden. Niemand hat dies besser begriffen als die Jugend unseres Kontinents.
Mir ist bekannt, daß man in Amerika ungeduldig ist über das Tempo, in dem wir uns auf ein vereinigtes Europa hin bewegen. Ich bin es auch. Aber nichtsdestoweniger, es geht voran."
Ich sprach vor den Vertretern des „National Press Club" fast zwei Stunden und versuchte in eindringlicher Weise, die Gefahren, in denen wir alle uns befanden, und den Weg, den ich für einzig richtig hielt, zu verdeutlichen.
Der Beifall am Schluß meiner Ausführungen bewies, daß die Zuhörer meinen Gedanken aufmerksam gefolgt waren und ihnen beipflichteten.

6. Vor dem Außenpolitischen Ausschuß des Senats

Ein sehr eindrucksvolles Erlebnis war meine Teilnahme an einer Sitzung des Außenpolitischen Ausschusses des Senats.
Senator Wiley, der Vorsitzende des Außenpolitischen Ausschusses, schrieb in dem Vorwort zu dem Sitzungsprotokoll, das später veröffentlicht wurde, über das Zustandekommen dieser Sitzung folgendes:

„Während des Besuchs Bundeskanzler Dr. Adenauers in den Vereinigten Staaten übermittelte der Außenpolitische Ausschuß dem Bundeskanzler eine Einladung, mit den Mitgliedern des Ausschusses zusammenzukommen und mit ihnen zwanglos Probleme von beiderseitigem Interesse auf dem Gebiet der internationalen Politik zu erörtern. Diese Zusammenkunft fand am Morgen des 9. April während einer nichtöffentlichen Sitzung statt. Angesichts der großen Bedeutung und des historischen Charakters dieses Treffens war der Ausschuß jedoch der Ansicht, daß das Sitzungsprotokoll der Öffentlichkeit zugänglich gemacht werden sollte."

Senator Alexander Wiley hielt eine sehr eindrucksvolle Begrüßungsansprache. Er sagte wörtlich:

„Wie Sie wissen, Herr Bundeskanzler, befinden Sie sich gegenwärtig in dem historischen Sitzungsraum des Außenpolitischen Ausschusses, der gemäß der amerikanischen Verfassung alle wichtigen außenpolitischen Fragen erörtert. Wie Sie wissen, hat das deutsche Volk, dessen Repräsentant Sie sind, einen bedeutenden Beitrag für die Entwicklung der Vereinigten Staaten geleistet. Ich stamme aus Wisconsin im Mittelwesten der USA, wo ein Viertel der Bevölkerung meines Staates deutscher Abstammung ist. Ich glaube, daß dies mehr oder weniger auch für die Senatoren aus anderen Staaten zutrifft, die gegenwärtig anwesend sind. Einige unserer Vorfahren sind in den Tagen der Revolution gekommen. Carl Schurz leistete später, während des Sezessionskrieges, einen bedeutenden Beitrag. Wie Sie sich erinnern, haben deutsche und irische Auswanderer mitgeholfen, diesen Krieg zugunsten des Nordens zu wenden.

Sie sind bei uns als Vertreter Ihrer Heimat, und die USA heißen Sie willkommen. Im Namen des Außenpolitischen Ausschusses begrüße ich Sie herzlich, Herr Bundeskanzler. Wir sind uns bewußt, daß unsere beiden Nationen viele Ziele gemeinsam haben. Alle westlichen Länder, darunter auch einige unserer früheren Todfeinde, sitzen jetzt im gleichen Boot und müssen fest zusammenhalten, denn, wie es auch auf den Sitzungen des Europarates, denen einige von uns im Jahre 1951 in Straßburg beiwohnen konnten, zum Ausdruck kam: Man ist stark, wenn man einig ist.

Sie als Vertreter Ihres und wir als Vertreter unseres Landes sind mit einem außerordentlich wichtigen Vorhaben beschäftigt: wir versuchen, eine sichere Zukunft zu schaffen. Wir wissen etwas von Ihren Leistungen, wir wissen, daß Sie eine Persönlichkeit sind, die wirklich aufbauende Arbeit leistet. Als Oberbürgermeister von Köln haben Sie an der Idee der Völkerverständigung mitgewirkt. Sie haben mitgeholfen, die Mißverständnisse zwischen unseren beiden Völkern zu beseitigen, und einige von uns, die die Ehre hatten, Deutschland zu besuchen, haben die Herzlichkeit jenes Verständnisses gespürt, an dessen Erweckung Ihnen ein so wesentlicher Anteil zukommt. Wir sind uns bewußt, daß wir nur durch gegenseitiges Verständnis eine bessere Welt aufbauen können, und wir erkennen Sie, Herr Bundeskanzler, als einen der Führer jener Bewegung an, die sich um größeres Verständnis in der Welt bemüht. Denn ohne ein gegenseitiges Verstehen würde die Welt zugrunde gehen."

Ich war zutiefst beeindruckt von der Bedeutung dieser Stunde, in der ich als Bundeskanzler der Bundesrepublik Deutschland in dem Raume stand, in dem derart viele wichtige außenpolitische Entscheidungen getroffen wurden.

Wiley bat mich, gleichfalls das Wort zu nehmen und zu den Senatoren über die Bundesrepublik und über meine Eindrücke in den Vereinigten Staaten zu sprechen.

Ich ergriff gern diese Möglichkeit. Zur Situation in der Bundesrepublik erklärte ich, daß bei uns vor allem zwei Dinge notwendig seien: Man müsse in seiner Betrachtungsweise und in seinem Herantreten an die Probleme realistisch sein, man müsse das mit einer gewissen Intuition für die Zukunft vereinen und verbinden, einer gewissen Einsicht, die Dinge so zu sehen, wie sie aller Wahrscheinlichkeit nach in Zukunft sich gestalten würden. Da wir gegenwärtig am Anfang einer neuen geschichtlichen Epoche stünden, könnte meiner Auffassung nach keine gute Arbeit geleistet werden, wenn man nicht diese Einsicht, diesen Blick für die Zukunft besäße.

Die Vereinigten Staaten hätten, historisch gesehen, innerhalb eines sehr kurzen Zeitraumes eine so ungeheure Macht, einen so ungeheuren Wohlstand erreicht, daß dies auch eine sehr ernste Gefahr für alle Beteiligten bedeute. Die Bevölkerung der Vereinigten Staaten hätte jedoch ihre Verantwortung erkannt wie kaum ein anderes Volk zuvor. Sie hätte ganz klar das gewaltige Ausmaß ihrer Verantwortung begriffen, die sie als Führer der Menschen und als Schirmherr aller menschlichen Ideale zu tragen habe.

Ich hätte, noch verstärkt durch die Eindrücke während meines Besuches in den Vereinigten Staaten, die Überzeugung gewonnen, daß Europa, wenn es sich nicht einigen werde, zerbrechen würde. Ich sei angesichts der gewaltigen Größe der Vereinigten Staaten, seiner enormen Mittel und Möglichkeiten überzeugt, daß die gegenwärtige politische Struktur Europas veraltet sei.

Ich wurde aufgefordert, meine Gedanken zu den Beziehungen zur Sowjetunion darzulegen.

Ich legte den Senatoren dar, daß man hier in den Vereinigten Staaten Recht, Gerechtigkeit und Glauben anerkenne. Aber man solle nicht vergessen, in Sowjetrußland kenne man diese Begriffe nicht. Sowjetrußland benutze alle Mittel, von denen es glaube, daß sie seinen Zwecken dienten. Dort sei man überzeugt, daß der Zweck die Mittel heilige. Ich sei der Auffassung, man solle russische Friedensgesten und Friedensfühler nicht einfach zurückweisen, sondern sie mit Wachsamkeit, aber auch mit Mißtrauen verfolgen. Aus der Erfahrung, die mit Hitler gemacht wurde, möge man sich erinnern, daß ein totalitärer Staat nur dann bereit sei, mit einem anderen Land und einem anderen Volk zu verhandeln, wenn er wisse, daß der andere stark sei. Man solle der Worte Stalins eingedenk sein, nach denen die Parole des Ostens sei: Abwarten, der Westen wird in seinen Einigungsbestrebungen doch keinen Erfolg haben.

Zur Wiedervereinigung Deutschlands erklärte ich, daß dieses Problem keine isoliert dastehende Frage sei, sondern eine Frage, die sehr eng und untrennbar mit der europäischen Frage zusammenhänge. Ein neutralisiertes Deutschland sei keine Lösung. Wenn man auf der einen Seite den Sowjetblock habe, auf der anderen Seite die freie Welt, bestehend aus den Ländern Westeuropas und in der Ferne die Vereinigten Staaten und dazwischen ein neutralisiertes Deutschland, dann würde folgende Entwicklung wahrscheinlich eintreten: Die Macht und der Einfluß der Sowjetunion würden so stark sein, einem Magneten vergleichbar, der Eisen anzieht, daß sie nach einer gewissen Zeit die geschwächten europäischen Länder in ihren Machtbereich ziehen würden. Die Tatsache, daß Sowjetrußland heute bereits im Herzen Europas stehe, würde schließlich dazu führen, daß früher oder später die anderen westeuropäischen Länder unter sowjetrussischen Einfluß kommen müßten. Sowjetrußland habe dann eines seiner wesentlichsten Ziele erreicht: den Einfluß auf Westeuropa.

Ich schloß, indem ich für den herzlichen Empfang dankte, der mir in den Vereinigten Staaten bereitet worden sei, und gab der Hoffnung Ausdruck, daß bei allen künftigen außenpolitischen Entscheidungen die Senatoren sich der ungeheuren Verantwortung bewußt sein mögen, die auf ihren Schultern laste.

Besonders bemerkenswert fand ich eine Äußerung, die Senator Mansfield, ein Demokrat aus Montana, im Anschluß an meine Ausführungen machte. Er sagte, das amerikanische Volk hätte mit Genugtuung von der Stetigkeit Kenntnis genommen, mit der Deutschland zur Europäischen Verteidigungsgemeinschaft stünde, und er hoffe, der Tag möge nicht mehr fern sein, an dem Deutschland Mitglied der NATO würde, seine Einheit zurückgewinne, alle Besatzungstruppen abgezogen werden könnten und Deutschland wieder ein vollkommen sicherer Teil der europäischen Gemeinschaft würde.

7. Am Denkmal des Unbekannten Soldaten in Arlington

Meine erste Reise nach Amerika war einer der vielen Schritte auf dem Weg eines geschlagenen Volkes zurück in die Gemeinschaft der Völker. Dieser Weg mußte mit sehr viel Geduld, mit Umsicht und ohne jede Selbstüberschätzung zurückgelegt werden. Man mußte immer wieder mit Rückschlägen und auch mit Störungsversuchen rechnen. Wir mußten wissen, daß wir noch viele Gegner hatten und daß es noch große psychologische Hemmungen uns gegenüber zu überwinden galt.

Das wichtigste war, unser Land nach seiner völligen Niederlage und seinem Zusammenbruch aus der Isolierung herauszuführen. Ich mußte alles versuchen, unsere Gegner aus dem Zweiten Weltkrieg zu Verbündeten und zu Freunden zu gewinnen. Das erforderte ein sehr vorsichtiges psychologisches Vorgehen. Mein Hauptanliegen war, Deutschland als gleichberechtigten Staat in die Völkergemeinschaft zurückzuführen und die Eingliederung Deutschlands in die freie Welt zu erreichen.

Der Erfolg meiner Washingtoner Besprechungen lag in erster Linie im schwer überschaubaren psychologischen Bereich. Mein Besuch in den Vereinigten Staaten bedeutete den Abschluß einer sehr unglücklichen Phase der deutsch-amerikanischen Beziehungen. In dem Abschlußkommuniqué wurde ausdrücklich am Anfang und am Schluß das Wort Freundschaft gebraucht. Dieses Wort Freundschaft bedeutete sehr viel.
Der Weg, den wir Deutsche seit 1945 zurückgelegt hatten, war hart und schwer gewesen. Aber innerhalb der kurzen Zeitspanne von nur acht Jahren war viel erreicht. Mir wurde das sehr deutlich anläßlich meines Besuches des amerikanischen Nationalfriedhofes in Arlington, der mir ein unvergeßliches Erlebnis bleiben wird.

Ich hatte die Absicht geäußert, am Grabmal des Unbekannten Soldaten auf dem Nationalfriedhof in Arlington einen Kranz niederzulegen.
Die amerikanische Administration gestaltete diese Kranzniederlegung zu einer überaus eindrucksvollen Zeremonie. Sie nahm sie zum Anlaß, in einer sehr zu Herzen gehenden Weise einen Schlußstrich zu ziehen unter die Jahre der Feindschaft, vor der ganzen Welt zu zeigen, daß diese Zeit vorüber sei, daß nunmehr eine Ära der Freundschaft begonnen habe und daß die Bundesrepublik Deutschland wieder aufgenommen sei in den Kreis und in die Gemeinschaft der freien Völker.
Arlington, der Nationalfriedhof der Vereinigten Staaten, liegt etwas abseits von Washington, in einer sehr schönen Gegend inmitten einer großen Parkanlage. Am 8. April 1953 brachte mein Besuch dort für mich den Höhepunkt meines Aufenthaltes in den Vereinigten Staaten, symbolisch den Höhepunkt einer achtjährigen, harten Arbeit.
Bei meiner Ankunft auf dem Friedhof wurde ich von einem amerikanischen General begrüßt. Er geleitete mich zu dem Grabmal. Hinter uns schritten drei amerikanische Fähnriche, der mittlere trug die deutsche Fahne. Der weite Platz vor dem Grabmal war umsäumt von Kompanien aller Waffengattungen der amerikanischen Streitkräfte. Einundzwanzig Salutschüsse dröhnten über das Gelände, als ich mit dem General zu dem Grabmal schritt, die deutsche Fahne dicht hinter mir. Am Grabmal legte ich, während Kommandos durch die Luft hallten, einen Kranz mit schwarz-rot-goldener Schleife nieder, er galt den Toten beider Völker. Eine amerikanische Militärkapelle spielte die deutsche Nationalhymne. Ich sah, wie einem meiner Begleiter die Tränen herunterliefen, und auch ich war von tiefer Bewegung ergriffen. Es war ein weiter und harter Weg von dem totalen Zusammenbruch des Jahres 1945 bis zu diesem Augenblick des Jahres 1953, in dem die deutsche Nationalhymne auf dem Ehrenfriedhof der Vereinigten Staaten erklang.

Die Erinnerungen an die Nachkriegszeit werden in einem weiteren Band fortgesetzt. Reden, Protokolle, Kommuniqués und wesentliche Dokumente von 1945 ab werden als Ergänzung zu den beiden Nachkriegsbänden in einem besonderen Dokumentenband zusammengefaßt, der auch ein Namen- und Sachregister für beide Bände enthalten wird. Die Vorkriegszeit wird später gesondert dargestellt.